ドイツ会社法・資本市場法研究

Studien zum deutschen Gesellschafts- und Kapitalmarktrecht

早川　勝
正井章筰　[編]
神作裕之
高橋英治

中央経済社

序　文

　本論文集は，日本の伝統的なドイツ会社法研究を基礎としながら，現代のドイツ会社法を巡る環境の変化に対応した新しいドイツ会社法に関する研究をスタートさせるべく，ドイツ会社法を研究してきた研究者を中心に，日本におけるドイツ会社法研究の水準と方向性を日本の学界に示すことを目的とするものである。

　会社に関する規律を含んでいた日本の商法典は，ドイツ人ヘルマン・ロェスレルが起草したロェスレル草案に大きな影響を受けたものであり，ドイツ法は，日本の会社法の源流を知る上でも重要である。現在でも，ドイツ会社法および会社法学説の影響は，かつてほどではないものの，日本の会社法に対し少なからぬ影響を与え続けている。日独交流の歴史は古く，2011年には150周年を迎えた。これからも，日本とドイツの学術上の関係が一層緊密になることが期待される。

　今日のドイツでは，ＥＵ法の影響を受けた会社法改正もあり，ＥＵの中でのドイツ会社法の研究は，新しいドイツの立法過程あるいはドイツの新しい会社法の内容を知る上で，重要である。

　また，今日，ドイツ会社法を知ろうとする場合，資本市場法（Kapitalmarktrecht）の動向や両者の関係等について理解することが不可欠になってきている。ドイツにおいても，特に若手会社法研究者の多くが同時に資本市場法を研究対象としており，この分野の研究の蓄積には注目すべきものがある。ドイツ資本市場法をも本書の対象としたゆえんである。

　本論文集は，第 1 編「企業法総論」，第 2 編「会社法」，第 3 編「公開買付法・資本市場法」の三部構成をとり，27本の論文を収録している。現代ドイツ会社法・資本市場法の最新動向，ドイツ会社法・資本市場法の歴史的展開，日本におけるその継受，ＥＵ法のドイツ会社法に対する影響に関する研究などが，その主要内容になっている。

　本論文集は，もともとは，古稀をお迎えになられた早川勝先生と正井章筰先生をお祝いするものとして企画されたものであった。本書は，日本におけるド

イツ法・EU法の研究をリードしてこられた両先生のこれまでの日本・ドイツ・EUにおける学界での功績を讃える古稀記念論文集として発刊する予定であったのである。ところが，両先生は，むしろ本書の編者として本書の企画・編集に参画してくださることになり，ご寄稿をいただくこととなった。

　また，本論文集の趣旨にご賛同いただいたドイツを代表する会社法研究者であるホプト教授（Professor Klaus J. Hopt）とハーバーザック教授（Professor Mathias Habersack）からご寄稿をいただき，その翻訳を掲載することができた。さらに，ドイツにおける日本会社法・資本市場法研究の中心的な研究者であるバウム教授（Professor Harald Baum）とベルツ教授（Professor Moritz Bälz）からもご寄稿をいただき，その翻訳を掲載している。

　本論文集が21世紀における日本のドイツ会社法・資本市場法研究のますますの発展の契機となることを祈る。

　本論文集の刊行に当たっては，編者に名を連ねてはおられないものの企画の段階から久保寛展先生の多大なるご協力を得たほか，中央経済社の露本敦氏の多大なるご尽力を頂いた。記して感謝申し上げる。

2016年5月2日

執筆者を代表して
神作　裕之
高橋　英治

目　次

第1編　企業法総論

投資取引と証券業者等の利益相反についての説明義務
〔山下　友信〕────────────────── 2

- 第1節　はじめに　2
- 第2節　前提となる知見　2
- 第3節　判例の展開　5
- 第4節　判例の検討　17
- 第5節　おわりに　22

ドイツ法における匿名組合の発展と現状
──日本法への示唆──〔高橋　英治〕────────── 25

- 第1節　はじめに　25
- 第2節　匿名組合の発達　26
- 第3節　ドイツの現行法上の匿名組合の規制と解釈　34
- 第4節　ドイツにおける匿名組合の利用の実態　40
- 第5節　ドイツの匿名組合の法規制の日本法への影響　42
- 第6節　おわりに──日本法への示唆　45

ドイツ債務証券法（Schuldverschreibungsrecht）の改正
〔モーリッツ・ベルツ〕〔久保　寛展（訳）〕──────── 53

- 第1節　序文　53
- 第2節　2009年の改正の背景　55
- 第3節　改正の要点（Eckpunkte）　59

第4節　残された問題と広範囲に及ぶ改正提案　65
　第5節　結語　70

欧州連合における開業の自由とドイツ国内法
―近時の欧州連合司法裁判所判例を手がかりとして―〔上田　純子〕── 71

　第1節　はじめに　71
　第2節　未実現キャピタル・ゲインへの清算課税と開業自由
　　　　　── Ausgang の自由　72
　第3節　従属法が異なる会社への変更と開業自由
　　　　　── Eingang の自由　79
　第4節　総論的考察　87
　第5節　各論的考察　91
　第6節　おわりに　103

第2編　会社法

第1章　総論 ……………………………………………… 107

2012年12月の EU 委員会のアクションプランに焦点をあてたヨーロッパの会社法
　〔クラウス・J. ホプト〕〔早川　勝（訳）〕── 107

　緒（英語版）
　第1節　ヨーロッパの会社法の中核分野と
　　　　　2012年アクションプランにおいて提案された措置　108
　第2節　結語とテーゼ　128

有限会社法の成立前史としての法形式論争と2008年改正法
　〔丸山　秀平〕── 131

第1節　はじめに　131
第2節　エッヒェルホイザーの提言　133
第3節　エッサーの草案・リンクの提言　136
第4節　ハンマッヒャーの報告　138
第5節　ザールブリュッケン商業会議所の意見書　144
第6節　有限会社法の成立　145
第7節　2008年有限会社法改正との関連　146
第8節　結びに代えて　151

ヨーロッパ私会社（SPE）から一人会社（SUP）へ
――ドイツでのSPE復活論の視点から――〔新津　和典〕 ─── 153

第1節　はじめに　153
第2節　多数決による導入とその代償　155
第3節　SUPへと承継された争点　163
第4節　SPE復活（？）とEUレベルでの法欠缺　165
第5節　まとめに代えて　168

第2章　株式・社債 ─── 169

いわゆる法律・定款を遵守した経営を求める株主の権利について
〔伊藤　雄司〕 ─── 169

第1節　はじめに　169
第2節　学説の現状　169
第3節　株式法第2改正前の議論と株式法第2改正　172
第4節　結語　191

第3章　機　関 ─── 193

ドイツにおける株主総会決議の効力を争う訴訟の現状に関する覚書
〔山下　徹哉〕 ───────────────────── 193

第1節　はじめに　193
第2節　株主総会決議の効力を争う訴訟とその濫用　194
第3節　株主総会決議の効力を争う訴訟および登記停止解除手続の実態　196
第4節　若干の検討　219
第5節　おわりに　221

社外取締役・社外監査役規定における使用人・重要な使用人
〔藤田　祥子〕 ───────────────────── 223

第1節　はじめに　223
第2節　使用人　224
第3節　重要な使用人　228
第4節　検討　235
第5節　ドイツ法　238
第6節　おわりに　243

ドイツにおける女性役員の割当て制
──管理者の地位への男女の同権的参加に関する法律について──〔正井　章筰〕── 244

はじめに
第1節　序説──EUの動向とドイツにおける実態　246
第2節　割当て制導入の立法理由　248
第3節　監査役会における女性（または男性）の割当て制　250
第4節　取締役と上級管理職における女性の割合に関する目標値の確定　257
第5節　ヨーロッパ会社（SE）への適用における問題点　262
第6節　一般的平等取扱法との関係　269

おわりに

「取締役」と「監査役」の形成
── ロェスレル草案の受容 ──〔高田　晴仁〕──────── 272

はじめに
第1節　ロェスレル草案から旧商法典へ　273
第2節　旧商法から新商法へ　288
第3節　むすびに代えて　294

監査役会の監督機能
── 業務執行に対する監査と関与・介入 ──〔前田　重行〕──────── 296

第1節　序論　296
第2節　監査役会制度の形成過程における取締役と
　　　　監査役会との関係　298
第3節　現行株式法における監査役会の任務と
　　　　業務執行への関与の制度　304
第4節　取締役の業務執行に対する監査役会の関与・介入の
　　　　現代的意義
　　　　── 取締役と監査役会の協働関係の現代的意義とこれからの方
　　　　向（Verwaltungusrat（経営管理機構）化の方向）　319
第5節　むすび　322

ドイツと日本における取締役の報酬規制
　〔青竹　正一〕──────── 325

第1節　はじめに　325
第2節　ドイツにおける取締役報酬の実質的規制　325
第3節　わが国における取締役の報酬規制のあり方とドイツ法　334

「倒産申立義務」復活論に関する一考察
〔武田　典浩〕──────── 344

第1節　序論　344
第2節　ドイツにおける倒産申立義務の趣旨の揺らぎ？　345
第3節　結論：倒産申立義務の廃止とその後の学説の展開　366

格付機関の格付に対する信頼と金融機関の取締役の責任
──ドイツにおける経営判断原則との関係について──〔久保　寛展〕──── 370

第1節　はじめに　370
第2節　格付機関による格付の機能および意義とその問題点　373
第3節　取締役の責任──経営判断原則と格付の信頼　378
第4節　結語　393

ドイツ株式法における株主代表訴訟
〔周　劍龍〕──────── 395

第1節　はじめに　395
第2節　ドイツ株式法における株主代表訴訟の構造　397
第3節　ドイツ株式法における株主代表訴訟の特徴とその評価　414
第4節　まとめ　416

第4章　企業再編 ……………… 419

ドイツ組織再編法における債権者保護制度
──株式会社の合併・分割の規制を中心として──〔受川　環大〕──── 419

第1節　序説　419
第2節　合併における債権者保護制度　420
第3節　分割における債権者保護制度　434
第4節　結語──日本法との比較　440

組織再編に係る決議の効力を争う訴え
〔牧　真理子〕————————————————— 448

第1節　はじめに　448
第2節　組織再編の差止め　449
第3節　組織再編の差止め濫用への対処　458
第4節　おわりに　462

第5章　企業結合 ———————————————— 463

従属株式会社における会社利益とグループ利益
〔マティアス・ハーバーザック〕〔新津　和典（訳）〕————— 463

第1節　問題提起とテーマ設定のEU法上の背景　463
第2節　株式法311条以下における個別補償制度の概念的基礎　465
第3節　最近の連邦通常裁判所判決後の個別補償制度　470
第4節　個別補償制度の限界　480
第5節　結語　485

結合企業法における兼任取締役と支配企業の責任
〔野田　輝久〕————————————————— 487

第1節　はじめに　487
第2節　兼任取締役の責任　489
第3節　支配企業の責任　496
第4節　結びにかえて　503

第3編　公開買付法・資本市場法

ドイツと日本の企業買収法における共通点と相違点
〔ハラルド・バウム〕〔久保　寛展（訳）〕 ―――― 506

第1節　両国の「遅れた」国民性　506
第2節　シェフラー（Schaeffler）vs. 王子製紙　508
第3節　企業買収法の典型的な規制モデル　512
第4節　法の移植としての企業買収法　515
第5節　規制当局識者の思い上がり　528
第6節　結語　530

ドイツ企業買収法について
〔泉田　栄一〕 ―――― 531

第1節　序　531
第2節　適用範囲と定義　534
第3節　一般原則　536
第4節　申込　537
第5節　締め出しと株式売却権　547

ドイツにおける相場操縦規制について
〔松井　秀征〕 ―――― 549

第1節　はじめに　549
第2節　ドイツにおける相場操縦規制の整備　551
第3節　ドイツにおける相場操縦規制の内容　557
第4節　おわりに　569

EUの新しい内部者取引規制の枠組み
―ドイツ法との比較を通じて―〔舩津　浩司〕 ―――― 571

第1節　はじめに　571
　第2節　新規則制定の背景　572
　第3節　内部者取引に係る実体的規律　572
　第4節　エンフォースメント　587
　第5節　新たな規制枠組みの課題　591
　第6節　結びに代えて～日本法研究への若干の示唆　594

財務報告のエンフォースメント
〔弥永　真生〕———————————————598

　第1節　CESRの動き　598
　第2節　企業の健全性と投資家保護の強化のための措置リスト　600
　第3節　会計統制法の制定　601
　第4節　2層エンフォースメント　602

ドイツにおけるファンド規制
——ファンドおよび投資家の類型化の観点から——〔神作　裕之〕———616

　第1節　問題意識　616
　第2節　EU法におけるファンド規制　619
　第3節　ドイツ資本投資法典（KAGB）の基本概念　624
　第4節　AIFおよびAIF運用業者の規制　630
　第5節　適用制限　641
　第6節　結び　646

〔執筆者一覧〕

Moritz Bälz（Professor und Geschäftsführender Direktor des Instituts für Intern. u. Europ. Privatrecht und Rechtsvergleichung, Goethe-Universität Frankfurt a.M.）

Klaus J. Hopt（Professor und Direktor am Max-Planck-Institut für ausländisches und internationales Privatrecht (1995–2008) und emeritiertes wissenschaftliches Mitglied）

Mathias Habersack（Professor am Lehrstuhl für Bürgerliches Recht und Unternehmensrecht, Ludwig-Maximilians-Universität München）

Harald Baum（Professor; Wissenschaftlicher Referent am Max-Planck-Institut für ausländisches und internationales Privatrecht; Leiter des Japan-Referats）

山下友信（同志社大学大学院司法研究科教授・東京大学名誉教授）
高橋英治（大阪市立大学大学院法学研究科教授）＊
久保寛展（福岡大学法学部教授）
上田純子（九州大学大学院法学研究院教授）
早川　勝（德島文理大学総合政策学部教授・同志社大学名誉教授）＊
丸山秀平（中央大学大学院法務研究科教授）
新津和典（岡山商科大学法学部准教授）
伊藤雄司（上智大学法学部教授）
山下徹哉（京都大学大学院法学研究科准教授）
藤田祥子（拓殖大学商学部教授）
正井章筰（常葉大学法学部教授・早稲田大学名誉教授）＊
高田晴仁（慶應義塾大学大学院法務研究科教授）
前田重行（弁護士）
青竹正一（小樽商科大学名誉教授）
武田典浩（国士舘大学法学部准教授）
周　剣龍（獨協大学大学院法務研究科教授）
受川環大（駒澤大学大学院法曹養成研究科教授）
牧　真理子（大分大学経済学部准教授）
野田輝久（関西学院大学大学院司法研究科教授）
泉田栄一（明治大学法科大学院教授）
松井秀征（立教大学法学部教授）
舩津浩司（同志社大学法学部教授）
弥永真生（筑波大学ビジネス科学研究科教授）
神作裕之（東京大学大学院法学政治学研究科教授）＊

〔執筆順・＊は編者〕

第1編

企業法総論

投資取引と証券業者等の利益相反についての説明義務

山下　友信

第1節　はじめに

　私は，2013年に公表した旧稿において，複雑でリスクの高いデリバティブ取引に関する金融商品取引業者等の説明義務について考察したが[1]，その際，私が主たる比較法的な検討素材としたのは，利益相反の観点から，デリバティブ取引の当初取引価値が顧客投資者にとってマイナスであることの説明義務が銀行に生ずるというドイツ連邦通常裁判所（BGH）の2011年の判例[2]であった。その検討過程においては，ドイツではこの判例に至るまでに利益相反に関する説明義務についての判例の展開があることがわかったが[3]，詳細は検討する余裕がなかった。ドイツでは，その後もさらに利益相反に関する判例の新たな展開があり，利益相反についての説明義務の限界は，学説上もホット・イシューとなっている。本稿では，最近に至るまでのドイツの判例の展開を辿り，未だ明確でないわが国の投資取引における証券業者等の利益相反についての規制についての検討の基礎資料としたい。

第2節　前提となる知見

　投資取引における利益相反についての事業者監督法上の規制としては，EU

---

[1] 山下友信「事業者に対する複雑なデリバティブ取引の勧誘と金融商品取引業者等の責任──2011年ドイツ連邦通常裁判所判決を素材とした一考察」石川正先生古稀記念『経済社会と法の役割』913頁（商事法務，2013年）。2011年ＢＧＨ判決後の状況をさらに詳細にフォローするものとして，川地宏行「店頭デリバティブと仕組債における説明義務と適合性原則（1）（2・完）」法律論叢87巻1号49頁，2・3合併号123頁（2014年）。
[2] BGH Urt. v. 22.3.2011, BGHZ 189,13.
[3] 山下・前掲注1）919頁〜920頁。

の2004年金融商品市場指令（MiFID; 2004/39/EC）を国内法化した証券取引法（Wertpapierhandelsgesetz; WHG）31条1項2号の次の規定がある。

第31条（一般的行為規範）
① 証券業者は，以下の義務を負う。
  1 証券サービスおよび証券付随サービスを必要な専門知識，注意および誠実をもって，その顧客の利益となるように遂行すること
  2 利益相反を避けることに努め，第33条第1項第2文第3号による組織上の措置が十分でない限りでは，合理的な判断によれば顧客利益の侵害の危険を回避するために，顧客のための取引の執行の前に顧客に対して利益相反の一般的な種類および原因を示すこと

このほか，MiFID19条1項の証券サービス業者の行為規制に関する規定に基づき，MiFID実施指令（2006/73/EC）では，「誘導的利益供与」（Zuwendung. MiFIDの英文では inducements）[4] に関する規制が規定されており，次のWHG31d条はこれを国内法化するものである。

第31d条（誘導的利益供与）
① 証券業者は，証券サービスまたは証券付随サービスの提供との関連において，この給付の顧客でない第三者から誘導的利益供与を受け，または第三者に誘導的利益供与を提供してはならない。ただし，以下のいずれも満たす場合には，この限りでない。
  1 誘導的利益供与が，顧客に対して提供されるサービスの質を改善するものと解釈され，また第31条第1項第1号の意味における顧客の利益においてサービスの適正な提供に反するものでないこと
  2 誘導的利益供与の存在，態様および種類または範囲がいまだ決定されていない限りでは，その計算の種類および態様が，顧客に対して，証券サービスまたは証券付随サービスの提供の前に，包括的，適切およびわかりやすい態様で開示される場合であること
  第1文の意味における誘導的利益供与は，証券業者が，顧客から委託を受け

---

[4] Zuwendung は，法律用語としては，出捐という訳語が当てられることが一般であるが，ここでの意味は，証券業者または第三者に対するインセンティブの趣旨で，特別の利益の供与が第三者から証券業者に対し，または証券業者から第三者に対し供与されることが問題となっているものであり，その趣旨と英語の inducements という語も参照して，誘導的利益供与と意訳してみた。

た第三者から受けまたはそのような第三者に提供する場合には，存在しない。
② 本条の意味における誘導的利益供与は，報酬，手数料またはその他の金銭給付並びにすべての金銭価値のある利益をいう。
③ 第1項第2号による開示は，証券業者が顧客に対して詳細な内容の開示をし，照会を受けることとしている限りにおいて，誘導的利益供与についての合意の重要な部分の要約の形式で，されることができる。
④ （削除）
⑤ 証券サービスの提供をはじめて可能にしまたはそのために必要であり，またその種類によれば第31条第1項第1文第1号による義務の履行を危うくするとは認められない手数料及び対価は，第1項による禁止から除外される。

　MiFID19条1項に対応するのは，上記WHG31条1項1号であるので，WHG31d条は，顧客の最善の利益を図る義務の具体化という位置づけであるが，具体的な規制の趣旨は，顧客に開示されないまま隠れた報酬として，証券サービスに関して証券業者と第三者との間において金銭等の利益の供与がされることは，証券業者と顧客との間の利益相反の観点から望ましくなく，そのような利益の供与について禁止はしないが，一定の実質要件および開示要件の下にのみこれを認めるという規制である[5]。

　ところで，この規制にいう誘導的利益供与とは何かについては，解釈論上の議論があるが，この議論は，後述の利ざやの開示義務の有無という論点に関係するので，その箇所で検討することとする。

　利益相反の規制とともに，WHGでは，やはりMiFIDの国内法化として，証券業者の情報提供義務および助言義務等についても規定しているが（WHG31条3項〜11項），これについての説明は省略する[6]。WHGでは，利益相反の規制は上記のようにWHG31条1項により規定されているので，情報提供義務ないし助言義務の内容としては利益相反についての説明義務は規定されていない。また，WHGの助言義務は監督法上の義務であるので，私法上の助言義務が直

---
[5] 不透明な利益供与により顧客の利益が害される危険と，第三者の関わる利益供与が証券サービスの改善のために必要な面もあるということとの調整として，利益供与を開示の上でさせることを目的としている。Assmann, H.-D./ Schneider, U., Wertpapierhandelsgesetz Kommentar, 6.Aufl., 2012, §31d Anm.1-3.
[6] 助言義務の内容については，山下・前掲注1) 916頁〜919頁。なお，同稿の記述に加えて，後掲⑤の判決が指摘しているとおり，2013年に有償の投資助言サービスについての特則を追加するWHGの改正が行われている。

接導かれるものではないというのが判例・学説の一般的理解である。

　以上に対して，私法上の証券業者等の助言義務は，古くより問屋の義務から学説・判例上発展してきたものであるが，直接的には1993年のBGHのBond判決[7]が現在の助言義務を確立した判例として位置づけられている。助言義務は，助言契約に基づき認められるが，助言契約は黙示の契約としても成立し，一般的な銀行等の証券業者が投資勧誘をして証券取引が行われる場合には助言契約が黙示に成立するとされている。助言義務の内容としては，投資目的適合的助言と投資者適合的助言をする義務で構成されることはWHGの助言義務と実質的に同じである。また，後に見るように，私法上は，利益相反についての説明義務も認められている。

　なお，以上の私法上の助言義務や説明義務は，WHGの適用のない金融商品に係る投資取引についても，投資取引や業者の性格に応じた修正をしながらではあるが，適用がある。

　次に，以下で取り上げる判例では，証券業者の報酬ないし利益の形態により説明義務の存否に差があるかどうかが問題となっているので，その点について一言しておく。概念としてリベート（Rückvergütung）と内的報酬（Innenprovision）というものが区別されているが，判例の整理としては，リベートとは，顧客である投資者が証券発行主体その他の者に対して投資元本の外枠で支払ったプレミアムや報酬等から仲介した証券業者に対して割り戻しがされるものをいう。証券業者は，顧客投資者への仲介により仲介手数料としての報酬は投資者から支払を受けており，これは明示されているが，それとは別に顧客に明示されずに証券発行主体からリベートを受け取っていることが利益相反の観点から問題となるわけである。これに対して，顧客投資者が証券発行主体に対して投資元本として支払った額の中から仲介した証券業者に対して支払われるのが内的報酬である。これも顧客には明示されないので，やはり利益相反の観点から問題となるわけである。

第3節　判例の展開

　利益相反に関する証券業者の説明義務に関する判例は2000年代に入って急速

---

[7]　BGH Urt. v.6.6.1993, BGHZ 123, 126. 同判決以後の助言義務の内容については，山下・前掲注1）919頁。

に展開している。以下は，2000年代以降の5件のBGH判例の概要を時系列に従い紹介する。なお，原告をX，被告をYと表示する。

① BGH Urt. v.12.02.2004, BGHZ 158,110 ［内的報酬］
　［事実］
　本件は，合資会社有限責任社員持分の形態をとる閉鎖型不動産ファンド持分の取得を販売業者が媒介した場合において，内的報酬の類型に当たる報酬がファンドから販売業者に支払われたという事案である。具体的には，目論見書には販売業者の報酬として販売価格の11％と記載してあったところ，これとは別に販売業者は明示されないでファンドから14％の追加の報酬の支払を受けていたというものである。Xは，当該ファンドは目論見書記載の賃料収入見込みには不足した収入しかなく壊滅的な状態にあったため損害を被ったとして，販売業者Yに対して損害賠償責任を追及する本訴を提起した。Xは，主位的には狭義の目論見書責任を主張したが，控訴裁判所は，Yは目論見書責任を負う主体に該当しないとしてこれを否定し，BGHもこの点については支持した。Xの予備的主張は，広義の目論見書責任，すなわち契約締結上の過失責任ないし投資助言者もしくは投資媒介者の説明義務違反の責任ということであり，控訴裁判所は，Yは投資媒介者としては，目論見書の虚偽記載について認識できなかったことについて責任はなく，また内的報酬の受領についての説明義務違反は認められないとして，請求は認められないとした。
　［判旨］
　破棄差戻し。
　「bb）譲渡人（注・上記合資会社）が彼から委託を受けた販売業者に支払う報酬（いわゆる内的報酬）を目論見書において示さなければならないか否か，およびそれはいかなる前提の下においてかという問題は，最上級審では明らかにしておらず，文献および下級裁判所の判例においては争われている。…
　当審の見解によれば，本件事案のように，公衆に対して目論見書を使用して提供されたような態様での投資モデルの販売に際しては内的報酬の指示の義務が存在するが，しかしあらゆる場合においてではなく，そのような報酬がある程度の規模になってからのみである。内的報酬の総額の如何にかかわらず，目論見書においてこれに関する記載は適正でなければならず，誤導の危険が存してはならない。

(1)…控訴裁判所が（そこでは中古の）不動産の販売の場合について判示したように，買主において取得する収益物件の価値についての誤った観念を生じさせうる事情は，それ自体は，報酬の額が実際に不動産の客観的価値を著しく超える売買価格にまで至る場合といえども，いまだ開示義務を根拠づけない。すなわち，買主は，原則として，その市場取引価格での物件の取得についての請求権を有するものではない。良俗違反および暴利の限界まで，いかなる価格で合意するかは契約の当事者に委ねられる。…原則として，その物件の価格についてどのように計算するか，特に「販売」についてどのように価格を付けるかは，企業の判断の問題である。逆に，取得者もまた，常に，建設されるべき不動産について，提示された取得価格が一定の販売費用部分を含むことを計算しなければならない。

(2)しかしながら，投資に関心を有する者（消費者）にとっての説明の必要は，—いずれにせよこの語られるべき点については—典型的には，投資モデルが供給者または販売者により目論見書を用いて紹介される場合にはより大きい。

閉鎖的な不動産ファンドのような投資モデルは，イニシエイター，いわゆる背後者および目論見書発行者が準備および実施について相当の影響を有し，責任のある目論見書の情報が取得者の信頼を要求するということにより特徴づけられる。取得のために使用される目論見書は，取得者に投資決定に必要な情報を提供することに役立ち，それにより取得者は投資を判断し，リスクを評価することができる。そのような目論見書は，当然，一般的に，提供される投資を（特に）価値があり収益性があるものとして示すことに向けられる。それは，通常，しばしば基本的には節税を目的とする組み込まれた個々のサービスによる総費用は別として，投資の価格が，いずれにせよ，譲渡人により提供される物的給付と妥当な関係にあるという外観を惹起する。平均的な消費者の当然の理解は，通常は，同時に，「総費用」（価格）は，譲渡人の異常な利ざやまたは販売者にとっての報酬（これは内的報酬の形態で）を含ませており，投資の価値および収益性が最初から疑問となりうるという観念を排除する。

そこから，投資者にとっては目論見書はそのようなモデルではしばしば唯一またはいずれにせよ最重要な情報源であり，これにより投資決定についての重要な基礎とされるという事情および投資者にはそのような複雑な計画についての価値の詳しい検証はほとんど不可能であるという事情を考慮すれば，投資者の特別の保護の必要性が明らかになる。投資者の保護の必要と，目論見書の責

任者および目論見書を販売のために利用する者の，その契約上義務を負う説明の範囲において，すべての投資決定について重要な事情を正しくおよび完全に表す義務は対応する。

　(3)…—物件の価値との上記の結びつきに照らして—，目論見書において収益性のある収益物件として表されている不動産投資の総費用に著しく平均を超える内的報酬を含ませている場合にも，投資者の投資決定にとって重要な事情に属する。もっとも，その際に，通常の仲立人サービスの通常の報酬水準（3％ないし6％）は，無条件では，そのような投資モデルの事業上の販売へ転用することに適合した比較基準とはならない。文献における個々の参照によれば，この領域における内的報酬は15％が通常のものとみなされるべきである。このことが適切であるとしても，しかしながら，消費者は，直ちに，資本投資に属さない（内的な）販売費用をその規模において予測する必要はない。

　cc）当審は，…この態様の「流出」について，いずれにせよそれが15％を超える場合には，一般的に教示されなければならないという見解である。」

② BGH Urt. v.19.12.2006, BGHZ 170, 226［リベート］
　［事実］
　訴外AがY銀行の助言を受けて，株式ファンド持分を取得したが，取得価格には明示されない3％〜5％の発行プレミアムが含まれていた。Yは，このプレミアムおよびコンツェルン関係にあるファンドが徴収した管理手数料からリベートを受領していたが，Aには少なくとも1％，ある場合には2.5％の割戻し（Bonifikation）を支払っていた。発行プレミアムについてはAに知らされていたが，リベートについては知らされていなかった。相場下落によりAが損害を被ったが，ファンド持分の権利がAからXに譲渡され，XがYに対して損害賠償責任を追及する本訴を提起した。控訴裁判所では請求は認められなかった。
　［判旨］
　破棄差戻し。
　「b）しかし，控訴裁判所の見解に反し，ファンド持分を推奨する銀行は，銀行がファンド会社の発行プレミアムおよび管理費用からのリベートを受け取ることおよびそれがいくらであるかを指示しなければならない。
　aa）リベートについての説明は，顧客に対しその限りで存在する銀行の利益

相反を開示するために必要である。その説明によってはじめて，顧客は，銀行自身の販売利益を評価し，銀行が顧客に特定の物件を銀行自身がそれにつき利益を得るということだけを理由として推奨するかどうかを判断することが可能な地位に置かれる。当審の判例（BGHZ 146, 235, 239）によれば，財産管理者に手数料および寄託報酬をリベートとして戻す銀行は，その顧客に対して，財産管理者が提案した証券取引の締結前に，そのことにより財産管理者が顧客利益を危険にさらすということを指示しなければならない[8]。この判例は，本件にも適用すべきである。銀行が，顧客に対し，財産管理者の介在なしに助言し，投資推奨をし，その際に推奨したファンドにつきリベートにより利益を得るのであれば，顧客の利益は，銀行の受領されたリベートにより危険にさらされる。銀行は，投資推奨を投資者および目的適合的な助言の基準により顧客利益においてのみならず，最大限，高額のリベートを受領する銀行自身の利益において助言をする具体的な危険が存在する。その際に，Yの見解に反し，リベートが，特定の取引に直接割り当てられるのか，一定の時間的間隔で支払われるのかは問題とならない。

　bb）控訴裁判所の見解に反し，Yの義務違反は，譲渡人（注：Aのこと）の業務執行者は，彼にはYの側でその一部が割戻しとして記帳説明されていたということによりリベートについて知らされていたという理由で，説明の必要がなかったということを正当化しない。認定されていないことであるが，譲渡人の業務執行者が，この割戻しにより発行プレミアムが減少することを前提とすべきであるとしても，彼には，リベートの大きさに関することは説明が必要である。そのことを知らないでは，彼は，ファンド持分の推奨される取得についてのYの利益と，それと結びついた譲渡人の利益の危険について正当に評価することができないのである。」

③　BGH Urt. v. 22.3.2011, BGHZ 189,13 ［マイナスの当初取引価値］
　［事実］

---

[8]　BGH Urt. v. 19.12.2000, BGHZ146, 235. 銀行が顧客の財産管理者との間で，当該財産管理者が顧客を代理して締結する各種取引につき，財産管理者は銀行から顧客の支払う報酬および預託手数料の一部の分配を受ける旨の合意をしたときは，銀行は財産管理者が分配に与る事実を顧客に開示しなければならないとしたものである。当該事案では，財産管理者が顧客のために多額の先物取引をして顧客に損失を生じさせており，顧客はその損害の賠償を銀行に対して請求している。

本件の詳細は拙稿[9]を参照されたいが，Y銀行が中堅企業に対して複雑でリスクの高いCMS-Spread-Ladder-Swap（CMSSLS）とよばれるデリバティブ取引の勧誘をして契約を締結させたところ，金利相場の変動によりXが大きな損失を被ったため助言義務違反に基づく損害賠償請求を請求した事案である。本判決は，投資目的適合的助言および投資者適合的助言の義務違反があったか否かについては，それぞれかなり厳しい水準の義務が課される旨の一般論を判示し，結論を下すにはさらに事実認定が必要であるとして原審に差し戻すべきものとするが，引用の利益相反についての説明義務違反があることが確定でき，その点から銀行の説明義務違反の責任が認められるとして，自判したものである。

　[判旨]
　破棄自判，請求認容。
　「控訴裁判所の見解と反対に，Yは，Xに対して，Yにより推奨された契約が締結された時点においてXにとって想定元本額の約4％の額（約8万ユーロ）のマイナスの市場価値を示していたということを説明しなかったことによりその助言義務に違反したものである。上告は，マイナスの市場価値は単に一顧客にとって契約締結の時点で純粋に理論的な一事前の契約終了の場合において清算金支払として支出されるべき額を示すものにすぎないので対応する説明はされる必要はなかったという控訴裁判所の判断を逆転させる。それは，顧客にとってのマイナスの当初価値の意味を把握しないものである。むしろ，当初価値には，Xによる問題となっている金利賭博についての判断にとって決定的な意味がある。なぜならば，それは，Yの重大な利益相反の現れだからである。」
　「助言契約により銀行は，顧客利益に対してのみ向けられた推奨をする義務を引き受けている。したがって，銀行は，助言目的を疑問のあるものとし顧客利益を危うくする利益相反を回避し，またはこれを開示しなければならない。この民事法的原則は，監督法上は，WHGの適用のある取引の領域については同法31条1項2号において規定されている。」
　「これによれば，Yは，Xに対して，Yにより意識的に仕組まれたCMSSLS契約のマイナスの当初価値について説明しなければならない。」
　「一方側の利益が他方側の鏡像的損失となるCMSSLS契約の推奨に際しては，

---

[9] 山下・前掲注1）922頁以下。

Yは助言銀行として，重大な利益相反状態にある。金利賭博の相手方として，Yは，顧客の利益に相対立する役割を引き受けている。Yにとっては，金利支払の「交換」（英語のスワップ）は，ベーシス価値—スプレッドの拡大—の推移についてのその予測がまさに生じず，Xがそれにより損失を被るときにのみ有利であることが判明する。これに対して，Xの助言者として，Yは，Xの利益を保護する義務を負う。Yは，したがって，Xの最大限の高い利益に配慮しなければならないが，そのことはY自身にとっては対応する損失を意味するのである。」

「…本件で説明義務のある利益相反は，Yの一般的な利益の獲得意思と，Yにより計算される利益マージンの具体的な高さとのいずれにおいても生じているものでもない。Yにより具体的に推奨される，直接契約締結に関連して顧客がYの助言給付に基づき引き受けたリスクを売却することができるようにするために，リスクの構造を意識的に顧客の不利に形成した商品の特殊性のみが説明義務を生じさせる。顧客は，—銀行の一般的な利益の獲得意思と異なり—このことをまさに認識できない。…」

④ BGH Urt. v. 27.09.2011, BGHZ 191, 119 [利ざや]
　[事実]
　個人事業者XはY貯蓄金庫の顧客で，債券，株式，投資信託持分等をYに寄託してきたが，2007年にYの助言によりリーマンブラザースの子会社の株価指数連動償還証書を取得した。Xの取得価額は額面金額に１％の発行プレミアムを加算したものであったが，Yは，発行会社から額面金額よりも低い価額で当該証書を取得していた。2008年のリーマンブラザースの破綻により当該証書は無価値となったため，XはYの助言義務違反による損害賠償を請求する本訴を提起した。控訴裁判所は請求を棄却したため，Xが上告した。
　[判旨]
　上告棄却。Yに当該証書を推奨したことについての助言義務違反はないとしたうえで，さらに，利益相反に係る争点については，以下のように述べて，利ざやについての説明義務違反は認められないとした。
　「e）上告の見解に反し，控訴裁判所は正当に銀行によりXに販売された証書の利ざやについての銀行の説明義務をも否定した。
　aa）下級審裁判所の判例および文献において，銀行が取引マージン

（Handelsspanne）を開示する義務を負うか否かは争われている。この点は，全く圧倒的に否定されている。これに対して，少数の見解はこれを肯定する。

　bb）前者の見解が正当である。当審の判例によれば，自己の投資商品を推奨する銀行は，原則として，その商品により利益を得ることについて説明する義務を負わない；なぜならば，そのような場合には，銀行は自己固有の（利益（Gewinn）についての）利益（Interesse）を追求することは顧客にとって自明であるので，そのことについて特に指示される必要はないからである。本件のように他人の投資商品を自己計算取引の方法で仕入価格を超える価格で転売する場合にも同じことが妥当する。

　cc）上告が考えるのと異なり，上記のことに，隠れた内的報酬の開示に関するBGHの判例も，リベートの説明義務に関するBGHの判例も反するものではない。

　(1)なるほど，BGHの確立した判例（とりわけ…2004年2月2日判決BGHZ158, 110, 118（注・上記①））によれば，一定の状況の下においては，内的報酬の存在および額について説明されなければならない。なぜならば，それらは投資者により取得される投資の価値に対して影響を有し，またその故に投資者にその限りで誤った観念を喚起することになりうるからである。それによれば，内的報酬の下には，示されなかった販売報酬であって，売却対象の取得および製造費用に—隠されて—含まれているものと理解されている。それにもかかわらず，本件で語られている仕入れリベート[10]は，この定義に該当しないので，既にその点で説明義務は否定されるべきである。価値のある投資の取得についての投資者の利益は，既に助言契約から導かれる目的適合的助言義務により保護されている。さらに，銀行は，証書の仕入れに際して，銀行がその側で転売に際して投資者に請求するよりも小さい価格を支払うことにより証書の価値が侵害されるものではない。

　(2)当審の判例によれば，さらに，銀行は，助言契約に基づき，販売手数料から銀行に与えられるリベートについて説明する義務を負う。説明義務のあるリベートは，たとえば，顧客が第三者に対して支払う発行プレミアムまたは管理手数料の一部が，第三者の背後において助言する銀行に—通常は販売額に応じて—還流する場合に存在し，そのゆえに，銀行は顧客にとって認識不能な，ま

10）ここでいう仕入リベートとは，証券発行者から証券業者への証券の売買代金の決定の中で何らかの割引がされているような場合をいうものと思われる。

さにその商品を推奨する特別の利益を有することになる。

　この意味での説明義務のあるリベートは，本件では存在しない。それは，問屋取引で通常であるような三者関係を前提とする。それに対して，本件の控訴裁判所の確定した認定事実によれば自己計算取引（Eigengeschäft）の方法で締結されたような確定価格取引では，そのような関係は存在しない。…

　(3)上告が，問屋取引を指示して，説明義務のあるリベートについての当審の判例は，自己計算取引の方法による証券の取得にも転用されるということを目的とする限りでは，それに従うことはできない。

　自己計算取引の方法による証券売買の精算に際しては，助言する銀行の比肩する―開示されるべき―上記(2)で述べたリベートについての判例によれば存在するような利益相反は欠けている。

　攻撃されず，また法的に問題のない控訴裁判所の認定事実によれば，Yは，その収益を，本件では，開示され直接Yに支払われた額面価額の1％の発行プレミアムと額面価額の97.25％の仕入れ価格との差額からのみ得ていた。それとともに，発行者に支払われるべき，Xの背後でYに還流する項目は存在しなかった。立法者の基本的な決定によれば，投資者により注文された証券の売主としての銀行は，―問屋に対して受領する報酬に関して投資者に対して負わせるようには―銀行の利益ないし売買マージンの開示の義務を負わせるものではない。カバー取引の価格は顧客に開示される必要はなく，逆に銀行は報酬ないしは費用償還請求権を有するものではない。

　この立法者の基本決定は，売買契約とともに締結される助言契約の領域においても維持されるべきである。投資者の利益は，述べられたように，投資者および投資目的適合的助言についての銀行の義務により十分保護されている。売買契約に内在する売主としての銀行の利ざや利益のごとき明らかな事情に関して，ここでは，二つの契約関係の異なる取扱は見出されない。顧客にとって，売買契約の領域において明らかであることは，助言契約の中でもその保護に値するものとはされない。

　(4)上告は，この関係で，さらに，＜略[11]＞を援用することに成功することができない。MiFID19条1項によれば，加盟国は，証券業者は証券サービスおよび／または場合により付随サービスを顧客に対して提供するに際して，誠実，

11）　略の部分では，MiFIDその他のEU法令をあげている。

正直かつプロフェッショナルに顧客の最善の利益において行為し，特にこの規定のそれに続く項において詳細に定められる原則を満たすことを規定するものとされる。…上告の見解に反し，これらから争いのある場合に投資者のために直接的法律効果は生じるものではない[12]。…

　dd）…投資者の考慮されるべき利益も助言する銀行の義務を導かない。自己計算取引についての説明義務は，本件で既に控訴裁判所が，銀行はその顧客に対して利ざやの存在および額を説明する必要はないと適切に判示したように，利ざやに関しては，――そのようなものとして意味のない――投資者に対する情報提供となるものである。見込まれる証券取引についての銀行の利ざや利益の評価は，したがって，顧客にはまったく不可能である。その点において，説明の必要なリベートについての当審の判例との違いがあり，後者においては，――基礎となる取引の契約上の位置づけにかかわらず――支払われる販売報酬の存在および額について説明すべきであるとされ，それにより投資者は助言する銀行の売上げについての利益を評価することができるのである。報酬についての銀行の助言義務は，したがって，客観的に存在する証券取引の法的性格に向けられるのであり，それに対して，証券取引の法的位置づけに関する投資者の知識および知不知は重要ではないのである。」

⑤　BGH Urt. v.03.06.2014, BGHZ 201, 310 ［内的報酬］
　［事実］
　1996年に，Xは，Y銀行の助言により，不動産プロジェクトに参加し，そのために複数の不動産を総額5,217万 DM で購入した。Xは，そのうちの2,400万 DM の資金をYからの融資により調達した。Yは，1997年および1998年に不動産の売主である会社であってXが売買代金を支払ったイニシエーターから135万 DM の契約締結の媒介に対する報酬を取得した。不動産の賃貸保証を引き受けていた売主の財産について倒産手続が開始されたことから，XはYに対して，さまざまな点での助言義務違反を理由に損害賠償請求をする本件訴訟を提起した。一審裁判所は請求を認容し，控訴裁判所もYの控訴を棄却した

---

[12]　MiFID19条１項に対応するのは，WHG31条１項１号の顧客の利益を図る義務であり，これはわが国でいう誠実性の原則（金商36条１項）に対応するものであるが，このMiFID19条１項の適用を否定するということは，次のdd）のパラグラフでWHG31条１項１号の適用も否定しているということと合わせて，利ざやが不当に大きなものであることを誠実性の原則に基づき規制することはできないということを意味している。

ので，Yが上告した。
　[判旨]
　破棄差戻し。
　「b）助言する銀行が投資者に対して，投資額に隠された販売報酬の受領についても説明しなければならないか否か，およびどのような要件の下でかについては，当審は，これまで決定重要性がなかったため決定しないでいた。下級裁判所の判例および文献では争いがある。
　aa）一方の見解によれば，助言する銀行は，すべての銀行により受領される販売報酬を説明しなければならない。説明義務の重要な根拠は，報酬請求権によりもたらされる銀行の利益相反であり，これは発行者からの報酬が発行プレミアムないしは管理報酬から賄われるか，投資者の名目資本から賄われるかにかかわらず存在する。すべての助言する銀行により受領される報酬は，その由来の如何にかかわらず，説明義務のあるリベートに当たる。
　bb）他の見解によれば，説明義務のあるリベートは，銀行が発行プレミアムまたは管理費用の一部を受領する場合にのみ存在する。これに対して，発行者の費用構成要素として投資額に組み入れられる内的報酬はリベートではない。この報酬については，全体で15％の高さになってはじめて説明されなければならない。一部には，当審は，説明義務のあるリベートを明示された販売報酬に限定するので，得られる報酬について助言する銀行の説明義務について終局的に決定したとさえ認められている。
　c）これらの法律問題について，当審は，本件でも結論を下さないでおくことができる。第三者の側からの隠れた販売報酬の受領についての助言銀行の説明義務を最初にあげた見解とともに肯定したとしても，Yは，上告が正当に主張するように，いずれにせよ本件では過責なく不可避的な法的錯誤により行為していた（aa）。2014年8月1日からの助言契約においては，助言する銀行は，投資者に対し，第三者からの隠れた内的報酬の還流について説明しなければならないということから出発する。
　aa）…
　bb）法律問題は，本件事例を超えてもBGHにより基本的な解明を必要としない。なぜならば，2014年8月1日からの助言契約について，助言する銀行は，常に第三者の側からの隠れた販売報酬の受領について説明しなければならないからである。したがって，いずれにせよ，将来的には，報酬が開示されている

か助言契約の中に隠されているかはもはや関係がない。

(1)近時，ドイツの立法者は，資本投資の報酬に立脚する販売に対し数々の新立法の動機をもち，その間にほとんど全体に及ぶ—監督法上の—透明性原則に従ってきた。

2013年1月1日以降，すべての—営業上の—金融仲介者は—ほとんどすべての—資本投資の仲介との関係で，第三者の誘導的利益供与について顧客に開示した場合にのみそれを受領することができる。すでに2007年6月16日の FRUG（Finanzmarktrichtlinie-Umsetzungsgesetz）により導入され，2007年11月1日に発効した WHG31d 条によれば，証券サービス業者には，特に投資助言も含めて証券サービスの提供との関係で第三者の誘導的利益供与の受領が監督法上禁止される。他の要件を別として，誘導的利益供与が顧客に対してその種類と範囲について開示される場合にのみ，禁止されることにならない。…[13]。

最後に，立法者は，2013年7月15日の金融商品についての報酬助言（Honoraranlageberatung）の育成および規制のための法律により，WHG および営業令（Gewerbeordnung; GewO）を，重要な点で2014年8月1日からの効力をもって改正した。WHG31条4b項によれば，投資助言を提供する証券サービス業者は，顧客に対して助言の開始前および助言契約の締結前に，投資助言が報酬助言として提供されるのか否かについて情報を提供することを義務づけられる。投資助言が報酬投資助言として提供されるのでない限り，顧客は，投資助言に関して第三者からの誘導的利益供与が受領され保持されるのか否かについて情報提供されなければならない。WHG31条4c項1文2号により，報酬投資助言との関係では第三者の誘導的利益供与は原則として受領されてはならない。…[14]

(2)もっとも，WHG31条以下の行為，組織および透明性義務は，もっぱら公法的な性格のものであり，証券サービス業者と顧客との間の民事法上の債務関係には影響するものではない。金融投資仲介者および財産投資法の改正法および報酬投資助言法の改正法によってもこのことに変更はなかった。

(3)しかしながら，当審は，もはや—監督法上の—資本投資法の領域においてほとんど全体に及ぶ第三者の誘導的利益供与に関して立法者により実現された

---

[13] 判決は，WHG の適用範囲を拡大する法改正および WHG の適用がない金融投資仲介業者に関する営業令（Gewerbeordnung; GewO）の改正により WHG31条および31d 条の規制が投資取引一般に適用されるようになったことを指摘している。

[14] 判決は，この点でも，GewO は WHG と同様の規制を改正により設けていることを指摘する。

透明性思想を助言契約の内容の確定においても顧慮すべきことを明らかにしている。なぜならば、投資者は、もはや、銀行にとって認識可能に、助言契約の範囲において対応するような説明を期待することができるからである（BGB133条・157条）[15]。

第三者の誘導的利益供与は原則として禁止され、それが開示される限りにおいてのみ許容されるという監督法上の原則は、したがって、一般的な—もはやほとんど全体に及ぶ—法原則の表現として、（黙示的な）契約意思表示の解釈に際して顧慮されるべきである。投資者は、なるほど、助言する銀行がその公法上の義務の全部の範囲で直ちにそれぞれの投資者に対して個別の債務…においても義務を負う意思があるということを期待しうるものではない。しかし、投資者は、助言する銀行が監督法の有する基本原則を遵守することを前提とすることができる。したがって、開示されない助言する銀行に対する第三者の誘導的利益供与を、投資者は、それと異なる合意がなければ、2014年8月1日からは監督法上の透明性原則に鑑み予測する必要はない。

この資本投資法をいまや刻印する透明性原則に基づき、具体的な投資取引が列挙された監督法上の原則…に該当するか否かは関係がない。特に、—本件でも存在する—WHGの適用範囲に入らない銀行の不動産の取得についての推奨に際しても、助言する銀行は、2014年8月1日以降は、投資者に対して、隠れた内的報酬の受領について説明しなければならない。」

第4節　判例の検討

以上の主要な判例の展開を辿ると、報酬が問題となっている類型と利ざやが問題となっている類型に分けることができる。

報酬の類型については、①で15％超に限った内的報酬、次いで②でリベートについて説明義務が肯定されていたところ、新たに⑤で内的報酬についても一般的に説明義務を肯定するに至った。リベートについて利益相反の説明義務が肯定されるのは、②で明らかにされているように、投資助言をする証券業者が

---

[15] BGB133条（意思表示の解釈）「意思表示の解釈に際しては、現実の意思を探求しなければならず、表示の文言上の意義にこだわってはならない。」、BGB157条（契約の解釈）「契約は、取引慣行を顧慮して信義誠実により求められるように解釈されなければならない。」

投資者に隠されたリベートが多く得られることを動機として顧客に対して投資助言をする危険があるためである。リベートはその定義上顧客に対して報酬等として投資元本とは別枠で顧客が証券発行主体や証券業者などに対して支払うものとして提示されているにもかかわらず，証券発行主体などの報酬等から取引後にリベートとして証券業者に還流されるものがあるということであれば，投資者の誤解の下に証券業者が自己の利益を図る危険があるので，その危険を開示させようという趣旨であり，この理由に基づく説明義務は非常に明快である。

これに対して，内的報酬には説明義務がないとして区別をするとすれば，それはいかなる理由によるものであろうか。上記のリベートについての説明義務の根拠づけに依拠するとすれば，内的報酬は，証券発行主体等に対して支払われる報酬等としては顧客投資者に提示されていないので，実は証券業者が顧客に明示された報酬とは違う報酬を得ているという誤解をするおそれはないということが理由となるのであろう。もっとも，内的報酬といえども，顧客には見えないところで証券業者に報酬として還流するという点では，証券業者が自己の利益を優先した助言を顧客に与える危険があることでリベートと異なるところはないといえばいえるのであって，内的報酬とリベートを区別してよいかは問題があるところである[16]。

この点に関して①は15％を超える限りで内的報酬の説明義務を認めるという解決をとっていた。内的報酬一般について無条件で説明義務を認めなかった理由について，①は，売買契約のような自己計算取引で利ざやがどのようなものかについては説明義務はないという原則から出発し，内的報酬も投資元本として顧客から支払われた額をどのように使用するかは証券発行者である合資会社の自由な決定にかかる一種の原価計算上の問題として説明していると思われる。それでは，それにもかかわらずなぜ15％を超える内的報酬に限っては説明義務が生じるのか。この点については，①が論拠とするのは二つのことである。第一は，当該投資取引について目論見書による開示が行われていたということであり，顧客の投資判断にとっては目論見書に記載された情報は重要であるとともに，顧客としては目論見書記載の情報以外には必要な情報を入手しにくいと

---

16) Buck-Heeb, Aufklärung über Innenprovisionen, unvermeidbarer Rechtsirrtum und die Überlagerung durch Aufsichtsrecht-Zugleich Besprechung von BGH vom. 3.6.2014 =WM2014, 1382, WM 2014, 1601, 1602.

いうことをあげている。そのことを前提として、第二に、15％を超える慣行的な水準を超える過大な内的報酬が支払われるということが説明されないのであれば、顧客にとっての投資の評価を誤ったものとするおそれがあるということである。顧客としては、投資元本との対比で取得する証券に投資するだけの価値があるかどうかを判断するのであるが、投資元本のうち15％を超える額が実は内的報酬として販売業者に還流し、実質的には投資に振り向けられていないということであれば、それを知らずにされた投資対象についての顧客の投資判断は誤ったものに誘導されるという問題を指摘しているのである。

　①のこのような説明義務の根拠づけは、過大な内的報酬は顧客投資者の投資価値についての判断を誤導する危険があるので、そのことを開示するということであるから、一種の不実表示規制というものであり、利益相反に基づく説明義務とはいえないように思われる[17]。むしろ、内的報酬一般については、利ざやと本質的には同じという位置づけがなされていたということができる。

　しかし、⑤は大きく考え方を改め、内的報酬一般についても説明義務を肯定するに至った。それでは、この判例の変更はいかなる理由によるものであろうか。⑤の判断構造としては、WHGをはじめとして近年の証券業者やそれ以外の金融サービス業者に関する監督法においては利益相反の規制が著しく強化されており、とりわけWHG31d条により第三者による誘導的利益供与が規制されるようになったが、内的報酬はまさにこの誘導的利益供与に該当するという判断を示した上で、監督法上の規制が私法上の効力を伴うものではないが、契約解釈という手法を通じて証券サービス業者が監督法上の規制を遵守することを顧客投資者は期待することができ、これが内的報酬についても説明義務が生ずるということの根拠となるというのである。しかし、このようなまったく新たな解釈により法的安定性が損なわれないように新しい⑤の判例法理は、法解釈の錯誤について証券業者には過責がなかったということを根拠に、2014年8月1日以降に限り適用され、それ以前は証券サービス業者は法律解釈について過責性がなく説明義務違反の責任を負うことはないとして、判例の不遡及というきわめて政治的な判断を示した。

　このような⑤の判示を見ると、内的報酬の説明義務による開示は、実質的には証券サービス業に関する監督法の規制強化により根拠づけられていることが

---

17) Buck-Heeb, a.a.O. (N. 16), 1602.

わかるのであって，内的報酬とリベートとの異同といった本質的な問題については説明をとくに加えていないが，監督法上は区別をしないこととされた以上は，私法上ももはや異同を論ずる意味はなくなったとする趣旨であろう。

ところで，⑤は，監督法上の一般化された透明性思想が契約解釈を通じて私法上の説明義務を導くというまったく新たな判断枠組みを採用した。この判断枠組みはきわめて一般的なものであるから，このような解釈手法の射程距離がどのようなものになるかは大きな問題となる[18]。これは，利ざやについても利益相反の観点から説明義務が生ずるかという④の問題に今後⑤は影響を及ぼすかという問題を提起することとなるのであるが，その点の検討に先立ち，利ざやの類型についての説明義務について見ておく。

利ざやの類型については，利ざやについての説明義務はないということでは④などの判例は現在まで一貫している。その理由は，自己計算取引として証券業者が顧客投資家と相対取引をする場合に売主たる証券業者ができるだけ多くの利ざやを得るように行動することは顧客にとっても自明であるので，改めて説明義務を負わせる必要はないということである。しかし，この自己計算取引の性質を有する取引でありながら唯一利益相反の説明義務が肯定されたのが③である。ここでは，顧客にとって当初取引価値がマイナス，裏返せば銀行にとってはプラスであるという顧客にとっては不利益，銀行にとっては有利であることが明らかな取引を自ら仕組み，顧客に推奨して契約を締結させる行為は，自己計算取引であるとはいえ，助言義務を負い利益相反を回避しなければならない銀行としては顧客の不利益を説明せずにしてはならないとされている。しかし，同じく自己計算取引でありながら，利ざやについては説明義務はないとする④と③とがなぜ区別されうるかについて，③が異論の余地なく根拠づけているのか，学説はいまだ懐疑的なものが少なくない[19]。

ところで，上記のように⑤は新しい根拠づけにより利益相反の説明義務を導

---

18) ⑤に関する論評でも，この点の検討が中心課題となっている。Buck-Heeb, a.a.O.（N.16），1604-1605, Hoffmann/ Bartlitz, Zeitenwende : Aufklärungspflicht auch über Innenprovisionen, ZIP 2014, 1505, 1507-1510.

19) Grigoleit, Anlegerschutz-Produktinformationen und Produktverbote-, ZHR 177, 264, 295-296は，③においても問題となっているのは通常の売買取引と同様の取引であり，利益相反の観点から問題とすべきものではなかったものと批判する。また，同300-302では，③の事案を①のような過大な報酬規制という観点から問題とするとしても，③の事案での銀行の報酬は4％であり，適用基準を満たすようなものではなかったとする。

くものであるが，⑤は利ざやの類型についても及ぶものであろうか。⑤は，確かに一般化された透明化思想ということを強調しており，そのような観点からは利ざやについても透明化を図ることが利益相反の防止に資するので，⑤は④についても変更を迫るものという評価をする余地が皆無とはいえない。しかし，⑤では，透明化思想を無限定にいっているわけではなく，内的報酬がWHG31d条に該当することから私法上も説明義務を導く論拠としていっているわけであり，透明化の観点から利ざやについてまで説明義務を認め，したがって④の判例を変更する趣旨のものではないということについては異論はないと思われる[20]。

しかし，WHG31d条に該当する誘導的利益供与であれば私法上も説明義務が認められるのであるから，利ざやもWHG31d条にいう誘導的利益供与に該当するのであれば，私法上も説明義務が認められるということになる。WHG31d条の解釈においては，利ざやが無条件に誘導的利益供与に該当するという見解は少数であるが[21]，利ざやということにより無条件に同条の適用がなくなるというわけではなく，そこは実質判断によるべきであると考えられている[22]。換言すれば，形式上は証券業者と顧客との間の二者間取引における利ざやの形をとっているものの，実質においては第三者が関与する取引であり，利ざやが第三者からの誘導的利益供与を含んでいる場合があり得るのではないかという問題意識である[23]。たとえば，証券発行者から証券業者が証券を取得し，これを投資者に転売する自己計算取引の形態をとっているが，証券業者は取得した証券を投資者に転売することが発行者との間の契約で予定されていたり（わが国でいう買取引受に相当するような場合であろう）や，証券業者が取得した証券を発行者に返還する権利を有し販売リスクを免れているような場合が例示され，これらの場合には隠れた三者関係における利益相反が認められ，証券の転売による利ざやは発行者の誘導的利益供与ということができるとされるのである[24]。利ざやに関して利益相反の観点から説明義務があるかどうかという問題は，今後は，このように法形式上は自己計算取引であっても，実質的には

---

20) Buck-Heeb, a.a.O. (N. 16), 1605は，⑤は利ざやについては射程が及ばないとする。
21) Assmann/ Schneider, a.a.O. (N.5), §31d Anm. 8.
22) Assmann/ Schneider, a.a.O. (N.5), §31d Anm. 8.
23) Hoffmann/ Bartlitz, a.a.O. (N. 18), 1511-1512.
24) Hoffmann/ Bartlitz, a.a.O. (N. 18), 1512は，本文のような発想から自己計算取引における誘導的利益供与に該当する場合について検討する。

証券業者は仲介者的立場に立っている場合についてどのように考えるかという観点から検討されることになるのではないかと思われる。

⑤の意義がこのようなものであるとすると，③で問題となる利益相反は，報酬の類型に関わる利益相反に関する①②⑤の判決とは異なる類型の利益相反であり，利ざやの類型に関する利益相反であるが，これについて③と④で相違があるのはなぜかという問題は依然として論争の対象となるものであり，⑤がその点について何らかのインプリケーションを持つものとはいいがたいと思われる。

第5節　おわりに

本稿の研究に着手した時点における私の問題意識としては，③がリスクが高く複雑なデリバティブ取引の当初価値が顧客にとってマイナスであるという事実の説明義務がなぜ利益相反の観点から導かれるかということを旧稿からさらに進めて，利益相反についての説明義務についての理論を探ることにあった。本稿で取り上げた近時の判例では，証券業者と顧客とが売買等の自己計算取引で相対立する関係にある取引については③のデリバティブ取引に係るものを除いて証券業者の得る利ざやについての説明義務は認められないのに対して，証券発行者，証券業者，顧客投資者の三者が関わる取引については，リベートであれ内的報酬であれ利益相反の観点から説明義務が認められるという結論に至っている。これは証券業者が顧客投資者に見えない報酬を受領することにより顧客投資者本位でない投資助言をするおそれがあることによる。本稿で取り上げた判例の事案を見ると，不透明な隠れた報酬が銀行等の証券業者に支払われているものであり，BGHがEU指令やWHGの規制の趣旨を踏まえつつ私法上の利益相反の説明義務を証券業者に課したことが明らかとなった。

わが国では，私法上は，金融商品取引についての利益相反に関する説明義務という問題意識は皆無ではないが，いまだ明確に認められるところとはなっていない。デリバティブ取引について，ドイツの③を参考とする主張が投資者側からされることがあるが，これまで裁判所の採用するところとなっていない[25]。これは，利ざやは説明義務が及ぶような事項ではないという発想による

---

25)　山下・前掲注1) 943頁〜947頁参照。

ものであり、ドイツの利ざやに関する④と同じ発想であるということができる[26]。③のような考え方をどのように根拠づけるかはなお今後の課題である。

これに対して、報酬についての説明義務については、金融商品取引法制定時に同法の規制上は一応の問題解決がされている。金融商品取引業に係る広告規制では、顧客の支払う手数料等を表示することが義務づけられ（金商法37条1項3号、金商法施行令16条1項1号、金商業府令74条）、また、金融商品取引契約締結前に顧客に交付する書面においても同様に顧客の支払うべき手数料等を記載すべきものとされている（金商法37条の3第1項4号、金商業府令81条）。ここでの手数料等は、比較的広く解釈されており、顧客が実質的に負担するものであれば、投資信託の信託報酬のように、顧客が間接的に負担するものも含まれると解されている[27]。また、顧客の負担すべき手数料を有価証券等の価格に織り込むことにより手数料の開示を免れることはできないと解されている[28]。有価証券の価格に織り込まれた手数料は、ドイツの定義でいえば内的報酬に該当するものといえるので、その限りでかなり実質的な規制がされていることとなる。

他方で、商品の組成業者（たとえば、投資信託会社や保険会社）が販売業者（証券会社や保険募集人など）に対して支払う販売手数料については、開示の対象とはならないという整理で金融商品取引法が制定されている[29]。このカテゴ

---

[26] 最判平成25・3・7金判1413号16頁は、比較的単純な仕組みのスワップ契約について、「本件契約における固定金利の水準が妥当な範囲にあるか否かというような事柄は、被上告人（注・顧客）の自己責任に属すべきものであり、上告人が被上告人に対してこれを説明すべき義務があったものとはいえない」とするのは、ドイツでいえば、自己計算取引に関する④の判例の考え方と共通する発想である。

[27] 三井秀範＝池田唯一監修・松尾直彦編著『一問一答金融商品取引法（改訂版）』293頁（商事法務、2008年）。

[28] 金融庁「コメントの概要及びコメントに対する金融庁の考え方」（2007年7月31日。http://www.fsa.go.jp/news/19/syouken/20070731-7/00.pdf）300頁では、手数料等が価格に織り込まれている場合であっても、実質的に手数料等に相当する部分に関する記載が必要であるとする。この点に関する実務の問題につき、長島・大野・常松法律事務所編『アドバンス金融商品取引法（第2版）』824頁～825頁（商事法務、2014年）参照。

[29] 金融審議会金融分科会第一部会報告「投資サービス法（仮称）に向けて」（平成17年12月22日）。同報告書では、顧客が直接または間接的に支払う手数料については、その額の多寡によって顧客へのリターンに直接影響するものであることから、投資サービス法において幅広く開示を義務づけることが適当と考えられるとする一方で、販売手数料については、販売手数料の多寡が販売業者の販売・勧誘に影響を与える可能性について否定できない面はあるものの、このような開示義務をどこまで徹底するか（たとえば、販売員の給与の一部としての販売報酬の取扱い）など、引き続き検討すべき課題があると考えられる、としていた。

リーの販売手数料も，ドイツでは内的報酬に該当するといえるので，その限りでは，ドイツの⑤のような内的報酬の開示を広く求める考え方とは相当の違いがある。しかし，金融商品取引法制定時にも，販売手数料の開示は不要とする考え方に対して，業者が自己の利益のために顧客の利益を損ねているのではないかという点に問題の本質があり，誠実公正義務の問題として捉えるべきとの意見があったとされており[30]，やはり利益相反の観点からこの種の販売手数料の開示をどのように考えるべきかは，問題として残されていることをドイツの判例の展開は示唆しているように思われる。

---

30) 前掲注29)「投資サービス法（仮称）に向けて」。

ドイツ法における匿名組合の発展と現状
―日本法への示唆―

高橋　英治

第 1 節　はじめに

　ドイツ法において匿名組合（stille Gesellschaft）は，広義のゲゼルシャフト（会社，組合）であり[1]，会社法学の対象である[2]。日本における匿名組合規制の基礎は，1861年ドイツ普通商法典（ADHGB）の影響を受けて，ドイツ人・ヘルマン・ロェスレル[3]が起草した商法草案[4]により築かれた。

　本稿の目的は，ドイツ法における匿名組合の発展および利用実態等の検討を通じて，日本の立法および法実務への示唆を得ることにある。本稿では，まず，匿名組合の起原を示した上で，ドイツ法における匿名組合の発展過程を明らかにする（第2節）。次に，現在のドイツの匿名組合に対する法規制の現状を示し（第3節），ドイツにおける匿名組合契約の利用の実態を解明する（第4節）。最後に，ドイツ法上の匿名組合規制の日本法への影響を分析し（第5節），日本における匿名組合の規制のあり方を示す（第6節）。

---

1) 高橋英治『ドイツ会社法概説』5頁（有斐閣，2012年）。
2) Windbichler, Gesellschaftsrecht, 23. Aufl., München 2013, S. 184 ff.; Karsten Schmidt, Gesellschaftsrecht, 4. Aufl., Köln 2002, S. 1836 ff.; Kübler/Assmann, Gesellschaftsrecht, 6. Aufl., Heidelberg 2006, S. 110 ff.
3) ロェスレルにつき，海老原明夫「ロエスレル」ジュリスト1155号38頁以下（1999年），Bartels-Ishikawa, Hermann Roesler : Dokumente zu seinem Leben und Werk, Berlin 2007; Siemes, Hermann Roesler and the making of the Meiji State, Tokyo 1968.
4) Roesler, Entwurf eines Handels-Gesetzbuches für Japan mit Commentar, Tokio 1884.

第2節　匿名組合の発達

1　コメンダの成立

　匿名組合の起原はヨーロッパ中世のイタリア諸都市におけるコメンダ（commenda）にある[5]。中世のイタリア諸都市の商路は，時代の推移に従い，漸次アジア地方にも及ぶようになり，商人が商品を携帯して航海することが困難となった。コメンダ契約は，陸上に留まる資本家（コメンダトール）と航海に従事する企業家との組合関係であり，前者は商品等を出資し，後者をして「働かせ[6]」，航海の終わりにおいて利益の分配に与った[7]。ドイツでは，1120年のヴェストファーレンのゼストの最古の都市法が，コメンダ契約について「同様に，ある者が取引のために自分の同朋（concivis）に自分の財産を委託した場合において，認めようとしないときは，支払い能力のある現在の人士（viris）に有責判決を下すことができる[8]」と定めていた（同法30条）。1165年のゼスト近郊のメーデバッハの都市法もコメンダにおける出資者と企業家は獲得された利益を分け合うべき旨を定めていた（同法15条）[9]。

　その後，ベニス等では企業家も資本参加するコメンダの一形態であるコレガンチア（collegantia）が登場した[10]。15世紀頃，コレガンチアは，企業家のみが全面に現れ資本家は事業の背後に隠れるパルティチパチオ（participatio）[11]と資本家も表に現れる合資会社とに分化した[12]。

---

[5]　Gummert, in: Gummert/Weipert (Hrsg.), Münchener Handbuch des Gesellschaftsrechts, Band 2, Kommanditgesellschaft, GmbH & Co. KG, Publikums-KG, Stille Gesellschaft, 3. Aufl., München 2009, S. 1.
[6]　Levin Goldschmidt, Universalgeschichte des Handelsrechts, Erste Lieferung, Stuttgart 1891, S. 259.
[7]　小町谷操三『海商法研究第3巻』65頁（有斐閣，1931年）。
[8]　1120. Aelteste Staturrecht der Stadt Soest, in : Seibertz, Urkundenbuch zur Landes- und Rechtsgeschichte des Herzogtum Westfalen, Augusburg 1839, S. 52. ラテン語の原文の翻訳にあたり，大阪市立大学大学院法学研究科坂口甲准教授の助力を得た。
[9]　1165, Aug. 31. Bestätigt und erweitert Erzogbischof Reinald der Stadt Medebach ihre früheren Rechte, in : Seibertz, a.a.O. (Fn. 8), S. 74.
[10]　L. Goldschmidt, a.a.O. (Fn. 6), S. 260.
[11]　パルティチパチオにつき，Lastig, in: Endemann (Hrsg.), Handbuch des deutschen Handels-, See- und Wechselrechts, Erster Band, Buch 1, Leipzig 1881, S. 712 ff.
[12]　田邊光政『商法総則・商行為法（第3版）』241頁（新世社，2006年）。

パルティチパチオは現代の匿名組合の原型であった[13]。匿名組合の成立の背景には，貴族や僧侶等，身分的制約から出資を秘匿しなければならないという当時の社会状況を背景とした必要性があったといわれる[14]。パルティチパチオにおいて，出資者はパルティツェプス（particeps）と呼ばれた。パルティツェプスの出資は営業者の所有に帰し，パルティツェプスが複数存在する場合にも，各パルティツェプスの間には何らの法律関係も生じなかった。パルティチパチオにおいて営業者は自己の名前で営業を行った。パルティツェプスは営業者の取引相手とは何らの法律関係にも立たなかったが，営業者の営業から生じる損益に参加した。

2　プロイセン一般ラント法における匿名組合規制

ドイツ法は，当初，コメンダを出発点とする契約形態の中で出資者たるコメンダトールが外部に現れず匿名の状態にあるものを匿名組合として，その法律上の規定を整備した[15]。

1794年プロイセン一般ラント法は，組合に関する規定の中で，組合に対し一定の投資をなし，利息の代わりに資本の割合で利益または損失を得る者を，匿名組合員（stiller Gesellschafter; Associé en commendite）とし（同法第2部第8章651条）[16]，匿名組合員の名前が商号に含まれていない，あるいはその他の方法で組合員であると明確に示されていないことを条件にして匿名組合員は，組合債権者に対し，出資した資本金のみをもって責任を負うと規定した（同法第2部第8章652条）。また，1794年プロイセン一般ラント法は，組合がその商号の下で引き受けた手形債務について匿名組合員が手形上の債務を負わないと規定した（同法第2部第8章795条）。

1794年プロイセン一般ラント法において匿名組合は一部の組合員の出資および責任が特殊な形態をとった組合であると位置づけられており，商号において名前が挙がっていない匿名組合員の有限責任が確立していた。

---

13)　Lastig, in: Endemann (Hrsg.), a.a.O. (Fn. 11), S. 733.
14)　岩崎稜＝吉川吉衞＝吉見研次＝山手正史『セミナー会社法』290頁〔岩崎稜＝山手正史〕（日本評論社，1996年）。
15)　Blaurock, Handbuch Stille Gesellschaft, 7. Aufl., Köln 2010, S. 34.
16)　Allgemeines Landrecht für die preussischer Staaten von 1794, Textausgabe mit einer Einführung von Hans Hattenhauser, 3. Aufl., Neuwied 1996, S. 479.

3　1807年フランス商法典における合資会社

　ルイ14世の治世下に制定された1673年フランス商事条例は，合名会社と並んで合資会社（société en commandite）について規定を設け，書面で記載されるべき会社契約は裁判所で登記され，有限責任社員の名前が会社契約に付記され公告される場合，当該社員はその出資のみをもって責任を負うにすぎないとした[17]。

　世界最初の近代的商法典である1807年フランス商法典[18]は，合資会社を株式会社や合名会社と並べて商事会社の一種と位置づけ，次のような規定を置いた。合資会社とは業務執行に参加しない利害関係者も存在する会社である（1807年フランス商法典19条）。有限責任社員は，原則として資本金の額を限度として会社の損失に対し責任を負う（1807年フランス商法典26条）。有限責任社員は会社の業務に関与しない（1807年フランス商法典27条）。

　1807年フランス商法典は，合資会社の商号につき人的商号のみを許したが，「有限責任社員としてのみ取り扱われることを望む者は，共同の商号に現れてはならない（同法25条）」と定め，有限責任社員の氏名は合資会社の商号の一部になってはならないと要求した。

4　ドイツにおける近代的商法典制定運動における匿名組合

　1839／40年のヴュルテンベルク王国商法典草案[19]は，匿名組合を株式会社や合名会社等と並べて会社の一種と位置づけ，1807年フランス商法典の合資会社規制をモデルに，次のような規定を置いた。「単数または複数の同志が商業において単に財産的な出資をなし，商業がその他の者（無限責任組合員）の名と危険によって行われる場合，匿名（信頼）組合が存在する（ヴュルテンベルク王国商法典草案232条）」。「組合契約は書面によって締結されることを要する（ヴュルテンベルク王国商法典草案235条・185条1文）」。「組合契約締結後14日以内に組合の商業が基礎づけられた地区の裁判所に組合契約の抄本が，公的な商

17）　Wieland, Handelsrecht I, München 1921, S. 735.
18）　1807年フランス商法典につき，Daniel (Hrsg.), Code de Commerce, Napoleons I. Handelsgesetzbuch, Dessau 1807.
19）　Schubert (Hrsg.), Entwurf eines Handelsgesetzbuches für das Königreich Württemberg mit Motiven (1839/40), 1. Teil : Entwurf, Frankfurt a.M. Nachdruck 1986.

業帳簿への登記のために提出されなければならない（ヴュルテンベルク王国商法典草案235条・186条1文）」。「裁判所は，組合契約の抄本が単数または複数の公的新聞で公告され，この公告記録により公証されるように配慮しなければならない（ヴュルテンベルク王国商法典草案235条・188条）」。「匿名組合員は，組合債権者に対し，その出資のみによって責任を負い，その他の債務を全く負わない。匿名組合員は，組合から善意に取得した利益につき組合から返還を求められることはない（ヴュルテンベルク王国商法典草案241条）」。

　ヴュルテンベルク王国商法典草案における匿名組合は，①有限責任組合員たる匿名組合員と業務執行を担当する無限責任組合員とによって構成される組合であると定義されていた点，②商業登記簿への登記および組合の公告が必要であるとされていた点からすると，その実質は合資会社であった[20]。

　1856年プロイセン商法典草案[21]では，匿名組合を，商事会社の一種と位置づけ，合名会社や株式会社と並べて次のような規定を置いた。「単数または複数の組合員が財産出資により参加し（匿名組合員），単数または複数の組合員が人的かつ連帯して責任を負う場合，匿名組合が存在する。多数の組合員が人的かつ連帯して責任を負う場合，匿名組合は対外的に合名会社となる（1856年プロイセン商法典草案151条）」。「匿名組合に関する契約は書面による証書により締結され，匿名組合の証書の抄本は契約の締結から3日以内に匿名組合の主たる営業地の商事裁判所に対し，商業登記簿への登記のため，提出されなければならない（プロイセン商法典草案152条1項）」。「匿名組合の登記抄本には，すべての責任を負う組合員の名，その身分および居住地，匿名組合の商号，主たる営業所のほか，匿名組合員の財産出資の額が記載されなければならない（1856年プロイセン商法典草案152条2項1文）」。1956年11月6日付のプロイセン商法典草案152条に関する議事録（Protokoll）によると匿名組合の商号に当該組合が匿名組合だと示す字句を入れることを義務づける案は可決されなかった[22]。「匿名組合員は組合の債務に対して出資のみによって責任を負う（1856年プロイセン商法典草案154条）」。「匿名組合の枠内で法律行為あるいは組合のために単

---

20) Enger, Die Kommanditgesellschaft (KG) und die stille Gesellschaft im Allgemeinen Deutschen Handelsgesetzbuch (ADHGB) von 1861, Frankfurt a.M. 1999, S. 177 f.
21) Schubert (Hrsg.), Entwurf eines Handelsgesetzbuch für die Preußischen Staaten und Protokolle über die Berathungen mit kaufmännischen Sachverständigen und praktischen Juristen (1856), Nachdruck 1986.
22) Schubert (Hrsg.), a.a.O. (Fn. 21), S. 37.

に代理人または受権者として業務執行をなした者は，組合債権者に対して，人的にかつ連帯して責任を負う（1856年プロイセン商法典草案156条1項）」。「匿名組合の組合員間の関係には合名会社の規定（93条）が適用される（1856年プロイセン商法典草案153条3項）」。

　1856年プロイセン商法典草案は，①匿名組合を合名会社や株式会社と並べて商事会社として規制した点，②匿名組合の内部関係には合名会社の規定が適用されるとした点，③匿名組合の業務執行は原則として無限責任組合員によって行われるとした点において，匿名組合を合資会社として位置づけていた。1856年プロイセン商法典草案が匿名組合の規定を2部に分け，第1部を匿名組合の一般規定とし，第2部において株式匿名組合（stille Gesellschaft auf Aktien），すなわち現在の株式合資会社（Kommanditgesellschaft auf Aktien）[23]について規制していたことにも，本草案が匿名組合を合資会社として位置づけていたことが現れている。

　1857年プロイセン商法典草案[24]も，1856年プロイセン商法典草案の規定をほぼそのままの形式で受け継いだ。すなわち，1857年プロイセン商法典草案は，その第3章において匿名商事組合について次のような規定を置いた。「単数または複数の組合員が財産出資により参加し（匿名組合員），単数または複数の組合員が人的にかつ連帯して責任を負う場合，匿名組合が存在する。多数の組合員が人的にかつ連帯して責任を負う場合，組合は対外的には合名会社となる（1857年プロイセン商法典草案144条）」。「匿名組合に関する契約は書面による証書により締結され，匿名組合の証書の抄本は契約の締結から8日以内に匿名組合の主たる営業地の商事裁判所に対し，商業登記簿への登記のため，提出されなければならない（1857年プロイセン商法典草案145条1項）」。「匿名組合の登記抄本には，すべての責任を負う組合員の名，その身分および居住地，匿名組合の商号，主たる営業所がある地，匿名組合員の財産出資の額が記載されなければならない（1857年プロイセン商法典草案145条2項1文）」。「匿名組合員は組合の債務に対して出資のみによって責任を負う（1857年プロイセン商法典草案147条）」。「匿名組合の枠内で法律行為あるいは単に代理人または受権者として業務執行をなした者は，組合債権者に対して，人的にかつ連帯して責任を負う

23）　株式合資会社につき，高橋・前掲注1）302頁以下参照。
24）　Schubert (Hrsg.), Entwurf eines Handelsgesetzbuchs für die Preussischen Staaten. Nebst Motiven (1857), Frankfurt a.M. Nachdruck 1986.

(1857年プロイセン商法典草案149条1項)」。「匿名組合の組合員間の関係には合名会社の規定（93条）が適用される（1857年プロイセン商法典草案146条3項）」。1857年プロイセン商法典草案も，匿名組合の規定を2部に分け，第1部を匿名組合の一般規定とし，第2部において株式匿名組合について規制した。

　以上のように1856年と1857年のプロイセン商法典の両草案の匿名商事組合の規定は，ドイツ法独自の特色が未だ現れているというものではなく，1807年フランス商法典の合資会社規制に依拠したものであった[25]。ただし，両草案は，匿名組合の成立のためには商業登記簿への登記が必要であるとしていること（1856年プロイセン商法典草案152条1項，1857年プロイセン商法典草案145条1項）等の点において，ヴュルテンベルク王国商法典草案186条1文からも影響を受けていた[26]。

5　ドイツ普通商法典における匿名組合とその後の展開

　ドイツ普通商法典は，ドイツにおける最初の私法上の本格的法典であった[27]。ドイツ普通商法典第一草案[28]においても，匿名組合は合資会社として規制されていた。ドイツ普通商法典第一草案の匿名組合は次のように規定されていた。「単数または複数の組合員が財産的出資のみにより参加し（匿名組合員），単数または複数の組合員がその全財産により連帯して組合の債務に責任を負う場合（責任組合員），匿名組合が存在する。複数の責任組合員が存在する場合，その組合は対外的には合名会社でもある（ドイツ普通商法典第一草案145条）」。「匿名組合の設立は，商業登記簿への登記のため，責任組合員により組合契約締結から8日以内に組合の本拠地の商事裁判所に通知されなければならない。通知には次のものが含まれなければならない。1．すべての責任組合員の氏名，身分および居住地，2．匿名組合の商号および本拠地，3．組合の開始時，4．すべての匿名組合員の財産出資の契約（ドイツ普通商法典第一草案146条1項・2項）」。「146条の定める形式が満たされない場合，組合契約は法的効力を有しな

---

25)　Lastig, in: Endemann (Hrsg.), a.a.O. (Fn. 11), S. 733; Blaurock, Handbuch Stille Gesellschaft, 7. Aufl., S. 33.
26)　Enger, a.a.O. (Fn. 20), S. 182. なお，1807年フランス商法典では，合資会社の登記の制度は未だ成立していなかった（1807年フランス商法典19条以下参照）。
27)　村上淳一＝守矢健一／ハンス・ペーター・マルチュケ『ドイツ法入門（改訂第8版）』179頁（有斐閣，2012年）参照。
28)　Erster Entwurf zum ADHGB, bei: Enger, a.a.O. (Fn. 20), S. 211 ff.

い（ドイツ普通商法典第一草案147条1項）」。「匿名組合員は，組合の債務に対し，その出資のみをもって責任を負う。ただし，出資が現金で支払われていない場合，合意されている出資額のみをもって責任を負う（ドイツ普通商法典第一草案149条）」。「匿名組合員は，年度決算の書面による通知を請求する権限を有し，かつ，年度決算の正確性を帳簿閲覧によって検査する権限を有する（ドイツ普通商法典第一草案153条）」。「利益はすべての年度毎に計算され，匿名組合員であれ，非匿名組合員であれ，すべての組合員に対して，配分され，そのすべてが支払われる（ドイツ普通商法典第一草案154条）」。

ドイツ普通商法典第二草案[29]において初めて，匿名組合が合資会社と区別されるようになった。本草案は，ドイツ型の匿名組合を維持しつつ，フランスの合資会社を正式に継受するというドイツ普通商法典第二読会の勧告に従い[30]，第三読会[31]で周到な議論を重ねた結果成立した[32]。本草案は，現在のドイツの匿名組合規制の起原である。

ドイツ普通商法典第二草案は，合資会社（Kommanditgesellschaft）と区別して，匿名組合（stille Gesellschaft）につき次のような規定を置いた。「ある者が他の者の商業に財産上の出資をなし，利益と損失に参加する場合，匿名組合が存在する（ドイツ普通商法典第二草案236条1項）」。「営業者は事業を当該営業者の商号によって行う（ドイツ普通商法典第二草案237条1項）」。「営業者は匿名組合員の出資の所有者である（ドイツ普通商法典第二草案238条1項）」。「毎事業年度末には利益と損失が計算され，匿名組合員に対して帰属すべき利益が支払われる（ドイツ普通商法典第二草案240条1項）」。「商業上の行為については，営業者の

---

29) Zweiter Entwurf zum ADHGB, bei: Enger, a.a.O. (Fn. 20), S, 217 ff.
30) ドイツ普通商法典成立以前のドイツでは，„Kommanditgesellschaft" のモデルとして，南ドイツの諸邦の外的組合型すなわち合資会社モデルと北ドイツの諸邦（プロイセン，ブラウンシュヴァイク等）の内的組合型すなわち匿名組合モデルの二つが存在した。ドイツ最初の統一商法典の成立に当たり，初めは南ドイツ諸邦の合資会社モデルが採用された。しかし，ドイツ普通商法典制定のためのニュルンベルク会議においては，北ドイツ諸邦で採られていた内的組合としての „Kommanditgesellschaft" のモデルも無視するべきではないという意見が出て，妥協の産物として，これら二つのモデルの両方を採用することとし，外的組合型の „Kommanditgesellschaft" を合資会社として規制し，内的組合としての „Kommanditgesellschaft" を前者と区別するために „stille Gesellschaft" すなわち匿名組合として規制することになった（2015年2月20日のフライブルク大学法学部のウヴェ・ブラウロック（Uwe Blaurock）教授の御教示による）。
31) 第三読会では，1860年11月19日から1861年3月12日までの間，計42回の会議が開催された。
32) Lastig, in: Endemann (Hrsg.), a.a.O. (Fn. 11), S. 733.

みが第三者に対して権利を有し，義務を負う（ドイツ普通商法典第二草案241条）」。
「匿名組合員の名は営業者の商号に含まれてはならない。これに反する場合，匿名組合員は組合の債権者に対し人的にかつ連帯して責任を負う（ドイツ普通商法典第二草案242条）」。

　1861年ドイツ普通商法典は，合資会社を第2編「商事会社」において規定し，匿名組合を第3編「匿名組合および個々の商行為の共同の計算による統合」において規定した。1861年ドイツ普通商法典の匿名組合規制には，現代の匿名組合の基本的特徴がすべて現れていた。それによると，匿名組合は，匿名組合員となるべき者が営業者に出資し，その利益と損失に参加する場合に存在する（1861年ドイツ普通商法典250条1項）。匿名組合では，営業者が，匿名組合員となる者からの出資の所有者となり（1861年ドイツ普通商法典252条1項），営業者の商号をもって営業をなす（1861年ドイツ普通商法典251条1項）。匿名組合の営業に関しては営業者のみが第三者に対し権利を有しかつ義務を負う（1861年ドイツ普通商法典256条）。匿名組合員は，出資を増加する義務および損失により減少した出資を補う義務を負わない（1861年ドイツ普通商法典252条2項）。匿名組合員は既払いあるいは未払いの出資の価額を限度として損失を分担する（1861年ドイツ普通商法典255条1項1文）。匿名組合員はすでに受け取った利益を後に生じた損失のために返還すべき義務を負うことはない。ただし，損失によってその出資が減少した場合，年度利益に限りその損失の補填に充てるものとする（1861年ドイツ普通商法典255条1項2文）。匿名組合員は，年度貸借対照表の謄本の交付を求めかつ帳簿および書類を閲覧してその貸借対照表の正否を審査することができる（1861年ドイツ普通商法典253条1項）。

　1861年ドイツ普通商法典は，プロイセン一般ラント法に代表されるドイツ型の匿名組合規制と，フランス型の合資会社規制を併せ持つ新しい規制方式を採用した点で，画期的な立法であった。

　商法の対象に関する歴史説[33]の主唱者として名高いハレ大学のラスティッヒは，1861年ドイツ普通商法典の匿名組合につき，「『利益あるいは利益と損失のための金銭の出資』すなわち古きパルティチパチオをほとんど完全な純粋形態で復活させ，これまでいかなる法律も，また立法者も規制し表現しえなかっ

33）ラスティッヒの歴史説につき，服部榮三『商法総則（第3版）』6頁（青林書院，1983年）参照。

たほど詳細に具体化した³⁴⁾」と評価した。

　1897年5月10日成立のドイツ帝国商法典（以下「ドイツ商法」という）³⁵⁾の匿名組合規制は1861年ドイツ普通商法典のそれをほとんどそのまま受け継いだが，規制体系に変更を加えた。すなわち，1897年ドイツ商法は，匿名組合を第2編「商事会社および匿名組合」の中で規定した（1897年ドイツ商法335条〜342条）。1897年ドイツ商法の理由書は，匿名組合の概念について，次のように説明した。

　「匿名組合員は，他の者が営業する商業から生じる利益の分け前を対価として受け取り，常に損失にも参加する。匿名組合員の出資は，営業者の財産となり，営業者は，自己の商号の下で，組合の商号によらず，営業について唯一の権利者でありかつ義務者となる³⁶⁾」。

　1897年ドイツ商法は，現行ドイツ法上の匿名組合規制の基礎を確立した。その後，株式会社等の計算規定をドイツ商法に移した1986年1月1日の計算指令法（Bilanzrichtliniengesetz）の施行に際し，1897年ドイツ商法335条〜342条にすでに置かれていた匿名組合規定は，ほとんど変更を加えられることなく³⁷⁾，ドイツ商法230条〜237条に移された³⁸⁾。匿名組合の倒産について定めていたドイツ商法237条は，1994年ドイツ倒産法導入法により廃棄され，ドイツ倒産法136条に置き換えられた³⁹⁾。

第3節　ドイツの現行法上の匿名組合の規制と解釈

　匿名組合には，匿名組合について定めるドイツ商法230条〜236条が適用される。また，匿名組合は民法上の組合の一種であるから，補充的に，ドイツ民法の組合の規定（ドイツ民法705条〜740条）が，組合の外部関係および組合財産に

---

34)　Lastig, in : Endemann (Hrsg.), a.a.O. (Fn. 11), S. 733.
35)　1897年5月10日成立当時のドイツ帝国商法典の原文は，Schubert/Schmiedel/Krampe, Quellen zum Handelsgesetzbuch von 1897, Band 1 Gesetze und Entwürfe, Frankfurt a.M. 1986, S. 715 ff. に収録されている。
36)　Begründung zu dem Entwurf eines Handelsgesetzbuchs für das Deutsche Recht von 1896 (Denkschrift zum RJA – E I), S. 168.
37)　計算指令法の施行に伴い現行ドイツ商法230条は，各計算書類の名称を，新しい計算指令法上のものに変更している。これは内容面にわたる変更ではない。この点につき，Horn, in : Heymann, Handelsgesetzbuch, 2. Aufl., Band 2, Berlin 1996, §230 Rdnr. 1.
38)　Gahlein, in: Ebenroth/Boujoung/Joost (Hrsg.), Handelsgesetzbuch, Kommentar, Band 1, 2. Aufl., München 2008, §230 Rdnr. 1.
39)　Hopt, in : Baumbach/Hopt, HGB, 36. Aufl., München 2014, §237 Rdnr. 1.

関する部分を除いて，適用される。

1 匿名組合の概念

ドイツ商法は匿名組合を定義する規定を持たない。通説によると，匿名組合とは，匿名組合員が営業者との間で共通の目的を達成するために締結する組合契約であり，組合財産は形成されないが，匿名組合員は，営業者の営業に出資して収益に参加する[40]。

匿名組合は「内的組合（Innengesellschaft）」であり[41]，判例上，内的組合の特徴は，組合が対外的に登場しないことに求められている[42]。匿名組合には権利能力がないため，匿名組合自身は，権利義務の担い手となることはできず，訴訟の当事者となる能力も有しない。ドイツ商法第2部のタイトルは「商事会社および匿名組合」となっており，匿名組合を商事会社と概念的に区別している。商業登記簿へ登記されるのは，匿名組合ではなく，営業者だけである。匿名組合においては，組合財産は形成されない[43]。

匿名組合はドイツ民法705条（「組合契約によって，組合員は相互に契約によって定めた方法によって共同の目的の達成を促進し，特に約定の出資をなす義務を負う」）が規定する民法上の組合のすべての要件事実を充足する。匿名組合は，民法上の組合に分類されるが，民法上の組合が通常は外的組合であり合手共同体（ゲザムトハント）[44]であるのに対し，匿名組合は，合手共同体ではなく，ま

---

[40] Karsten Schmidt, in : Münchener Kommentar zum Handelsgesetzbuch, 3. Aufl., München 2012, §230 Rdnr. 2. クープラーとアスマンは「匿名組合は執行組合員の商業に財産的出資をもって参加し，匿名組合員の財産は執行組合員の財産へ移転するが，少なくとも匿名組合員は企業の収益に参加している人的会社である」と定義する（Kübler/Assmann, Gesellschaftsrecht, 6. Aufl., S. 110）。

[41] von Gerkan, in: Röhricht/Graf von Westfahren (Hrsg.), HGB, Kommentar, 2. Aufl.,-Köln 2001, §230 Rdnr. 5 ; Servatius, in : Henssler/Strohn (Hrsg.), Gesellschaftsrecht, 1. Aufl., München 2011, §230 HGB Rdnr. 1.

[42] BGHZ 12, 308, 314. カールステン・シュミットも，判例の見解に従い，内的組合とは組合自身が法的取引の主体とはなりえないが，その構成員が法的取引の主体となりうる者を指すと説く（Karsten Schmidt, Gesellschaftsrecht, 4. Aufl., Köln 2002, S. 1696）。ドイツ法上の内的組合の概念につき，西内康人「団体論における契約性の意義と限界（5）——ドイツにおける民法上の組合の構成員責任論を契機として」法学論叢166巻1号5頁以下（2009年）。

[43] 通説によると，多項的匿名組合においても，組合財産は法的には営業者個人に帰属する財産である（Blaurock, Handbuch Stille Gesellschaft, 7. Aufl., S. 62）。

[44] 合手共同体（ゲザムトハント）の伝統的概念につき，川島武宜『所有権法の理論』204頁以下（岩波書店，1949年），現代ドイツ法上の合手共同体の概念につき，高橋英治

た，常に外的組合でもない。

2　匿名組合契約

　匿名組合を設立するには匿名組合契約の締結が必要である。匿名組合契約は特定の様式を必要とせず，黙示に成立する場合もある。匿名組合は，匿名組合契約の締結のみにより成立するのであって，実際に出資の給付をすることは必要ではない。

　匿名組合契約は，債務法（Schuldrecht）上の契約ではあるが，組織法上の要素，すなわち統制権および情報請求権が附随している。匿名契約は組織法的要素をもつため，瑕疵ある会社の理論[45]（会社は組織契約であるからその法律行為上の基礎に瑕疵があっても事実上・法律上存在するという理論）が適用される[46]。

3　匿名組合の内部関係

①　匿名組合の内部関係の多様性

　匿名組合は，法律上の基本モデルによると，営業者と匿名組合員の二人からなる（ドイツ商法230条1項）。ただし，判例[47]・通説[48]は，複数の者がそれぞれ匿名組合契約を締結した場合，「営業者と複数の匿名組合員との間の統一的な一個の組合関係[49]」が存在しうるとし，非典型的な匿名組合契約として複数の匿名組合員から構成される一個の匿名組合（以下「多項的匿名組合」という）の存在を認める。

　匿名組合の営業者は商人あるいは商事会社でなければならない。匿名組合員は，自然人でも，あるいは法人でもよい。すでに他の会社で組合員になっている者が，匿名組合員として匿名組合に出資をなすこともできる。

②　営業者の権利義務

　「ドイツにおける民法上の組合の規制の現状と課題」商事法務2026号13頁（2014年）参照。
45)　瑕疵ある会社の理論につき，高橋・前掲注1）252頁参照。
46)　BGHZ 55, 5; BGHZ 62, 234, 237.
47)　1994年10月10日連邦通常裁判所判決（BGHZ 127, 176, 179）。
48)　M. Roth, in: Baumbach/Hopt, HGB, 36. Aufl., §230 Rdnr. 7; Blaurock, Handbuch Stille Gesellschaft, 7. Aufl., S. 85. ノバート・ホーンも，労働者の会社への参加のために形成されたパートナーシャフトの法的性質につき，契約の解釈により，複数の匿名組合員から構成される単一の匿名組合となりうることを認めている（Horn, Unternehmensbeteiligung der Arbeitnehmer und Gesellschaftsrecht, ZGR 1974, 157）。
49)　BGHZ 127, 176, 179.

匿名組合の業務執行は営業者が行う。営業者は，特段の合意がない限り，営業をなす義務を負い，かつ，業務執行において自己の事務で用いるのを常とする注意（ドイツ民法708条）を払う義務を負う。営業者は匿名組合員との関係で誠実義務（Treuepflicht）を負う。この誠実義務に基づき営業者が匿名組合員との共同計算で行っている商業の部類に属する取引を営業者個人の計算で行うことは禁じられる[50]。営業者は匿名組合員に対し匿名組合の事務のために支出した費用の賠償を請求することができる（ドイツ民法713条・670条，ドイツ商法110条）。営業者は特段の合意がある場合にのみ報酬を請求することができる。営業者は自己の営業から直接利益を享受しうるからである。

　匿名組合において組合財産は存在しない。1987年6月29日連邦通常裁判所判決によると，営業者が匿名組合員からの出資金を匿名組合契約に反する目的のため使用した場合，匿名組合員は契約違反を理由に営業者の損害賠償責任を追及しうる[51]。また，1994年11月14日連邦通常裁判所判決によると，匿名組合の利益を匿名組合員に分配しない場合にも，匿名組合員は営業者の契約違反を理由として営業者の責任を追及しうる[52]。匿名組合員が営業者に対して組合訴権（actio pro socio）を提起することを認めるべきか否かについては，争いがある。1994年11月14日連邦通常裁判所判決はこれを否定するが[53]，カールステン・シュミットはこれを肯定する[54]。カールステン・シュミットは，多項的匿名会社（mehrgliedrige stille Gesellschaft）等の非典型的匿名組合においては匿名組合員に持分権（Mitgliedschaftsrecht）が認められるため，かかる非典型的匿名組合において訴訟の提起権限を有する機関が営業者に対して訴訟を提起しない場合，各匿名組合員は自己の名で，営業者に対する匿名組合の請求権を実現するため組合訴権を行使できると解すべきであると説く[55]。

③　**匿名組合員の権利・義務**

　匿名組合員には，統制権と情報権が帰属する（ドイツ商法233条）。すなわち，匿名組合員には年度決算の報告書を求め，かつ，会社の帳簿および書面を閲覧

---

50) Blaurock, Handbuch Stille Gesellschaft, 7. Aufl., S. 232.
51) BGH NJW 1988, 413, 414.
52) BGH NJW 1995, 1353, 1354.
53) BGH NJW 1995, 1353, 1355.
54) Karsten Schmidt, in: Münchener Kommentar zum Handelsgesetzbuch, 3. Aufl., §230 Rdnr. 156.
55) Karsten Schmidt, in: Münchener Kommentar zum Handelsgesetzbuch, 3. Aufl., §230 Rdnr. 185.

することにより当該報告書の真偽を検査する権限を有する(ドイツ商法233条1項)。
　匿名組合員は，営業者との間に存在する匿名組合契約に信義誠実の原則が適用される結果，誠実義務に服する[56]。この場合，匿名組合員が負う誠実義務とは「匿名組合が共同の利益を追求するに際して，共同の利益に配慮し，匿名組合に不利益を与えてはならない[57]」という義務である。たとえば，営業者が客観的にみて必要な措置を行う際に匿名組合員の同意が必要であるのにもかかわらず，匿名組合員が恣意的に同意を拒否する場合，当該組合員には同意する義務が認められる。はなはだしく誠実義務に違反する場合，匿名組合員は営業者に対して損害賠償責任を負う。この場合の損害賠償責任とは，同意を拒否した匿名組合員との匿名組合契約を解除せざるを得なくなり，解除にあたり営業者に生じる損害を賠償する責任である。
　匿名組合員は，匿名組合の業務執行には関与せず，常務ではない行為がなされる場合でも，異議権を有しない。匿名組合員が，営業者の業務に反対する立場にある場合，営業者に対して，損害賠償請求または営業者との間で締結されている匿名組合契約を解除することができる。匿名組合員は匿名組合があげた利益に参加する権利を有し，また，通常の場合，匿名組合の被った損失にも参加する。
　匿名組合では匿名組合員の参加割合が観念される[58]。匿名組合員の参加割合の大きさは，匿名組合契約によって定まる。匿名組合員の利益への参加の権利は請求権であり，利益の確定の後，匿名組合員はただちに利益の支払いを請求できる（ドイツ商法232条1項）。ただし，利益の発生した以前において，匿名組合に損失が生じており，匿名組合員の出資が損失により減少状態にある場合は，まず出資の充当がなされなければならない（ドイツ商法232条2項）。匿名組合が上げた利益が減少状態にあった出資を超過している場合，出資は増加せず，匿名組合員に分配されるべき利益の額が増大する（ドイツ商法232条3項）。
　匿名組合員が負担すべき損失の額は，出資の額を限度とする（ドイツ商法232条2項）。匿名組合員は追加出資を請求されることはない。ただし，匿名組合契約により，匿名組合員は全く損失を負担しないと定めることもできる（ドイ

---

56) Blaurock, Handbuch Stille Gesellschaft, 7. Aufl., S. 217; 匿名組合契約に基づき匿名組合員と営業者とが相互に誠実義務を負うことにつき，BGH NJW 1995, 1353, 1354.
57) Blaurock, Handbuch Stille Gesellschaft, 7. Aufl., S. 233.
58) Windbichler, Gesellschaftsrecht, 23. Aufl., S. 190.

ツ商法231条2項)。

匿名組合員の主要な義務は出資の給付にある。匿名組合員の出資は営業者の財産に対して行われなければならない。匿名組合員の出資は,財産的価値を有していればいかなる形態のものでも許され,労務でもよい。

④ **匿名組合の財産関係・損益分配**

匿名組合においては共同の組合財産は形成されず,匿名組合員は営業者の財産に出資するにすぎない(ドイツ商法230条1項)。匿名組合においては,利益分配は必ず行われなければならない。利益分配がなされないものは匿名組合ではない。匿名組合員は,通常の場合,損失も負担するが,負担する損失の額は出資額を超えることはない(ドイツ商法232条2項)。

4 匿名組合の外部関係

匿名組合は内的組合であり,外部関係を有しない。第三者との関係は,営業者のみが有する。営業者は,営業の所有者であり,自己の名で営業を行い,営業から生ずる権利義務を負う(ドイツ商法230条2項)。匿名組合自体も,また,匿名組合員も,第三者との間で法律関係に立たないため,代表権の問題は生じない。

5 匿名組合の終了

① **匿名組合の解散事由**

匿名組合の解散・終了事由は,ドイツ民法723条から728条までの民法上の組合の解散・終了事由の規定が原則として適用され,ドイツ商法の匿名組合規定はその例外のみを定める。すなわち,匿名組合員またはその債権者による匿名組合契約の解除については,合名会社の規定が適用される(ドイツ商法234条1項・132条・134条)。営業者の死亡は匿名組合の解散事由になるが,匿名組合員の死亡は匿名組合の解散事由にならない(ドイツ商法234条2項)。匿名組合には組合財産が存在しないため,匿名組合が解散しても,清算手続は必要でない。匿名組合の解散は,直ちに匿名組合の終了を導く。しかし,匿名組合の解散に伴い,匿名組合員は,財産分割にかかる債務法上の請求権を有する(ドイツ商法235条)。匿名組合の財産分割に際しては,財産分割貸借対照表が形成され,匿名組合員の出資残高が確定され,かつ,支払われる。匿名組合員の出資残高は,匿名組合員が出資した額を出発点として,これに未だ支払われていない利

益を加え，未だ算入されていない損失および借用金を差し引き，最終の営業年度の最終貸借対照表によって確認された額を基に算出される。出資が金銭以外の形式をとっていたとしても，財産分割により匿名組合員に支払われるものは，金銭に限られる。財産分割貸借対照表により，匿名組合員の参加割合がマイナスとなっても，匿名組合員には，追加出資義務は課されない[59]。もちろん，営業者と匿名組合員との合意によって，匿名組合員が無限責任を負うような結果となる損失発生時の追加出資義務を課すことも可能であるが，かかる匿名組合はもはや匿名組合とはいえず，「内的合名会社」となる[60]。

第4節　ドイツにおける匿名組合の利用の実態

ドイツでは，1980年代に公開匿名組合[61]を用いた詐欺事件がいくつか存在したものの，匿名組合が詐欺のために利用される事件はほとんどなく，かつての日本法におけるような匿名組合に対するマイナスのイメージ[62]は一般的に存在しない。最近では，コメルツバンクの経営危機に際して，ドイツ連邦共和国が匿名組合員として出資し，その整理に貢献したという事例が存在する。ドイツにおいては，匿名組合は，主として以下の動機で利用される。

まず，第一に，匿名組合員の出資は，出資者が秘密裏に出資し，かつ少ないリスクを享受するために用いられる。

第二に，匿名組合契約は同族企業の法的基礎として利用される[63]。ドイツでは，匿名組合契約は家族企業の基礎としての利用が普及している。かかる同族企業としての匿名組合の存在は，その匿名性故に，統計上の数値には表れていないが，同族企業の一形態として匿名組合がドイツで広まっていることは，周知の事実である[64]。その理由は，匿名組合には以下で述べる匿名組合員の責任

---

59)　Karsten Schmidt, in : Münchener Kommentar zum Handelsgesetzbuch, 3. Aufl., §235 Rdnr. 35.
60)　Karsten Schmidt, in : Münchener Kommentar zum Handelsgesetzbuch, 3. Aufl., §235 Rdnr. 35.
61)　匿名公開会社とは，„AG & Still" あるいは „GmbH & Still" のように多数の社員が存在する公開会社（Publikumusgesellschaft）の形態を採った匿名組合を指す（Blaurock, Handbuch Stille Gesellschaft, 7. Aufl., S. 29）。
62)　菅原菊志『企業法発展論〔商法研究Ⅱ〕』244頁以下（信山社，1993年）参照。
63)　Blaurock, Handbuch Stille Gesellschaft, 7. Aufl., S. 20.
64)　かかる同族会社としての匿名組合の契約雛型は，Blaurock, Handbuch Stille Gesellschaft, 7. Aufl., S. 839 ff. に掲載されている。

法上および租税法上の利点が存在するからである。

　たとえば，営業者は，家業の後継者にしたいと考えている子を匿名組合員にして営業活動を行うことで，子が学業に就いている場合でも，その子は有限責任を享受することができ，かつ実際の仕事も，その熟練の度合に応じて，少しずつやってもらうことができる。また，匿名組合の営業者が死亡した場合，通常の場合はその匿名組合は解散するはずであるが，営業者が遺言で営業者の個人企業が相続人たる子の個人企業として存続することを定めておけば，営業者の地位を引き継ぐ子を一人としかつ他の相続人が匿名組合員となることで，当該匿名組合は匿名組合として存続する[65]。

　かかる遺言の例としては，次のものがある。「私の息子と孫が同じ割合で，私の相続人となる。私の妻には，私の家財と事業財産を除いたすべての財産を遺贈する。私の妻は，相続人から月××ユーロの年金を一生涯受け取る。この年金は私の妻が再婚した場合でも継続する。私の企業は私の死亡後私の息子によって個人企業として継続する。私の孫はその持分が匿名組合出資となり匿名組合員として参加する。したがって，私の息子と私の孫との間に争いが生じた場合，私の孫の匿名組合員としての出資は合名会社の出資として取り扱われるべきである。すなわち，私の息子と私の孫との間に争いが生じた場合，匿名組合は合名会社となり，私の孫は，私の息子と平等の権利をもった当該合名会社の社員となる[66]」。

　さらに，営業に適さない相続人が存在している場合でも，この者が匿名組合員である限り，営業者に代わって営業活動に従事することはない。さらに，同族企業の基礎として匿名組合契約を用いることは，租税法上の利点もある。すなわち，営業者が，生存中に，営業者としての地位を，配偶者または子に贈与する場合，配偶者については50万ユーロ，子については40万ユーロまで贈与税が免除される[67]。

　第三に，従業員の企業成果への参加の法的基礎として匿名組合は利用される[68]。従業員を匿名組合員にして企業収益へ参加させることにより，企業成果

---

65) Blaurock, Handbuch Stille Gesellschaft, 7. Aufl., S. 193.
66) Blaurock, Handbuch Stille Gesellschaft, 7. Aufl., S. 193.
67) Erbschaftsteuerreformgesetz vom 24.12.2008, BGBl. I 2008, 3018. なお，営業者が死亡し，匿名組合員たる子や妻が相続人である場合については，相続税法上の優遇措置はない。
68) Blaurock, Handbuch Stille Gesellschaft, 7. Aufl., S. 22.

を上げようという従業員の「やる気」が引き出される。

　第四に，ベンチャー・キャピタル会社の資金調達のために，融資契約と並んで匿名組合契約は頻繁に利用される[69]。なぜなら，自己資本増強のための証券を事実上発行できない会社は，匿名組合を利用するほかないからである。匿名組合を利用した自己資本の増強は中小規模のベンチャー・キャピタルによって中心的に行われている。ドイツ全体で，中小規模のベンチャー・キャピタルの資金調達の35パーセントが匿名組合形態での出資であり，10パーセントが享受権等を利用した資金調達であり，残りの20パーセントの冒険的投資にも匿名組合が部分的に利用されている。

第5節　ドイツの匿名組合の法規制の日本法への影響

1　徳川時代・明治初期における匿名組合

　日本においてコメンダとほとんど組織を同じくする一種の匿名組合がすでに徳川時代に形成されていた。元文4（1739）年，北海道産の煎海鼠（いりこ）[70]が幕府の命により長崎に移出されることになった。寛保元（1741）年以降は，近江商人が煎海鼠の移出を引き受けたが，その経営は一種の匿名組合の組織により行われた。すなわち，表面上は近江八幡出身の富商西川傳治がその経営の任に当たり，煎海鼠の仕入，輸入および販売に関する一切の責任を負ったのであるが，その事業には多くの近江商人が参加し，それぞれその持分によって参加した[71]。この共同企業組織が匿名組合であったことは，寛保元（1741）年8月15日，煎海鼠432本を積み込んだ濱野源三郎船が難破した際に，損失を各出資者がその株数に応じて負担したことによって知ることができる[72]。

　天保9（1838）年には，近江出身の藤野喜兵衛・西川准兵衛・岡田半兵衛の三家が共同で択捉の場所請負を行ったが，その共同経営組織では，屋号を丸三，店名を近江屋惣兵衛（架空の人物）としたが，事業の実際は支配人が掌握し，藤野・西川・岡田の三家はそれぞれ6・2・2の割合で出資し，出資額に応じ

---

69)　Blaurock, Handbuch Stille Gesellschaft, 7. Aufl., S. 29.
70)　ナマコ類を乾燥させて，内臓を除いて，茹でて干した珍味。
71)　菅野和太郎『日本会社企業発生史の研究』24頁（岩波書店，1931年）。
72)　菅野・前掲注71)　25頁。

て営業損益が分配されていた。この共同経営組織も匿名組合であった[73]。同様に，文化10（1813）年3月から明治21（1888）年まで，稲西商店は，稲本・西村の両家を出資者とし，営業は支配人が担当するという一種の匿名組合であった[74]。

宇部市とその近郷では元禄10（1697）年以降，石炭の採取が行われてきたが，次第に企業形態での採掘が行われるようになり，その担い手である慣習上成立した炭鉱共同企業であるいわゆる「宇部式匿名組合」では，組合員の中に「蔭歩」と呼ばれ，業務を担当しない者がいた。「蔭歩」は企業の首長である頭取に対して絶対的ともいうべき信頼を置き，企業の運営一切を頭取に対して一任し，共同企業でありながら対外的には頭取個人の企業であり，その財産は頭取のみに帰属し，頭取のみが無限責任を負っていた[75]。かかる慣習上の匿名組合の形成は，明治23年旧商法成立以前であり，明治22（1889）年の宇部式匿名組合の規約に「蔭歩」という言葉が見出せる[76]。

しかし，徳川時代から明治初期まで続いたこれらの匿名組合の経営実態は，日本の商法上の匿名組合規定の草案策定に当たってまったく考慮されることがなかった。

2　ロェスレル草案における匿名組合

ロェスレル草案は，匿名組合を，商事会社と位置づけ，匿名組合に関する規定を商事会社の総則に置いた[77]。すなわち，ロェスレル草案は，匿名組合について，「ある者が他の者の商業に参加し，損益に対する持分を得る対価として，排他的所有権をこの他の者に譲渡するが，業務執行に参加せず，かつ，自己の名前を商号に入れない場合，この者は，この他の者の営業からあるいは商号から第三者に対し，出資額が完全に支払われていない限りにおいて，出資額を限度として責任を負う（ロェスレル草案74条）」他，全部で3箇条の条文を置いた。

ロェスレルは，草案理由書において，匿名組合における匿名組合員の出資は

---

[73]　菅野・前掲注71）25頁以下。

[74]　菅野・前掲注71）30頁以下。これらの江戸期の事業形態につき，これらを一種の組合企業とみる説も存在するが，多数説はこれらを匿名組合とみる（宮本又郎ほか『日本経営史』34頁〔宮本又郎〕（有斐閣，1995年）参照）。

[75]　和座一清「宇部式匿名組合の研究――炭鉱業における家父長制的企業の資本的発展と消滅」金沢大学法文学部論集法経編12号106頁以下（1964年）。

[76]　和座・前掲注75）金沢大学法文学部論集法経編12号111頁。

[77]　司法省は，ロェスレル草案の „stille Gesellschaft" を「匿名会社」と訳した（司法省『ロェスレル氏起稿　商法草案　上巻』221頁以下（新青出版，復刻版，1995年）参照）。

営業者のものとなり，会社財産は存在しないなど，現在の匿名組合の基本的な特徴を挙げていた[78]。ロェスレル草案の匿名組合の規定は，現在の日本の匿名組合規制の基礎を形成した[79]。

3　明治23年旧商法における匿名組合

　明治23年旧商法は，会社について主に規定していた第6章を「商事会社及ヒ共算商業組合」として，匿名組合を第6章第5節「共算共同組合」において規定した。匿名組合については6箇条をもって規定したが，その中心的規定は明治23年旧商法268条1項であり，匿名組合の概念につき，「或人カ損益共分ノ契約ヲ以テ他人ノ営ム営業ニ出資ヲ供シテ之ヲ其者ノ所有ニ移シ商号ヲ自己ヲ表示スル名称ヲ顕ハサス又業務執行ニ与カラザルモノヲ匿名組合トシ其営業者ノ行為ニ付キ第三者ニ対シ出資未済ノ場合ニ於テ其出資ノ額ニ満ツルマテヲ限リ義務ヲ負フ」と規定していた。注目されるべきは，明治23年旧商法273条1項であり，「匿名員ハ契約解除ノ場合及ヒ毎事業年度ノ終ニ於テ計算書ノ差出ヲ求メ及ヒ商業帳簿並ニ書類を展閲調査セント求ムル権利アリ」と定め，匿名組合員の帳簿等閲覧権を認めた。

　明治23年旧商法の匿名組合規制は，1861年ドイツ普通商法典253条1項にならい，匿名組合員の帳簿等閲覧権を認めている点で，ロェスレル草案よりも，1861年ドイツ普通商法典の規制により忠実に従った内容となっていた。

4　明治32年新商法における匿名組合

　明治32年新商法は，会社を「法人」と定義した（平成17年改正前商法54条1項）。その関係で，立法者は，契約関係である匿名組合を法人である会社と並べて規制するのは不適切であると考えた[80]。この点につき，岡野敬次郎博士は，匿名組合は組合であり会社とはまったくその性質を異にするから，これは契約関係の一種として商事契約の下に規定することとし，会社は会社として別に規定を設けることとしたと説明する[81]。かかる経過から明治32年新商法は，第3編商

---

[78]　Roesler, Entwurf eines Handels-Gesetzbuches für Japan mit Comentar, Erster Band, Tokio 1884, S. 208.
[79]　金子宏『租税法理論の形成と解明（下）』15頁（有斐閣，2010年）参照。
[80]　司法省『商法修正案理由書』258頁（東京博文堂，1898年）。
[81]　「法典調査会商法委員会議事要録」法務大臣官房司法法制調査部監修『日本近代立法資料叢書第19巻』363頁（商事法務研究会，1985年）。

行為の中に匿名組合の規定を設けた[82]）。

　日本法の通説・判例上，匿名組合は匿名組合員と営業者の二当事者間の契約にすぎないと解されてきた[83]）。東京控判明治44・5・16法律新聞743号20頁は，「営業者が同時に数名の匿名員と該契約を締結せる場合に於ても通常匿名員の数に応ずる数個の匿名組合契約成立し其組合の当事者は営業者及ひ匿名組合員の二人に過ぎず」と判示する。西原寛一博士も，「営業者は，その資本力を強化するために，多数の出資者と同一内容の匿名組合を結ぶことができるが，この場合にも，匿名組合は営業者と各出資者との間に格別に併存するだけ[84]）」であると論じる。

第6節　おわりに——日本法への示唆

1　匿名組合契約を民法上の組合契約として位置づける必要性

　ドイツ法において，匿名組合は民法上の組合の一種であり，ドイツ民法の組合に関する規定は——規定の性質上匿名組合に適用できないものを除いて——匿名組合に対して補充的に適用される。

　日本法においては，ドイツ民法705条を参考に，民法667条1項（「組合契約は，各当事者が出資をして共同の事業を営むことを約することによって，その効力を生ずる」）を改正し，「組合契約は複数人が共通の目的を達成するための合意をすることにより，その効力を生じる」とすべきである。かかる改正により民法上の組合の適用領域は拡大されるとともに，匿名組合を民法上の組合の一種として位置づけることが可能になり，営業者の匿名組合員に対する受任者としての権利義務（民法671条，644条～650条）や損益分配の割合（民法674条）についての民法上の組合に関する規定（組合の外部関係および組合財産に関する規定は除く）を匿名組合に直接適用できるという法技術上の利点が生じる。これは，経

---

82)　日本法が匿名組合を契約として規制するのに対し，現行ドイツ商法は，匿名組合を第2編「商事会社および匿名組合」の中で規定し，匿名組合を商事会社ではないが，ゲゼルシャフトとして，商事会社に近いものとして規定している。
83)　田邊・前掲注12) 242頁，神作裕之「交互計算・匿名組合——商行為法と金融法の交錯」NBL935号31頁（2010年），近藤光男『商法総則・商行為法（第6版）』174頁（有斐閣，2013年），藤田勝利＝北村雅史編『プライマリー商法総則・商行為法（第3版）』147頁〔吉井敦子〕（法律文化社，2010年），長崎控判明治40・11・26法律新聞467号8頁等。
84)　西原寛一『商行為法（増補第三版）』176頁（有斐閣，1973年）。

済的には，匿名組合も共同事業から生じた利益の分配を目的とするものであるから，民法上の組合の規定の一部を匿名組合に類推適用することが妥当であるという見解[85]を，民法上の組合の規定の匿名組合への直接適用というかたちで実現するものである。たとえば，匿名組合において損失の分担割合につき特約がない場合にはその割合は利益分配の割合と同一であると推定されるべきであるが[86]，匿名組合を民法上の組合と位置づける立場からは，この結論を民法674条2項の直接適用から導ける。匿名組合員は営業者に対し契約の定めるところに従って営業を行うべき旨を請求することができ[87]，また，営業者は匿名組合員に対して善管注意義務および忠実義務を負うため[88]，匿名組合と同一の営業をなしえず[89]，営業者が匿名組合員の承諾を得ないで任意に営業の変更，休止，廃止または譲渡をなした場合，営業者は，契約の解約（商法540条2項）[90]および損害賠償責任を負うとすべきであるが[91]，匿名組合を民法上の組合と位置づける立場からは，これらの結論を民法671条・644条の直接適用から導ける[92]。

すべての団体は目的を有する。イェーリングは，『法における目的』の中で，社団，組合，会社，法人を「組織された目的」とみる[93]。民法上の組合の最も古い形態であるローマ法上のソキエタスは，共通の手段により共通の目的を達成するための複数人の結合体であると定義されていた[94]。日本における民法上

---

[85] 蓮井良憲＝森淳二朗編『商行為法（新商法講義1下）（第4版）』217頁〔小林量〕（法律文化社，2006年），石井照久『改訂商法第2節』43頁（勁草書房，1959年）。

[86] 弥永真生『リーガルマインド商法総則・商行為法（第2版）』172頁（有斐閣，2006年），藤田＝北村編・前掲注83) 149頁〔吉井敦子〕，蓮井＝森編・前掲注85) 221頁〔小林量〕，蓮井良憲＝西山芳喜編『入門講義　商法総則・商行為法』149頁〔井上能孝〕（法律文化社，2006年）。

[87] 大隅健一郎『商行為法』86頁（青林書院新社，1958年）。

[88] 神作裕之「信託法と商行為法の交錯——序論的考察」神作裕之編著『商事法・法人法の観点から見た信託』136頁（公益財団法人トラスト60，2014年）。

[89] 松本烝治『商行為法』155頁（有斐閣，1929年）。

[90] 蓮井＝森編・前掲書注85) 220頁〔小林量〕。

[91] 小町谷操三『商行為法（1）』119頁（日本評論社）。

[92] 通説は，民法671条・644条の匿名組合への類推適用を認める。森本滋『会社法・商法総則手形法講義（第4版）』18頁（成文堂，2014年），石井・前掲書85) 43頁，蓮井＝森編・前掲注85) 220頁〔小林量〕。

[93] イェーリング，潮見俊隆＝唄孝一訳『法における目的』66頁（日本評論社，1949年）。

[94] Honschel/Mayer-Maly/Selb, Römisches Recht, Berlin 1987, S. 330；Honschel, Römisches Recht, 5. Aufl., Berlin 2002, S. 150; Kaser/Knütel, Römisches Privatrecht, 20. Aufl., München 2014, S. 267　石川真衣『フランスにおける株式会社の成立と展開（1）——会社本質論への手がかりとして』早稲田大学大学院法研論集149号27頁（2014年）

の組合の概念の要素として，共通の目的を挙げることは，ローマ法以来の私法学の伝統に従うことにもなる。

2 多項的匿名組合を認める必要性

日本の通説上，匿名組合では3人以上の者が一個の匿名組合契約を結ぶことができないと解されてきた[95]。この見解によると，営業者が複数の出資者との間で匿名組合を成立させることは可能であるが，その場合，出資者の数だけ匿名組合が成立し[96]，出資者相互間には何らの法律関係も生じない。この点につき，長崎控判明治40・11・26法律新聞467号8頁は，「元来匿名組合ハ営業者ト各組合員間ニ於テ別個ニ成立スル契約関係ニシテ組合員相互間ノ関係ニ非サレハ他組合員ハ一組合員ト営業者間ノ匿名組合契約ニ対シテハ固ヨリ第三者タルニ外ナラス」と判示する。日本の多数説は，複数の匿名組合員によって構成される一個の「多項的匿名組合」を，匿名組合とは認めない[97]。

ただし，大判大正6・5・23民録23輯917頁は，民法上の組合の一種として「内的組合」を認める。本判決は次の事案を基礎とする。甲以下5人が組合事業として米穀取引所における仲介を行ったが，取引所におけるその取引は，免許を持つ甲のみに委ねられ甲の名義で行われていた。大審院は，甲の単独名義で営業がなされていても，当事者間に共同の事業があり，共有財産に関する約定が

参照。
95) 西原寛一博士は，これは「沿革および商法535条・539条の文理ならびに多数者間の法律関係の規定を欠いていることから見て明らかである」とする（西原・前掲書注84）167頁）。田邊・前掲注12）242頁。
96) 田邊・前掲注12）243頁。
97) 西原寛一博士は「営業者は…多数の出資者と同一内容の匿名契約を結ぶことができるが，この場合にも，匿名組合は営業者と各出資者との間に格別に併存するだけで，出資者相互の間には何の法律関係も存しない」と論じる（西原・前掲注84）176頁）。青竹正一教授も，「匿名組合は，匿名組合員と営業者との契約にすぎず，多数の匿名組合員との間で同一内容の匿名組合契約を締結しても，匿名組合相互間に法律関係は生じない」と論じる（青竹正一『改正商法総則・商行為法（第3版）』171頁（成文堂，2012年））。森本滋教授も，「匿名組合契約は二当事者間の契約〔総務有償の諾成契約〕であ」ると論じる（森本・前掲書注92）18頁）。
ただし，服部榮三博士は，複数の匿名組合員が一個の匿名組合契約を締結することを認める（服部榮三『商法総則・商行為法講義』184頁（文眞堂，1978年））。
和座一清博士は，匿名組合契約が二当事者間契約であるという前提に立ち，数名の出資者が一個の民法上の組合を形成し，かかる一個の民法上の組合が一当事者として営業者と匿名組合契約を締結することは可能であり，かかる場合複数の出資者が共同して匿名組合員となると説く（和座一清「匿名組合」鴻常夫ほか編『演習商法（総則・商行為）』224頁（青林書院，1984年））。これは通説も認めている（西原・前掲書注84）176頁以下）。

ある以上，匿名組合ではなく民法上の組合であるとしたが，民法上の組合でもその共同性が内部関係に止まるときは，外部関係において取引上の当事者になるのは甲だけであるとし，甲以外の組合員の責任を否定した。本判決は，民法上の組合であっても，一人の単独の名義で取引が行われた場合には，取引を行ったのは組合ではなく，その組合員個人であるとみなすものであり，かかる方法で，他の組合員については，事実上責任を制限することが可能であることを示した。

日本の商法学では，匿名組合を民法上の組合の一種である「内的組合」と位置づけるべきであると説く見解が有力である[98]。この見解は，匿名組合の場合も内部的には共同事業であり，その財産関係も，計算上，営業者の固有財産から分別して取り扱われていること（商法538条・541条），また，内部関係では特約により匿名組合員の業務参加を認めることができるため，匿名組合は民法上の内的組合の特殊型であると説く[99]。神作裕之教授は，日本の商法535条を改正し，「匿名組合契約は，匿名組合員が営業者の営業に出資し，<u>共同</u>の営業から生ずる利益を分配することを約することによって，その効力を生ずる（下線引用者）」とし，匿名組合が近時の民法改正でその導入が検討された内的組合（「各当事者が出資をして<u>共同</u>の事業を営むが，そのうちの一人に組合財産を帰属させ，かつ同人にもっぱらみずからの名で取引させる組合（下線引用者）」）であることを法文上明らかにするべきであると説く[100]。神作裕之教授の説くように，匿名組合における営業を営業者と匿名組合員との「共同」の営業と立法上定めるならば，多項的匿名組合を「内的組合」と位置づけることが可能となる[101]。判例[102]・通説上[103]，現行法上の民法の組合の定義（民法667条）を前提として，匿名組合と民法上の組合との差異が，匿名組合では営業者の単独事業であり，営

---

[98] 平出慶道『商行為法（第2版）』330頁（青林書院，1989年）。松本烝治博士は，匿名組合は全く団体性を有しないため匿名組合契約は民法上の組合契約とは異なるが「組合ノ内部関係ト類似セル関係ヲ有スル所ノ一種独立ノ契約」であると解する（松本・前掲書注89）150頁）。

[99] 上柳克郎＝北沢正啓＝鴻常夫編『新版商法総則・商行為法』198頁〔和座一清〕（有斐閣，1998年）。

[100] 神作・前掲注83）NBL935号35頁。

[101] 神作・前掲注83）NBL935号35頁。

[102] 大判大正6・5・23民録23輯917頁。

[103] 小町谷操三『商法講義巻2商行為・保険』59頁（有斐閣，1957年），落合誠一＝大塚龍児＝山下友信『商法Ⅰ——総則・商行為（第5版）』271頁〔山下友信〕（有斐閣，2013年），森本滋編著『商行為講義（第3版）』98頁以下〔森本滋〕（成文堂，2009年）。

業者と匿名組合員との共同事業ではないことに求められている。神作裕之教授の立法提案は、匿名組合における営業者個人の営業を、営業者と匿名組合員との「共同の」営業と変更することで、現行法上の民法の組合の定義規定（民法667条）の下で、典型的匿名組合を民法上の組合の一種とみることができるだけでなく、複数の匿名組合員を構成員とする一個の匿名組合（すなわち非典型的匿名組合契約としての多項的匿名組合契約）を、民法上の組合の一種である「内的組合」とみることができる。この意味で、本稿は、神作裕之教授の立法提案を支持したい。

神作裕之教授の匿名組合契約の定義によると、営業者が匿名組合員となってくれるものを探して個別に匿名組合契約を締結した場合、これらの相互に面識のない匿名組合員については全体として「共同の営業」が存在しないため、これらの匿名組合員すべてを包含する一つの匿名組合が成立しているということにはならず、各匿名組合員につき独立した複数の匿名組合契約が成立しているということになるであろう。

これまで匿名組合形態の企業を形成するためには、営業者は個々の組合員との間で個別に契約を締結しなければならないと解されてきた。日本法においても、ドイツ法のように、多項的匿名組合契約を認めるならば、匿名組合員が複数になる場合でも、一個の匿名組合契約を締結するだけで済み、個別に複数の匿名組合契約を締結する必要がなくなる。これにより、契約締結にかかる取引コストが節約されることはいうまでもない。また同族企業がその基礎をなる契約として匿名組合契約を利用することが促進される。また、多項的匿名組合においては、一個の匿名組合全体で損益が算出されるため、一個の匿名組合企業につき一回の決算を行えば損益の分配は可能になり、個別契約ごとに損益分配額を定める必要がない[104]。これも匿名組合契約が継続企業の基礎として利用されることを促進するものである。

多項的匿名組合においては、団体自治の観点から、営業者と総匿名組合員との合意で、匿名組合員の意思決定機関である「匿名組合員総会」や営業者に対する助言や監督の権限を有する「役員会」等の任意機関を設置することもでき

---

[104] 竹田省博士は、匿名組合にも営業年度が想定され、民法674条の適用により出資額の割合に応じて、利益分配がなされるべきと説く（竹田省『商行為法』92頁（弘文堂、1931年））。

ると解される[105]。また，匿名組合員となるべき者が全発起人を占める形で株式会社を発起設立し，この株式会社が営業者となり，その株主を匿名組合員として匿名組合契約を締結する場合，その事業につき無限責任を負う自然人が存在しない匿名組合が成立しうるが[106]，かかる匿名組合が多項的匿名組合である場合，総匿名組合員によって構成される「匿名組合員総会」を当該多項的匿名組合の最高意思決定機関とすることができると解すべきである[107]。これらの可能性は，継続的企業としての多項的匿名組合における構成員の民主的運営を可能にするものである。

3　同族企業の基礎としての匿名組合契約の利用

ドイツにおいては，匿名組合が同族企業のための法形態として頻繁に用いられている。日本では匿名組合の同族企業の法形態としての利用は知られていない[108]。今後は日本においても，手工業や農林水産業における家族経営の企業において，将来に子に企業を相続することを前提に，本稿で紹介したドイツの遺言実務[109]を参考にして，親から子孫へと世代を超えてその事業が継続的に受け継がれていく同族企業の形態として匿名組合が利用されてもよい。日本では，戦後の混乱期に闇金融の手段として大流行したが[110]，現在でもなお，脱法行為の手段として匿名組合への出資者の匿名性を利用する事例[111]あるいは不特定多数の出資の受け皿として脱法目的で匿名組合を利用する事例[112]があるため，

---

[105]　Vgl. Karsten Schmidt, in : Münchener Kommentar zum Handelsgesetzbuch, 3. Aufl., § 230 Rdnr. 182 f.

[106]　かかる匿名組合を認めないという解釈論もありえる。ドイツにおいては，有限合資会社形態を用いて無限責任を負担する自然人が存在しない有限合資会社を認めないとする立法論が存在する（高橋英治『ドイツと日本における株式会社法の改革——コーポレート・ガバナンスと企業結合法制』347頁以下（商事法務，2007年））。

[107]　Vgl. Karsten Schmidt, in : Münchener Kommentar zum Handelsgesetzbuch, 3. Aufl., § 230 Rdnr. 182.

[108]　日本では，企業間の共同事業，不特定多数の出資者からの資本調達およびベンチャー企業がエンジェル投資の手段として，匿名組合は利用されている（宍戸善一「匿名組合再考」石川正先生古稀記念『経済社会と法の役割』810頁以下（商事法務，2013年）参照）。

[109]　本稿第4節の遺言例を参照。

[110]　谷口勢津夫「匿名組合の課税問題——TKスキームに関する租税条約の解釈適用」日本税務研究センター編『金融資産収益と所得税課税〔日税研論集第55号〕』148頁（日本税務研究センター，2016年）。

[111]　最決平成22・5・31判時2174号127頁。

[112]　札幌地決平成23・5・13判タ1362号203頁〔ジャパンリアライズ事件〕。

匿名組合についてマイナスのイメージが存在する[113]。日本において匿名組合を同族企業の法形態として普及させるためには，匿名組合に対する一般人のマイナスのイメージが払拭され，会社に比較した上での匿名組合の企業組織上および税法上の利点[114]が一般人に周知されるとともに，同族企業としての多項的匿名組合の任意機関として，営業者が匿名組合員の利害に重大な影響を及ぼす行為をなす際に同意を必要とする「匿名組合員総会」や営業者に対する監督や助言を行う「役員会」を設置できることおよびそのための要件を法解釈によって明らかにすることは，同族企業の法的基礎として多項的匿名組合が利用されることに資すると考えられる。

多項的匿名組合の匿名組合員は，営業者との関係および匿名組合員相互の関係において，誠実義務を負うと解すべきである。かかる誠実義務を根拠として，多項的匿名組合において営業者が匿名組合員に重大な影響を及ぼす措置を行う場合には匿名組合員の全員の同意が必要であると匿名組合契約で定められている状況下で，当該措置が行われなければ匿名組合の営業の存続が危ぶまれ，かつ，営業者および匿名組合員の利益が著しく害されるおそれがある場合，各匿名組合員は，当該措置に同意する義務を負うと解すべきである[115]。また，同様

---

[113] 横浜地判平成25・10・22金融・商事判例1432号44頁で登場する匿名組合は脱法的なものではないが，会社の「余資」の運用としてなされた匿名組合契約に基づく出資が配当を受けることなく貸倒償却されている。匿名組合に対する一般人のマイナスイメージは，保全経済会事件（昭和28年10月24日）によって形成された。同事件は，15万人の加入者から45億円を集めた「保全経済会」が全国で一斉に支払いを停止し，休業を宣言し，同理事長伊藤斗福が逮捕され，深刻な社会不安を引き起こしたというものである。保全経済会は匿名組合を自称していた（菅原・前掲注62）244頁以下参照）。保全経済会事件は，貸金業取締法（昭和24年法律170号）の規制を回避して一般大衆から資金を集めるために匿名組合契約を利用した例であるといわれている（金子・前掲注79）17頁）。

[114] 日本においても，匿名組合自身は，会社などの法人とは異なり，法主体ではないので，利益の分配をしない限り，所得税は営業者のみが課税されるという租税上の利点がある。すなわち，匿名組合を投資媒体として用いた場合には，営業者から組合員に分配される利益は，営業者の段階で必要経費（営業者が個人の場合）または損金（営業者が法人の場合）に算入されるから，営業者の段階では課税されず，匿名組合員の段階で課税されるのみである（金子・前掲注79）17頁参照）。匿名組合員に対する課税は，独立事業体方式ないし純資産方式によってその所得を計算し，営業者の営業年度の確定した決算により算定された匿名組合契約に係る営業の成果に基づいて行われる（谷口・前掲注110）150頁以下参照）。日本における匿名組合の課税につき，水野忠恒『租税法（第5版）』343頁以下（有斐閣，2011年），金子宏『租税法（第20版）』479頁以下（弘文堂，2015年），淵圭吾「匿名組合契約と所得税課税——なぜ日本の匿名組合契約は節税目的で用いられるのか」ジュリスト1251号177頁（2003年）参照。

[115] Vgl. BGH 2009, 2290, 2291（合名会社の事例）．同判決につき，高橋英治「ドイツに

の匿名組合員全員の同意条項が付された匿名組合契約を基礎とする多項的匿名組合契約において，営業者の営業が継続的に採算のとれない状態に至っており，営業の存続が営業者および匿名組合員の利益を著しく害する場合，各匿名組合員は，その誠実義務を根拠として，営業者による営業の終了の決定に同意する義務を負うと解すべきである[116]。

おける株主および会社の誠実義務の発展──誠実義務の時代依存性と普遍性」関俊彦先生古稀記念『変革期の企業法』58頁以下（商事法務，2011年）参照。
116) Vgl. BGH NJW 1960, 434（合資会社の事例）.

ドイツ債務証券法
(Schuldverschreibungsrecht) の改正

モーリッツ・ベルツ

久保　寛展（訳）

第1節　序　文

　資本市場における企業の資金調達は，ドイツと同様に日本でも，1990年代以降，銀行貸付による資金調達と比べて非常に重要な意義を得た。この発展の一部として，中長期的な企業の資金調達手段である債券の発行に基づく資金調達がますます増加している。その際，均一の条件に基づき（債券の）総額発行に統合された（分割型）債務証券（(Teil) Schuldverschreibung）の国民経済的機能は，（典型的には信用機関のような）金融仲介機関を介入させることなく，資本市場の直接的な対話を通じて実施される，他人資本の流動化にあったとされる[1]。取引可能な債務証券を発行することにより，幅広い公衆から大資本を集めることができ（いわゆるキャピタルロスの変換（Kapitallostransformation）），同時に流動性のある第二次市場では，投資家に対し，発行者に長期的にゆだねられた資金を，必要があれば再び短期的にも処分することが認められる（いわゆる満期変換（Fristentransformation）））。

　債券を通じた企業の資金調達の意義が高まるにつれ，債券の債権者を，倒産前にもしくは倒産の枠外で尽力される再建に取り込めるかという問題にも非常に注目される。ある債券を発行した債務者がもはや自己の債務を完済できない場合，債券の債権者等から出資を受けなければ，通常，再建が困難であることは明白である。債務証券が取引可能であるために不可欠な投資条件の均一性を放棄できないとすれば，その前提として，すべての債券の債権者に対し有効な

---

1) Th. Baums, Die Fremdkapitalfinanzierung der Aktiengesellschaft durch das Publikum, in : Bayer/Habersack (Hrsg.), Aktienrecht im Wandel, Bd. II : Grundsatzfragen des Aktienrechts (Tübingen 2007), Rn. 15 f.

債券発行条件（Anleihebedingungen）に適合させることが必要である。しかしその場合，実際上，当該債権者の一致が得られるのはまれであるので，法律の規定に基づき，あるいは債券発行条件で合意された集団行動条項（Umschuldungsklauseln; collective action clauses）としての私的自治に基づき，債券発行条件が多数決に基づく決定を通じて，どのような要件のもとで変更されうるのかという問題が生じる。ここでの議論では，新興国の外国債券の債権者を，当該新興国の債務免除に含めることが試みられた国際的な経験もまた，重要な役割を果たす[2]。

最近まで，もっぱらドイツの立法者が債券発行条件の事後的変更を予定したルールを適用することなく，ドイツの企業が債券を発行したことは注目すべきである。たしかに1899年のいわゆる旧債務証券法[3]（以下，旧債務証券法とする）では，多数決に基づく決定が定められていたが，その適用範囲があまりにも狭く，また債権者の権利の実現可能性があまりにも制限的であることがわかった。このことが，ドイツの立法者に対し，100年以上を経た後の2009年7月31日の債務証券法（以下，新債務証券法とする）[4]をもって，とくに債券の債権者のための組織法を，国際的にも通用する要件に適合させる新たな債務証券法を創設させるきっかけになった[5]。

本稿は，改正の背景を解説し（第2節），その要点に係る概要を示し（第3節），かつ2009年8月5日に新債務証券法が施行されて以降の時期について結果を総括するものである（第4節）。本稿で詳しく述べられることは，日本でも過去数年の間に多数決決議による負債のリストラクチャリングが非常に議論されたことから，日本の読者にとっても関心があろう。

---

[2] H. Schneider, Die Änderungen von Anleihebedingungen durch Beschluss der Gläubiger, in : Baums/Cahn (Hrsg.), Die Reform des Schuldverschreibungsrechts (Berlin 2004) 69, 70.

[3] Gesetz betreffend die gemeinsamen Rechte der Besitzer von Schuldverschreibungen vom 4. Dezember 1899, Reichsgesetzblatt I 1899, S. 691.

[4] Bundesgesetzblatt I 2009, S. 2512.

[5] Regierungsentwurf, Bundestagsdrucksache 16/12814 vom 29.4.2009, S. 1 und 13をみよ。

第2節　2009年の改正の背景

1　債券法（Anleiherecht）の規制の目的

　現代の債券法では，一方では債券発行条件の内容を形成する場合の高度な法的安定性と，私的自治に基づき行われる債券発行時点でのリスク分配，他方では債券の有効期間中にその重要な内容を変更する場合において債権者を当該内容に十分に適合させる可能性との両者を組み合わせる必要がある[6]。最初に掲げた法的安定性とリスク分配は，投資家に対しその投資決定に際して事前に確実な根拠を提供するための前提であるのに対し，最後に掲げた可能性は，当初，予見できなかった諸事情に適合させる必要が生じた場合に事後的に柔軟に対応できるために要求されるものである。このような要求が生じるのは，発行者が経済的困難に陥りかつ倒産法の適用前にもしくは倒産法の適用外で再建が企図されるが，（とりわけグローバルな金融危機によって示されたように）経済的もしくは法的な事情が予見できずに本質的に事情が変更するような場合があるからである[7]。

　発行者の経済的困難に基づき債券の債権者の支払請求権が危機的状況に陥ったような場合，当該債権者には，債券発行条件に従い，通例，即時に解約し，かつ膨れ上がった利息を含めて債券の券面額をただちに請求する権利が付与される。企業の継続がいまだ見込まれる限り，債券発行者の経営者はこのシナリオを回避しようとするであろう。しかし債券の債権者も，企業を清算すれば，通常，自己の債券が広範にデフォルトに及ぶこともあるので，しばしば企業を清算するおそれがあることよりも，再建する方を優先するであろう。

　この状況はしばしば他の債権者にとっても妥当するのに対し，債券の債権者に関しては，特別な集団行動が可能かどうかの問題が生じる[8]。というの

---

[6]　参照，M. Reps, Rechtswettbewerb und Debt Governance bei Anleihen (Tübingen 2014) 379 f.

[7]　債券発行条件の変更を生じさせる場合については，F. Steffek, Änderung von Anleihebedingungen nach dem Schuldverschreibungsgesetz, in : Grundmann et al. (Hrsg.), Unternehmen, Markt und Verantwortung, Festschrift für Klaus J. Hopt zum 70. Geburtstag (Berlin/New York 2010), 2597, 2599 f.

[8]　Reps (Fn. 6) 189 ff.

も，当該債権者は，たいていの場合，多数に及びかつ相互の結びつきも弱いからである。それゆえ，集団的な意思の形成や利益代表のための特別な手段が要求される[9]。同時に，意見を異にする債権者の場合は，当該債権者に潜む「ゆすり」の可能性を最小限に減らすために，当該債権者を効果的に取り込むことができなければならない。この集団行動の問題の解決が，債券組織法（Anleiheorganisationsrecht）の中心的な課題となる（デット・ガバナンス）。

2　1899年の旧債務証券法の欠点

この目的のために制定され，かつその施行以降は重要な変更を受けなかった1899年の旧債務証券法は，100年以上にわたり依然として死法（totes Recht）のままであった[10]。その当時の立法者は，特定の状況下では，債券の債権者が自己の権利について集団的に決定し，かつ法律の根拠がなくてもすべての債権者の同意に基づき，自己の権利を集団的に行使できなければならないとの認識であった。したがって，本法では，債券の債権者集会の多数決決議を通じて，事後的に債券発行条件を諸事情に適合させる可能性が定められていたのである。

そうとはいえ，旧債務証券法の適用が非常にまれであったことは，一方ではドイツの発行者による国内での債券の発行だけを定めた（旧債務証券法1条1項），その狭い適用範囲に原因があった。それゆえ，ドイツの企業が（課税上の根拠から，あるいは資金調達コストを引き下げるために）親会社の保証のもと，外国の子会社（たとえば，資金調達のための子会社がしばしばオランダに存在した）を介して債券を発行する限り，同法の適用を受けなかったし，いずれにしても，適用できないことは明白であった[11]。同様に，たとえば中央ヨーロッパや東ヨーロッパ出身の若干の金融機関において一般的に行われたように[12]，外国の発行者がドイツ法に従って債券を発行する場合（いわゆる外国債券）についても，

---

9)　参照，K. J. Hopt, Änderungen von Anleihebedingungen – Schuldverschreibungsgesetz, § 796 BGB und AGBG, in: Baur/Hopt/Mailänder（Hrsg.）, Festschrift für Ernst Steindorff zum 70. Geburtstag am 13. März 1990, 341 f.

10)　SCHNEIDER（Fn. 2) 79.

11)　主として準用することも否定された。その詳細は，M. FRIEDEL in: Friedl/Hartwig-Jacob（Hrsg.）, Frankfurter Kommentar zum Schuldverschreibungsgesetz（Frankfurt a.M. 2013）Einleitung Rn.4. さらに参照，K. J. HOPT（Fn. 9) 344 ff.

12)　D. BLIESENER, Änderung von Anleihebedingungen in der Praxis, in : Baum et al., Perspektiven des Wirtschaftsrechts. Deutsches, europäisches und internationales Handels-, Gesellschafts- und Kapitalmarktrecht, Beiträge für Klaus J. Hopt aus Anlass seiner Emeritierung（Berlin 2008）355, 356 f.

旧債務証券法の適用を受けなかったのである。

　さらに，旧債務証券法では，リストラクチャリングの可能性の実現があまりにも遅くかつ実現に達したとしてもその可能性が小さいことに特徴があった。この特徴は，発行者に対して，旧債務証券法の適用範囲外で自己の債券を発行するインセンティブを与えたことを示す。それぞれの債券の債権者全員に拘束力がある多数決決議は，たしかに議決権の75％をもって可能であったが，その決議によっても債権者の介入の程度は非常に限定的な範囲でしか許されなかった[13]。それゆえ，利息の削減もしくは債権の支払猶予は，支払停止もしくは倒産手続を回避するためにのみ，可能であったにすぎない（旧債務証券法11条１項）。もっとも実務上，このことはしばしば有意義な再建にとってあまりにも時間的に遅く，とりわけこの時点以前ではすでに財務制限条項（financial covenants）に違反していたのも事実である。さらに，支払猶予は最大で３年間，保証されうるものであったし，元本請求権（Kapitalansprüche）の放棄は法律上許されなかった（旧債務証券法12条３項）。このような事情では，実際上，債券の債権者とは別の債権者にとっても，自己の債権の一部放棄はほとんど不可能であったし，同様にデット・エクイティ・スワップもしくは劣後化（Rangrücktritt）のような別の再建手法も不可能であったとされる[14]。

　最後に，旧債務証券法の手続規定が円滑でなかったこともあげられる[15]。たとえば，債券の債権者集会の招集には債務証券を寄託することが前提であったが，この前提は，今日では一般的に行われる混蔵寄託証書（Sammelurkunden）の証券化に直面すると，実用的ではない[16]。さらに，電磁的なコミュニケーション手段を用いて国際的に活動する投資家の増加を期待できるものでもなかった。

　助言実務上も，最終的に満足いく形でこの問題を解決できるものではなかった[17]。旧債務証券法の厳格な基準はドイツ国内の発行者の債券を拘束するものであったし，外国の発行者がドイツ法に従って債券を発行するには，不確実性

---

13)　FRIEDL (Fn. 11) Einleitung Rn. 5.
14)　旧債務証券法のもとで許容される再建措置もしくは許容されない再建措置についての詳細は，SCHNEIDER (Fn. 2) 76.
15)　STEFFEK (Fn. 7) 2598.
16)　REGIERUNGSENTWURF (Fn. 5) 13.
17)　K. J. HOPT, Neues Schuldverschreibungsrecht – Bemerkungen und Anregungen aus Theorie und Praxis, in : Grundmann et al., Unternehmensrecht zu Beginn des 21. Jahrhunderts, Festschrift für Eberhard Schwark zum 70. Geburtstag (München 2009), 441, 442 ff.

が存在したことから，債券発行条件の変更に関して，好むと好まざるとにかかわらず，債権者一致の原則に依拠したのである[18]。それゆえ，国際的に行われる集団行動条項は，ドイツ法に従って発行された債券の場合，一般に通用するものではなかったことがわかる。

3 法令の競争および債券発行の立地競争におけるドイツの地位

これらの旧債務証券法の欠点を背景に，2009年の改正法では，債権者による多数決に基づく決定につき，債券発行条件における国際的に通用する条項の適用に際して，法的安定性を作出することが目指された[19]。これと同時に，改正法の背景には，法令の競争およびグローバルな債券市場の諸条件に係る債券発行の立地競争がある[20]。また，他の法令と競合する新債務証券法は，標準的な内容の債券の場合（普通社債；straight bonds）にはとりわけイギリス法に従って発行し，高利回り型の債券の場合（ハイイールド債；high-yield bonds）にはとりわけアメリカ合衆国のニューヨーク州の法律に従って発行するというように，ドイツの発行者が外国の法に従って債券を発行する場合に当該発行者が外国の法令のなかで歩き回る傾向があることを予防する。これによって，国際的な債券発行条件においてドイツ法が選択されることが促進され，かつドイツが債券発行の立地として強化されることが意図される[21]。

もっとも，この場合に考慮されるべきことは，適用される法および債券発行の立地の選択に際して，他の法令と競合する実体法の存在は，数あるなかの一つの要因でしかないことである。債券部門においてアングロサクソン系の法令が優勢であることは，高度な法的安定性と柔軟性を備え，裁判所にも予見可能であり，かつ専門的に運用されるルールがあること以外にも，たとえばそれぞれの資本市場に奥行き（Tiefe）があること，大規模な投資家の住所があること，

---

[18] BLIESENER（Fn. 12）357. 外国の発行者がドイツ法に従って発行した債券の集団行動条項の許容性に関する議論については，SCHNEIDER（Fn. 2）85 f. をみよ。

[19] REGIERUNGSENTWURF（Fn. 5）16.

[20] 全般的には，REPS（Fn. 6）.

[21] N. HORN, Das neue Schuldverschreibungsgesetz und der Anleihemarkt, Zeitschrift für Bank- und Kapitalmarktrecht（BKR）2009, 446, 447. さらに参照，DEUTSCHER ANWALTSVEREIN（DAV）, Stellungnahme zum Referentenentwurf eines Gesetzes zur Neuregelung der Rechtsverhältnisse bei Schuldverschreibungen aus Anleihen und zur Anpassung kapitalmarktrechtlicher Verjährungsvorschriften（Stellungnahme Nr.41/2008）, S. 3.

および英語が優勢であることのような他の多数の要因にも基づく[22]。それゆえ，重要なネットワーク効果や経路依存性（Pfadabhängigkeiten）に直面すれば，改正法の目標は，各利用者が現実に有する，ドイツ法やその「故国市場（Heimatmarkt）」との当然の結びつきを失わないことにある[23]。

第3節　改正の要点（Eckpunkte）

以下では，改正の若干の要点が紹介される。本章では，多数の細目の解説は断念し，紙幅の許された範囲で選定されたテーマを扱う。その中心にあるのが，債券の債権者の多数決による決定に係る新たなルールである。この新たな債権者のための組織法が，新債務証券法の核心部分である（新債務証券法5条ないし21条）[24]。

1　適用範囲（新債務証券法1条）

新債務証券法は，「ドイツ法に従って発行された総額発行に基づく同一内容の各債務証券」に適用される（新債務証券法1条）。旧債務証券法と比較して重要な相違点として明らかなことは，まず，新債務証券法が場所的に無制限に適用されることである。つまり，ドイツ法に従って外国に所在地がある発行者によって発行された外国債券にも適用されるのである。この場合，同法が適用されるには，単にドイツ法が選択されたことが重要であるにすぎない。もっとも，（3以下で議論されるように）債券発行条件のなかで新債務証券法の適用が選択された場合に限り，同法5条ないし21条所定の新たな債権者のための組織法が適用される。

債務証券という広範な概念には，信用の受入れが中心にある証券化された典型的な給付約束（狭義の「債券」）のほか，証券化された他の多数の債権も含まれる。この概念は，証券化されたデリバティブ（Zertifikate），無記名債務証券（Inhaberschuldverschreibung）として発行された受益証券，もしくは原則とし

---

22) FRIEDL (Fn. 11) Einleitung Rn. 31；詳細については，REPS (Fn. 6) 96 ff.
23) REPS (Fn. 6) 160 f.
24) 発行者と債券の債権者との間の法律関係は，第一次的には引き続きドイツ民法793条以下で規制されており，現在のところ新債務証券法2条ないし4条によって補充されている。

て（債権に担保が付された）担保付債券にも妥当する[25]。

　債務証券のうち若干の種類のものは，新債務証券法の適用範囲から除外されるが（新債務証券法1条2項），同法の文言の不正確さから，この除外規定は同法5条ないし21条所定の組織法（Organisationsrecht）にのみ適用されるにすぎず，同法2条ないし4条所定の強行法的な部分には適用されない[26]。とくに担保付証券に対して特別なルールを定める担保付証券法（Pfandbriefgesetz）に基づく担保付債券が除外される。同様に，連邦，連邦の特別財産（Sondervermögen），州もしくは地方自治体が発行する債券であるか，またはこれら連邦等が保証を引き受けたところの債券についても除外される。立法者は，ドイツの公債に係るこれらの除外規定を理由づけるため，まず，これらの債務者は倒産することができず，したがって，その債権者に対して債券発行条件に適合させる必要性がないことを掲げる[27]。もっともこの理由づけが，ドイツの公共体によって発行もしくは保証された債券の債券発行条件のなかで新債務証券法5条ないし22条に依拠した私的自治に基づく集団行動条項の合意を妨げるのかどうかには，異なった判断が要求される[28]。これに対し，外国の公共体の債券は原則として同法の適用範囲に含まれており，ここから除外されるのは，単にその債務者がユーロ通貨圏の他の加盟国である債券にすぎない（同法1条2項2文）。

　すでに新債務証券法の施行直後に引き起こされた活発な議論が，時間的適用範囲の問題であるが，この問題は小括（以下の第4節の2）のなかで，再度，言及することにする。

---

[25] 詳細については，HARTWIG-JACOB, in : Friedl/Hartwig-Jacob（Fn. 11）§ 1 Rn. 11 ff. をみよ。

[26] その詳細は，HARTWIG-JACOB, in : Friedl/Hartwig-Jacob（Fn. 11）§ 1 Rn. 163 ff. m.Nachw.

[27] REGIERUNGSENTWURF（Fn. 5）16. 批判的な見解として，CH. KELLER/N. KÖSSLER, Die Bedeutung des Schuldverschreibungsgesetzes für die deutsche Staatsanleihen im Lichte der jüngsten Entwicklungen, in : Baums（Hrsg.）, Das neue Schuldverschreibungsrecht（Berlin 2013）, 73, 74 f. ならびに HARTWIG-JACOB, in : Friedl/Hartwig-Jacob（Fn. 11）§ 1 Rn. 149 ff.

[28] これに賛成する見解として，たとえば HORN（Fn. 21）448. これに反対する見解として，HARTWIG-JACOB, in : Friedl/Hartwig-Jacob（Fn. 11）§ 1 Rn. 154 ff.

2 新債務証券法の強行法規定(新債務証券法2条ないし4条)

　新債務証券法では，強行法的なルールは若干の箇所でしか扱われないが，とくに同法2条ないし4条において，この強行法的な諸原則が定められている。すなわち，発行者(および場合によっては保証人)と，債券の債権者との間での法律関係に係る重要な規制として，同法2条では，ドイツ民法793条(無記名債務証券に基づく権利)，796条(発行人の抗弁)との関係で書面行為原則(Skripturprinzip)が修正される。これによれば，「給付，ならびに債務者および債権者の権利および義務の諸条件」よりも広範に定義される債券発行条件は，原則として証書自体に定められ(新債務証券法2条1文)，証券化された権利の内容が証書から完全に明らかにならなければならないとされる。しかし，(とくに今日では優勢な混蔵寄託証書を利用する場合のように)証書の流通性が予定されていなければ，証書において選択的に，証書外で確定された債券発行条件に関連づけることもできる(同条2文)。債券発行条件の変更は，当該変更が証書もしくは債券発行条件において実施された場合にはじめて有効になる(同条3文)。混蔵寄託証書の補充もしくは変更については同法21条に詳細な規制がある。

　次に，新債務証券法3条では，発行者の給付約束である債券発行条件につき，はじめて特別法に基づく透明性原則が規定された。これは，高度に複雑ないわゆる仕組債の諸条件が普及したことへの立法者の対応であるとともに，投資家がしばしば当該金融商品から生じるリスクを十分に理解していなかった金融市場危機での経験にも対応したことへの現れでもある[29]。同法3条では，特別法(lex specialis)として，普通取引約款法上の透明性原則(ドイツ民法307条1項2文)を排除し，かつ特別な透明性基準として，債券発行条件に従い，専門知識を有する投資家が債務者によって約束された給付を調査できなければならないことが定められた。しかし学説では，普通取引約款による規制から債券発行条件を除外する種々の見解があるとはいえ[30]，通説によれば，(信義に反して契約

---

29) REGIERUNGSENTWURF (Fn. 5) 13.
30) H.-D. ASSMANN, Anleihebedingungen und AGB-Recht, Wertpapiermitteilungen (WM) 2005, 1053；HOPT (Fn. 17) 444；さらなる論拠を新債務証券法3条から読み取る見解として，H. BAUM, SchVG, Anleihebedingungen und AGB-Recht: Nach der Reform ist vor der Reform, in: Grundmann et al. (Fn. 7) 1596, 1613 ff.；P. SESTER, Transparenzkontrolle von Anleihebedingungen nach Einführung des neuen Schuldverschrei-

相手方を不利益に扱う場合の）ドイツ民法307条1項1文に基づく内容規制は，新債務証券法が適用される場合にも依然として可能であると主張される[31]。

最後に，新債務証券法4条1文では，集団的拘束（kollektiven Bindung）の原則が定められる。これによれば，債券発行条件は，当該債券の有効期間中は債権者全員との同一内容の契約を通じて，あるいは同法5条ないし21条所定のルール（すべての債権者を拘束する多数決決議）に従う限りでのみ，変更できる。従前からすでに実質的に承認されていたこの原則は，債券の流通性を保障するものであり，その限りでは同一債券のすべての債権者を同一に取り扱うという債務者の義務によっても補われる（同法4条2文）。

3　債権者組織法の任意法規性（新債務証券法5条ないし21条）

新債務証券法5条ないし21条所定の債権者の決議に関するルールが，同法の核心部分である。債券発行条件の変更の同意あるいは債権者の共同代理人の選任のように，同法が債権者への授権に基づく解決として内容形成されていても，核心部分であることに変わりはない。すなわち，債券発行条件の変更の同意あるいは債権者の共同代理人の選任[32]に関する多数決決議（同法5条）は，同法を包括的に援用する場合であれ，同法の条文の細部を援用する場合であれ，このような決議が債券発行条件に定められる場合に限り，許容されるのである。旧債務証券法（および新債務証券法の成立前のさまざまな草案）の場合と異なり，このような新債務証券法5条に基づく多数派債権者の権限は，法律に基づき発生したわけではなく，とくに授権に基づく解決でなければ新債務証券法が国際的な資本市場で競争力を失うのではないかと懸念した弁護士団体の代表者からの要請によるものである[33]。

現在，発行者は，債券発行条件において積極的に多数決決議の可能性を選択する必要がある（オプト・イン）。たとえば非常に短期の債務証券もしくは証券化されたデリバティブの場合のように，発行者がこの可能性を選択しない場合

---

bungsrechts, Archiv für civilistische Praxis (AcP) 209 (2009), 628, 638 ff.
31)　詳細については，HARTWIG-JACOB, in : Friedl/Hartwig-Jacob (Fn. 11) § 3, Rn. 50 ff. これについては，以下の第4節の3もみよ。
32)　共同代理人は，債権者の利益を一つに収束することで情報請求権を行使し，かつ発行者と交渉を行うために選任される。共同代理人は，債券発行条件の段階でも選任されうる（新債務証券法8条1項のいわゆる契約代理人）。
33)　DEUTSCHER ANWALTSVEREIN (Fn. 21) 6 f. und 9 ff. すでに同旨，Hopt (Fn. 17) 447.

（いわゆるゼロ・オプション）には，多数決決議を行うことはできない。もっとも，発行者がオプト・インを選ぶとしても，当該発行者は，債権者組織法の内容形成に際して完全に自由なのではなく，新債務証券法5条の最低要件を遵守しなければならない[34]。すなわち，債券発行条件は，同法が明文で定めている場合に限り，債権者の負担で同法5条ないし21条に相違できるのである（同法5条1項2文）。債権者に対し追加的な義務を課すことは明文をもって禁止される（追加払の禁止（Nachschussverbot）。同条1項3文）。債権者の多数決決議が原則として同一の債券の債権者全員を同等に拘束するのに対し（同条2項1文），不利益に扱われた債権者が明示的に不利益な扱いに同意した場合を除き，すべての債権者に対し同一の条件を定めない決議の効力は生じない（同条2項2文）。この平等取扱い原則に対する違反は，決議の取消しに成功しなくても，債券発行条件の変更が証書もしくは債券発行条件において実施されたかどうかに関係なく（同法2条3文参照），無効になる[35]。

　オプト・インの場合，補足的に新債務証券法9条以下の手続規定に拘束される。議決は，債権者集会において（同法9条ないし17条）または現在では債権者集会を開催しなくても（同法18条）行われうる（同法5条6項）。新債務証券法では，債権者集会の招集および実施に関する旧法の技術的困難を取り除くため，とくにもはや時代に合わない寄託の要件（旧債務証券法10条2項）が除去された。さらに，現在では，発行者とともに，共同代理人にも招集権限がある（新債務証券法9条1項）。合算して未決済の債務証券の券面額の5％に達する債務証券の債権者も，一定の要件のもとで（同法9条1項2文），債権者集会の招集を請求でき，かつ発行者がその招集を拒絶する場合に限り，裁判所に対し招集権を行使することができる（同法9条2項）。また，新たな観点として，同法では，債権者集会の開催のない議決が定められたことにより，バーチャル型債権者集会への道を開いている。債券発行条件では，債権者集会での議決がもっぱら債権者集会において可能であるのか，あるいは債権者集会の開催がなくて

---

34) つまり，「第二次的な強行法」が問題なのである。正当にも同旨，Horn (Fn. 21) 449.
35) Bundesgerichtshof (BGH), 1.7.2014, Entscheidungen des Bundesgerichtshofs in Zivilsachen (BGHZ) 202, 7 の事件も同旨。本件では，転換型享益証券（Wandelgenussscheinen）の有効期間の延期に関する多数決決議によって，その決議案に同意した債権者に対し，延期された有効期間の末日前までに当該債権者の享益証券資本の返還を請求する権利が認められた。これに対して，明らかに寛大な見解として，Y. Schnorbus/F. Ganzer, Einflussmöglichkeiten auf die Gläubigerversammlung im Zusammenhang mit der Änderung von Anleihebedingungen, WM 2014, 155, 158 f.

も議決が可能であることを定めることができる。

　発行者は，多数決決議に基づく変更に服する者への措置を自由に選択でき，その場合には債券発行条件において，とくに主たる債券の満期の変更や利息の引下げなど，新債務証券法5条3項1文1号ないし10号所定の決議事項のうち個別の決議事項を選び出すことができる（同項2文）。不確定な決議可能事項は，旧債務証券法と比べて格段に拡大されており，その事項には，利息や主たる債券の支払猶予以外にも，たとえば主たる債券の削減，劣後化，デット・エクイティ・スワップおよび債権者の解除権行使の放棄もしくは制限も含まれる[36]。旧債務証券法と異なり，新債務証券法では，債券発行条件の変更もしくは共同代理人の選任がどのような状況のもとで可能なのかという基準も設けられない。多数決決議を行うには発行者が将来的に何らかの窮地に陥るか，あるいは危機的状況に陥ることが必要であるとする限りで見解が一致している。しかし，このような決議にすでに実質的な正当化根拠があり，内容規制が行われないのかどうか，最終的に解明されたわけではない（以下の第4節の4をみよ）。発行者は，債券発行条件において，変更された条件に適合させるかあるいは債権者の多数決決議を通じて共同代理人を選任することを，（たとえば企業の危機的状況のような）一定の事情の発生に依拠させることができる[37]。以上のことは，旧債務証券法と比べて，発行者および債権者に対し多大な柔軟性を与えるものである。

　債権者は，決議に参加する者の議決権の単純多数決をもって決定する（新債務証券法5条4項）。もっとも，同法5条3項所定の債券発行条件の主要な内容を変更する決議では，少なくとも75％の多数決が必要である（同法5条4項2文）。債券発行条件では，それ以上の多数決を定めることもできる（同項3文）。債券のリストラクチャリングを成功させるのに必要な決議，とくに違反した場合に解除権が付与されるコベナンツを変更するのに必要な決議は，通例，本質的な変更でもあるので，通常の場合，実際には多数決要件は強化されるであろ

---

[36] いずれにしても，債券発行条件には解除権が定められる。Friedl/Schmidtbleicher, in : Friedl/Hartwig-Jacob (Fn. 11) § 5 Rn. 72. どの程度，ドイツ民法314条，490条に基づく法定解除権が債券の債権者に与えられうるのかという問題については，これまで統一的でなかった判例からの論証もある，Ch. Seibt/S. Schwarz, Anleihekündigung in Sanierungssituationen, Zeitschrift für Wirtschaftsrecht（ZIP）2015, 401, 407 ff. ; Ch. Paulus, Schuldverschreibungen, Restrukturierungen, Gefährdungen, WM 2012, 1109, 1111 f. の見解をみよ。

[37] Regierungsentwurf (Fn. 5) 18.

う[38]。議決権の範囲については，それぞれの債権者の債権額が重要である（同法6条）。少なくとも出席者の未決済債務証券の債権額のうち半数が代表されていないという理由から（同法15条3項），債権者集会での決議ができない場合には，第二回の債権者集会を招集することができる[39]。この債権者集会でも，原則として決議は可能であるが，その場合に主要な変更を行うには少なくとも未決済債務証券の債権額の25％が代表されている必要がある。この場合の主要な変更は，理論的には議決権の18.75％をもって可能である。

第4節　残された問題と広範囲に及ぶ改正提案

1　実務での受入れ

　新債務証券法は，一般的には実務に有益でかつ競争力がある債務証券法に向けた重要な措置として評価される[40]。このような実務での発展動向は，新たなルールが市場の審査に合格したことを示す。旧債務証券法と異なり，新債務証券法は実際には債券発行のため，とくにリスク債（Risikoanleihen）や資本市場を介した中小企業のリファイナンスに必要な中小企業債（Mittelstandsanleihen）の発行のために利用される。その限りでは，この改正は成果があったものとして評価される。

　しかしながら，現在，弱点があることもはじめて明らかになり，一部では喫緊に改正される必要性があることもみえてきた。そのため，2014年に著名な学者と実務家のグループによって，議論のための（非公式の）改正法草案が策定された[41]。

　以下では，締めくくりとして，選択された問題にだけ言及することにしよう。

---

38)　詳細については，Schnorbus/Ganzer (Fn. 35) 156.
39)　債権者集会の招集を請求する，少なくとも5％の少数派債権者の権利（新債務証券法9条1項2文）は，第二回の債権者集会には適用されない（BGH, 2.12.2014, WM 2015, 470）。
40)　たとえばH. Schneider, Ist das SchVG noch zu retten?, in : Baums (Hrsg.), Das neue Schuldverschreibungsrecht (Berlin 2013), 1, 2では，「里程標（Meilenstein）」であると述べ，またTh. Baums, Weitere Reform des Schuldverschreibungsrechts!, Zeitschrift für das gesamte Handelsrecht (ZHR) 177 (2013), 807では，「好ましい進展（erfreulicher Fortschritt）」であると述べる。
41)　Arbeitskreis Reform des Schuldverschreibungsrechts, ZIP 2014, 845.

2 旧債券(Altanleihen)にも適用可能かどうかに対する疑義

　新たなルールの施行直後に，裁判所はその異時的適用範囲の問題に取り組まなければならなかった。具体的には，新債務証券法の施行前に発行された債券についても，多数決に基づき決定できるかどうかが問題であった。その限りでは，このような旧債券には原則として旧債務証券法が適用されるとの規定がある（新債務証券法24条1項）。もっとも，債権者には，新債務証券法によって認められた選択の可能性を利用するため，債券発行条件の変更を決議することが認められる（新債務証券法24条2項）。このような決議には同法の規定が準用され，その決議は特別多数決をもって行われる。

　フランクフルト上級地方裁判所は，非常に注目された判決において，このような旧債券を「現代化」するには旧債券発行条件においてすでに多数決に基づく決定が認められていることが前提であるとして，新債務証券法24条2項を制限的に解釈した[42]。本件では，オランダの子会社から発行された旧債務証券法に基づく外国債券が問題であったので，このような前提は必ずしも存在しなかった。当該裁判所の重要な論拠としては，発行者と，債券の債権者との間で引き受けられた法律関係は，事後的に多数決に基づく決定によっても変更できないことがあげられる（「合意は拘束する」の原則（pacta sunt servanda））。これに従うならば，前述のように，旧債務証券法は実際上ほとんど適用されてこなかったので[43]，事後的に新債務証券法の旧債券への適用に賛成票を入れる可能性も限定的となろう。本件判決は激しい批判を受けたが[44]，その間に連邦通常裁判所でも，別件において，本件フランクフルト上級地方裁判所による同法24条2項の解釈を修正する機会を得たところである[45]。この問題に関して，連邦通常裁判所は，旧債務証券法の適用を受けない場合であっても，新債務証券法はドイツ法に従って発行された旧債券に対し適用されるとの判決にいたった。もっとも，フランクフルト上級地方裁判所によって判決された事件での，オランダの発行者である親会社にとっては，この方向転換はあまりにも遅きにすぎ

---

42) OLG Frankfurt, WM 2012, 2777.
43) 上記第2節の2をみよ。
44) Paulus (Fn. 36) 1112; Schneider (Fn. 40) 9; Baums (Fn. 40) 807 f. 当該テーマに言及する見解としては次の文献もみよ，Th. Baums/R. Schmidtbleicher, Neues Schuldverschreibungsrecht und Altanleihen, ZIP 2012, 204.
45) BGH, 1.7.2014, BGHZ 202, 7.

た。当該会社は，裁判外でのリストラクチャリングに失敗した後，倒産開始の申立てをしなければならなかったからである。

3 債券発行条件の内容規制に関して依然として存在する問題点

引き続き活発に議論されるのが，債券発行条件が，どの程度，普通取引約款上の裁判官による内容規制（ドイツ民法307条以下）に服するのかという問題である。判例では，債券発行条件は普通取引約款であるとみなされるため[46]，この見解によれば，法規定と相違し，または法規定を補充する規律を定める債券発行条件であって（ドイツ民法307条3項），かつ発行者の主たる給付が内容規制を受ける債券発行条件上の各条項については，債権者である契約相手方を（不相当に）不利益に扱うために，無効であるとみなされる可能性を残す（ドイツ民法307条1項1文）。これは，債券市場に対し，まさに国際比較上懸念される法的不安定性を残すものである[47]。それでも，新債務証券法の立法者は当該領域の例外的な扱いを断念した。なぜなら，ヨーロッパの消費者契約上の濫用条項指令（Klausel-Richtlinie）[48]が債券発行条件にも適用されることにより，ドイツの立法者がこれに拘束される[49]とみなしたからである。その限りでは引き続きさまざまな改正提案が検討されている[50]。現在のところ，言及された改正草案では，全体的な観点から発行者と債券の債権者との間での利益とリスクの分配を維持できるように，ドイツ民法307条以下を適用除外する特別な一般条項を通じて，債券法の特殊性が考慮されるよう要請されている[51]。

4 多数決決議に基づく権利保護

場合によっては最も複雑な問題が決議の瑕疵の規制において発生する。同時にこの問題は，オプト・インが債券発行条件において行われる限り（新債務証券法5条以下），旧債務証券法と比べて非常に拡大された権限を有する多数派債権者の利益と，意見の異なる少数派債権者の利益との間での調整にも関係して

---

46) BGH 28.6.2005, BGHZ 163, 311 ; BGH 30.6.2009, WM 2009, 1500.
47) Hopt (Fn. 9) 364；「競争上の不利益」であると述べる Baum (Fn. 30) も同旨。
48) Richtlinie 93/13/EWG des Rates vom 5. April 1993 über missbräuchliche Klauseln in Verbraucherverträgen, ABl. L 95, S. 29.
49) Regierungsentwurf (Fn. 5) 13.
50) 詳細については，Reps (Fn. 6) 354 ff.
51) Arbeitskreis Reform des Schuldverschreibungsrechts (Fn. 41) 845.

くる。後者の少数派債権者は，情報へのアクセスが妨害されないこととともに，債券発行条件の本質的な変更に係る特別多数決の要件に基づく透明性ある意思決定過程の手続を通じて，保護される[52]。新債務証券法は，明文をもって実質的基準を個別的に定めるにすぎず（上記第3節の3をみよ），また同法20条では，株式法上の決議規制（株式法243条以下）に基づき，法律もしくは債券発行条件に違反する決議を取り消す可能性が新たに設けられた。この場合の取消事由は，実体法上の違反でも手続法上の違反でもかまわない（法律もしくは債券発行条件の違反：新債務証券法20条1項1文）。これに対して，取消権は，単なる情報上の瑕疵および（電磁的方法を利用する場合には）技術的障害の場合に制限される（同法20条1項2文および3文）。取消権者は，票決に参加しかつ期間内に異議を申し立てたところの各債権者であるが，債権者集会の招集前に債務証券を取得した場合，または債権者集会を開催せずに票決を行う場合には投票が要請される前に債務証券を取得した場合に限る（同条2項）。最低定足数の定めはない。票決に参加しなかった債権者は，一定の要件のもと，とくに当該債権者が票決することを認められなかった場合，あるいは債権者集会が適正に招集されていなかった場合に取り消すことができる。取消しの訴えに勝訴した場合には，裁判所は，債券の債権者全員の利害に及ぶ形成力をもって，当該決議が無効であるとみなす。

重大な濫用の可能性を孕むことから，裁判所の判決が既判力を有する前に決議が実施されてはならない。なぜなら，しばしば時間的に逼迫した状況下では，「略奪的な債権者（räuberischen Anleihegläubigern）」が計画されたリストラクチャリングを妨害する可能性を手にするからである。そのため，決議取消しの訴えが提起された場合でも迅速な手続で商業登記簿への決議の登記を可能にする株式法上の解除手続（Freigabeverfahren；株式法246a条）もまた，準用されるものとみなされる（新債務証券法20条3項4文）。そのため，裁判所は，発行者の申立てにより，決議を実施する利益が決議を延期する利益を上回り，かつとくに重大な法令違反が存在しないという理由に基づき（株式法246a条2項3号参照），訴えの提起によって決議の実施が妨げられないことを確認することができる。

新債務証券法20条の規制は，さまざまな観点において弱点があることがわか

---

[52] Vgl. REGIERUNGSENTWURF（Fn. 5）14, 18.

る。すなわち，まず，他の重大な瑕疵につき，これを債権者の平等取扱い原則の違反として，無効の訴えによって（したがって，同法20条3項1文所定の取消しの訴えに適用される1カ月の期間の拘束はない）主張されうるのかどうかが，不明確である[53]。さらに，明文による法律の基準を超えて，どの程度，多数決に基づく決議に対し広範な実質的要件を設定できるのか，あるいは同法に基づく決議にはそもそも内容的な正当化根拠があるのかどうかという疑義もある[54]。少数派債権者には，少なくとも多数派債権者が特別な利益を追求していることの理由を付して，決議を取り消すことができなければならないとする学説もある。この場合には，たとえば債券の債権者がいまだ発行者に対して別口の相当な債権を有することで，元本（Hauptsumme）の削減に賛同するような状況が考えられよう。また，債券の債権者とは異なる別の債権者を含めて，リストラクチャリング計画全体の内容的審査を行わなければ，少数派債権者が過大な利益を受けることも考えられるほか[55]，前述の解除手続の場合には，結局，株式法の場合とは利益状況が異なるので，株式法上の解除手続に応じて慎重な検討を行うことには困難をともなう。つまり，株式法上の決議の実施の利益は，同意する多数派株主のためでもあるのに対し，債券発行条件を変更する決議の場合には，たとえば元本の削減等の発行者の利点は，通常，債券のすべての債権者にとって相応の不利益につながるからである[56]。ケルン上級地方裁判所[57]と同様に，リストラクチャリングに失敗する場合には，債券の債権者に対し，その債権に重大なデフォルトが発生するおそれがあることを考慮すると，当該債権者の利益が上回ることはほとんどない（発行者の利益が上回る）[58]。

　前述された改正草案によって提案されたように，この問題の解決を，無効事由をあまり輪郭のはっきりしない事件に限定しかつそれ以外の意見の異なる少

---

[53]　可能であるとみなす見解として，G. MAIER-REIMER, Fehlerhafte Gläubigerbeschlüsse nach dem Schuldverschreibungsgesetz, Neue Juristische Wochenschrift (NJW) 2010, 1317, 1319 f. および H.-G. VOGEL, Der Rechtsschutz des Schuldverschreibungsgläubigers, in : Baums (Hrsg.) Das neue Schuldverschreibungsrecht (Berlin 2013) 39, 44 ff. まったく別の見解として，SCHNEIDER (Fn. 40) 3.
[54]　FRIEDL/SCHMIDTBLEICHER, in: Friedl/Hartwig-Jacob (Fn. 11) § 5 Rn. 28 f. をみよ。
[55]　T. FLORSTEDT, Neue Wege zur Sanierung ohne Insolvenz, ZIP 2014, 1513, 1518 f. 同旨，MAIER-REIMER (Fn. 53) 1320 f. ; R. SCHMIDTBLEICHER, in : Friedl/Hartwig-Jacob (Fn. 11) § 6 Rn. 32.
[56]　MAIER-REIMER (Fn. 53) 1322. 同意する見解として，VOGEL (Fn. 53) 60.
[57]　OLG Köln, 13.1.2014, ZIP 2014, 263.
[58]　FLORSTEDT (Fn. 55) 157.

数派債権者についてはたんなる財産的補償しか受けられないことに求めるべきかどうかは，本稿では詳細に扱わない[59]。

第5節　結　語

　ドイツの新債務証券法は，2009年の改正によって少なくとも国際標準に近づいた。改正で遅れを取り戻した立法者の目標が，どの程度，債券法および債券発行の立地競争のなかで中期的に達成されうるのかは，同法の施行からほぼ5年の間に発生した諸問題についてさらなる改正や先を見越した判例によって克服されうるかどうかにもかかっている。諸問題の解決に成功すれば，同法は，ドイツに新たな再建文化（救済の文化）を根付かせる重要な役割を果たすことができよう。

---

59)　Arbeitskreis Reform des Schuldverschreibungsrechts (Fn. 41) 846.

欧州連合における開業の自由とドイツ国内法
―近時の欧州連合司法裁判所判決例を手がかりとして―

上田　純子

第1節　はじめに

　会社の"Sitz"とは何か。Sitz（本拠）は会社の従属法の決定の際の連結点であるとともに，会社法人組織の存在を律する実質法としての会社法においても，私法交通のあり方と密接に関わる重要な法的概念である。本稿では，この基本命題につき，近年の欧州連合司法裁判所（Gerichtshof der Europäischen Union；以下，「EuGH」という）の二つの判例，National Grid Indus判決[1]とVale判決[2]を素材にささやかな検討を行う。いずれの判決においても，ドイツ国内法は問題となっていないが，ドイツの研究者の間でも注目され，国際私法および実質法としての会社法に関する議論が喚起されている。

　従属法の変更を伴う移転であるか否かという点に着目すると，前者は，従属法の変更を伴わず，会社の本拠のみが欧州連合（EU）域内の他の加盟国に移転した事例であり，他方後者は従属法の変更を伴う他の加盟国への移転に関する事例である。また，移転が制限されたのが移転元であるのか移転先であるのかという観点で切り分けると，前者は移転元において，他方後者は移転先において移転が制限されている。両者におけるこうした事案の相違もまた，欧州連合運営条約（Vertrag über die Arbeitsweise der Europäischen Union；以下，「AEUV」という）の自由移動に関する規定の解釈に影響を与え，EuGHの判決の読み方や判旨に関する多様な議論を生み出している。

---

[1] *Europäischer Gerichtshof*（EuGH）29.11.2011, Rs.C-371/10（*National Grid Indus BV/Inspecteur van de Belastingdienst Rijnmond/kantoor Rotterdam*）, Slg.2011, I-12273.
[2] *EuGH* 12.7.2012, Rs. C-378/10（*VALE Építési kft*）, Neue Zeitschrift für Gesellschaftsrecht（NZG）2012, 871.

本稿では，まず，検討の緒となる上記二つの判決例の事案と判旨を紹介し，論点整理を行う。次に，各判決から提起される諸問題について，AEUV およびその派生法に関する論点とドイツ国内法に関する論点とに分けて，検討する。判旨の射程がどこまで及びうるかとも関連するが，域内越境移転のさまざまなパターンについても思考を馳せることとしたい。

第2節　未実現キャピタル・ゲインへの清算課税と開業自由 ― Ausgang の自由 ―

本節では，National Grid Indus 判決（2011年）を紹介し，これに対する EuGH の解釈を整理しつつ，従来の判例法との整合性にも触れながら本判決の意義を小括する。

● National Grid Indus 事件[3]

本件は，先行判断手続（AEUV267条）によって，オランダ国内裁判所から EuGH に対し AEUV49条（なお，AEUV 関連規定の内容については，第4節に詳述する）の解釈が付託されたものである。

［事案の概要］

オランダと英国は，所得税に関する二重課税回避および租税回避防止のための条約を締結し，同条約は，個人以外の者が双方の国に居住している場合には実際の管理地がある国の居住者とみなす旨（4条），および，いずれかの国の企業の利益は，当該企業が他方の国に存在する恒久的施設を通じて事業を展開している場合を除き，当該国においてのみ課税しうる旨，また，例外的に，恒久的施設を通じて事業を展開しているため他方の国で徴税しうる場合にも，その範囲は恒久的施設に係る部分に限られる旨（11条1項）の定めを置いていた。さらに，当該条約は，①一方当事国の居住者が他の当事国所在の不動産につきキャピタル・ゲインを取得した場合には，不動産が所在する他方当事国側で課税する旨，②一方当事国の企業が他方当事国に有する恒久的施設の事業用財産を構成する動産に生じるキャピタル・ゲインは，当該他方当事国で課税される旨，③国際輸送に使用する船舶または航空機に生じるキャピタル・ゲインは，実際の管理地がある国においてのみ課税される旨，および，④上記①ないし③

---

3) *EuGH, National Grid Indus* (Fn.1).

以外の動産・不動産に生じるキャピタル・ゲインは,譲渡人が居住する国においてのみ課税される旨(以上,13条1段ないし4段)が各々定められていた。

これに関連して,オランダの1964年所得税法によれば,営業利益のうち未処理のものは,オランダにおいて課税可能な当該事業の代表者の事業上の利益が止まった暦年の利益に含まれる(16条)とされ,同国1969年法人税法によれば,所得税法16条は法人にも適用され(8条),オランダ法に準拠して設立された企業体は,本法の適用にあたってはオランダ法人とみなされる(2条4段)。

National Grid Indus 社は,オランダ法のもとで設立された有限会社(BV)であり,2000年12月15日まではその管理統括地をオランダ国内に置いていた。当該会社は,1996年6月10日以降,英国法のもとで設立された National Grid Company plc に対し,3,311万3,000ポンドの債権を有していた。

ギルダーに対しポンドが強くなったため,当該債権には相当額の未実現の為替差益が生じていた。そのため,2000年12月15日,National Grid Indus 社は実際の管理統括地を英国に移転した。オランダ法人税法2条4段によれば,National Grid Indus 社はオランダの内国会社であるため,原則,オランダでその利益の全額について課税される。他方,上記二国間租税条約4条3段によれば,National Grid Indus 社は,管理統括地移転後は英国居住者とみなされ,英国のみが移転後の利益に対し課税権限を有する(条約7条1段,13条4段)。これら条約規定は国内法規定に優位する。したがって,National Grid Indus 社には,移転のため,所得税法16条および法人税法8条により,オランダ国内で課税可能な利益がなくなった場合にあたり,移転時点で未処理の利益を清算する必要が生じ,同国税務調査官は,上記ポンド建て債権の為替差益に対する課税措置を決定した。

National Grid Indus 社がかかる課税措置に対し不服申立てをし,一審も二審も,移転時にオランダ国内に未処理のキャピタル・ゲインがある場合には課税対象となるとしたものの,二審は,当該措置は必要最小限の規制を超え不均衡と判断される可能性があるとの懸念から,本件判断を留保して,EuGH に先行判断を付託した。付託事項は以下の三点である。

① ある加盟国法に基づいて設立された会社が他の加盟国に移転する際,当該会社は,移転時に移転元の国からの課税措置に対し,AEUV49条に依拠し拒絶しうるか。

② ①が肯定される場合,繰延べや事後の価値の低下の可能性を考慮する余地

なく，会社のキャピタル・ゲインについて移転時の評価で査定され，移転元国で課税されることは AEUV49条に反しないか。かかる移転時課税は加盟国間の課税権の調整の必要性から正当化されえないのではないか。
③　②への回答は，オランダでは利益が生じて課税されるにもかかわらず，移転先国では反映されず課税されえない（筆者注：基準通貨がポンドである英国では生じえない）為替差益のような事項の特殊性に左右されるのか。

[判旨]
①について
[結論] **ある加盟国法に基づいて設立された会社は，従前の加盟国の会社たる地位を失わずに他の加盟国にその実際の管理統括地を移転した場合，かかる移転時に移転元国によってなされた課税措置の適法性を争う目的で AEUV49条に依拠することができる。**

　EU として単一連結点に関する準則がない以上，ある加盟国が当該国の法律に基づいて設立された会社に，実際の管理統括地を外国に移転することを制限しつつ法人格を維持させることは可能である。しかし，本件では，National Grid Indus 社の英国への移転は，オランダは設立準拠法主義を採用しているため，オランダ法上の内国会社たる同社の地位には何ら影響しない。オランダおよび補助参加したイタリア，英国，ドイツ，スウェーデン，フィンランド，およびポルトガルの各政府は，他国へ移転する会社に移転元国における清算を要求する場合には，当該国は当該会社に対する清算課税権をも認めることが単一市場形成の観点からも有益であるとの立場を表明したが，EuGH は，当該主張を認めず，次のように判示した。

　「本案における件の国内法は，ある加盟国法の下で設立された会社が管理統括地を他の加盟国へ移転した後も移転元加盟国において会社の地位を保持できる条件に関するものではない。本件立法の範囲は，加盟国国内法の下で設立された会社が，当該加盟国における会社の地位に当該移転が影響を及ぼすことなく加盟国間の管理統括地の移転を行うことに伴う課税の帰趨に限られている。

　本件では，National Grid Indus 社の実際の管理統括地の英国への移転は，オランダ会社たる地位に影響を与えないため，当該移転は，会社が AEUV49条に依拠しうる可能性には影響しない。ある加盟国法に基づいて設立され，EU 域内に登記簿上の本店と管理統括の中心を有する会社として，当該会社は，AEUV54条に従い，開業自由に関する特別な条約規定から便益を受け，実際の

管理統括地の他の加盟国への移転の際に移転元加盟国によって課される税金の適法性をとくに争う場合，AEUV49条の権利に依拠しうる。したがって，第一照会事項への回答は，ある加盟国法に基づいて設立された会社で，従前の加盟国の会社たる地位を失わずに実際の管理統括地を他の加盟国に移転したものは，実際の管理統括地を移転する際に従前の加盟国によって課される税金の適法性を争うため，AEUV49条に依拠することができるというものである。」

②および③について

[結論] AEUV49条は以下のように解釈されるべきである。会社資産に関するキャピタル・ゲインへの課税額が事後（筆者注：キャピタル・ゲイン発生後）の資産価値の増減を考慮せず，他の加盟国への会社の実際の管理統括地の移転時に移転元国内において課税可能な利益がやむことを理由として確定される加盟国法は，同条によって妨げられない。この理は，課税される未実現のキャピタル・ゲインが，移転先国の課税制度の下で反映されえない為替差益であっても同じである。他方，他の加盟国へ実際の管理統括地を移転する会社の資産に関する未実現のキャピタル・ゲインへの税金の移転時の回収を規定する加盟国法は，同条によって妨げられる（筆者注：未実現利益を一旦確定させる目的で課税標準額を提示するに過ぎない場合にはAEUV49条違反にあたらないが，未実現利益について先取り徴税する場合にはAEUV49条違反にあたる）。

第二照会事項と第三照会事項とは一括して審理された。判旨をかいつまんで紹介する。

「AEUV49条は，開業自由に対する制約を取り去ることを要求している。その文言によれば，たとえ，開業自由に関する条約規定が他の加盟国民が自国民と同等待遇を与えられることを保証することを目的としているとしても，当該規定は，ある加盟国が，自国民に対し，他の加盟国において個人企業や会社を設立することを妨害することをも禁じている。また，既存の判例法によれば，開業自由権の行使を禁じ，阻害し，または魅力的でないものとするあらゆる措置は，当該自由への制約とみなされる。

本件では，オランダ法に基づいて設立された会社が，AEUV49条に基づく権利行使により，外国に実際の管理統括地を移転したいと考え，オランダ国内に管理統括地を維持している類似会社よりもキャッシュフローに関し不利益を受けていることは明白である。本件国内法によれば，オランダ会社の他の加盟国への実際の管理統括地の移転により，譲渡資産に関する未処理のキャピタル・

ゲインへただちに課税されることになるが，オランダ国内で管理統括地を移転してもかかる利益には課税されない。オランダ国内で管理地を移転した会社の資産に関するキャピタル・ゲインは現実に計上されるまで課税されず，また，計上された額の範囲でのみ課税される。キャピタル・ゲインの課税に関するこの扱いの違いは，オランダ内国会社の他の加盟国への管理地の移転を抑止する原因となる。

‥（スペイン，フランス，ポルトガルの各政府が，オランダから英国へ移転することによってポンド建ての債権に発生するオランダ・ギルダー表示の為替差益は消失するため，実現済キャピタル・ゲインへの課税である，他方，同一加盟国内の移転ではかかるキャピタル・ゲインは実現しない，したがって，（筆者注：異なる課税対象に対する異なる扱いということになり）同一加盟国内での移転に比べ，本件の越境移転が不利であるということにはならない，と主張したのに対して）かかる議論は否定されるべきである。本件の税金は実現済キャピタル・ゲインには課されない。本件の被課税為替差益は，未実現のキャピタル・ゲインに関するものであり，それは，National Grid Indus 社に何ら現実的収益をもたらさない。かかる未実現キャピタル・ゲインは，仮に同社がオランダ国内で管理地を移転したならば課税されえないものである。‥したがって，かかる扱いの差異は，原則として，開業自由に関する条約規定によって禁止される制約を構成する。」

当該制約が正当化されうるかに関し，判旨は以下のように続く。

「‥まず，加盟国間の課税権の配分は当裁判所によって正当な目的として認識されていることが想起されるべきである。次に，EU としての統一的措置がない場合には，加盟国は，とりわけ，二重課税回避目的で課税権の配分基準について，条約により，または一方的に，定める権限を保持するというのが既存の判例法である。

ある加盟国から他の加盟国への実際の管理統括地の移転は，移転元の国が移転前に生じたキャピタル・ゲインへの課税権限の範囲内の課税権を喪失することを意味しえない。‥資産価値に関する未実現の利益はそれが生じた加盟国において課税される。会社の管理地の移転後に実現された利益は，それが生じた移転先加盟国においてのみ課税され，そうして二重課税は回避される（判旨は，National Grid Indus 社の，そもそも移転元加盟国は未実現の利益に対して課税しえないという主張をも斥け，さらに，「必要性テスト・比例性テスト」を通過するかの判断に移る）。

（N 事件[4]）は，自然人の加盟国間の移転のケースであったが，比例性テストを充足するには，移転後の資産価値の減少が移転元または移転先の加盟国で考慮される必要があるとした。この先例基準に対し）‥AEUV は，54条の対象となる会社に対し，他の加盟国に実際の管理統括地を移転することは課税に関して中立的であることを保証しないことが想起されるべきである。加盟国の租税法間の差異に鑑みると，かかる移転は，状況によっては税金に関して会社に有利になることもならないこともありうる。それゆえ，開業自由によって，加盟国は，あらゆる場合において，国内の課税基準間の差異がない課税を保証するために他の加盟国の課税標準に基づいて自国の課税標準を定めることを要求されているとは解されない。‥さらに，ポンド建ての債権を有し実際の管理統括地をオランダから英国に移転する本件のような会社への課税の状況は，同一債権を有する会社がオランダ国内で管理地を移転する状況と比べ必ずしも不利になるわけではない。

上記より，AEUV49条は会社資産に関連した未実現のキャピタル・ゲインへの課税金額が（実際の管理地を他の加盟国に移転し，移転元の国で課税できる利益が止まった後に発生する価値の増減を考慮することなく）固定されるような加盟国法を排除するものではない（筆者注：課税標準額確定を目的とする当該加盟国法は AEUV49条に違反しない）。

（他の加盟国へ実際の管理統括地を移転した時点での税負担金の回収について，National Grid Indus 社および欧州委員会は，キャピタル・ゲインが実現した段階での税負担金の回収は，本件の立法措置より，より制限的でない措置であり，加盟国間の課税権限の分配を危険にさらすものではないとして，比例性テストを満たさない旨を主張し，対して，上記各加盟国政府は，キャピタル・ゲインが未実現であっても移転時における回収は比例性テストを満たす旨を主張した。これに対し）‥まず，（移転先国における）資産の追跡は，キャピタル・ゲイン額の確定ではなく租税債権の回収にのみ関連する。‥たとえ，本件の国内法が，租税システムの一貫性を維持する目的であると措定しえたとしても，税負担金の即時の徴収ではなく会社の実際の管理統括地の移転時の課税額の決定のみでは，目的の達成に必要な範囲を超えているとはみなされえない（筆者注：として，National Grid Indus 社および欧州委員会による比例性テストの不充足に係る理由を否定した）。‥

---

4) *EuGH* 7.9.2006, Rs.C-470/04（*N*），Slg. 2006, I-7409.

会社がその管理統括地を他の加盟国に移転したという事実のみでは，租税回避を一般的に推認し，条約上保障されている基本的自由に本件措置を優位させることにより，正当化することはできない（筆者注：として，各加盟国政府の主張をも否定した）。

‥前記から，本件のような，他の加盟国へ実際の管理統括地を移転する会社の資産に関する未実現のキャピタル・ゲインへの課税額につき移転時の瞬時の回収を規定する加盟国の立法は不均衡（unverhältnismäßig）である。」

[小括]

National Grid Indus 判決と AEUV49条に関する最近の代表的先例である Cartesio 判決[5]との整合性については，読み方が分かれる。両者の事案は，移転元加盟国における移転の制限に関わる（もっとも，前者が法人格を維持したままの移転であるのに対し，後者はそもそも法人格の維持を認めないという意味では異なる）が，EuGH は後者については結論として，加盟国裁量を認め，事実上の本拠の移転に伴う会社の清算・解散を定める国内法措置について当該措置の目的に鑑み不均衡でないとした[6]。したがって，単純に結論のみをみれば，両判決の立場は正反対のようにもみえる。他方，Cartesio 判決で問題となった措置が会社法人の連結点に関するものであったのに対し，本件では，判旨も触れているように，会社の存立・維持に関する措置ではなく，会社がその地位を保持しつつ移転することを前提とした課税措置が問題となっている。その意味では結論が異なりうることはある意味当然のことであって，むしろ Cartesio 判決と整合しているとみることもできる。

---

5) *EuGH* 16.12.2008, Rs. C-210/06（*CARTESIO Oketató és Szolgáltató bt*), Slg.2008, I-9641.

6) Cartesio 判決については，たとえば，上田純子「欧州における開業の自由－欧州司法裁判所 Cartesio 大法廷判決の検討―」国際商事法務37巻7号885頁以下（2009年）およびその引用文献。紙幅の関係上 Cartesio 判決について詳述することはできないが，本判決では，ハンガリー法上の休眠リミティッド・パートナーシップ Cartesio がその定款上の本店をイタリア国内に変更するための登記申請を行ったところ，ハンガリー法上付与された法人格を維持したまま本店所在地を外国内に変更することはできないとして拒絶され，当該措置の欧州共同体設立条約43条（AEUV49条）および48条（同54条）との適合性が問題となった。欧州司法裁判所は，結論として当該措置の条約規定違反を認めなかった。

第3節　従属法が異なる会社への変更と開業自由
──Eingang の自由──

●Vale 事件[7]

　次に，Vale 事件について検討することとしよう。本件もまた，先行判断手続により，ハンガリー国内裁判所から EuGH に AEUV49条および54条の解釈が付託されたものである。事案としては，本拠地法主義に依る同一関係当事国（ハンガリー）が移転元と移転先における制限という形でそれぞれ関わっているため，一見2008年に判決が下された Cartesio 事件と類似するが，Cartesio 判決が転出制限に関わるいわゆる二次開業の事例である点で本質的に異なる。もっとも，かかる事案の相違は開業自由に関する EuGH の解釈には影響を与えず，一次開業にも同等に AEUV の開業自由の趣旨が及ぶとする EuGH の理解を前提としつつ，Cartesio 判決がその傍論において「当該（移転先）加盟国法のもとで許容される範囲において」[8]他の加盟国法の適用を受ける会社への組織変更[9]を妨げる国内法について，AEUV49条の適用を受ける（＝AEUV49条違反を構成する）として留保した，移転先加盟国法のもとで許容される範囲がどこまでであれば開業自由違反を構成しうるのかという点が，Cartesio 判決の延長線上で本判決において模索されたことに本判決の意義が見出されうる[10]。すなわち，移転先加盟国法で許容される範囲については，具体的には，移転先国が国際的組織変更を許容する規定を有していることまで必要とされるのか，（移転先国が国際的組織変更を許容する規定を有していなくとも）単に組織変更する会社が移転先国の要件（登記申請要件等）を充足すれば足りるのか，という点の検討である。

　[事案の概要]
　加盟国法に基づいて設立された会社の国際的な組織変更または国際的な本拠

---

7)　.*EuGH*, Vale（Fn. 2）.
8)　*EuGH*, Cartesio（Fn. 7），Rn.112. この点に係る判旨については，本文後述参照。
9)　会社の種類としては，同等の有限会社であるので，ここでの組織変更の意味は，従属法が異なる会社への変更を意味する。以下，本事件に関連して「組織変更」という語を用いる場合には同様の意味で用いるものとする。
10)　*Borg-Barthet*, Free at Last? Choice of Corporate Law in the EU Following the Judgment in VALE, International and Comparative Law Quarterly, Vol. 62, 2013, 507.

の移転に関するEU条約および派生法の規定はない。関連するハンガリー国内法として，「商事会社に関する2006年法律第Ⅳ号」（以下，「商事会社法」という）69条1項があり，当該規定は次のように定めている。

「本法に別段の定めがない限り，商事会社の他の種類の会社への組織変更に関しては，会社の設立に関する規定が適用される。組織変更に関する多様な種類の会社に関する本法の規定もまた適用される。」との総則のもと，商事会社法71条はさらに組織変更の手続について，商事会社の最高代表機関は，①上級執行役員の提案に基づき，また，監査委員会への諮問ののち，当該組織変更が株主の利益になるか否かを決し，また，組織変更後の会社の株主となることを希望する株主の特定を行い，②組織変更計画について株主の過半数の賛成を得て，貸借対照表の作成期日を定め，公認会計士を選任し，上級執行役員に資産・負債一覧表および財産目録の作成を委任し，最後に，上級執行役員は，③組織変更をする会社の資産・負債一覧表および財産目録，組織変更後の会社の資産・負債一覧表および財産目録，定款，組織変更後の会社の株主となることを望まない組織変更会社の株主への対応策を作成する。商事会社法73条以下は，公認会計士による資産・負債一覧表の監査，計算書類の承認および組織変更後の会社の資本金の決定，債権者への開示および債権保全手続等の債権者保護手続，などを定める。

本件は，イタリア内国会社であるVale Construzioni有限会社が，イタリア国内での事業を廃止し，ハンガリーにその事業の本拠を移転したが，ハンガリーにおいて登記を認められなかったというものである。同社は，2000年9月27日にイタリアにおいて設立され，同年11月16日にローマ市の商業登記簿に記載され，2006年2月3日付で本件登記は抹消された。抹消理由は，「当該会社がハンガリーに移転したため」であった。同社代表者は，Vale Építési社はVale Construzioni社を組織変更したハンガリー法上の有限会社であり，ブダペスト市裁判所（商業登記を所掌）に対しその旨を登記するよう求めたが，同裁判所は拒絶し，上訴裁判所もその判断を支持したため，登記を拒絶する旨の命令の破棄と登記を求めて最高裁判所（以下，「最高裁」という）に上告した。下級裁判所において登記が拒絶されたのは，上記2006年商事会社法上，①イタリア会社はハンガリーにその本拠を移転できず，ハンガリー法上の会社として登記できない，②ハンガリー法上外国会社は組織変更前の会社とはなりえない（組織変更に関する規定は内国会社にのみ適用される），という理由からであった。Vale

社は当該ハンガリー法上の措置は，AEUV49条および54条に違反する旨を主張した。最高裁は，本件が，会社がその従属法を変えることなく国際的に本拠を移転できるかに関するCartesio事件とは異なり，従属法を変える国際的な組織変更に関するものであることを認識しつつ，当該国内法がAEUV49条および54条に違反するか否かについて，EuGHに次の四点の照会事項を付託した。

① 移転元加盟国において設立された会社がその本拠を移転し，同時に移転元国で登記を抹消され，当該会社の定款が移転先国法に基づいて作成され，会社が移転先の加盟国法に基づいて移転先加盟国において商業登記を申請している場合，AEUV49条および54条が尊重されなければならないか。

② ①が肯定される場合，かかる事例においてAEUV49条および54条は，移転元加盟国において適法に設立され他の加盟国に本拠を移転し，引き続き移転先国法の下で事業を継続することを禁ずる立法または実務を排除すると解されなければならないか。

③ 第二の照会事項への回答に関し，さらに，

  i) 移転先加盟国において作成された定款に，組織変更後の会社が，移転元加盟国において設立され登記を抹消された会社を前身とすることが定められている場合，移転先加盟国は，当該会社を移転先加盟国法上の組織変更前会社として登記することを拒絶できるか。

  ii) 共同体内の国際的組織変更は，会社の登記申請を決定する際に，移転先加盟国は，移転元加盟国の商業登記簿における会社の本拠の移転の事実の記録媒体の存在を考慮に入れなければならないか。またかかる問いが肯定される場合，どの程度まで考慮に入れなければならないか。

④ 移転先加盟国は共同体内の国際的組織変更に関する登記申請について決定する権限を有し，移転先加盟国会社法上内国会社に対し要求されるすべての条件（たとえば，資産・負債一覧表や財産目録の作成）を当事会社に充足させる必要があるか，あるいは，AEUV49条および54条に基づいて，共同体内の国際的組織変更と内国会社の組織変更とを峻別し，内国会社に対し適用される諸条件の充足を免除しなければならないか。またかかる問いが肯定される場合，どの程度免除しなければならないか。

[判旨] 手続的論点（EuGHへの付託事項が先行判断への具体的照会事項として適正かどうか）も浮上したが，EuGHは，訴訟要件は充足されているとして，本案審理に移った。

①および②について

　[結論] AEUV49条および54条は，国内法の下で設立された会社の組織変更を認め，他の加盟国法を従属法とする会社に，自国法を従属法とする会社への組織変更を一般的に認めない国内法を排除すると解されなければならない。

　第一照会事項と第二照会事項とは連続して捉えられ，判旨では一括されている。

　‥既存の判例法によれば，会社は国内法によって創生され，設立および運営を律する国内法の下でのみ存在しうる。

　同様に，AEUV54条によれば，会社の従属法を決定する単一連結点により開業の権利を会社に享有させる旨のEU法上の統一指導原則がないため，AEUV49条における基本的自由は，かかるEU法の現状から，各会社の従属法に委ねられている点についても，異論がない。

　したがって，加盟国は，自国の法律が設立準拠法であると認められる場合の会社の連結点と開業の権利，および，会社がその後も会社たる地位を維持できる場合の連結点の双方を決定する権限を疑いなく有する。既存の判例法は，AEUV49条および54条の国際的組織変更を許容する義務は移転先国の権限を侵害するものでも，国際的組織変更後の会社の設立および運営を扱う法規定に関する当該国の決定を侵害するものでもないと解している。

　‥Cartesio判決第112段落の「soweit dies nach diesem Recht möglich ist（判決文正本はハンガリー語。ちなみに英語版では，to the extent that it is permitted under that law to do so)」は，国内法の下で設立された会社は，会社への法人格の付与を，法人格付与の要件を充足している限りにおいて「許容する」国内法に依拠してのみ存在しうるという考えを反映したに過ぎず，開業自由を掌るAEUVの規定の観点から，会社の組織変更に関する移転先加盟国法を根源的に排除することを求めていると解されてはならない。

　上記から，当裁判所は，組織変更を内国会社には認め，他の加盟国法を従属法とする会社には認めない国内法は，AEUV49条および54条の適用を受けうると結論する[11]（筆者注：それ自体は開業自由とは無関係であるため連結点の決定に関する移転先加盟国の裁量権を認めつつも，国際的組織変更が内国会社の組織変更と別異に扱われる結果となる場合にはAEUV49条および54条違反を構成するという

---

[11] *EuGH, Vale* (Fn. 2), Rn.32-33.

論理のようである。このことを前提に，裁判所は，かかる措置の正当化の可能性の議論に移る）。

‥開業自由への制限の存在について，当裁判所は，開業自由に関する条約規定における「開業」概念は，不定期間にわたる移転先加盟国での固定事業を通じた経済活動の現実の追求であることを含意すると解する。

‥本件のような制限に対する正当化について，当裁判所は，SEVIC Systems 判決[12]第27段落において，国際的合併が国際的組織変更にも同様に生じうる特別な問題を提起することを認識した。国際的組織変更にあっても，二つの異なる国内法の連続的適用を前提とするからである。

当裁判所は，本件のように，内国組織変更か国際的組織変更かによって異なる扱いは，EU派生法上の統一準則の欠缺によっては正当化されえないと解する。たとえ，かかる準則が国際的組織変更を促進するのに役立つとしても，当該準則の存在自体が，AEUV49条および54条の開業自由の履行の前提条件となるものではないからである。

債権者，少数株主および労働者保護，財務監督の有効性の維持，商事取引の公平性のような公共の利益に鑑みた優越的理由に基づく正当化については，かかる制限的措置が追求される目的に鑑みて適切であり，その達成に必要な範囲を超えていない措置を正当化しうることが確立されている。

しかしながら，本件にはかかる正当化の理由がない。ハンガリー法は，国際的組織変更を一般的に排除しているため，上記保護されるべき利益が損なわれる危険がない場合であっても，かかる組織変更の実行は妨げられる結果となる。かかる規律は，上記利益の保護に必要な範囲を超えている。

以上から，第一照会事項への回答は，AEUV49条および54条は，国内法の下で設立された会社の組織変更を認め，他の加盟国法を従属法とする会社に，自国法を従属法とする会社への組織変更を一般的に認めない国内法を排除すると解されなければならない。

③および④について

［結論］AEUV49条および54条は，国際的組織変更の文脈では，移転先加盟国がかかる会社の行為に適用する国内法を定め，会社の設立および運営—たとえば，資産・負債一覧表や財産目録の作成—に関する内国会社の組織変更に関

---

[12] *EuGH* 13.12.2005, Rs.C-411/03 (*SEVIC Systems AG*), Slg.2005, I-10805.

する国内法規定を適用する権限を有することを否定しない。しかし，同等性原則および実効性原則はいずれも，移転先加盟国が，内国会社にはそのような登記が認められるにもかかわらず，国際的組織変更に関し，組織変更をした会社の「法律上の組織変更前の会社」としての商業登記簿への登載（筆者注：法人格の連続性の維持）を拒み，移転元加盟国当局から得られた書類を登記申請の審査の際に適正に考慮しないことを認めない。

　国際的組織変更に関し，加盟国国内法が独自に定めうる範囲に関する第三照会事項と第四照会事項とは一括して審理された。

　問われているのは，移転先加盟国は国際的組織変更に際し，内国会社の組織変更について規定されている商業登記簿への「法律上の組織変更前の会社」との扱いを拒むことができるのかどうか，移転元加盟国当局によって発行された書類を考慮する必要があるのか，あるとすればどの程度考慮する必要があるのか，である。

　‥最初の二つの照会事項への回答から明らかなように，AEUV49条および54条は，加盟国に対し，他の加盟国法を従属法とする会社への組織変更を企図する外国（他の加盟国の）会社へ同じ可能性を認める，組織変更に関する国内法を要求している。

　したがって，国内法の規定は，AEUV49条および54条に従い，当該要件に関し整合的に適用されなければならない。

　‥国際的組織変更が移転先加盟国において当該国の法律を従属法とする会社の設立に至ることには異論がない。会社は国内法によって創生され，設立および運営を規定する国内法によってのみ存在しうる。

　したがって，本件においても，会社の設立および運営を規定する内国会社の組織変更に関するハンガリーにおける国内法の規定，―たとえば，資産・負債の一覧表や財産目録の作成―の適用自体は問題となりえない。

　本件国内裁判所の照会事項に関する限り，国内法の適用に関する同等性（Äquivalenz）および実効性（Effektivität）の各原則に由来する義務を明らかにしなければならない。

　同等性原則については，当裁判所は，当該原則によれば，加盟国は内国会社の計画に比し国際的計画を有利に扱う必要はないと解する。かかる原則は，単に，EU法下で享有する個人の権利の保障を目的とする詳細な加盟国国内EU法履行準則につき，国内法の同様の状況への適用より不利になってはならない

ことを意味するに過ぎない。

　したがって，内国会社の組織変更に関する文脈では，加盟国法が組織変更前後の会社間に厳格な法的・経済的継続性を要求する場合，かかる要件は国際的組織変更の文脈でも義務づけられなければならない。

　にもかかわらず，内国組織変更の登記に関しては「法律上の組織変更前の会社」として登載するのに，国際的組織変更に関し移転元加盟国の会社を「法律上の組織変更前の会社」として移転先加盟国当局が商業登記簿に登載しないのは，同等性原則に適合しない。この点について，当裁判所は，内国か国際かにかかわらず商業登記簿へ「法律上の組織変更前の会社」を登載することは，とりわけ組織変更会社の債権者に開示の面で有益であると解する。さらに，ハンガリー政府は，本件について，組織変更前の会社情報を留めず組織変更後の内国会社の商号のみを登記することの正当性について何ら主張していない。

　結論として，Vale Construzioni をハンガリーの商業登記簿へ「法律上の組織変更前の会社」として登載を拒むことは，同等性の原則に適合しない。

　次に，実効性原則に関する限り，移転先加盟国が登記に際して，移転元加盟国の当局から得た書類について考慮すべき内容に関し論点が生じる。本件では，この論点は，Vale Construzioni が法人格を維持しつつハンガリー法上の会社への組織変更を行うため，ハンガリー政府が所定の条件の下に実施するイタリア法からの離脱状況の調査に関する。

　当該調査は，移転元加盟国と移転先加盟国の登記手続における必要不可欠な連携を要するゆえ，EU 法上の準則がない場合，移転先加盟国での登記手続は，当該移転先加盟国法によって規律される。当該移転先加盟国法は，原則として，組織変更を企図する会社に，EU 法に適合しかつ移転元加盟国の要件に適合することを証拠の提示により証明させることをも規定する。

　しかし，移転先加盟国当局側で，一般的に，登記手続において移転元加盟国当局から得た書類を考慮しない実務は，組織変更を企図する会社が移転元加盟国の要件を実際に遵守していることの証明を不可能とし，したがって，国際的組織変更の実行を危険にさらすものである。

　結論として，移転先加盟国当局は，実効性原則に従い，会社の登記申請を審査する際には，移転元加盟国の条件—かかる条件が EU 法に適合していない場合を除き—を遵守していることを証する当該国当局から得られた書類を適切に調査することを義務づけられる。

上記から，第三および第四照会事項への回答は，以下のようである。AEUV 49条および54条は，国際的組織変更の文脈では，移転先加盟国にかかる会社の行為に適用する国内法を定め，会社の設立および運営——たとえば，資産・負債一覧表や財産目録の作成——に関する内国会社の組織変更に関する国内法規定を適用する権限を有することを否定しない。しかし，同等性原則および実効性原則はいずれも，移転先加盟国が，内国会社にはそのような登記が認められるにもかかわらず，国際的組織変更に関し，組織変更をした会社の「法律上の組織変更前の会社」としての商業登記簿への登載を拒み，移転元加盟国当局から得られた書類を登記申請の審査の際に適正に考慮しないことを認めない。

[小括]

第2節で取り上げたNational Grid Indus判決は，いずれも設立準拠法主義を採用するオランダから英国への移転であって従属法の変更を伴わないのに対し，本節のVale判決は，イタリアからハンガリーへの本拠の移転であり，受入国側における本拠地法主義への依拠により原則的には従属法が移転先国法へ変わらざるをえないケースであった。そこで問題となった移転先加盟国における本拠地法主義の採用と転入制限に基づくAEUV49条および54条違反の点について，判旨は，前者についてはEU法統一指導原則の欠缺を理由に各加盟国への裁量的立法措置を認めつつ，その問題と本件のAEUV上の開業自由の論点とは切り離し，国際的組織変更の場合を内国会社の組織変更の場合と別異に扱うことを問題としている。さらに，そのような別異の扱いにより開業自由の侵害が肯定されるとしても，正当化の余地を認めている。もっとも，そのような正当化事由に会社のステークホルダー保護の見地は含められておらず，EU法の一般原則である同等性および実効性の観点から正当化の可否が検討されている点に本判決の特徴があると思われる。形式的には内国会社の場合と別異に扱われる場合であっても実質的・機能的同等待遇の保障が認められる場合で，かつ，当該同等待遇の保障に（保障を行わない場合と比べ）実務上著しい負担・困難が伴わない場合には正当化されるということである。

判旨が連結点の決定に関する加盟国裁量をCartesio判旨を明確化する形で認めたことについてはさまざまな議論がなされているため，後述に別掲する。

第4節　総論的考察

　本節では，まず，上記二判決で問題となった開業の自由について，基本条約上の定めを概観するとともに，条約の定めを巡る論点を抽出し，主として国際会社法の観点から考察を行う。

1　欧州連合運営条約上の開業の自由

　AEUV[13]49条および54条は，開業ないし設立の自由について次のように定めている。

　第二章　開業・設立の権利
　第49条　【開業及び設立の自由】　以下に定める規定の枠内において，いずれかの加盟国の国民の他の加盟国の領域における開業の自由に対する制限は，禁止される。このような禁止は，いずれかの加盟国に居住する加盟国の国民による代理店，支店又は子会社の設立に対する制限にも適用される。
　　開業の自由は，開業がなされる国の法律によりその国民に対して定められる条件の下で，資本に関する章の規定に服しつつ，自営業者としての活動を開始しかつこれに従事する権利並びに企業，とくに第54条後段の意味における会社を設立し，経営する権利を含む。
　第54条　【会社に対する本章の適用】　加盟国の法律に基づいて設立され，かつ，定款上の本店，経営管理の中心又は主たる営業所を連合内に有する会社は，本章の適用上，加盟国の国民である自然人と同様に取り扱われる。
　　会社とは，協同組合を含む民商法に基づいて設立される会社，その他公私法によって規律される法人であって非営利でないものを意味する。

　1957年にローマ条約が成立した際，会社にも自然人と同等の経済的活動の自由（開業自由）を享受させようとの意図のもと58条（AEUV49条および54条に相当）

---

[13]　条約集によっても，訳名が異なる。「欧州連合運営条約」（奥脇直也＝岩沢雄司編集代表『国際条約集　2015年版』（有斐閣），「ＥＵ運営条約」（田中則夫＝薬師寺公夫＝坂元茂樹編集代表『ベーシック条約集　2015』（東信堂））等を参考に，本稿では「欧州連合運営条約」とした。

が盛り込まれた[14]。他方，相互承認，法人格の維持，および，国際的合併に関しては，加盟国間の個別の条約締結によって解決することとされ，欧州経済共同体（EEC）として明文規定を有しなかったため，この分野については判例法に負うこととなった。2005年に国際的合併に関する指令[15]が採択されたため，現在は，国際的合併に関してはEU派生法により規律されるが，他の二つについては，依然裁判所の判断に委ねられている。

2 解釈上の問題：一次開業と二次開業，ホームステート・コントロールと相互承認

(1) 相互承認に関する旧293条の削除の効果

　上記AEUV54条を49条と併せて読むとき，これらの規定は会社の相互承認（gegenseitige Anerkennung）に関するという理解が一般的になされる。このことに関連して想起されるのは，リスボン条約により削除された旧EC条約293条である。同条は，「加盟国は，自国民の利益を確保するために，必要な限り，相互に以下の交渉をするものとする。‥49条［AEUV54条］後段の意味における，会社の相互承認，ある加盟国から他の加盟国への本拠の移転時の法人格の維持，および，他の加盟国法に準拠する会社間での合併の可能性」として，これまで会社本拠の移転に関するEuGHの判例においてたびたび引用されてきた。Cartesio判決は，リスボン条約発効前に本規定が関与した最後の事案であったため，同条に依拠し，将来的な加盟国間の相互承認に関する条約の締結や加盟国への会社の連結点に関する準則の策定権限の留保等にも言及していた。

　リスボン条約発効後の事案であるVale判決ではもちろん旧293条は引用されていないが，その趣旨は現在でも生きていると考えるべきであろうか。Cartesio判決については，傍論とはいえ，加盟国間の協議や相互承認による単一連結点の模索への留保により，各加盟国は国内法における連結点の決定に100％自由裁量を有しているわけではないことが明示されたと読むものもある[16]。これは多分に先述の旧293条の規定を根拠とした言辞であろう。同規定削除後のVale判決は当然このような留保を付けず，会社法人の設立・維持は

---

14) *Hansen*, The Vale Decision and the Court's Case Law, European Company and Financial Law Review, Vol. 10, 2013, 2.

15) Richtlinie 2005/56/EG des Europäischen Parlaments und des Rates vom 26.10.2005 über die Verschmelzung von Kapitalgesellschaften aus verschiedenen Mitgliedstaaten.

16) *Hansen* (Fn. 14), 6.

もっぱら国内法下にあることを判示するのみである。そして，そのような考慮を背景に，会社法人の連結点についても，国内法に委ねる。筆者には，Vale判決もCartesio判決を踏襲しており，加盟国は自国の連結点に関する定めを前提に，自国に連結点を有する会社法人の存立・維持に関する規制権限を原則的に100％享受しうるが，なお，他の加盟国との間の連結点に関する規律の自発的調整は可能である（すなわち，旧293条の趣旨はなお生きており，この点に関する判例変更はなかった）というように読める[17]。

(2) **転入と転出**

上記AEUV49条の文言の素直な解釈として，移転元国側で自国会社が他の加盟国に移転するのを阻止することは同条の適用範囲外であるという立場がありうる。実際にも，上記National Grid Indus事件では，訴訟参加した加盟国はそのような主張を展開した[18]。移転先加盟国において法人格の維持を伴う移転（二次開業）を認めなかったCartesio判決でさえ，AEUV49条の射程外にあるとされたのであるから，まして，法人格の維持を認めつつ移転元加盟国で課税措置を定める程度の国内法であれば，AEUV49条および54条の適用を受けず，加盟国はそのような措置に関する第一次的権利を有しているというのである[19]。

EuGHは，一次開業と二次開業，また，移転元であると移転先であるとを区別せず，一貫してAEUV49条および54条の適用を受けうると解してきた。Cartesio判決において，結論として件の加盟国法措置がAEUV49条の射程外とされたのは，事案がEU法上統一準則を欠く連結点に関する国内法措置に関するものであり，加盟国裁量が尊重されたことによる。EuGHの立場の分析については，後述に譲る。

(3) **自然人と法人との同置**

次に，AEUV54条は，会社を自然人と同等に扱う旨を定めるが，そもそも自然人と会社とを完全に同置することは困難で，両者の物理的差異を考慮した準

---

17) *Borg-Barthet* (Fn. 10), 511.
18) *Verse*, Nierderlassungsfreiheit und grenzüberschreitende Sitzverlegung-Zwischenbilanz nach "National Grid Indus" und "Vale"-, Zeitschrift für Europäisches Privatrecht (ZEP), 2013, 463.
19) *Verse* (Fn. 18), 463.

用にとどめるべきであるという指摘がある[20]。Vale 判決は，一次開業か二次開業かにかかわらず，AEUV49条および54条が他の加盟国市民についても自国市民との同等待遇を認めることを要求していると解釈しているものと思われる。上記指摘は，そもそもその存在自体に特定の国内法上の根拠を要する会社法人に，自由意思で国境を跨げる自然人に関する自由権の規定が準用されている結果，一次開業にまで上記規定の適用範囲を拡張してしまっていることへの警鐘である[21]。もっとも，一次開業と二次開業とを厳密に区別すると本拠地法主義を採用している加盟国への移転は常に一次開業となり，かかる偶然の要因により移転を望む会社が開業自由の便益を受けえないこととなってしまうことも想起すべきである[22]。

(4) ホームステート・コントロール・モデルと相互承認モデル

　裁判所の立場との整合性を模索すべく，会社法人に関する AEUV49条および54条について，相互承認を定めたものではなく，ホームステート・コントロール（Sitzlandkontrolle）を定めたものとの解釈がみられる。

　上記の条約規定の解釈に関し，ホームステート・コントロールを定めたものとの立場によれば，国際的局面における画一的規制の要請により移転元加盟国の法規制（と同等のもの）が適用される結果，移転先加盟国の法規制は移転元加盟国法規制との競合がなくとも，排除される。もっとも，相互承認を定めたものとの立場によっても，国家間の相互承認の結果，実質的に移転元加盟国へ規制権限を付与したに等しい帰結となるから，現実的差異はほとんどないようにもみえるが，純然たるホームステート・コントロール・モデルによれば，法規制は域内に一つ（＝移転元加盟国法規制と同等のもの）のみであるのに対し，相互承認モデルによれば，たとえ類似の法規制であっても，加盟国ごとに法規制が存在し，それらの擦り合わせの結果，移転元加盟国法規制と同等のものが適用される。そこで，会社法上加盟国独自に盛り込まれた異なる政策事項があるような場合には移転先加盟国の法規制権限は維持されるという差異があることになる[23]。

---

[20]　*Borg-Barthet*（Fn. 10），509.
[21]　*Borg-Barthet*（Fn. 10），509.
[22]　域内自由移動の政策的重要性に鑑みると，EuGH が一貫してこのような解釈をとってきたことも首肯されるところである。

共同決定（ボードへの従業員参加）は，このような政策事項の一つに数えられよう。当該制度を有しない加盟国で設立された会社がドイツに移転したとしても，ドイツにおいて再設立手続を要せず設立準拠法（と同等のもの）が適用されるため，同制度が強制されることはないが，仮にドイツが外国会社（外国で設立されドイツ国内でも操業する会社）にボードへの従業員参加を義務づける法規定を有することとなった場合，ドイツへの国際的移転によりかかるドイツの制度が強制されることは，相互承認モデルでは可能であるが，ホームステート・コントロール・モデルでは正当化事由がない限り許容されないこととなる[24]。なお，従業員参加の問題については，国際的移転の局面におけるステークホルダー保護に関するドイツ国内法の適用の可能性とステークホルダー保護と正当化事由該当性の二つの側面から改めて後節において検討する。

EuGH 判例法がいずれのモデルを志向してきたかは明確ではないが，おそらくホームステート・コントロール・モデルに近いアプローチを採ってきたと考えるのが自然であり，かつ，そう解することによって，上記の AEUV49条および54条の文言との整合性も図られうるように思われる。

第5節　各論的考察

1　ドイツ国内法における本拠と解釈

ドイツ株式法およびドイツ有限会社法は，会社の本拠（Sitz）に関し次のように定めている。前者は5条でもって，「会社の本拠は，定款で定める国内の場所にあるものとする。」と，後者は4a条でもって，「会社の本拠は，国内の場所でなければならず，会社はそこで契約を締結する。」と簡潔に定めるのみであるが，会社事項に関する従属法の決定基準についての規定として重要な意味をもつ。本拠がドイツ国内にあるべき旨は，「有限会社法の現代化・濫用の抑止に関する法律」（Gesetz zur Modernisierung des GmbH-Rechts und zur Bekämpfung von Missbräuchen vom 23.10.2008[25]；以下，「MoMiG」という）によ

---

[23] *Gerner-Beuerle/Schuster*, The Costs of Separation: Friction between Company and Insolvency Law in the Single Market, Journal of Corporate Law Studies, Vol.14, 2014, 297-300.
[24] *Gerner-Beuerle/Schuster* (Fn. 23), 298
[25] Bundesgesetzblatt（BGBl.）2008I, 2026.

り明文化されたが，他方，同法により定款上の本店と国内の事実上の本店とを結び付けていた旧2項（株式法5条2項，有限会社法4a条2項）が廃止された結果，定款上の本店がドイツ国内にあれば，管理統括地が外国に所在することも許容されることとなった[26]。その趣旨は，ドイツで設立された会社にも，法人格の維持を伴う移転を許容する他の加盟国と同等の流動性を付与することにある[27]。EuGHは，すでにCentros判決[28]により，他の加盟国において適法に設立された会社の承認を各加盟国に義務づけており，ドイツにおいてもペーパー会社（Briefkastengesellschaft）の設立を認めなければ，ドイツが競争劣位に立たされる可能性があるからである[29]。

このように立法者意思は明確であったものの，MoMiG後の株式法5条，有限会社法4a条の統一的解釈は進んでいない。とりわけ，改正後の規定は，①外国における管理統括上の本拠の設置への実質法上の障害を除去するのみで，抵触法上の，または伝統的な本拠地法主義は依然として適用されうるという立場（実質法上は，単一市場内では，外国への法人格の維持を伴う管理統括地の移転が可能であるが，従属法の決定基準としては本拠地法主義を維持する）と，②株式法および有限会社法に関して設立準拠法主義が適用されるという，新たな規定に抵触法の原則の転換の意義を積極的に見出すものとの対立軸が明確にあり，後者が多数説である[30]。

ドイツに定款上の本拠を有する会社が設立準拠法主義を採用している加盟国に管理統括上の本拠を移転した場合，いずれにせよ反致条項によりドイツの会社法が適用される。ドイツ国際私法が移転先加盟国国際私法を参照している場合，原則的に本拠地法主義を採用している移転先加盟国が，設立準拠法主義に移行し，かつ反致を主張することができるかについては，EuGH判例法上確立

---

26) *Verse*（Fn. 18），465；*Roth/Altmeppen*, Gesetz betreffend die Gesellschaften mit beschränkter Haftung: Kommentar, 8.Aufl., 2015, 100.
27) Begründung Regierungsentwulf MoMiG, BT-Drucks. 16/6140, 29.
28) *EuGH* 9.3.1999, Rs. C-212/97（*Centros Ltd/Erhvervs- og Selskabsstyrelsen*），Slg.1999, I-1459.
29) *Verse*（Fn. 18），466.
30) So etwa *Hoffmann*, Die stille Bestattung der Sitztheorie durch den Gesetzgeber, ZIP 2007, 1585ff.; *Kieninger*, in : Leible/Reichert (Hg.), Münchener Handbuch des Gesellschaftsrechts, Band 6, 2013, § 52 Rn.20; *Wicke*, in: Grigoleit (Hg.), Aktiengesetz, 2013, § 5 Rn. 12m.w.N; *Gehrlein/Ekkenga/Simon* (Hg.), GmbHG, 2. Aufl., 2015, § 4a Rn. 25.

した判断はない[31]。上記立法者意思は，加盟国制度間競争を旨とする政策的意図を多分に含むものの，学説においても概ね受容されている。とはいえ，理論上の問題はなお残されている。

人的会社については，株式法5条または有限会社法4a条に相当する規定はない。契約上の本拠と管理統括上の本拠は一致している場合が多く，また，これら契約上の本拠および管理統括上の本拠は商業登記要件との関係でドイツ国内に限定されている（商法第1章106条）からである[32]。人的会社については株式会社や有限会社ほどきめ細かな手当てがなされていないが，人的会社についても，株式法5条，有限会社法4a条の趣旨を及ぼし，実質法としては契約上の本拠が国内にあることのみを求め，抵触法上も設立準拠法主義を採用すべきであるとの指摘がある[33]。

2　EuGH判決のドイツ国内裁判例・判例への影響

EuGHのCentros[34]，Überseering[35]，Inspire Art[36]判決を受け，ドイツ連邦最高裁判所（以下，「BGH」という）は，EU，欧州経済地域（以下，「EWR」という），および自由移動に関する協定締約国で設立された外国会社のドイツ国内への転入については，設立準拠法主義に基づく判断に移行してきた。Überseering後のBGHの最初の判決は，設立地の法律の適用は，権利能力と有限責任の問題についてのみ認められるとする一方で，より最近のBGH判決は，当該地で設立された外国会社の労働法規定については，本拠地法主義によるとしている[37]。したがって，少なくともBGHは原則として会社法領域の核たる部分に関しては，設立国法を適用する立場を明らかにしていることになる[38]。上記Vale判決は，従属法の変更を伴うとはいえ，移転元加盟国は本拠移転を容認しており，少なくとも，準拠法決定に関する加盟国裁量を認めつつ

---

31)　*Verse*（Fn. 18），467.
32)　*Verse*（Fn. 18），468.
33)　*Thiermann*，ZIP 2011, 992.
34)　*EuGH*, Centros（Fn. 28）.
35)　*EuGH* 5.11.2002, Rs. C-208/00（*Überseering BV/Nordic Construction Company Baumanagement GmbH [NCC]*），Slg. 2002, I-9919.
36)　*EuGH* 30.9.2003, Rs. C-167/01（*Kamer van Koophandel en Fabrieken voor Amsterdam/Inspire Art Ltd*），Slg.2003, I-10155.
37)　*Verse*（Fn. 18），474.
38)　*Verse*（Fn. 18），474. このような考え方を「会社法統一法規説（Lehre vom gesellschaftsrechtlichen Einheitsstatut）」と呼ぶ。

も本拠の自由移動を認めるものと意義づけられるものの，このような立場を絶対的に適用しうるのか，すなわち，特別連結の可能性あるいは限界を追究すべく議論の余地は大いにある。共同決定は疑いなく，かかる論点の一つであろう。もっとも，このような論点への解は，ドイツ国内裁判所によって与えられるのではなく，裁判籍と外国判決の承認・執行に関する EG 規則[39]によって，設立地の裁判所に委ねられることとなる。

次に，移転元加盟国が厳格な本拠地法主義に基づき，法人格を維持したまま国境を跨いで移転することを禁じている場合にはどうか。Cartesio 判決の事案のような場合である。会社がかかる国からドイツへ管理統括上の本拠を移転する場合にも，ドイツ抵触法上設立準拠法によるのかが問題となろう。そのような場合，Cartesio 判決によれば，第三国からの移転の場合と同列に扱われ，開業自由の保護は与えられない[40]。第三国との渉外関係については，新たな規律が導入される可能性はあるものの[41]，BGH は本拠地法主義によることを明らかにしてきた[42]。したがって，加盟国であっても本拠地法主義を採用する国からのドイツへの移転については，ドイツにおいても本拠地法主義によることとなる[43]。

3　国際的組織変更を巡る諸問題

上述のように，Cartesio 判決は，傍論において国際的な組織変更も移転先加盟国の要件を充足する限り AEUV54条の適用を受けうる旨を明らかにしたため[44]，移転元加盟国の要件がどの程度まで求められるのかのさらなる究明が後続判例に求められることとなった[45]。

Vale 判決は，移転先加盟国に光を当てるものであるが，移転元加盟国に関

---

39) Verordnung (EG) Nr. 44/2001 des Rates vom 22. Dezember 2000 über die gerichtliche Zuständigkeit und die Anerkennung und Vollstreckung von Entscheidungen in Zivil- und Handelssachen, Art. 22 Nr. 2.
40) *Verse* (Fn. 18), 475.
41) Gesetz zum Internationalen Privatereccht der Gesellshaften, Vereine und juristischen Personen vom 7.1.2008 ; *Lutter/Bayer/Schmidt*, Europäischen Unternehmens- und Kapitalmarktrecht, 5. Auflage, 2012, §6, Rn. 53.
42) BGH 27.10.2008, II ZR 158/06, BGHZ 178, 192, Rn. 3 ff (Schweiz) ; BGH 8.10.2009, IX ZR 227/06,GmbHR 2010, 211f. (Singapur).
43) *Verse* (Fn. 18), 476.
44) *EuGH*, Cartesio (Fn. 5), Rn. 111f.
45) *Verse* (Fn. 18), 476.

しても重要な示唆を含む。そこで、Vale 判決を素材に、AEUV 上の開業自由に関する問題点を今少し探ってみることとしよう。

(1) AEUV 上の開業自由の適用範囲

移転元加盟国において自国会社の国際的組織変更を認めうることは、Cartesio 判決以来明らかである。Vale 判決は、移転先加盟国においてAEUV49条の意味における開業要件を充足する場合に、国際的組織変更を望む会社が基本条約上の開業自由に依拠した事案であった。AEUV49条の「開業」が、Vale 判旨が明示するように、不定期間にわたる移転先加盟国での固定事業を通じた経済活動の現実の追求であることを前提とすれば、定款上の本拠の移転のみでは同条によって保護されないことがまず含意される[46]。すなわち、移転元加盟国は外国における殻会社への変更を拒むことを妨げられないこととなろう。Cartesio 判決が真正の開業行為を前提とした解釈を展開している以上、加盟国はなお経済活動を伴わない国際的組織変更を阻止する自由を有しうると解しても同判決と矛盾しないと考えられる[47]。

Vale 判決は、開業自由への制限に対する正当化事由の有無を通じ、開業概念の確立を個別化した。すなわち、同判決は、開業自由の規定は、定款上の本拠の移転単独の場合をも捕捉することを前提に、管理統括上の本拠の移転を伴わない脱法的移転の抑止というのみで開業自由の制約の正当化事由となる可能性を示した[48]。この点については、開業概念は広く捉えるものの、正当化の過程を通じて、実際上、定款上の本拠の移転のみの場合を AEUV 上の開業概念から外しているのと異ならないとみることもできる[49]。これに対しては、移転元加盟国は、定款上の本拠と管理統括上の本拠を移転先加盟国に移した後管理統括上の本拠をただちに移転元加盟国に再移転することを妨げられない以上、定款上の本拠のみの移転を別異に解するのは不合理とする立場がある[50]。もっとも、この立場は、AEUV49条の文言から、開業自由の保護要件を充足する「開

---

[46] *Mörsdorf/Jopen*, Anmerkung zu EuGH 12.7.2012, Rs. C-378/10（Vale）, ZIP 2012, 1399.
[47] *Verse*（Fn. 18）, 478.
[48] たとえば、Cadbury Schweppes 判決では、事実上の本拠の移転について正当化事由の有無の判断がなされている。
[49] *Bayer/Schmidt*, ZIP 2012, 1486f.; *Bayer/Schmidt*, BB 2013, S.9.
[50] *Lutter/Bayer/Schmidt*（Fn. 41）, §6, Rn.59.

業」とは，移転先加盟国において実際に継続的経済活動を伴う移転を指すことはEuGHの先例から明らかであり，先の管理統括上の本拠をただちに再移転するような場合は，たとえ事業の実体があったとしても継続性に欠けるゆえ開業概念に捕捉されず，したがって，AEUV上の適用外であるとさらに反論されている[51]。

次に，上記の開業概念を前提とするとき，移転先加盟国が，組織変更しようとする会社に，国内に管理統括上の本拠を有することを要求しない場合にも当該会社は開業自由に依拠しうるか。当該会社の管理統括上の本拠は移転元加盟国に残したまま，移転先加盟国において設立手続を行うような場合である。

移転元加盟国が本拠地法主義を採用している場合，AEUV54条においても，Cartesio判決やVale判決においても，かかる移転元加盟国の抵触法基準に有利になるような留保は付けられていない。むしろ，Cartesio判決によれば，移転元加盟国は，自国内に管理統括上の本拠が残っていても国際的組織変更を許容しなければならないこととなろう。

なお，事実上の本拠の移転と定款上の本拠の移転は必ずしも同時でなくとも，AEUV49条および54条は適用されると解される。

(2) ステークホルダー保護による正当化：転出型国際的組織変更の場合

会社法の目的に関する基本的理解の相違，すなわち，英国のように，当該目的を主に株主と取締役間の利害調整にあるとみる国と，従業員の利害をより重視する他の国との間の不協和音が，会社法の主要部分の調整を不可能とし，今なお，EU域内における会社法選択の自由および会社の自由移動を妨げているとみるものがある[52]。たしかに，自由移動の阻害要因の背景としてそのような事実を指摘できるとしても，純然たる条約解釈の問題として，会社法制に関する強行法的要素は，自由移動を阻害する加盟国措置を正当化する根拠となりえていない。移転元加盟国における他の加盟国会社の差別的扱いのような安易な制約は，AEUV52条によって規制され，公共の利益を基礎とする不可避的要請を通じて正当化されることはないためである。したがって，Vale判決においても，債権者保護等の要請により，件の国内措置が正当化されることはなかったと考えられる。

---

51) *Verse* (Fn. 18), 479.
52) *Borg-Barthet* (Fn. 10), 506.

国際的な移転に関するステークホルダー保護は，欧州会社（以下，「SE」という）や欧州協同会社（以下，「SCE」という）に関する EU 規則やそれに関する従業員関与指令[53]，および，国際合併に関する指令（以下，「第10指令」という）[54]に見出すことができる。たとえば，移転元加盟国において組織変更・再編会社の少数派利害関係者の保護規定を認め，交付金提案の提出（たとえば，SCE 規則7条5項）や債権保全等の債権者保護（たとえば，SE 規則7条7項，SCE 規則4条4項，第10指令4条2項2文），さらには，移転元加盟国に居住する従業員代表者による共同決定に関する諸制度である（たとえば，SE・SCE 従業員関与指令，第10指令16条）。移転先加盟国において近似または相当の保護規定がない場合には，受け皿規制の模索よりは協議による解決が優位する[55]。

　ドイツは，EU の SE 規則の発効日と同日の2004年10月8日に SE 導入法（Gesetz zur Einführung der Europäischen Gesellschaft; SEEG）を施行したが，同法は SE 規則を履行する SE 規則履行法（Gesetz zur Ausführung der Verordnung (EG) 2157/2001 des Rates vom 8.10.2001 über den Statut der Europäischen Gesellschaft; SEAG）の部分と SE に関し従業員関与を定める指令を履行する，SE における従業員関与に関する法律（Gesetz über die Beteiligung der Arbeitnehmer in einer Europäischen Gesellschaft; SEBG）の部分とに分かれる。同様の法律が SCE にも定められ，2006年8月18日に施行された（Gesetz zur Einführung der Europäischen Genossenschaft und zur Änderung des Genossenschaftsgesetzes であり，Gesetz zur Ausführung der Verordnung (EG) 1435/2003 des Rates vom 22.7.2003 über das Statut der Europäischen Genossenschaft (SCEAG) と Gesetz über die Beteiligung der Arbeitnehmer in einer Europäischen Genossenschaft (SCEBG) の部分に分かれている）。また，2007年4月25日には第10指令を組織再編法第二改正法（Zweites Gesetz zur Änderung des Umwandlungsgesetzes）と

---

53) Verordnung (EG) Nr.2157/2000 des Rates vom 8.10.2001 über das Statut der Europäischen Gesellschaft (SE); Richtlinie 2001/86/EG des Rates vom 8.10.2001 zur Ergänzung des Statuts der Europäischen Gesellschaft hinsichtlich der Beteiligung der Arbeitnehmer; Verordnung (EG) Nr.1435/2003 des Rates vom 22.7.2003 über das Statut der Europäischen Genossenschaft (SCE); Richtlinie 2003/72/EG des Rates vom 22.7.2003 zur Ergänzung des Statuts der Europäischen Genossenschaft hinsichitlich der Beteiligung der Arbeitnehmer.
54) Richtlinie 2005/56/EG des Europäischen Parlaments und des Rates vom 26.10.2005 über die Verschmelzung von Kapitalgesellschaften aus verschiedenen Mitgliedstaaten.
55) *Verse* (Fn. 18), 483.

して履行し，国際的合併に関する従業員参加についてもいち早く2006年12月29日に国際的合併に係る従業員の共同決定に関する法律（Gesetz über die Mitbestimmung der Arbeitnehmer bei grenzüberschreitenden Verschmelzung; MgVG）として定めた。

　ドイツ会社法には，国際的組織変更に関する規定はない。組織再編法（Umwandlungsgesetz）1条および191条によれば，所定のドイツの内国会社のみが組織変更できる旨が定められている[56]。もっとも，Cartesio判決およびVale判決以降，これらの規定は，定款上の本拠の移転のみならず管理統括上の本拠も移転する場合，開業自由の条約規定の適用を受け，他の加盟国の組織にも拡張されるという平準化志向の解釈が確立されるに至った[57]。それに伴い，ドイツからの転出型組織変更に関しては，UmwGが有する内国向け規定の趣旨と矛盾しない範囲でUmwG192条以下が任意に適用されると解される。上記解釈をさらに緩め，ドイツのように，国際的組織変更を明示に認める立法を有しないEU加盟国においては，その解釈として当座は内国会社の組織変更に関する規定を類推適用すべきことを提言するものもある[58]。

　ドイツ組織再編法上，具体的には次のようなステークホルダー保護の制度が問題となろう。たとえば，組織再編報告書および組織再編の決定に関するUmwG192条ないし194条，反対株主の買取請求提案に関する207条以下，交付対価の適切性の調査に関する212条をはじめ，債権者保護規制として，204条および22条が，債権者の自己の債権に係る請求権は組織再編の効力発生後に生じ，移転先加盟国の新たな定款上の本拠において行使されなければならない旨を定めている。債権者保護にかかる手続負担の軽減のため，国際的組織再編への措置として，SEAG13条1項・2項，SCEAG11条1項・2項，およびUmwG122j条は，事業譲渡または合併計画の公表時に債権の保全を行いうる旨を定める。当該規定は，国際的組織変更にも援用されうるように思われる。仮に他の加盟国において移転前の原因に基づいて債権保全の主張がなされたとして，SE規

---

[56] なお，合併については，少なくとも第10指令を履行するまでは，組織再編法は同法中に掲記された法人についてのみ合併を認めていたため，そこに掲記されていない外国会社との合併は認められないというのが通説であった。実務は，外国会社との間の個別契約により，事業譲渡と譲渡会社の清算・解散を行い，個別移転手続の履践が煩瑣ではあるものの，実質的には同様の効果を有する法律行為でもってそのようなニーズに対応してきた。

[57] *Lutter/Bayer/Schmidt* (Fn. 41), §6, Rn.66.

[58] *Verse* (Fn. 18), 477.

則8条16項，SCE規則7条16項により，かかる債権保全の主張が移転の効力発生前の原因に基づいてなされたと解釈できれば，移転元加盟国法であるドイツ法が適用されることとなる。もっとも，事業譲渡や合併の計画公表時（移転前）への債権保全手続の前倒しのような軽微な保護手段のために準拠法や裁判籍を変更させるのは本末転倒のようにも思われる[59]。

共同決定については，MgVG，SEBG，およびSCEBGの類推による保護を受けられない。これらの規定は，転入的合併または移転に関するため，移転先加盟国における第10指令，SE・SCE従業員関与指令の履行規定に委ねられる。もっとも，現在のところ本拠の移転に関する第14指令が頓挫しているため[60]，移転先加盟国において国際的組織変更に関する規定を置く例はない。

ドイツの場合，転出型組織変更の要件充足の判断は，転出型組織変更の無効の訴えを定めるUmwG198条3項（合併に関する16条3項の準用）に依拠し，さしあたり会社の従前の商業登記簿上の本拠の管轄裁判所に提訴することによって，なされることとなろう。さらに，移転先国法の要件のもとに効力を生じている旨の覚書でもって国際的合併の登記事務を行う旨を定めるUmwG122k条の類推により，移転先加盟国の登記簿との整合性の調査を行うことも可能であろう。移転先加盟国における登記の旨の通知の記載は登記裁判所の専属管轄に属し，効力発生日にドイツの商業登記簿においてなされる（UmwG122k条4項）。

(3) 転入型国際的組織変更の場合

Vale判決は，Cartesio判決について，会社に対する法人格の付与・維持は加盟国法に基づいてなされ，その結果，会社の設立や運営に関する事項は，加盟国法上の要件が充足されている限り，加盟国法の専権事項であることを示したに過ぎないとの解釈を披歴した[61]。同判決事案において，ハンガリー法は，内国会社の組織変更のみ規定し，国際的な組織変更を一般的に排除していた。このような事案は，同様に国際的合併に伴う転入拒絶に関するSEVIC判決[62]とのアナロジーで捉えられ，移転先加盟国における内国会社の組織変更と国際

---

59) *Verse*（Fn. 18），485.
60) Siehe, aber, Entschliessung des Europäischen Parlaments vom 2. Februar 2012 mit Empfehlungen an die Kommission zu einer 14. gesellschaftsrechtlichen Richtlinie zur grenzüberschreitenden Verlegung von Unternehmenssitzen（2011／2046（INL））.
61) *EuGH*, Vale（Fn. 2），Rn. 16.
62) *EuGH*, SEVIC Systems AG（Fn. 12）.

的組織変更との異なる扱いが，開業を妨げ，AEUV 上の制限を構成することとされた。ステークホルダーの利益保護は，国際的組織変更を排除することの必要性を示さず（必要性テストの不充足），かかる制限の正当化に考慮されなかった[63]。移転元加盟国においても組織変更に関する利害関係者保護規定を有するが，移転先加盟国においてさらに厳格な保護規定を置くと，自由移動への制限と解釈され，不可避的要請に該当しないため正当化もされないことが含意される。

　仮に移転先加盟国が内国会社の組織変更規定も有しなかった場合はどうなのであろうか。この場合には少なくともどちらの組織変更も認められず異なる扱いとはならなかったはずであるが，Vale 判決からは明らかではない。裁判所は，Vale 判決において，国際的組織変更を許容する義務と会社の設立と機能に関する規制を定める加盟国の自治とを区別した[64]。加盟国は，会社の設立と機能に関する規制についてどのように定めるかの自由のみを有する[65]。そのうえで，同判決は，件の組織変更の規定について，同等性（Äquivalenz）および実効性（Effektivität）の各原則を充足すべきことを示した[66]。移転先加盟国における規制裁量とその限界の判断の考察は次節以下で行う。

(4)　**移転先加盟国における規制自治**

　上記したように，「soweit dies nach diesem Recht möglich ist」と留保条件を付しつつ，Cartesio 判決は，その傍論において，休眠外国会社の承継会社としての登録を認めるかどうかを決するのは，当該会社が再設立を求める移転先加盟国法である旨を示唆した。同判決は，設立および運営のような会社法の形態を形作る規制裁量を移転先加盟国に原則的に認めているように思われる。Vale 判決はこの立場を再確認した。当該規制裁量は，加盟国の連結点に関する法準則のみならず，実質法である会社法の全領域に及ぶ。したがって，突き詰めれば，各加盟国は，資本金規制等の水準に関し他の加盟国の状況を一瞥しながら自由に法規定を策定することができるということになる。

　Vale 判決により，加盟国は本拠地法主義を採用することによって本拠の移

---

[63]　*EuGH*, Vale（Fn. 2), Rn. 37-39.
[64]　*EuGH*, Vale（Fn. 2), Rn. 30.
[65]　*EuGH*, Vale（Fn. 2), Rn.50.
[66]　*Roth*, Grenzüberschreitender Rechtsformwechsel nach VALE, in: Hofmann-Becking, 2013, 970f., 987.

転を強制しうることを除いては，基本的には会社はロー・ショッピングを楽しむことができる[67]ことが明らかとなったと本判決を積極的に評価するもの[68]がある一方で，どの会社法制度が効率的か立法者にもわからないまま加盟国間の会社法規制競争優位の発想が展開することを懸念する声もある[69]。本件のような個別事例に関するコメントにおいてさえ大きな論点となっていることは，法制度間競争に関する根本的方向性を巡る議論がドイツにおいても未だ根強いことを示すものといえる[70]。

(5) 移転先加盟国における規制裁量の限界：同等性と実効性

EUとして，従属法の変更に伴う債権者等会社利害関係者の保護に関する統一立法を欠く現状は，移転元加盟国にとっては，保護水準が低い立法への選好により移転元国法基準が潜脱されうることから，懸念要素となるが，移転先加盟国の公共の利益に影響を及ぼしうるのかは定かではなく，したがって，EuGHは，移転先加盟国が自国会社に対し現存する条件と同等条件を提供することを拒むのは不適切であるとしてきた[71]。

Vale判決で適用された新たな会社形態の設立要件とそこでの加盟国の規制裁量は，移転先加盟国の法規定がEU法の介入を認めないということを意味するものではない。むしろ，Vale判決の規制裁量の限界の判断に，すでに存在しているEU法の一般原則である同等性と実効性の両原則が適用されたとみてよい[72]。

---

[67] *Dine*, The Governance of Corporate Groups, 2000, 67は，国際私法上会社に関し本拠地法主義を採用している国は，会社実質法上も外国法との調整に消極的であることが多いため，本拠地法主義による移転自由への制約は，実務上あまり問題とならないとする。

[68] *Borg-Barthet* (Fn. 10), 508-509.

[69] *Verse* (Fn. 18), 489.

[70] *Roth/Kindler*, The Spirit of Corporate Law: Core Principles of Corporate Law in Continental Europe, 2013, 3 ff. 規制担当者間の競争を，規制現代化の手段として，あるいは，欧州単一市場の一環であるとして，積極的に意義づけるもの（*Teichmann*, in: Müller-Graff/Teichmann, Europäisches Gesellschaft auf neuen Wegen, 2010, 43 ; *Grundmann*, Europäisches Gesellschaftsrecht, 2.Aufl., 2011, 82）と，やや古いが競争原理は立法担当者にとって適切なベンチマークとはならないとして消極的に評価するもの（*Wiedemann*, Gesellschaftsrecht Vol. I, 1980, 783）とがある。

[71] *EuGH*, Centros (Fn. 28), Rn. 17 ; *EuGH*, Überseering (Fn. 35), Rn. 80.

[72] *EuGH*, Vale (Fn. 2), Rn. 48f., 53ff. ただし，組織変更手続要件へ適用したに過ぎないと解するものとして，*Mörsdorf/Jopen*, ZIP 2012, 1400, 1401, *Teichmann*, DB 2012, 2090.

このうち同等性原則については，国際的組織変更の過程で内国会社と異なる扱いを受ければ，EU 法に抵触するというもので，それほど広い意味を持つわけではない。別異の扱いは正当化の対象となりうるが，件のハンガリー法には正当化事由がなく，裁判所は違反を指摘したのみである。

　他方，実効性原則については，移転元加盟国の登記所が当該国における組織変更要件を充足していることを内容とする証明書を発行し，証明書には何ら疑問もないときに（しかも，移転先加盟国の登記所は証明書の真正性について容易に調査できる），自国に不利益があるわけでもないのに，移転先加盟国がかかる証明書の存在を何ら考慮することなく，杓子定規に内国会社に関する組織変更要件を適用してしまうのは，同原則に反するとされている。EuGH は自由移動の侵害措置における正当化事由の存否の判断に EU 法の一般原則である比例性原則を適用する実務を定着させてきており，相異なる利益を調整する際に一般原則に頼ること自体はそれほど奇異ではないものの，適用基準があいまいになる可能性はある。

　なお，転出型国際的組織変更の場合，会社が転出する際に，移転元加盟国の組織変更規定にも鏡像的に移転先加盟国におけると同一の要件遵守に関する立証基準が適用されるのかは今後の議論に待たなければならない[73]。

(6) ステークホルダー保護水準の維持

　上記の組織再編法規定の類推を認める立場からは，UmwG191条 2 項によって組織変更後の会社として許容される会社であって[74]，かつ組織変更前の形態が同法 1 条，191条 1 項に列挙されているものについては，ドイツへの転入型組織変更およびドイツからの転出型組織変更の双方が可能である。もっとも，後者については，移転先である他の加盟国法が当該転出時の組織形態を認めていなければならない。前者については，UmwG197条に従い，組織変更後の会社には設立に関する規定が適用される。したがって，このような場合，有限会社法 4 a 条および株式法 5 条の新設以降，もはや国内に管理統括上の本拠を有することを強制されない[75]。

---

73)　*Verse*（Fn. 18），481．
74)　たとえば，有限責任型事業会社（Unternehmensgesellschaft）への組織変更は認められない（有限会社法 5 a 条 2 項 2 文）。
75)　*Jaensch*, EWS 2012, 358．

転入型組織変更の登記は，合併の場合のアナロジーにより，移転元加盟国の登記所の証明書または同等の証明をもって登記簿に記載されることとなろう（UmwG1221条）。移転元加盟国において必要な法律行為および手続が規則通りに実行されなければならない（UmwG1221条1項2文）。登記裁判所は，証明書が明らかに正しくない場合を除き，移転元国の組織変更要件を遵守しているものとして扱う。組織変更は，ドイツの商業登記簿への記載でもって，その効力を生じる（UmwG202条）。登記裁判所は当該記載日に移転元加盟国の登記所へその旨を通知する（UmwG1221条3項）。

　国際的組織変更によって，株主や債権者に有利な保護規定を有する従前の法律の適用が潜脱される虞がある場合には，加盟国間の相互承認と規制裁量の範囲内で移転元加盟国の法律になお服する余地があると解される[76]。

第6節　おわりに

　本稿は，近時のEuGHの判決例を素材に，国際的移転に伴うEU基本条約上の自由移動の規定を，ドイツ国内法を巡る解釈上の論点と関連づけつつ，検討してきた。EU域内における会社の移転を巡る判例は，現在係属中のものを加えるとすでに相当数存在する。1960年代から始まったEU派生法による加盟国間の会社法の調整と会社の域内移転を巡る紛争事案の蓄積により，EU会社法なる領域が確たる学問分野として根づき，加盟国会社法間の競争と調和に関する議論も進展している。倒産法のような会社法隣接分野を会社の域内移転との関わりで分析する研究も，現れ始めている[77]。今後もこの分野がドイツにおいても注目を集め続けることは疑いない。本稿において抽出された論点が今後のこの分野の進展に伴い，詳らかにされていくことを願ってやまない。

---

76)　*Verse* (Fn. 18), 491.
77)　*Gerner-Beuerle/Schuster* (Fn. 23), 287ff.

第2編
会社法

第1章 総 論

2012年12月のEU委員会のアクションプランに焦点をあてたヨーロッパの会社法

クラウス・J. ホプト

早川 勝（訳）

（訳者注） 本稿は，Prof. Dr. Dr. Klaus J. Hopt, Europäisches Gesellschaftsrecht im Lichte des Aktionsplans der Europäischen Kommission vom Dezember 2012 - Hachenburg-Gedächtnisvorlesung am 26. 10. 2012 in Mannheim, in: ZGR 2013,165-215の邦訳である。本論文は内容上明確に区分されることから，著者のご了解をえて，前半部をすでに同志社法学において拙訳を公表している（同志社法学365号15頁以下（2013年））。以下では，原文の注の番号を本翻訳にあわせるための変更を行っている。

＊本稿は，2012年10月26日にマンハイムで開催されたマックス・ハッヘンブルク (Max-Hachenburg) 追悼記念講義を基にしている。「ヨーロッパの会社法」というテーマは，筆者が1998年6月19日「コーポレート・ガバナンス：監査役か市場か？—国際的および学際的テーマに関する考察」(Hommelhoff/Rowedder/Ulmer,Hrsg., Max Hachenburug, Dritte Gedächtnisvorlesung 1998,Heidelberg,2000,S.9以下に所収) と関連する。この二つの講義を支えたものは，偉大な法律家に対する敬意，われわれのこの時期のドイツの歴史について理解することの困難さと同時に無念，および，われわれはヨーロッパにおいて共同して過去の悪霊を追い払ったのだという確信によって支えられている。

緒（英語版）

ヨーロッパの会社法は，新たな飛躍の時を迎えている。欧州委員会は，2012年12月12日に第二アクションプランを提出した。委員会は，そのアクションプランにおいて，会社法上の規制とコーポレート・ガバナンス・ルールの両方を

まとめている。アクションプランは，16の異なる実質的に異質な発議をしている。つまり，その発議の一部は，指令もしくは指令の改正によって実施されるが，その大部分は立法によって実現されることがないかまたはさらに熟考されるべきものである。欧州司法裁判所は，条約における自由権に基づく判例だけではヨーロッパの会社法を創設することができない。判例を補完する会社法が必要である。ヨーロッパの会社法の主要な二つの目的は，移動の自由と株主の保護である。欧州委員会は，強化された透明性と部分的な調整をしてヨーロッパの会社法の法制化を計画する。規制方法としての透明性は，私的自治を強化し，市場メカニズムを促進する。他方，調整は，会社法の中核分野に限定しなければならず，それらの分野においても，国の会社法とヨーロッパの会社法が相互に補完し合わなければならない。それは，アクションプランに即して言えば，⑴ヨーロッパの企業形式，⑵合併・本拠地の移転・分割，⑶資金調達，⑷企業の運営，⑸株主，とくに機関投資家，⑹支配株主と企業グループ，および，⑺他の利害関係人：労働者の資本参加である。委員会がアクションプランにおいて提案していること，または，提案することを差し控えているものについては，さらに詳細な論議と法政策的な検討，そして法比較法的議論が必要である。

第 1 節　ヨーロッパの会社法の中核分野と2012年アクションプランにおいて提案された措置

　アクションプランとそのための準備から判るように，ヨーロッパの会社法とは何であるべきなのかまたはそれはどのようであるべきなのか，そしてまた何を国の会社法に残すべきかという問題について，委員会，欧州議会，諮問に対する回答者，および学識者の考え方はそれぞれまったく異なっている。既述したように，適切なのはその中道の考え方であって，ヨーロッパの中核分野だけの規制である。結果においてアクションプランもそのことを目的にしている。たとえ，原則的に考え方はまったく同じであっても，しかし，いかなるものが中核部分であるかまたは中核であるべきかについては著しい相違があるのである。政治的な，実務の妥協に基づいて構想が練られたアクションプラン自身は，そのことについて最終的なことはなにも述べることができない。以下では，――上述した重要性とは関係なく――ヨーロッパの会社法の七つの中核分野に特定して，それらを体系的に整理し，委員会が公表した個々の措置について簡単に紹

介¹⁾し，議論することにする。これらは，(1)ヨーロッパの企業形式，(2)合併・本拠地の移転・分割，(3)資金調達，(4)企業運営，(5)株主，とくに機関投資家，(6)支配株主と企業利益，および，(7)その他の利害関係者，労働者の資本参加である²⁾。計算規制は，会社法の枠組みを超えて，会社でなくても対象となるので，別の関連で扱わなければならない。

1 ヨーロッパの企業形式

(1) ヨーロッパ株式会社

今日ではドイツや他の多くの加盟国においてはヨーロッパの企業形式について学界や社会から最大の関心が向けられている。その企業形式は，部分的には28のモデルがあると言われている³⁾。なぜなら，それは，国の無制限のさらなる既存の企業法形式と併存するヨーロッパの法形式を提供し，それによって同時にこれらの企業形式と競合するからである。したがって，その間に（2010年10月現在）1,426の登記したヨーロッパ株式会社が存在するにもかかわらず，アクションプランによれば，欧州委員会が短期的にヨーロッパ株式会社（以下，SEという）の規則および共同決定指令の改正を企図しないことはまったく期待を裏切るものである。委員会は，「議論を再開したときに考えられる挑戦」⁴⁾

---

1) 個々の中核分野のそれぞれに一連の文献がある。また，個々のすべての措置は，意見が対立し，議論され，場合によっては立法で規制されることになろう。
2) 教科書の記述にはかなりのバラエティーがみられる。たとえば，
   GRUNDANN, Europäisches Gesellschaftsrecht,2.Aufl.,2011, では，(1) 設立と日常業務（効力，構造と社員の権利，成果についての報告），(2) 資本市場における資金調達，(3) 支店と構造措置（公開買付指令を含む），(4) 超国家的な法形式。その英語版ではさらに，(5) 解散と倒産。LUTTER/BAYER/J.SCHMIDT, Europäisches Unternehmens-und Kapitalmarktrecht, 5．Aufl.,1012,§Rdn.4,5,8. では，(1) 会社法指令（公開買付指令，決算検査人指令，IFRS 規則を含む貸借対照表指令），(2) 資本市場法指令，(3) 労働者指令，(4) ヨーロッパの法形式。
   Habersack/Verse, Europäisches Gesellschaftsrecht,4.Aufl.,2011, では，(1) 公開買付指令を含む会社法指令，(2) 超国家的な法形式。
   DORRESTEIJN/MONTEIRO/TEICHMANN/WERLAUFF, European Corporate Law, 2 d ed., Alphen aan den Rijin 2009. では，指令とヨーロッパの企業形式に関する総則の章では，(1) 会社の形式と財務，(2) 国の法律の下での会社の管理と指揮，(3) 従業員の参加，(4) 国境を越える協同と買収，(5) 年度決算，(6) 企業集団。
   MENJUCQ, Droit international et europeen des societes 3 e ed., Paris 2011. では，設立の規制，ヨーロッパ会社，組織再編，企業集団，外国会社の設立，支店。
3) Reflection Group, Report on the Future of EU Company Law, European Commission, Brussels, 5.4.2011, ch.2.7.
4) Europäische Kommission, Aktionsplan : Europäisches Gesellschaftsrecht und

にたじたじになっている。改正に手をださないことは政策的には理解できよう。SE は，ヨーロッパの会社法にとっては，「ヨーロッパの会社法の旗艦」[5]と象徴的で一般に使われた表現であるからである。あるイギリスの論稿によれば，「SE は，ヨーロッパの会社法のさらなる発展のために一大転機を示す」と簡潔に述べられている[6]。

現在の規則と共同決定指令によって SE が有するメリットとデメリットは，欧州委員会のために行われた2010年のエルンスト＆ヤング（Ernst & Young）の膨大で包括的なアンケート調査に基づく調査において確認されている[7]。委員会は，2010年11月17日に加盟諸国における規則の適用に関する報告書を作成し[8]，フィードバック声明書において SE に関するアンケートに対する回答について報告書を公表した[9]。それによれば，最大のメリットは，元々は SE の移転であった。SE は，唯一の会社としてその本拠地を他の加盟国に容易に移転することができる。しかし，合併指令が国境を越える合併を容易にさせてからは，とくにより柔軟な共同決定の解決方法を提供して以後，SE の重要性が薄らいだ。関心の的になっているのは，今日では，SE のイメージと超国家的な性格

Corporate Governance - ein moderner Rechtsrahmen für engagiertere Aktionäre und besser überlebensfähige Unternehmen,Brüssel,12.12.2012,COM（2012）740/2, Ziffer 4.5 S.16.

5) HOPT, Flaggschiff oder Randnotiz? in : Handelsblatt, 23.6.2004, Nr.119, S.R 1 ; EU における超国家的な会社形式については，FLEISCHER, ZHR 174（2010）,385, Common Market Law Review 47（2010）1671も。さらに，TEICHMANN, Binnenmarktspezifisches Gesellschaftsrecht,2006, S.234 ff. も。

6) ARMOUE/RINGE, European Company Law 1999-2010 : Renaissance and Crisis, Common Market Law Review 48（2011）125.

7) Ernst & Young; HOPT, MENJUCQ, RICKFORD が顧問として参加，*http://eur-lex.europa.eu/LexUriServ/LexUriServ.do?uri=COM:2010:0676:FIN:DE:PDF*. で入手可能。実務については，(Allianz) HEMELING, Praktische Erfahrungen mit der Societas Europaea, in: Jung, Hrsg., Supranationale Gesellschaftsformen im Typenwettbewerb, 2011, S.41.

8) Europäische Kommission, Bericht über die Anwendung der Verordnung（EG）Nr.2157/2001 des Rates vom 8.10.2001. über das Statut der Europäischen Gesellschaft（SE）, Brüssel, 17.11.2010, KOM（2010）676 endg.（SE-Bericht と引用）。ドイツについては，Axel Springer AG が最近予告した SE への組織変更, FAZ 9.1.2013 Nr.7, S.15; HABERSACK/DRINGHAUSEN, Hrsg., SE – Recht mit grenzüberschreitender Verschmelzung, 2013.

9) EUROPEAN COMMISSION , Feedback Statement, Summary of Response to the Public Consultation on The Future of European Company Law, Brussels, July 2010（Feedback Statement と引用）, p.6 zu Fragen 9-11（ヨーロッパの会社法形式に関する一般的質問）。

である。そのような性格によって，実務で報告されているように，国境を越える構造変更，とくに合併がすべての当事者に容易に受け入れられるのである。このことに加えて，原則として監督庁のみによる監視を含むグループ構造の簡潔さ，資金調達における利点，および，加盟国によって異なるが，一定の範囲まで国の会社法の硬直的でかつ市場になじまない規定を免れる可能性が挙げられる[10]。後者は，とくに企業家的共同決定について当てはまる。とくにドイツにおいては，――効率的な活動にとってもはや実際的でない――二層制における監査役会の規模がそれと結びついている。利害関係者によって宣伝されたドイツの共同決定の立地の利点は，金融危機後も一つの伝説である[11]。それらすべてのメリットが，傾向的には，たとえ（元々は）[12]アメリカにおけるほどではないにしても，ヨーロッパにおいても，国の立法者相互の経済的に重要な競争，そして，ある程度までは垂直的な競争さえをも導く[13]。それに対して，設立費

---

10) Feedback Statement, (Fn. 7), p. 6 ad Frage 9.
11) 最近のものとして，JAHN, Das Geheimnis der „Europa-AG", FAZ, 30.1.2013, Nr.25 S.9. 彼は，企業家的共同決定に対して総じて反対せず，経営組織上の共同決定についてはまったく反対していない。部分的には，とくに，資本と労働の共同によってしか克服できない困難な状況における（準平等的）共同決定について本当に良い経験がある。その例は，ドイツにおける企業家的共同決定も第一次および第二次世界大戦後の危機の時代に由来するのと同様な転換を目指す新連邦諸州における会社更生である。EIDENMÜLLER/HORNUF/REPS, Contracting Employee Involvement: An Analysis of Bargaining over Employee Involvement Rules for a *Societas Europaea*, Journal of Corporate Law Studies 12（2012）201. においては，現在の興味深い事実が述べられている。 SEの共同決定の問題について，その監査役会の規模と構成に関しては，SEIBT, ZIP 2010, 1057. 監査役会を縮小化するための配備については，HENSSLER/SITTARD, KSzW 2011,359。共同決定の回避については DRINHAUSEN/KEINATH,BB 2011,2699。立法提案は，Arbeitskreis, Aktien-und Kapitalmarktrecht, ZIP 2010,2221,2011,1841. 近時の提案は ULMER/HABERSACK/HENSSLER, Mitbestimmungsrecht,3.Aufl.,2013. SPE における共同決定については，(Fn. 20) および 合併の場合における共同決定については，本節2（Fn. 35. 36）も。
12) この競争は，今日では多数の見解によれば，デラウエア州のために決定されるが，デラウエア州は，ごく最近の調査によれば，その地位を保持するにちがいない。たとえば，CAIN/DAVIDOFF, Delaware's Competitive Reach, Journal of Empirical Legal Studies 9 Issue 1（2012）92；ARMOUR/BLACK/CHEFFINS, Is Delaware Losing its Cases? Journal of Empirical Legal Studies 9（2012）605. 公開買付の申込との関係については，HOPT, Euopäisches Überneahmerecht,2013, S.21 ff, 70ff。
13) このことについては，KLÖHN, RabelsZ 76（2012）276. 欧州においてそのような競争がかなり困難なことについては，MERKT, RabelsZ 59（1995）545; TEICHMANN, (Fn. 5), S.330 ff,396 ff; KIRCHNER/PAINTER/KAAL/HÖPPNER, AG 2012, 469. ヨーロッパの売買法の提案における垂直的競争については，GRUNDMANN, AcP 212（2012）502（515 ff）。

用[14]，SE の新しい法形式についての知見と親近感を欠いていること，ならびに，現在でもやはり費用のかかる共同決定がデメリットである。これらの点は，なるほど不利益であるが，しかし，他と比較すればそれほど深刻なものではない。

正当に改善が勧告され，また，SE に関する調査と委員会の SE に関する報告書の結果からも広く期待された。とくに，直接かつ二種類の国籍の要件が不要である SE の設立の許可，同一の加盟国において事業の場所と定款上の本拠地を持つ可能性，一層の簡素化および国の会社法を指示参照することを少なくすること[15]が待ち望まれ，そして，税の調整におけるように，つねに進展することが期待されるのである。機関組織が一層制で共同決定制度をもたない多数の加盟国においてもヨーロッパ株式会社が一般に設立されるか，あるいは設立が増加している。委員会の要求に対する自己制限，したがって理解が深められず，そしてまた「情報の宣伝活動」が明らかにあまりにも少ないことは，ヨーロッパの会社法のために，そして，全体的にヨーロッパのために残念に思われる。

(2) さらなる法形式，とくに EWIV（ヨーロッパ経済利益団体），SPE（ヨーロッパ私会社）およびヨーロッパ財団

アクションプランは，さらなるヨーロッパの法形式に関しても，控えめであり，そして部分的にはそれについて沈黙を守りさえしている。ヨーロッパ協同組合規則（以下，SCE という）については，この法形式がなんらの賛同をえていないので，そのことは納得がいく。委員会は，SCE が（1012年7月現在）わずか25しか設立されていないことを述べる[16]。そのことは，この法形式について需要がないこと，委員会が委託した調査によれば，規則も複雑すぎることに理由があるのかもしれない[17]。

アクションプランは，EWIV（ヨーロッパ経済利益団体）について本拠地の移転のところでついでに触れているにすぎず，委員会は，アクションプランではこの法形式に固有の意味を認めていない。1989年以降にとにかくどうにか2,100

---

14) SE-Bericht, (Fn. 8), S.5. は，欧州委員会の数を掲げる。
15) Feedback Statement, (Fn. 9), p.7 ad Frage 9, 10。また ad Frage 11も。超国家的な法形式一般については，FLEISCHER, ZHR 174 (2010), 385。
16) Aktionsplan, (Fn. 4), Ziffer 4.5 S.16.
17) SCE についての詳細は，LUTTER/BAYER/J.SCHMIDT, (Fn. 2), S42；近時の状況については KREBS,EWS 2012,407。

の EWIV が設立されたとしても，これは，1985年に初めて創設されたヨーロッパの法形式として，個別の分野以外には実際上あまり重要になりえなかったのである[18]。ドイツでは，それは，主として，弁護士事務所とそれ以外の自由業の国境を越える共同作業に利用されているにすぎない。この失敗作は，当時は恐らく今日よりももっと国の独自の法形式の保護を考慮した加盟国が意識して認めた。自ら利益自体を獲得しないという目的制限と多数にわたる個々の禁止は，EWIV を魅力のないものにしている。ヨーロッパの協同組合法形式を作為的な制約なしに創設する目的をもつ EWIV は，やりがいがありうるものであろうが，しかし，見込みはない。

　SPE（ヨーロッパ私会社）に関して，欧州委員会は，アクションプランにおいては断念している[19]。このドイツの有限会社に類似した法形式は，最近広範に議論されてきたが，現在は，周知のように，とくにドイツの共同決定のために[20]凍結している。そのような状況は，まさにドイツとフランス，そして両国の学界と産業界が SPE の観念を共同して売り出せば売り出すほどそれだけ一層憂鬱にさせる[21]。いずれにしても，欧州議会は，2012年6月14日の決議[22]で改めて SPE に賛成を表明した。学界においては，もちろん，SPE は SE よりもはるかに重要でないとする意見もある[23]。

---

18) LUTTER/BAYER/J.SCHMIDT, (Fn. 149), S40 Rdn.3.
19) Aktionsplan, (Fn. 4), Ziffer 4.4 S.15.
20) 近時の状況については R.KRAUSE, Co-determination by Workers under the proposed European Private Company (SPE), in : Hirte/Teichmann, eds., The European Private Company - Societas Private Europaea (SPE), ECFR 特集 vol.3,2013,p.375。その他の理由，とくに国際的な会社形式の競争上の不利を免れるかまたはあまりにも多くの SE の強行的規定があることについては DAVIES, The European Private Company (SPE) : Uniformity, Flexibility, Competition and the Persistence of National Laws, *http://ssrn.com/abstract=1622293* で入手可能。
21) HOMMELHOFF/TEICHMANN, Societas Private Europaea (SPE) General Report, in : Hirte/Teichmann, eds., The European Private Company- Societas Private Europaea (SPE), ECFR 特集 vol.3, 2013 ; LUTTER/BAYER/J.SCHMIDT, (Fn. 149), §43. が詳細である。基礎的論文は，HOMMELHOFF, WM 1997, 2001; HOMMELHOFF/TEICHMANN, GmbHR2010, 337 ; HELMS, Die Societas Privata Europaea (SPE), FS HOMMELHOFF, 2012, S.369; TEICHMANN, Die Europäische Privatgesellschaft (SPE)-Wissenschaftliche Grundlegung, VGR 2009, 55; DERS.,RIW 2010, 120.
22) Europäisches Parlament, 欧州会社法の将来に関する Entschließung 14.6. 2012 (2012/2669 (RSP))。
23) EUROPEAN COMPANY LAW EXPERTS (ECLE), Response to the European Commission's Consultation on the Future of European Company Law, May 2012, para 5 b, p.20., *www.ecle.eu*, でも入手可能。

ヨーロッパ財団は，アクションプランおよびその付録における主要な発議においてことさらには述べられていない。すでに2012年2月8日のヨーロッパの財団規則について規則提案が提出されているので，その限りにおいて，そのことは納得がゆく。それについては，最初の意見表明もすでに出されている[24]。その提案は，学界[25]における長期にわたる準備に基づき，会社法専門家ハイレベル・グループの支持によってすでに2003年の第1回のアクションプランにおいて述べられており，2008年のハイデルベルグ大学とハンブルグのマックス・プランク研究所の実効性に関する研究調査[26]が肯定的に評価していた。その研究調査の調査によれば，ヨーロッパ財団は，財団の国境を越える活動を明らかに容易にする。個々の加盟国における法的および行政的要請の調査と考慮，および，公益と承認に関する不確実性は，課税上の壁を別として，従来は著しい障害であった。欧州委員会の提案は，ヨーロッパ財団の信用性のためにとくに最低2万5,000ユーロの基金，ほとんどの加盟国において公益について認められた目的規定に関する微細にわたるリストならびに透明性と説明について考慮する。監視は，国の監督官庁が行う。ヨーロッパ財団に自動的に国内の税法と同一優遇税制を認めるという提案は，その場合に，政治的妥協の仕方でそれを削減できるようにするために，ヨーロッパの経済検査士の改正の場合と同様に，もしこれが当初とくに過大なことを要求してきた欧州委員会のおそらく熟慮された戦術でなければ，あまりにも野心的である。問題は，財団が活動できる要件および範囲に関する問題においても生じる。したがって，加盟国におけ

---

[24] Europäische Kommission, Vorschlag für eine Verordnung des Rates über das Statut der Europäischen Stiftung (FE),KOM (2012) 35ndg: *http://ec.europa.eu/internal_market/company/doct/eufoundation/proposal_de.pdf*. で入手可能。これについては，European Foundation Centre (EFC),Revised legal analysis of the European Commission proposal for a Council Regulation on the Statute for a European Foundation (FE),23.11.2012 ; JUNG, BB 2012, 1743 ; WEITEMEYER, NZG 2012,1001 ; JAKOB, Rechtliche Entwicklungen im schweizerischen und europäichen Stiftugswesen, 2013,S.15 ff ; LOMBARDO, Some reflections on freedom of establishment of non-profit entities in the EU, Law Working Paper No.192/2012, *http://ssrn.com/abstract=2115107*。HOPT/VON HIPPEL, ZEuP 2013,235. は，さらなる紹介をする。

[25] HOPT/WALZ/VON HIPPEL/THEN, eds.,The European Foundation – a New Legal Instrument,Cambridge 2006.

[26] KLAUS J.HOPT/THOMAS VON HIPPEL/HELMUT ANHEIER/VOLKER THEN/WERNER EBKE/EKKEHARD REIMER/TOBIAS VAHLPAHL, Feasibility Study on a European Foundation Statute, Final Report (2009), *http://ec.europa.eu/internal_market/company/docs/eufoundation/feasibilitystudy_en.pdf*. で入手可能。

る最初の反応は，それ以外には何も期待できないように，控えめである。現代の社会および生活保障国家において，それを正当に期待するように，ヨーロッパにおける住民に対して，もはや継続して公共福祉のための資金を出すことができないことが明白である場合，その事業運営が利益をもたらすことが可能である限りにおいて，この課題の一部を公手よりも効率的に活動する私的な利益事業（For Profit-Unternehmen）を承諾しなければならない。しかし，それが，恐らくまったく可能でない限りにおいて，非営利組織と財団とが代役を務めなければならない。ヨーロッパ財団がこれについて僅かな部分でも貢献することができる場合には，たとえばECLEもそれを行ったように，すべての者がこれについて賛成する[27]。しかし，財団についても開業の自由を考慮する[28]欧州司法裁判所の判例は，すでに国際合併の関連で述べたように[29]，それを保証することができない。

2　合併，本拠地の移転，分割

　会社法の調整は，ヨーロッパの企業法形式の選択的な統一法と併存する。ここでは，ヨーロッパの会社法の最も重要な中核分野として国境を越える組織の可能性（国境を越える移動 cross-border mobility）が位置づけられる。欧州連合については，設立，合併，本拠地移転，分割およびその他に関するその限りで存在する障碍をできる限り取り除くことが期待される。委員会の諮問に関するアンケートによる質問とそれに対する回答，2012年6月16日の欧州議会の意見表明およびすでに以前の検討グループと学界で述べられていたように，恐らく，一般的見解もそれに相応する。ECLEも個々には最優先と考えて，そして本拠地の移転，合併，投票および国境を越える支店の規制について詳細な勧告をした[30]。欧州連合の規制権限は，域内市場に対するそのような調整の経済的な重要性と同様に，ここでは明白である。設立については，欧州司法裁判所がすでに実質的な障碍を取り払っており，ヨーロッパの立法者は，必要な枠組み規制

---

[27]　ECLE 2012, (Fn. 23), para 5 c,p.20 et s.
[28]　14.9.2006, Rs.C-386/04および27.1.2009,Rs C-318/07 の欧州司法裁判所の判決について，Stauffer と Persche の法律問題は，HOPT/VON HIPPEL, ZEuP 2013, 235 (243).
[29]　拙訳「2012年12月の欧州委員会のアクションプランの下におけるヨーロッパの会社法」同志社法学365号28頁以下（2013年）
[30]　Europäisches Parlament, Entschließung 14.6.2012, (Fn. 40); Reflection Group, (Fn. 4), ch. 2; ECLE 2012, (Fn. 23), para 3 et s.,p. 6 et s.

を設けるかあるいはそれを改善しなければならない。したがって，欧州委員会は，まさにこの改善要請を即時にかつ大胆に処理すると考えることが期待されていた。しかし，アクションプランでは，非常にためらっているように思われる。登記された住所の国境を越える移転に関してはさらなる分析と必要な場合には発議，および，国境を越える合併についての規定の改訂と国境を越える分割に関する新しい規定について調査し，場合によっては指令の改正が公表される[31]。

　一般的見解によれば，本拠地の移転に関する第14指令についての作業の再開が特に緊急である[32]。欧州議会は，2009年3月に当時の委員会にEG条約192条2項による発議によってさえそのことを要請し，また2012年1月には，レーグナー（Regner）報告書が具体的な提案をした[33]。すなわち，本拠地の移転は，元の国においては会社の解散と税法上利益の実現に導いてはならない。株主，労働者および債権者も保護され続けなければならない。加盟国に収容義務を課すかどうか，その限りにおいて認めるのかどうかは確かでなく[34]，そのような義務の要件次第になろう。たしかにドイツの共同決定がひとつの躓きの石である。しかしながら，合併の場合のような柔軟な共同決定制度，または，必要な場合にはまさにSEの場合よりももっと緊密に役立ち，そして，元の状態に戻ることができることを保証される場合にはドイツにとってもメリットがあろうという認識が恐らくドイツでもかつては広まっていた[35]。しかし，それ以上は決して受け入れられない場合は，その他の加盟国に限定された解決によって封

---

31)　Aktionsplan, (Fn. 5), Ziffern 4.1, 4.2 und 4.3,S.14f.

32)　ECLE 2012, (Fn. 23), para 3 a.p. 7f.：WELLER/LEUERING, Sitzverlegungen von Gesellschaften in Europa：rechtliche und praktische Probleme, Vortrag ZEW Bonn 9.1.2012. も。したがって，欧州委員会は，アクションプラン後の最初のものとしてこれに取りかかり，会社の住所の国境を越える移転についての新たな協議を開始した（14.1.-16.4.2013）。

33)　前者については，LEHNE, KSzW 01. 2010 I 3（I　4）; Regner-Bericht：European Parliament, Report with recommendations to the Commission on a 14th company law directive on the cross-border transfer of company seats, Committee on Legal Affairs, 9.1.2012.

34)　Feedback Statement, (Fn. 9), p.9 ad Frage 15。MUCCIARELLI, The Function of Corporate Law and the Effects of Reincorporations in the U.S. and the EU, Tulane J. of Int'l & Comp. Law 20 (2012) 421も参照。

35)　Arbeitskreis Europäisches Unternehmensrecht, Thesen zum Erlass einer europäischen Sitzverlegungsrichtlinie, NZG 2011, 98,These 12：事前と事後の原則（Vorher-Nachher-Prinzip）。

鎖を開放することを考えることができよう[36]。ドイツ経済の犠牲による政治的な争いと一部だけの利益の経済的な代償は，その場合には目に見ることができ，かつ，恐らく，結局のところ，政治的には効果的となろう。

　合併指令のさらなる改善が同様に一般に要求される[37]。その場合，主要な問題は，実務の説明によれば，財産の評価（そのような場合における検査人の選定と選任を含む），債権者保護および債権者の保護期間の期限と手続に関する国の監督庁の検査機関である。定款上の本拠地と管理地が異なる国になければならないという要件も廃止すべきである[38]。

　さらにそれに匹敵できる要望は，国境を越える分割に関連する。それは，合併指令の範例によって可能にされるべきである[39]。支店制度の改善[40]，および人的会社の移動の容易化[41]も要望される。その場合には，欧州司法裁判所と欧州立法者の必要な協同は，すでに合併の例で説明され，黄金株の例でも証明することができた[42]。

　金融機関の救済，再建および清算に関する激しい議論と展開については，機能的にはヨーロッパの会社法の同時に所属し（「揺りかごから棺桶まで」）また，一般株式法に対するこれらの規制の影響力が重大かつ危険であるにもかかわらず，ここでは取りあげることができない[43]。

3　資金調達

　資金調達については，欧州委員会は，2012年10月に第２指令が新たに策定さ

---

[36] Reflection Group, (Fn. 4), ch. 3.2 p. 53 の意見。Hellwig/Behme, AG 2011,740 (742) も。EUV 20条，AEUV 326条以下に基づく強化された共働の仕方で。このことに批判的なのは Bayer/J.Schmidt, BB 2012, 3 (4).
[37] ECLE 2012, (Fn. 23), p.8f; Feedback Statement, (Fn. 156), p.10 ad Frage 17。国境を越える合併に関する最近の文献は，Habersack/Drinhausen, (Fn. 8)。Daimler/Chrysler 事件についての評価の問題については，Klöhn/Verse, AG 2013,2.
[38] Feedback Statement, (Fn. 9), p.8 zu Frage 11 und p.9 et s. zu Frage 14, 15, 16.
[39] Feedback Statement, (Fn. 9), p.1 zu Frage 18；基本的変化に関する一般論は，Kraakmann et al., The Anatomy of Corporate Law, 2 d ed., Oxford 2009, p. 183 ff.
[40] ECLE 2012, (Fn. 23), para 3 d, p.11 et s.
[41] Lehne, (Fn. 33) も同旨。
[42] 拙訳，(Fn. 29) 28頁以下。
[43] Bericht über die von der Kommission am 12.12.2012 vorgestellten Pläne zur Schaffung einer allgemeinen „EU-Rettungs- und Sanierungskultur" für Unternehmen und Privatpersonen. Bayer/J.Schmidt, BB 2013, 3（8 ff）. に所収。

れたので⁴⁴⁾，アクションプランにおいて詳細に述べていない。新たな規制は，6条の権限法上必要な改正を別として，純粋に手続的なものであり（多数の番号を付加して），実体的内容について触れなかったので，それについては多くのことを述べることができない。この資本指令の経済的意味づけについては，立場によってドイツにおけるようにそれが歓迎されるか⁴⁵⁾，あるいは，外国においてはしばしば遺憾に思われている。それについては，経済的議論と法的議論が交差している⁴⁶⁾。

4　企業の運営⁴⁷⁾

　欧州委員会は，企業の運営について，アクションプランにおいて，最初の部分で重要問題と計画された措置として「取締役会の多様性の政策と非財務上のリスクの処理について公表」する。一見してその内容と重要性によってまったく異なる二つの問題を一緒に扱っていることが注目される。つまり，取締役会の構成およびさらに重要であるリスク管理の構造と組織である。さらに，その場合，適切には「取締役・取締役会および監査役会」と呼称されなければなかったにもかかわらず，両制度は国のその時々のガバナンス制度の中にしっかりと根を下ろしていることがしばしばであり，これについても触れたくないと説明することによって⁴⁸⁾，たとえ委員会がそれを直ちに相対化しても，「取締役会」

---

44)　Richtlinie 2012/30/EU des Europäischen Parlaments und des Rates vom 25.10.2012, ABl-EU L 315/74 vom 14.11.2012. 既述したように，第2指令として呼称することは断念された。

45)　BAYER/J.SCHMIDT, BB 2013, 3 (6).

46)　HANDSCHIN, Risk-Based Equity Requirements: How Equity Rules for the Financial Sector Can Be Applied to the Real Economy, Journal of Corporate Law Studies 12 (2012) 255が最新である。

47)　HOPT, ZHR 175 (2011), 444 (465 ff) ; 同, Der Corporate Governance Kodex: Grundlagen und Praxisfragen, FS Hoffmann-Becking,2013, S.563 (565 ff).; ECLE 2011, Response tot he European Commission's Green Paper „The EU Corporate Governance Framework", 22 July 2011, Corporate Governance 6 ff ; High Level Group of Companz Law Experts, A Modern Regulatory Framework for Company Law in Europe, European Commission, Brussel, 4 November 2002 (High Level Group IIと引用) ; 欧州会社法の将来について (2012/2669 (RSP) ; Europäisches Parlament, Entschließung vom 14.6.2012 (Fn. 22) ; Europäisches Parlament, Entschließung vom 29.3.2012, 欧州企業に対するコーポレート・ガバナンスの枠組みに関する決定 (2011/2181 (INI))。DAVIES/HOPT, Boards in Europe - Accountability and Convergence も, *http://ssrn.com/abstract=2212272*で入手可能．The American Journal of Comparative Law LXI (2013) 301にも所収。

48)　Aktionsplan, (Fn. 4), Ziffer 2.1 S.6.

という表現しか使用されていないことが目立つのである。実際問題において，委員会は，業務執行取締役の監視について権限を持つ機関における必要な多様性（diversity）について述べ，そして，「集団思考（group think）」の危険に言及する。そのことは二つとも確かに正当である[49]。しかし，たとえ委員会がそのことについて最後に付随的に，この発議がAEUG157条3項に依拠する[50]女性に関して多くの多様性に対する指令案の補充としても考えなければならないと述べるにすぎないとしても，後者は前者について決定的であるという印象を禁じ得ない。挙げられた指令案は，委員会においてすら非常に論争されているのであり，また加盟国においてもさらにかなり厳しく論争されていることは，部分的には問題であって，部分的には規制のレベルに関しては，もっともなことながら述べられないのである。

　非財務的リスクの処理に関しては，委員会は明らかに第4指令46条2項fを考慮している。同条によれば，状況報告書は一定の要件の下で，会社がさらされている会社のリスク管理の目的と方法および価格の変更のリスク，欠損のリスク，支払能力リスクとキャッシュフローのリスクについても及んでいるのである。それに対しては，何の異議もないが，しかし，委員会は，いかなるリスクを考えているのか明確にしていない。委員会は，それによって企業に対して自己の企業活動について持続的かつ長期的な戦略を展開する刺激を与えることを欲する。それが確かに問題とならないためには，「リスク管理の取決め（risk management arrangements）」という表現をドイツ語では「リスク管理の合意」と訳しているのは不正確である。そこではまったく一般的に，以前のテキストにおけるのと同様に非財務的リスクに限定しないで，リスク管理の合意について述べられる場合，この発議も計画された発議の付録において（恐らくうっかりして）あまりにも広く捉えている。

---

49)　HOPT, ZHR 175 (2011), 444 (470 ff). は，参考文献を包括的に網羅。

50)　Vorschlag für eine Richtlinie des Europäischen Parlaments und des Rates zur Gewährleistung eines ausgewogeneren Vertretung von Frauen und Männern unter den nicht geschäftsführenden Direktoren/Aufsichtsratsmitgliedern börsennotierter Gesellschaften und über damit zusammenhängende Maßnahmen vom 14.11.2012,KOM (2012) 614. BYER/J.SCHMIDT, BB 2013,3 (7 f). は，参考文献を包括的に網羅。BASEDOW, EuZW 2013,41は非常に批判的である。　社会政策としてのコーポレート・ガバナンス，法的基礎の選択制，最近の調査については，AHERN/DITTMAR, The Changing of the Borads: The Impact on Firm Valuation of Mandated Female Board Representation, Quarterly Journal of Economics 127/ 1 (2012) 137, *http://ssrn.com/abstract=1364470.* で入手可能。

業務執行の報酬政策と業務執行構成員の個々の報酬も，委員会は，透明性規制でもって，場合によっては株主権指令において取り扱うことを欲している[51]。委員会は，それによって，財務部門について正当な報酬基準を策定するだけでなく，非財務部門についてもこれを傾向的にかつ一般に対しても効果のあるものにする，国際的護送船団に加わる。

コーポレート・ガバナンス報告書の質の改善および comply or explain メカニズムにおいても，報酬政策および／あるいは報酬報告書に関する株主の「say on pay（承認）」およびコーポレート・ガバナンス問題において投資家の共同を考慮した「共同行為者」についての指針においては，より良い企業運営が問題となる[52]。報酬政策および業務執行の構成員の個々の報酬に関するより以上の透明性と関連して，委員会は，これ（のみ）を「報告書義務の基礎的な調整によって」達成することさえも考えるのである[53]。

計画されたこれらすべての措置については確かに論じることができ，その一部については，それらの措置は増加したリスクの透明性と comply or explain メカニズムの強化と同様に，多くの価値をもたらし，また部分的にはそれはもっと社会政策的な観念に負っている。しかしながら，いかなるルールでもってすれば企業運営が改善されることができるのか，改善できるとしてもまさにヨーロッパレベルで改善されるべきなのかという統一した方針は，認識することができない。たとえ欧州議会がまさにそれを要求した場合でも[54]，今や行き詰まってしまい，そしてすでに数年前に委員会が見込みがなくなったと宣言した構造指令に再び生気を与えることが問題なのではない。銀行や保険の内部構造や組織のための広範なヨーロッパの基準をこちらの方に転用することは危険でもあろう[55]。

---

51) Aktionsplan, (Fn. 4), Ziffer 3.1 S.10. 最近の文献として, MAYER, Vorstandsvergütung, Eine Rechtsökonomische Analyse zur Angemessenheit der Vorstandsvergütung,2013 ;2013年2月5日の規準委員会の変更提案は, *www.corporate-governance-code.de*, 2013年2月27日・28日の銀行家に対する特別配当金の制限に関する欧州の合意および2013年3月3日のスイスの「利益の丸呑み者（Abzocker）に関する発議」の成果, Dokumentation BÜHLER, GesKR Online-Beitrag 1/2012；FORSTMOSER, SJZ 108（2012）337.

52) Aktionsplan, (Fn. 4), Ziffer 2.2 S.7f; Ziffer3.1S.10 および Ziffer 3.4 S.12 f.

53) Akitonsplan, (Fn. 4), Ziffer 3.1 S.10.

54) Europäishes Paralament, Entshließung vom 14.6.2012,11O（Fn. 47）,Ziffer G 6：「株式会社の構造と機能に関する第5会社法指令の作業の再開についてはしかるべき注意が払われるべきであると考えられている」。1972年，1983年，1990年および1991年に試みられた第5指令の沿革については，たとえば，GRUNDMANN,2011, (Fn. 2), 11 Rn.366 ff.

55) WEBWRE-REY, ZGR 2010,543；ARMBRÜSTER, KSzW 1.2013,10；銀行会社法については，

しかし，諮問に対する回答においておよび欧州議会によって[56]，会社の内部のガバナンス構造のさらなる調整に関する要求が明確に唱えられている[57]。実際に，業務執行と監視[58]および情報と組織[59]というコーポレート・ガバナンスにとり中心的な分野から多数の措置が存在する。それらは同様に重要であって，そして部分的には計画された措置よりももっと重要である。それらは，(単純なおよびコンツェルンの次元の) 特別検査と危機における業務指揮者の義務に関してコンツェルン・フォーラムがとくに法比較的に基礎がためした提案である[60]。アクションプランの前哨戦では，一層制と二層性の間の選択権のように，国とヨーロッパで，多数のさらなる改正問題が議論された[61]。それについては，ドイツにおいては最近の2012年のドイツ法律家会議[62]も意見を表明した。さらに，独立取締役と質的に水準の高い取締役，取締役と監査役会ならびに取締役会における利益衝突，少数者の利益代表者，CEOと議長の分離，委任数の上限，監査役会の評価(第三者専門家を考慮した期差別も) および勿論取締役の義務と責任[63]，後者の責任については，株主による責任追及の手続問題と共に，そして，場合によっては，加盟国のある国では職業禁止が下されている[64]，取

LANGENBUCHER, ZHR 176 (2012) 652 ; LUDWIG, Branchenspezifische Wirtschaftsaufsicht und Corporate Governance, 2012.

56) Europäishes Parlament, 取締役会に関する15の措置を提案するコーポレート・ガバナンスに関する決定 Entschließung vom 29.3.2012, (Fn. 47)。
57) Feedback Statement, (Fn. 9),p.5 ad Frage 6.
58) HOPT, ZHR 175 (2011), 444 (478ff) ; ROTH, ZHR 2012,343. 示唆に富むのは，THE UK Corporate Governnance Code, September 2012の主要な諸原則である。: Leadership, effectivenes, accountability, remuneration, relations with shareholders.
59) ROTH, ZHR 2012,343 ; Leyens,Information des Aufsichtsrats,2006.
60) Forum Europeaum Konzernrecht, Konzenrecht für Europa, ZGR 1998,672 (715ff,752ff) ; 拙訳，同志社法学284号15頁以下，同286号401頁以下，同294 号 1 頁以下 ;UK と BRD の比較は STFFEK, Gläubigerschutz in der Kapitalgesellshaft, 2011, Kap.4, S.259ff, 342ff, 555ff.
61) 多彩な国際比較について，HOPT, ZHR 175 (2011), 444.
62) 69.Deutsche Juristentag, München 2012, Beschlüsse Nr.19. Abteilung Wirtschaftsrecht; Feedback Statement, (Fn. 9), p.5も ; HOPT, ZHR 175 (2011), 444 (468f). は，参考文献を包括的に網羅。詳細については，HOPT/LEYENS, ECFR 2004,135 (163 et s.).
63) Europäisches Parlament vom 14.6.2012, (Fn. 201), Ziffer14:Durchsetzung; Feedback Statement, (Fn. 9),p.5 ad Frage 6; HOPT, ZHR 175 (2011) 444 (486 ff, 492ff) ; LANGEBUCHER, Board Member Liability and Principle-Based Regulation,ZBB 2013 印刷中。一般的には HELLGARDT, Kapitalmarktdeliktsrecht,2008.
64) Feedback Statement, (Fn. 9), p.5 ad Frage 6.

締役会構成員についての国境を越える登記について議論されてきた。従来，これらすべてのことがヨーロッパの会社法の一部として規制することについては，決して賛成されるべきではなかったのである。しかし，最も重要でかつ最も有望である説得力のある計画は，対応する情報を処理しているアクションプランにすでに期待することができるであろう。株式会社における指揮とコントロール―最初に述べたコーポレート・ガバナンスの定義―を機能させるために不可欠な前提に，そして，その場合には内部の基準と外部の規律付けのメカニズムを用いて取締役会の責任に集中する場合には，ここで述べた見解によれば，経済的理由も補完性の観点もヨーロッパのルールに反しない。なぜなら，その場合，域内市場が調整された会社法によって一般的に促進され，また，実際に達成されなかったことをさらに促進すべきであることだけが問題なのではなく[65]，企業指揮の核心分野を機能させるために必要な最低基準が問題であるからである。それらを欠くならば，経済，株主，労働者および債権者の負担で域内市場における攪乱とゆがみを覚悟しなければならない[66]。

5 株主，とくに機関投資家

アクションプランにおける委員会の三つの主要な関心事の一つは，「関与」，すなわち，会社におけるコーポレート・ガバナンスのための株主のより良い活動である。この目的のため，取締役会に関する透明性（多様性，報酬，コーポレート・ガバナンス報告書）および機関投資家ならびに緊密な企業と近親者との取引に対する株主によるコントロールが改善されるべきである[67]。とくに，機関投資家が会社のコーポレート・ガバナンスにもっと参加するべきである（共同行為を弱めそして明確化すること）。―その時々によって異なるが―買付指令，透明性指令および参加指令においても規制され，またそこでも改正議論がなされる問題である[68]。委員会は，共同行為に関する措置をもって株主のもっと長期的な参加も期待する。その範囲内において，共同行為者は企業運営に事実上

---

[65] FLESCHER, ZGR 2012,167 f,173.
[66] この最低基準の場合，基準の種類と程度によって区別される。種々の規制戦略について，たとえば，ガバナンス戦略および加盟戦略（公の市場への参入と退出）。Anatomy, (Fn. 39) p.37 ets.
[67] Aktionplan, (Fn. 4), Ziffer 2.1, 2.2., 2.4, 3.1, 3.2 S.6 ff.
[68] Aktionplan, (Fn. 4), Ziffer 3.4 S.12f ; 公開買付法における共同行為の改正に対する比較法研究として，HOPT Europäisches Übernahmerecht, 2013,S.60ff.

その措置に対して説明を求める[69]。しかし，その場合には，多くのことが過剰な透明性に否定的に作用できることを考慮しなければならない。そのことは，投票戦略と機関投資家の政策に関する透明性を配慮する委員会の意図とあまり関係がない。またそのことについては，すでに会社法専門家のハイ・レベル・グループが，たとえ恐らく要求があれば，一緒に束ねて，そして事後的に，具体的な票決の公表を考慮することを要求する。しかし，その場合には，一般的にはいずれにしても国がコントロールする企業におけるように，一定の場合に，参加を傾向的に弱めさえすることができる。つまり，むしろ主流に合わせることに導く。機関投資家は，しばしば議決権助言者（proxy adviser）の業務に手をつけるので，これらについてさらなる透明性と利益衝突の規制が定められている[70]。

たとえ，それが議決権行使，およびとくに国境を越える投票（cross-border voting）[71]との関連で言及することを期待できたとしても，委員会のこれらの計画は歓迎することができる。残りの請求者およびリスクの最終負担者[72]としての株主の地位に関する規制は，国の株式法の一つの中心分野である。それについて最低限の調整を近年2007年の株主権指令[73]がもたらした。株主保護の比較的高い水準に直面して，ドイツにおいてはあまり効果がなかったが，他の加盟国では，それは，一部では効果があった。その間に，ドイツでも株主の構造が変化した。外国の投資家が以前よりも明らかにより大きな役割を果たしているのである。

しかし，ドイツ取引所における変化との関連で利益の飲み込みについて説明するように，たとえ個々のセンセーショナルな干渉がこれを集光レンズ的に拡

---

69) Aktionplan，（Fn. 4），Ziffer 3.4 S 13.
70) Aktionplan，（Fn. 4），Ziffer 3.3 S.11 f. 委員会は，それについてのESMA 2012の諮問のさらなる意見を期待する。ESMA, Final Report, Feedback Statement on the consultation regarding the role of the proy advisory industry, 29.3.3024.
71) ECLE 2012, (Fn. 23),para 3 c,p.9 et s.
72) Anatomy, (Fn. 39),p.28n. 80；HOPT, ZHR 175 (2011), 444 (476ff)；KLÖHN, RabelsZ 76 (2012) 276 (312f).
73) Richtlinie 2007/36/EG des Europäischen Parlaments und des Rates vom 11.7.2007 über die Ausübung bestimmter Rechte von Aktionären in börsennotierten Gesellschaften, ABlEU L 184/17,14.7.2007.
74) Ernst & Young, Analyse der Aktionärsstruktur der Dax-Unternehmen, 2012年4月26日現在，24の企業では株式の54%を外国の投資家が保有し（S.5），28の企業では株式の62%を機関投資家が保有している（S.8）。

大したとしても，とくに，機関投資家とヘッジファンドは，大陸欧州において一般的なように，ドイツにおいても重要となった。そのことに加えて，資本市場で一般株主だけでなく，機関投資家においても投資期間が変更し，そして，短期利益の追求の問題が[75]真面目に扱われなければならない。そのことすべてが非常に重要で正当なのであるが，あまりにも多くのことを委員会の措置に期待してはいけない。一般公衆株主は，さらなる透明性と株主権にもかかわらず，かれらが多様であるならなおさら，経済的には参加することにはあまり魅力を抱いていない[76]。機関投資家が，たとえば英国のStewardship Code[77]またはオランダの報酬規準[78]およびその他の措置をもって企業内部のコーポレート・ガバナンスにおける参加についてより持続的に，フランスの範例によれば倍の議決権および誠実議決権（Treustimmrecht）のように，あるいはスペインから報告されているように参加割り増し手当を得る[79]ことが成功するかどうかはまだ分からない。それだけ一層，企業のコントロールの観点と企業の運営[80]にもっともっと注意を払うことを勧めるということになるのであろう。しかし，いずれにしても，これは外国の株主の投票についてずっと前から苦情が述べられてきた問題である[81]。

---

75) Refletion Group, (Fn. 3), ch.3; ECLE 2011, (Fn. 23), p.14 et s. 多くの提案をしている質問13。これについては，The Kay Review of UK Equity Markets and Long-term Decision Making: Final Report, July 2012 und Department for Buisiness, Innovation & Skills, Ensuring Equity Markets Support Long-Term Growth, The Government Response to the Kay Review, London, November 2012. が重要である。

76) 株主指令については，委員会の諮問に対する解答の中で改善の要請が最も少なかった，Feedback Statement, (Fn. 9), p.5 ad Frage 6。

77) Financial Reporting Counil, The UK Stewardship Code, September 2012. この管理責任コードについては，ARSALIDOU, Shareholders and Corporate Scrutiny: The Role of the UK Stewardship Code, ECFR 2012, 342 ; CHEFFINS, The Stewardship Code's Achilles' Heel, The Modern Law Review 73 (2010) 1004. 近時の論文は，HAMDANI/ YAFEH, Institutional Investors as Minority Shareholders, Review of France (2013) 17 : pp.691 ets.

78) Aktionplan, (Fn. 4), Ziffer 2.4. 注32はさらなる例を列挙している。

79) VAN DER ELST/VERMEULEN, Europe's Corporate Governnance Green Paper : Do Institutional Investors Matter? June 8, 2011, *http://ssrn.com/abstract=1860144*で入手可能。HEUSER, Der Konzern 2012, 308 ; MICHELER, Facilitating Investor Engagement and Stewardship, EBOR 2013, 印刷中。

80) 本節4。

81) この問題については，STRENGER/ZETZSCHE, Corporate Governnance, Cross-Border Voting and the Securities Law Directive-Enhancing Investor Engagement through Standardization, Journal of Corporate Law Studies 2013, 印刷中。

6 支配株主と企業グループ

　欧州委員会がそのアクションプランにおいて支配株主と企業グループを扱いたいと公表したことは特別に興味がある。上場企業に対する参加の透明性の計画されている改善は，すでに前哨戦においてそのことに属する[82]。会社と株主，とくに外国の株主との間のよりよい情報の流れに関する両者の側からの要求は，したがって自己の株主を知ることが会社の利益でもあり[83]，企業実務においても可能な事後のコントロールの塊の構築を早い時期に知ることと関係する。したがって，アクションプランも述べているように，コーポレート・ガバナンス問題に関する対話の容易化と関連するだけではなく，そして，優先的に関わるのですらない。しかし，とくに，アクションプランにおいては，グループに関する改善された情報とグループ利益の概念のより良い承認のための措置が定められている[84]。挙げるべきなのは，緊密な企業と株主との間の取引に対する株主による改善されたコントロールについての委員会の配慮である[85]。なぜなら，そのような取引は，実務では，とくにコンツェルンにおいて重要であるからである。それについて，委員会は，より大きな取引は一人の独立した助言者が評価し，また，最も重要な取引は株主総会の同意がいるとしたヨーロッパ・コンツェルンフォーラムの提案を述べていることは興味深い。

　計算規則，銀行，保険および経済検査人のような特殊分野を除いて[86]，委員会は，これまで企業グループを扱うことに距離を置いてきた。それは経済的実体には相応しない。話題はここでは意識して「コンツェルン」ではない。なぜならば，多くの加盟国ではドイツのコンツェルン法，とりわけ契約コンツェル

---

[82] Aktionplan, (Fn. 4), Ziffer 2.3 S.8f. 反対は，参照 BEBCHUK/JACKSON, The Law and Economic of Blockholder Disclosure, Harvard Business Law Review 2 (2011) 40, *http://ssrn.com/abstract=1884226*で入手可能。
[83] Feedback Statement, (Fn. 9), p.5.
[84] Aktionplan, (Fn. 4), Ziffer 4.6 S.17.
[85] Aktionplan, (Fn. 4), Ziffer 3.2 S.11. これについては，OECD, Related Party Transactions and Minority Shareholder Rights, Paris 2012 ; E. VETTER, Der Konzern 2012, 437 ; FARRAR/WATSON, Self-dealing, fair dealing ad related party transactions-history, policy and reform, Journal of Corporate Law Studies 11 (2011) 495. HOPT, Conflict of Interest, Secrecy and Insider Information of Directors, A Comparative Analysis, Journal of Corporate Law Studies 2013も，印刷中。*http://ssrn.com/abstract=2178152*. で入手可能。
[86] これについては，HOPT, ZHR 171 (2007), 199 (204ff).

ンに対する部分的に正当な，部分的には不当な嫌悪があるからである。ヨーロッパで両立することができる規制は，まず先に同等に，したがって支配と服従の前の段階で行わなければならない。なぜなら，株式コンツェルン法がない多くの加盟国は，機能的に同等に支配株主に一定の制限もしくは保護義務を課すからである[87]。ヨーロッパのコンツェルン法またはもより適切には企業グループのヨーロッパの規制が話題にされるとき，そのことが大事である。

　企業グループのそのようなヨーロッパの法に関する中核ルール（規定）は，文献ではすでに以前から要求されていた。たとえば，ヨーロッパ・コンツェルンフ・ォーラム[88]，会社法専門家ハイレベル・グループ[89]，検討グループ[90]およびその他のグループ[91]が事前の研究（作業）を行っている。欧州委員会の諮問に対する回答はこの要求を認める。これらの下では，ドイツ株式コンツェルン法の態様による企業グループの包括的なヨーロッパの法律ではないことについて正当に一致しており，小さな少数者だけが諮問においては広範な方向で述べられている[92]。そのような中核分野の規制の候補者として，次のものが妥当することができる。つまり，グループ構造に関するよりよい情報，フランスのローゼンブラン判決に倣ったグループ利益の承認[93]，コンツェルン次元の特別検査[94]，コンツェルン構造規制，濫用的なコンツェルン・ピラミッドの上場の禁止，コンツェルンの形成と解消および危機における指揮者の義務，恐らく非

---

[87]　たとえば，DAVIES/WORTHINGTON, in : Gower/Davis, Principles of Modern Company Law, 2012, Part4,p.687 ets.,719et s. 参照。

[88]　Forum Eupopaeum Konzernrecht, (Fn. 60) ZHR 1998,672；拙訳・(Fn. 60) 同志社法学284号195頁以下およびHOPT, Konzernrecht für Europa - Zur Diskussion um die Vorschläge des Forum Europaeum Konzernrecht, in:Basedow u.a.,Hrsg., Aufbrch は，今までの文献を包括的に網羅している。

[89]　High Level Group Ⅱ, (Fn. 48), ch.5:Unternehmensgruppen und-pyramiden.

[90]　Reflection Group, (Fn. 3), ch.4.；Dorrestejin et al., (Fn. 149), p. 290 et s. も。

[91]　CHIAPPETTA/TOMBARI, Group Corporate Governance, ECFR 2012,261は，ピエリ企業集団（Pirelli Group）の経験について言及している。MOHN, Die Gesellschaftsgruppe im italienischen Recht, 2012；STEIN, Das italienische Konzernrecht: Ein Leerstück der Gesetzgebung, FS Hommelhoff, 2012, S, 1149；DE CORDT/COLARD, Group of companies governance in Belgium, FS HOPT,2010, Bd.2 S.3043；EMBID IRUJO, Ante la regulación de los grupos de sociedades in España, Revista de Derecho Mercantil, No.284 2012,25.

[92]　Feedback Statement, (Fn. 9), p.12 ad Frage 19.

[93]　Forum Europaeum Konzernrecht, (Fn. 60) ZHR 1998,672 (705ff),拙訳・前掲注60) 同志社法学284号15頁以下；Reflection Group, (Fn. 3), p.62 et s.

[94]　HOPT, ZHR 175 (2011), 444,509f は，比較法の文献を網羅している。オランダの判断が「最も効率的メカニズム」である。

常に慎重にではあるが1株1議決権とコンツェルン宣言もそうである[95]。諮問に対する回答においては，特別にグループ組織の容易化に関する第12指令の改訂も要求されている[96]。支配株主および親企業の責任に関する要件も議論しなければならないであろう。その場合には，すべての事例に対するより一般的な把握責任[97]は，勿論排除しなければならない。企業集団の組織化とその破産も考慮に入れなければならないであろう。したがって，全体的には欧州委員会がこの分野に向かおうとしていることは歓迎することができる。コンツェルン法の上辺を取り繕う調整における場合と異なり，核心分野の調整に対する考慮は，経済上及び補充法上払われるべきでないであろう。なぜなら，域内市場との関連性は，支配株主と企業集団がその支配とその企業を十分なコントロールと把握可能性を欠いているので企業買収によって国で防壁を築いて保身することができる限りにおいて，まったく明白であるからである[98]。

7　他の利害関係人：労働者の資本参加

アクションプランの最前線では，欧州委員会が，株主以外の利害関係者，とくに労働者に関わる問題についても特別に取り組むものと推測されていた。そして，労働者と労働組合の側からは，労働者の権利を強化することを要求していた[99]。委員会が企業家的共同決定について取り上げなかったことは，EU に存在しかつ既述したように SPE に関する作業の進展を妨げるイデオロギー的な溝を考慮に入れれば，それ以外のことを期待することをできないし，そしてまた共同決定の問題が，たとえば検討グループの意見表明の中では頻繁にテーマとされていた[100]としても正当であった。委員会は，その代わりに，労働者の資本に対する参加の方法を決定し，必要があれば国境を越える重要な障碍を取り除いて，労働者が国境をまたいで資本参加する制度を適切に支援する方法

---

95)　これについての詳細は，HOPT, ZHR 171 (2007),199 (213ff).
96)　Feedback Statement,（Fn. 9), p.9 ad Frage 13.
97)　EuGH,21.10.2010,Rs. C-81/09（Idryma Typou), NZG 2011,183 MÖSLEIN, NZG 2011, 174による評釈。SCHÖN, Der Anspruch auf Haftungsbescharänkung im Europäischen Gesellschaftsrecht, FS Hommelhoff, 2012, S. 1037 ; Dorresteijin ET AL., (Fn. 2), p.300 et s.
98)　HOPT, (Fn. 88), S.69 ff ; 同, European Company and Financial Law: Observations on European Politics, Protection, Oxford 2010,p.13.
99)　Feedback Statement,（Fn. 9), p.4ad Frage 5. HOPT, (Fn. 88),S.10 Fn.31. Ernst & Young Studie（Fn. 7).
100)　Reflection Group,（Fn. 3), ch.3.2, 総則 7 (Fn. 7), p.89 et s., 115 et s.

について決定したのである[101]。労働者が「情報,協議および…経営役会への参加」によって会社の問題に関わることについては,委員会は,たったの一行で触れているにすぎない[102]。委員会は,自らは,その場合には課税,社会的安定および労働法が関わる複雑なテーマが問題となると考えている。それは,ヨーロッパの会社法を遙かに超えた取り組みなのである。

第2節　結語とテーゼ

1　ヨーロッパの会社法は,新たな飛躍の時を迎えている。委員会は,2012年12月12日に,第2アクションプランを公表して,そこでは正当に会社法上の規制とコーポレート・ガバナンス規制をまとめている。最初の2003年のアクションプランは,実質的には会社法専門家のハイ・レベル・グループの先行作業に依拠しており,そこで論じられている多くの問題を扱っていたが,それ以外の別の問題に手を触れなかった。それに対して,今度のアクションプランは,ヨーロッパのコーポレート・ガバナンスの枠組みに関する緑書,2011年4月5日の検討グループの報告書および2012年2月20日のヨーロッパの会社法の将来に関するアンケート調査の回答によって十分にレールが敷かれてきたものである。それは,16の異質な発議を含んでおり,これらの実質的に異なる発議は,部分的には指令によるかまたは指令の改訂によって実現されるのであって,その大部分は立法的に達成されることもないかあるいは今後さらに考慮されることになる。

2　ほんとに主要なのは,会社とその国境を越える活動の可能性に関する条約上の自由権に関する欧州司法裁判所の判例である。しかしながら,欧州司法裁判所は,ヨーロッパの会社法の第一次法について単独で創設する権限をもっていない。そのためには,セビック（Sevic）判決や部分的にそれを補完する合併指令が明らかにするように,第二次法の会社法がそれに加わらなければならない。その限りにおいて,「ネガティブな統合」と「ポジティブな統合」の協同が必要であると言えよう。

3　ヨーロッパの会社法の将来に関しては,学界における見解は真っ二つに分かれている。その反対する者は,市場と競争を万能とする経済学者と現状維持

---

[101]　Aktionplan, (Fn. 4), Ziffer 3.5 S.13.
[102]　これについては, DORRESTEIJN ET AL., (Fn. 2), ch.7 : Involvement of Employees.

について利益をもつ利益団体と加盟国である。これに対して，ヨーロッパの会社法を支持する学者は，このしばしば扱われなければならないかまたは扱われる規制の相違を基本的自由権の重要な市場参入障害としてすぐに背景を検討する。真実は，よくあるようにその中間にあるのである。

4　経済的理由および補完性の理由から，ヨーロッパの会社法は，全体的にヨーロッパの財務法と資本市場法に比べるとあまり重要ではない。したがって，ヨーロッパの株式法は存在しなくても良いと思われる。しかし，ヨーロッパの会社法は統合政策上必要な分野が恐らく存在するし，それは国境を越える問題だけに限られるのではない。それ故，議論する問題とそれを根拠づけなければならないのは，一般的な論理に関連し，効用に導かれるかまたはイデオロギーを指示する立場と議論から，──ここでは七つの──核心部分と具体的な実質分野に移る。

5　ヨーロッパの会社法の二つの主要な目的は，移転の自由と少数株主の保護である。両者の目的は関連している。目的到達方法のために選択する手段は，欧州委員会にとってはまったく異なる観点において強化された透明性である。それは，アプローチにおいては正当である。規制方法としての透明性は，私的自治を強化し，そして市場のメカニズムを支える。計画された措置の適用分野については，異なる意見があって，それらの意見は，上場会社に厳格に制限するものから株式会社を対象とする見解，および，さらにそれらに制限されないという主張に及んでいる。（部分的な）法制化は歓迎できるが，それが容易ではないということを過小評価するべきではない。委員会は，独自のコーポレート・ガバナンス規準を正当に拒否する。ヨーロッパのモデル株式法も国の大法典を考慮すれば，いずれにしても欧州連合についてはあまり多くのことを期待させるものではない。

6　ヨーロッパの統一法として，なによりもまず先にSEというヨーロッパの企業形式を挙げることができる。それは，ヨーロッパの会社法の旗艦と一般に認められている。そのような法形式は単なる提示品（28のモデル）であるにすぎないが，国の立法者に有益な競争圧力をかける。それは異なる仕方で，EWIV（ヨーロッパ経済利益団体），SPE（ヨーロッパ私会社）およびヨーロッパ財団についても当てはまる。委員会は，既述したすべての事項について慎重である。

7　この選択可能な統一法のほかに，会社法の調整がある。ここでは最も重

要な中核分野として国境を越える組織の可能性がある。欧州連合が，できる限り，合併，本拠地の移転および分割について，その限りにおいて存在する障碍を取り除くことが正当に欧州連合に期待される。それについて委員会が予告することは，残念ながら，もはやそれ以上の分析や検討以上のものではない。資金調達については，内容的に実質的に変更されていない資本指令が存続している。そのことは，経済学者やドイツ以外では強く批判されている。

8　企業の指揮とコントロール（コーポレート・ガバナンス）は，法的な枠組みが必要である。そのような枠組みは，ヨーロッパ・レベルでも有意義であり，もちろんその限りにおいてだけでも，指揮とコントロールが機能するためには不可欠である。アクションプランは，これについては異なる措置，一般公衆株主に効果のある多様性と監査役会の報酬を考える。たたき台に挙げられているコーポレート・ガバナンスに関する多くの改正措置について最も重要でかつ最も成功を期待できる首尾一貫した構想は見当たらない。

9　株主およびとくに機関投資家をもっとコーポレート・ガバナンスの中に束ねるという予告には，同意することができる。しかし，これに関する歩みはむしろ慎重である。それらが何をもたらすのかまだ分からない。それだけに一層，企業のコントロールという観点と企業運営にもっと注目を集めるよう勧めることになろう。

10　欧州委員会が，アクションプランにおいて，支配株主と企業集団についても取り組むことを予告したことはとくに興味を引く。そのことは，すでにずっと以前から要請されていたし，対応する研究がすでに存在している。その場合，ドイツ株式コンツェルン法のやり方のような包括的な法律は問題となりえない。しかし，アクションプランに掲げられた企業集団構造と企業集団利益の承認に関する良い情報に関する措置を超えて，とくにコンツェルン次元の特別検査，コンツェルン構造規制，濫用的な企業ピラミッドの上場禁止，コンツェルンの形成と清算および危機における業務執行者の義務については，まださらに議論を重ねなければならない。

有限会社法の成立前史としての法形式
論争と2008年改正法

丸山　秀平

第1節　はじめに

　本稿は，1892年4月26日に公布されたドイツ有限会社法[1]の公布に至るまでのいわば助走期間ともいえる1884年から1889年の間[2]に展開された政府機関，関係諸団体の種々の提言，有限責任会社という新たな会社形態の創造を目指した提言のうち代表的なものとして，エッヒェルホイザー（Oechelhäuser）の提言およびハンマッヒャー（Hammacher）の報告を取り上げ[3]，上記提言・報告で示された企業形態に関する考え方が，その後の有限会社法の成立および今日に至るまでの法改正のなかでどのように活かされているのかについて考察しようとするものである。本稿では，とりわけ，2008年の有限責任事業会社（Unternehmergesellschaft）導入に係る有限会社法改正法[4]に関するスピース（Spies）の考察[5]を題材としたい。

　上記の本稿の執筆目的との関係で，エッヒェルホイザーの提言およびハンマッヒャーの報告を取り扱う理由は，両者の提言が共に当時のドイツ産業社会のために新たな会社形態を創造しようとする意図を持って提出されたものである点で共通するものの，それぞれの目指す方向性はまったく異なることから，

---

1) Gesetz betreffend die Gesellschaft mit beschränker Haftung (RGBl, I S.477).
2) 北ドイツ連邦にバイエルン等の南ドイツ諸邦が加入することによってドイツが統一されたのが，1871年である。それ故，1884年当時は，すでに統一ドイツの時代である。
3) ドイツ有限会社法の成立史に関する代表的な文献として，今野裕之「ドイツ『有限責任会社』制度の立法過程　－帝国議会議事録および政府草案・理由書を中心として－」成蹊法学19号87頁（1984年）。なお，高橋英治『ドイツ会社法概説』313頁～319頁（有斐閣，2012年）は，最近の文献も引用しつつ，有限会社法の成立過程を簡潔に論述されている。
4) Gesetz zur Modernisierung des GmbH –Rechts und zur Bekämpfung von Missbräuchen (MoMiG), BGBl, I 2008, 2026ff.
5) Spies, Unternehmergesellschaft (haftungsbeschränkt), 2010, S.37ff.

その後のドイツの立法者に対して，彼らが新たな法形式を立案する際に如何なる方向性を目指すかについて判断するための座標を事前に提供したものとして，上記提言・報告は，その後のドイツ有限会社法にとって多大な意義を有するものと思われるからである。

　エッヒェルホイザーの提言およびハンマッヒャーの報告について，シューベルト（Schubert）によれば，上記の期間中に展開された新たな会社形態に関するさまざまな論議の中で大きな役割を果たしたのは,「個人主義的な（individualistischen）」会社と「集産主義的な（kollektivistischen）」[6]会社という相対立する概念であったが，内容的に見て，このそれぞれの概念は，会社の「人格主義的な（personalistischen）構造」と「資本主義的な（kapitalistischen）構造」という今日の概念に相応するものであるされる[7]。1884年の株式法改正法の発布後，新たな会社形式を求めた一部の著作者達が支持したのは,「その構造上，追出資義務を伴った株式会社または鉱山法上の鉱山会社（berkrechtliche Gewerkschaft）に近い会社類型であった。持分は，裏書または物権法上の原則ではなく，譲渡（Zession）によって移転することができるものとされた。今一つの方向はそれを合名会社の規定と実質的に同じままにしようとするもので，合名会社（規定）をそれが社員の有限責任を必要とする範囲でのみ変更しようとするものであった」[8]。

　すなわち，シューベルトは，新たな会社形式を，社員の有限責任が必要とされる点を除いて既存の合名会社の規定と実質的に同じ構造を維持するものと構想するのか，それとも追出資義務を伴うものの持分の譲渡を認める株式会社または鉱山法上の鉱山会社に近い構造をもった会社類型とするのかというそれぞれの方向性の違いを明らかにした上で，前者が個人主義的なものであるのに対し，後者が集産主義的なものであるとするのである。

　以上のシューベルトによる類型化によれば，エッヒェルホイザーの提言は，個人主義的な会社を目指すものであるのに対して，ハンマッヒャーの報告は，集産主義的な会社を目指すものであったといえる。

---

[6]　今野・前掲注3）94頁では,「集産主義」ではなく,「団体主義」という用語が使われている。いずれもドイツ語の"Kollektivismus",英語の"collectivism"の和訳として認められているものと思われる。本稿では「集産主義」という用語を使用する。

[7]　Werner Schubert, Die Gesellschaft mit beschränkter Haftung. – Eine neue Juristische Person, QUADERNI FIORETINI 11/12（1982/83）Tomo I, S.589,591.

[8]　Schubert, a.a.O.（Fn.7）, S.591.

第2節　エッヒェルホイザーの提言

1　1884年の提言

　新たな法形式を個人主義的な会社として構想すべきことを提言したのは，産業人でもあり政治家でもあったエッヒェルホイザーであった。

　彼が新たな会社形式の創造のための最初の詳細な提言を提示したのは，1884年2月であった。

　シューベルトによれば，エッヒェルホイザーがこの提言を出したことで，彼を有限会社法の精神的父祖（der geistige Vater）たり得る存在であるとしている[9]。

　エッヒェルホイザーによってなされた提言は，以下の通りである。

　すなわち，エッヒェルホイザーは，当時の商法典149条の後に「有限責任を伴った商事会社に関して」との表題で以下の8箇条の規定を差し入れるべきものとする[10]。

第1条　有限責任を伴った商事会社が存するのは，二名またはそれ以上の者が共同の商号の下に商業その他の事業を営み，それぞれの更なる個人的責任を除いて，全社員について参加が一定の財産出資に限定されている場合である。それぞれの商号は「有限責任」またはその略称である「B.H.」という付加語が含まれていなければならない。会社契約およびその変更が有効となるためには書面の作成が必要とされる。

第2条　有限責任を伴った商事会社には，それが以下の規定によって変更または補完されていない限り，合名会社に関する商法典第2篇第1章の規定が準用される。

第3条　商事裁判所での申請（商法典86条）において基本資本の額が申告さ

---

[9] Schubert, a.a.O. (Fn. 7), S.594.
[10] Oechelhäuser in einer Denkschrift vom 28.4.1888: «An die preußischen Handelskammern und kaufmännischen Korporationen» (zitiert nach den Schrift des Vereins zur Wahrung der wirtschaftlichen Interessen von Handel und Gewerb,Nr.25: Der Erweiterung des Handelsrechts durch Einführung neuer Rechtsformen, Berlin 1891, S.59-61;, Schubert, a.a.O. (Fn. 7), S.595 - 597 ; Spies, a.a.O. (Fn. 5), S.401f. Anhang A.

れなければならない。その額は社員の全責任に限定されなければならず，個々の社員の参加は以上の基本資本への参加となる。同様に，申請に添付されるべきものは，a) 認証された形式での会社契約の謄本，b) 会社資本の少なくとも半分が現金で払い込まれたか若しくは一定の財産が会社に収容されたことの書面による陳述，後者の場合には前記財産の目録を添付しなければならない。以上の添付書類も商事裁判所で全社員が個別的に署名するかまたは認証された形式で提出されなければならない（商法典88条）。

第4条　商事裁判所の公告（商法典13条）において，社員の全責任に限定されている会社資本の額が申告されなければならない。

第5条　社員は会社の全債務に対して連帯して責任を負うが，それは登記された基本資本の額までしかない（第3条）。出資が全額まで払い込まれていなかったならば，全社員は未払込額全額について連帯して責任を負う。

第6条　損失によって減少した基本資本が再補完されるまで，社員は利息も利益も受け取ることはできない。前記規定に反して行動した場合，社員は配分額について連帯して責任を負う。

第7条　従前の社員の出資の増加によるにせよ，新たな社員の加入によるにせよ，商業登記簿に登記された額を超えて基本資本が増加する場合，このことは直ちに商事裁判所に申請されなければならず，同裁判所によって公告されなければならない。社員の退社によってまたは全社員の合意の結果として，登記された基本資本（第3条）が減少されることになる場合にも，同様の手続が行われる。出資の払戻または免除による基本資本の変更は，商業登記簿への登記後1年を経過する前に行ってはならない。以前に払戻または免除された額の賠償について，社員は連帯して責任を負う。

第8条　社員の1名の死亡またはその財産に対する破産の開始若しくは独立した財産管理について社員の1名が法的に無能力になったことは（商法典121条2・3），それらのことが会社契約に定められているかまたは死亡した社員が応募した出資を未だ払いきっておらず，その者の相続人または他の社員が営業資本への参加のための連帯責任（第7条）を引き継ぐことを拒んだ場合にのみ会社が解散することとなる。

2　1884年議会発言・1888年意見書

　エッヒェルホイザーは，1884年3月24日および同年6月28日，株式法改正に

関する会議で新たな会社形式に対する立場を明らかにした。3月24日付けの議事録によれば,「我々の現在の合名会社という基盤の上で,しかし連帯責任が一定の資本出資に限定されるような会社形式を受け入れるならば,当該会社形式においては個人主義的な合名会社の長所のすべてと株式会社の長所を併せ持つことになり,合名会社の欠点や危険性また株式から生ずる厄介事を抱え込むこともない。つまり合名会社の右の欠点や危険性が,個々の共同経営者（Kompagnon),それどころか支配人も作為または不作為によって他の持分権者の尊厳,財産,存在のすべてを無にしてしまうことができるという点に存することは紛れのないところである（筆者注：後記「意見書」参照)。わたくしが思うに,制限された責任という原理が会社活動の中に今まで全く入ってこなかったといって,その原理が個人主義的な会社の前で留まるのではなく,組織的に融合すべきである」と発言している[11]。

さらに,プロイセン商工会議所および商人団体に向けた1888年4月28日の意見書（Denkschrift）でエッヒェルホイザーは,会社法の改正に関する自己の提言を次のようにまとめている。すなわち,経済的観点からすれば,資本会社の手を借りて,資本とその所有者の知性が直接結び付いている純然たる個人主義的基盤に立っている会社の場合ほどの高度な資本と人的知性との開発は達成されないということを否定することはできない。「同等の資本と同等の人的能力によって個人主義的会社は資本主義的会社よりも絶対的により高度な価値を生み出す」。エッヒェルホイザーは,一定の会社目的への限定なく,有限責任の合名会社への移行を求めていた。「資本主義的な会社形式によって有限責任の原理が一般化すればするほど,つまり,投資を超える責任を引受けたり自発的に協業することなく資本を投下する可能性や機会が高まるほど,連帯責任からの離反は,自然に大きくなって来ざるを得ない」[12]。「確かに連帯責任に対する疑念の増大は,時間的な方向付けの中に置かれている今一つの原因を有していた。営業の規模と売上げが以前に比べて非常に大きくなると,残念なことに,利益への欲求および他の社会的損失も同時に主観的なものとして大きくなってくる。同程度で義務を引き受けることに対する疑念が高まらざるを得なくなる。その際,軽率に共同経営者または支配人になることは,会社財産を遙かに超え

---

11) Stenographische Berichte über die Verhandlungen des Reichstages, V. Legislaturperiode.IV.Session 1884, Bd.1. S.221. 今野・前掲注3) 94頁。
12) Oechelhäuser, a.a.O.（Fn. 10), S.53 ; Schubert, a.a.O.（Fn. 7), S.597.

た，個人財産，結果的に，持分権者の商人的また市民的尊厳を無にすることになり得る。実際に，以上のまたその他の理由から，連帯責任は，大規模にまた常に増大しつつ新たな営業の企てを設立することの妨げとなっている。それに代わって好まれるのは，制限された，無制限かつ見通すことができないものとはされないリスクを負うことであり，そのためにまた再び資本主義的な会社形式は，コストがかかり，また大規模な組織だけを狙っていることから，適切ではないことになる」[13]。以上の理由から個人主義的な会社形式がさらに展開されるべきであり，社員の有限責任が承認されるべきである。なるほど，エッヒェルホイザーは，鉱山法上の鉱山会社を経済全体の分野に拡張することを推奨していた。しかしながら「同様に明らかなことは，一般的なものと同様，鉱山法上の純粋に資本主義的な形式は，中規模，小規模企業，とりわけ個人主義的な基盤に立っているあらゆる団体に不向きである，殆ど全く不可能であると云うこと，そして，債権者よりは持分権者の観点からすれば，より疑問とされることは，鉱山会社の原理をこの種の営業に適用すべきとすること，すなわち，持分権者に彼の元々の出資を増大させる義務を負担させるとともに，彼の持分を引き渡すことでそれ以上の義務から解放することを認めることである」としている[14]。エッヒェルホイザーは，新たな会社形式のための詳細な提言を立法者に引き渡した。立法草案のための最高規範は，「債権者の保護」であるべきである。しかし，このことが会社に連帯責任への配慮を実際に求めること以上になってはならない。重要なのは，「新たな実験（neue Experiment）」ではなく，「我々が最も信頼を置いている会社形式である合名会社の修正，前もってその射程距離を完全に見通すことができるような，修正」なのである[15]。

第3節　エッサーの草案・リンクの提言

前記第2節のエッヒェルホイザーによる1884年の提言の後，1886年には，エッサー（Esser）が，30箇条にわたる有限責任を伴った会社に関する法律の草案を提出している[16]。続いて，1887年には，リンク（Ring）による提言がなされ

---

13) Oechelhäuser, a.a.O. (Fn. 10), S.53 ; Schubert, a.a.O. (Fn. 7), S.598.
14) Oechelhäuser, a.a.O. (Fn. 10), S.54 ; Schubert, a.a.O. (Fn. 7), S.598f.
15) Oechelhäuser, a.a.O. (Fn. 10), S.57 ; Schubert, a.a.O. (Fn. 7), S.599.
16) Robert Esser II, Die Gesellschaft mit beschränkter Haftbarkeit. Eine gesetzgeberische Studie, 1886. S.1ff.

ている[17]。

1　エッサーの草案

　エッサーによれば，各社員は会社の目的のために捧げられる金額を超えて責任を負うものではない，新たな会社形式の濫用的利用を防ぐために，出資の最低額は5,000マルク，すべての持分の最低額は2,500マルクとすべきである（第1条参照），それとともに「小規模資本」の参加は排除されるべきである，鉱山会社の追出資（Zubusse）に応じて，社員総会で代理される持分の最低4分の3の多数決で追出資の徴収が決せられるべきである（15条），この場合，社員が上記の義務を履行しないときには，当該社員は退社される場合がある（12条），等が提案されている[18]。

2　リンクの提言

　リンクによれば，植民事業や類似事業のために，一部は鉱山会社，一部は株式会社を範とした会社形式が創造されるべきであるとし，他方でリンクは，合名会社から過度に借用することは債権者の利益のために避けなければならないとする。すべての参加者の有限責任を伴う会社は，紛れようもない法人という高められた形体においてのみ認められるべきである。それはとりわけ，積極財産と債務に関する会社の法的独立性は，まったく疑いはないし，商号における個人名の出現は受け容れられないし，義務的な商法の付加語によって社員（組合員 Genosse）の有限責任（塡補責任）が示唆されることになる。人的な基盤の排除の結果として，多数決の拘束力（Verbindungskraft）が生ずべきものとなる。すべての社員にとって無限の出資責任という原則は，会社の目的および会社の債務が問題となる限度で妥当する。しかしながら各社員は，自己の社員権（Gesellschaftsrecht）を放棄する可能性を有すべきである。自己資本は最低10万マルクとされるべきである。各社員の最低出資額として，たとえば5,000マルク

---

17)　Viktor Ring, Deutsche Kolonialgesellschaften. Betrachtungen und Vorschläge, 1887.
18)　Esser, a.a.O. (Fn. 16), S.33ff.；vgl. Schubert, Das GmbH-Gesetz von 1892—„eine Zierde unserer Rechsgesetzsammlung, in：FS 100 Jahre GmbH-Gesetz, 1992, S.6., ders.a.a.O.（Fn. 7），S.599ff. この前提として指摘しなければならないことは，1884年にドイツの植民事業および獲得地域がドイツの保護下に置かれたことである。その段階で，ドイツの保護下にある植民事業についても，ドイツの既存の会社形式を適用するのか，それとも新たな法形式を考慮するかについて議論が生じた。本節のエッサーの草案・リンクの提言も上記の議論が端緒となったものである（今野・前掲注3）91頁参照）。

が提言されている。それに対して株式の払込に関する株式法の原則が適用される[19]。

第4節　ハンマッヒャーの報告

1　新たな会社形式に関する意見照会

　1888年1月，ドイツの保護領の法律関係に係る法律改正に関する立法草案の審議に際して，幾人かの議員から改めて要求されたのは，国内についても，株式会社とは逆に柔軟な会社形式を，勿論合名会社または鉱山法上の鉱山会社と結びつけられるべきかについて一致に至ることができなくても，認めて欲しいというものであった。ライヒ司法局は，このことを切っ掛けとして，同年2月25日ライヒ内務局に，プロイセンの商業会議所および商人団体のもとでそれと並んでドイツ工商会議所（Deutscher Handelstag）による意見照会を行うことを求めた[20]。ライヒ内務局はプロイセン商工省と連絡をとり，1888年4月3日すべての商業会議所および商人団体はライヒ議会で表明された要望に関し意見を出すように求めた[21]。

　プロイセン商工省による意見照会が行われたが，それと併行して，ドイツ工商会議所から，その専門委員会（Ausschuss）が1888年5月7日プロイセン商工省の前記意見照会に取り組み，それについて意見表明した後で，改めてすべてのドイツ商業会議所に意見照会に関する書簡が配布された。ドイツ工商会議所の1888年5月7日の会議において最初に長文の報告[22]を行ったのが，集産主義的な方向を支持するものとされたハンマッヒャーであった。

2　ハンマッヒャー報告の内容

　ハンマッヒャーは，報告者として，次のように述べていた。

---

19)　Ring, a.a.O. (Fn. 17)；vgl.Schubert,a.a.O. (Fn. 18) ,S.6f.,ders. a.a.O. (Fn. 7), S.602ff.
20)　この書簡で確認すべきものとされたのは，商工業の圏域で会社事業のための新たな会社形式の導入による現行法の補充が一つの需要として推奨できるのか，どこまでできるのか，そしてそのことが肯定される場合，参加者の見解に従い以上の需要にどのような方法で応じればよいか，であった（Schubert,a.a.O. (Fn. 18), S.8.）。
21)　Schubert,a.a.O. (Fn. 18), S.7ff.
22)　Friedrich Adolf Hammacher, in: Mitteilungen des Deutschen Handelstags an Mitglieder, jg. XXVIII, Nr.6, S.2.

まず，ハンマッヒャーは，如何なる場合でも特別な「認可（Concessionirung）」が必要であると認めることから出発してしまうとドイツの会社法を健全なものとして満足すべきものとすることを考えることはできないとした上で，新たな会社形式を考える場合に，当時の会社形式のうち，参加者が無限責任を負う合名会社は除かれ，合資会社も大規模な資本調達や自ら責任を負う業務執行者を見出すことに難があり，残る株式会社についても，植民的な事業を進める場合に「多かれ少なかれ警察的な性格を有する1884年の改正法の規定，決算書の作成および検査に関与した機関の責任に関する規定から生ずる」問題点があることを指摘している[23]。

　続いて，新たな会社形式に対する需要の問題を認識させるべく，ハンマッヒャーは，これまでドイツで行われてきた一定の事象について注意を喚起している。

　まずハンマッヒャーが挙げているのはマンハイムの事例である。すなわち「我々が株式会社の登録簿を手にすれば，その性質上，株式会社の形式が絶対に似合わない多くの会社が，他の形式が自由にならないので，株式会社の形式を選択せざるを得なかったことを見出す。ほとんどおかしなことに思われるのは，ボン（Bonn）にある学友会（Studentencorps）の集会所を建てるために株式会社の形式が選択されたことである。この学生団体が持っていた会社は，マンハイムで『盗賊の巣窟（Räuberhöhle）』という全く怪しげな名前を用い，4,000マルクの資本を伴い，株式会社として設立されたものであった」[24]。さらに「単に看病や布教パンフレットの配布だけを目的としたカトリックや他の宗教団体が，株式会社形式の上着の中に身を隠した。同じように見られたのは，株式会社の地中に埋められている黎鉄（Fussangelboden）と複雑な装置が合わず望まないとの理由で，株式会社形式の替わりに鉱山会社（Gewerkschaft）の形式が事業のために受け容れられたことである。鉱山法上の鉱山会社は採鉱のためだけに法律上導入されたにもかかわらず，以上のことがなされたのである」[25]。

　ハンマッヒャーは，目的外の鉱山会社の利用の事例として，以下の事例を挙げている。

　すなわち「ゲルゼンキルヒェン（Gelsenkirchen）にある『オレンジ鉱山会

---

23) Hammacher, a.a.O. (Fn. 22), S.2f.
24) Hammacher, a.a.O. (Fn. 22), S.3; Schubert, a.a.O. (Fn. 18), S.14.
25) Hammacher, a.a.O. (Fn. 22), S.3f.; Schubert, a.a.O. (Fn. 18).

社（Gewerkschaft Orange）』は，蒸気ボイラーの製造を目的としている。15年ほど前に右会社を設立した者達は，株式会社の形式を望んでいなかった。彼らが選んだ逃げ道は，何か適当な鉄鉱石鉱山を買い入れ，その鉱山を所有して鉱山会社を立ち上げ，定款を定め，それに基づき鉄鉱石から生産される金属の加工を認めようとするものであった。そうして，彼らは団体としての権利を獲得し，ボイラー工場を建設したのである」。また「同地には同じくシャルケ鉱山・精錬会社（Schalker Gruben- und Hüttenverein）」，銑鉄の製造を営む会社がある。同社は，形式上，鉱山会社であり，その鉱山法上の存在基盤は何かしらの鉄鉱石鉱山の所有であった。最近ではエッセン（Essen）のシュルツ・クナウト圧延工場会社（Walzwerks-Etablessement von Schulz Knaudt et Comp.）が鉱山会社に転換している。このことは他の上記の事例と同様の方法に基づいて可能とされたのである。外国においてもドイツの会社がドイツで存する鉱山会社の形式を利用している」[26]。

以上の事例を示した後，ハンマッヒャーは「そのような逃げ道は厳格な法とは合わない」とした上「経済活動の需要は，我々の法の発展が不十分な場合であっても，この種の方法を使うことを迫り，また前記の経験は，新たな会社形式への実際の需要が存することを実証している」と指摘している[27]。

ここでハンマッヒャーによれば「重点となるのは，より簡易な形式で構成員の責任制限が使えることが可能とされなければならないということである」として英国の状況について言及している。すなわち「英国の事情もまたこのことを示唆している。英国では，1862年および1867年法に基づき一定の窮屈でない規定を遵守すれば有限責任を伴った株式会社の形成が許されているのは周知のことである」[28]。英国では「7名が寄り集まり，一個の有限責任を伴った株式会社（Actiengesellschaft mit beschränkter Haftbarkeit）を形成する。資本の最低額は法律上定められておらず，出資もしくは株式の額も同様に少額である。つまり1株につき1ポンドの額面で株式会社を設立することができる。そのような有限責任会社は，数百，それどころか数千存在している。その大部分が実際に個人的な商事会社と異なるところはない。すなわち，体裁上，それぞれ1ポンドずつで参加する僅かばかりの者を受け容れ，それから有限責任の基盤に

---

26) Hammacher, a.a.O. (Fn. 22), S.4.
27) Hammacher, a.a.O. (Fn. 22),; Schubert, a.a.O. (Fn. 18), S.14.
28) Hammacher, a.a.O. (Fn. 22), S.4 ; Schubert, a.a.O. (Fn. 18), S.14.

立って働くのである」として英国の状況を述べた上で,「ドイツにおいても同じようなことが起こるかも知れない。周知のように株式会社に必要なのは僅か5名の団体である。たとえば,ある家族が,被相続人が死亡した際に被相続人の営業を制限された責任のみを伴う形で継続して行こうとする場合が考えられる。その場合になぜ彼らには株式会社かそれとも合名会社という鈍重な方途であり多くの場合には不適切な形式しか認められないのか？」としている[29]。

さらに,ハンマッヒャーは,は,鉱山法上の鉱山会社について次のように,報告している。すなわち「資金調達に関し発展してきた鉱山法上の原則は,内部経済的資格（innere wirtschaftliche Berechtigung）を有しており,採鉱事業以外の事業にとっても考察に値するものである」[30]。

「新たな会社形式のための出発点は,会社持分の切り分け（Zerlegung）でなければならない」。「各会社は,一般的に外に向けて何かしらの担保を供するために,一定の財産対象物（Vermögensobjekt）を保有していなければならない」。それ故,「有限責任を伴った持分会社は,確実な資本または価値対象物を基礎に有しなければならない。会社の定款はこのことを示していなければならず,出資が未だなされていない一定の資本について個々の構成員はその出資につき個人的に責任を負わなければならない。定款は開示され,第三者は開示によって資本または財産を拠り所とする会社と共に社員が義務を負うことを知ることになる。さらに続いて,構成員の義務は鉱山法的に構成されているので,持分権者が更なる出資を給付する義務を負う更なる需要が会社に接近している場合には,持分権者は自己の持分の委託（Abandon）によって右の義務を免れることができる」[31]。

ハンマッヒャーは,彼がいわんとしたこと,すなわち,その種の規定は,如何にその規定が鉱山会社に固有のものであっても,有限責任を伴った持分会社のそれぞれの定款の中に受け容れられなければならないというところにまで至ってはいない。しかし,ハンマッヒャーによれば,「右のことは許容されなければならないし,この分野における活動の最高の自由性が如何に最良のものであるかは空けたままで置かれなければならない」とされる[32]。

---

29) Hammacher, a.a.O.（Fn. 22）, S.4.
30) Hammacher, a.a.O.（Fn. 22）, S.6；Schubert, a.a.O.（Fn. 18）, S.15.
31) Hammacher, a.a.O.（Fn. 22）, S.6f.；Schubert, a.a.O.（Fn. 18）, S.15.
32) Hammacher, a.a.O.（Fn. 22）, S.7；Schubert, a.a.O.（Fn. 18）, S.15.

さらに本稿との関係で注目しなければならないことは，ハンマッヒャーの報告の中で，この持分会社を集産主義的な会社（Collektivgesellshaft）の基盤の上に構築するものと考えるのか，それとも個人主義的な会社に寄りかかったものとして考えるのか，また，株式会社法の改正によって現存の需要を充たすことはできないのかという問い掛けについて，ハンマッヒャーは最後の問い掛け，すなわち，株式会社法の改正という選択枝を「無条件に（unbedingt）」否定している[33]。

　加えて，前記第２節のエッヒェルホイザーの意見書に関して，ハンマッヒャーは，制限された責任が個人主義的な会社の場合にも必要とされるか否かについて肯定的である。それどころか，個人主義的会社の構造も集産主義的な会社の構造も，さまざまに枝分かれしていても，共に同じ基礎から出たものであるとしている。ハンマッヒャーは，資本額や社員数等が表明されている場合に，多数人が大規模な資本を伴って集まった場合と同様，小規模な営業についても同様に立法の保護形式を利用することが許されないという決定的な理由はないとする[34]。個人主義的会社のために持分権者の最大数を法律で定める，ハンマッヒャーによれば，たとえば，構成員が５名までであれば，個人主義的な会社が存在するというようにすれよい。このような会社に対して，合名会社の場合に効力を有する公式の規定が，株式会社のために必要とされる留保条項を除いて，適用されることになる，他方で，集産主義的会社の場合には色々な方向でより詳しい検査が基礎とされなければならないとされる[35]。

　ハンマッヒャーの報告書では，さまざまな見解対立の中で，有限責任の原理が個人主義的な会社の境界で留まらなければならないことの理由がつかないことも問題とされている。そんなにも多くの人々が資本を集中し，それを取締役によって管理させるとしても，個人的に集合し，自身で管理する者が，有限責任でその資本を豊かにすることが何故できないのか？　ここで，英国では，英国の株式法に形式的に濫用的に違反していることを根拠としてもこのような結社の自由が事実上存在しているとして，英国の有限責任会社（Limited-Gesellschaft）の例が述べられている[36]。

---

[33]　Hammacher, a.a.O.（Fn. 22）.
[34]　Hammacher, a.a.O.（Fn. 22）; Schubert, a.a.O.（Fn. 18），S.15.
[35]　Hammacher, a.a.O.（Fn. 22）; Schubert, a.a.O.（Fn. 18），S.15.
[36]　Hammacher, a.a.O.（Fn. 22），S.9 ; Schubert, a.a.O.（Fn. 18），S.16.

そして，ドイツの状況について，「我々の経済活動は，多くの点で，とりわけ，新たな徐々に発展する事業にとって事業精神が衰え始めるような方向で病んでいるという主張とともに，需要の問題は活発に肯定されている。議論の余地がなかった事実は，我々の株式会社は，最近設定されたものであっても，例外なく新たな事業ではなく，それどころか，たんに参加者により高価な株式の売却代金をもたらす目的のためだけに，既存の事業が株式会社に転換されているのであると言うことである。それ故，国家の大きな経済的利益は，最初は不特定であり，目的も不確定である小規模な事業が有限責任の原理の下に発展することができる可能性を保障するところにある。新たな自身で形成される事業にとって株式会社の形式は全く相応しいものではない」，「最も重要な分野，とりわけ，ひたすら前進する分野での資本と知力との豊かな結びつきが欠けている」とする[37]。

　このことから「長い間には，このような不健全な状況は我々の経済的基盤の荒廃をもたらす，それ故，以上の方向で高いレベルでの資本と知力との連携の緩和が急務となる」[38]として，ハンマッヒャーの提言は概ね認められるべきものとされているのである[39]。

　なお，新たな会社形式で問題となることとして，問題とすべきは「一般的利益，すなわち，国家の利益が動き出す一定の線引きをすることだけである。この一般的利益によって一定の必要性が打ち立てられなければならない。しかし，無限に続くさまざまなあふれ出る活動を一定の形式の中に流し込めることは非常に困難であることから，右の境界のこちら側では，可能な限り，会社が自由に経営され，働くことができるようにしなければならない。とりわけ考慮しなければならないことは，既に提案済の鉱山立法の形式が諸関係の多くに適用できないか否かである」とする。また，新たな会社の編入は「本来，その占有権（Besitz）が，移転困難であり，一定の閉鎖的圏域内を動くものと性格付けられている，すなわち，従来の事の成り行きでは，大規模な市場にもたらされ，転々とする商価値物であるとするには全く相応しくないものとされなければならない」としている[40]。

---

37) Hammacher, a.a.O. (Fn. 22); Schubert, a.a.O. (Fn. 18), S.16.
38) Hammacher, a.a.O. (Fn. 22), S.10 ; Schubert, a.a.O. (Fn. 18), S.16.
39) Hammacher, a.a.O. (Fn. 22), S.10.
40) Hammacher, a.a.O. (Fn. 22); Schubert, a.a.O. (Fn. 18), S.16f.

第5節　ザールブリュッケン商業会議所の意見書

　ドイツ工商会議所からすべてのドイツ商業会議所に対してなされた意見照会に対する各商業会議所からの応答の集計状況については，シューベルトの論稿に詳しく論じられているが[41]，本稿では，本稿のテーマとの関係でとりわけザールブリュッケン商業会議所の意見書に関する論述を見て行きたい。なぜなら，シューベルトによれば，ザールブリュッケン商業会議所の意見書だけが，「有限責任を伴った持分会社」という独立の構想を提案するものであったからである[42]。上記意見書は，その性向からして，確かに株式会社よりも個人主義的に形成されるものの，より多くの構成員を受け容れるのに適しており，それ故社団として構成されるべき会社形式の製造を目指していた。ザールブリュッケンの商業会議所にとって中心となっていたのは，事業承継（Fortführung eines Unternehmens）に向けた家族の利益であった。

　上記意見書によれば，持分会社は，
a)　持分権者の交替とは無関係に独立して存在する。
b)　持分権者は自己の持分を超えて責任を負わない。
c)　追出資によって損失を塡補できるし，事業を大きくすることもできる。
d)　会社の承認によるかあるいは共同持分権者（Mitteilhaber）の先買権の留保によってのみしか持分を譲渡することは難しい。
e)　通例，持分権者でなくてもよい取締役が代表し管理する一方で，持分権者は取締役を間接的に補助し，全体の指揮権を把握するように構成される。
f)　しかし，次のような構成も認められる。すなわち，社員の全員または一部が自身で業務を執行する。勿論，会社はそれ自体，過半数ないし4分の3の多数決による決議によって取締役に指図し取締役を解任する権限を有する。

---

41)　Schubert,a.a.O.（Fn. 18），S.10ff.
42)　Schubert,a.a.O.（Fn. 18），S.10f.,Jahresbericht der Handelskammer zu Saarbrücken für 1888, 1889, S.47ff. シューベルトによれば，この提言は，弁護士であったブリュッゲマン（Brüggemann）に因るとされている（Schubert,a.a.O.（Fn. 18），S.10,Fn. 26）。また，シューベルトは，有限会社法の成立史に関し，これまであまり目立たなかった観点を際立たせることが重要であるとして，その一例として，ザールブリュッケンの商業会議所の意見書を掲げている（Schubert,a.a.O.（Fn. 18），S.4.）。

上記の最後の二つの点 e)・f) から明らかになるのは，ザールブリュッケン商業会議所の見解が，集産主義的な，株式会社に類似した会社の構成を多くは受け容れつつも，（ある点では合名会社類似した）個人主義的な組織の可能性も示していることである[43]。

第6節　有限会社法の成立

　前記第1節の冒頭で示したように，有限会社法は1892年4月26日に公布されている。ここで，右公布に至る有限会社法の成立過程について概観したい。

　新たな有限会社法の成立に深く関わっていたのは，ライヒ司法局の専門担当官，ホフマン（Hoffmann）であった。彼は，1890年12月までに，有限責任を伴った会社に関する法律の概要（Grundzüge）を作成していた[44]。上記概要は，1890年12月および1891年1月にライヒ議会で審議されている。1891年1月26日，覚書（Denkshrift）を伴った法案がライヒ内務局に送付された。1891年1月の草案は，新たな会社形式の基本構造に関係しない若干の変更を除き，法律となった文案と一致している。同草案は，新たに創造される会社形式に関連する問題を一つの特別法の中に取り込み，商法典への指示なく規律しようとしていた[45]。1891年のライヒ司法局とライヒ内務局との審議において前記草案は非本質的なもののみ一部修正され，続いて，認可のために皇帝に提出された。1891年7月16日の皇帝に対する報告書において記されていることは，自己の全財産を投入しようと望んでいない少人数の団体にとって株式会社は適応する基盤を形成していないということである。その限りで現行の株式法は，そのような会社の「成立及び事業経営にとって不当な妨げ」となる[46]。同草案は，それが皇帝によって承認された後，プロイセン長官に送付され，1891年10月20日，連邦参議院に提出され，同年12月，一般に公表された[47]。シューベルトは，上記法案（Vorlage）が全体的により短い草案とは非常に異なっており，その限りで

---

[43]　Schubert,a.a.O.（Fn. 18), S.11.
[44]　Grundzüge eines Gesetzes, betreffend die Gesellschaft mit beschrankter Haftug, die Akte des Reichsjusutizamts im Bundesarchiv Koblenz（Nebenstell Potsdam),Nr.2891.
[45]　Schubert,a.a.O.（Fn. 18), S.22.
[46]　Schubert,a.a.O.（Fn. 18), S.23.
[47]　Entwurf eines Gesetzes betreffend die Gesellschaft mit beschränkter Haftug (nebst Begründung und Anlagen).

ホフマン独自の作品（eine originale Schöpfung Eduard Hoffmanns）であると見られると述べている[48]。1892年2月5・6日に上記法案は連邦参議院の商工委員会及び法務委員会で審議された。1892年2月11日の連邦参議院によって可決されたテキストは，1892年2月19日ライヒ議会での第一読会，1892年3月19日および21日の本会議での第二・第三読会を経て，同年4月20日に法案は可決され，成立した。上記第一読会で，議員であったエッヒェルホイザー は，法案に対して非常に推奨する意見を述べた。同法案は，自身や他の者や機関によって堤出された提言を大幅に超えており，そして独自の会社形式を創造している。さらにエッヒェルホイザーが強調していることは，草案が任意規範と強行規範とを鋭く区別しており，その際，強行規範を最大限まで制限したが，それにもかかわらず，投機目的で有限会社への参加を利用することに対する準備も行っていることである[49]。

結局，このようにして成立した有限会社法は，前記第2節・第4節で議論された二つの構想のいずれにも与しなかった[50]。

有限会社は，それまでの歴史的モデルではない立法者（シューベルトによればホフマン）による独自の創造物であり，前記草案では「法的には，現行法の厳格な個人主義的会社と資本主義的原理の最高の帰結として表される株式会社との中間にあるもの（eine Mittelstellung）」として位置づけられている[51]。いずれにせよ中間形態ないし混合類型（Typenmischung）という理念が，「会社と社員との関係が株式会社の場合よりも非常に固く結び付いている一つの新たな会社をもたらした」ことは確かである[52]。

第7節　2008年有限会社法改正との関連

1　有限責任事業会社の導入

本稿の冒頭第1節で述べたように，2008年有限会社法改正法により，有限責

---

48) Schubert,a.a.O.（Fn. 18），S.23.
49) Schubert,a.a.O.（Fn. 18），S.29, ders.a.a.O.（Fn. 7），S.622.
50) Jasper Neuling, Deutsch GmbH und englische private company, 1997.S.30.
51) GmbH-Entwurf, a.a.O.（Fn. 47），S.35, Schubert,a.a.O.（Fn. 7），S617. 高橋・前掲注3）314頁.
52) GmbH-Entwurf, a.a.O.（Fn. 47），S.31, Neuling, a.a.O.（Fn. 50），S.30.

任事業会社（Unternehmergesellshaft）が導入された[53]。

有限責任事業会社とは，その処分可能な基本資本が2万5,000ユーロ（通常の有限会社の最低基本資本額，有限会社法5条1項）を下回っている有限会社のことである[54]。前記2008年の有限会社法改正法の政府草案に関する公の理由書によれば，有限責任事業会社は，特種の会社形式ではなく，有限会社という法形式の「変形（Variante）」であるとされている[55]。

2　スピースによる分類

本稿との関係で注目すべきは，有限責任事業会社の導入に至るまでのエプロン（Vorfeld）にあたる部分で新たな「ミニ資本会社（Mini-（Kapital-）Gesellshaft）」のためのさまざまな形の見解が示されていたことである。スピースによれば，さまざまな見解は大きく分けると人的会社を観念するものと資本会社を観念するものとに分けられると云う[56]。すなわち「このような2分法は驚くべきものではない，（筆者注：人的会社と資本会社という）両者の観念は19世紀の有限会社の展開に際してすでに相対立しており，それぞれ株式会社に対する規制の代替として立法上認めてもらおうと取り組まれていたのである」。ここで，スピースは，一方で，社員が資本額の給付に限定されるべき「小規模株式会社（kleine AG）」を支持するグループと「制限された責任を伴った人的会社（Personengesellshaft mit beschränker Haftung）」を優先するグループに分けられることを明らかにしつつ，後者に関しエッヒェルホイザーの見解に言及している。すなわち，スピースは，エッヒェルホイザーによる1884年3月24日の発言（前記第2節2）を引用しつつ，エッヒェルホイザーは，「合名会社の長所のすべてと株式会社の長所を併せ持つ」ことを認めたいと思っていたと指摘してい

---

53) 有限責任事業会社制度の導入に関しては，丸山秀平「ドイツにおける有限責任事業会社制度の創設とその評価」日本比較法研究所60周年記念論文集（日本比較法研究所，2011年）795頁以下，また，設立に関する法規制に関しては，同「有限責任事業会社の設立」龍谷法学43巻4号339頁以下（2011年），同『ドイツ有限責任事業会社（UG）』1～52頁（中央大学出版部，2015年）。なお，高橋・前掲注3）321頁以下では，原文に近い「企業主会社」という用語が使われている。拙稿で，「有限責任事業会社」という用語を使う理由については，丸山・前掲書2頁（注3）参照のこと。

54) Ensthaler/Füller/Schmidt, Kommentar zum GmbH-Gesetz, 2.Aufl., Luchterhand 2010, S.102（Rdn.1）（Füller）.

55) Entwurf eines Gesetzes zur Modernisierung des GmbH-Rechts und zur Bekämpfung von Missbräuchen（MoMiG）（以下「Reg-Begr., MoMiG」とする。), BT-Drs.16/6140 S.31.（なお，BT-Drs.354/07にも政府草案および理由書が掲載されている）.

56) Spies, a.a.O.（Fn. 5), S.37ff.

る[57]。ただ，スピースは，エッヒェルホイザーが構想した会社形式，合名会社という基盤の上で，しかし連帯責任が一定の資本出資に限定されるような形式についてそれ以上論究している訳ではなく，前記第6節で示したように，そのような形式が1892年の立法者によって採用されず，むしろ，立法者は「小規模株式会社（kleine AG）」に賛成したという結果を示すに留まっている[58]。

3　人的会社を手掛かりとした提言

　スピースは，続いて，有限責任事業会社の導入に至るまでに示された見解の内で人的会社を手掛かりとした提言について検討している。スピースが取り扱っているのは，①制限された責任を伴った人的会社（PmbH），②合資会社モデル（KG-Modelle），③制限された責任を伴った個人商人（EmbH），である[59]。

　①は，「緑の党による草案（Grüne Entwurf）」と呼ばれるもので，いわゆるハイブリッドな法形式，すなわち，民法上の組合および合名会社に責任制限を受け入れることを認め，制限された責任を伴った人的会社としての設立の可能性を与える規定を民法典，商法典に創造することを求めるものであった[60]。

　②は，人的会社のうちすでに責任制限を立法上伴っている合資会社形式を範として，新たな法形式を構想しようとしたものである。ここで，スピースによって紹介されているものは，(i)1971年の有限会社法改正研究会（Arbeitkreis GmbH-Reform）による「出資に基づく商事会社（Handelsgesellschaft auf Einlagen: HGaE）」草案[61]，(ii)制限された責任を伴った合資会社に関する「ライプチヒ草案」[62]，(iii)合資会社構造の有限会社への移行に関するベイヤーの提言[63]，である。

---

57)　Spies, a.a.O.（Fn. 5), S.37.
58)　Spies, a.a.O.（Fn. 5) 1892年の立法者は，最低出資は500マルクとしており，商工会議所等から出された3,000から5,000マルクという最低出資への要望を撥ねつけていた（Schubert,a.a.O.（Fn. 7), S.623)。
59)　Spies, a.a.O.（Fn. 5), S.38.
60)　BT-Drucks. 16/9737, 16/9795.
61)　Heuck, Handelsgesellschaft auf Einlagen, 1971. フックによれば，HGaEは，無限責任を負う自然人のいない有限合資会社（GmbH&Co. KG）のような合資会社に，責任制限という利点を維持しつつ，体系的に一致する規制を供給して，有限合資会社のより良い代替物となるとしている（Heuck,a.a.O, S.9f.)。
62)　Tim Drygala, Für eine alternative Rechtsform neben einer reformierten GmbH - Leipziger Entwurf einer Kommanditgesellschaft mit beschränkter Haftung (KmbH),ZIP 2006, 1797. ドライガラによれば，KmbHは，法人でないが，外部機関を許容し，持分の譲渡・相続が認められる。責任を基礎付けるのは有限責任社員の責任となる。
63)　Walter Bayer, ZGR 2007, Moderner Kapitalschutz,220. ベイヤーは，有限会社法に

そして，③は，②のように法律上の範を用いず，制限された責任を伴った個人商人（Einzelkaufmann mit beschränkter Haftung: EmbH）という法形式の創造を求めるものである。具体的には，商法典草案（HGB-E）4条から4j条までに上記法形式に関する規定を新たに挿入しようとする立法案であり，バイエルン司法省によって提示されたものである[64]。

4 資本会社を手掛かりとした提言

さらに，有限責任事業会社の導入に至るまでに示された見解のうちで資本会社を手掛かりとした提言について，スピースが掲げているのは，①有限会社の設立の簡素化に関する立法草案（GVGG）[65]，②「柔軟な資本会社（FlexCap）」案[66]，そして③有限責任事業主会社（UGG）[67]，である。

①は，2006年2月ノルトラインヴェストファーレン司法省から提出された草案であり，「有限責任基盤会社（Basisgesellschaft mit beschränkter Haftung: Basis-GmbH）」という法形式[68]を英国のLimitedに対抗する魅力あるモデルとして提供しようとしたものである。上記草案によれば，有限責任基盤会社は，当時，通常の有限会社が25,000ユーロを払い込まなければならなかったところ，その10分の1の2,500ユーロの払込みでよい（草案12d条），少額資本であることはその異なる名称から判るし（草案12b条），最大5名の設立社員（草案12c条1項）が一定の前提（草案12f条）を充たせば設立が可能とされる，自然人以外のものに対する持分譲渡は無効とされる（草案12c条2項）等の規定が盛り込

おける隠れた現物出資（verdeckte Sacheinlagen）やキャッシュプーリング（cash pooling）に関する判例等を検討した結果として，現行有限会社法の資本保護体系内では柔軟性が認められないと指摘して，合名会社構造を有限会社に移転するという代替案を提示している。

64) Entwurf eines Gesetz zur Einführung des Kaufmann mit beschränkter Haftung vom 16. Mai 2007.
65) Entwurf eines Gesetz zur Vereinfachung der Gründung einer Gesellschaft mit beschränkter Haftung (GVGG) des Justizministeriums Nordrhein-Westfalen („Basis-GmbH").
66) Schall, Alexander/ Westhoff, André, Warum Deutschland eine neue Kapitalgesellschaftsform braucht, GmbHR 2004 R.381.
67) Gehb, Jürgen/Drange, Günter/Heckelmann, Martin, Gesellschaftsrechtlicher Typenzwang als Zwang zu neuem Gesellschaftstyp, NZG 2006, S.88. Gehb/Heckelmann, Gesellschaftsrechtsreform im Doppelpack -- Gründerinteressen dürfen hinter dem Gläubigerschutz nicht zurücktreten, GmbHR 2006, R349.
68) GVGG-Entwurf, a.a.O. (Fn. 65), S.5f.

まれていた。

　②は，シャール（Schall）とヴェストホフ（Westhoff）によって，従来の有限会社と並ぶ柔軟な資本会社の導入が提唱されたものである。この形式は，小規模事業者のために最低資本金なしの責任制限への当然の需要を考慮したものであり，説明原理，自助，厳格な危険責任，軽減された破産申立権による新たな，現代的な債権者保護システムを装備したものとされている[69]。

　③は，従来の有限会社はそのままに置くとともに，有限責任事業主会社（Unternehmensgründergesellschaft:UGG）という新たな法形式の導入を提唱するものである。とりわけ，ゲーブ（Gehb）による「作業者草案」[70]は，73条に及ぶものである。同草案によれば，有限責任事業主会社は，一人または複数の者によって設立される（作業者草案1条1項），会社の債務について責めを負うのは会社財産のみである（同2項），各社員の基本出資は金銭で給付されなければならず，最低額は1ユーロである（同草案6条1項）等の規定が定められている[71]。

5　スピースによる評価

　スピースは，前記3・4で掲げられた各構想のなかで最終的に有限責任事業会社の代替物として納得できるものはなかったと評価している。すなわち「個々の構想が多くの点で有限責任事業会社に関する状況の改善を示唆しているものの，欠陥があることも確かである。有限責任事業会社と並んでさらなる法形式が定住されてはならない。それは会社構想のインフレーションになってしまう」としている[72]。

　ただ，本稿との関連でいえば，スピースの各構想の分類の仕方が，前記第1節でシューベルトが述べた分類と同様であること，スピース自身も前記第2節で述べているように，有限責任事業会社の代替物として人的会社を構想するも

---

[69]　Schall/ Westhoff, a.a.O.（Fn. 66), R.382.
[70]　Arbeitentwurf eines Unternehmergesellschaftsgesetzes. なお，筆者による引用は，Spies, a.a.O.（Fn. 5), S.417ff. Anhang Eによる。上記草案では，ゲーブが前注67)に掲げた文献（NZG 2006, S.88）で使用していた"Unternehmensgründergesellschaft"に代わって"Unternehmergesellschaft"という用語を使用しているが，この用法は2008年改正法によって導入された有限責任事業会社と紛らわしいので，本稿では，ゲーブの元々の用法に基づく「有限責任事業主会社」という訳語を使用する。
[71]　丸山・前掲注53)30～31頁。
[72]　Spies, a.a.O.（Fn. 5), S.75.

のと前記第 2 節のエッヒェルホイザーの提言で構想されたものとの類似性を認識していたことは確かである。

第 8 節　結びに代えて

　前記第 1 節で示したように，本稿で筆者は，1892年ドイツ有限会社法の前史としての1884年から1889年までの間に提示された新たな法形式に関する種々の提言等のうち，個人主義的な会社を基盤としたエッヒェルホイザーの提言と集産主義的な会社を基盤としたハンマッヒャーの報告を紹介し，それぞれの構想がその後の有限会社立法に係る議論にどのように反映したのかについて検討を行った。そこで，筆者が素材としたスピースの2008年有限会社法改正に係る著作では，最終的に立法者が選択した有限責任事業会社という形式に落ち着くまでの段階で，有限会社に係る新たな法形式または選択枝に関し主張されたさまざまな提言等についても，同様に，個人主義的な会社を基盤としたものと集産主義的な会社を基盤としたものとに分類されると示唆されていた。その限りで，時代を隔てているものの，有限会社立法に係る法形式に関する論争に共通の基盤を見出すことができよう。

　もっとも，それぞれの時期に存した会社形式を見れば，もともと混合形態である株式合資会社（KGaA）は別として，1884年の段階では個人主義的な会社ないし団体は，民法上の組合，合名会社および合資会社であったし，集産主義的な会社ないし団体は，株式会社および鉱山法上の鉱山会社であった。これに対し，2008年改正に至る段階では，個人主義的な会社ないし団体は，民法上の組合，合名会社および合資会社であったし，集産主義的な会社ないし団体は，株式会社および有限会社であった[73]。したがって，新たな法形式または選択枝として既存の会社形式のうち何を基盤とするかについても，それぞれの時期で選択の前提が異なることは明らかである。また，会社の個人主義的なあるいは集産主義的な構造・性格と社員の責任が制限されるべきかの問題は直ちに結び付いている訳ではない。そのことは，エッヒェルホイザーが個人主義的な会社

---

73)　有限会社が本文の 2 分法でどちらに属するのかについても，本文で触れたように，個人主義的な会社と資本主義的な会社との中間形態ないし混合類型であるとされるが，立法者はその集産主義的な性格を，大多数の商業会議所が支持していたより以上に強調しているという指摘も見られる（Schubert,a.a.O.（Fn. 7）,S.623）。

を基盤としつつ有限責任を伴う法形式を唱えたことからも理解されるし，2008年改正に至る段階でも，「緑の党による草案」や有限合資会社を念頭に置いた「出資に基づく商事会社」草案において，会社の構造・性格と社員の責任の制限の問題が，結果的には法形式としては結び付けられているものの，制度としては当初から結び付けられていないことが意識されていることを読み取ることは可能であろう。

　さらに，それぞれの時期においてどのような社会的背景のもとに改正への動きが具体化したのかについてもまったく同一に評価することはできない。ただ，いずれの時期のドイツの立法者にとっても，経済的な影響の大きい英国の会社に関する法状況を意識せざるを得なかったことは確かであろう。それぞれの時期における新たな法形式または選択肢に関する構想に関する提言等の中にも英国の状況を意識したものがあることを今一度確認しておくべきであろう。この点で，とりわけ1888年のハンマッヒャーの報告の中で英国の有限会社に関する状況が度々掲げられていたこと，2006年のノルトラインヴェストファーレン司法省から提出された「有限責任基盤会社」が英国の Limited を強く意識したものであったことを指摘しておきたい。なお，本稿の枠外ではあるが，2013年，ドイツのパートナーシャフト会社法[74]（Partnerschaftsgesellschaftsgesetz；PartGG）の改正によって，パートナーシャフト有限職業責任会社（Partnerschaftsgesellschaft mit beschränkter Berufshaftung）が導入されたが，その契機として，英国の「有限責任パートナーシップ（Limited Liability Partnership；LLP）の存在があったことも付言しておきたい[75]。

＊本稿は，2012年中央大学特別研究期間制度に基づく研究「我が国とドイツの閉鎖的企業法に係る比較法的研究」の成果の一部である。

74）　Gesetz über Partnerschaftsgesellschaften Angehöriger Freier Berufe (Partnerschaftsgesellschaftsgesetz - PartGG) vom 25.7.1994 - BGBl. I S.1774.
75）　丸山秀平「ドイツにおけるパートナーシャフト有限職業責任会社の導入」中央ロージャーナル11巻2号7頁（2014年），同・前掲書注53）148頁。

ヨーロッパ私会社 (SPE) から
一人会社 (SUP) へ
―ドイツでの SPE 復活論の視点から―

新津　和典

第 1 節　はじめに

　2014年4月9日欧州連合 (EU) の執行機関である欧州委員会は，「社員を一人のみもつ有限会社に関する欧州議会および理事会指令案 (以下「SUP 指令案」という) を提出した[1]。SUP 指令案は，「一人会社」(ラテン語で Societas Unius Personae と称され，SUP と略される) という，とくに中小企業向けの新しいヨーロッパにおける統一的な会社法形態を，有限会社のうち一人会社に特化して導入するものである (なお，SUP 指令は，すでに施行済みの第12指令である2009年一人有限会社指令[2]の改正等としてなされる。形式的には，本指令案成立後に，現行指令が廃止される[3]。SUP 指令案29条1項・30条)。SUP 指令案は，実質的に，2008年提出のヨーロッパ私会社 (Societas Privata Europaea, SPE) 規則案[4]の修正草案にほかならない[5]。SPE 規則案は，SUP 指令案提出の翌月に欧州委員会によって公式に取り下げられた[6]。SPE 規則案は，有限会社に関する EU レベルでの統一的法形態を法整備するものとして，特に株式会社版の EU 統一的法形態で

---

1) Kommission, Vorschlag für eine Richtlinie des Europäischen Parlaments und des Rates über Gesellschaften mit beschränkter Haftung mit einem einzigen Gesellschafter v. 9.4.2014, COM (2014) 212 final.
2) RICHTLINIE 2009/102/EG DES EUROPÄISCHEN PARLAMENTS UND DES RATES vom 16. September 2009 auf dem Gebiet des Gesellschaftsrechts betreffend Gesellschaften mit beschränkter Haftung mit einem einzigen Gesellschafter, ABlEU v. 1.10.2009, L 258/20.
3) Europäische Kommission, SUP-RL, S. 3.
4) Vorschlag für eine Verordnung des Rates über das Statut der Europäischen Privatgesellschaft (KOM (2008) 396 endg. vom 25.6.2008).
5) Europäische Kommission, SUP-RL, S. 2 f ; Teichmann, in : Lutter/Koch (Hrsg.), Societas Unius Personae (SUP), 2015, S. 55 f.
6) ABlEU v. 21.5. 2014, C153/6.

あるヨーロッパ会社(Societas Europaea, SE)[7]を用いるには適さない中小企業から期待されてきた[8]。

SUP の導入は，Peter Hommelhoff 教授，および，Christoph Teichmann 教授らの学説に唱導される形で，すでに SUP 指令案提出前から特にドイツの学術誌上で盛んに議論されてきた[9]。そして2014年11月7日ドイツ連邦議会で開催された第9回 ECFR シンポジウムにおいて，これらドイツでの学説の大きな流れが他の EU 加盟国の学者からも確認・支持される形で総括され[10]，SUP 指令案は，究極的には SPE 規則の導入を架橋するものとして肯定的に捉えられている(「SPE 復活論」。下の第4節参照)。他方，ドイツでは，とくに，バイエルン州，公証人，労働組合を中心に[11]，SUP 指令案提出直後から，反対論が展開されてきた[12]。2014年7月11日ドイツ連邦参議院(州政府代表で構成)の全会一致による反対決議(バイエルン州の発議による)等を経て[13]，2015年5月7日ドイツ連邦議会での反対決議へと至る[14]。ドイツが強硬に反対する理由は，おもに共同決定法の適用を維持したいからである[15]。2015年5月28日 EU 理事会決議をもって，SUP 指令案は EU 加盟国間において大筋で公式に初の交渉合意に達した[16]。ドイツはこれに反対票を投じた[17]。決議は多数決でなされた。

---

[7] SE-VO (VO (EG) Nr. 2157/2001 des Rates vom 8.10.2001 über das Statut der Europäischen Gesellschaft (SE), ABlEG v. 10.11.2001, L 294/1.

[8] ヨーロッパ会社(SE)の中規模企業による利用にも言及するものとして，Wiedemann/Wanzl, FuS 2011, 2. また，拙稿「ドイツにおけるヨーロッパ会社での一層制の選択肢――集中的経営モデルを中心に」藤田勝利先生古稀記念『グローバル化の中の会社法改正』352頁以下(法律文化社，2014年)，拙稿「ドイツにおけるヨーロッパ会社法でのコーポレート・ガバナンスの現状――一層制導入時の議論を中心に」関西商事法研究会創設40周年記念『会社法の潮流――理論と実務』322頁以下(新日本法規出版，2014年)参照。

[9] Hommelhoff/Teichmann, GmbHR 2014, 177 ; Teichmann, ZRP 2013, 169; Bayer/Schmidt, BB 2014, 1223 ; J. Schmidt, FAZ vom 19.2.2014 ; dieselbe, GmbHR 2014 R130.

[10] 典型として，Conac, ECFR 2015, 144. 本シンポジウムについては，ECFR 2015, Vol. 2, Nr. 2 に掲載。

[11] Hommelhoff/Teichmann, FAZ v. 10.6.2015.

[12] FAZ v. 28.5.2014, 18.

[13] BR-Drs. 165/1/14 ; FAZ v. 12.7.2014, 20.

[14] BT-Drs. 18/4843, 5.

[15] Kindler , ZHR 179 (2015), 330 ff.

[16] Dok. 8811/15, 1 f. 本 EU 理事会決議による修正案(Dok. 9050/15)における SUP 規制の概要につき，拙稿「ヨーロッパにおける一人会社(Societas Unius Personae, SUP)指令案の現状――EU 理事会決議を受けて」国際商事法務(公刊未定)参照。

[17] Müller, AG 2015, R172 ; dies., GmbHR 2015, R186 ; Böhm, EuZW 2015, 451.

その前身であるSPE規則は，共同決定法等を理由としたドイツによるEU理事会での拒否権発動によって，事実上の廃案（状態）に追い込まれていた。

もっとも2015年5月のEU理事会決議によって，たしかに現行草案におけるSUPの真のメリットは，オンライン設立登記（SUP指令案14条3項1文・考慮事項13）と「SUP」という商号に付されるヨーロッパ・ブランド（SUP指令7条3項1文）だけになってしまった[18]。またSUP指令の成立には，とくに難航が予測される欧州議会レベルでの調整がなお残されている。しかし，SUPは独立した構想ではなくSPE構想の一部として捉えられており，その立法スキームにはEU会社法統合の深化と加盟国固有の利益の衡量という視点から見過ごせない特異性がみられる。本稿は，SUP指令案を，特にその欧州委員会による提出に焦点を絞りつつ取り上げて[19]，EU会社法統合が直面する課題について検討する（以下では単に「SUP指令案」という場合には，2015年5月28日EU理事会決議による修正草案（Dok. 9050/15）を意味し，提出原案である2014年4月9日欧州委員会草案である場合には特にその旨を記載する）[20]。

第2節　多数決による導入とその代償

1　SPE規則案の廃案化

SPE規則案は，2008年6月25日欧州委員会によって提出された後，2009年3月10日欧州議会による修正提案がなされつつ[21]，EU理事会において加盟国間の交渉が重ねられてきた。そしてEU理事会では修正妥協案が，2008年12月11日フランス議長国（Dok. 17152/08），2009年4月27日チェコ議長国（Dok. 9065/09），2009年11月27日スウェーデン議長国（Dok. 16115/09 ADD 1），2011

---

[18]　Bayer/J. Schmidt, BB 2015, 1734. オンライン設立につき，拙稿・国際商事法務Ⅲ 3.（公刊未定）参照。また商号につき，国際商事法務Ⅲ 2.（公刊未定）参照。

[19]　SUPを巡って最大の争点とされた本拠地分離の現状と課題につき，拙稿「ドイツにおける本拠地分離の実体とEU一人有限会社（SUP）指令案——ヨーロッパ開業の自由の現状」法律時報87巻12号72頁以下（2015年）参照。

[20]　Christoph Teichmann教授（Würzburg大学）とJessica Schmidt教授（Bayreuth大学）からは本稿を執筆するにあたり有益なご助言を賜わった。心より感謝申し上げる。

[21]　Legislative Entschließung des Europäischen Parlaments v. 10.3.2009 zum Vorschlag für eine Verordnung des Rates über das Statut der Europäischen Privatgesellschaft, ABlEU v. 1.4.2010, C 87 E/300. 高橋英治＝新津和典「ヨーロッパ私会社規則の現状」国際商事法務38巻11号1482頁（2010年）参照。

年3月25日，5月16日，5月23日ハンガリー議長国（Dok. 8084/11; Dok. 9713/11; Dok. 10611/11=Dok. 11786/11）によってそれぞれ示され，学界においても随時議論されてきたが，最後の修正案である2011年5月23日ハンガリー第3妥協案は，同月30日にドイツとスウェーデンの拒否権発動により，また翌月の2011年6月27日の臨時会においてドイツの拒否権発動により[22]，それぞれ否決された[23]。その後EU理事会における加盟国間交渉は進まず今日に至る。

他方でSPE規則案の提出機関である欧州委員会は，加盟国間交渉の破綻を受けてSPEから離れていった[24]。いまだ2012年12月12日アクションプランにおいてはSPEをその行動計画として掲げていたものの，その具体的な計画を示すこともなかった[25]。すでに2011年4月5日，欧州委員会設置の国際専門家グループであるReflection Group on the Future of EU Company Law（2010年12月設置）が，後にSUPとして公式に法案提出がなされる「SMC（Single Member Company）」計画の発案を公表していた[26]。この提案を採用して欧州委員会は2013年6月6日から9月15日まで「資本会社の一人会社に関する公聴会（Konsultation zu Kapitalgesellschaften mit einem einzigen Gesellschafter）」を開催し[27]，2013年10月2日欧州委員会は，SPE規則案提出の取下げと新法案提出の検討を公示した[28]。そして2014年4月のSUP指令提案へと至る。ついにSUP指令案提出の翌月である2014年5月21日欧州委員会は，SPE規則案を公式に取り下げた[29]。

2 規則から指令へ

加盟国間の交渉が重ねられてきたSPE規則案を事実上の廃案（状態）に追い込んだのは，EU理事会におけるドイツとスウェーデンの拒否権発動であっ

---

[22] Hommelhoff/Teichmann, FAZ v. 28.6.2011, S. 23 ; Ulrich, GmbHR 2011, R241 f.
[23] Bayer/Schmidt, BB 2012, 3 ; Teichmann, ZRP 2013, 169.
[24] Hommlehoff/Teichmann, GmbHR 4 /2014, 177 ; Teichmann, ZRP 2013, 169.
[25] COM（2012）740, 15 f.
[26] Report of the Reflection Group on the Future of EU Company Law v. 5.4. 2011, S.66. Reflection Group発案のSMC案につき，Hommelhoff, AG 2013, 211 ff ; Teichmann, ZRP 2013, 171 f.
[27] http://ec.europa.eu/internal_market/consultations/2013/single-member-private-companies/index_de.htm
[28] COM（2013）685 final, S.10.
[29] ABlEU v. 21.5. 2014, C153/6.

た[30]。加盟国間の交渉は，上で整理したように2011年5月までは進捗しており[31]，SPE 規則案に妥協し得ない加盟国はこの2カ国だけであった。すなわち，当該 EU 立法提案の成立要件として求められるのが全会一致でさえなければ，仮に多数決であったとするのであれば成立し得るものであった。ここに欧州委員会は着目した。規則の場合，その成立には，AEUV 条約352条1項1文により，EU 理事会において加盟国の全会一致が求められるのに対して，指令の成立には，加盟国の多数決でも足る。すなわち，SUP 指令案がその権限の根拠を求める AEUV50条1項により，指令の成立は AEUV293条以下に定める通常立法手続（ordentlichen Gesetzgebungsverfahren）によってなされ，AEUV293条1項は，原則として全会一致を要件としているものの，例外として AEUV294条10項13項等を定め，AEUV294条10項13項は，特定の場合に特別多数決を要件とする[32]。したがって，指令の成立には，各加盟国に拒否権が留保されることはない。SUP 指令案は，理事会における特定加盟国の拒否権を排除するという，もっぱら立法技術的な理由から発案されたのである[33]。一人会社指令は，指令であることにも，また本節4において後述するように，一人会社であることにも，なんら実質的な理由はない。

3　新たな看板としての「開業自由の実現」（Verwirklichung der Niederlassungsfreiheit）

そして，規則とすることを放棄して指令を選択した結果，新たにその目的として特に掲げられるのが「開業の自由の制約の撤廃」（Aufhebung von Beschränkungen der Niederlassungsfreiheit）であり（SUP 指令案考慮事項8）[34]，「開業の自由」が SUP では突如としてことさらに強調される[35]。それは，SUP

30) Ulrich, GmbHR 2011, R241; Drygala, EuZW 2014, 493.
31) Hommelhoff/Teichmann, GmbHR 4/2014, S. 178; Ulrich, GmbHR 2011, R241 ff.
32) 特別多数決の要件は，2014年11月1日から AEUV238条2項，EUV（EU条約（TEU））16条4項による新規定（それ以前につき，EUV16条3項）が適用される。条文の処理につき，Hommelhoff, AG 2013, 211, 212; Hommelhoff/Teichmann, GmbHR 4/2014, 179; Teichmann, ZRP 2013, 171; Drygala, EuZW 2014, 493; Bayer/J. Schmidt, BB 2014, 1223, Anm. 72; J. Schmidt, GmbHR 2014, R130; dies., in: Lutter/Koch (Hrsg.), Societas Unius Personae (SUP), 2015, S. 6, Anm. 25.
33) Report of the Reflection Group on the Future of EU Company Law v. 5.4. 2011, S. 66; Hommelhoff, AG 2013, 211, 212; Hommelhoff/Teichmann, GmbHR 4/2014, S. 179.
34) Europäische Kommission, SUP-RL, S. 5.
35) Teichmann, NJW 2014, 3561 ff; ders., in: Lutter/Koch (Hrsg.), Societas Unius

指令が，その法的権限を AEUV 条約[36]50条に求めるからである[37]。本条項は，子会社等の設置に関する開業の自由の制約を漸進的に撤廃するために（AEUV 条約50条 2 項 f 号），指令を設ける権限を与えるものである（AEUV 条約50条 1 項）。すなわち，その要件として「開業の自由を実現」（Verwirklichung der Niederlassungsfreiheit）するための実際上の必要性が新たに求められる（AEUV 条約50条 1 項）[38]。すでに SPE で目的とされていた「中小企業の域内市場における開業と事業活動の容易化」[39]は，かかる「子会社の設置」（Errichtung von … Tochtergesellschaften）という「開業の自由の実現」に当てはまる（AEUV 条約50条 2 項 f 号）。そこで，SUP では，SPE での目的のうち，「特に中小企業の外国における会社設立の容易化」がとくに適示され，その目的として掲げられる（したがって，SUP 指令案の規制の対象もまた，設立が中心となる）[40]。つまり，SPE での必要性を，SUP では AEUV 条約50条で求められる必要性にあてはめて説明し直したわけである。それが「開業の自由」であった。欧州委員会の言う「開業の自由の実現」に関する理由付けは，大きくは，外国での子会社設立は中小企業にとってはコスト高であるという事実上の弊害を撤廃する必要があること，そして外国での「開業」には，（同じく同条項で保障された）他の選択肢である「支店の設置」ではなく子会社の設立による必要があることの二点である。

EU の GDP や民間雇用の半数以上を担うのは中小企業であるものの，中小企業はいまだそのほとんどが自国においてしか事業活動をしていない[41]。欧州委員会は，SPE および SUP の趣旨を，すでに2008年 SPE 提案当時から，特に中小企業等の EU における越境活動を促進させることが，EU の域内市場の利点を最大化するために不可欠であるという究極目的において位置づけてき

　　　Personae（SUP），2015，S.37 f. 同教授は，SUP の目的を，「越境開業の自由の容易化」であるとされ（Teichmann, NJW 2014, 3561），これを SUP のキーワードとされている。
36）　EU 機能条約（TFEU）。
37）　Europäische Kommission, SUP-RL, S. 5.
38）　Teichmann, NJW 2014, 3561 ff ; ders., in : Lutter/Koch (Hrsg.), Societas Unius Personae（SUP），2015, S.57 ff.
39）　KOM（2008）396, S.2.
40）　Europäische Kommission, SUP-RL, S.3 ; Teichmann, in : Lutter/Koch (Hrsg.), Societas Unius Personae（SUP），2015, S.57.
41）　Europäische Kommission, SUP-RL, S.2 ; begleitendes FAQMemo, MEMO/14/274, S.1 ; Conac, ECFR 2015, 140 f.

た[42]。特に SPE が SUP へと姿を変えて再提出された今日では，第 9 回 ECFR において，SUP 指令案を発案・推奨した2011年 Reflection Group（欧州委員会によって設置された国際的専門家研究グループである）のメンバーを務められ現在 Teichmann 教授らとともに欧州委員会の非公式会社法専門家グループ（Informal Company Law Expert Group）のメンバーを務められる Pierre-Henri Conac 教授（ルクセンブルク大学）によって，「SUP の導入は，特に南ヨーロッパでの経済低成長率や若年層の低失業率を打開するための解決策である」として特に強調されたように[43]，特に金融危機後の EU において EU 全体での経済成長と雇用拡大・確保は SPE 提案当時よりもはるかに緊急性が高まり，SUP によって期待される中小企業の EU 域内での国境をまたぐ事業活動の容易化は，今日の EU にとってまさに喫緊の課題であろう。そして，中小企業による他の加盟国への事業進出を妨げているのが，子会社設立のコストである。加盟国ごとに会社法が異なっているため，現地の会社法形態で子会社を設立し管理するにはコストがかかり，特に渉外関係を処理する法務部門をもたない中小企業には，大企業の場合に比して負担が大きい[44]。

他の加盟国において事業を行う場合，たしかに子会社を設立しなくとも当該加盟国に支店を設置するという選択肢もあるが[45]，しかし，現地の取引相手や消費者には外国の企業に対する信用がなく現地での取引的信用を得るため等の理由から，多くの場合には現地の会社法に基づく法形態で子会社が設立されており，子会社の設立の容易化を図ることこそが他の加盟国での事業展開の促進に必要である[46]。そして子会社の法形態として選択される典型が有限会社である[47]。なお，「支店の設置」（Gründung von …, Zweigniederlassungen）も，子会

---

[42] SPE につき，KOM（2008）396, S.2. 高橋＝新津・前掲注21）1485頁。SUP につき，Europäische Kommission, SUP-RL, S.2; begleitendes FAQMemo, MEMO/14/274, S. 1; Conac, ECFR 2015, 140.

[43] 2014年11月7日ドイツ連邦議会（ベルリン）で開催された第9回 ECFR シンポジウム「新一人会社」（The New Single Member Company）における Conac 教授発言。文献として，Conac, ECFR 2015, 175 f.

[44] Europäische Kommission, SUP-RL, S.2 ; Schunk, Redebeitrag, SPE Conference, 10. März 2008, Teichmann, in : Lutter/Koch (Hrsg.), Societas Unius Personae (SUP), 2015, S.57 f. http://ec.europa.eu/internal_market/company/docs/epc/presentations/schunk_de.pdf, Abruf: 3. 12. 2014. 高橋＝新津・前掲注21）参照。

[45] Teichmann, ZRP 2013, 169.

[46] Europäische Kommission, SUP-RL, S.2; Teichmann, in : Lutter/Koch (Hrsg.), Societas Unius Personae (SUP), 2015, S.58 ff.

[47] Teichmann, ZRP 2013, 170.

社の設立と同列に開業の自由として保障されているため（AEUV 条約49条），子会社の設立にのみ制約があり支店の設置には制約がない場合にも開業の自由の制約となるか否かが論点となるが，これら二つの選択肢は当事者が自由に選択し得るとの判例があることから，子会社の設立と支店の設置は個別に保証されているとの解釈が示されている[48]。

かかる欧州委員会の理由付けに対して学説では，十分に理由のあるものとして評価する見解がある一方で[49]，会社設立についてはすでに障害はなく AEUV 条約50条2項 f 号での会社の設立を内容とする開業の自由は理由とならないものの，同項各号は例示列挙であり，子会社に適用される法令が統一化されることで取引コストを節約し得る，国境を越えた取引の安全がさらに図られるという意味で同条1項における開業の自由の実現に該当する可能性は考えられるとして比較的に批判的な見解も有力である。ただし，後者の見解も，欧州司法裁判所が権限分配の判断については消極的であることから，欧州委員会の SUP 指令案提出権限が欧州司法裁判所によって否定されることはないとする[50]。

4 一人会社への限定化

しかし，規則ではなく指令を用いる場合，致命的な欠点がある。指令の場合には超国家的法形態を作出することができない。超国家的法形態を導入する権限は AEUV352条に求められることについて，AEUV114条に求める見解を否定する形で，今日では欧州司法裁判所の判例によっても確立している[51]。指令は，あくまでも各加盟国の国内法を調整（Angleichung）するに過ぎない。本来であれば有限会社法に関する規定のすべてについて調整をすることは困難であり，28カ国の国内法に多分に左右されることは明らかである。そこで，これを手当てするものとして期待されたのが，規整対象の一人会社への限定であった[52]。すなわち，社員が一人しか存在しない場合には，少数派社員保護など社

---

[48] Teichmann, in : Lutter/Koch（Hrsg.）, Societas Unius Personae (SUP), 2015, S.59.
[49] Teichmann, in : Lutter/Koch（Hrsg.）, Societas Unius Personae (SUP), 2015, S.62.
[50] Drygala, EuZW 2014, 493.
[51] EuGH, Urt. v. 2.5. 2006, Rs. C-436/03, Slg. 2006, I-3733。ヨーロッパ協同組合（SCE）を巡る本判決(欧州議会 VS 理事会)の背景につき，Teichmann, in : Lutter/Koch（Hrsg.）, Societas Unius Personae (SUP), 2015, S. 56, Anm. 85.
[52] Report of the Reflection Group on the Future of EU Company Law v. 5.4. 2011, S. 66; Europäische Kommission, begleitendes FAQMemo, MEMO/14/274, S.2 ; Teichmann, ZRP 2013, 171 ; Hommlehoff/Teichmann, GmbHR 4/2014, 186.

員間の利益調整規定を設ける必要がないために加盟国間での争点が比較的少なく法制化しやすい。また，EUに存する有限会社の40パーセントを一人会社が占めていることにも，欧州委員会は着目した。

5 内国会社法形態としてのヨーロッパ会社法形態

そして，多数決主義によって導入し得ることの代償として，SUPは，超国家的法形態（supranationale Rechtsform）とはなり得ず[53]，あくまでも各加盟国における内国会社法形態（たとえば，ドイツの有限会社であるGmbH）の一亜種として設けられざるを得ない（SUP指令案7条2項）。SUPの法源は，その登記が置かれる各加盟国の国内法であり，すなわち，SUP指令を国内法化した各加盟国の法令が（SUP指令案7条4項1文a号），またSUP指令が定めていない事項については各加盟国の有限会社法が（SUP指令案7条4項1文b号）それぞれ適用される。すなわち，SUPの正体は，各加盟国での国内法に基づく有限会社のうちの一類型について，その国内法規定の設立や運営といった主要部分をEU全加盟国間で共通化させて，EU基準に則る内国法形態である一人有限会社に今日ヨーロッパにおいて広く馴染みのあるラテン語のEU共通の呼称・略称「SUP（Societas Unius Personae）」という王冠をかぶせた，あるいは「EUラベルないし品質保証」（EU-Gütesiegel）を付したものである[54]。したがって，たしかにSUPは統一的法形態ではなく加盟国の数だけ28種類の異なるSUP法が存在することになるが[55]，しかし，欧州委員会もその発案時に着目したように，その規整対象がそもそも一人会社に限定され，少数派社員保護規定が不要であり，また設立や資本充実・維持に関する規定はEUレベルで調整されるため，ヨーロッパ会社（SE）の場合ほどその不統一性は問題にならないとも言われていた[56]。

SUPは，これまで導入されてきたヨーロッパ（株式）会社（Societas Europaea, SE），ヨーロッパ協同組合（Societas Cooperativa Europaea, SCE）等といったヨーロッパ会社法形態とは，超国家性をもたない，加盟国の国内法から独立した法形態ではないという点において決定的に異なる。超国家的法形態の場合

---

53) Europäische Kommission, SUP-RL, S. 6.
54) J. Schmidt, GmbHR 2014, R129.
55) Habersack, FAZ v. 28.5.2014, 18.
56) Drygala, EuZW 2014, 491.

のような各加盟国の国内法から自律する EU レベルでの規則がいっさい適用されることなく，SUP は常に加盟国の国内法に準拠する。その国内法が，各加盟国がそれを国内法化する義務を負うべき EU からの指令によって「調整」されるのである。もっとも，真正な超国家的法形態であるはずのヨーロッパ会社（SE）も，各加盟国の国内法（ヨーロッパ会社に関する法律および内国株式会社に関する法律）の適用を大幅に認めるため，ドイツ版 SE，フランス版 SE といったように実際には完全に統一的な法形態ではない[57]。

ただし，SUP は超国家的法形態に近接するように工夫がなされている。SUP を導入するに際して，その従来型の一人有限会社法形態を廃止して当該加盟国での一人有限会社法形態の全部を SUP だけに一本化するか，または，従来型のその加盟国独自の法形態としての一人有限会社法形態をも併存させて SUP との選択制とするのか，このいずれかを各加盟国は選択することが認められる（SUP 指令案 6 条 1 項 2 文・考慮事項10）[58]。従来型である加盟国に固有の一人有限会社法形態を存続させる余地を認めることで，内国法形態の一種として設けられる SUP も超国家的法形態の場合と同様のメリットを享受し得る。たとえば，ヨーロッパ会社が導入されても，ドイツの Aktiengesellschaft（AG）やフランスの société anonyme（SA）などといった各加盟国独自の株式会社法形態も存続している。超国家的法形態の導入による会社法の「統一」（Vereinheitlichung）を図る規則の場合には，国内法や内国会社法形態には一切タッチせずに[59]，これとは別個独立の自律的な法形態を並走させるのに対して，指令によって図られる会社法の「調整」（Angleichung）は，各加盟国の国内法にまさに直接的に介入する[60]。かかる選択権を加盟国に与えたことで，指令による会社法統合が本来であれば帯びるはずである国内法への介入的性格が緩和される。

---

[57] 高橋英治＝新津和典「ヨーロッパ会社（SE）法制の現状と課題（上）」商事法務1958号 5 頁（2012年）。
[58] なお，ドイツでは，特に企業家会社「UG」（ドイツ有限会社法 5 a 条 1 項）の一人会社を廃止することは考えにくいことから，SUP とドイツ有限会社 GmbH の一人会社との併存が選択されるであろうと見られている（Drygala, EuZW 2014, 496）。
[59] EuGH, Urt. v. 2. 5. 2006, Rs. C-436/03, Slg. 2006, I-3754, I-3768 ; Teichmann, in : Lutter/Koch (Hrsg.), Societas Unius Personae (SUP), 2015, S. 56.
[60] Hommelhoff/Teichmann, GmbHR 4 /2014, S. 186 ; Teichmann, in : Lutter/Koch (Hrsg.), Societas Unius Personae (SUP), 2015, S. 57.

第3節　SUPへと承継された争点

　SPE 規則案を巡る加盟国間交渉で問題とされたのは，越境要件の不設置，および，本拠地の分離によって，特定加盟国での規制が，すなわち，ドイツ等での最低資本金規制と共同決定規制が潜脱される危険であった[61]。欧州委員会は SUP 指令案において，これら問題とされた諸規定を，加盟国間交渉での修正提案をすべて白紙化し SPE 規則案提出時草案どおりに提案した。

1　越境要件

　SUP 指令案では，その提出原案時から，設立に際してその事業が複数加盟国に及ぶこと等を求める，いわゆる越境要件ないし複数加盟国要件（grenzübergreifende Anforderung / Mehrstaatlichkeit）は設けられない。すなわち，その事業も資本関係もまったく他の加盟国と関係しない純粋にドメスティックな会社であっても SUP を利用することができ，SUP 規制よりも厳格な有限会社法をもつ加盟国ではその自国の従来型の一人会社法形態が脅かされる。かかる欧州委員会の政策は，2015年5月28日の EU 理事会決議においても変更されることなく維持されている。ヨーロッパ私会社（SPE）では，欧州委員会による提出時草案において越境要件が設けられていなかったところ[62]，2009年欧州議会の修正提案において，さっそく越境要件が課されていた[63]。

2　本拠地の分離

　SUP 指令欧州委員会提出草案では，定款上の本拠地（satzungsmäßiger Sitz）と主たる経営管理地（Hauptverwaltung）等の分離が，明示的に許容されていた（SUP 指令欧州委員会草案10条参照）。SPE 規則案でも，登記上の本拠地（eingetragener Sitz）と主たる経営地等の分離が明示的に認められていた（SPE 規則欧州委員会草案7条）[64]。本拠地の分離を明示的に許容することは，SUP にお

---

61)　Bayer/Schmidt, BB 2012, 3 f.; Teichmann, ZRP 2013, 171.
62)　KOM (2008), S.3.
63)　高橋＝新津・前掲注21）1483頁。なお，ヨーロッパ会社（SE）では越境要件が原則として課されている。ただし例外として SE 規則3条2項。高橋＝新津・前掲注57）商事法務1958号5頁9頁。
64)　高橋＝新津・前掲注21）1485頁。

いては本拠地の分離の許容をすべての加盟国に一律に義務づけることを意味する。

　もっとも，現行SUP指令案では，EU理事会決議によって，意識的に規定を設けないこととされため（SUP指令欧州委員会草案10条・考慮事項12参照）[65]，現状ヨーロッパでの取り扱いと同じく[66]，その登記の置かれる加盟国の国内法によって処理されることにある[67]。たとえば，ドイツを登記国とするSUPは，ドイツ法にかかる分離を許容する規定が存在することから（ドイツ有限会社法4a条），他のEU加盟国に主たる経営地等を置くことができ，この場合ドイツ法だけが適用される（SUP指令案7条4項）。本拠地分離の規制を巡っては，特に共同決定の潜脱と密接に関連するものとして，なお議論は続いている。欧州議会での行方が注視されている[68]。

3　最低資本金規制

　最低資本金は，1ユーロ（非ユーロ圏では，各通貨の最小単位）とされる（SUP指令案16条1項）。これも，SPE規則提案時から一貫して欧州委員会が維持するものである（SPE規則欧州委員会草案19条4項）。そして，SUP指令欧州委員会草案では，法定準備金積立て義務を加盟国が追加的に規制することが明示的に禁止されていた（SUP指令欧州委員会草案16条4項1文）。このため，ドイツでは，欧州委員会草案提出直後から，SUPの最低資本金規制のレベルがドイツでのUGよりも低いこともまた，SUP批判の理由の一つとして持ち出されていたところであった[69]。

　もっとも，EU理事会決議によって，UGモデルの積立て義務制度を設ける選択権が加盟国に与えられたことから（SUP指令案16条4項1文），現行SUP草案では，ドイツにおける最低資本金規制潜脱の危険は解消されている。

4　共同決定規制

　共同決定については，SUP指令案は各加盟国の国内法規定に介入しないため（SUP指令案7条4項2文），その登記の置かれる加盟国の有限会社に関する

---

65) Dok. 8811/15, 5.
66) Dok. 8811/15, 5.
67) Müller, AG 2015, R172 ; dies., GmbHR 2015, R186; Bayer/J. Schmidt, BB 2015, 1734.
68) Bayer/J. Schmidt, BB 2015, 1734.
69) Habersack, FAZ v. 28.5.2014, 18.

国内法が適用される（SUP指令案7条4項1文b号）。これも，欧州委員会が一貫して維持する政策である。したがって，その登記がドイツ以外の加盟国に置かれる場合には，SUPにドイツの共同決定規制が及ぶことはない。後者の場合にもドイツの各共同決定法を適用させるには，本拠地分離を明示的に禁止する条項を特に設けるほかない[70]。このため2015年5月28日ドイツ連邦議会決議は，EU理事会に先立って，かかる条項が設けられない限りドイツ代表（政府）はSUP指令案に反対すべしとしていた[71]。

かかるSUPを用いた共同決定の潜脱可能性はあらゆる者に対して開かれる。すなわち，SUPは，自然人であっても設立し得るため（SUP指令案8条）個人企業でも用いることができ，また設立に際して越境要件が設けられていないためその事業がもっぱら国内でのみ行われる会社であっても利用することができる。さらには，資本金に下限だけでなく上限も設けることができないため（SUP指令案16条3項）会社の規模にかかわりなく大企業であってもその法形態として選択することができる。

第4節　SPE復活（？）とEUレベルでの法欠缺

1　SPE復活論

SUP指令案で示された異例の立法スキームは，多数決を用いることによって単にSUPの導入を図るにとどまるものではない。この指令はむしろ本来の目的であるSPE規則を導入する架橋としての機能するものとして位置づけられてきた。そしてまた，この限りにおいてのみSUP指令案は評価されるに過ぎない。もはや，現行法上，規則を導入するための要件として問題となるのは，加盟国の全会一致だけではない。ドイツ代表（政府）が，かかるEU理事会において賛成票を投じるためには，ドイツ2009年統合責任法（IntVG）[72]により，ドイツ連邦議会による授権が（IntVG 8条），場合によってはドイツ連邦参議

---

70) Hommelhoff/Teichmann, FAZ v. 10.6.2015.
71) BT-Drs. 18/4843, 5 ; Müller, AG 2015, R172 ; dies., GmbHR 2015, R186.
72) Gesetz über die Wahrnehmung der Integrationsverantwortung des Bundestages und des Bundesrates in Angelegenheiten der Europäischen Union (Integrationsverantwortungsgesetz - IntVG) v. 22. 9. 2009, BGBl. I S. 3022.

院(州政府代表で構成)による授権が(IntVG 13条)必要である[73]。いまやヨーロッパにおける規則の導入要件は，指令と比較せずとも明らかに厳格であり，さらなる超国家的法形態の導入はもはや容易ではない。

　SPE にドイツが合意し得ないのは，ドイツの有限会社法と他の加盟国の有限会社法との隔たりが大きすぎるからである。ところが，SUP 指令が施行されることによって，ドイツ有限会社法は，SUP 指令が国内法化される部分だけでなく，事実上，その全体が改正・ヨーロッパ化へと導かれざるを得ない[74]。それは，仮にドイツが，SUP と従来型の一人有限会社（一人企業者会社 UG を含む）とを並走させる選択肢を採用した場合であっても（SUP 指令案 6 条 1 項 2 文），これら 2 種類の一人会社法形態を維持し続けることは事実上困難だからである[75]。そして，いったん一人有限会社についての国内法それ自体のヨーロッパ化が既成事実化されてしまえば，理論的にこれに対して反対し得ないため，この SUP 指令を端緒として各国内法レベルでヨーロッパ化された一人会社を，そのまま規則の様式で，すなわち超国家的法形態として導入することが可能となる[76]。ここに「一人会社版 SPE（Einpersonen-SPE）」が誕生する。一人 SPE はその社員が一人に限定されるという性格から主に法人向けとならざるを得ないが，これが既成事実化すれば，さらに次のステップとして，ついに自然人向けも含めた（一人会社ではない）通常の SPE の実現も視野に入り得る[77]。このような「SPE 復活（Wiederbelebung）論」[78]が，SMC 案公表後から SUP 指令案提出を経て最近まで，とくにドイツを中心とするヨーロッパでの学説の大きな流れを牽引し，学界でのその趨勢を占めてきた。

2　EU 法レベルでの法欠缺

　指令という形式を用いつつも（露骨に言えば）実質的に超国家的法形態の導入を図るという新たな立法スキームは，現行 EU 法上，超国家的法形態を創設する権限を定めた明示的な規定が存在しないという法欠缺への対応であると言

---

73)　Teichmann, ZRP 2013, 171 ; Hommelhoff/Teichmann, GmbHR 4 /2014, S. 178.
74)　J. Schmidt, FAZ vom 19.2.2014 ; Hommelhoff/Teichmann, GmbHR 2014, 186 ; Teichmann, NJW 2014, 3561 J.Schmidt, GmbHR 2014, R130.
75)　Hommelhoff/Teichmann, GmbHR 2014, 186 ; J.Schmidt, GmbHR 2014, R130.
76)　Hommelhoff/Teichmann, GmbHR 2014, 186 ; Teichmann, ZRP 2013, 172.
77)　Hommelhoff/Teichmann, GmbHR 2014, 186.
78)　Hommelhoff/Teichmann, GmbHR 2014, 177 ff.

える[79]。明示的な規定である AEUV 条約50条が付与する権限は，会社法の調整にすぎず，会社法統合には不十分である。

また，かかる明示的規定が存在しないがゆえに，超国家的法形態導入権限の根拠として求めざるを得ないのが，たんなる一般的補充規定にすぎない AEUV 条約352条であった[80]。その結果，国内法に対してより非介入的で，より緩やかな「統一」を図る規則が，国内法に直接的に介入し，より強力である「調整」を図る指令よりも（上記第2節5参照），その成立要件が現行法上は厳格となるという矛盾が生じる[81]。

3 SPE のゆくえ

もっとも，2014年欧州委員会原案は，2015年5月28日 EU 理事会決議によって，その大きな柱の一つであった本拠地分離の明示的許容条項が削除されるなどの規制緩和の縮小を始めとして，その期待は大きく損なわれた[82]。ただし，これもすでにその計画の当初から織込み済みであったのかもしれない[83]。いずれにしても，SUP 指令案には，少なくとも，有限会社法についてはいまだにヨーロッパレベルでの統合が進んでいないという現状を指摘し[84]，かかる統合の必要性はとくに EU 条約に掲げられた「開業の自由」を根拠とすることを摘示・強調するという意義が認められる[85]。SUP に期待された，SPE の加盟国間交渉が再開されるための刺激としてのその機能には，疑いはなかろう。

そして，真正な超国家的法形態である SPE への積極的な動きが，ブリュッ

---

79) Teichmann, ZRP 2013, 171.
80) Teichmann, ZRP 2013, 170.
81) Hommelhoff/Teichmann, GmbHR 4/2014, 186; Teichmann, ZRP 2013, 171; ders., in: Lutter/Koch（Hrsg.）, Societas Unius Personae（SUP）, 2015, S. 56 f.
82) Bayer/Schmidt, BB 2015, 1734. 2015年5月28日 EU 理事会決議修正後の SUP 指令案につき，拙稿「ヨーロッパにおける一人会社（Societas Unius Personae, SUP）指令案の現状――EU 理事会決議を受けて」国際商事法務（公刊未定）参照。とくに指図権条項（SUP 指令欧州委員会草案23条参照）の削除に象徴されるように，もはや SUP はとくに企業グループの傘下企業としての適性が損なわれた（Hommelhoff/Teichmann, FAZ v. 10.6.2015; Bayer/J. Schmidt, BB 2015, 1734）。SUP 復活論・積極論からは SUP が中小企業を中心とした企業グループの傘下企業（Konzernbaustein）に適した法形態として法整備がなされるべきことが，常に議論されてきた（拙稿・前掲国際商事法務（公刊未定）Ⅲ6「機関」参照）。
83) J.Schmidt, GmbHR 2014, R130.
84) Teichmann, ZRP 2013, 169
85) Teichmann, NJW 2014, 3561 ff, 3565.

セルでの動きとは裏腹に[86]、SPE を廃案に追い込んだドイツの政界にみられる。すでにドイツ政府は、2013年末、その連立合意（Koalitionsvertrag）において、SPE 交渉の再開を明記していた[87]。そして、今年5月7日ドイツ連邦議会が（SUP 指令案への原則的反対とともに）政府に要請したのが、SPE の法整備に改めて着手することであった[88]。

第5節　まとめに代えて

　SUP 指令案で示された異例の立法スキームとは、多数決原理をテコとして用いた、超国家的法形態そのものの導入スキームであるというべきである。控えめに言うとしても、SUP 指令案が目指したのは、指令による超国家的法形態に似せてつくられたヨーロッパ統一的法形態の導入であった。もっとも、実際には、加盟国間交渉の過程でその規定の多くを各国内法に委ねたため、現行草案である EU 理事会草案は真正な超国家的法形態からますます乖離した。さらに、SUP 指令案の今後の立法審議として、欧州議会本会議も予定されている[89]。SUP 指令の成否は別段[90]、欧州委員会提出の SUP 指令案において示された、EU 法の欠缺という問題は、EU 会社法統合が深化する上での大きな課題として残される。かかる課題は、EU 会社法統合と各加盟国固有の法益との衡量という視点から検討されよう。

＜付記＞　本稿は、アレクサンダー・フォン・フンボルト財団（Alexander von Humboldt-Stiftung）よる研究奨励費の助成を受けて実施されているドイツにおける在外研究（2014年から2カ年）の成果の一部である。

---

[86]　Teichmann, ZRP 2013, 169 ff ; Hommlehoff/Teichmann, GmbHR 4 /2014, 178.
[87]　Koalitionsvertrag zwischen CDU, CSU und SPD, S.19（https://www.cdu.de/sites/default/files/media/dokumente/koalitionsvertrag.pdf）.
[88]　BT-Drs. 18/4843, 5 ; Bayer/J. Schmidt, BB 2015, 1735.
[89]　Böhm, EuZW 2015, 451 ; Müller, AG 2015, R173 ; dies., GmbHR 2015, R186 ; Bayer/J. Schmidt, BB 2015, 1734.
[90]　Hommelhoff/Teichmann, FAZ v. 10.6.2015 ; Bayer/J. Schmidt, BB 2015, 1734, 1742.

第2章　株式・社債

いわゆる法律・定款を遵守した経営を求める株主の権利について

伊藤　雄司

第1節　はじめに

　株主は，「法律・定款を遵守した経営を求める権利」を会社に対して有しており，法律上明文の規定がなくとも，株主はこれに基づいて会社に対し一定の行為を差し控えること（または行うこと）を求めることができる——これは，ドイツにおいても我が国においても大きな影響力を持った議論であり，その主な論拠は，ドイツ株式法第2改正以前のドイツにおける判例に求められている。「法律・定款を遵守した経営を求める権利」という考え方は，株主が実定法上の規定以前の問題として，会社経営に対してどのような権利を有しているかという視点に立つものであり，このような考え方は，実定法上の諸制度を運用する上でも，また，実定法の欠缺がある場合にこれを適切に補充する上でも，その理論的基礎を提供しうるものである。問題は，どこまで説得力をもってそのような権利の存在を論証できるかである。本稿では，その手がかりとして，とりわけ株式法第2改正以前のドイツにおいて，そのような権利が一般に認められていたかについて検討することとしたい。

第2節　学説の現状

　準備作業として，簡単に学説の現状を整理しておきたい。

1 ドイツにおける学説

　ドイツにおいて上述の議論の端緒となったのは，1975年の Keuk-Knobbe の論考であった。Keuk-Knobbe は，株主総会決議取消権（1965年ドイツ株式法243条参照）が，「法律・定款を遵守した会社の活動を求める」という株主の一般的権利に基づくものであるとし[1]，したがって，株主は違法な株主総会決議の取消しを求めることができるだけではなく，取締役による違法な業務執行措置について差止請求をすること，また，業務執行措置がすでに実行されている場合については，可能である限り，原状回復を求めることができることを論じている[2]。その中心的な根拠は，総会決議取消訴権を法定した1884年の株式法第２改正以前には学説及び裁判例においてこのような株主の一般的権利が認められていたこと，この一般的権利は，株式法第２改正以降も意義が失われていないと考えるべきであること，にあった。Keuk-Knobbe は次のように述べる。

　「会社が定款と法律の規定を遵守するということについてのこの［ライヒ上級商事裁判所が述べる］権利は異論なく認められており，また，株主がこの権利の実現のために訴権を有することも異論がなかった。この訴権は，——法律・定款に違反する総会決議に対するものである場合には——取消権（Anfechtungsrecht）と呼ばれていた。」[3]

　「法律・定款違反の総会決議に対する取消権 ——1884年株式法改正によってドイツ普通商法典で後に採用されることになる——は，法律・定款を遵守した会社の活動を求める株主の一般的基本権の一発現形態に過ぎなかった。ライヒ上級商事裁判所は取締役と監査役の法律・定款違反の措置に対する訴権をも株主に自明のこととして認めていたのである。」[4]

　Keuk-Knobbe の議論が念頭に置いていたのは，定款変更の株主総会決議を経ずに会社が定款の目的外の事業を行うという，事実上の定款変更の事例であり，このような場合に株主が差止めなどを求めることができるとすることは結

---

1) Keuk-Knobbe, Brigitte, Das Klagerecht des Gesellschafters einer Kapitalgesellschsaft wegen gesetz- und satzungswidriger Maßnahmen der Geschäftsführung, S. 248, in: FS Ballerstedt（1975）.
2) Keuk-Knobbe, aaO（Fn. 1），S.253.
3) Keuk-Knobbe, aaO（Fn. 1），S. 248.
4) Keuk-Knobbe, aaO（Fn. 1），S.248f. 直後に，1877年のライヒ上級商事裁判所判決（後掲⑥判決）が紹介されている。

論として説得力があるものであったと思われる。1982年のいわゆるHolzmüller判決[5]においてドイツ連邦通常裁判所は，取締役の違法な行為について一定の場合には株主が自己の権利に基づいてその差止めをなし得ることを認めたが，これは，間接的にはKeuk-Knobbeの論考に影響を受けたものと考えてよいであろう。もっとも，Holzmüller判決はKeuk-Knobbeのいう「法律・定款を遵守した会社の活動を求める権利」に依拠したものでなく，「会社が社員権を尊重し，法律と定款が認める範囲を超えてこれを侵害する全ての行為を行わないよう求める団体法上の請求権」[6]を根拠としていた。同判決においては，本来株主総会の決議が必要な行為であるにもかかわらず，株主総会決議を得ずに業務執行を行うような場合には，この請求権の侵害があるとされたのである[7]。その後学説は，Holzmüller判決の射程がどこまで及ぶかに関心が移っていく一方で，Keuk-Knobbeが提唱した株主の一般的権利については否定的に解する見解が通説となった[8]。たとえば，Zöllnerは，次のように述べている。

「経営機関を法律と定款の拘束の下におくことに一般的に対応する個々の株主の主観的権利は存在しない。株主がそのような法的地位に立つのは，株主自身の機関である株主総会に関してのみであり，その決議については法律や定款に違反するときには瑕疵あるものとなる。それ以外では，株主は限定された要件の下で構成された個別の請求権を有するに過ぎない。このような法的地位を法律・定款を遵守した会社の活動を求める権利として描写することは概念上大きな誤解を招くものである」[9]

2 わが国の議論

わが国においてはどうであろうか。「法律・定款を遵守した経営を求める権利」という考え方をわが国に紹介したのは岩原教授である。岩原教授は，Keuk-Knobbeの見解に示唆を得ながら[10]，ドイツにおける株式法第2改正に至るま

---

5) BGH Urt.v.25.2.1982, BGHZ 83, 122.
6) BGHZ 83, 122, 133.
7) 具体的に問題となったのは，会社の重要な事業を完全子会社に移転したというものであり，株主権の縮減が問題となりうる事案であった。
8) Baums, Theodor, „Die Beseitigungs- und Unterlassungsklage (Abwehrklage)", Gutachten F für den 63. Deutschen Juristentages 2000, S. F202 mwN.
9) Zöllner, Wolfgang, „Die sogenannten Gesellschafterklagen im Kapitalgesellschaft", ZHR 1988, 392, 422.
10) 岩原紳作「株主総会決議を争う訴訟の構造（9・完）」法学協会雑誌97巻8号1054頁

での判例・学説を丹念に検討し、「株主の法律・定款の遵守を求める権利に基づいて幅広い救済を認める」判例があること[11]、そのような権利に依拠して株主に認められる救済としては、株主総会決議に限られず、監査役会・取締役会の決議などにも及んでいること[12]などを指摘している。そして、現在の株主総会決議取消訴訟などの制度は、株式法第2改正に至る議論において、「判例が持っていた豊かな救済の可能性が狭い枠の中に押し込められてしまった」[13]結果に過ぎないとする。このようにして、岩原教授は、わが国の解釈論としても、「会社の法令・定款違反の行為に対する株主等会社関係者の救済手段を……幅広く認めていく必要がある」と論じたのである[14]。

　岩原教授のこのような議論は、実定法の規定を所与の前提として解釈論を組み立てることを重視するわが国の学説の傾向に反省を迫るものであり、大きなインパクトを与えたものであったと思われる。その影響は、今日にまで及んでおり、比較的最近でも、たとえば、不公正な合併比率による合併につき、「法律・定款を遵守した経営を求める権利」を根拠に株主に差止めを認める見解が有力に主張されるなどしている[15]。もっとも、岩原教授の議論はわが国の会社法学の共通財産となっているとはいえるものの、通説としての地位を占めているとはいえないであろう。それは、そのような射程の広い議論はさまざまな解釈論上の問題を解決するためには便利ではあるけれども、他方で、説得力が減じられることが否定できないことによるのではないかと思われる。

第3節　株式法第2改正前の議論と株式法第2改正

1　学　説

(1)　違法な株主総会決議の効力について、株主が決議取消訴訟という特別の訴えによってこれを攻撃するという制度は、株式法第2改正によってドイツ普

(1980年) 参照。
11)　岩原紳作「株主総会決議を争う訴訟の構造(7)」法学協会雑誌97巻3号397頁 (1980年)。
12)　岩原・前掲注11) 399頁。
13)　岩原・前掲注11) 407頁。
14)　岩原・前掲注10) 1058頁。
15)　弥永真生「著しく不当な合併条件と差止め・損害賠償請求」江頭憲治郎先生還暦記念『企業法の理論 (上巻)』633頁 (商事法務, 2007年)。

通商法典上はじめて明文化されたものである[16]。第2改正以前においては，株主総会決議の効力は一般の確認の訴えによってそれ自体が争われるほか，株主総会決議から派生する種々の法律関係の確認や配当請求などの前提として争われることも多かった。岩原教授が指摘するように，現在取消しの意味で用いられている anfechten の語は，当時は総会決議の効力を争う行為全般を指していたものと考えられる[17]。また，どのような場合に株主総会決議の効力を争うことができるかも，解釈に委ねられていた。問題は，どのような場合にどのような根拠で株主総会決議の効力を争うことができるかであろう。この点については当初より，株主総会が多数決原理によって決議を行う機関であることを前提に，多数派の株主の意思に少数派の株主が従属することの根拠とその限界を問う形で議論が展開された。ここでは例証として，Pöhls 及び Jolly の議論を紹介する。

(2) Pöhls の見解

Pöhls は，個々の株主が会社という団体に社員として加入するのは，当初意図され，定められた方法によって，また，会社に課せられたルールに従って会社目的が達成されることを前提とするとして，次のようにいう。

「……［株主総会における多数決（Stimmenmehrheit）による決議の］原則は，会社の当初の目的や基本定款（Verfassung）と矛盾することを決議することはできないという極めて重要な制限の下にある」[18]

そして，Pöhls は，会社の本質を失わせるような決議や，株主の会社上の権利を侵害したり，株主に新たな義務を課したりする決議は多数決ではなしえないとし，たとえば，次のような決議は多数決でなしえないことは疑いがないとする[19]。①総会決議によれば設立時の目的と全く異なる目的の下に会社が置かれることになる場合，②必要でないにもかかわらずなされる会社の解散，③当初の存続期間を超える会社の存続，④新株発行による会社資金の増加。

---

16) 各ラントの会社法では特別の手続を設けているものもあったようである。Vgl., Renaud, Achilles, Das Recht der Actiengesellschaften, S. 466 (1863).
17) 岩原・前掲注11) 400頁以下参照。なお，以下におけるドイツ語文献の訳出にあたっては anfechten を機械的に取消しと訳することにする。
18) Pöhls, Meno, Das Recht der Actiengesellschaften, S. 198 (1847).
19) Pöhls, aaO (Fn. 18), S.200.

それでは，このような全会一致でなされなければならない事項につき多数決による決議がなされた場合には，どのように処理されることになるのか。この点につき，Pöhls は次のように述べる。

「上記のような場合において多数決で行われた決議は存在しないものとみなされなければならない。したがって，意見を異にする者は，会社の事業が従来と同様の方法で継続されることを要求する権限を有する。……たしかに，この場合に，一人の株主が事業全体を妨害することは回避されなければならないとの考慮が重視されてきたようである。しかし，常に一人の株主の異議が問題となっているわけではなく少数派の異議が問題となっていることもあることや，少数派やそれどころか一人の反対株主の異議に十分な根拠がある可能性があるということを措くとしても，そのような決議は，常に，権利に対する侵害であり，一人の株主に対してであっても行ってはならないものである。」[20]

(3) Jolly の見解

Jolly は，株主の権利義務は形式的には会社に対するものであるが実質的には株主が相互に与えまた負うものであると考えていた[21]。したがって，Jolly は，株主の権利と義務を変更する決議については全会一致（Stimmeneinhelligkeit）によることが必要であるとする[22]。もっとも，株主の権利義務の行使に関する決定については多数決によって行うことが許されるとする。Jolly は，株主は会社への加入に際して，個別権（Einzelrecht）を自己の意思によって行使することを黙示的に放棄していると考えられるということにその理由を求めている[23]。Jolly の議論は，株主の権利に関する Jolly の上述の理解を当時の実務と整合させるよう調整を図ったものではないかと推測されるが[24]，いずれにしても，Jolly は，上記の原則によって全会一致による決定が必要であるか多数決

---

20) Pöhls, aaO（Fn. 18），S.203.
21) Jolly は，株式会社の法的性質について，これを実質的には組合（Sozietät）であり，形式的には法人（uiversitas）であると考えていた。Jolly, Jurius, Das Recht der Actiengesellschaften, Zeitschrift für deutsches Recht und deutsche Recheswissenschaft, Bd.11, S. 318ff., insb. S. 321ff.（1847）．伊藤雄司「会社財産に生じた損害と株主の損害賠償請求権(1)」法学協会雑誌123巻9号1769頁（2006年）参照。
22) Jolly, aaO（Fn. 21），S.401.
23) Jolly, aaO（Fn. 21），S.402.
24) Jolly は当該箇所において多くの会社の定款を引用している。

による決定で足りるかを判断することは多くの場合容易である[25]と論じる。具体的には，たとえば，次のような場合については全会一致が必要であるという。すなわち，剰余金の一定割合を配当とする旨の定款規定がある場合における当該定款規定の変更，会社の目的の変更，自発的な解散，事前に定められた会社の存続期間の延長，発行済株式の増加・減少による会社資本の増減，事業拡張のための借入などである[26]。Jollyは，これらについての決定を多数決で行った場合，その総会決議は無効となると考えていたと思われる[27]。

(4) ドイツ普通商法典（1861年）以降

以上に紹介した議論は，株主が総会の多数決による決定に拘束されるのは，会社契約上株主がそのような決定に拘束されることを事前に承諾していたといえる事項に限られるのであって，そのような承諾の及ばない事項についてなされた多数決による総会決議は無効であるというものであったと要約することができると思われる。すなわち，株主総会決議の有効性の問題は，PöhlsやJollyの見解においては，会社契約に基づく株主の権利と表裏をなすものであった。そしてこのような理解は，1861年のドイツ普通商法典施行後においても基本的に変化がなかった。たとえば，Thölは1879年の著書において次のように述べている。

「株主が他の株主の意思に従属すること……については無制限というわけではない。これには，定款による限界，法律による限界，及び，黙示的であったとしても明確な各株主の意思による限界がある。この限界は別の言葉で表現するならば個別権（Einzelrecht）である」[28]

ドイツ普通商法典の条文との関係では，この問題は，「株主が会社事項……において有する権利は，株主の総体により総会において行使される」という224条の解釈として論じられた。この条文によれば，株主は自己の権利を必ず総会において行使しなければならない（したがって，株主の権利行使は多数決に

---

[25] Jolly, aaO (Fn. 21), S.403.
[26] Jolly, aaO (Fn. 21), S.404f.
[27] 株主の権利の行使につき定款違反の方法で行った決議が無効であることについて，Jolly, aaO, S.423f. 全会一致によらないでなされた株主の権利の変更決議の効力についてはとくに言及されていないが，これが無効であることはJollyにとっては自明であったと思われる。
[28] Thöl, Heinrich, Das Handelsrecht, Bd.1, S.495f. (6. Aufl., 1879).

よる総会の決定の下におかれる）ことになりそうであるが，そうではなく，株主は一定の権利についてはドイツ普通商法典224条の制約に服することなく総会外で行使することができるというのがその骨子である。学説上，ドイツ普通商法典224条の制約に服さない場合としては，多数決による総会の決定が原則として認められない事項としてドイツ普通商法典215条に列挙される事項（企業目的の変更，会社を消滅会社とする吸収合併）に関する決定の他，配当に関する権利の変更の場合が挙げられている。たとえば，Puchelt はドイツ普通商法典224条の注釈において，配当に関する株主の権利につき次のようにいう[29]。

「総会は，定款に基づき獲得された，利益に対する株主の権利を侵害することはできない。これは株主の確立された固有権（Sonderrechte）であって，総会はこれを変更する権限を有しないからである。利益は株主に分配されなければならないと定款が定める場合，総会はこれを変更することはできず，明示的な定款の授権なしに利益を共同の目的のために用いることを決議した場合，その決議はこれに同意した者のみを拘束する。……定款違反の決議に対しては，これに同意しない株主と総会に参加しなかった株主は裁判上の助力を求めることができる。」

2　判　例

以上のような学説は，次に紹介するライヒ上級商事裁判所及びライヒ裁判所の各判例において，これと対応するものを見つけることができる。

① 　ROHG Urt. v. 22.4.1873, ROHG 9, 272.[30]
[事実の概要]

29）　Puchelt, Ernst Sigismund, Kommentar zum Allgemeinen Deutschen Handelsgesetzbuch, S.420f.（1874）.

30）　Wochenschrift für Deutsches Handels- und Wechselrecht nach den Entscheidungen des Reichs Oberhandelsgerichts, 1873, S. 175以下にも掲載されている。事実の概要に関する本文の記述は双方を参照している。岩原・前掲注11）395頁における④判決である。以下，本稿で紹介する判決について，【4】の形で岩原教授の論文との対応を示すこととする。なお，本判決は「会社が法律・定款に従って運営されることを要求する権利」に関する Bekker の議論に依拠するものと紹介される。しかし，本判決が引用する Bekker の議論は，配当に関する総会決議が会社機関としての決定であればこれに配当請求権者としての株主は拘束されない（これに対して株主の機関としての性質を併有するのであれば株主は拘束される）という点に関する議論（Bekker, E.J, Beiträge zum Aktienrecht, ZHR 17, S. 410 u. 438）と，株主ないし配当証券所持人は，配当に関する有効な決議が

原告Xは，被告Y会社の1858年配当証券を所有する者である。Y会社の定款においては，年次利益から15パーセントを準備金として積み立て，その残余は株主に配当されるべきことが定められていた。Y会社の経営委員会（Verwaltungsrat）の年次報告の中に含まれていた1858年度貸借対照表は80,870ターラーを超過額としていたが，同報告には当該超過額が現金ではなく在庫として存在することが記述されていた。1859年4月23日の総会において同報告は承認されている。Xは，上記年次報告及び総会の承認を根拠として，主位的に各半期配当証券につき2ターラーの支払を，予備的に配当金支払日の確定を請求している。

　[判旨]
　判決は，貸借対照表中の超過額は実際の利益を終局的かつ留保なしに表示したものではないことを述べた上で，次のように述べる。
　「……[年次報告を承認する]決議に賛成しなかった株主が自己の会社的権利に基づき，年次利益の終局的確定の先送りを取消し，裁判上の手続により確定を要求することができるということは，確かに正しいかも知れない。
　また，この権利が株式の譲渡により譲渡されうることも疑いない。しかし，Xは，株主ではない。訴訟提起の権限をXは配当証券を所有していることに求めている。配当証券の所有は，それ自体では，なるほど確定された配当の徴収権限を与えるが，定款を遵守した配当の確定に関与したり，そのような確定を請求したりするという会社的権利を与えるものではない。
　そうでないとするならば，会社的権利の行使を株主たる地位や株式の所有と結びつけていることが無意味となるであろう。配当の確定をしない決議や先送りする決議，定款に反して配当額を左右する決議に同意をしたその株主が，配当証券を配当購入者に譲渡することによって決議の結果から免れることも可能

なされた場合に訴権を有し，また，取締役が決算書と利益分配のための総会招集を怠っているような場合にも，訴権を有するという部分（Bekker, aaO, S.439）である。「会社が法律・定款に従って運営されることを要求する権利」についてBekkerが論ずるのは，論文の437頁以下であり，項立てをみる限り，この部分は判決の引用の対象となっていないと思われる。ちなみに，Bekkerと並列で引用されているRenaudの議論は，利益の準備金への組入額につき総会の裁量を認める定款規定がない場合には，仮に総会が分配額を決定する旨の定款の規定などがあったとしても，総会決議と無関係に株主は会社利益に対する割合的権利を有するというものである。会社利益に対する割合的持分についての会社構成員の権利が多数決による決議によってその存立や金額につき左右されるということは容認できないからであるという（Renaud, aaO (Fn. 16), S.576f.）。

本判決は，配当請求権の前提となる年次利益の確定を先送りする総会決議につき，当該決議に同意しなかった株主がその効力を争い，また，裁判所に年次利益の確定を求めることができることを示唆している。決議に同意しないことを前提とするのは，当該決議に個々の株主に対する権利侵害を認め，そこに訴権の根拠を見いだしているからであると考えられよう。

② ROHG Urt. v. 13. 9. 1873, ROHG 11,118.[32]

[事実の概要]

船会社である被告Y会社の株主である原告Xが配当の支払を求めた事案のようである。判旨からは次のような事情があったと考えられる。すなわち，1870年の普仏戦争勃発により船舶の稼働ができず，Y会社は甚大な損失を被り，定款によれば配当に先立ち20万ライヒスターラーが準備金として積み立てられなければならないところ，9,098ライヒスターラーが積み立てられたに過ぎなかった。その後フランスの戦時賠償を原資とする70,342ライヒスターラーの補償金をY会社は受領したが，経営委員会は当該金額を純利益に算入せず事後的に1870年度分の準備金として積み立てた。Xはこの決定を後述の定款46条に反するものとしている。Xの主張は，補償金の受領は1872年に生じたものであり，新たな積極財産項目として配当の増加をもたらすものであるというものである。なお，Y会社の定款10条は，「各株主は適法に確定された配当を受領する権利を有する」と定め，定款27条は，経営委員会が配当を定款46条に従い確定する旨を定めている。また，定款46条は，「積極財産……が消極財産を超過する部分が会社の純利益を構成し，それは，（準備金への組み入れ額などを控除の上）株主への分配に用いられる」と定めていた。

[判旨]

判決においては，ドイツ普通商法典224条と配当額の確定に関する定款規定

---

31) ROHG 9, 272, 273f. の定款については，決算のみによって配当が確定し，配当の確定には特段の決議を必要としないとの解釈もあり得た。この場合，承認された収支決算書が正味利益（Nettogewinn）を示すものであれば配当証券所有者は純然たる債権である配当請求権につき株主総会などの決議により変更されることはない。判旨は，この点については，収支決算書が年次利益を留保なしに確定したものではないとの認定を前提に立ち入らなかった（Wochenschrift für Deutsches Hanedels- und Wechselrecht, 1873, S.177）。

32) 岩原・前掲注11) 395頁（【5】）。

の解釈が問題となった。

(1)「……商法典224条は,『株主に会社事項において……有する権利は,株主の総体により総会において行使される』」と定めており,これは,……Y会社定款16条……と一致する。これらのいずれかの規定について,経営委員会の所見や総会の決議に左右されない権利が個々の社員たる株主に帰属することなどそもそもあり得ないと解釈する……とすれば,それは根拠のない恣意的なものであろう。なぜならば,商法典224条や定款14条は,……個々の株主自体は,総体の権利を行使することができないというにすぎないからである。」[33] (14条は16条の誤植かとも想像されるがそのままとした)。

(2)「……会社契約の内容を考慮すると,定款に違反してなされた配当の決定によって利益を害された株主はこの確定を取り消すことができるのであり,また,当該株主に支払われるべき金額の全額の支払を求める請求権を否定することはできないという結論に至る。」[34]

「定款46条の規定からは確実に次の結論を導くことができる。すなわち,Xが主張するように,もし,積極財産の消極財産に対する超過額の全額が……分配に用いられているのではないとするならば,配当は『適法に確定されているのではな』く,定款10条に基づき各株主に帰属する取消の権利(Recht der Anfechtung)が効力を発揮するということである。」[35]

「会社契約に基づき保証された株主の配当に関する権利(定款10条,46条)は強固なものであり,経営委員会の所見や株主の反対がある中でなされた総会の多数決による決議によってこの権利を奪ったり縮減したりすることはできないのである」[36]

本判決は,配当に関する株主の権利を会社契約に基づくものであるとし,当該権利について,経営委員会の決定や株主総会の多数決によって縮減することはできないと論ずる。株主の取消権の対象が総会決議に限られないことを示す点では,後掲の⑥判決と同じであり,その点に特徴があるということができる[37]。もっとも,株主の訴権の根拠を会社契約上の配当請求権に求めるという本判決の論理からは,配当請求権を縮減する経営委員会の決定を株主が攻撃で

---

33) ROHG 11, 118, 121.
34) ROHG 11, 118, 122f.
35) ROHG 11, 118, 124.
36) ROHG 11, 118, 125.
37) 岩原・前掲注11) 399頁(後掲⑥判決に関する指摘)。

きることは自明であったのではないかと思われる。

③　ROHG Urt. v. 26.10.1876, ROHG 14, 354.[38]

［事実の概要］

　原告Xは，被告Y会社の株主である。Y会社は1872年3月16日の総会において多数決により，Y会社の全財産を250万ターラーで訴外A会社に譲渡し，Yの株主は券面額と同額のA会社株式を受け取るか券面額相当の現金を受け取るかの選択権を有する旨の決議をした。この決議は，Y会社の解散を包含するものであった。上記決議に基づき，Y会社とA会社との間で，譲渡契約が締結された。Xは，(1a)Y会社の財産のA会社への譲渡と(1b)Y会社の解散がXとの関係で無効（rechtsungültig）であることを宣言すること，(2)上記譲渡契約が同様にXとの関係で無効であることを宣言すること，(3)1871年度以降の期間に関して定款に従い決算書を作成し公示すること，及び，配当を決議して支払うことをYに命ずることを求めている。

［判旨］

　判旨は，Xの原告適格（Sachlegitimation）に関して，次のように述べている。

　「［ドイツ普通商法典224条により総会において行使することが要請される］権利として理解されうるのは，……全株主の共同の利益において行使され，その促進を目的とする権限に限られる。定款を基礎とする契約関係から生ずるところの，個々の株主の法律及び定款上の権限は，このカテゴリーの対置物を構成するのであり，従って，これに関しては，個々の株主に対して会社自体が契約上の義務主体（213条）として対峙するのである。

　とりわけ，『全ての株主は会社財産に対して割合的持分を有する』と定めるドイツ普通商法典216条1項に基づく財産的権利（Vermögensrechte）がこれに属する。この権利に関しては，法律または会社契約による権利行使にかかわる制限をなしうるに過ぎない。株主は多数派によってこの権利を奪われるものではないし，同様に，恣意的にこの権利が縮減を受けたりその他の侵害を受けるものでもない。したがって，多数決によってこのような内容の総会決議がなされた場合，当該権利を侵害された者は，このような決議によって拘束されるものと認める必要はない。むしろ，そのような者は，株主として，自己を脅かす

---

38)　岩原・前掲注11) 395頁（【6】）。

当該権利侵害の結果を回避する権限を有するものとみなさなければならない。この点，当該決議と会社がすでに行った当該決議の実行のための措置の違法性の司法上の確認のために裁判所の助力を求めることがこれに役立つことは疑いがない。

定款に基づいて自己に帰属する配当を，これと矛盾する，形式上は定款に合致した総会決議を攻撃することによって，訴訟によって会社に対して要求する個々の株主の適格は，すでに当裁判所の判決［上記②判決］……によって認められている。

法律と定款の形式上の要求を満たさない総会決議，特に，法律と定款が全会一致を要求している場合において多数決でなされた決議が取消し（anfechten）の対象となることは，自明であると思われる。」[39]

「ここから上記1aと2の申立（Klageanträge）に関する原告適格が生ずることは自明である。1bの申立，すなわち，Y会社の解散については，この解散決議と財産譲渡及びその方法に関する決議が不可分に結びついて……いる。これらの決議の結びつきゆえに，会社解散の無効宣言をXが求めていると考えられるところ，この請求についての権限は申立1aに関するXの適格によって決定されるから，これも認められる。

申立3に関しては，定款に基づく配当に関する請求権が問題の重点である。……配当請求権は株主の固有権（Sonderrechten）に属する。したがってXは，この請求権を訴えにより提起する適格があるのであり，よって，申立3を行う適格があるとみなされる。」[40]

「ドイツ普通商法典215条は，株式会社の企業目的の変更の多数決による決議は，会社契約において明示的に認められない限り許されないとの1項に続けて，2項において，次のとおり定める：

会社がその財産と債務を他の株式会社に当該会社の株式の付与と引換に譲渡し，これにより会社が解散することになる場合にも同様である。

この規定は訴訟による請求の基礎を形成する。Xは上述の決議の取消をこの規定に依拠して請求しており，その際，……決議が全会一致ではなく多数決によってなされたこと，Xは当該総会において直ちに決議に異議を提出したこと

---

[39] ROHG 14, 354, 356f.
[40] ROHG 14, 354, 357.

に請求を基づかせている。」[41]

　本判決は，原告適格の問題を実体法上の問題と区別して詳細に論じているが，基本的にはこれまで紹介した判例と同列に論じうるものである。判旨は，申立1aと申立2については会社が消滅会社となる吸収合併につき株主総会の全会一致の決議を必要とするドイツ普通商法典215条2項の規定に基づき，また，申立3については，固有権である配当請求権が問題となっていることに基づきXの原告適格を認めている。ドイツ普通商法典215条2項の規整は，合併が定款に基づく株主の権利の破棄を意味するとの理解を基礎とするものであり[42]，その意味で申立1a及び申立2につきXの原告適格が認められたのは，申立3と基本的に同一の論理に基づくものとみてよいと思われる。

④　ROHG Urt. v. 27. 4. 1875, ROHG 17, 107.
　[事実の概要]
　T鉄道会社の定款においては，定款所定の任期満了前に経営委員を辞任した委員がいる場合，直近の選挙で次点であった株主が残任期につき委員を務めることとなっていた。この規定によればXが退任者の代わりに委員となることになっていたが，Xは前回の選挙で僅かの得票しか得ておらず，経営委員会はXの経営委員会招集申立を拒絶した。XはT会社役員を被告として，自らが経営委員であることの承認と経営委員会の招集を求めて提訴している。
　[判旨]
　本判決においては，ドイツ普通商法典224条との関係でXの訴権の有無が問題となった。判決は，経営委員に選任されることができるのが株主に限られること，委員に選任された株主が経営への参加に関して他の株主に比べ包括的な権利を有することから，委員への選任は財産権的内容を有する会社的優先権を与えるものであるとした上で，次のように論ずる。
　「……仮に［ドイツ普通商法典］224条のうちに［株主の］権利行使の制限ないし拒絶を見いだすことができるとしても，この規定は，株主の総体に委ねられる権限の行使に関するものであり，個々の株主の特別の権利として問題とされる請求権——会社に対する普通の債権的権利を本質とするものであれ，定款により優遇される個々の株主の地位から生ずるものであれ，——に関するもの

---

41)　ROHG 14, 354, 362.
42)　Renaud, Achilles, Das Recht der Actiengesellschaften, S. 800u. 510（2.Aufl., 1875）.

ではないからである〔①②③判決などを引用〕。
　そのような個人的な優先権が本件では問題となっている。したがって224条によって，その行使のための訴権をXから奪うことは許されない。…」[43]

⑤　ROHG Urt. v.17.1.1876, ROHG 19, 297.[44]
[事実の概要]
　被告Y会社（旧会社）は1856年設立のザクセン州の会社であるが設立認可を受けていなかった（当時のザクセン法では，認可がなくとも株式会社は法人格を欠いた形で成立することが可能であった）。1871年，Y会社では事業存続のため16万ターラーの資金調達が必要であると考えられた。このため，1871年12月18日の株主総会において，(1)Y会社の払込済株式4,000株について，一株あたり40ターラーの追加払込義務を負担することと引換に配当優先株への転換を行う，(2)転換がなされなかった残余の株式については株式失効の予告の下，一定の猶予期間を付与した上で，新たに発行される普通株式と交換すべきことを公告により勧誘する，などの内容を含む新定款が出席株主全員の賛成により決議された（会社再編成）。1872年1月24日，Y会社（新会社）は新定款に基づき商業登記簿に登記された。Xは，旧会社の全額払込済の株式ないし仮株券を有するものである（なお，Xは上記株主総会には出席していない）が，その株券及び仮株券は，新定款の規定に基づき，旧株式と新株式の交換期間の徒過を理由にYにより無効と宣言されている。XはYに対し，自らをYの株主であると承認すること，及び，その保有する株式ないし仮株券と引換に新定款による株式を交付することを請求している。

[判旨]
「……問題となるのは，会社の再編成に関する決議に参加しなかったXが……新定款に拘束されなければならないかということである。……Xはこの点を争っている。……一定の期間内に払込み済みの株式を新たな株式と交換しなかった会社構成員につき，その会社的権利を喪失したものと宣言するという総会の権限は考えられない。そのような決議は，それに賛成した構成員に対してのみ拘束力を有するのであり，その他の構成員に対しては，効力を有しない。なぜならば構成員の権利並びにこれと結びつけられた会社財産に対する権利及

---

43)　ROHG 17, 107, 112f.
44)　岩原・前掲注11) 398頁（【7】）。

び会社利益への参加の権利は，疑いなく会社構成員の固有権（Sonderrechte）なのであり，会社の多数決による決議によって変更されることはできず，また，総会がこれを自由に変更できるものではないからである」[45]

「この種の違法になされた決議によって不利益を受けた構成員は，会社に対する訴えによりこれを取消し，そのような定款が自己に対して効力を有しないということを要求する権限を有することは疑いがない。」[③判決，Jolly 及び Renaud の見解を引用]」[46]

本件は，総会決議により株主の地位を喪失させることが固有権侵害に該当するとして総会決議の効力を争うことを原告株主に認めたものであり，③判決を引用していることからも明らかなように従来の判例と軌を一にしている。これに対して，次に紹介する⑥⑦判決はこれと異なった論理に基づくものである。

⑥　ROHG Urt. v. 20. 10. 1877, ROHG 23, 273.[47]

[事実の概要]

被告 Y 会社においては，株主は会社に対し特定の価格で甜菜を供給する義務を負うものとされていた。株主 S は土地所有の放棄により甜菜の栽培ができなくなったため，Y 会社の取締役及び監査役は，株主総会の承認があることを留保した上で，会社の名義で S 所有の16株を額面金額の80％で購入し，株主総会による承認がなされた後，S に対して，会社資金より代金が支払われた。その後，取締役は16株を再び売却した。原告である X らは，当該株式購入がドイツ普通商法典215条3項（自己株式取得の制限）に反してなされたとして，会社の株主として，「16株購入の基礎となった監査役，取締役及び総会の決議と契約を無効であり，会社に対して存在せず，X らに対して法的拘束力を有しない，あるいは，……X らにとって法的結果を有しない旨宣言する」ことを求めている。

[判旨]

「X らがその行使を申し立てているところの権利は，本来の意味における固有権（Sonderrecht im eigentlichen Sinne），すなわち，それによって会社が個々の株主の債務者として会社関係から給付を義務付けられるような権利や，いわ

---

45)　ROHG 19, 297, 301.
46)　ROHG 19, 297, 302f.
47)　岩原・前掲注11) 399頁（【8】）。Vgl., Keuk-Knobbe, aaO (Fn. 1), S. 248f.

ゆる会社的な優先権ではない。そのような権利であれば株主は債権者として会社の現実の状態を考慮することなく，また，会社がどのようにして権利を侵害する措置を再び除去することができるかを配慮することなく，行使することができる。この場合には，当該権利を侵害する決議や措置の無効ないし拘束力がない旨の宣言を求める申立は，その性質上，明確かつ適切である〔③④⑤判決を引用〕。

　Xらがその行使を求めている権利は，むしろ，会社意思が法律及び定款規定に合致することを，会社及び株主たる地位のために請求するという株主の権利である。個々の株主が有するこの権利は，法律または定款に違反する決議に対しては取消権（Anfechtungsrecht）と一般に呼ばれるが，これは，原理的には存在するものと認めることができる。

　この権利を行使する際に立てられるべき請求については一般的な原則を定立することはできないが，不明確で結果を予見できない判決を回避するために，明確で，かつ，法律または定款違反の行為が作り出した会社の具体的状態に相応しい訴訟上の請求が立てられなければならない。」[48]

　「会社定款の変更がなされたに過ぎない場合や，対外的な効力を有すべき行為が決議されたがまだ実行されていない場合には，無効ないし拘束力がない旨の宣言を求める申立は会社の事実状態に適合的である。後者の場合，そのような申立は黙示的に決議された措置を実行しないことを求めるものである。……しかし，本件のように，会社の現実の状態を変更するような措置がすでに実行されていることが問題となっている場合，会社の株主に対する関係において会社の状態を，当該措置が実行されなかったかのようにみなされなければならない……との要求は，株主の会社に対する地位や会社の実際の状態が株主の権利に対して与える影響についての誤解に基づくものである。……

　いかにして会社が，実際の状態と法的にあるべき状態との間の差を埋めることができるのか，これに必要な支出は誰の資金によってなされるべきかについて，株主は説明をしなければならない。」[49]

　本件では，株式の取得行為が実際に行われ（さらには第三者に株式が再譲渡されている）ていることから，株主総会の決議の無効などを求めるXの訴えにつき，Xは確認の利益（1877年民事訴訟法231条）を示す必要があるところ，その

---

48) ROHG 23, 273, 274f.
49) ROHG 23, 273, 276.

ような主張がなされていないとして、請求が棄却された[50]。本判決は、株主による請求が固有権に基づく場合と「会社意思が法律及び定款規定に合致すること」を請求する権利に基づく場合の二つがあることを明らかにしている点、また、後者の権利に基づく場合には、会社の現実の状態によって制約を受ける可能性があるとしている点で注目すべきものである。

⑦　RG Urt. v. 19.2.1881, RGZ 3, 123.[51]

[事実の概要]

原告はベルリンを本拠とする被告Y会社（ルーマニア鉄道株式会社）の株主であり、335,100マルクの額面に相当する株式を所有している。Y会社は、ルーマニア政府との間で、(i)鉄道網の営業と全会社財産の管理をルーマニア政府に委譲すること、(ii)ルーマニア政府はY会社の普通株式及び優先株式をY会社の鉄道網を担保とするルーマニア国債を交換することとし、交換に応じない株主には普通株式の券面額の$3\frac{1}{3}$パーセント、優先株式の券面額の8パーセントを配当として支払う義務を負うことなどを内容とする契約を締結した。なお、(iii)Y会社の管理はルーマニア政府が自由裁量により構成員を選任・解任することができる経営陣に委ねられ、この経営陣は法律と契約に拘束される他はルーマニア交通省大臣の指示に従うこととされていた。この契約の発効は、総会の承認などを条件としていた。1880年3月3日の臨時総会において、賛成306,888票、反対17,949票で、契約と定款変更が承認され、この契約は実行に移された。Xは、総会で異議を提出した株主であるが、Y会社の従前の取締役に対して、総会決議の無効宣言、決議の執行の差止め及びすでになされた執行行為の原状回復などを求めている。

[判旨]

判決は、上記契約と定款変更により、Y会社が総会決議の執行機関を実質的に欠くことになり、立法者が前提とする株式会社法の原則に反することになることなどを理由として、Xの請求を認容すべきであるとした。株主がこのような訴えを提起しうることについては、次のように述べている。

50）　ただし、S所有株式の買入前と買入後の会社の状態を一致させることを原告は請求でき、このことは確認の利益の根拠となるという可能性が判文中（S.278）で示唆されている。

51）　岩原・前掲注11）403頁。

「株主の責任の制限や無記名株式の発行といった株式会社の法的特殊性……は，……個々の機関の権限を正確に確定すべきことを必要とする。……〔このような法的規整により〕株式会社の形成は阻害され，その活動は制限されることになり，そのため個別の事例では株式会社の経済的利益を有効に擁護することが妨げられることがあり得る。他方で，このことによって第三者や個々の株主の利益はその毀損から保護されるのである。

〔株式会社に関する〕法律の規定のうち裁判官が職権により適用された状態をもたらすことができるものは僅かに過ぎない。これに対して，個々の株主は，会社機関が法律の規定を遵守して振る舞うことについての権利を有しており，この権利の実現のために司法の助力を求めることができる。

これに関して考慮されるのは，法的規範のみであり，会社の利益は考慮されない。一方において，株主は会社機関が法律に合致して行為するときに，決議そのものやその実行が会社の利益に反すると主張することができないように，他方において，会社機関が法に反して行動している場合に，個々の株主の取消権（Anfechtungsrecht）に対して，違法な決議が会社の利益にかなうものであったということを有効な抗弁として持ち出されることもできないのである。」[52]

「……改正された定款によれば Y 会社は……〔意思決定機関である総会の〕決議を実行する機関を……有しないことになる。従って，Y 会社は定款変更によって株式会社の本質に必要な組織を欠いている。行為能力ある自然人が自己禁治産により他人の後見に服することができないのと同様，総会は会社をこのような状態にすることはできない」[53]

「株式所有に基づき株主としての資格において本件訴えを提起する原告の権限は，原審の述べるとおり認められる。

1880年3月3日の決議の無効（Ungültigkeit）を確認することを求める訴えは，民事訴訟法231条により適法であり，上述……により理由がある。

総会決議の無効からは，自明のこととして，同決議の実行を差し控える義務と執行行為，特に当該決議の商業登記簿への登記についての原状回復義務が生ずる。従って，これを求める訴えも認められるべきである。しかし，どのようにして会社が原状の回復を行うべきであるか，原状回復を求める原告の請求がいかなる要件の下で損害賠償請求権に変化するのか，といった問題については，

---

52) RGZ 3, 123, 125f.
53) RGZ 3, 123, 132.

これに関する申し立てがないため，立ち入らない。」[54]

3　検　討

　以上で紹介した判例のうち，①から⑤までの判決と，⑥⑦判決は⑥判決自体が述べているように株主の総会決議を争う訴えの根拠において明確に区別されるものである。
　まず，①②③判決においては，株主の配当請求権や株主の会社財産に対する権利（ドイツ普通商法典216条）が問題となっている。配当請求権は，当時，株主の固有権に分類されるものであった[55]。また③判決においては，その他，当時のドイツ普通商法典215条2項によれば全会一致が必要である合併決議について，多数決で行ったことが問題とされており，この点も，すでに触れたとおり，株主の固有権ないし会社契約上の権利に対する侵害として整理することができるものである。さらに，④判決においては，経営委員会の委員に就任する株主の権利が問題となっている。判旨は，このような権利が財産権的内容を有する株主の会社的な優先権であることから，ドイツ普通商法典224条の適用を受けずに株主には司法上の救済を求める権利があることが論じられている[56]。⑤判決においては，株主を排除することとなる総会決議について，それが，社員権と会社財産に対する権利など株主の固有権を侵害するものであることを理由に訴えが認められている[57]。これらは，いずれも株主の具体的な権利に対する侵害を理由に訴権が認められたものである。②③判決においては，株主総会の決議のみならず会社の経営機関の決定ないし行為に対する攻撃も認められているが，これも，株主のこのような権利に対する侵害を根拠とすることからは容易に理解されうるものであろう。
　これに対して，⑥判決は，会社による自己株式の取得に関する総会決議の効力が問題となっている。判旨は，原告の請求が株主の固有権侵害に基づくもの

---

54) RGZ 3, 123, 137f.
55) Puchelt, aaO (Fn. 29), S.420; Renaud, aaO (Fn. 16), S. 452. また，すでに紹介したJollyの見解を参照。
56) さらに，単なる経営委員会の会社に対する義務違反の場合には，ドイツ普通商法典224条の制約の下におかれる旨の議論がなされている。
57) 判例において，異議を提出した株主と総会に出席しなかった株主のみが総会決議を攻撃できるとされたこと，配当証券を有するに過ぎない者は株主総会決議を攻撃できないとされたこと（①判決）は，裁判所が原告の訴えにつき，決議の適法性の問題ではなく，固有権侵害の問題であると考えていたことから説明されるものと思われる。

ではないことを述べた上で，原告の請求を判旨のいうところの「会社意思が法律と定款規定にしたがって行動するよう求めるという株主の権利」に基づくものと解している。⑥判決は，株主による総会決議に対する取消権の根拠を固有権侵害ではなく株主の会社経営に関する抽象的な権利に依拠させたものであり，従来の判例法理の転換を図るものであったと思われる。同判決においては総会決議のみならず監査役会や取締役の決議についての無効宣言の請求についても論じられており，この点は②③判決と表面的には一致するが，その論理は異なることになるであろう。⑦判決は，総会決議により会社法が予定する決議執行機関（取締役）が欠けることを問題として，当該総会決議に対する株主の取消しを認めたものである。同判決は，株主以外の第三者の保護などにも言及して株主の訴権を基礎づけている。そこでは，会社運営の適法性確保という，必ずしも株主の利益に還元され得ない観点が株主の訴権を基礎づけているということができると思われる。

4　株式法第2改正

　先に述べたように，株式法第2改正は，株主による総会決議取消しに関する規定を整備したが，そこでなされた規整は⑥⑦判決における判例の論理の転換と関連するものであったと考えられる。同改正による株主総会決議の取消は，(i)法律・定款違反の決議についてなし得ること，(ii)総会決議後1カ月以内になされなければならないこと，(iii)取消しをなし得るのは，総会に出席して異議を提出した株主と総会の招集または決議事項の告知が適切になされなかったため総会に出席しなかった株主に限られること，(iv)決議取消しは訴えまたは反訴の形でなされるべきこと，(v)判決は原告株主のみならず他の株主を拘束すること，などを内容とする[58]。改正にあたって，草案理由書は上記⑦判決のみならず，③判決も引用して改正前の法状況との連続性を強調している[59]。しかし，草案理由書は，総会決議取消権を規定するに際して，株主の権利について，次のように述べている。

　「理論上承認されたところでは，株主の権利は，総会において……自己の意

---

[58] §§ 199a, 222 ADHGB (1884).
[59] Entwurf eines Gesetzes betreffend die Kommanditgesellschaft auf Aktien und die Aktiengesellschaften nebst Begründung und Anlagen, in: Busch's Archiv, Bd.44 [Allgemeine Begründung], S. 236f.

思を示すことに尽きるものではない。このようないわゆる社員的権利（Mitgliedsschaftsrechte）の他にも，株主は，他の株主の意思にかかわらず行使することができ，従って総会決議によっても奪われることのない一連の権利を有している。これらの権利の二つのクラスは相互に厳格に区別されるべきものである。すなわち，本来の固有権（die eigentlichen Sonderrechte）とここでもっぱら問題とされる個人権（Individualrechte）……である。

　固有権は財産法上の内容を有するものであ……る。固有権は，一方で……例えば発起人の特別利益（Gründerrechte）のように，社員たる地位とは関係なく会社により認められるものがあり，他方で，……社員たる地位から派生する……権利もある。後者の固有権には，……純利益に対する割合的持分……，総会により確定された配当の支払を求める権利……が属する。」[60]

「固有権と対置されるものとして，個々の株主は，個人権の行使にあたっては社員的権利におけるのと同様，株主総体の意思の主体かつ代表者であり，自己の利益のために会社に対する財産法上の請求権を行使するものではなく会社の名と利益において会社の権利を行使するものである。会社の権利の行使は通常の指揮と経営に際しては会社機関の義務であって，株主は社員的権利に基づき〔会社の権利の行使につき〕割合的な協働をなし得る〔にすぎない〕が，個人権による場合は……株主は会社の権利の行使を，会社の意思と権利を独立かつ総会に従属せずに行うのである。」[61]

　草案理由書はこのように述べた上で，個人権として，(イ)法律及び定款に違反する総会決議を取り消す権利，(ロ)設立及び業務執行を理由とする会社の請求権の行使に関する権利，(ハ)会社事項を調査する権利を一定の制限の下に認めるとするのである[62]。ここでは，立法にあたり総会決議取消権の根拠とされなかった「本来の固有権」こそが，上記①ないし⑤判決において株主総会決議などの取消しの根拠とされてきたものであったことに注意したい。すなわち，草案理由書，及び，これを受けてなされた株式法第2改正は，①ないし⑤判決の立場を放棄し，⑥⑦判決の立場を前提になされたものであったと考えられるのである[63]。そして，草案理由書が総会決議取消権を個人権に基づくものとして分類

---

60)　Allgemeine Begründung, S. 233f.
61)　Allgemeine Begründung, S. 235.
62)　Allgemeine Begrundung, S. 236.
63)　株式法第2改正においては，従来ドイツ普通商法典215条により全会一致が必要であった会社の事業目的の変更や合併について4分の3の特別決議でなし得るものとした。

したことは，総会決議取消権を政策的衡量の下に制限することに途を拓くものであったと考えられる。それは，⑥判決においてすでに準備されていたと思われるが，草案理由書の次の記述に象徴的であるといえる。

「個人権は，そもそもそれが容認される限りにおいて，常にやむを得ない例外として現れなければならない」[64]。

第4節 結 語

以上から，株式法第2改正前の時代において「法律・定款を遵守した経営を求める株主の権利」が包括的に認められていたという言説は一種の神話であり，むしろ，実際には，そのような権利は株式法第2改正に向かって形成されてきたものであることが不十分ながら示されたのではなかろうか。そして，それは，おそらくは，株主総会決議の効力を争う訴え（さらには経営機関の決議の効力を争う訴え）における固有権概念の果たす役割の縮小ないし放棄と関連しているであろう。その意味で，誤解を恐れずにいえば 法令・定款を遵守した経営を求める権利の登場は，一面において株主権の弱体化を背景とするものであること，が示唆されるのではないか。もちろんこのことは，「法律・定款を遵守した経営を求める権利」の解釈論上の意義を否定するものではない。ただし，このような権利の射程は株式法第2改正前後においてこのような概念が果たした役割や株式法第2改正の遠い延長線上にある現行法の枠組みとの整合性を考慮して慎重に吟味される必要があろう。本稿はそのような検討を一切行っていないが，おそらく，株主総会の決議との関連においてこのような権利を認めるという，Zöllnerの見解はそのような観点から支持できるのではないかと思われる。

〔付記〕 本稿は平成24年度専修大学研究助成（「株主総会の権限に関する研究」）による成果の一部である。

このように固有権自体の妥当範囲が狭まったこともこのような転換の背景であると考えられる。

[64] Allgemeine Begründung, S. 236. なお，草案理由書においては，決議取消訴訟の立法の目的として，総会決議の有効性が永久的に不確定となることによる経営の弱体化や濫訴に対する懸念などが述べられている（S.237）。

第3章 機　関

ドイツにおける株主総会決議の効力を争う訴訟の現状に関する覚書

山下　徹哉

第1節　はじめに

　ドイツ株式法（AktG）は，株主総会の決議に瑕疵がある場合に，その決議の効力を否定するための訴訟手続を用意している（株式法241条〜257条。以下，この訴訟を「株主総会決議の効力を争う訴訟」という）[1]。株主総会決議の効力を争う訴訟は，現行法の下では，取消しの訴え（Anfechtungsklage）と無効確認の訴え（Nichtigkeitsklage）の二つの訴訟類型に分かれる。また，関連する裁判手続として，登記停止解除手続（Freigabeverfahren）がある。

　ドイツでは，株主総会決議の効力を争う訴訟を濫用し，和解等を通じて会社から金銭的利益を獲得しようとする「略奪的株主」の存在が問題視され，2000年以降，その防止のためのルール整備が重要な立法課題とされてきた。具体的には，2005年の「企業の廉潔性と取消権の現代化のための法律（Gesetz zur Unternehmensintegrität und Modernisierung des Anfechtungsrechts（UMAG），BGBl. 2005 I, 2802)」および2009年の「株主権指令の国内法化のための法律（Gesetz zur Umsetzung der Aktionärsrechterichtlinie（ARUG），BGBl. I, 2479)」に

---

1) ドイツ法における株主総会決議の効力を争う訴訟の沿革について，岩原紳作「株主総会決議を争う訴訟の構造(7)」法学協会雑誌97巻3号374頁以下（1980年），中島弘雅「株主総会決議訴訟の機能と訴えの利益(1)(2)」民商法雑誌99巻4号446頁以下（1989年），99巻5号600頁以下（1989年）参照。また，ドイツ法における株主総会決議の効力を争う訴訟の制度枠組み・要件・効果等について，岩原・前掲論文および同「株主総会決議を争う訴訟の構造(8)(9)・完」法学協会雑誌97巻6号792頁以下，97巻8号1043頁（1980年），中島・前掲論文のほか，高橋英治『ドイツ会社法概説』233頁〜254頁（有斐閣，2012年）参照。

よる株式法等の改正が行われた[2]。これに関連し，これらの立法に先立ち新たな立法の必要性を検証し，あるいは実現した法改正の影響を評価するため，株主総会決議の効力を争う訴訟および登記停止解除手続の実態調査が行われた。本稿は，かかる実態調査の結果を紹介することを通じて，ドイツ法における株主総会決議の効力を争う訴訟の現在の実態を明らかにしようとするものである。

　本稿は，上記の作業を通じて直接日本法に何か示唆を得ようとするものではない。もっとも，以下に述べるように，本稿の作業には一定の意義を認めることができるのではないかと考えている。日本法の株主総会決議の効力を争う訴訟の制度は，ドイツ法に由来し[3]，制度導入後もドイツ法の影響を受けつつ[4]，変遷を続けてきたことからすると，今後もドイツ法を比較法の対象として株主総会決議の効力を争う訴訟の研究が行われることが期待される。このように，ドイツ法を比較法の対象として株主総会決議の効力を争う訴訟に関する研究を行う場合には，その分析の前提として，ドイツ法の株主総会決議の効力を争う訴訟や登記停止解除手続の実態を知っておくことは有益であろう。本稿は，以上のような実態理解に資するべく資料提供を行おうとするものである。

第2節　株主総会決議の効力を争う訴訟とその濫用

1　序

　本節では，第3節で実態調査の結果を紹介する前提として，ドイツにおいて

[2) UMAGおよびARUGによる改正事項や立法の経緯については，久保寛展「株主総会決議に対する濫訴防止の可能性―ドイツにおけるUMAG草案による措置を中心として―」福岡大学法学論叢49巻3＝4号394頁以下（2005年），ジェラルド・シュピンドラー（久保寛展＝早川勝（訳））「ドイツにおけるコーポレート・ガバナンス―『企業の健全性および総会決議取消に関する法規制の現代化に関する法律（UMAG）』による変更―」同志社法学58巻1号293頁以下（2006年），正井章筰「ドイツの株主総会制度の改革と『略奪的株主』に対する規制」早稲田法学85巻3号1108頁以下（2010年）などを参照。

3) 日本法における株主総会決議を争う訴訟の沿革について，岩原紳作「株主総会決議を争う訴訟の構造(1)」法学協会雑誌96巻6号674頁〜682頁（1979年）参照。

4) ドイツ法を比較法の対象として，株主総会決議の効力を争う訴訟の検討を行う研究として，たとえば，岩原紳作「株主総会決議を争う訴訟の構造(1)〜(9・完)」法学協会雑誌96巻6号669頁，96巻7号839頁，96巻8号981頁，96巻10号1249頁，96巻11号1410頁，97巻1号87頁，97巻3号374頁，97巻6号792頁，97巻8号1043頁（1979年〜1980年）や中島弘雅「株主総会決議訴訟の機能と訴えの利益(1)〜(3・完)」民商法雑誌99巻4号439頁，99巻5号599頁，99巻6号785頁（1989年）がある。

問題視されている，株主総会決議の効力を争う訴訟の濫用がいかなるものかを，簡潔にまとめておく。株主総会決議の効力を争う訴訟が濫用されるようになった主たる原因としては，株主総会決議に係る登記の設権的効果と登記停止効が挙げられている。

2　登記の設権的効果

　株式法および組織再編法（UmwG）において，株式会社の基礎的変更に当たる措置については，株主総会決議または決議に基づく措置の効力の発生のために，当該決議または当該措置の商業登記簿への登記を要することとされている。具体的には，組織再編法上の組織再編，編入，スクイーズ・アウト，資本関係措置，企業契約に対する同意や前記以外の定款変更に関する決議（以下「要登記決議」という）において，当該措置の効力発生と登記が結びつけられている（組織再編法20条1項，株式法319条7項・327e条3項・189条・211条・224条・238条・181条3項）。

3　登記停止効

　要登記決議のうち，組織再編法上の組織再編，編入およびスクイーズ・アウトに係る株主総会決議の効力を争う訴訟が提起された場合，当該訴訟の係属中は，登記をすることができない（登記停止効（Registersperre））。これらの措置または決議の登記を申請する際には，取締役は，株主総会決議の効力を争う訴えが提起されていないか，もしくは提訴期間内に提起されていないこと，またはそのような訴えが既判力をもって斥けられ，もしくは取り下げられたことを表明しなければならないからである（否定表明（Negativerklärung）。組織再編法16条2項，株式法319条5項・327e条2項）。すなわち，決議の効力を争う訴訟が提起され，係属中である限り，取締役は原則として否定表明をすることができないから，登記の申請をしても認められず，その結果，当該措置の効力は生じない。

4　事実上の登記停止効

　要登記決議のうち3で挙げたもの以外，すなわち資本増加・減少や企業契約に対する同意，前記以外の定款変更に関する株主総会決議の効力を争う訴訟が提起されたとしても，前記3の場合とは異なり，法律上当然に登記をすること

が不可能になるわけではない。しかし，事実上同様の結果（登記の不可能）が導かれる。すなわち，登記裁判所は，登記をすべきか否かの判断が，ある法律関係の存否に依存する場合には，当該法律関係の存否が訴訟手続で確定されるまで，登記手続を停止することができる（旧非訟事件手続法（FGG）127条（2009年9月より前）・家庭事件および非訟事件の手続に関する法律（FamFG）381条・21条1項（2009年9月以降））。そして，株主総会決議の効力を争う訴訟が提起されると，その請求が認容されないことが一見明白であるような場合を除き，登記手続を停止するのが通例とされる。これを，事実上の登記停止効（faktische Registersperre）という[5]。

5 株主総会決議の効力を争う訴訟の濫用

要登記決議について，その効力を争う訴訟が提起されると，登記停止効・事実上の登記停止効のために，当該決議またはそれに係る措置の効力が生じず，株式会社にとって必要な措置の実行が妨げられる。そこで，不必要に株主総会決議の効力を争う訴訟を提起して，会社にとって必要な措置の実行を妨害し，それに乗じて，会社との間で，金銭と引換えにする和解を締結し，利益を得ようとする者が現れるようになった（登記要件のてこの作用（Hebelwirkung））。これが，株主総会決議の効力を争う訴訟の濫用または略奪的株主（Räuberische Aktionäre）の問題である。

第3節　株主総会決議の効力を争う訴訟および登記停止解除手続の実態

1　序

本節では，ドイツにおいて行われた株主総会決議の効力を争う訴訟および登記停止解除手続に関する実態調査の結果を紹介する。このような実態調査は，2件存在する。実態調査の第1として，Theodor Baumsらの研究グループによるものがある。その調査結果は3本の論文にまとめられており，研究対象期間が1980年から1999年までのもの（Baums調査①）[6]，2003年1月1日から2007

---

[5] *Hüffer*, Aktiengesetz, 11. Aufl., 2014, § 243 Rn. 53.
[6] *Baums/Vogel/Tacheva*, Rechtstatsachen zur Beschlusskontrolle im Aktienrecht,

年6月30日までのもの（Baums 調査②)[7]，2007年7月1日から2011年7月31日までのもの（Baums 調査③)[8]がある。実態調査の第2として，Walter Bayer らの研究グループによるものがある。研究対象期間は項目ごとに前後するが，主として2006年から2011年までであり，その調査結果は1本の論文にまとめられている（Bayer 調査)[9]。Bayer 調査は，連邦司法省が Bayer らの研究グループに調査を委託して行われた。

　Bayer 調査は，Baums 調査①～③よりも時間的に後に行われたものであるが，調査項目は，決議の効力を争う訴訟や登記停止解除手続の件数・期間，職業的原告（Berufskläger）の活動状況など原告（株主）側の状況に限られ，Baums 調査①～③の調査項目の一部にすぎない[10]。そこで，本節では，基本的に，Baums 調査①～③で示された実態調査の結果の概要を紹介することとし，Bayer 調査の結果は，必要な限りで補足的に言及するにとどめる。

2　株主総会決議の効力を争う訴訟の実態

(1)　株主総会決議の効力を争う訴訟の件数

　最初は，Baums 調査①～③の調査結果のうち，株主総会決議の効力を争う訴訟の件数を取り上げる。〔表1〕は，1980年から2011年までの，株式会社（Aktiengesellschaft）・株式合資会社（Kommanditgesellschaft auf Aktien; KGaA）の数（2007年以降は，ヨーロッパ会社（Societas Europaea; SE）の数を含む），上場会社の数，訴訟提起に関する公告の件数，提訴件数（最低数）の推移を示したものである（ただし，2011年分は，年の途中までの数値であり[11]，参考値である)[12]。ドイツでは，株主総会決議に対して取消しの訴え・無効確認の訴えが提起され

ZIP 2000, 1649.

7) *Baums/Keinath/Gajek*, Fortschritte bei Klagen gegen Hauptversammlungsbeschlüsse? Eine empirische Studie, ZIP 2007, 1629.

8) *Baums/Drinhausen/Keinath*, Anfechtungsklagen und Freigabeverfahren. Eine empirische Studie, ZIP 2011, 2329.

9) *Bayer/Hoffmann/Sawada*, Beschlussmängelklagen, Freigabeverfahren und Berufskläger, ZIP 2012, 897.

10)　調査された項目に限っていえば，かなり詳細なデータを示しており，また Baums 調査②③の手法・結果の一部に異議を唱えたりもしている。

11)　株式会社等の数および上場会社の数は2011年10月11日時点の数値，訴訟提起に関する公告の件数および提起された訴訟件数（最低数）は2011年7月31日までの件数である。

12) *Baums/Vogel/Tacheva*, a.a.O. (Fn. 6), 1649 f.; *Baums/Keinath/Gajek*, a.a.O. (Fn. 7), 1632 ff.; *Baums/Drinhausen/Keinath*, a.a.O. (Fn. 8), 2330 ff.

た場合，取締役は，その旨を会社公告紙において公告しなければならない（株式法246条4項1文・249条1項1文）[13]。そのため，訴訟提起に関する公告の数を見ることで，訴訟提起件数を知ることができる。もっとも，同一の決議に対して複数の訴訟が提起された場合でもその旨を示す義務まではないので（任意に示すことはある）[14]，完全な個別訴訟の提訴件数を知ることはできない[15]。そのため，公告の内容から最低限判明する限りの提訴件数が「提訴件数（最低数）」として示されている[16]。

（表1）を見ると，株主総会決議を争う訴訟の提訴件数は，2008年まで増加し続けていたが，2009年以降は減少に転じている[17]。UMAGの施行が2005年11月1日であり，ARUGの施行が2009年9月1日である。UMAGの施行の前後では特に傾向の変化は見られないのに対し，ARUGの施行の前後では大きく傾向が変化している。この相違は，ARUGにおいて定められた対策が効を奏したことを示すと見てよい，とBaumsらは評価する[18]。

もっとも，2007年以降進行していた金融危機の中で，資本増加やスクイーズ・アウトなどの件数が減少したことが影響した可能性も指摘され，実際，2007年から2011年にかけては，会社の基礎的変更に関する決議の数が減少している[19]。しかし，決議数の減少だけで，前記のような規模で株主総会決議を争う訴訟が減少したことをすべて説明することは難しいとBaumsらは指摘している[20]。

---

[13] 公告媒体としては，連邦官報（2003年1月1日以降は連邦官報の電子版）において公告することが義務付けられている（株式法25条1文）。
[14] *Hüffer*, in : Münchener Kommentar zum Aktiengesetz, 3. Aufl., 2011, § 246 Rdn. 77.
[15] また，訴訟が提起されれば確実に公告されるのかについては，疑問の余地があるとされている。小規模会社においては公告義務の存在を認識していない可能性があり，あるいは，紛争が連邦官報において公告を行う前に裁判外で解決されたかもしれず，そのような場合には，訴訟提起の公告はなされないからである（*Baums/Vogel/Tacheva*, a.a.O. (Fn. 6), 1649; *Baums/Keinath/Gajek*, a.a.O. (Fn. 7), 1631）。
[16] 数え方について，*Baums/Keinath/Gajek*, a.a.O. (Fn. 7), 1633 ; *Baums/Drinhausen/Keinath*, Anfechtungsklagen und Freigabeverfahren. Eine empirische Studie. ILF Working Paper Series No. 130 (http://www.ilf-frankfurt.de/uploads/media/ILF_WP_130.pdf), S. 13 ff. なお，1980年〜1999年分は，公告件数のみが報告されているので，「提訴件数（最低数）」は公告件数をスライドさせた。
[17] 2009年を境に，提訴件数が大幅に減少したことは，Bayer調査でも同様の結果となっている。*Bayer/Hoffmann/Sawada*, a.a.O., (Fn. 9), 900.
[18] *Baums/Drinhausen/Keinath*, a.a.O. (Fn. 8), 2332.
[19] *Baums/Drinhausen/Keinath*, a.a.O. (Fn. 8), 2338.
[20] *Baums/Drinhausen/Keinath*, a.a.O. (Fn. 8), 2332. なお，Baums調査②の調査期間

(表1) 株主総会決議を争う訴訟の件数の推移

研究期間	年	株式会社・株式合資会社の数（2007年以降はヨーロッパ会社の数を含む）	上場会社の数（店頭公開株式を含む）	上場会社の数（店頭公開株式を含まない）	訴訟提起に関する公告の件数	提訴件数（最低数）
Baums調査①	1980	2147	459		6	6
	1981	2149	456		1	1
	1982	2132	450		2	2
	1983	2122	442		7	7
	1984	2141	449		3	3
	1985	2148	451		20	20
	1986	2193	492		9	9
	1987	2261	574		17	17
	1988	2366	609		30	30
	1989	2483	628		29	29
	1990	2685	649		26	26
	1991	2791	665		26	26
	1992	2943	665		20	20
	1993	3085	664		21	21
	1994	3527	666		45	45
	1995	3780	678		33	33
	1996	4043	681		47	47
	1997	4548	700		27	27
	1998	5468	741	452	39	39
	1999	7375	933	617	45	45
	2000	10582		744		
	2001	13598		749		
	2002	14814		715		
Baums調査②	2003	15311		684	87	135
	2004	16002		660	96	172
	2005	15764		648	135	281
	2006	15242		649	158	357
Baums調査③	2007	18010	1045	761	184	403
	2008	18082	1054	742	215	554
	2009	17902	1025	708	122	286
	2010	17557	1058	700	90	162
	2011	17178	1042	688	28	66

また，2007年および2008年の提訴件数がそれ以前と比べてかなり多いことについては，少なくともその一部は，責任解除決議（Entlastungsbeschluss），監査役員選任決議，決算検査役選任決議の効力を争う訴訟の増加（後記(2)④参照）に起因するのではないかとBaumsらは指摘する。2009年以降，これらの決議の効力を争う訴訟は，再び減少している。ARUGによる濫訴対策は，主に，登記を必要とする決議を対象とするものであり，責任解除決議等のような登記を必要としない決議を争う訴訟の急な減少を，ARUGの効果として説明することは困難である。

　これらの事情から，2007年および2008年の提訴件数の増加およびその後の減少は，少なくともその一部は特異な結果であり，2009年の前後における提訴件数の差異により，ARUGの効果が過大評価されてはならないとする[21]。

　以上のように，Baumsらは，一定の留保を付すものの，ARUGに，提訴件数の減少という効果があったこと自体については，肯定的である[22]。

(2) 株主総会決議の効力を争う訴訟の個別の分析
① 序

　Baumsらは，研究対象期間中に提訴された株主総会決議の効力を争う訴訟のうち詳細を調査できたものについて，分析を行っている。訴訟の詳細を知るには，訴訟終了公告[23]，判決謄本や訴訟記録を見る必要があり，そうした資料の制約上，（表１）で示された訴訟数のうち，その一部についてのみしか詳細を調査することはできない。その結果，調査対象とされた訴訟手続の数は，Baums調査①は207件，Baums調査②は97件，Baums調査③は186件である。

　　とBaums調査③の調査期間を比較すると，要登記決議の絶対数は減少しているが，決議数に対する訴訟の数はむしろ増えている。*Baums/Drinhausen/Keinath*, a.a.O.（Fn. 8），2338．

21)　*Baums/Drinhausen/Keinath*, a.a.O.（Fn. 8），2332．

22)　Bayerらも，同様に，提訴件数の減少は主としてARUGの効果であると評価する。*Bayer/Hoffmann/Sawada*, a.a.O.，（Fn. 9），900 f．景気後退により要登記決議の数が減少したことが提訴件数の減少に影響を与える可能性は，それほど重く見る必要はないとする。その理由として，2010年，2011年は景気が好転したが，提訴件数が増加することはなく，低水準が維持されたことを挙げる。また，長期的に見ても，景気の状況・金融市場の状況と決議の効力を争う訴訟の活発さのレベルとの間に，明確な関連性は認められないとする。

23)　訴訟終了公告は，従前から任意のものとして少数ながら行われていたが，2005年のUMAGにより，上場会社については義務となった（株式法248a条・249条1項1文）。この経緯について，*Baums/Keinath/Gajek*, a.a.O.（Fn. 7），1631参照。

また，調査項目によっては，調査可能な訴訟手続の数がさらに少数となることがある。

なお，訴訟手続の数の数え方について，Baums 調査①では，その詳細が示されていない。Baums 調査②③では，以下のとおりとされている[24]。同一の株主総会においてなされた決議が多数の原告によりその効力が争われることがよくある。そのような訴訟が裁判所により一つの訴訟手続へと併合された場合には[25]，1 件の訴訟手続として取り扱う。一つの訴訟手続が第 2 審へと継続し，それにより新たな事件番号が付された場合でも，引き続き同一の訴訟手続として評価し，新たに数え直すことはしない。併合されなかった訴訟手続は，たとえ同一の株主総会でなされた決議であっても，別個の訴訟手続と評価する。

② 原告（株主）

Baums 調査①と Baums 調査②③とを比較すると，Baums 調査②③では，一つの訴訟手続に多数の原告がいる場合が増加したとされている。Baums 調査②の調査対象の訴訟手続（97件）については，一つの訴訟手続当たり平均5.24人という結果であった[26]。Baums 調査③では，調査対象のうち ARUG 施行前の訴訟手続（104件）については，一つの訴訟手続当たり平均3.43人であった。ARUG 施行後の訴訟手続（28件）については，平均1.89人となっている[27]。

ARUG により登記停止解除手続の解除事由の一つとして新たに導入された持株条項（Bagatellquorum）（株式法246a 条 2 項 2 号）は，わずかな持株数のみの株主が，他の株主が提起した取消訴訟に便乗して共同原告となることの阻止を目指していた。Baums らは，前記の結果から，ARUG はその効果を発揮したと評価している（ただし，ARUG 施行後については調査できた訴訟手続の数が少

---

24) *Baums/Keinath/Gajek*, a.a.O.（Fn. 7），1631 f.；*Baums/Drinhausen/Keinath*, a.a.O.（Fn. 16），9 f.
25) 同一の株主総会決議に対して，取消訴訟が複数提起された場合，弁論および裁判を同時に行うため，裁判所は，義務的に，訴訟手続を併合しなければならない（株式法246条 3 項 6 文）。これは，無効確認訴訟についても同じである（株式法249条 2 項 1 文）。また，同一の株主総会決議に対して，取消訴訟と無効確認訴訟が提起された場合には，裁判所は，訴訟手続を併合することができる（株式法249条 2 項 2 文）が，これは義務ではない。他方，同一の株主総会における別個の決議に対して，効力を争う訴訟が複数提起された場合，裁判所は，裁量的に，訴訟手続を併合することができる（民事訴訟法147条）。
26) *Baums/Keinath/Gajek*, a.a.O.（Fn. 7），1634.
27) *Baums/Drinhausen/Keinath*, a.a.O.（Fn. 8），2332 f.

ない点で,留保を付ける)[28)29)]。

また,Baumsらは,「自ら直接,もしくは自らが出資または機関の構成員である会社を通じて,最低三つの異なる会社に対して,最低5件の株主総会決議の効力を争う訴訟を提起(補助参加を含む)した自然人」を「職業的原告(Berufskläger)」と定義する。この定義による「職業的原告」に該当する者は,Baums調査②では32人であり,Baums調査③では49人である。職業的原告によって提起された訴訟は,調査対象の訴訟のうちBaums調査②では77%,Baums調査③では78%に達する。Baumsらは,職業的原告の人数や関連訴訟の数については,ARUGの施行の前後で特に変化はなく,この点においては,ARUGは目に見える効果を有していないと評価している[30)31)]。

③ 被告(会社)

Baums調査①~③で調査対象とされた訴訟手続において,被告となった会社の大半は,上場会社である[32)]。時価総額でいえば,比較的小さな会社が被告になることが多いようである[33)]。その理由として,Baumsらは,小規模な会社は(法的な)過誤を犯すことが多いこと,濫用的訴訟を提起する職業的原告に

---

28) *Baums/Drinhausen/Keinath*, a.a.O. (Fn. 8), 2332.
29) 一つの訴訟手続当たりの原告の人数が,ARUG施行の前に比べて後に減少したことは,Bayer調査でも同様の結果が示されている。そして,Bayerらは,その主たる理由をARUGの効果に求める。*Bayer/Hoffmann/Sawada*, a.a.O., (Fn. 9), 904.
30) *Baums/Drinhausen/Keinath*, a.a.O. (Fn. 8), 2335 f.
31) Baums調査②における「職業的原告」の定義は,提訴件数が「最低3件」とされており,その定義に基づき「職業的原告」に該当する者は,42人であった(*Baums/Drinhausen/Keinath*, a.a.O. (Fn. 8), 2336 Fn. 134;*Baums/Keinath/Gajek*, a.a.O. (Fn. 7), 1636 ff.)。Baums調査②と③とでは,「職業的原告」の定義が変更されているわけであり,Bayerらは,これを恣意的な変更であるとして批判する(これに対するBaumsら側からの反論として,*Keinath*, Nochmals: „Berufskläger" in der aktuellen rechtspolitischen Diskussion, ZIP 2013, 1205, 1206)。そして,Bayer調査の結果に基づき,ARUG施行前と後を比較すると,職業的原告の活動レベルは明らかに低下したと結論づける。*Bayer/Hoffmann/Sawada*, a.a.O. (Fn. 9), 901 f.;s. auch *Bayer/Hoffmann*, „Berugskläger" in der aktuellen rechtspolitischen Diskussion, ZIP 2013, 1193.
32) 調査期間が2007年以降のBaums調査③においては,2005年以降,上場会社についてのみ訴訟終了公告が義務づけられていることが調査可能な訴訟手続の範囲に与える影響(資料の利用可能性によるバイアス)が指摘されている。もっとも,訴訟終了公告の影響が少ないと考えられるBaums調査①②でも,上場会社が大半である。*Baums/Vogel/Tacheva*, a.a.O. (Fn. 6), 1651;*Baums/Keinath/Gajek*, a.a.O. (Fn. 7), 1638;*Baums/Drinhausen/Keinath*, a.a.O. (Fn. 8), 2336.
33) *Baums/Keinath/Gajek*, a.a.O. (Fn. 7), 1638;*Baums/Drinhausen/Keinath*, a.a.O. (Fn. 8), 2336.

(表2) 効力が争われた株主総会決議の決議事項

	Baums調査①		Baums調査②		Baums調査③	
	決議事項	件数	決議事項	件数	決議事項	件数
1	責任解除	69	責任解除	39	責任解除	156
2	資本関係措置	52	資本関係措置	30	資本関係措置	74
3	定款変更	34	スクイーズ・アウト	26	定款変更	44
4	組織再編関係措置	33	定款変更	16	監査役会の選任	40
5	監査役会の選任	18	監査役会の選任	13	自己株式の取得・処分・売却	33
6	企業契約	17	組織再編関係措置	12	決算検査役の選任	30
7	決算検査役の選任	13	企業契約	9	利益処分	29
8	利益処分	10	転換社債／オプション証書および享益権の発行	8	スクイーズ・アウト	27
9	転換社債／オプション証書および享益権の発行	9	自己株式の取得・処分の授権	6	企業契約	25
10	株式法119条2項による決議	8	利益処分	5	株式法221条に基づく資金調達手段（転換社債，利益配当付社債）の発行	14
11	年度決算の確定	6	決算検査役の選任	4	従前の株主総会決議の確認	12
12	解散	4	株式法119条2項による決議	3	組織再編関係措置	12
13	その他	13	その他	14	その他	45

とっては，訴訟を提起してもメディアで話題になることの少ない小規模な会社を対象とする方が好ましいこと，といった事情が影響している可能性を指摘する[34]。

④ 効力が争われた株主総会決議の決議事項

Baums調査①～③で調査対象とされた訴訟手続において，効力が争われた株主総会決議の決議事項を見る。（表2）は，Baums調査①～③の調査結果を表の形でまとめたものである。

---

[34] *Baums/Keinath/Gajek*, a.a.O. (Fn. 7), 1638 ; *Baums/Drinhausen/Keinath*, a.a.O. (Fn. 8), 2336.

（表2）を見ると，Baums 調査①〜③を通じて多いのは，（取締役員・監査役員の）責任解除決議，資本に関する措置（認可資本の創設・通常の資本増加・条件付資本の創設・資本減少など），（資本関係以外の）定款変更，監査役員の選任，組織再編関係措置であり，Baums 調査②③では，スクイーズ・アウトも多い[35]。

Baums 調査①〜③のすべてを通じて最多であったのは，責任解除決議である。責任解除決議は，毎年の定時株主総会における定例の審議事項と位置づけられ（株式法120条1項1文・同条3項）[36]，取締役員・監査役員による会社の管理が全体としてみて法令・定款に適合していることを承認する旨の株主総会による表明である（同条2項1文）[37]。責任解除決議は，単独でその効力が争われるというよりは，典型的には，責任解除決議以外の決議に対して法令・定款違反を主張してその取消しを求めて訴えを提起するときに，同時に，同一の株主総会で議決された責任解除決議に対しても取消しを求めるという形でその効力が争われる場合が多いというのが，Baums らの分析である[38]。なお，効力が争われた責任解除決議の数は，Baums 調査③では，Baums 調査②の2倍であったが[39]，その大半は2007年と2008年に集中しているようである[40]。Baums らは，この増加の原因が金融危機の高まりと並行して生じた取引上のさまざまな展開にあるという可能性に言及する[41]。

前記第2節で説明したように，略奪的株主は，登記停止効・事実上の登記停止効を利用して，会社から利益を得ようとする。そのため，株主総会決議の効力を争う訴訟の濫用との関係では，要登記決議に対して提起された訴訟の数が注目される。前記の通り，責任解除決議を除くと，おおむね上位に来るのは，要登記決議（とくに，資本に関する措置，組織再編に関する措置，スクイーズ・ア

---

[35] *Baums/Vogel/Tacheva*, a.a.O.（Fn. 6），1651 f.；*Baums/Keinath/Gajek*, a.a.O.（Fn. 7），1639 f.；*Baums/Drinhausen/Keinath*, a.a.O.（Fn. 8），2337.
[36] *Hüffer*, Aktiengesetz, 11. Aufl., 2014, § 120 Rn. 14.
[37] *Hüffer*, Aktiengesetz, 11. Aufl., 2014, § 120 Rn. 11.
[38] *Baums/Keinath/Gajek*, a.a.O.（Fn. 7），1639.
[39] Baums 調査②では，調査対象となった訴訟手続97件のうち，効力が争われた責任解除決議の数は39件。Baums 調査③では，調査対象となった訴訟手続186件のうち，効力が争われた責任解除決議の数は156件（取締役員について73件，監査役員について83件）。*Baums/Drinhausen/Keinath*, a.a.O.（Fn. 8），2337.
[40] Baums 調査③における取締役員の責任解除決議73件のうち，その効力を争う訴訟の提起が2007年であるものが21件，2008年が30件，2009年が14件，2010年が8件，2011年（7月31日まで）が0件となっている。*Baums/Drinhausen/Keinath*, a.a.O.（Fn. 8），2337.
[41] *Baums/Drinhausen/Keinath*, a.a.O.（Fn. 8），2332.

ウトなど）であるといってよい。

⑤　原告が主張する株主総会決議の瑕疵（取消・無効事由）

　株主総会決議を争う訴訟において原告が主張した決議の瑕疵（取消・無効事由）は，公告において記載されないこともあるため，調査可能な範囲はある程度限定される。Baumsらは，公表された和解の文面，訴訟記録の閲覧，入手できた判決文または訴訟提起・終了公告などから判明する限りの調査を行ったとのことである。その結果，Baums調査②では調査対象とされた97件の訴訟手続のうち51件，Baums調査③では調査対象とされた186件の訴訟手続のうち87件で，原告が主張する決議の瑕疵が判明したという[42)43)]。

　また，原告が主張する決議の瑕疵は，事案ごとの具体的事情に依存する部分が大きいが，Baums調査①～③では，以下のように，大まかな分類により結果が示されている[44)]。すなわち，(1)一般的な法律違反，(2)報告義務，(3)株主総会の招集手続関係，(4)株主総会の遂行関係，(5)決議事項ごとに特有の瑕疵，(6)その他である。調査結果のうち，特徴的な事項を簡潔に紹介する。

　第1に，原告が主張する決議の瑕疵として最も数が多いのは，情報提供義務違反である。これに含まれるもののうち件数が多いのは，株式法131条の解説請求権，株主総会準備段階における情報提供義務違反（たとえば，必要書類の説明・送付の懈怠，株式法124条3項4文による監査役員または検査役候補者に関する情報の提供義務等），基礎的変更（資本関係，スクイーズ・アウト，組織再編，企業契約）に関する報告などがある。その中でも最も多いのは，株式法131条の解説請求権の侵害であるが，Baums調査①から③へと時が経つとともに，一貫して減少傾向にある。Baumsらは，UMAGにより，提供された情報が不正確または不十分，もしくは情報の提供が拒否されたことを理由とする決議の取消しが一定の場合に限定された（株式法243条4項）ことが影響した可能性を指摘する[45)]。そのほか，Baums調査③では，議決権行使の委任状の付与のために

---

42) *Baums/Keinath/Gajek*, a.a.O. (Fn. 7), 1640 ; *Baums/Drinhausen/Keinath*, a.a.O. (Fn. 16), 54 f.
43) なお，Baums調査①では，調査対象とされた207件の訴訟手続のうち原告が主張する決議の瑕疵が判明したのが何件なのか（207件全部なのか，207件よりも少ないのか）は明示されていない。
44) *Baums/Vogel/Tacheva*, a.a.O. (Fn. 6), 1652 f. ; *Baums/Keinath/Gajek*, a.a.O. (Fn. 7), 1640 ff. ; *Baums/Drinhausen/Keinath*, a.a.O. (Fn. 8), 2338 ff.
45) *Baums/Keinath/Gajek*, a.a.O. (Fn. 7), 1641 ; *Baums/Drinhausen/Keinath*, a.a.O. (Fn. 8), 2340.

用いる書面方式について，株主総会の招集通知における記載の誤りが，主張される決議の瑕疵として新たに出現している。

　第2に，株主総会の招集手続・決議方法に関する瑕疵としては，招集に関する諸規定の違反のほか，とくに多く主張されるものとして議決権行使の禁止の違反がある。すなわち，主要株主・大株主の議決権通知義務（株式法20条，証券取引法21条以下）違反を理由とする議決権行使の禁止や，利益相反を理由とする議決権行使の禁止（株式法136条1項・142条1項2文）に違反したという主張である。

　第3に，一般的な法令諸規定に対する内容面の違反として，件数が多いのは，特別利益の付与の禁止（株式法243条2項）違反と平等取扱原則（株式法53a条）違反である。そのほか，一般的な誠実義務違反，株主の持分権・社員権の侵害，良俗違反および権利濫用も決議の瑕疵として主張される例が見られる。

　第4に，決議事項ごとに特有の瑕疵の具体例は，次のとおりである。資本関係措置については，新株引受権の排除に対する訴訟が大半であり，客観的正当化の不存在や取締役の報告の誤りが決議の瑕疵としてよく主張される。責任解除については，当該決議の瑕疵として，取締役または監査役会の義務違反が主張されることが多い[46]。スクイーズ・アウトについては，代償の検査（株式法327c条2項2文・3文）との関係で訴訟が提起されることが最も多い[47]。そのほか，銀行の保証（株式法327b条3項）が十分ではない，現金代償の申出について額が十分ではない，瑕疵がある，あるいはそもそも申出が行われなかった，といったことが主張される。Baums調査②の調査対象期間においては，スクイーズ・アウトの制度（株式法327a条以下）が憲法違反であるとの主張も行われていたが，2007年から2008年にかけて，連邦憲法裁判所はスクイーズ・アウト制度の合憲性を肯定したため[48]，Baums調査③の調査対象期間においては，憲法違反との主張は見られなくなった。

　第5に，Baums調査③の調査対象期間において新たに見られるようになっ

---

[46] なお，当該義務違反を根拠づけるためには，重大かつ明白な法令・定款違反である取締役または監査役会の行為を主張しなければならない。BGHZ 153, 47, 50 ff.; 160, 385, 388. *Hüffer*, Aktiengesetz, 11. Aufl., 2014, § 120 Rn. 11 f.

[47] 代償の検査役が裁判所により選任されなかった（株式法327c条2項3文違反），検査が会社または主要株主との間で許されざる調整を行いつつ行われた，企業評価および検査報告が不正確である，といった主張がなされる。

[48] BVerfG AG 2007, 544, 545 f.; BVerfG WM 2007, 1884, 1884 f.; BVerfG AG 2008, 27, 27 f.

た瑕疵として，コーポレートガバナンス・コードの勧告規定への対応に関する宣言（株式法161条）に関する瑕疵がある。これに関して，2009年以降，連邦通常裁判所の判例は，株式法161条による対応宣言（Entsprechenserklärung）が行われず，あるいは虚偽であるということは，その瑕疵が重大なものである限りで，宣言義務の違反を認識していた取締役員または監査役員に係る責任解除の決議の取消事由となると解釈する[49]。さらに，当該瑕疵が責任解除決議のみならず，監査役員の選任決議の取消事由にもなるかが問題とされている[50]。

⑥　訴訟の終局区分

　Baums 調査①～③で調査対象とされた訴訟手続の終局区分は，次の（表3）のとおりである。Baums 調査②③では，審級ごとの結果が示されている。

　なお，Baums 調査①では，各区分における件数の算定方法などの詳細は示されていない。Baums 調査②③では，以下のとおりとされている[51]。複数の原告がいる一つの訴訟手続が，同一の方法で終了した場合（たとえば，共同の和解による終了），表中では，1件の終局区分として認識される。これに対して，一つの訴訟手続において，手続が，いくつかの異なった方法で終了した場合（たとえば，複数の原告がそれぞれ別個に独自の和解を締結した場合や，原告が3人いるときにそのうち2人が一つの和解を締結し，その部分の訴えは取り下げられたが，残りの1人については判決が下された場合など），表中では，別個の終局区分として評価される。それゆえ，終局区分の件数は，調査対象となった訴訟手続の数よりも多くなる。

　Baums 調査①と②を比較すると，Baums 調査②では，通常判決の割合が大幅に減少し，その代わりに和解の割合が大幅に増加している。Baums らは，この結果は，職業として決議の効力を争う訴訟を提起する原告の数が増加しているという調査結果，および，そのような者は，ほとんどの場合（92%），自らが提起した訴訟手続を和解で終了させるという調査結果[52]と符号すると評価する[53]。

　Baums 調査②と③を比較すると，Baums 調査③では，明らかに和解の割合

---

[49]　BGHZ 180, 9, 19 f.；182, 272, 280.
[50]　*Hüffer*, Aktiengesetz, 11. Aufl., 2014, § 161 Rn. 31 f.
[51]　*Baums/Keinath/Gajek*, a.a.O.（Fn. 7），1642 f.；*Baums/Drinhausen/Keinath*, a.a.O.（Fn. 16），71 f.
[52]　後掲注65）参照。
[53]　*Baums/Keinath/Gajek*, a.a.O.（Fn. 7），1643.

（表3） 訴訟手続の終局区分

	Baums調査①		Baums調査②*1				Baums調査③*2			
			第1審		第2審		第1審		第2審	
	件数	割合	件数	割合	件数	割合	件数	割合	件数	割合
通常判決	231	78%	30	27%	6	30%	71	35%	12	28%
控訴棄却決定（民事訴訟法522条2項）	—	—	—	—	—	—	—	—	1	2%
認諾判決	2	1%	4	3%	—	—	10	5%	—	—
和解	34	12%	68 *4	60%	9 *6	45%	91	45%	14	33%
双方的訴訟終了宣言	7	2%	—	—	—	—	4	2%	2	5%
訴え（または控訴）の取下げ	11 *3	4%	9 *5	8%	5 *7	25%	25	12%	14	33%
欠席判決	9	3%	2	2%	—	—	1	1%	—	—

*1) Baums調査②では、2005年11月1日以降に終了した訴訟手続のみが対象となっている。
*2) Baums調査③では、上告審の結果も示されている。上告または上告不許可に対する異議申立てが行われたのは7件である。そのうち5件は異議申立てが斥けられることにより終結し、2件は和解により上告審手続が終了した。
*3) 11件のうち、通常は、訴訟外の取下げの合意が先行しているであろうと指摘されているが（Baums/Vogel/Tacheva, a.a.O. (Fn. 15), 1653)、その具体的件数は不明である。
*4) Baums/Keinath/Gajek, a.a.O. (Fn. 16), 1643 Tabelle 11で示された裁判上の和解の件数57件と、a.a.O., 1643 Fn. 92で示された裁判外の和解に基づく取下げ11件を合わせた68件を表示している。
*5) Baums/Keinath/Gajek, a.a.O. (Fn. 7), 1643 Tabelle 11で訴えの取下げは20件とされているが、そのうち11件が裁判外の和解の結果として行われたものである（a.a.O., 1643 Fn. 92）から、それを除いた9件を表示している。
*6) Baums/Keinath/Gajek, a.a.O. (Fn. 16), 1643 Tabelle 12で示された訴訟上の和解の件数7件と、a.a.O., 1643 Fn. 103で示された裁判外の和解に基づく取下げ2件を合わせた9件を表示している。
*7) Baums/Keinath/Gajek, a.a.O. (Fn. 7), 1643 Tabelle 12で取下げは7件とされているが、そのうち2件が裁判外の和解の結果として行われたものである（a.a.O., 1643 Fn. 103）から、それを除いた5件を表示している。

が減少している。しかし、職業原告が自らの提起した訴訟手続を和解で終結させるのが大半（72％）であるという点にはさほど変化がないことがBaums調査③で示されているため[54]、Baumsらは、被告となる会社側が以前ほど安易

に和解で訴訟を終了させないようになってきたせいではないかと評価している[55]。Baums調査③では，和解の割合が減少した代わりに，通常判決と訴えの取下げの割合が増えている。

⑦ 判決内容の詳細

Baums調査①においては，通常判決231件のうち，請求が全部認容されたのが69件（30％），一部認容されたのが31件（13％），訴えが斥けられたのが131件（57％）である[56]。

Baums調査②においては，通常判決のうち内容の分かる15件のうち，請求が認容されたのが8件（53％），訴えが斥けられたのが7件（47％）であった[57]。

Baums調査③においては，第1審の通常判決71件中内容が分かる63件のうち，請求が全部認容されたのが15件（24％），一部認容されたのが8件（13％），訴えが斥けられたのが40件（63％）である。第2審の通常判決12件のうち，請求が全部認容されたのが4件（33％），一部認容されたのが1件（8％），訴えが斥けられたのが7件（58％）である[58]。

具体的な判決理由は，事案ごとの具体的事情に依存する部分が大きいが，Baums調査①～③の結果を大まかに示すと以下のとおりとなる[59]。訴えを斥ける判決の場合は，請求の理由がまったく根拠づけられないという理由であることが多い。権利濫用を理由とすることは，ほとんどない。請求認容判決の場合は，まさに多種多様だということができるが，情報提供義務や株主総会の招集・遂行といった手続面の瑕疵を認める例が多く，決議内容面に係る瑕疵を認めたものは少ないようである。特別利益の付与の禁止（株式法243条2項）違反は，主張されることが多い割に，それが判決で認められることはほとんどない。また，Baums調査①では，資本増加における新株引受権の排除について客観的正当化の欠缺を認めたものがかなりの数で存在したが，Baums調査②③では，そのような事案は確認できないようである。

---

54) 後掲注65）参照。
55) *Baums/Drinhausen/Keinath*, a.a.O.（Fn. 8），2343.
56) *Baums/Vogel/Tacheva*, a.a.O.（Fn. 6），1653.
57) *Baums/Keinath/Gajek*, a.a.O.（Fn. 7），1642.
58) *Baums/Drinhausen/Keinath*, a.a.O.（Fn. 8），2343 Fn. 195, 203.
59) *Baums/Vogel/Tacheva*, a.a.O.（Fn. 6），1654；*Baums/Keinath/Gajek*, a.a.O.（Fn. 7），1642；*Baums/Drinhausen/Keinath*, a.a.O.（Fn. 8），2341.

⑧ 和解内容の詳細
(ア) 概　要

　Baums調査①〜③によると，和解で終結することがとくに多い訴訟手続は，要登記決議の効力を争う訴訟である。具体的には，スクイーズ・アウト，組織再編，資本関係措置，企業契約に対する同意やその他の定款変更に関する決議が問題となる。Baums調査①では，和解内容等詳細を調査できた事案14件のすべてが，要登記決議の効力が争われた事案であった[60]。Baums調査②では，要登記決議の効力が争われた63件の訴訟手続のうち45件（71％）が和解により終了した[61]。同じくBaums調査③では，要登記決議の効力が争われた120件の訴訟手続のうち76件（63％）が和解により全部または一部が終了した[62]。

　また，5人以上の原告が和解により終了した訴訟手続に関与していた事案が，Baums調査②では，和解による終結76件のうち46件[63]，Baums調査③では，和解により終了した103件の訴訟手続のうち26件であった（なお，調査対象となった全186件の訴訟手続のうち5人以上の原告がいたのは36件であった）[64]。

　さらに，最もよく決議の効力を争う訴訟を提起する上位20人について詳細を調べると，その訴訟の対象はほとんどが要登記決議であり，また訴訟の多くが和解で終結していることが判明する[65]。そのため，Baumsらは，職業として決議の効力を争う訴訟を提起する原告は，決議の効力を否定する請求認容判決ではなく，始めから和解を狙っており，会社または多数派株主が和解に応じるように，要登記決議に係る登記停止の効果と登記停止解除手続に要する期間を利用している，などと評価する。

(イ) 和解の内容

　和解の内容については，会社またはその大株主に，事案ごとの事情に応じた

---

60) *Baums/Vogel/Tacheva*, a.a.O. (Fn. 6), 1655. 具体的には，新株引受権の排除を伴う資本増加が4件，合併が3件，新株引受権の排除を伴う認可資本の創設が3件，分離分割・編入・組織変更・企業契約に対する同意が1件ずつであった。
61) *Baums/Keinath/Gajek*, a.a.O. (Fn. 7), 1643.
62) *Baums/Drinhausen/Keinath*, a.a.O. (Fn. 8), 2344.
63) *Baums/Keinath/Gajek*, a.a.O. (Fn. 7), 1643.
64) *Baums/Drinhausen/Keinath*, a.a.O. (Fn. 8), 2344.
65) Baums調査②では，上位20人が提起した訴訟309件のうち299件（97％）が要登記決議であり，284件（92％）が和解で終了した。Baums調査③では，上位20人が提起した訴訟291件のうち238件（82％）が要登記決議であり，209件（72％）が和解で終了した。*Baums/Keinath/Gajek*, a.a.O. (Fn. 7), 1644 Tabelle13 ; *Baums/Drinhausen/Keinath*, a.a.O. (Fn. 8), 2344.

さまざまな義務（現金代償の提示額を引き上げる，新株引受権を株主に提供する，問題の決議を実施しないなど）を負わせるほかは，費用負担条項が問題となる。

費用負担条項とは，訴訟に関連して発生した諸費用を誰が負担するかを定める条項である。Baums調査②では，和解により終了した76件のうち，48件で被告会社が，9件で被告会社の主要株主が，13件で被告会社と主要株主が共同で，費用を負担した。取消訴訟の原告も費用の一部を負担したのは4件である（2件は費用負担の詳細不明）[66]。Baums調査③では，和解における費用負担条項が確認できた106件のうち，被告会社による費用負担が67件，被告会社の主要・多数派株主による費用負担が18件，原告による（少なくとも一部の）費用負担が18件，費用負担者不明が3件であった[67]。被告側が全面的に費用を負担したのは，和解内容の詳細が分かる範囲内では，Baums調査②で92％，Baums調査③で80％ということになる。

費用負担条項により負担の対象となる費用は，相手方に生じたものも含む争訟の費用である。補助参加人の費用まで含む場合とそうでない場合がある[68]。弁護士費用も含むのが通常である。訴訟外の費用も含むことがあるが，その場合には，「必要不可欠な」訴訟外の費用に限るなどの何らかの制限が加えられることが多い[69][70]。

また，費用負担の有無や負担対象費用の詳細と並んで重要な役割を担うものとして，和解価額（Vergleichswert）が挙げられている[71]。和解価額は，費用負

---

66) *Baums/Keinath/Gajek*, a.a.O. (Fn. 7), 1645.

67) *Baums/Drinhausen/Keinath*, a.a.O. (Fn. 8), 2345 Tabelle17.

68) Baums調査②では，調査対象となった76件の和解のうち，補助参加人の費用まで含むのが16件，含まないのが30件（その他は明示の規定がない）。Baums調査③では，調査対象となった106件の和解のうち，補助参加人の費用まで含むのが9件，含まないのが34件（その他は明示の規定がない）。

69) Baums調査②では，調査対象となった76件のうち28件で，「必要不可欠な」裁判外の費用に限る旨の明示の条項があった。その一方で，9件で，当事者間の予備的交渉の全費用（旅費，場所代，飲食費など）が費用負担条項に含められていた。Baums調査③では，「必要不可欠な」裁判外の費用に限る旨の明示の条項があったのが調査対象となった86件（原告の裁判外の費用の少なくとも一部を被告側が負担する旨の和解が行われた事案）のうち13件であり，また，同じく86件のうち64件で，民事訴訟法および弁護士報酬法（RVG）の規定の参照を指示することで，同様の制限が行われていた。

70) 以上について，*Baums/Keinath/Gajek*, a.a.O. (Fn. 7), 1645；*Baums/Drinhausen/Keinath*, a.a.O. (Fn. 8), 2346.

71) *Baums/Keinath/Gajek*, a.a.O. (Fn. 7), 1645 ff.；*Baums/Drinhausen/Keinath*, a.a.O. (Fn. 8), 2346 f. 和解価額は，原則として，訴額と和解対価（Vergleichsmehrwert；被告会社または多数派株主の支払額）の合計であるとされる。

担の額，とりわけ原告の弁護士費用算定の基準とされることがある。和解価額が，決議の瑕疵を争う訴訟の訴額の原則的上限（株式法247条1項参照）である50万ユーロを超えた和解は，調査対象となった和解の半数を上回る[72]。決議の瑕疵を争う訴訟の訴額は，50万ユーロに達しないのが普通であるにもかかわらず，である[73]。また，最もよく決議の効力を争う訴訟を提起する上位20人について調べると，その提起した訴訟のうち大半が和解で終結し[74]，その関与する和解の多くにおいて，和解価額が50万ユーロを超えていた[75]。

(ウ) Baums らの評価

Baums らは，以上の調査結果によって，以下のことが示されていると指摘する。すなわち，原告側が本案訴訟に全面勝訴する可能性は，3分の1未満から50％程度であるにもかかわらず[76]，取消訴訟の原告は，かなり高い蓋然性をもって和解の成立を計算に入れることができ，和解の合意がなされた場合には極めて高い蓋然性をもって費用を負担せずに済み，さらに相当の利得を得ることが期待できる，という[77][78]。

3 登記停止解除手続の分析

(1) 登記停止解除手続の概要

① UMAG 以前の登記停止解除手続

---

72) Baums 調査②で57％，Baums 調査③で55％。
73) Vgl. *Baums/Vogel/Tacheva*, a.a.O. (Fn. 6), 1655.
74) 前掲注65) 参照。
75) Baums 調査②で73％，Baums 調査③で49％。
76) 前掲2(2)⑦参照。判明する限りでは，Baums 調査②で請求の認容は53％，Baums 調査③で請求の全部認容は24％にすぎない。なお，被告会社側が，当該訴訟において請求が認められる可能性があると予想したから和解に応ずるのだとすれば，和解が成立した場合において請求に理由がある割合は，和解が成立せず通常判決に至った場合よりも高くなるであろうことが想定されるが，この点については，後掲注78) 参照。
77) *Baums/Keinath/Gajek*, a.a.O. (Fn. 7), 1647；*Baums/Drinhausen/Keinath*, a.a.O. (Fn. 8), 2347.
78) Baums らは，被告会社が，原告の請求が認められる見通しが十分にあることを理由に，被告会社側が費用負担する和解に応ずることについては，権利保護の観点から，好意的に評価している（逆に，原告が請求の成否の見通しを見誤っていたときは，原告が費用負担すべきであるとする）。しかし，実態はその逆であり，被告会社は，請求の成否の見通しを顧慮しているわけではなく，商業登記簿への登記要件および争訟手続にかかる期間により原告に有利となっている手続の中で，時間的な苦境に陥る（要登記決議に基づく行為をいつまでも実行できない）という理由から，費用負担をしてまで和解に応じているにすぎないとする。*Baums/Keinath/Gajek*, a.a.O. (Fn. 7), 1647；*Baums/Drinhausen/Keinath*, a.a.O. (Fn. 8), 2347.

登記停止解除手続は，UMAG 以前から，組織再編法上の組織再編，編入およびスクイーズ・アウトについて存在していた制度である（組織再編法16条3項，株式法319条6項・327e条2項）[79]。これらに係る株主総会決議の効力を争う訴訟が提起されると，その係属中は，原則として，当該決議・措置の登記を申請することができない（登記停止効。前記第2節3参照）。このような場合について，裁判所の決定により，株主総会決議の効力を争う訴訟の提起が登記を妨げないことを確定し，登記の申請を可能にするのが，登記停止解除手続である（当該決定が否定表明の代わりとなる）。当該決定が下されるのは，a）株主総会決議の効力を争う訴訟が不適法または明らかに理由がない場合，もしくは b）当該措置の即時の効力の発生が，訴訟で主張される違法性を考慮に入れた上で，裁判所の自由な心証により，申立人が主張する会社およびその株主の不利益を回避するために，優先すると認められる場合とされていた（ARUGによる改正前の組織再編法16条3項2文，株式法319条6項2文）。

② UMAG 後の登記停止解除手続

UMAG は，登記停止解除手続の対象を拡大し，資本増加・減少の措置と企業契約に関する株主総会決議についても同手続を新たに導入することとした（株式法246a条）。この新たな登記停止手続解除決定の解除事由は，UMAG 以前から存在する登記停止解除手続と同様とされた（前記①の a）b））。他方，両者は，以下の3点で相違する[80]。第1に，新たに手続の対象とされた決議については，法律上の登記停止効があるわけではなく，あるのは事実上の登記停止効だという点である。事実上の登記停止効に関して，登記裁判所は，決議の効力を争う訴訟が現に係属している場合のみならず，訴訟提起前でも，登記手続を停止することができる（旧非訟事件手続法（FGG）127条・家庭事件および非訟事件の手続に関する法律（FamFG）381条・21条1項参照）。そのため，新たな登記停止解除手続は，決議の効力を争う訴訟が提起される前にも，申し立てることができる。第2に，登記停止解除決定は，遅くとも申立てから3カ月で下さ

---

79) 組織再編および編入については，1994年の組織再編法の整備のための法律（Gesetz zur Bereinigung des Umwandlungsrechts (UmwBerG), BGBl. 1994 I, 3210）により導入された。スクイーズ・アウトについては，2001年の有価証券の取得のための公開買付けの申出および企業買収の規制のための法律（Gesetz zur Regelung von öffentlichen Angeboten zum Erwerb von Wertpapieren und von Unternehmensübernahmen, BGBl. 2001 I, 3822）によるスクイーズ・アウト手続の新設と同時に導入された。

80) *Baums/Keinath/Gajek*, a.a.O. (Fn. 7), 1647.

れるものとされた点である（UMAGによる改正後の株式法246a条3項5文[81]）[82]。なお，3カ月期間条項は，いわゆるSoll規定であり，この期間を徒過したからといって違法になるわけではない（ただし，遅延の理由は決定により説明されなければならない）。第3に，株主総会決議の効力を争う訴訟が「明らかに理由がない」ものであり，登記停止解除の申立てが認容されるべきなのはどのような場合かという問題や，利益衡量条項の運用について，明確化を図るための記述が株式法246a条に係る政府草案理由書においてなされた点である[83]。この明確化は，UMAG以前からある登記停止解除手続に対しても，同様に及ぼすことが意図されていた[84]。

③　ARUG後の登記停止解除手続

ARUGにより，登記停止解除手続について，以下の3点の改正が行われた[85]。第1に，手続面の改善が図られた。たとえば，第1審裁判権が上級地方裁判所に付与されるとともに，上訴ができなくなった（株式法246a条1項3文・3項4文・319条6項7文・9文，組織再編法16条3項7文・9文）。第2に，わずかな持分比率しか有しない株主による登記停止解除手続と株主総会決議の効力を争う訴訟を減少させるため，登記停止解除事由の一つとして持株条項（Bagatellquorum）が追加された（株式法246a条2項2号・319条6項3文2号，組織再編法16条3項3文2号）。第3に，利益衡量条項について，経済的利益の衡量と違法性の審査とを明確に区別し，統一的な運用を確保するための修正が行われた（株式法246a条2項3号・319条6項3文3号，組織変更法16条3項3文3号）。修正後の文言は，「3．申立人により主張される，会社およびその株主にとっての主な不利益が，裁判所の自由な心証によれば，申立ての相手方にとっての不利益を上回るため，株主総会決議の即時の効力発生が優先すると認められる

---

81)　ARUGによる改正後の株式法246a条3項6文。
82)　3カ月期間条項は，UMAGの制定時，UMAG以前から存在する登記停止解除手続には導入されなかった。その後，2007年に，組織変更法の改正のための第2次法（Zweites Gesetz zur Änderung des Umwandlungsgesetzes, BGBl. I 2007, 542）により，組織再編，編入およびスクイーズ・アウトの登記停止解除手続についても，3カ月期間条項が導入された（同法による改正後の組織再編法16条3項4文，株式法319条6項4文）。同改正の施行日は，2007年4月25日である。
83)　BegrRegE, BT-Drucks. 15/5092, S. 29.
84)　Vgl. Seibert / Schütz, Der Referentenentwurf eines Gesetzes zur Unternehmensintegrität und Modernisierung des Anfechtungsrechts – UMAG, ZIP 2004, 252, 258.
85)　Baums/Drinhausen/Keinath, a.a.O. (Fn. 8), 2329 f., 2347 f.; s. auch BegrRegE, BT-Drucks. 16/11642, S. 40 ff.

場合。ただし，法律違反が著しく重大な場合は，この限りでない」である。

(2) 登記停止解除手続の実態
① 登記手続解除手続の件数

　Baums 調査②③の調査結果のうち，登記手続解除手続の件数を見ることにする[86]。（表4）は，決議内容ごとの登記停止解除手続の件数を表の形で示したものである。

　Baums 調査②では，調査対象とされた，株主総会決議の効力を争う訴訟97件のうち，要登記決議を対象としており，登記停止解除手続が問題になるものが58件あった。そのうち，判明する限りでは，46件で実際に登記停止解除手続が行われていた。Baums らによると，会社と取消訴訟の原告との間で直接，株主総会の後で和解が結ばれ，登記停止解除手続を利用する必要がなくなることは，珍しいことではないという[87]。

　Baums 調査③では，ARUG の施行前に申し立てられたものか（ARUG による改正後の株式法・組織再編法は適用されない），施行後に申し立てられたものか（ARUG による改正後の株式法・組織再編法が適用される）を区別して件数が計上されている。ARUG 施行前と施行後を比較すると，調査対象期間の長さはほぼ同様であるのに，件数はほぼ半減している[88]。ただ，株主総会決議の効力を

（表4）登記停止解除手続の件数

措置の内容	Bauma 調査②	Baums 調査③	
		ARUG 適用前	ARUG 適用
スクイーズ・アウト	23	21*	5
資本関係措置	16	8	12*
企業契約		7	1
組織再編	7	4*	3*
合計	46	40	21

*) それぞれ1件ずつ，企業契約も問題とされた事案があるが，二重カウントを避けるため，企業契約の項目では計上せず，それぞれの項目でのみ計上されている。

---

86) *Baums/Keinath/Gajek*, a.a.O.（Fn. 7），1648；*Baums/Drinhausen/Keinath*, a.a.O.（Fn. 8），2348.
87) *Baums/Keinath/Gajek*, a.a.O.（Fn. 7），1648.
88) Bayer 調査でも，同様に，ARUG 前に比べて ARUG 後は，件数が半減している。*Bayer/Hoffmann/Sawada*, a.a.O.,（Fn. 9），908.

争う訴訟の件数がARUG施行後に急激に減少したこと（前記2(1)参照）と比較すると，減少の程度は少ない。

② 事実上の登記停止効の実態

Baumsらは，資本関係措置および企業契約が問題となった登記停止解除手続の事案で，登記裁判所が旧非訟事件手続法（FGG）127条または家庭事件および非訟事件の手続に関する法律（FamFG）381条・21条1項に基づき，登記手続を停止したか否か，すなわち事実上の登記停止効が生じていたか否かを調査している[89]。

Baums調査②では，資本関係措置および企業契約が問題となった16件中，判明する限りでは，登記手続が停止されなかったのは2件のみであったとされ，文献等で言われているとおり，事実上の登記停止効が生ずるのが通常となっているようだと評価されている。

Baums調査③では，決定文で明示されているわけではないが，状況から見て，資本関係措置および企業契約が問題となった事案の大半で，登記手続が停止されていたようだと評価されている。他方，28件中8件で，株主総会決議の効力を争う訴訟が提起され，なお係属中であったのに，登記されたことが決定文で示されていたという。

③ 手続に要した期間

登記停止解除決定は遅くとも申立てから3カ月で下されるものとする3カ月期間条項は，Soll規定であり，当該期間を徒過したとしても，違法となるわけではない。そのことを踏まえた上で，手続に要した期間に関するBaums調査②③の調査結果を見る[90]。

Baums調査②では，29件の決定について，手続に要した期間が判明したとのことである。そのうち，3カ月期間条項が存在する株式法246a条に基づく登記停止解除手続12件については，地方裁判所の決定か上級地方裁判所の決定かを問わず，そのすべてで3カ月以内に手続が終了していた。他方，2007年4月25日まで3カ月期間条項が存在しなかった組織再編法16条3項，株式法319条6項，327e条2項に基づく登記停止解除手続は，長期化する傾向にある。

---

89) *Baums/Keinath/Gajek*, a.a.O.（Fn. 7），1648；*Baums/Drinhausen/Keinath*, a.a.O.（Fn. 8），2348.

90) *Baums/Keinath/Gajek*, a.a.O.（Fn. 7），1648 f.；*Baums/Drinhausen/Keinath*, a.a.O.（Fn. 8），2348 f.

(表5）登記停止解除手続に要した期間

	ARUG 前	ARUG 後
地方裁判所の決定により終了した場合の手続の期間	94.90日 （31件中11件）	—
上級地方裁判所の決定により終了した場合の手続の期間	75.9日 （31件中11件）	103日 （31件中9件）
ARUG前に係属したすべての手続の平均期間（1審および2審；審級ごと）	86.26日 （31件中22件）	—
ARUG前と後に係属したすべての手続の平均期間	90.51日 （31件中31件）	

　地方裁判所の決定12件のうち，3カ月以内で手続が終了したのは2件のみであり，その他は，約9カ月（2件），約8カ月（1件），約6カ月（1件），約5カ月（4件），約4カ月（1件），約3.5カ月（1件）であった。平均は，約5.5カ月である。上級地方裁判所の決定5件については，明らかに短期間で終了しており，3件が3カ月以内であり，3カ月を超える2件も約1週間程度の超過にすぎない。平均しても，3カ月以内に手続が終了している。

　Baums調査③では，31件について，手続に要した期間が判明したとのことである。その結果を表の形で示すと，（表5）のとおりとなる。

　以上の結果から，Baumsらは，裁判所は，基本的には，3カ月期間条項を遵守しているようであると評価している。

④　手続の終局区分・決定内容の詳細

　次に，手続の終局区分と決定内容の詳細を見ることにする[91]。

　Baums調査②では，調査対象となった登記停止解除手続46件のうち，22件が裁判所の決定により終了した。第1審で終了したものが6件，抗告審で終了したものが16件である。したがって，地方裁判所の決定は22件（6件+16件。抗告審で終了した16件においては，その第1審としての地方裁判所の決定が存在するため），上級地方裁判所の決定は16件存在することになる。地方裁判所の決定のうち，会社による登記停止解除の申立てが認められたのが14件，認められなかったのが5件である。上級地方裁判所の決定のうち，会社による登記停止解除の申立てが認められたのが11件，認められなかったのが2件である。結果

---

[91] *Baums/Keinath/Gajek*, a.a.O. (Fn. 7), 1648 f.; *Baums/Drinhausen/Keinath*, a.a.O. (Fn. 8), 2348 f.

不明は，6件であった。また，調査対象となった登記停止解除手続46件のうち，24件が決定に至る前に和解で終了した。

　38件の決定のうち，25件で内容を調査することができたようであり，そのうち(i)株式法246a条に基づくものが11件，(ii)組織再編法16条３項，株式法319条６項または327e条２項に基づくものが14件であった。決定理由は，以下のとおりとなる。

　(i)では，11件すべてで会社による登記停止解除の申立てが認められた。第１に，決議の効力を争う訴えが「不適法である」ことを理由とするものはない。第２に，決議の効力を争う訴えに「明らかに理由がない」ことを理由とするものは，４件であった。また，「明らかに理由がない」ことが取消事由の一部について認められたものが１件ある。それら５件のうち，UMAGの政府草案理由書で示された「明らかに理由がない」ことという要件の解釈に従った旨を明示するものが２件あった。第３に，利益衡量条項は，すべての決定において，それのみで，あるいは補足的に，決定理由とされている。すべての事案で，会社側の登記をすることの利益が優先することが認められている。また，UMAGの政府草案理由書で示された利益衡量条項の運用方針を適用したものが５件ある一方で，明示的にそれに従わない旨を示したものが１件ある。

　(ii)では，会社による登記停止解除の申立てが認められたのが９件，認められなかったのが５件であった。第１に，決議の効力を争う訴えが「不適法である」か否かが判断されたものはない。第２に，８件（認容５件，却下３件）で，決議の効力を争う訴えに「明らかに理由がない」か否かが判断された。第３に，８件（認容３件，却下５件）で，利益衡量条項について判断された。もっとも，そのうち５件で，会社側の登記をすることの利益の優先が認められなかった。

　Baums調査③では，訴訟提起公告および訴訟終了公告から判明する14件の登記停止解除手続のうち，13件で，すでに登記停止解除手続の第１審段階で，決議の効力を争う訴訟の訴訟手続が和解を理由に終了したため，登記停止解除手続は決定に至らず終了したようである。そのほか，法学専門誌に掲載されたものを見たり，裁判所から送付を受けることで，61件の決定についてその内容を調査することができたようである。そのうち，会社による登記停止解除の申立てが認められたのが48件，認められなかったのが13件である。

　ARUG施行後に係属した21件のうち，８件で，申立ての相手方が持株要件の充足を証明しなかったことが指摘されている。もっとも，そのことだけを理

由に会社による登記停止解除の申立てを認めることは少なく，他の登記停止解除事由を満たすことも併せることで，会社による申立てを認める傾向にある。

会社による登記停止解除の申立てが認められた48件のうち，決議の効力を争う訴えが「不適法である」ことを根拠とするものは1件にすぎない。決議の効力を争う訴えに「明らかに理由がない」ことを根拠とするものは33件に及ぶ。利益衡量条項に基づき，会社による申立てを認めたものは多くなく，11件である。他方，会社による申立てが認められなかった14件（と記載されているが，13件の誤りか？）のうち，9件で，利益衡量条項について判断されたが会社側の実行の利益の優先が認められなかった。

結果として，ARUGによる利益衡量条項の修正の影響は，明示的には認められないとBaumsらは評価する。

第4節　若干の検討

1　序

本節では，第3節で紹介した実態調査の結果について，若干の検討を行う。

2　実態調査の位置付け

Baums調査①～③およびBayer調査は，株主総会決議の効力を争う訴訟の濫用に対処するための立法措置を提案し，実現した法改正の効果を検証し，またはさらなる立法措置を提案するための実態調査である。法改正の提案・検証に当たって，実態調査を行うというドイツの取組みは，非常に興味深い。

もっとも，調査可能な資料に限界があるため，得られた情報は，あくまで判明した限りのものに限られる。それが果たして，全体の状況を正確に反映したものといえるかは，何ともいいがたい（一定のバイアスがかかっている可能性は否定できない）。データについて統計処理が行われているわけでもなく，法改正の効果の検証は，あくまで直観的なものにとどまる[92]。また，法改正の効果の検証としては，訴訟件数の増減や職業的原告の活動レベルなど，法改正が直接狙いとしたものが奏功しているかに焦点が当てられている。法改正の狙いがそ

[92) ただし，時系列データの統計処理は困難なようであり（森田果『実証分析入門』58頁（日本評論社，2014年）参照），やむを得ないともいえる。

もそも立法政策として妥当なのかを検証するものではないことに留意を要する。

3　責任解除決議とその効力を争う訴訟の意味

　訴訟により効力が争われる株主総会決議として最も多いのは，責任解除決議のようである（前記第3節2(2)④参照）。

　責任解除決議をすることにより，株主総会は，取締役員・監査役員による会社の管理が全体としてみて法令・定款に適合していることの承認を与えることになる（株式法120条2項1文）[93]。もっとも，責任解除決議をすることは，損害賠償請求権の放棄を意味するものではなく（同項2文）[94]，株式法上の責任解除決議の法的な意味はごくわずかしかない[95]。そのため，これほど多くの責任解除決議の効力が訴訟で争われることの理由がどこにあるのかは，興味深い問題である。

　一つの理由として考えられるのは，Baums らが指摘するところであるが（前記第3節2(2)④参照），単独で責任解除決議の効力を争うというよりは，同決議以外の決議の効力を争う際に，同時に，同一の株主総会で議決された責任解除決議の効力も争うことが多いから，というものである。責任解除決議は，毎年の定時株主総会の定例的な審議事項であるから，効力を争いたい決議が定時株主総会でなされたものであれば，通常は，同一の株主総会で責任解除決議もなされているので，前記のような抱き合わせは多くの場合で可能であろうと思われる。また，抱き合わせることで，訴額を引き上げることができ[96]，そうすると弁護士費用の額にも影響を与えるなどの効果がある。

　もう一つの理由として考えられるのは，責任解除決議の効力を争うというのは，監査役員・取締役員に不満を持つ株主（とくに持株数がごくわずかな者）にとっては，貴重な攻撃方法の一つであることから[97]，そのような目的で利用さ

---

93)　*Hüffer*, Aktiengesetz, 11. Aufl., 2014, § 120 Rn. 11.
94)　取締役員・監査役員が義務違反によって負うこととなる損害賠償責任（株式法93条2項1文・116条）は，請求権が発生してから3年が経って初めて，放棄または和解が可能になる（同法93条4項3文・116条）。
95)　*Mülbert*, in: Großkommentar zum Aktiengesetz, 4. Aufl., 1999, § 120 Rn. 11.
96)　最もよく決議の効力を争う訴訟を提起する上位20人が提起した訴訟において，要登記決議とともに要登記決議以外の決議も含めて効力を争う事例が多いことのあり得る理由として，Baums らは，訴額を引き上げるためではないかと指摘している。Baums/Drinhausen/Keinath, a.a.O. (Fn. 8), 2344 Fn. 217.
97)　ドイツでは，株主が，株主代表訴訟により監査役員・取締役員に対して損害賠償請求をする余地があるものの（株式法148条），株主代表訴訟は，少数株主権とされるなど

れている,という可能性である。責任解除は,それについて,法的な意味はほとんどないものの,事実上は重要な意味を持つといわれているから[98],監査役員・取締役員の法令・定款違反や義務違反を理由とする責任解除決議の効力の否定は,かなり効果的なサンクションとなる可能性がある。また,2007年と2008年において,責任解除決議の効力が多数争われたことの原因について,Baumsらは,金融危機による影響の可能性を挙げている(前記第3節2(2)④参照)。このことからしても,責任解除決議の効力が争われるのは,たんに,他の決議の効力を争う際の抱き合わせの場合だけではないのかもしれない。もし,以上の推測が正しいとすれば,責任解除決議の効力の否定は,監査役員・取締役員の規律づけとして機能し得ることになる。そうであれば,ドイツにおける監査役員・取締役員の規律づけメカニズムを考察する際には,責任解除決議の効力を争う訴訟の効果も考慮に入れて検討する必要があるであろう。

　以上の考察を踏まえれば,責任解除決議の効力を争うことの意味については,さらなる検討の必要があるようにも思われる。もっとも,この問題は,本稿の検討範囲を超えるから,さしあたり問題点の指摘にとどめておきたい。

第5節　おわりに

　本稿では,ドイツ法における株主総会決議の効力を争う訴訟の実態を知るため,株主総会決議の効力を争う訴訟および登記停止解除手続の実態調査の結果を紹介した。決議の効力を争う訴訟の濫用に関しては,ドイツで多数の議論があり,また立法でも新たな改正提案が行われた[99]。本稿で示した実態を踏まえ

　　その提訴要件が厳格に制限されており,現実にはほとんど利用されていないようである。たとえば,21世紀政策研究所『会社法制のあり方に関する研究報告—ドイツにおける会社法制の運用実態と比較して—』45頁(2011年),松井秀征「ドイツにおける株式会社法制の運用実態とわが国への示唆(上)」商事法務1941号28頁〜29頁(2011年)参照。

98)　責任解除を拒絶された経営陣は,従業員に対する関係でも,取引先や納入業者に対する関係でも,評判を失い,自己の主張を聞いてもらえなくなることがあり得るとされている。また,責任解除の拒絶は,とくに大規模公開会社においては,世間において重大な注目を集めることになるから,監査役員・取締役員は,会社の利益のためにも,自分自身の個人的利益のためにも,責任解除が拒絶され,そのことが広範囲に大きな注目を集めることを避けようとする,と指摘されている。*Mülbert*, in : Großkommentar zum Aktiengesetz, 4. Aufl., 1999, § 120 Rn. 11; *Zöllner*, in : Kölner Kommentar zum Aktiengesetz, 1. Aufl., 1985, § 120 Rn. 25.

99)　Entwurf eines Gesetzes zur Änderung des Aktiengesetzes (Aktienrechtsnovelle 2014), BT Drucks. 18/4349, S. 1による株式法249条2項3文の追加の提案。もっとも,

た上で，今後は理論面の研究を深めていきたい。

連邦議会法務・消費者保護委員会における同法案の審議中に，さらなる検討の必要性があるという理由で当該提案は削除され（Vgl. BT Drucks. 18/6681, S. 12），改正は実現しなかった。成立した改正法（Das Gesetz zur Änderung des Aktiengesetzes (Aktienrechtsnovelle 2016), BGBl. 2015 I , 2565）参照。

社外取締役・社外監査役規定における使用人・重要な使用人

藤田　祥子

第1節　はじめに

　平成26年会社法改正において，当初，社外取締役の選任の義務付けの整理を踏まえて，社外取締役の要件を見直すこととされていた。結果的には，社外取締役の選任の義務付けに代えて，事業年度の末日において上場会社等が社外取締役を置いていない場合には，取締役は，当該事業年度に関する定時株主総会において，「社外取締役を置くことが相当でない理由」を説明しなければならないことになった（会社法327条の2）。社外取締役の要件については，退職後10年間，所定の不適格要件に該当しない限り，社外性が認められる（会社法2条15号イ・ロ）とする一方，株式会社の親会社等の関係者および兄弟会社の業務執行者や，株式会社の一定の業務執行者等の近親者は，当該株式会社の社外取締役になることができない（会社法2条15号ハ～ホ）とするなどの厳格化がなされた。厳格化がなされた要件のうち，株式会社の一定の業務執行者等の近親者だけは「使用人」ではなく「重要な使用人」と規定されている。この「重要な使用人」という文言については，取締役会の専決事項（会社法362条4項3号）の「重要な使用人」と文言が全く同一であるところから，法制審議会会社法部会の審議において両者の意味は同一なのかということが議論された。そこで本稿では，社外取締役の定義規定における使用人・重要な使用人の内容を考えると共に重要な使用人に関しては，取締役会の専決事項（会社法362条4項3号）と同じ意味なのかを改正時の議論を中心に検討することとする。なお，今回の改正では社外取締役の要件の見直しが中心になっているが，社外監査役の要件も平仄をあわせた形で改正されており，また，わが国にまず導入されたのは社外監査役であるため社外監査役も含めて検討するものとする。使用人の内容については，社外監査役の要件が監査役の兼任禁止規定と関連していたことから

監査役の兼任禁止規定も考察の対象とする。

また使用人・重要な使用人いずれも「支配人その他の」とつけられており，支配人をはじめとするわが国の商業使用人規定は，ドイツ法やスペイン法を参照したものであるため，ドイツ法においてはどのように規定されているのかを概観することとする。

第2節　使用人

1　監査役の兼任禁止規定

監査役の兼任禁止に関しては明治32年商法184条で新設され，「取締役又ハ支配人ヲ兼ヌルコトヲ得ス」と規定された。その理由は，「監査役ヲシテ独立不偏ノ位地ニ立チ取締役ノ執行シタル会社ノ業務及ヒ其管理セル会社財産ヲ公平且正実ニ監査セシムルカ為メ」と説明されている[1]。ただし，取締役中に欠員がでたときは取締役および監査役の協議により監査役中より一時取締役の職務を行う者を定めることができるとする。

昭和25年商法改正において兼任禁止の範囲にはじめて「其ノ他ノ使用人」が加わることになった。実務界では総務部長・経理部長などの職にある使用人が同時に監査役を兼ねている例が少なくなかった。しかし，監査の公正をはかり，その実をあげるために兼任禁止をなす必要がある点では，取締役又は支配人とその他の使用人を区別する理由はないためである[2]。また取締役に欠員がでた場合，監査役に一時取締役の職務を執行させることについては削除された。昭和25年の商法改正により監査役の権限は大幅に縮小されて，もっぱら会計監査のみを職務とすることになり，その立場は従来に較べて非常に弱いものとなったが，兼任禁止の範囲拡大や取締役の欠員に際しても一時的にせよ取締役の職務執行を行えなくなるなど，取締役からの独立性や公正という点は，拡大されたといえるのではなかろうか。

なお，昭和49年商法改正において兼任禁止の範囲は，当該会社だけでなく子会社の取締役または支配人その他の使用人にまで拡大した。

---

1)　『商法修正案理由書』159頁（東京博文館，1898年）。
2)　大隅健一郎＝大森忠夫『逐條改正会社法解説』321頁（有斐閣，1951年）。

2　社外監査役

(1)　昭和56年商法改正

　昭和53年に法務省民事局参事官室から公表された株式会社の機関に関する改正試案では，監査役の取締役からの独立性および監査の客観性を確保するため一定規模以上の会社（会計監査人による監査を強制される会社）において1名以上を社外監査役とする提案がなされた。

　　第三・二ｂ　監査役のうち1名以上は，その就任前の一定期間，会社の代表取締役，法定権限以外の職務を担当した取締役又は使用人でなかった者でなければならない。

　後述する昭和50年の会社法改正に関する問題点についての意見照会においては，「取締役のうち一定数は，いわゆる社外重役とすべきであるとする意見があるが，どうか。」という問題提起がなされたが，経済界はほとんど一致して反対していた。

　株式会社の機関に関する改正試案の解説では，アメリカの社外取締役が取り上げられるとともに，これを監査役制度のあるわが国に引きなおして考えてみると，むしろ社外者が要求されるのは，取締役ではなく，監査役についてということになるのではないかと考えられるとしている。そして会社の代表取締役，法定権限以外の職務を担当した取締役又は使用人に該当する者は，会社の業務執行に直接関与してきた者であり，取締役の影響下にあるおそれがあり，その監査の客観性に疑念がもたれるからであるとする。また，子会社の取締役等であった者を社外監査役の資格があるものと取り扱うかどうかは，アメリカでの取扱い等をも参考にして今後さらに検討すべきとする。なお「法定権限以外の職務」は，後述する取締役会の専決事項に関する昭和53年会社機関改正試案第二・二2のそれと同じである[3]。

　社外監査役制度について昭和56年商法改正において，現実問題として適任者が得られるとは限らないから，今の段階では強制することは適当ではないとの

---

[3]　元木伸＝稲葉威雄「株式会社の機関に関する改正試案の解説」商事法務研究会編『会社機関改正試案の論点』109頁・110頁〔稲葉威雄〕（商事法務，1979年）。

意見が強かったため，導入が見送られた[4]。

(2) 平成5年商法改正

　平成2年の改正商法施行後も法制審議会商法部会は改正審議を行っており，その項目の一つが監査役制度の改善を含む株主の権利の強化に関する改正事項であった。時を同じくして日米構造協議において提案された項目のうちに社外重役制度，監査委員会制度の導入があった。アメリカ側の本来の意向は，社外取締役の導入であったが，わが国の制度と整合性を持たせるため，社外監査役制度の導入が検討された。その結果，平成5年改正前商法特例法18条を改正して，大会社の監査役の最低員数を2人以上から3人以上に増員すると同時に，複数の監査役の設置が要請される大会社の監査役のうちの一人以上につき，「その就任の前5年間会社又はその子会社の取締役又は支配人その他の使用人でなかった者」を選任することを強制することとした。これは，監査役のメンバーに，会社の業務について第三者的な立場にある者を加えることにより，業務執行に対する監査機能を高めることを狙いとする[5]。ここに昭和56年商法改正では見送られた社外監査役制度が導入されたのである。

　使用人の意味については，監査役の兼任禁止規定の定める使用人と同意義であるとする。すなわち社外監査役とは，従来から，一般に監査役に要求されていた資格をさらに就任前5年にわたって要求するものであるといえるとする。使用人であるか否かは単に名称で決するのではなく，会社と使用人の実質的な関係に従って判断すべきであり，従属関係ないしは会社経営に参加しているという実態があれば使用人であるとする。例としては顧問や嘱託という地位にあった者は，地位がまったく名目的なもので実質的に会社経営に参加しておらず，従属関係にもなければ使用人といえないが，上司の命令に従って会社業務の一環を担ったり，会社経営について相談に預かる場合には使用人であるとする[6]。

　なお，平成13年12月議員立法による商法改正（法律第149号）において監査役の取締役会からの独立性を高め，業務執行に対する監査機能を強化するため，社外監査役の員数を監査役の半数以上とするとともに，その要件から5年要件

---

4) 稲葉威雄『改正会社法』252頁（金融財政事情研究会，1982年）。
5) 法務省民事局参事官室編『一問一答平成5年改正商法』104頁（商事法務，1993年）。
6) 元木伸『平成5年改正会社法の解説』89頁・90頁（中央経済社，1993年）。

を外し，厳格化をはかった[7]。

3　社外取締役

　法制審議会商法部会は，昭和50年6月12日会社法改正に関する意見照会のため法務省民事局参事官室名で「会社法改正に関する問題点」を公表した。

　　　第三・二(3)取締役のうち一定数は，いわゆる社外重役とすべきであるとする意見があるが，どうか。
　　　社外重役の職務権限について，他の取締役と異なる扱いをする必要があるか。また，監査役の職務権限との関係について，どう考えるか。

　以上のようにいわゆる社外取締役制度の採用に関する意見照会が行われたが，上述のように昭和53年の株式会社の機関に関する改正試案では，わが国の実情に引き直し，社外監査役制度の採用が提案され，最終的に平成5年商法改正において社外監査役制度が導入された。
　平成13年12月議員立法による商法改正（法律第149号）では，平成5年商法改正により代表訴訟が増加したことや，大和銀行代表訴訟事件の一審判決（大阪地判平成12年9月20日商事法務1573号4頁）があったことにより，取締役等の責任軽減の規定が導入され，その一環として社外取締役制度が採用された。これはきわめて異常な形での採用であったという指摘[8]もあるが，登記事項中に社外取締役の定義が置かれた（平成13年改正商法188条2項7号の2）。社外取締役とは，「其ノ会社ノ業務ヲ執行セザル取締役ニシテ過去ニ其ノ会社又ハ子会社ノ業務ヲ執行スル取締役又ハ支配人其ノ他ノ使用人トナリタルコトナク且現ニ子会社ノ業務ヲ執行スル取締役又ハ其ノ会社若ハ子会社ノ支配人其ノ他ノ使用人ニ非ザル者」であると定義されたが，これは過去及び現在を通じて，当該会社または子会社の業務執行に取締役または使用人として関与していない者と説明されている[9]。過去に一切なったことがない者というのは，5年要件をはずした社外監査役と平仄をあわせたものといえる。この定義のポイントは，業務

---

[7]　太田誠一＝安岡興治＝谷口隆義監修「企業統治関係商法改正 Q&A」商事法務1623号6頁（2002年）。
[8]　宮島司『会社法概説（第3版）』226頁（弘文堂，2002年）。
[9]　太田＝安岡＝谷口・前掲注7）6頁。

執行の担当というところに置かれているようであるが、真に問題とされるべきは代表取締役等の経営陣からの独立性の確保であろうという指摘[10]が改正当時になされていた。なお、平成14年商法改正において委員会等設置会社（指名委員会等設置会社）制度が導入されたことにより、この定義には、執行役が追加された。

第3節　重要な使用人

1　取締役会の専決事項

　明治32年商法169条において、会社の業務執行は定款に別段の定めがないときは取締役の過半数で決定すると規定しており、支配人の選・解任についても同様であるとしていた。明治32年商法以前には、支配人を選・解任する方法を決めていなかったが、取締役の過半数を以て決めるのが適当であるとして新設されたのである[11]。

　昭和25年商法改正では、取締役会が必置とされたが、取締役会決議が必要なものとしては、支配人の選・解任の他、支店の設置、移転及廃止が追加されたのみであった。

　昭和56年商法改正では、取締役会の専決事項に関する規定が新設された。

　昭和53年　株式会社の機関に関する改正試案
　　第二・一b　現行法及びこの試案に別段の定めがあるもののほか、次の各号に掲げる事項は、取締役会が決定する。
　　　イ〜ト　省略

　　第二・二2　法定権限以外の職務
　　取締役が法定権限以外の職務を行う場合には、その職務は、取締役会が決定する。
　（注）　法定権限以外の取締役の職務（例えば専務取締役、取締役部長・工場長・支店長）については、取締役とは別の使用人としての職務とするか、又は会

---

10)　近藤光男＝志谷匡史『改正株式会社法Ⅱ』207頁（弘文堂、2002年）。
11)　前掲注1)『商法修正案理由書』149頁。

社の機関たる取締役としての職務とするかどうかは，責任，報酬，退任，経営参加等との関連において，なお検討する。以下略

　試案第二・一ｂは，取締役会の固有権限に属する事項がどのようなものであるかについては，必ずしも明らかではないことから，明確にするための規定である[12]。

　試案第二・二２は，取締役会の固有権限の内容としてこの試案で取締役会の権限とされているものである。わが国の現状として，取締役の多くが，部長，工場長，支店長を兼務しており，その職務の量は，取締役のそれよりも遥かに大きいのが通常である。取締役の地位の解任については株主総会の特別決議を必要とするが，部長等の地位の解除を業務執行の一環として代表取締役が単独で行うことができると解釈した場合，本来の取締役部分より収入の大きい部長等の職務を代表取締役の一存で奪われることになり，実質的にその地位を極めて不安定にするため，取締役会の決定によるべきとしたと説明されている。ここでいう取締役の法定権限とは，取締役会への出席・議決権行使，一定事実の監査役への報告などを指し，いわゆる役付，使用人兼務分は，法定権限にはいらないため，それらの職務に就け，あるいは他に異動させ，解任させる場合に取締役会の決定を要するとする[13]。つまり重要な人事の中でも取締役の人事については取締役会の決議事項とした[14]。経済界は，取締役会の具体的決議事項の法定に反対し，とくに試案第二・二２に対しては，弾力的・効果的な人事施策の運営を阻害する等の理由で強く反対した。

　商法等の一部を改正する法律案要綱では，第一・四１(4)において「支配人の選任及び解任その他の重要な人事」となった。これが最終的には「支配人其ノ他ノ重要ナ使用人ノ選任及解任」という規定になったわけである。これらの修正に関して，内容的には「株式会社の機関に関する改正試案」において取締役会が決定すべきものとして列挙された事項と変わっていない。法律案の立案段階において，商法の他の規定と整合性を有するような表現に代えられただけであると説明されている。株式会社の機関に関する改正試案が重要な人事の中で

---

12)　元木＝稲葉・前掲注３) 57頁〔元木伸〕。
13)　元木＝稲葉・前掲注３) 62頁〔元木伸〕。
14)　竹内昭夫＝稲葉威雄＝佐土井滋＝小山敬次郎「経済界からみた会社機関改正試案の問題点」商事法務研究会編『会社機関改正試案の論点』147頁〔稲葉威雄発言〕(商事法務，1979年)。

も取締役の人事を念頭に置いていたところから，専務取締役・常務取締役等の役付取締役の指名等[15]や取締役の担当の指定等は，当然取締役会の固有権限になると解されるとする[16]。また内容的に株式会社の機関に関する改正試案と変わっていないとしながらも，表現としては重要な使用人となったことから，支配人と並ぶ重要性をもつ使用人の人事について取締役会の固有権限とする。この重要な使用人とは，相対的なものであり，会社における重要性で決せられるべきであり，必ずしも支配人に類する代理権の有無だけで決すべきものではなく，工場長や研究所長が含まれる場合もあり，支店の重要性によっては支店長が含まれない場合もあり，本店（本社）の部長・課長クラスについても事案に応じ具体的に決すべきとされる[17]。

なお，現行会社法においてもこの規定は取締役会の専決事項として規定されているが（会社法362条4項3号），すべての取締役会設置会社において専決事項とされている訳ではない。まず指名委員会等設置会社の取締役会の専決事項にこのような規定はない（会社法416条4項参照）。執行役に権限移譲が可能な事項は，一般的には株主の支配権等に直接関係しない経営上より迅速かつ専門的な判断が要求されるいわゆる経営事項である。この経営事項はすべて執行役の決定に委ね，取締役会は経営上より重大で株主の権利等に直接影響を与えるような事項を決定するとともに主として執行役の監督機関として機能することを意図したことによる[18]。次に監査等委員会設置会社の取締役会の専決事項（会社法399条の13第4項3号）となってはいるが，5項・6項により専決事項からはずすことも可能である。また，取締役会非設置会社において各取締役に委任することができない事項としては，支配人の選・解任となっており（会社法348条3項1号），重要な使用人は含まれない。会社法348条3項は，従前の有限会社について条文上不明確であった個々の取締役にその決定を委ねることができない事項を明確にするものであり，1号は有限会社法26条後段を定めたものとされるためである[19]。

15) 竹内昭夫『改正会社法解説』147頁（有斐閣，1981年），北沢正啓『改正株式会社法解説』80頁（税務経理協会，1981年），稲葉・前掲注4）233頁。
16) 稲葉・前掲注4）233頁。
17) 稲葉・前掲注4）233頁。
18) 酒巻俊雄＝龍田節編集代表『逐条解説会社法（5）』310頁〔西尾幸夫〕（中央経済社，2011年）。
19) 酒巻俊雄＝龍田節編集代表『逐条解説会社法（4）』363頁〔稲葉威雄〕（中央経済社，2008年）。

2　社外取締役・社外監査役

　平成26年会社法改正における社外取締役・社外監査役（以下，「社外取締役等」という）の要件の見直しについては，まず法制審議会会社法部会第4回会議（以下，「第〇会議」という）で配布された会社法制部会資料2企業統治の在り方に関する検討事項(1)において社外取締役の要件の見直し（第2・2）としてとりあげられた。社外取締役の機能に関する社外取締役の選任の義務付け（第2・1）の整理を踏まえて，社外取締役の要件を見直すことについて，どのように考えるかということで追加要件として，会社の経営者の近親者でないこと（（注1）ウ）が取り上げられた。補足説明によれば，平成26年改正前会社法における社外取締役の要件は，経営に対する監督機能の実効性という観点からは，十分とはいえず，経営者と利害関係を有しない「独立性」が必要であるとの指摘がなされているために追加要件が取り上げられており，また，社外取締役の要件を見直すこととする場合には，社外監査役の要件についても同様の見直しをすべきかどうかが問題となり得ると説明されていた[20]。

　会社法制の見直しに関する中間試案（以下，「中間試案」という）では，第1部第1・3「社外取締役および社外監査役に関する規律」において(1)社外取締役等の要件における親会社の関係者等の取扱いとして見直す案（A案）と見直さないとする案（B案）の2案を置き，A案では①社外取締役の要件と②社外監査役の要件に関し平仄をあわせている。上述の経営者の近親者でないことは①イ社外取締役の要件に，株式会社の取締役若しくは執行役又は支配人その他の使用人の配偶者又は二親等内の血族若しくは姻族でないものであることを追加するものとする，②イ社外監査役の要件に，株式会社の取締役又は支配人その他の使用人の配偶者又は二親等内の血族若しくは姻族でないものであることを追加するものとするとなっており，他の要件の厳格化と同様に「その他の使用人」という文言が使われている。これは補足説明によれば，経営者や使用人の近親者である取締役については，社外取締役に期待される経営全般の監督機能や利益相反の監督機能（経営者が株式会社の利益を犠牲にして経営者又は経営者と経済的利益を同じくするその近親者の利益を図ることを監督する機能）を実効的に果たすことを期待することができないとの指摘があったことによる[21]。

---

[20]　会社法制部会資料2「企業統治の在り方に関する検討事項(1)」7頁・9頁。
[21]　「会社法制の見直しに関する中間試案の補足説明」商事法務1952号26頁（2011年）。

この社外取締役等の要件について，パブリック・コメントにおいてはA案に賛成する意見が多数であった。しかしながら，株式会社の使用人の近親者も社外取締役等から除外されることになれば，使用人の変動に伴い，社外取締役等に該当するか否かも変動することになり，法的にきわめて不安定になる状況になるとの意見も寄せられた[22]。

　この点につき，第19回会議（平成24年4月18日）で配布された部会資料[23]において，社外取締役に期待される機能のうち，経営全般の監督機能との関係では，株式会社の使用人の近親者については，その経営者から指揮・監督を受ける立場にある当該使用人と同様に経営全般の監督機能を実効的に果たすことを期待し難いとも思われる。他方で，株式会社と経営者以外の利害関係者との間の利益相反を監督する機能との関係では，そもそも株式会社の経営者が，当該株式会社の利益を犠牲にして，その使用人または当該使用人と経済的利益を同一にするその近親者の利益を図る類型的・構造的なおそれがあるとはいえないため，当該使用人の近親者が社外取締役であることにより利益相反の監督機能の実効性を確保することができないとまでは言えないように思われると説明されている。

　以上のことから第19回会議では，株式会社の支配人を除く使用人の近親者でないものであることは追加しないものとすべきかどうかについて検討された。

　使用人を含めることにつき，使用人との関係を確認することが非常に困難である等を理由とする反対の意見[24]があり，法規定ではなく，上場規則等で使用人の近親者も社外取締役の該当者からはなるべく外してほしいというメッセージを何らかの形で発するという形で対応せざるを得ないという意見[25]もあったが，使用人の範囲を限定して考えるべきではないかという意見が多かった。

　使用人の範囲を限定することに関しては，会社法362条で取締役会決議事項とされている支配人その他の重要な使用人は，実務的に運用できている基準であるから，これをそのまま使うというのも一つの案であるという意見[26]があっ

[22)]　坂本三郎＝宮崎雅之＝塚本英巨＝髙木弘明＝内田修平「「会社法制の見直しに関する中間試案」に対する各界意見の分析（上）」商事法務1963号14頁（2012年）。
[23)]　会社法制部会資料21「企業統治の在り方に関する個別論点の検討」8頁・9頁。
[24)]　法制審議会会社法部会第19回会議議事録31頁〔杉村豊誠委員発言，安達俊久委員発言〕，32頁〔伊藤雅人委員発言〕。
[25)]　前掲注24）第19回会議議事録32頁〔齊藤真紀幹事発言〕。
[26)]　前掲注24）第19回会議議事録34頁〔中東正文幹事発言〕。

た。

　また近親者が問題となっているのは，社外取締役が監督を期待されている人，つまり取締役，執行役といった人たちに監督されている人の近親者であって，社外取締役が取締役，執行役を厳しく監督すると，近親者である使用人に厳しく当たって報復を招く，その報復を近親者はつらく感じるといった間接的な関係であるとの意見[27]があった。

　第21回会議（平成24年6月13日）で配布された会社法制部会資料24「会社法制の見直しに関する要綱案の作成に向けた検討(1)」において，株式会社の関係者の近親者の取扱いにつき「使用人」のかわりに「重要な使用人」に変更された（第1部第2・3(1)③イ）。資料の補足説明によれば，当部会では，社外取締役等は，株式会社の取締役等の経営者を監督することが期待されるものであり，株式会社の使用人を直接監督することが期待されているわけではないので，社外取締役等の要件において，取締役等の近親者と使用人の近親者を同様に取り扱わなければならないとまでは必ずしもいえないとの指摘がある。他方，使用人の近親者でないものであることを要件に追加すべきであるとの意見の中には，社外取締役等に期待される監督機能という観点からは，重要な使用人に限り，その近親者でないものであることを社外取締役等の要件に追加することも考えられるという意見もある。そこで社外取締役等の要件に，株式会社の重要な使用人（362条4項3号参照）の近親者でないものであることを追加することについて検討する必要があるとされる[28]。

　第21回会議では，会社法362条4項3号の重要な使用人と同じ意味合いかという疑問が藤田友敬教授から呈示された。使用人の家族が社外取締役になれない理由は，部下の家族だから部下と同じだという見方，あるいは人質をとられている感じになるのでうるさく監督すると自分の身内，子供が報復されるおそれがあるという観点から一つ考えられる。しかしながら，もしこの理由であるとすると使用人の地位の高低は関係ないことになる。あるいは，「重要な使用人」としているのは，業務執行取締役の場合の延長，つまり使用人であっても取締役にきわめて近い地位にある人は，取締役と同視し，その近親者も除くという発想であると考えられる。この理由による場合は，業務執行にきわめて深く関与しているような執行役員等のように，取締役に非常に近いような内部的な地

---

27)　前掲注24）第19回会議議事録34頁〔田中亘幹事発言〕。
28)　会社法制部会資料24「会社法制の見直しに関する要綱案の作成に向けた検討(1)」7頁。

位のある人に限定され，たとえば，会社法362条4項3号には当たる可能性が高い有力な支店の支店長は「重要な使用人」には当然に当たらないことになりそうであるがそれでよいのかという疑問[29]である。この疑問に対し，基本的な発想としては，後者，すなわち業務執行に近い人間であるから除外されるべきという発想に基づいて整理していると回答がされている[30]。

また重要性という絞りは，かなり不明確と言わざるを得ないということを考慮すると会社法で定める社外取締役の要件としては，使用人の近親者までは考慮しなくてよく，取引所の規則等で対応してもらうのがふさわしい事項ではないかという意見[31]があった。

会社法362条4項3号の重要な使用人について，企業によっては，セーフティーな態度から，比較的広く重要だと位置付けて運用しているところもあるといった指摘[32]や，実務では名誉であるということで余り重要ではない人も取締役会で決めているという指摘[33]もあったが，この点につき岩原紳作部会長は，会社法362条4項3号が要求している重要な使用人の決定というのはそれほど広いものではないと思うと発言している[34]。

岩原紳作部会長の要綱案の解説によれば，「重要な使用人」というのは，取締役や執行役等の経営者にきわめて近い地位にある者を指し，そのような経営者に準じるような者について「重要な使用人」というものであって，そうであれば，会社法362条4項3号にいう「重要な使用人」よりは限定された者になるとし，執行役員は含まれるが有力な支店の支店長等は当然には含まれるわけではないと考えられるとする[35]。

これに対し，執行役員のような取締役や執行役に準ずる地位にあるものであって，具体的にどの範囲の者がこれに該当するかは，各会社の状況も踏まえて解釈することになる。また会社法362条4項3号と同じ文言である以上，基本的には同じ内容を意味すると考えるのが一般的であるが，同号に規定する範囲よりも狭く解釈する余地もあると考えられると立案担当者は解説してい

---

29) 法制審議会会社法部会第21回会議議事録25頁〔藤田友敬幹事発言〕。
30) 前掲注29）第21回会議議事録25頁・26頁〔坂本三郎幹事発言〕。
31) 前掲注29）第21回会議議事録26頁〔前田雅弘委員発言〕。
32) 前掲注29）第21回会議議事録25頁〔杉村豊誠委員発言〕。
33) 前掲注29）第21回会議議事録26頁〔野村修也幹事発言〕。
34) 前掲注29）第21回会議議事録26頁〔岩原紳作部会長発言〕。
35) 岩原紳作「「会社法制の見直しに関する要綱案」の解説（Ｉ）」商事法務1975号13頁・14頁（2012年）。

る[36]。このように両者の表現は，微妙に異なっている。

また同じ文言が用いられている以上，これら各規定で用いられている「重要な使用人」の意義は同一と解さざるを得ず，他方，会社法制部会の議論から，改正法の下における解釈としては，平成26年改正会社法2条15号ホ（社外取締役）および16号ホ（社外監査役）との関係でも362条4項3号との関係でも「有力な支店長」は，当然には各規定にいう「重要な使用人」に該当するものではないと考えるほかなく，実務上は，執行役員は該当し，課長クラスであれば該当せず，ラインの部長や支店長レベルの従業員については，その権限分掌等に照らして個別に該当するか否かを考えざるを得ないとする見解[37]もある。

第4節　検　討

まず第1にみておきたいのは，「使用人」にせよ，「重要な使用人」にせよ，いずれも「支配人その他の」とついていることである。支配人と使用人・重要な使用人は同列である，つまり商業使用人であるかのような書き方がされている点である。支配人は確かに商業使用人（会社法10条）であるが，使用人・重要な使用人は，商業使用人（会社法14条）を指しているのであろうか。商業使用人の意義については，雇用関係を必要とするか否か，そして営業上の代理権を有することを要件とするか否かにつき学説が対立している。雇用関係については必要とするという説[38]が多数説である。そして「会社の使用人」（会社法10条から15条）の規定は，ほとんどが営業の代理権に関するものであるが，営業上の代理権を有することを要しないという説[39]が多数説である。本論文で取り上げた規定における使用人は，代理権の有無を問わないと解されているようであるが，会社法における一部の役員の資格に関する規定（会社法2条15号・16号・333条3項1号・335条2項・400条4項）においても「使用人」の語が使われており，用語を統一的に解するのであれば代理権を有する者に限られないこ

---

36)　坂本三郎編著『一問一答平成26年改正会社法（第2版）』121頁（商事法務，2015年）。
37)　太田洋＝高木弘明『平成26年会社法改正と実務対応』81頁・82頁〔太田洋〕（商事法務，2014年）。
38)　西原寛一『日本商法論（1）（第2版）』351頁（日本評論社，1950年）。
39)　田中誠二『新版商法総則（4全訂版）』293頁（千倉書房，1975年），服部栄三『商法総則（第3版）』278頁（青林書院新社，1983年）。

とになるとする見解[40]がある。会社法上の商業使用人の意義を雇用関係があり，営業上の代理権を有しなくてもよいと解するならば，本論文で取り上げた規定における使用人も商業使用人の意味で使用しているのであり，したがって「その他の」という表現になっているといえることになる。しかしながら使用人という文言は，たんなる従業員という意味と混同されて使用されていることもある[41]。また私見は商業使用人の意義として雇用関係を必要とせず，営業上の代理権を有する者と解するので[42]，営業上の代理権の有無を問わないと解されている本論文で取り上げた使用人という文言は，商業使用人を指すとはいえないため，「その他の」という表現は，不適切なものと考える。

用語を統一的に解した場合であってもこれらの使用人の範囲は，会社法14条の商業使用人と同じかということが問題になる。会社法14条のある種類または特定の事項の委任を受けた使用人とは，実際の役職としては，部長，課長，係長，主任などがあたるとされる[43]。

しかしながら，最初に使用人の文言が入った監査役の兼任禁止については，実務界で総務部長・経理部長などの職にある使用人が同時に監査役を兼ねている例が少なくなかったことから入ったという経緯がある。また本論文では取り上げていないが指名委員会等設置会社の取締役の使用人兼務禁止（会社法331条4項）の規定について，法制審議会会社法（現代化関係）部会の審議において，実務界では「○○長」とつくものを使用人だと思っているとして，例としては，経営改革本部長があがっていた。また当時の部会長である江頭教授も，実務界では，たとえば大阪支店長を使用人と解していると指摘していた[44]。したがって，兼任禁止等や社外取締役等の要件に出てくる使用人とは，会社法14条よりも狭い範囲であり，たとえば部長や支店長といった役職が想定されているといえる。

[40] 江頭憲治郎編『会社法コンメンタール(1)』156頁〔高橋美加〕（商事法務，2008年）。
[41] 前掲注24）第19回会議議事録32頁〔静正樹委員発言〕。アルバイトのような人。
[42] 藤田祥子「商業使用人の意義」慶應義塾大学法学部編『慶應義塾創立150年記念法学部論文集　慶應の法律学　商事法』225頁以下（慶應義塾法学部，2008年），北居功＝高田晴仁『民法とつながる商法総則・商行為法』105頁〔藤田祥子〕（商事法務，2013年）。
[43] 酒巻俊雄＝龍田節編集代表『逐条解説会社法（１）』174頁〔大塚龍児〕（中央経済社，2008年）。
[44] 法制審議会会社法（現代化関係）部会第21回会議（平成16年4月14日）議事録19頁。江頭憲治郎「「会社法制の現代化に関する要綱案」の解説〔Ⅲ〕」商事法務1723号16頁（2005年）。

次に重要な使用人とは，具体的にどのような者を指すかについて検討する。昭和53年株式会社の機関に関する改正試案では，役付取締役の役付部分や使用人兼務取締役の使用人部分が取締役会の決議対象とされていたが，法律案要綱では「重要な人事」となり，最終的に「重要な使用人」となったために取締役ではない使用人も含まれることになり，取締役会決議の対象とされる範囲は当初念頭に置いていたものより広くなったといえる。昭和56年改正商法の解説において具体的に例示されたものは，取締役兼務となりうる役職が示されていたものであると考えられる。平成17年会社法以前，重要な使用人に該当するかどうかは，会社の規模，業務の態様などによって異なり，相対的なものであるが，支店長，部長，工場長，研究所長などがこれに含まれると解されていた[45]。平成17年会社法においても，具体的事案ごとに総合的な判断をすることになるが，一般に支店長，本店部長等が該当する場合が多く，執行役員も該当すると解されている[46]。

　平成26年会社法改正で追加された社外取締役等の要件（会社法2条15号ホ・2条16号ホ）としての重要な使用人が取締役会の専決事項（会社法362条4項3号）と同じ意味かについては，法制審議会会社法部会の岩原紳作部会長と立案担当者で微妙に表現が異なっている。岩原紳作部会長は要綱段階ではあるが，はっきりと会社法362条4項3号にいう「重要な使用人」よりは限定された者になるとしているのに対し，立案担当者は，基本的には同じ内容を意味すると考えるのが一般的であるとしながらも同号に規定する範囲よりも狭く解釈する余地もあるとする。これらの見解に対し，同じ意味であるとした上で従来は会社法362条4項3号の重要な使用人に該当すると考えられてきた有力な支店の支店長は当然には該当するものではないというように，重要な使用人が同じ意味であるとするために会社法362条4項3号の範囲を従来考えられてきたものから変更するような見解が示された。いずれの見解も法制審議会会社法部会における藤田友敬教授の発言に大きな影響をうけているものと思われる。

　江頭憲治郎教授が例示した大阪支店長は，まさしく有力な支店の支店長といえ，それを取締役兼務あるいは代表取締役兼務とするという場合ということで議論されていたところから考えると取締役・執行役に準じるような者であることの方が多いように思われる。そうであれば社外取締役等の要件としての「重

---

45)　上柳克郎ほか編『新版注釈会社法(6)』105頁〔堀口亘〕（有斐閣，1987年）。
46)　落合誠一編『会社法コンメンタール(8)』224頁〔落合誠一〕（商事法務，2009年）。

要な使用人」に具体的にはどのような者がはいると考えられるのかは，執行役員は異論がないとしてもそれ以外は今のところ不明であるといえる。両者は「重要な使用人」という同じ文言を使用しているが立法趣旨は異なる。取締役会の専決事項としての重要な使用人は，代表取締役の一存で職務を奪われないようにするためであったことを考えると本来考えられていた範囲よりも広く解釈されていること自体は立法趣旨から考えても問題がない。他方，社外取締役等の要件としては，範囲を広くすると，該当する人物を探すのがより困難になるなどの理由により狭い範囲で解釈されることが考えられ，さすれば両者の範囲が実際上は，おのずと異なってくるものと思われる。また本論文における使用人と重要な使用人との実際の内容については，あまり大きな差はないように思われる。さらに言えば使用人・重要な使用人と商業使用人との関係をどのように考えるのかも問題であり，商業使用人の規定も含めて横断的な整理をする必要がある[47]。

第5節　ドイツ法

1　監査役の兼任禁止規定

　取締役は，株式会社の業務執行および代表のための機関である（株式法76条1項・78条1項）。複数の者の場合もあれば単独の者の場合もある（株式法76条2項1文参照）。日本と異なり監査役会によって選任される（株式法84条1項1文）。
　監査役会の構成員数は3人である（株式法95条1文）。定款により3人を超える員数を定めることができる（株式法95条2文）。ドイツでは，監査役会に従業員代表が参加する共同決定制度[48]がある。たとえば，従業員の数が通常2,000人を超える会社の場合は，1976年に成立した「従業員の共同決定に関する法律（Gesetz über die Mitbestimmung der Arbeitnehmer）」（以下，共同決定法という）が適用され（共同決定法1条1項），監査役会は，同数の株主代表と従業員代表

---

47)　藤田祥子「会社法における使用人に関する規定について」山本爲三郎編『新会社法の基本問題』399頁以下（慶應義塾大学出版会，2006年）。

48)　ドイツの共同決定制度の沿革と実態につき，正井章作「ドイツの共同決定制度に関する最近の動向——その実態と批判について」国際商事法務33巻1号36頁以下（2005年），神作裕之「ドイツにおける共同決定制度の沿革と実態」資本市場研究会編『金融危機後の資本市場法制』307頁以下（資本市場研究会，2010年）参照。

から構成されるとする（共同決定法7条1項）。監査役会の規模と構成は，対象企業の規模および適用されるこの共同決定法等によって異なる[49]。

監査役の兼任禁止について1937年株式法では90条1項に規定されており，監査役会構成員は，同時に会社の取締役，継続的な取締役代理または指揮する立場にある使用人（leitende Angestellte）になることはできないとされていた。この規定は，政府草案102条で維持された。1960年政府草案理由書によれば，監査役の兼任禁止は，業務執行と業務執行の監督とが同一人の手中にあることは許されず，相容れない職務範囲から必然的に出てくると説明されている[50]。政府草案102条1項では，指揮する立場にある使用人の概念が政府草案86条（取締役の信用供与）2項2文によって定まることを明らかにしていた[51]。政府草案86条2項2文において指揮する立場にある使用人とは，経営または経営の部門におけるその他の従業員の独立した雇入または解雇についての権利を有しまたは支配権（Prokura）もしくは包括的代理権（Generalvollmacht）を授与された業務執行者および経営指揮者とされる。政府草案86条2項2文は，1937年株式法80条1項2文に該当する。法律委員会および経済委員会は，「指揮する立場にある使用人」という概念を用いず，その代わりに「支配人または総ての営業経営につき授権された商業代理人」（zum gesamten Geschäftsbetrieb ermächtigter Handlungsbevollmächtigter）に変更することを勧告した。そのように変更することによって問題となる人的範囲が一層正確に確定され，個々の場合にこの規定の適用に際して指揮する立場にある使用人というはっきりしない概念から生じ得る困難が避けられるとする[52]。連邦議会において政府草案86条2項2文の定義規定が削除され，政府草案86条2項3項4項と同様に政府草案102条の「指揮する立場にある使用人」という文言が「支配人または総ての営

---

49) 監査役会の詳しい規模と構成については，新津和典「ドイツとオーストリアの監査役会従業員代表制度」ビジネス法務11巻4号112頁以下（2011年），髙橋英治『ドイツ会社法概説』167頁－170頁（有斐閣，2012年）参照。

50) Bruno Kropf, Aktiengesetz : Textausgabe des Aktiengesetzes vom 6.9.1965 (Bundegesetzbl.IS.1089) mit Begründung des Regierungsentwurfs,Bericht des Rechtsausschusses des Deutschen Bundestags,Verweisungen und Sachverzeichnis im Anhang,Aktiengesetz von 1937,S.146. 慶應義塾大学商法研究会『西独株式法』165頁（慶應通信，1969年）参照。

51) 慶應義塾大学商法研究会『西ドイツ株式法草案および理由書〔1960年〕』33頁（慶應通信，1966年）参照。

52) Bruno Kropf, a.a.O. (Fn. 50), S.146. 慶應義塾大学商法研究会・前掲注50) 165頁参照。

業経営につき授権された商業代理人」に変更された（株式法105条1項）。この「総ての営業経営につき授権された商業代理人」は，商法（HGB）54条1項の総商業代理人に該当する[53]。

現在，指揮する立場にある使用人（leitende Angestellte）[54]という文言は，共同決定法において用いられている。まず指揮する立場にある使用人は，共同決定法における従業員（Arbeitnehmer）にあたるものとする（共同決定法3条1項2号）。その上で，監査役会の従業員代表のうち一定数は，組合代表であることを要求し，残りが当該企業の従業員であるが，そのうち1人は指揮する立場にある使用人でなければならないと定めている（共同決定法15条1項2文）。そしてその指揮する立場にある使用人とは，事業所組織法（Betriebsverfassungsgesetz）[55] 5条3項において定義されているものを指すとする（共同決定法3条1項2号）。事業所組織法5条3項は，「本法は，明文をもって別段の定めがない限り，指揮する立場にある使用人に適用されない」とし，「指揮する立場にある使用人」とは，労働契約および企業または事業所における地位が次のいずれかに該当する者をいうとして1号から3号に規定している。そして2号において，包括的代理権（Generalvollmacht）または支配権（Prokura）を有する者でかつその支配権が使用者との関係において重要である者とする。

なお共同決定法6条2項では，多数の監査役会構成員を必要とする共同決定法適用企業において監査役会構成員の有資格者が少なくなることを考慮して[56]，支配人が監査役会構成員になれないのは当該支配人が取締役に直接従属する関係にあり，かつ取締役の全権限に関し支配権を行使する場合に限るとする。

2　監査役会に同意が留保されている行為

監査役会は，業務執行を監督する機関である（株式法111条1項）。監査役会

---

53) Hopt/Wiedemann(Hrsg.), Großkommentar Aktiengesetz, 4, Aufl., 2005, §105 Rdnr. 32, Hüffer, Aktiengesetz, 11. Aufl., 2014, §105 Rdnr. 4, Spindler/Stilz (Hrsg.), Kommentar zum Aktiengesetz, 3. Aufl., 2015, §105 Rdnr.12. Schmidt/Lutter (Hrsg.), Aktiengesetz Kommentar, 3. Aufl., 2015, $105 Rdnr. 8,
54) Raiser/Veil,Mitbestimmungsgesetz und Drittelbeteiligungsgesetz, Kommentar,5. Aufl., 2009, §3 Rdnr. 20 ff.
55) 事業所組織法の沿革，内容，条文については，早川勝「ドイツ事業所組織法(1)」同志社法学52巻4号476頁以下（2000年）参照。
56) Hüffer, a.a.O. (Fn. 53), §105 Rdnr.3.

には業務執行権限はないので，取締役と監査役との意見が相違する場合，監査役会は，取締役の行為を阻止する権限をもたない。ただし，定款または監査役会が取締役の一定の行為につき監査役会の同意を得た場合にのみ行うことができると定めることができる（株式法111条4項2文）。したがってこのように定めている場合には，取締役は監査役会の同意がなければ当該行為をなすことができない。この監査役会の同意が留保されている行為につき，監査役会は，その適法性だけでなく妥当性，経済性についても監査し，独自の企業家的判断に従い決定しなければならない[57]。

　監査役会に同意が留保されている行為につき，監査役会が同意を拒んだ場合，取締役は，株主総会を招集して，4分の3多数決により，監査役会の同意に代えることができる（株式法111条4項3文・4文）。ただし，実務上取締役がこの権利を行使することはほとんどないといわれている[58]。

　実務上，監査役会の同意が必要であると定められることの多い行為としては，土地取引，新しい施設の建設や再建設，会社に対する社員としての出資やその有する持分の譲渡，保証の引受け，消費貸借行為，指揮する立場にある使用人（leitende Angestellte）の雇入れ，支店の設置・廃止，子会社の設立・解散等がある[59]。

　このように，株式法111条4項2文は，監査役会の同意を必要とする行為を列挙するという方針をとらずに定款または監査役会自身が一定の行為につき監査役会の同意を必要とする行為を定めることができると規定しているため，ドイツ・コーポレート・ガバナンス規準（Deutschen Corporate Govenance Kodex）5.1.1[60]に対応して企業の長期的計画に責任を負い，基本的な組織上，投資上，財政上の決定につき同意を留保する行為を列挙してこれらの行為を行う場合には監査役会の承認を必要とすると法律で定めるべきとする見解[61]がある。ま

---

[57]　Raiser/Veil, Recht der Kapitalgesellschaften, 6. Aufl., 2015, S.190.
[58]　Bundesministerium der Justiz (Hrsg.),Bericht über die Verhandlungen der Unternehmensrechtskommision, 1980, S.221.
[59]　Raiser/Veil,a.a.O.（Fn. 57), S.190.
[60]　ドイツ・コーポレート・ガバナンス規準　5.1.1
　　　監査役会の任務は，企業の指揮の際に，定期的に取締役に助言し，かつ監視することである。監査役会の任務には，企業にとって基本的に重要な決定も含まれなければならない。早川勝「ドイツにおけるコーポレート・ガバナンス規準の策定」同志社法学54巻2号270頁以下（2002年）参照。
[61]　Raiser/Veil, a.a.O.（Fn. 57), S.190.

た1980年企業法委員会の提案も監査役会の承認を要する行為につき法律上列挙すべきであると説いていた[62]。

3 ドイツ法からの示唆

ドイツにおいて，商業代理人と商業使用人は分けて規定されている。いわゆる商業代理人[63]に関しては，商法（HGB）第5章（48-58条）に Prokura und Handlungsvollmacht と題して規定している。商業代理人に該当するのは，Prokurist（支配人）と Handlungsbevollmächtigte である。Handlungsbevollmächtigte は，商法54条に規定されており，わが国の商法・会社法における支配人以外の商業使用人にあたる商業代理人である。商法54条の商業代理権は，総商業代理権（Generalhandlungsvollmacht），種類商業代理権（Arthandlungsvollmacht），個別商業代理権（Einzel- oder Spezialhandlungsvollmacht）に区別される。総商業代理権は，ある商業の経営（Betrieb eines Handelsgewerbes）に関する包括的な代理権であって裁判外の行為に関するかぎり，わが国の支配権に近い。監査役の兼任禁止規定につき，1937年株式法では，指揮する立場にある使用人という文言であったのを，明確ではない概念であるとして，人的範囲を正確に確定するため，商法54条に規定する商業代理人の概念を取り入れたところに着目すべき点があると考える。またわが国と異なり，兼任の可能性ある人的範囲を鑑みて商業代理人のうちでも一番代理権の範囲の広い商業代理人のみを対象としているところも示唆に富む。

監査役会の同意の留保（株式法114条4項2文）は，その具体的な対象が法定されている訳ではないが，実務上，支店の設置・廃止，指揮する立場にある使用人の雇入れなどが対象行為となっているところからみるとわが国における取締役会の専決事項と類似する側面があると思われる[64]。

---

62) Bundesministerium der Justiz, a.a.O.（Fn. 58），S.220.
63) ドイツの商業代理人制度については，服部育生「ドイツ商法の支配人制度」青竹正一＝浜田道代＝山本忠弘＝黒沼悦郎『現代企業と法』95頁以下（名古屋大学出版会，1991年），吉本健一「ドイツ商法における商事代理人の代理権」阪大法学45巻3・4号57頁以下（1995年），南保勝美「商業使用人の代理権」法律論叢78巻4・5号199頁以下（2006年）参照。
64) ドイツにおける監査役会は，わが国の監査役会よりもはるかに広い権限を有しており，むしろ取締役会に近似すると指摘するものに，新津和典「ドイツ・オーストリア法における企業共同決定制度と日本の立法への示唆」法学雑誌57巻2号210-212頁（2011年）。

第6節　おわりに

　平成26年会社法改正において社外取締役等の要件が見直されたことを契機として，社外取締役・社外監査役規定において用いられている使用人・重要な使用人の内容を検討した。取締役会の専決事項としての重要な使用人について，以前は部長クラスすべてを取締役会の決議対象としていたところ，取締役会に社外取締役が出席するため必要十分な判断ができるよう執行役員クラスのみに変更した会社[65]もあるようであり，本稿で検討したところと異なる理由で取締役会決議の対象範囲を変更するということもなされている。

　なお，上述したように使用人・重要な使用人という文言の使用は，そもそも商業使用人とは何かということをしっかりと検討することなく行われているため，商業使用人制度を今後如何にしていくべきかも含めた上で横断的に検討していくことが必要であると考える。

---

[65]　経済産業省主催「コーポレート・ガバナンス・システムの在り方に関する研究会」が平成27年7月24日に公表した報告書「コーポレート・ガバナンスの実践～企業価値向上に向けたインセンティブと改革～」の別紙1 わが国企業のプラクティス集第2－1(1)－8（http://www.meti.go.jp/press/2015/07/20150724004/20150724004.html）10頁。この報告書の概要については，中原祐彦＝梶元孝太郎「コーポレート・ガバナンスの実践―企業価値向上に向けたインセンティブと改革―（上）（下）」商事法務2077号4頁以下，2078号17頁以下（2015年）。

ドイツにおける女性役員の割当て制
―管理者の地位への男女の同権的参加に関する法律について―

正井 章筰

はじめに

(1) 日本では，人口が減少しているため，女性に多くの分野で活動してもらう必要が生じている。2015年8月28日，「女性の職業生活における活躍の推進に関する法律」（「女性活躍推進法」とよばれる）が成立した。これによって，300人を超える労働者を雇用する企業（約1万5,000社）は，2016年4月1日までに，管理職に占める女性の割合などについて，数値目標を含む行動計画の策定・届出・公表が義務づけられることになった[1]。日本において，女性と男性との間には，さまざまな面で格差・差別が存在している。たとえば，女性は男性よりも昇進が遅く，経営者（取締役など）に就く割合もきわめて低い[2]。その解消に，上述の法律がどの程度有効かは待ってみないとわからない。

(2) ドイツでは，2015年3月6日，連邦議会（Bundestag）は，連邦政府から提出されていた「私企業と公務における管理者の地位への男女の同権的参加に関する法律草案」を，一部修正して可決した。連邦参議院（Bundesrat）は，3月27日の会議において，全会一致で同法案に賛成し，両院合同委員会設置の申立て（基本法77条2項による）をしないことを決議した（これによって法案は成立）[3]。本法は，女性役員の割合（Anteil）（「比率」とも邦訳）を高めるという

---

1) 同法は，企業だけでなく，あらゆる事業主（国，地方公共団体，学校，病院など）を対象とする（300人以下の事業主は努力義務を負う）。詳しくは，http://www.mhlw.go.jp/stf/seisakunitsuite/bunya/0000091025.html（厚生労働省）

2) 世界経済フォーラム（World Economic Forum）の「世界男女格差報告書 2014年（The Global Gender Gap Report 2014）」（http://www3.weforum.org/docs/GGGR14/GGGR_CompleteReport_2014.pdf p.8-9, p.220-221）における女性の地位ランキングでは，日本は，世界142カ国のうち104位（ドイツ−12位，フランス−16位，アメリカ合州国−20位，イギリス−26位）。これについて，朝日新聞2015年5月27日7面，など。

3) Gesetz für die gleichberechtigte Teilhabe von Frauen und Männern an Führungspositionen in der Privatwirtschaft und im öffentlichen Dienst, BGBl. 2015, Teil I Nr.17,

連立政権(キリスト教民主・社会同盟CDU/ CSUと社会民主党SPD)の政策目標を実施しようとするものである。同法は,私企業と連邦の公務における女性または男性の割当て(Geschlechterquote)を定める(割当て制。クォータ制とも邦訳。

S.642. 本法は,一部の規定を除いて,2015年4月30日に公布,5月1日に施行された。成立した条文を含む立法過程についての有益な第一次資料を,http://dipbt.bundestag.de/extrakt/ba/WP18/643/64384.html より入手できる。また,http://www.spiegel.de/politik/deutschland/deutscher-bundestag-beschliesst-frauenquote-a-1022093.html,など参照。
① 成立した法律について,Christoph Teichmann / Carolin Rüb, Die gesetzliche Geschlechterquote in der Privatwirtschaft, BB 2015, 898−906;Anja Herb, Gesetz für die gleichberechtigte Teilhabe an Führungspositionen — Umsetzung in der Praxis, DB 2105, 964−970;Claudia Junker/ Jan Schmidt-Pfitzner, Quoten und Zielgrößen für Frauen (und Männer) in Führungspositionen, NZG 2015, 929−938;Adam Sagan, Eine deutsche Geschlechterquote für die europäische Aktiengesellschaft, RdA 2015, 255−260; Katarina Stüber, Die Frauenquote ist da – Das Gesetz zur gleichberechtigten Teilhabe und die Folgen für die Praxis, DStR 2015, 947−955;Christoph H. Seibt, Geschlechterquote im Aufsichtsrat und Zielgrößen für die Frauenbeteiligung in Organen und Führungsebenen in der Privatwirtschaft, ZIP 2015, 1193−1208;Stephan Schulz / Christian Ruf, Zweifelsfragen der neuen Regelungen über die Geschlechterquote im Aufsichtsrat und die Zielgrößen für die Frauenbeteiligung, BB 2015, 1155−1163;Marc-Philippe Weller / Nina Benz, Frauenförderung als Leitungsaufgabe, AG 2015, 467−476;Burkard Göpfert / Daniela Rottmeier, Frauenquote aus arbeitsrechtlicher Sicht, ZIP 2015, 670−673.
② 政府草案について,Mathias Habersack/ Jens Kersten, Chancengleiche Teilhabe an Führungspositionen in der Privatwirtschaft — Gesellschaftsrechtliche Dimensionen und verfassungsrechtliche Anforderungen, BB 2014, 2819-2830;Gerhard Röder / Christian Arnold, Geschlechterquoten und Mitbestimmungsrecht – Offene Fragen der Frauenförderung, NZA 2015, 279−285;Christian Mense/ Markus Klie, Die Quote kommt — aber wie ? Konturen der geplanten Neuregelungen zur Frauenquote, GWR 2015, 1−6;Carolin Rüb/ Christoph Teichmann, Der Regierungsentwurf zur Geschlechterquote in Aufsichtsrat und Vorstand, BB 2015, 259−267;Dirk Wasmann/ Vera Rothenburg, Praktische Tipps zum Umgang mit der Frauenquote, DB 2015, 291−296;Katharina Stüber, Regierungsentwurf zur sog. "Frauenquote" — eine Übersicht der Neuerungen, CCZ 2015, 38−41; Sabine Feindura, Auf dem Weg zur Frauenquote = http://www.deutscheranwaltspiegel.de/auf-dem-weg-zur-frauenquote- 2 /
③ 参事官草案について,Ingrid Ohmann-Sauer / Moritz Langemann, Der Referentenentwurf zur Einführung einer „gesetzlichen Frauenquote", NZA 2014, 1120−1126; Katharina Stüber, Der Referentenentwurf zum Gesetz für die gleichberechtigte Teilhabe von Frauen und Männern an Führungspositionen in der Privatwirtschaft und im öffentlichen Bereich, CCZ 2014, 261−268;Stellungnahme DAV, NZG 2014, 1214−1229. 邦語文献として,松島雪江「クォータ制を巡る諸考察—ドイツでの議論をきっかけとして—」日本法学77巻3号233−250頁(2011年)〔2010年から翌年にかけての議論について論じる。経済的領域にクォータ制を導入することについて,根本的,かつ有益な指摘(238−242頁)〕。

ドイツ語で Quota，英語では quota）。私企業については，二つの柱があり，一つは，上場会社であって，かつ同権的共同決定に服するものは，監査役会における女性（または男性）の割合を，少なくとも30％にしなければならない，とする規制であり，二つ目は，上場会社または共同決定に服する会社は，監査役会・取締役およびその下の二つの経営レヴェルにおける女性の割合について目標値を確定しなければならない，とするものである。

　(3)　以下では，本法における私企業の管理者の地位への女性（または男性）の割当て・目標値の確定に関する規制について論じる。まず，序説として，EU（ヨーロッパ連合）の動向とドイツにおける実態について述べ（第1節），次に，割当て制導入の立法理由を紹介する（第2節）。そして，規制の内容を少し詳しく紹介・解説し（第3節－第4節），続いて，ヨーロッパ会社への適用に際しての問題点に言及し（第5節），さらに，一般的平等取扱法との関係について論じる（第6節）。おわりに，ドイツの規制を参考に簡単な提言をする。

第1節　序説──EU の動向とドイツにおける実態

1　EU の動向

　(1)　2003年12月，ヨーロッパ経済地域（Europäische Wirtschaftsraum, EWR; European Economic Area, EEA)[4]を構成するノルウェーでは，上場会社に対し，取締役会における女性の割合を2007年末までに40％とすることを義務づける法案が可決された（実際に，その割合は達成）[5]。この政策は，他のヨーロッパ諸国にも大きな影響を及ぼし，スペイン，フランス，ベルギー，オランダ，イタリアなどが，ノルウェーに追随した（もっとも，その対象となる企業，割合などに

---

[4]　EWR（「欧州経済領域」とも邦訳）は，EU と EFTA（ヨーロッパ自由貿易連合）（スイスを除いたアイスランド，リヒテンシュタインおよびノルウェー）との間の協定（Abkommen）によって，1994年1月1日に創設。EEA 全体に，物，人，サービスおよび資本の移動の自由が適用される（農産物は特別の規制を受ける）。協定の解説として，Arnold Streit, Das Abkommen über den Europäischen Wirtschaftsraum, NJW 1994, 955-958.

[5]　参照，朝日新聞2010年3月17日11面，御供理恵「『女活』先進国ノルウェー」週刊東洋経済2011年10月15日号（6355号）72-73頁，谷口真美「女性活躍推進の論点（下）」日本経済新聞2015年8月12日26面，など。

は差異がある)。

(2) この動きはEUにも影響を与え，2012年11月，EU委員会は，「上場会社の非業務執行役員におけるジェンダー・バランスの改善に関する指令案」を提出した[6]。本指令案は，2020年1月1日までに，上場会社の非業務執行役員の40％を女性に割り当てるべきものとする（4条）[7]。この規定は，ドイツのように，企業の機関構造として二層制〈二元制度〉（dualistisches System）が採用されている場合には，監督機関（監査役会）構成員について適用され，一層制〈一元制度〉（monistisches System）を採用する企業では，管理機関（取締役会）の非業務執行役員について適用される[8]（上場会社であっても，雇用している労働者数が250人未満のもの，または年間売上高が5,000万ユーロ未満のものには適用されない（指令案3条，2条8号））。適用を受ける会社が40％という目標を達成できないときは，その制裁として，過料，選任の無効などが，国内法により定められることになる（同6条）。EUの立法政策の背景として，「男女平等」，「男女間のバランス」という基本的見地からすると，EU企業の役員（管理機関と監督機関の構成員の全体）に占める女性の割合が余りにも低いという実態がある[9]。その後，2013年11月20日，ヨーロッパ議会は，上述の指令案を可決した（さらに，閣僚理事会Ratでの採択を要する）[10]。

---

[6] Vorschlag für eine Richtlinie des Europäischen Parlaments und des Rates zur Gewährleistung einer ausgewogeneren Vertretung von Frauen und Männern unter den nicht geschäftsführenden Direktoren / Aufsichtsratsmitgliedern börsennotierter Gesellschaften und über damit zusammenhängende Maßnahmen, COM (2012) 614 final. 英語では，Proposal for a Directive of the European Parliament and of the Council on improving the gender balance among non-executive directors of companies listed on stock exchanges and related measures, COM (2012) 614 final.

[7] さらに，指令案5条1項は，上場会社が業務執行役員における男女の均衡がとれた代表について自ら定めるように，構成国が措置を講じることを義務づけている。参照，正井章筰「会社法とコーポレート・ガバナンスに関するEUの行動計画（上）」国際商事法務41巻6号821-832頁（826-827頁，831頁）（2013年）。

[8] EU法上の非業務執行役員の役割・概念などについて，正井章筰「ヨーロッパのコーポレート・ガバナンス」早稲田法学81巻4号131-197頁（166頁以下）（2006年）参照。

[9] EU28カ国の上場614社の調査結果によると，2010年の時点で，EUの上場大会社における女性役員の割合は，平均11.9％。その後，2014年10月には20.2％に増加。しかし，取締役代表（CEO, top executive）だけについてみると，3.3％で2010年と変わりがない（http://ec.europa.eu/justice/gender-equality/files/womenonboards/wob-factsheet_2015-04_en.pdf）。

[10] 参照，朝日新聞2013年10月20日 グローブ2面（野島淳）。

2　ドイツの企業における実態—女性役員の割合・数

　1976年共同決定法の適用要件（2,000人を超える労働者を雇用していること）を満たす上場会社160社を対象とした調査[11]によると，そこでの，① 取締役における女性の割合は，2005年末の時点では，2.3％にすぎなかった。その割合は，2010年以降，上昇傾向を示し，2013年末に6.2％となったが，2014年末には5.5％となっている（男性621人に対して女性は36人）。これに対して，② 監査役会における女性の割合は，2005年末の時点では，ほぼ10％であったが，2010年以降，一貫して増加し，2014年末には18.8％となっている（そのうち，女性の監査役員が1人の会社の数は35で，2人－32，3人－24，4人以上－29）。次に，監査役会における資本側（持分所有者＝株主）代表と労働者側代表における，それぞれの女性の割合をみると，前者は，2005年末には2.8％にすぎなかったが，2014年末には14.7％となり，後者も，21.3％から25.2％へと上昇している[12]。

第2節　割当て制導入の立法理由

　連邦政府が法案を提出した理由について，連邦家族・高齢者・女性・若者省（Bundesministerium für Familie, Senioren, Frauen und Jugend, BMFSFJ）および連邦法務・消費者保護省（Bundesministerium der Justiz und für Verbraucherschutz, BMJV）は，以下のように—質問と回答という形式で—分かりやすく述べている（太字は原文，段落番号と〔　〕は正井）[13]。

---

11)　Marion Weckes, Geschlechterverteilung in Vorständen und Aufsichtsräten, Report der Mitbestimmungsförderung in der Hans-Böckler-Stiftung Nr. 10, März 2015 = http://www.boeckler.de/pdf/p_mbf_report_2015_10.pdf〔共同決定法との関係での実態分析。グラフを有効に活用して説明〕による。また，Eine Studie von FidAR – Frauen in die Aufsichtsräte e.V., Women-on-Board-Index（WoB 160）, Transparente und aktuelle Dokumentation zum Anteil von Frauen im Aufsichtsrat und Vorstand der 160 im DAX, MDAX, SDAX und TecDAX notierten Unternehmen,（Stand 14. Januar 2015, aktualisiert zum 11. Juni 2015）= http://www.fidar.de/webmedia/documents/wob-index/150611_Studie_WoB-Index_XX_end.pdf　なお，ここでいう上場会社160社の市場別の内訳は，DAXとTecDAXが各30社，そしてMDAXとSDAXが各50社である。

12)　Weckes, aaO（Fn. 11）.

13)　Fragen und Antworten zu dem Gesetz für die gleichberechtigte Teilhabe von Frauen und Männern an Führungspositionen in der Privatwirtschaft und im öffentlichen Dienst = http://www.bmfsfj.de/RedaktionBMFSFJ/Abteilung 4 /Pdf-Anlagen/

1 なぜ法律上の規制が必要なのか？

(1) 女性と男性の同権は，なるほど基本法（Grundgesetz）〔3条〕で定められている。しかしながら，それは，多くの企業で現実のものとなっていない。ドイツ企業の頂点の地位における女性の経営者の割合は，相変わらずきわめて低い。すなわち，現在，ドイツにおける上位160の企業の**監査役会における女性の割合は，18.9％**である。取締役に関しては，その割合は5.8％にすぎない。また，監査役会会長160人中，女性は5人にすぎない[14]。企業自身にすべて**任意的に義務づけること**は，望ましい作用をもたらさず，経営者の地位（Führungspositionen）における**女性の割合に関してさほどの上昇をもたらさなかった。**

(2) 上場会社に関するドイツ・コーポレート・ガバナンス規準（DCGK）の勧告〔4.1.5, 5.4.1第2段落2文〕—それは，経営者の地位への適切な女性の参加を遵守すべきものとする—もまた，女性の割合のゆっくりとした上昇をもたらしたにすぎない。

(3) 女性の割合が低いことは，ドイツ企業における責任のある地位への性に対応した参加ということに反する。ドイツにおける資格のある女性の数は，過去数年の間に，恒常的に増加してきている。…今日，大学修了者の過半数は女性である。人口の50％を超える女性が，専門教育を修了した後，ドイツ企業の経営者の地位にわずかしか就いていないということは，一般社会政策上，説明のつかないことである。このような背景から，経営者の地位への女性と男性の同権的参加に関する憲法上の負託に応えるために，**政治的な行動が緊急に必要**である。

2 規制によって何を達成しようとしているか？

(1) 両性の割当ておよび拘束力のある目標値に関する法律上の規制によって，中期的には，私企業の経営者の地位における**女性の割合**（Frauenanteil）**の重要な改善**を達成し，そして最終的に，**両性の同権**（Geschlechterparität）をもたらそうとするものである。

---

faq-quote, property=pdf, bereich=bmfsfj, sprache=de, rwb=true.pdf〔2015年7月現在〕
14) 〔原文の注〕FidAR – Frauen in die Aufsichtsräte e.V., Woman-on-Board-Index (30.09.2014).

(2) 複数の調査は次のことを示している。すなわち，経営機関における不均質な構成（多様性）は，より良い〔意思〕決定過程を保証し，それによって，より良い経済的成果もまたもたらすことができる，ということを。したがって，経営者の地位に女性が参加する割合が増えると，経済立地ドイツ〔の評価〕および企業の競争力が高まりうるのである。このことは，専門家の需要が増加していること，また人口統計学上の展開に鑑みても妥当する。それによって，提案された規制は，経済全体から見ても意義のあるものである。

(3) 監査役会における〔性の〕割当ては〔企業の〕構造を再編し，かつ企業文化を変えるであろう。経営者の地位に就く女性が増えれば，他の女性もそれに追随するであろう。そのことは，あらゆる階層レヴェルで，より多くの女性を供給するであろう。

第3節　監査役会における女性(または男性)の割当て制

1　適用を受ける企業

(1) 上場会社であって，かつ1976年共同決定法，1951年石炭・鉄鋼共同決定法または1956年共同決定補充法による同権的共同決定[15]に服しているものは，監査役会における女性（または男性）の割合を少なくとも30％にしなければならない（株式法96条2項1文）（適用開始の時期については，後述，6）。このうち，「上場」という概念は，株式法3条2項において定義されている[16]。定款上の本店をドイツ国内に置いている会社が対象となる。これに対して，会社の株式がドイツの市場で取引されていることは要求されない（外国の取引所においてのみ取引されている場合も含まれる）[17]。適用を受ける企業の法形態は，株式会社と株式合資会社である。

---

15) 共同決定制度について，参照，正井章筰『共同決定法と会社法の交錯』1-126頁（第1章）（成文堂，1990年）（以下，「交錯」で引用），同「ドイツの共同決定制度に関する最近の動向」国際商事法務33巻1号36-46頁（2005年），「ドイツにおける労働者の経営参加制度（上）（下）」ビジネス法務10巻8号94-101頁，9号108-113頁（2010年），など。

16) 上場会社とは，国によって承認された取引所〈場所〉(Stelle)によって規制され，かつ監督され，定期的に実施され，そして公衆（Publikum）が間接的にまたは直接的に利用することができる市場で，その株式が認可されている会社をいう（株式法3条2項）。

17) Seibt, ZIP 2015, 1194f.; Teichmann / Rüb, BB 2015, 898.

(2) このほか,国境を越えた合併の結果として成立した会社が,国境を越えた合併における労働者の共同決定に関する法律[18]に従って,監督機関または管理機関（Aufsichts- oder Verwaltungsorgan）が,同数の持分所有者代表と労働者代表とによって構成されており,かつ上場されている場合にも適用される（株式法96条3項）[19]。さらに,同権的共同決定に服している上場ヨーロッパ会社（SE）にも適用される（後述,第5節）。

(3) この規制の適用を受ける会社の数は,現在のところ,約100社と見込まれている[20]。

2　割合の計算と履行

(1)　全体計算または分離計算

(1) 30％という割合は,監査役会全体で（計算して）満たさなければならない（株式法96条2項2文）（以下,「全体計算」という）。しかしながら,株主代表側監査役員も,また労働者代表側監査役員も,全体計算から離脱することができる。この離脱は,それぞれの側で多数決によって議決されねばならず,かつ監査役会会長に伝えられなければならない。離脱により,30％という最低限の割合は,各側によって別々に満たされねばならない（同条2項3文）（以下,「分離計算」という）[21]。

(2) 全体計算の場合,事後に,一方の側（たとえば,労働者代表）のより高い女性割合が減少し,それによって監査役会全体としての割合を満たさなくなる場合,それによって,他の側（株主側）の席（Besetzung）が無効となるわけ

---

18) Gesetz über die Mitbestimmung der Arbeitnehmer bei einer grenzüberschreitenden Verschmelzung vom 21.Dezember 2006 (BGBl. I S.3332). 本法についての注釈として,Ulmer / Habersack/ Henssler, Mitbestimmungsrecht, 3.Aufl., C.H.Beck München 2013, S.951 – 1012 (Habersack).

19) 詳しくは,Seibt, ZIP 2015,1194,1201f. ここでは,ドイツの二層制（業務執行機関である取締役と監督機関である監査役会とが分離された制度）の会社だけでなく,管理機関（取締役会）を持った一層制の会社も含めるため,このような表現となっている。

20) http://www.bmfsfj.de/BMFSFJ/gleichstellung,did=88098.html による。具体的な会社名と割当て制の達成状況について,Marion Weckes, 30% Quote im Aufsichtsrat: Eine Eröffnungsbilanz = http://www.boeckler.de/pdf/p_mbf_report_2015_12.pdf

21) Seibt, ZIP 2015,1195f. ; Teichmann / Rüb, BB 2015, 899 ; Herb, DB 2015, 964. これまでに,監査役会における「持分所有者側」および「労働者側」は,法的に組織され,そして議決能力のあるような人の集まりではなかった。持分所有者側または労働者側の離脱権でもって,立法者は,監査役会内部に,法的に有効に議決することができる新しい会議体を暗黙のうちに創設しているといえる（Teichmann/ Rüb, aaO.）。

ではない（同条2項5文）。

(2) 端数における四捨五入

　30％の割合は，各会社の監査役会において，端数なしに割り切れるわけではない。監査役会が20人で構成される場合（1976年共同決定法7条参照），全体計算では，端数のない6人となる。その他すべての場合について，①0.5以上の数が生じる場合，端数は切り上げられ，②0.5未満の数となる場合，端数は切り捨てられる（株式法96条2項4文）。個々のケースで，全体計算の場合と分離計算の場合とでは異なる結果が生じうる。すなわち，16人で構成される監査役会では，全体計算によると5人となる（4.8の端数を切り上げ）のに対し，分離計算によると4人となる（各側の2.4の端数を切り捨て）[22]。

(3) 分離計算による原則

　(1)　株主代表監査役員は，原則として株主総会で選任される（株式法101条1項）。例外的に，定款で，一定の株主に監査役員の派遣権を付与することができる（同条2項）[23]。30％という割合は，分離計算の場合，株主代表監査役員（全体）について適用される。それゆえ，派遣権を有する株主も，その選択・決定に際し，割合に適合した性の配分を考慮しなければならない[24]。

　(2)　労働者代表監査役員については，上述の関係する共同決定法が適用される。①1976年共同決定法の適用を受ける会社においては，まず，労働者代表監査役員について，女性と男性がそれぞれ少なくとも30％代表されていなければならない（7条3項）。次に，その割合が労働者代表監査役員全体で達成されない場合，企業内部の労働者代表と労働組合代表とに分けて規制されることになる（同法18a条1項）。すなわち，監査役会における労働者代表が6人および8人の場合，企業内部の労働者代表および労働組合代表は，女性と男性が，それぞれ少なくとも各1人含まれていなければならない。また，10人のときは，企業内部の代表については女性と男性が，それぞれ少なくとも2人，労働組合

---

22)　参照，Seibt, ZIP 2015, 1196 ; Teichmann / Rüb, BB 2015, 899.
23)　たとえば，フォルクスワーゲン株式会社は，定款で，議決権のある株式を20％保有するニーダーザクセン州に，2人の監査役員を派遣する権利を与えている。参照，正井章筰「改正フォルクスワーゲン法に関するEU裁判所の判決」国際商事法務42巻4号535－544頁（537頁）（2014年）。
24)　Regierungsentwurf, BT-Drucksache 18/3784, S.121.

代表については，それぞれ少なくとも1人含まれていなければならない。

なお，企業内部の労働者代表としての管理職員（leitende Angestellte）（事業所組織法5条3項）[25]については，そのポストは一つ与えられているにすぎないので割当ては問題にならない[26]。

② 1976年共同決定法と同様の規制が，共同決定補充法5a条，10f条で定められている。そこでは，中立の監査役員（共同決定補充法5条1項c号）は，割当て制から除かれている。③ 石炭・鉄鋼共同決定法においては，5a条が労働者代表とその他の構成員のうち，女性と男性が少なくとも各30％という割合を定める[27]。

3　監査役員の適格性の要件との関係

監査役員について一定の欠格事由が定められており（株式法100条），そして監査役員は取締役員となることができない（兼任の禁止）（同法105条）。監査役員を選任する機関（株主総会，労働者・労働組合）は，割当て制の導入によって，監査役員についての適格性の要求を顧慮することを免除されるものではない[28]。すなわち，監査役員は，通常の方法で行われるすべての業務の経過を，他人の助けなしに理解し，かつ適切に判断することができるために必要な最小限の知識と能力を身につけていなければならない（判例）[29]（DCGK 5.4.1第1段落も同旨）。さらに，場合によっては特別法上の規制が顧慮・遵守されなければならない。たとえば，金融機関の監督機関の構成員は，信頼できる者でな

---

25)　管理職員については，正井・前掲注15)『交錯』27頁以下，30頁以下など参照。

26)　Regierungsentwurf, BT-Drucksache 18/3784, S.130.

27)　Regierungsentwurf, BT-Drucksache 18/3784, S.125. また，Seibt, ZIP 2015,1196f. に詳しい。

28)　Teichmann/ Rüb, BB 2015, 900は，さらに，監査役員の選択は企業の利益に向けられていなければならない，とする。判例・多数説およびドイツ・コーポレート・ガバナンス規準（DCGK）の前文（本規準は，「社会的市場経済の原則と一致して，企業の存立およびその持続的な価値創造（Wertschöpfung）（企業の利益（Unternehmensinteresse））に配慮する取締役と監査役会の義務を明らかにする」という）（取締役・取締役員に関する Ziffer 4.1.1, 4.3.1第1文，監査役員に関する Ziffer 5.5.1第1文も同じ）に倣ったものといえる。詳しくは，Gerald Spindler/ Eberhard Stilz (Hrsg.), Aktiengesetz, Bd.1, 3. Aufl., C.H.Beck München 2015, §116 Rn.22－36 (Spindler)（文献一覧を含む），など。

29)　BGH, 15.11.1982－ Ⅱ ZR27/28, BGHZ 85, 293＝ NJW 1983, 991＝ ZIP 1983, 55＝ BB1983,101（判決は，Mertens, in : Kölner Kommentar zum Aktiengesetz, §111 Anm.25を引用）〔個々の監査役員は，決算報告書を閲覧するに際して，専門家の立会を求めることは許されない，とした事例〕。

ければならず，かつ監督権能の行使ならびにその企業が営む業務の判断および監視に必要な専門知識を有し，その職務の遂行に十分な時間を割くことができる者でなければならない（信用制度法25d条1項1文），とされる[30]。

4 報告義務

割当て制が履行されたかどうかは，状況報告書（Lagebericht）[31]に含まれる「企業経営に関する説明（Erklärung zur Unternehmensführung）」[32]において報告される。すなわち，会社は，自ら確定した女性および男性の最低限の割合（Mindestanteile）を，期間内に遵守したか否か，そして遵守しなかったときは，その理由を報告しなければならない（商法289a条2項5号a）[33]。

5 違反に対する法的効果

(1) 「空席（leerer Stuhl）」

(1) 割当て制の基準値（条文では，「最低限の割合命令（Mindestanteilsgebot）」(96条2項6文・7文）という）に合致しない株主代表監査役員の選任・派遣は無

---

30) 同様の規制（「…その職務の遂行に十分な時間を割くことができる…」とする部分を除く）が保険企業の監査役員について定められている（保険企業の監督に関する法律（VAG)24条1項1文）。

31) 状況報告書は，中規模および大規模資本会社において，年度決算書と並んで商法が定める報告義務の構成部分となっている（後述，注59）参照）。状況報告書においては，「事業の結果を含む事業の経過および資本会社の状況が，事実上の関係に対応する像（Bild）が伝えられるように記述されねばならない」とされ，そして，「状況報告書は，事業の経過および会社の状況の事業活動の範囲および複雑さに対応した精確で，かつ包括的な分析を内容として含まなければならない」とされる（289条1項1・2文）。このことから，状況報告書作成の原則として，完全性，正確性，明確性および洞察性（Übersichtlichkeit）が挙げられている（Baumbach/ Hopt/ Merkt, Handelsgesetzbuch 36. Aufl., C.H.Beck München 2014, § 289 Rn. 1）。日本では，事業報告（会社法435条2項・437条・438条，会社法施行規則117－133条）が状況報告書に対応する。しかし，状況報告書の方が記載内容の範囲が広い。詳しくは，Ebenroth/ Boujong/ Joost/ Strohn Böcking/ Gros, Handelsgesetzbuch, 3. Aufl., C.H.Beck München 2014, § 289 Rn.1-27；五十嵐邦正「状況報告書の発展」商学集志（日本大学）83巻3号1－21頁（10頁以下，18頁以下）（2013年）。

32) いわゆるコーポレート・ガバナンスに関する説明（Corporate Governance Erklärung）である。その内容として，ドイツ・コーポレート・ガバナンス規準（DCGK）の遵守に関する説明（株式法161条）も含まれる（商法289a条2項1号）。参照，Baumbach/ Hopt/ Merkt, Handelsgesetzbuch, aaO (Fn. 31), § 289a；Ebenroth/ Boujong/ Joost/ Strohn/ Gros/ Böcking/ Worret, Handelsgesetzbuch, 3. Aufl., aaO (Fn. 31), § 289a Rn.1－24；五十嵐・前掲注31）14－15頁。

33) 参照，Herb, DB 2015, 870；Seibt, ZIP 2015,1203；Stüber, DStR 2015, 954.

効(nichtig)である（株式法96条2項6文・250条1項5号）[34]。もっとも，本来，割当て制に合致した選任または派遣が他の理由から無効と宣言された[35]からといって，最低限の割合命令に反することにはならない（つまり，事後的に効力がなくなるものではない）（同法96条2項7文）。なお，監査役会は，定款または法律で定められた構成員の少なくとも半数が議決に参加する限り，決議能力を有する（同法108条2項2文）ので，「空席」ができたとしても，直ちに決議能力を欠くことにはならない。

(2) 選任の無効という法的効果に鑑みると，本法施行後は，監査役員の選任においては個別選挙（Einzelwahl）が望ましいということになる[36]。すなわち，日本では，複数の取締役・監査役が選任される場合，株主総会において個々の候補者ごとに採決されるが，ドイツでは，複数の監査役員候補者を一括して採決すること（ブロック選挙 Blockwahl といわれる[37]）も認められている[38]。個別選挙の場合，個々の人物が別々に監査役員に選任される。この場合，割当て制違反による無効の可能性は，割合を満たさない選挙によって選任された人物にのみ関係することになる（時間的に先に行われた選挙は有効である）。それに対して，ブロック選挙の場合，その選挙が割当て制に違反すると，そこで選ばれた低い代表割合の性（通常は女性）の候補者を除いて，監査役員全員の選任が無効となる[39]。

---

[34] 参照，Scholz/ Ruf, BB 2015,1159 ; Junker/ Schmidt-Pfitzner, NZG 2015, 931; Seibt, ZIP 2015, 1199–1201.

[35] 株式法250条1項1号から4号までに掲げられた事由があるときは，監査役員の選挙は無効となる。たとえば，石炭・鉄鋼共同決定法の適用を受ける株式会社が労働者代表監査役員を選挙するとき，株主総会は，事業所委員会（Betriebsrat）からの提案に拘束される（石炭・鉄鋼共同決定法6条6項）。それにもかかわらず，提案されていない者を選んだとき，その総会決議は無効となる（株式法250条1項2号）。

[36] ドイツ・コーポレート・ガバナンス規準（DCGK）5.4.3第1文も，監査役会に関する選挙は個別選挙として実施されるべきであるとする。

[37] Uwe Hüffer/ Jens Koch, Aktiengesetz, 11. Aufl., C.H.Beck München 2014, §101 Rn.6 は，「共同選挙または包括選挙（Simultan- oder Globalwahl）」という。

[38] 参照，BGH, Urteil vom 16. 2. 2009 - II ZR 185/07, BGHZ 180, 9 Rn.29 = NJW 2009, 2207 = BB 2009, 796（m. Anm. Dr. Daniel Marhewka）= DStR 2009, 537 = NZG 2009, 342 = WM 2009,459；高橋英治『ドイツ会社法概説』（有斐閣，2012年）174頁。

[39] たとえば，株主総会で10人を選任する場合，3人は女性（または男性）でなければならないが，①個別選挙で2人のみ選任したとき，時間的に〈順番として〉最後に選ばれた高い割合の性（通常は男性）1人の選任のみ無効となる。これに対して，②10人を一括した採決で，同じく2人のみ選任したとき，残りの8人（通常は男性）の選任が無効となってしまう（参照，Junker/ Schmidt-Pfitzner, NZG 2015, 931）。また，Seibt, ZIP 2015, 1199–1201 ; Regierungsentwurf, BT-Drucksache 18/3784, S.122.

(3) 監査役会は割当て制に適合する選挙提案を用意しなければならない[40]。株主総会の指揮者（通常，監査役会会長）は，株主代表監査役員の選挙提案が明らかに割当て制の基準値に違反していると確認されるときは，それを投票にかけないことができる[41]。

(4) 「空席」という制裁は，会社が努力をしたにもかかわらず，低く代表された性に属する適切な人物を見つけることができなかった場合にも課せられる。この場合，十分に適格性のある他の性の選挙は無効となるおそれがある（前述，3）。このことは，ドイツの監査役会における性の配分の実態（労働者代表監査役員における女性の割合は，株主代表監査役員における女性の割合よりも高い—前述第1節2）に照らすと，株主側により当てはまる。その結果，株主代表は少数派となり，投票で労働者代表に敗れることになるかもしれない。1976年共同決定法に関する連邦憲法裁判所の判決によると，同権的共同決定の合憲性は，持分所有者代表が最終的な決定権を有しているということにかかっている[42]。そこで，割当て制は違憲の疑いがあるとの見解[43]が出されている。

(2) 裁判所による補充—代替者の任命

監査役会が議決に必要な員数を欠く場合，裁判所は，取締役，監査役員または株主，全体事業所委員会，労働組合などの申立てにより，それを補充することができる（株式法104条1項）。本法によって，裁判所による補充は，同権的共同決定が適用される上場会社においては，株式法96条2項1文から5文までの規準に従って行われなければならない，という規定が追加された（株式法104条5項。共同決定法18a条および共同決定補充法10f条は本項を準用）。

上述(1)のように，裁判所は，監査役会が議決に必要な員数を欠く場合に初めて補充することができるのであるから，「空席」によってただちに補充の要件

---

40) 株式法124条3項1文は，監査役員および監査人の選挙については，監査役会のみが議事日程の公告において，議決について提案しなければならない，とする。取締役の活動を監視し，または監査する者に対し，取締役が影響力を行使することができないようにしているのである。参照，Hüffer/ Koch, aaO (Fn. 37), §124 Rn.18.

41) Regierungsentwurf, BT-Drucksache 18/3784, S.121. Teichmann/ Rüb, BB 2015, 901 は，その場合，総会指揮者は投票にかけない義務を負う，とする。

42) 1976年共同決定法に関する連邦憲法裁判所の判決について，正井・前掲注15)『交錯』87頁以下，マティアス・ハーバーザック（正井章筰・訳）「ドイツ企業法に関する連邦憲法裁判所の判決」商事法務2019号37－50頁（39－40頁）（2013年），など。

43) Teichmann/ Rüb, BB 2015, 900. また，Habersack/ Kersten, BB 2014, 2819－2830（2822－2825, 2830）は，違憲の可能性をより詳しく理由づけている。

を満たすわけではない。しかし，監査役会が 3 カ月よりも長い間，法律または定款で定められた員数を欠いている場合には，裁判所は，申立てにより，補充しなければならない（株式法104条 2 項）[44]。裁判所は，その裁量により，一方では，一般的な適格性の要求に合致し，他方では，関係するポストに適切である人物を選択しなければならない[45]。裁判所によって選任された監査役員の職務は，どんな場合であれ，欠員が補充されたときは直ちに消滅する（同条 6 項）。

6　適用開始の時期と経過規定

割当て制は，① 株主代表監査役員については，2016年 1 月 1 日以後に実施される選挙または派遣に際して遵守されなければならない（株式法施行法25条 2 項 1 文）。新しい監査役会の席（Sitze）の数が最低限の割合を達成するために十分でないときは，その席は，その割合を継続的に高めるために，低く代表された性（通常は女性）でもって占められねばならない（同条 2 項 2 文）。現在のポスト（Mandate）は，その正規の任期が終了するまで就くことができる（同条 2 項 3 文）。② 労働者代表監査役員については（分離計算の場合），2015年12月31日の後に実施されるか，またはその日までに終了していない選挙に，割当て制が適用される（共同決定法40条 2 項，共同決定補充法22条 2 項）[46]。

第 4 節　取締役と上級管理職における女性の割合に関する目標値の確定

1　総説－株式法の規定

株式法は，女性の割合に関する目標値の確定について，次の二つの規定を新設した。

(1)　まず，① 株式法111条 5 項は，「上場会社または共同決定に服する会社

---

[44]　同権的に共同決定化された監査役会については，構成員の数は，原則として法律で定められている。たとえば，共同決定法 7 条 1 項 1 文 3 号により，2 万人を超える労働者を雇用している企業では，その構成員数は20である（同項 2・3 文も参照）。
[45]　Teichmann/ Rüb, BB 2015, 901. また，Herb, DB 2015, 967.
[46]　共同決定法40条 3 項も，〔新しい〕監査役員の公告がなされたときに，労働者の監査役員の選挙が終わったものとみなされる，とするのみで，全体計算の場合について定めていない（参照，Herb, DB 2015, 967）。また，Teichmann/ Rüb, BB 2015, 901.

の監査役会は，監査役会および取締役における女性の割合について目標値（Zielgrößen）を確定する。目標値の確定に際して，女性の割合が30％より低いときは，その目標値は，もはやそのつど達成された割合を下回ることは許されない。同時に，目標値の達成に関する期間が確定されなければならない。その期間は，そのつど5年を超えることは許されない。監査役会について，すでに96条2項による割合が適用される限り，この確定は取締役についてのみ行われる」とする。

　次に，② 株式法76条4項は，「上場会社または共同決定に服する会社の取締役は，取締役の下の二つの経営レヴェル（Führungsebenen）（本稿では，「上級管理職」とする）における女性の割合について確定する。目標値の確定に際して，女性の割合が30％より低いときは，目標値は，もはやそのつど達成された割合を下回ることは許されない。同時に，目標値の達成に関する期間が確定されなければならない。その期間は，そのつど5年を超えることは許されない」と定める。

　(2)　この二つの規定によって，上場会社または共同決定に服する会社は，将来，自主的に女性の割合に関する目標値を確定しなければならないことになった。この目標値確定義務は，上場会社だけでなく，500人を超える労働者を雇用している会社にも適用される。というのは，これらの規定は，共同決定（そこには，同権的共同決定と三分の一参加[47]の双方が含まれる）に服するすべての企業に適用されるからである。その結果，株式会社および株式合資会社だけでなく，有限会社，相互保険会社，協同組合（ヨーロッパ協同組合を含む）およびヨー

---

[47]　三分の一参加法（Gesetz über die Drittelbeteiligung der Arbeitnehmer im Aufsichtsrat, Drittelbeteiligungsgesetz – DrittelbG）は，2004年のZweites Gesetz über die Vereinfachung der Wahl der Arbeitnehmervertreter in den Aufsichtsrat vom 18. Mai 2004（BGBl. I , S. 974）において定められた。それまで，1952年事業所組織法76条から87a条までにおいて定められていた企業共同決定に関する規制にとって代わるものである。同法は，500人を超え2,000人以下の労働者を雇用している企業（株式会社，株式合資会社，有限会社，相互保険会社および協同組合）に適用される（同法1条1項）。本法の適用を受ける企業の監査役会は，その三分の一まで労働者の代表によって構成されなければならない（4条1項）。また，労働者代表監査役員においては，女性と男性が，企業におけるそれらの数に対応して代表されているべきものとされる（同条4項）。詳しくは，Thomas Raiser/ Rüdiger Veil, Mitbestimmungsgesetz und Drittelbeteiligungsgesetz, 5.Aufl., De Gruyter Berlin 2009, S.553 – 603（557ff., 581ff.）；Georg Kleinsorge, in : Wlotzke/ Wissmann/ Koberski/ Kleinsorge, Mitbestimmungsrecht, 4. Aufl., Franz Valen München 2011, S.743 – 847（754ff., 783ff.）；Ulmer/ Habersack/ Henssler, aaO（Fn. 18）, S.655 – 713（Hennsler / Habersack）．

ロッパ会社（SE）という七つの法形態に適用される[48]。この規制の適用を受ける企業の数は，約3,500社と推測されている[49]。

2　適用を受ける機関と経営レヴェル

(1)　目標値の決定に関する任務・権限

①株式会社においては──上述のように──，監査役会が，監査役会および取締役における女性の割合に関する目標値を確定する（株式法111条5項）。また，取締役は，取締役の下の二つの経営レヴェルに関する目標値を確定する（同法76条4項）。②協同組合においては，株式会社と同様に，監査役会と取締役との間での任務分配となる（協同組合法9条3項・4項）。③有限会社においては，(ⅰ)それが三分の一参加法に服するときは，監査役会と業務執行者における女性の割合に関する目標値は，社員総会によって確定される（ただし，社員総会は，この任務を監査役会へ委任することができる）（有限会社法52条2項1文）。これに対し，(ⅱ)共同決定法，石炭・鉄鋼共同決定法または共同決定補充法の適用を受けるときは，監査役会が，監査役会および業務執行者における女性の割合について目標値を確定する（同法52条2項2文）。そして業務執行者は，上述の(ⅰ)および(ⅱ)において，業務執行者の下の二つの経営レヴェルにおける女性の割合について目標値を確定する義務を負う（同法36条）。

(2)　「経営レヴェル」の概念

(1)　「経営レヴェル」の概念は，法律において定義されていない。政府草案理由書によると，「取締役の下で，個々の企業において実際に設けられている階層レヴェル」であり，そして「階層レヴェル」とは，「相互に同権的な，しかし共同の経営に組み入れられた組織的単位」と理解される。はっきりとした階層構造となっている場合，「取締役に直属している二つのレヴェル」が意味され，取締役の下に一つの指揮レヴェルしかない浅い階層構造においては，その一つのためにだけ目標値が確定されねばならない[50]。

(2)　この義務は個々の企業にだけ向けられている。たとえば，持ち株会社は

---

48)　詳しくは，Seibt, ZIP 2015, 1204.
49)　http://www.bmfsfj.de/BMFSFJ/gleichstellung,did=88098.html による。
50)　Regierungsentwurfs, BT-Drucksache 18/3784, S.119. Göpfert / Rottmeier, ZIP 2015, 671は，企業の実態が多様であることに照らすと，経営レヴェルを確定する場合，きわめて広い裁量の余地がある，という。

―上場されているか，または共同決定法の適用を受けている限り―，自らの機関および経営レヴェルについて目標値を定めなければならず，かつそれで足りる。いいかえると，持ち株会社は，その傘下にあるコンツェルン企業における人事政策（女性役員の目標値）に介入する必要はない。なお，持ち株会社の経営者が他の国で活動しているときは，それらも目標値の計算（分母）に含められねばならない[51]。

(3) 目標値の内容および期間

(1) 企業は―上述のように―目標値と目標達成に関する期間を定めなければならない。もっとも，30％を下回る目標値を定めることはできないし，すでに達成された割合を下回る目標値を定めることもできない。したがって，企業は，目標値を確定する前に，女性の割合がどの程度になっているかを調査しなければならないことになる[52]。企業は，30％という女性の割合が達成された場合に初めて，企業は目標値を確定する義務を免れる。ゼロという目標値を確定することはできないと解される[53]。

(2) 企業は，2015年9月30日までに―第1回目として―，監査役会，取締役および取締役の下の二つの経営レヴェルについての目標値を確定しなければならない。目標達成に関する期間として，最初は，2017年9月30日より後の期間を設定することは許されない（株式法施行法25条1項，有限会社法施行法5条，協同組合法168条）。その後は，その期間は―上述のように―，どんな場合であれ，5年を超えることは許されない[54]。

3 法的効果

(1) 企業の義務は，目標値および期間の確定と，それに関する報告とに限定されている。したがって，企業が自ら確定した目標値＝女性の割合を達成できなかったとしても，そこから法的効果は生じない[55]。立法者は，厳しい制裁を

---

51) Teichmann/ Rüb, BB 2015, 902. 参照，Göpfert / Rottmeier, ZIP 2015, 672.
52) 「目標値」という概念から，すでに達成された割合を定めることはできない。なぜなら，「目標」というのは，概念上，現在は達成されていないが，将来，達成されようとする状態をいうからである（Teichmann/ Rüb, BB 2015, S.902f.）。
53) 参照，Teichmann/ Rüb, BB 2015, S.903.
54) また，有限会社法施行法36条4文および協同組合法9条3項4文・4項4文。
55) 政府草案理由書は，「達成できないことは望ましくないが，ありえないことではない」という（Regierungsentwurf, BT-Drucksache 18/3784, S.119f.）。

課すとすれば，企業が野心的な目標値を確定しなくなるかもしれないことを考慮して，それを思いとどまったのだ，という[56]。いいかえると，目標値の報告・公表による経営構造の透明性の向上ならびに市場，ひいては社会全体からの評価・圧力を期待しているのである[57]。ドイツ・コーポレート・ガバナンス規準（DCGK）の基本的考え（「遵守せよ，さもなければ説明せよ comply or explain」）に倣ったものといえよう。

(2) その報告は，① 上場会社においては，「企業経営の説明」（前述，第3節4参照）の一部として，期間内に目標値が達成されたかどうか，達成されなかったときは，その理由を記載しなければならない（商法289a条2項4号・3項）[58]。② その他の企業（有限会社，保険企業）は，(i)状況報告書の作成を義務づけられているときは[59]，その中で説明をしなければならない（同条3・4項。商法336条2項により，協同組合に準用）。(ii)状況報告書の作成を免除されている小規模資本会社は，任意に作成する状況報告書またはインターネット上のサイトにおいて説明しなければならない[60]。

---

56) Regierungsentwurf, BT-Drucksache 18/3784, S.119f. ; Teichmann/ Rüb, BB 2015, 903.
57) Herb, DB 2015, 970. 参照，Regierungsentwurf, BT-Drucksache 18/3784, S.119.
58) 参照，Junker/ Schmidt-Pfitzner, NZG 2015, 936f. ; Seibt, ZIP 2015, 1207 ; Herb, DB 2015, 970 ; Stüber, DStR 2015, 954.
59) 状況報告書を作成しなければならない会社（商法289条1項・3項）とは，①中規模および大規模の資本会社（株式会社，有限会社）（商法264条1項1文，267条），②少なくとも1人の無限責任社員が，直接的にまたは間接的に自然人などでない中規模および大規模の合名会社および合資会社（この典型として，資本会社が合資会社の無限責任社員となっている合資会社＝有限合資会社）（商法264a条，264条1項，267条），③開示法5条2項により計算義務を負う企業，協同組合（商法336条），金融機関（商法340a条1項）および保険企業（商法341a条）である。なお，(1)小規模資本会社は，次の三つのメルクマールのうち，少なくとも二つを超えないものをいう。(a)総資産額600万ユーロ，(b)年間売上高1,200万ユーロ，(c)年平均の労働者50人，また，(2)中規模資本会社とは，上述(1)の三つの基準うち少なくとも二つを超え，かつ次の三つの基準のうち少なくとも二つを超えないものをいう。(a)総資産額2,000万ユーロ，(b)年間売上高4,000万ユーロ，(c)年平均の労働者250人，である。さらに，(3)大規模資本会社は，上述(2)の基準のうち，少なくとも二つを超えるものをいう（商法267条）。資本市場を指向する資本会社（商法264d条参照）は常に大規模資本会社とみなされる。前掲注31）の文献参照。
60) Junker/ Schmidt-Pfitzner, NZG 2015, 937 ; Herb, DB 2015, 970.

第5節　ヨーロッパ会社(SE)への適用における問題点

1　序　説

(1)　EU法上の企業形態の一つとして，ヨーロッパ会社（Societas Europaea, SE）（以下，SEとする）がある。SEは，2001年12月に採択され，2004年10月に発効した「ヨーロッパ会社法規則」[61]（以下，SE法規則という）と，「労働者の参加に関してヨーロッパ会社法を補充する指令」[62]（以下，SE参加指令という）とに法的根拠を置いている。

(2)　ドイツでは，SE法規則とSE参加指令とを国内法化するため，2004年12月に「ヨーロッパ会社の導入に関する法律（Gesetz zur Einführung der Europäischen Gesellschaft, SE-Einführungsgesetz – SEEG）が制定され，同年12月29日に施行された[63]。本法は，主に二つの個別の法律から構成される。すなわち，①「ヨーロッパ会社法に関するEC規則の実施に関する法律（Artikel 1 = Gesetz über die Ausführung der EG-Verordnung über das Statut der Europäischen

---

61)　Verordnung (EG) Nr. 2157/2001 des Rates vom 8. Oktober 2001 über das Statut der Europäischen Gesellschaft (SE), Amtsblatt der EG Nr.L 294, S.1.
　詳しくは，Marcus Lutter/ Walter Bayer/ Jessica Schmidt, Europäisches Unternehmens- und Kapitalmarktrecht, 5. Aufl., De Gruyter Berlin 2012, S.1454–1581 ; Stefan Grundmann, Europäisches Gesellschaftsrecht, 2.Aufl., C.F. Müller Heidelberg 2011, S.614–657，など。邦語文献も多い。野田輝久「ヨーロッパ株式会社法の成立とその評価」青山経営論集37巻4号239–269頁（2003年），同「（資料）ヨーロッパ株式会社法規則（SE法規則）試訳」青山経営論集37巻4号271–301頁（2003年），笹川敏彦「ヨーロッパ会社法の改正案」札幌学院法学27巻1号1–34頁（2010年）（引用の文献参照）を挙げるにとどめる。

62)　Richtlinie 2001/86/EG des Rates vom 8. Oktober 2001 zur Ergänzung des Statuts der Europäischen Gesellschaft hinsichtlich der Beteiligung der Arbeitnehmer, Amtsblatt der EG Nr.L 294, S.22. 参照，Lutter/ Bayer/ Schmidt, aaO (Fn. 61), S.1541–1548 ; Kleinsorge, in : Wlotzke/ Wissmann/ Koberski/ Kleinsorge, aaO (Fn. 47), S.849–872 ; Edgar Rose/ Roland Köstler, Mitbestimmung in der Europäischen Gesellschaft (SE), 2.Aufl., Bundverlag Köln 2014 ; 正井章筰「ヨーロッパ株式会社における労働者の参加規制の新展開」泉田栄一＝関　英昭＝藤田勝利編集『現代企業法の新展開（小島康裕教授退官記念）』461–495頁（信山社，2001年），同「ヨーロッパ会社（SE）法を補充する労働者参加指令」比較法学41巻1号189–207頁（2007年）（指令の邦訳），ロジェ・ブランパン（小宮文人＝濱口桂一郎・監訳）『ヨーロッパ労働法』589–618頁（606頁以下）〔濱口〕（2003年，信山社），など。

63)　BGBl, I S.3675.

Gesellschaft, SE-Ausführungsgesetz – SEAG)」（以下，SE 実施法とする）と，②「ヨーロッパ会社における労働者の参加に関する法律（Artikel 2 = Gesetz über die Beteiligung der Arbeitnehmer in einer Europäischen Gesellschaft, SE-Beteiligungsgesetz – SEBG)」[64]（以下，SE 参加法とする）とである。①は，会社法に関するSE 法規則を，②は，SE 参加指令を，それぞれ国内法化したものである[65]。

(3) SE は，その基礎を，上述の― EU 法上の― SE 法規則および SE 参加指令に置いている。それゆえ，SE が一般的にドイツの管理者の地位への男女の同権的参加に関する規制に含まれるか否か明らかではなかった。政府草案理由書は SE への適用の有無について沈黙していた。しかし，連邦議会の「家族・高齢者・女性および若者に関する委員会」の決議勧告（2015年 3 月 4 日）（以下，決議勧告という）は，はっきりとそれを認めた[66]。以下では，SE に特有の問題について論及することにしよう[67]。

2　規制技術の問題点

(1) SE 実施法において新設された17条 2 項は，監査役会における固定的な割当て制だけを定めている（女性役員の目標値の確定については定められていない）[68]。また，割当て制に関し，株主代表監査役員と労働者代表監査役員とに分けて計算する可能性，「空席」の法的効果および裁判所による代替者の選任についての規定もない。

(2)　立法手続において，この規制の欠缺は自動的にふさがると考えられ

---

64)　詳しくは，Ulmer/ Habersack/ Henssler, aaO (Fn. 18), S.717-950 (Hennsler / Habersack)；Kleinsorge, in：Wlotzke/ Wissmann/ Koberski/ Kleinsorge, aaO (Fn. 47), S.861-869.

65)　2015年 7 月 1 日現在，EWR 構成国全体で2,399の SE が設立されている。しかし，それらのうち実際に事業活動しているものは346にすぎない。そして，346のうち，170がドイツで設立されており，そのうち46が上場されている。また，170のうち，二層制を採用するものは117，一層制の SE は53であり，さらに，二層制の SE で同権的共同決定を導入しているものは14（そのうち 9 が上場），三分の一参加が25となっている。一層制の SE は，労働者の情報入手権・協議権のみの制度を導入（http://www.boeckler.de/pdf/pb_mitbestimmung_se_2015_07.pdf（Roland Köstler）および前掲注20）の Weckes, 30% Quote im Aufsichtsrat による)。

66)　Beschlussempfehlung und Bericht des Ausschusses für Familie, Senioren, Frauen und Jugend (13. Ausschuss), BT-Drucksache 18/4227, S.22. = http://dip21.bundestag.de/dip21/btd/18/042/1804227.pdf

67)　以下の解説は，主として Teichmann/ Rüb, BB 2015, 903-906に依拠する。

68)　同じ規制が，一層制を採用する SE の管理機関について定められている（SE 実施法24条 3 項)。

た[69]。というのは，SE に関する法規制は，EU 法のレヴェルでは不完全であり，それは構成国内の会社法を一般的に参照することによって補充されることになっているからである。すなわち，SE 法規則 9 条 1 項 c 号 ii によると，SE は，同規則が定めていないか，部分的にのみ定めている領域において，補充的に，SE が本店を置いている国の会社法（ドイツでは株式法）に服する[70]。この方法により，上述の─新しい─株式法76条，96条および111条の規制が，SE の法体系に導入されることになる[71]。

3 監査役会における割当て制

(1) SE 実施法17条 2 項における規制

上述のように，SE 実施法17条 2 項により，上場され，かつその監督機関が同数の株主代表と労働者代表とによって構成されるすべての SE に，30％の割当て制が適用される。そこでは，株式法96条 2 項が，国内の株式会社について定める共同決定法の参照規定を欠いている。それは，SE 自ら労働者参加（共同決定）の体系を有していることによる。つまり，SE における労働者参加は，企業の指揮者（Leitungen）と労働者代表機関としての特別交渉機関（besonderes Verhandlungsgremium）との間の協定（Vereinbarung）に基づくか（SE 参加法21条）または─協定が成立しない場合における─法律上の受け皿規定（同法34条‐38条）に基づくかのどちらかの体系である。SE を設立する会社の一つにおいて，すでに同権の共同決定が存在していた場合─前後考慮原則（Vorher- Nachher- Prinzip）[72]により─，SE においても原則として同権的共同決定となる。その場合，上場 SE は少なくとも30％という女性（または男性）の割合を遵守しなければならず，また，それについて報告しなければならない（商法289a 条 2 項 5 号 b）（前述，第 3 節 4 参照）。

---

69)　参照，Teichmann/ Rüb, BB 2015, 903.
70)　詳しくは，Lutter/ Bayer/ J. Schmidt, aaO（Fn. 61），S.1465‒1469；Grundmann, aaO（Fn. 61），S.624‒657.
71)　BT-Drucksache 18/4227, S.22. また，Sagan, RdA 2015, 257f.
72)　これは，SE を設立する会社に存在している労働者の参加基準が，設立後の SE においても原則として維持されるべきものとする原則である（Lutter/ Bayer/ Schmidt, aaO（Fn. 61），S.1541）。より詳しくは，Matthias Jacobs, Münchener Kommentar zum Aktiengesetz, Bd.7, 3. Aufl., C.H.Beck München 2012, SEBG §1 Rn.5.

(2) 国内の株式法の補充的適用

(1) SE法規則は監査役員の選任について定めている (40条2項1文)。しかし，そこでは，女性（または男性）の割合については定められていない。その限りで，国内法によって空白を埋める余地が生じる。もっとも，国内の株式法が適用される前に，「構成国が，とくにSEに関係している共同体の措置の適用において公布する法規定」が適用される（同規則9条1項c号ⅰ）。ドイツにおいては，上述のSE実施法およびSE参加法がそれに当たる。

(2) 連邦議会の決議勧告は，一方では，SEについて，SE実施法において独自の規制が必要であるとしつつ，他方で，上述のSE法規則9条1項c号ⅱにより，四捨五入，「空席」の法的効果などに関する規制がSEにも適用可能である，とする[73]。また，SEは，「SE法規則の規定を留保しつつ，すべての構成国において，SEの本店所在地国の法にしたがって設立された株式会社と同じように取り扱われる」(SE法規則10条)。そこで，理論上，SE実施法17条2項における規制は必要ではなかったのではないか，という見解が出されている[74]。

(3) 離脱権と分離計算

株式法96条2項3文による全体計算からの離脱権は，連邦議会の決議勧告によると，SEには適用されない。その理由として，共同決定は，SEでは協定の方法で規定されており，ドイツの共同決定法は適用されないゆえに，SEには全体計算による履行だけが考えられるであろう，とする[75]。これについて，タイヒマン＝リュプは，次のようにいう。すなわち，ドイツの立法者は，SE法規則において特別の授権が存在しないこの領域では，上述のSE法規則10条にいう―SEと株式会社との―平等取扱いの命令に服する。その結果，SEは，国内の株式会社と同様，30％という割合を分離して計算・履行することができるということになるのではないか。なぜなら，離脱権は，共同決定法においてではなく株式法で定められており，ドイツの株式法は，上述のSE法規則9条1項c号ⅱを通じてSEに適用されるからである，と[76]。

---

73) BT-Drucksache 18/4227, S.22. 参照，Teichmann/ Rüb, BB 2015, 903f.
74) Teichmann/ Rüb, BB 2015, 904.
75) BT-Drucksache 18/4227, S.22.
76) Teichmann/ Rüb, BB 2015, 904. 同旨，Sagan, RdA 2015, 257, 258.

また，タイヒマン＝リュプは，SE においては共同決定に関する協定が存在するから（全体計算のみ）という理由も，必然的に株式法96条2項3文の適用を排斥することにはならないとして，次の理由を挙げる。すなわち，まず，すべての SE において，そのような協定が成立するわけではないということである。つまり，企業指揮者と特別交渉機関の話し合いがまとまらずに，法律上の受け皿規定（SE 参加法34条以下）が適用されることもありうる。そこでは女性（または男性）の割合は定められていない。その限りで，国内の株式法が補充的に適用されることになる[77]。次に，法律上の受け皿規制または協定は，たんに，株主側と労働者側のポストの配分ならびに実際に SE が労働者を雇用している EU 構成国への労働者代表の配分を定めるにすぎない〔SE 参加法36条〕。それが女性（または男性）の割合に際しての分離計算にとって障害になるのか明らかでない。そこで，SE 参加の協定によって，全体計算または分離計算のいずれの方式も定めることができる，と解される（その場合にのみ―規範の階層において，SE 参加の協定の方が国内の株式法より上位にあるゆえに―国内の株式法は劣後する[78]）。その他のすべての場合についても国内の株式法が補充的に適用される。その結果，SE においても，持分所有者側または労働者側は，割合を分離して計算することを選択することができる，と[79]。

4　女性役員の割合に関する目標値の確定

SE 法規則39条は，二層制の SE における指揮機関（Leitungsorgan）（ドイツでは取締役 Vorstand）の任務を定め，それによって，部分的に，株式法76条の内容を排斥する。しかし，同条は―意識的に不完全な法条文として公布された SE 法規則の一般的観念に従って―，取締役の任務を完全に，かつ完結して定めた規制とはみなされえない。その限りで，新設された株式法76条4項が補充的に適用される。その結果，上場されている SE，または共同決定に服している SE の取締役は，その下の上級管理職における女性の割合に関する目標値を確定しなければならない[80]。

---

77) Teichmann/ Rüb, aaO.
78) Teichmann/ Rüb, BB 2015, 904f. 参照，Lutter/ Bayer/ Schmidt, aaO., S.1466－1468.
79) Teichmann/ Rüb, BB 2015, 905.
80) Teichmann/ Rüb, aaO.

5 一層制のSEの特殊性

(1) 同権的に共同決定化された管理機関における割当て制

(1) ドイツ国内の株式会社とは異なり，SEには，その定款で，一層制の経営モデル（管理機関）（Verwaltungsrat）を選択することが認められている（SE法規則38条）。構成国の法が，株式会社について一層制に関する規定を置いていないときは，その構成国は，SEについて，それに対応する規定を公布することができる（SE法規則43条4項）。それに基づいて，ドイツではSE実施法24条3項が定められた。同項は，業務執行を担当する管理機関が株主代表と労働者代表の各半数によって構成される上場SEについて—新設されたSE実施法17条2項と同様に—，少なくとも30％の女性（または男性）の割合を定める。その際，ドイツの立法者は，管理機関を監査役会と同じ地位に置いた。二層制においては，経営機関（取締役）は，その下の上級管理職における女性の目標値を確定する規制にのみ服する。これに対し，一層制においては，管理機関は，同機関における30％の割当て制をも履行しなければならない。そこに，二層制との大きな差異が存在する。

(2) SE実施法24条3項においても—SE実施法17条2項におけると同様—，四捨五入の規制，「空席」の法律効果および分離計算に関する規定が欠けている。一層制のSEについて，その欠缺は，SE法規則9条1項c号iiによって埋めることはできない。なぜなら，ドイツの株式法は，一層制の経営モデルを定めていないからである。その代わりとして，上述のSE法規則43条4項は，国内の立法者に，SE実施法において特別の定めをする権限を与えている。SE実施法は，改めて，株式法76条から116条までの適用をはっきりと排除した。なぜなら，立法者は，SE実施法20条以下において，一層制のモデルについて独自の定めをしようと考えたからである[81]。そこで，例外的に，株式法76条から116条までの規定を一層制にも適用しようとするときは，それについての明文の参照規定を必要とする（SE実施法40条7項・8項[82]がその例である）。しかし

---

[81] SE実施法20条は，「SEが，規則38条b号にしたがって，その定款において管理機関（Verwaltungsorgan（Verwaltungsrat））を持った一層制を選択するときは，株式法76条から116条までの定めに代えて以下の規定が適用される」とする。

[82] SE実施法40条7・8項は，SEの業務執行取締役に，株式法における取締役に関する規定（87-89条，93条）（報酬，競業の禁止，信用付与，注意義務および責任に関する規制）が準用される旨を定める。

ながら、立法者は、SE 実施法の中へ株式法96条2項の参照指示を盛り込まなかった。それゆえ、一層制についての割当ての規制は欠缺が残されたままである。このような—欠陥のある—規制は、タイヒマン＝リュプによると、実際上、同権的共同決定をもった一層制の SE は存在せず、そして将来も存在することはないであろうという理由によってのみ、なんとか存続させることができる[83]。

(2) 目標値の確定

(1) 立法者が、上級管理職における女性の割合に関する目標値の確定について定める株式法76条4項の規制（前述、第4節1）は、一層制の SE 管理機関にも適用されるものとする。すなわち、連邦議会の決議勧告[84]は、管理機関が、SE 実施法22条6項[85]に基づいて目標値を確定する義務を負うとした。同決議勧告によると、その目標値について、上述の SE 規則9条1項 b 号ⅱにおける一般的な参照指示によって、二層構造の SE に新設された株式法76条4項および111条5項における規制が適用され、続いて、SE 実施法22条6項が、一層構造の SE に、二層構造の SE に関する規制の準用を定める[86]。

(2) これに対して、タイヒマン＝リュプは、上述の立法者の説明は、株式法76条から116条までの規定の準用を排除する SE 実施法20条を無視している、として、次のように主張する。すなわち、一層制の構造はドイツ法に知られておらず、それゆえ、株式法の内外の多数の規定において、取締役と監査役会の存在が明示的または黙示的に前提とされている。SE 実施法22条6項は、これらの規定を一層制にはめ込み、そしてそこで処理可能なものとする趣旨である。それにもかかわらず、株式法76条以下の規定は、SE 実施法20条によって排除されたままである。なぜなら、SE 実施法20条から49条までの規定は、一層制について、まさに自主的な規制を形成しているからである[87]、と。

---

83) Teichmann/ Rüb, BB 2015, 905（「法律政策上、共同決定の同権をまちがって業務執行機関へ転用していることが、この一層制の経営モデルを完全に魅力のないものにしている…」という）。なお、前掲注65）参照。
84) BT-Drucksache 18/4227, S.22.
85) SE 実施法22条6項は、「本法外で、株式会社の取締役または監査役会に権利または義務を付与する法規定は、本法において管理機関および業務執行役員に特別の規制が含まれていない限り、管理機関に準用される」とする。
86) BT-Drucksache 18/4227, aaO.
87) Teichmann/ Rüb, BB 2015, 905.

タイヒマン＝リュプは，このように立法形式を批判しつつ，立法者の意図は，SE 実施法22条6項が―それと結びついた体系性の破たんは無視して―一層制について定めるに際して考慮しなかったケースについての受け皿規範として一般的に役立つ，という論拠を援用することによって何とか維持される，という[88]。

第6節　一般的平等取扱法との関係

(1)　ドイツでは，EU の指令[89]の国内法化として，2006年に「一般的平等取扱法（Allgemeine Gleichbehandlungsgesetz, AGG）」（通称，反差別法）が定められた[90]。同法は，人種，民族的出自，性，宗教，世界観，障がい，年齢または性の同一性を理由として不利な扱いをすること（Benachteiligungen）を阻止し，かつ除去することを目的とする（1条）。労働者が本法に違反して差別を受けたときは，使用者に対して，異議申立権，損害賠償請求権などを有する（同法13条・15条）。そこで，割当て制との関係で，次のような問題が提起されている。すなわち，第一に，割当て制を履行するために女性の労働者を優遇する企業が，本法に基づいて，男性の労働者からの損害賠償請求にさらされることになるのかどうか。第二に，AGG 5条は，「積極的措置（Positive Maßnahmen）」として，1条において掲げられた根拠の一つを理由として存在する不利な扱いを，適切かつ，相当な措置によって阻止し，または調整するために，異なる取扱いをすることも許される，とする。そこで，企業が割当て制の割合を満たしたことが「積極的な措置」に当たるとして，上述のリスクを排除されることになるのか否か[91]。

(2)　これらの問題に関連して，AGG22条が注目されている[92]。同条は，「争訟において，一方当事者が，本法1条に掲げられた根拠のうちの一つを理由と

---

[88]　Teichmann/ Rüb, BB 2015, 905f.
[89]　参照，齋藤純子「ドイツにおける EU 平等待遇指令の国内法化と一般平等待遇法の制定」外国の立法230号91－123頁（92－94頁）（2006年）。
[90]　BGBl. Teil I, S. 1897. 本法は，2006年8月14日に公布され，同月18日に施行された。詳しくは，齋藤・前掲注89）（条文の邦訳を含む），山川和義＝和田肇「ドイツにおける一般平等立法の意味」日本労働研究雑誌574号18－27頁（2008年），高橋賢司「ドイツ労働法における一般的平等取扱い法(1)」立正法学論集44巻1号147－179頁（2010年），など。
[91]　Ohmann-Sauer / Langemann, NZA 2014, 1120.
[92]　Göpfert / Rottmeier, ZIP 2015, 672.

した不利な扱いを推測させる徴表〈間接事実〉(Indizien)を証明する場合，他の当事者は，それについて，不利な扱いからの保護に関する規定に違反していないことを証明する責任を負う」とする。この22条に関し，連邦労働裁判所(BAG)は，昇進が遅れた女性労働者が企業に対し，性による差別であるとして損害賠償などを請求した事案において，次のように判示している。すなわち，「統計〔雇用されている男女の割合，管理職に就いている男女の割合〕から，原則として，性に関係した差別についての徴表が生じうる。もっとも，その統計は，使用者の差別的行動に関して証言力を備えていなければならない。同じ事業分野において，比較可能な階層レヴェルで，女性の割合がその〔原告が雇用されている〕使用者におけるよりも高いという事実だけでは昇進の決定に際して，女性の性に関係した差別についての徴表作用とはならない。同じことが，使用者の上級階層レヴェルにおいて，企業全体よりも女性の割合がはっきりと低いという事態に妥当する。性に関係した不利な扱いがあるということを推定するには，単なる統計を超えた，さらなる根拠を必要とする」と[93]。この解釈によると，22条は，使用者(企業)を不利な立場に置くことにはならず，逆に，労働者にとって，とくに有利に働くものではないように思われる。

おわりに

(1) ドイツは，ヨーロッパ諸国の立法動向およびEUの指令案(上述，第1節)を考慮しつつ，管理者の地位における女性割当て制を立法化した。EUの指令案に対応しようとすれば，二層制を採用しているドイツにおいては，非業務執行役員＝監査役員における割当て制ということになる。また，ドイツでは企業共同決定(監査役会における労働者参加)制度が存在していることから，必然的に，共同決定法と関連させて立法せざるを得ない。さらに，企業共同決定制度について七つもの法律[94]があり，各法律との関係も顧慮する必要がある。そして，ヨーロッパ会社(SE)へ規制を及ぼそうとすると，一般的なEUの法体系だけでなく，具体的なSE法規則・SE参加指令の規制方法・内容との整合

---

[93] BAG, Urteil vom 22. 7. 2010 - 8 AZR 1012/08 = NZA 2011, 93.
[94] 先に述べた，1976年共同決定法，石炭・鉄鋼共同決定法，共同決定補充法，三分の一参加法，SE参加法および国境を越えた合併における労働者の共同決定に関する法律のほか，「ヨーロッパ協同組合における労働者の参加に関する法律(Gesetz über die Beteiligung der Arbeitnehmer und Arbeitnehmerinnen in einer Europäischen Genossenschaft vom 14. 8. 2006, SCE-Beteiligungsgesetz - SCEBG, BGBl I S.1917)」がある。

性にも配慮しなければならない。これらのことから，2015年の男女の同権的参加に関する法律は，複雑な規制となっている。

(2) ところで，企業における女性役員の割合に関し，日本は世界で最低の水準にある[95]。何らかの法的措置を講じる必要があるところ，ようやく，最初に言及した女性活躍推進法が成立した。それによると，企業などの一般事業主は，①採用における女性の割合，②勤続年数における男女間の差異，③「管理的地位にある労働者に占める女性労働者の割合」などについて，行動計画を作成し，それを届け出，そして公表（労働者への周知を含む）しなければならない（8条参照）。もっとも，③について，女性役員を一定割合にすることを強制してはいない[96]。法的規制としての割当て制を考えるとき，日本では，労働者参加についての法規制は存在せず，またEUの法制を考慮する必要もないため，規制はより容易である。もちろん，日本の実態を考慮する必要がある。そこで，私企業については，規制の対象を，たとえば，上場会社または労働者1,000人以上の企業に限定し，そして期間を区切って女性役員の割合を定め（たとえば，5年内に10%），その後，徐々に割合を高めていく方法が妥当なように思う。政治的な決断が迫られている。

〔追記〕
本稿を執筆するにあたり，デュッセルドルフ大学のノアック（Noack, Ulrich）教授から，二つの論文をPDFにて送付していただいた。

---

[95] 参照, 2014 Catalyst Census: Women Board Directors = http://www.catalyst.org/knowledge/2014-catalyst-census-women-board-directors（2014年10月現在，Topix Core 30社における女性役員の比率は3.1%）；日本経済新聞2014年12月22日9面（2013年の時点で，上場会社の役員全体に占める女性の比率は1%），同2011年8月18日夕刊1面・3面，など。

[96] 日本では，上場会社に対する社外取締役の義務づけが実施されたことによって，女性が社外取締役に就任する事例が増えつつある（参照，日本経済新聞2015年8月22日31面）。しかし，一般的に（女性，男性を問わず），本職を持ちつつ，1人で多くの会社の社外取締役の職務を遂行することは困難である。ドイツ・コーポレート・ガバナンス規準（Ziffer 5.4.5）に倣って，兼任できる数の制限（たとえば3社まで）を定める必要がある。

「取締役」と「監査役」の形成
―ロェスレル草案の受容―

高田　晴仁

はじめに

　明治14年4月よりお雇い外国人ロェスレルが起草した商法草案では，株式会社の業務執行機関である「ディレクトーレン」（Directoren），および，監査機関である「アウフジヒツラート」（Aufsichtsrath）をともに株主総会によって選解任されるべきものとした。そして，この株主総会を中心とした並列型の機関構造は，その後の立法の変遷においても原則的に維持されてきた[1]。

　ロェスレル草案の"Aufsichtsrath"なる用語が明治23年の旧商法の立法過程において「監査役」と訳されてきたためか，かつては，日本の監査役制度のモデルがドイツ法であるかのような言説がみられた[2]。しかし，ドイツ株式法は，株主総会が監査役会（Aufsichtsrat）を選任し，さらに監査役会が取締役会（Vorstand）を選任する二層制（dualistisches System)を採用し，Aufsichtsratは非業務執行取締役の合議体に，Vorstandは業務執行取締役の合議体にそれぞれ相当するものとされる[3]。日本法が取締役および監査役を株主総会から並列的に選任する構造を採っているのとは大きく異なることは周知の事実である。

---

1)　その例外として，(1)昭和25年商法改正によって，監査役の「会計監査役」化が行われ，昭和49年改正による業務監査権限の再付与まで続いたこと，(2)平成14年商法特例法改正による「委員会等設置会社」（指名委員会等設置会社），および，平成26年会社法改正による「監査等委員会設置会社」の導入が行われた。

2)　浦野雄幸『株式会社監査制度論』80頁（商事法務研究会，1970年），菅原菊志『取締役・監査役論〔商法研究Ⅰ〕』44頁（信山社，1992年）。

3)　クリストフ・H・サイプト，齋藤真紀訳「ドイツのコーポレート・ガバナンスおよび共同決定――弁護士，監査委員，研究者としての視点から――」商事法務1936号34－35頁（2011年）。なお，松井秀征「ドイツにおける株式会社法制の運用実態とわが国への示唆〔上〕」商事法務1942号26頁（2011年）は，ドイツのAufsichtsratとVorstandを，それぞれ日本の取締役会と委員会設置会社の執行役に類比する。

すでに別稿において，ロェスレル草案における株式会社の機関構造のモデルはドイツ法に限られておらず，イギリス法，フランス法にもその起源があることを述べた[4]。本稿では，まずロェスレル草案の構想を振り返り，さらに，その構想が明治23年の旧商法典を経て，明治32年新商法典へと至る各段階で徐々に「日本化」され，変容していくプロセスを明らかにしたいと思う。そのプロセスは，欧州法の混合といえるロェスレル草案から，日本法が乖離していく過程でもあり，ドイツ法と日本法の今日みられる隔たりの根源を明らかにするはずである。

第1節　ロェスレル草案から旧商法典へ

1　ロェスレル草案（独文）

(1) ロェスレル草案の Directoren

　ロェスレル草案は，株式会社の業務執行機関として3名以上の取締役たち（Directoren）から構成される取締役会（Verwaltungsrath）の設置を強制する一方（草案第219条注釈），3名から5名で構成される監査役会（Aufsichtsrath）を任意機関として設置する機関構造を考案した（草案230条）[5]。

　もっとも，草案には，取締役会の権限や運営に関する規定は存在せず，注釈のなかでわずかに合議体の存在に触れられているにすぎない。これは規定の不備というよりも，モデルとしたイギリス会社法[6]が，ロェスレルが参照した時

---

[4] 高田晴仁「ロェスレル草案における株式会社の機関構造――高橋英治教授の問題提起をめぐって――」『企業法の法理』203頁以下（慶應義塾大学出版会，2012年），高田晴仁「日本型コーポレート・ガバナンスの原型――取締役と監査役の起源をめぐって――」内池慶四郎先生追悼論文集『私権の創設とその展開』389頁以下（慶應義塾大学出版会，2013年），高田晴仁「日本商法の源流・ロェスレル草案――「ロェスレル型」株式会社を例にして――」『日本法の中の外国法』（早稲田大学比較法研究所叢書41号）175頁以下（成文堂，2014年），高田晴仁「ロェスレル草案――取締役たちおよび監査役会――」法学研究89巻1号444頁以下（2016年）。

[5] こうしたロェスレルの構想とドイツ法との相違について，高田・前掲注4）「ロェスレル草案における株式会社の機関構造」211頁以下。なお Kalss/Burger/Eckert, Die Entwicklung des österreichischen Aktienrechts, 2002, S.84には，ドイツ一般商法典以前に，ロェスレルの着想と同様の機関構造をとる，ごく稀な例の存在が紹介されている。

[6] 高田・前掲注4）「日本型コーポレート・ガバナンスの原型」392頁，「日本商法の源流・ロェスレル草案」178頁以下。

代から現在に至るまで「取締役会（a board of directors）」という用語を使用していない[7]ことが影響したものと考えられる。すなわち，イギリス会社法は，法や定款によって権限を付与されるのは，取締役集団（the directors collectively）であるという理解に基づいて[8]，もっぱら，「取締役たち」（"the directors"）という文言をもって業務執行組織を表現している。このような伝統は，イギリス法のみならず，かつてのフランス法の取締役たち（administrateurs, conseil d'administration）あるいはドイツの取締役会（取締役団）（Vorstand）にも通底する欧州法の伝統でもある[9]。この点，わが国では，昭和25年商法改正まで，取締役会を法定せず，取締役をもって単独制の業務執行機関と規定されていた点で，相当に特異であったといえる[10]（あらかじめ本稿の結論を示せば，このような特異性の原因は，商法典編纂期の合議体への無理解であったと考えられる）。

また，草案では，取締役たちは，そのなかから1名または複数の業務執行取締役（geschäftsführender Director）を選任することができるものとする（草案第219条）。これもイギリス法の managing director あるいはフランス法の directeur（フランス1867年会社法22条2項）に倣ったものと考えられる。

わが国で初の株式会社立法とされる国立銀行条例（明治5年11月15日太政官布告第349号）は，周知のようにアメリカの国法銀行(ナショナルバンク)の制度を模したものであったが，すでに5名以上の「取締役」と，「取締役」の互選によって1名の「頭取」の選任を義務づけており（第4条第4節[11]），取締役会の開催についての規則も存在する[12]（この点は，明治9年の全面改正（明治9年8月1日太政官布告第106号）でも同一である（第1章第15条[13]））。したがって，ロェスレル草案の起草当時（明

---

7) 川島いづみ「コーポレートガバナンス・コードと英国会社法」ビジネス法務16巻1号107頁（2015年）。
8) 川島・前注108頁。
9) なお，フランスの administrateur およびドイツ法の Vorstand は最低1名で足りる点でイギリス法とは異なっている（フランス1867年会社法22条，ドイツ一般商法典227条2項）。
10) 津田利治「取締役会の権限を繞る二三の問題」慶應義塾大学商法研究会編『会社法以前』401頁（慶應義塾大学出版会，2003年）。
11) 大蔵省明治財政史編纂会編『明治財政史　第13巻銀行（二）』36頁（1927年）。なお，国立銀行条例は，28条161節より成り（「条」「節」が今日の用語と入れ違っている），これに「成規」（各種の書式，模範定款を含む施行規則）が付されている。
12) 模範定款には取締役会の招集・決議に関する簡単な規定がある。
13) 前注153頁。改正国立銀行条例は，16章112条から成り，66条の成規が付されている。成規58条は，頭取・取締役が「毎月三度以上同僚中ノ集会」をなすべき旨を規定している。

治14年4月以降),国立銀行(明治12年の京都第百五十三国立銀行の免許が最後)では,頭取をトップとする取締役会(取締役の「集会」)を開催するルールが――その実態がたんなる上意下達の会議(ミーティング)であったとしても――,ある程度普及していたものと考えられる。

一般会社法の試みもこの国立銀行条例および英米法の影響を受けている。明治12年内務卿伊藤博文の上申による「責任有限会社」第54条,および,明治13年2月28日法制局調査委員議定「会社条例」第50条は,いずれも取締役5名以上の選任と,同役中より1名を頭取とする旨が定めており,かつ,それぞれの「成規」(書式や模範定款を含んだイギリス法的な施行規則)に取締役会の規定が置かれている[14]。さらに,会社并(ならびに)組合条例審査局の審議を経て取りまとめられた明治14年4月14日付「会社条例」第63条では,取締役の人数が3名以上に引き下げられているものの,同役中より頭取1名の選任について変更はない[15]。

要するに,ロェスレル草案以前より,日本の株式会社の業務執行機関として,形の上では英米法の影響ないし模倣に基づいて取締役会制度を導入しており,草案では,それを受け継ぐ形をとったものといえる。ただし,日本サイドの「頭取1名」の原則とは異なり,草案は,大企業では複数の業務執行取締役を選任するのが当然であり,会社を代表して契約を締結する際には2名以上の連署によるべき旨を説いている(草案第219条注釈)[16]。

(2) ロェスレル草案のAufsichtsrath

他方,ロェスレル草案中の監査役会は,英米法の会計検査役(auditor)よりも権限の内容が質的に拡大されている。監査役会は,第一に,取締役たち(Directoren)の業務執行の監視(Überwachung),第二に,会計の検査(Prüfung der Rechnung)と株主総会への報告,第三に,臨時株主総会の招集を職務とする(草案第231条)。

第二の会計「検査」権限は,イギリス会社法の会計検査役(auditor)に倣っ

---

[14] いずれも,明治13年4月6日付「法制部伺旧法制調査議定組合条例会社条例並海上保険条例ノ二件審査局ノ被開該条例審査被仰付度儀」(国立公文書館所蔵)に拠る。

[15] 向井健「明治十四年『会社条例』草案とその周辺――明治前期商法編纂史研究(二)――」法学研究44巻2号93頁(1971年)。

[16] 現在,「4つ目原則」(Vier-Augen-Prinzip ; four-eyes principle)と称される共同代表の原則を示すものであろう。

たものであるが（草案第230条注釈参照），これよりも優先的に規定された第一の業務執行の「監視」権限は，業務執行の適法性，定款適合性，利益相反取引などの過誤・不正の有無を対象とする，異質な業務執行の監視権限である。

しかしながら，業務執行の監視権限は，取引の投機的側面（今日でいう「妥当性監査」）には及ばず，これは取締役たちの自由な決定に任せるものとされている（草案第231条注釈）。したがってドイツ法のように，「すべての部門にわたって会社の業務執行を監視する」（1870年改正一般ドイツ商法225 a条）という無制限な監視権限よりも対象が狭いといえる。

それは，ドイツでは，監査役会（Aufsichtsrath）が取締役会（Vorstand）の選解任権をにぎるという形で両者を上下関係（平たくいえば上司と部下）とする定款実務が確立していた[17]のに対して，ロェスレル草案では，当時のドイツのような監査役会の経営支配による監視の不在をおそれ，監査役会と取締役会とをあえて並列的に規定するという工夫をめぐらせたことに由来するものと考えられる[18]。すなわち，ロェスレルは，一方では，業務執行機関である取締役会の経営判断の自由を尊重しつつ，他方では，監査役会の構成員は，情報収集権を行使することにより（草案第234条），業務執行上の法令・定款違反，善管注意義務違反の行為の有無をつねに監視するものとした。だが，もしそのような事実を発見した場合，監査役会は，みずからこれを差し止めることはできない（草案第231条注釈）。差し止めることは業務執行への干渉であり，さらにいえば，それ自体が消極的な意味での業務執行になりかねないからである（草案第231条注釈）。そこで，監査役会は，臨時株主総会を招集し，原則として全員一致をもって株主に事実を報告することによって（草案第233条），株主に取締役を解任するか否かの判断を任せることになる（草案第226条）。たとえていえば，監査役会は，株主のための「監視塔」の役割を担うものとしたといってよい（なお，草案には，監査役会構成員については，取締役のように任期中に解任しうる規定（草案第226条）はない）。

17) 高田・前掲注4）「日本型コーポレート・ガバナンスの原型」409頁，「日本商法の源流・ロェスレル草案」183頁。1861年ドイツ一般商法の下での監査役会の経営支配の実態につき，Kalss/Burger/Eckert, a.a.O., S.101 f.；Jan Lieder, Die Aktienrechtsnovelle vom 11. Juni 1870, in：Bayer/Habersack (Hrsg.), Aktienrecht im Wandel, Bd I, 2007, S. 357 f.

18) 高田・前掲注4）「日本型コーポレート・ガバナンスの原型」410頁以下。

2　参事院・商法編纂局（委員長鶴田皓）

(1)　ロェスレル草案『司法省訳』

　上記のロェスレル草案のオリジナルな構想は，当時の日本人にどのように受け容れられ，あるいは，受け容れられなかったであろうか。

　司法省『ロェスレル氏起稿 商法草案』として流布している上下巻の訳書（以下，『司法省訳』）は，ロェスレル草案の翻訳と商法編纂を担当した太政官法制部の商法掛（明治14年5月以降）およびその任務を引き継いだ，「参事院」（初代議長伊藤博文）に設置された「商法編纂局」（鶴田皓(あきら)委員長）（明治15年3月～17年5月）の成果と推定される[19]。

　この最初の訳書では，株式会社[20]の Directoren には「頭取」，Aufsichtsrath には「取締役」という訳語が当てられた（Mitglieder des Aufsichtsrathes は「取締役員」）。Directoren がイギリス法上の directors のドイツ語表現とすれば，当時としても「頭取」ではなく，「取締役」とするのが適訳だったはずである。その一方，イギリス法の会計検査役（auditor）は「検査役」と呼ばれてきていた。それなのに，なぜこのような「頭取」「取締役」という訳語選択が行われたのか。その背後に，一定の法継受が含意されていないであろうか。

　その手がかりを得るために，参事院商法編纂局（およびその関係者）による外国法の訳書をひもといてみると，まず，ドイツ一般商法典（1870年改正法）の翻訳書では，ドイツ法の取締役会（Vorstand）の訳として「頭取」が用いら

---

19)　そのように推定する根拠としては，まず，明治14年4月のロェスレルの起草開始後一年半も経たない翌15年9月，草案の翻訳と商法編纂を担当した「参事院商法編纂局」（鶴田皓委員長）が，オリジナルの会社法の条文数を半数に削除して160条の草案を上申していることから，『司法省訳』の会社法の部分はこの時点で脱稿されていたのは確実であること，さらに，明治17年7月8日に開始された，「会社条例編纂委員会」の「商社法第一読会」の原案は，「商法草案中ヲ改正シタルモノ」（寺島宗則委員長）であって，『司法省訳』の会社法の部分を抜き出し，これに若干の商法総則の規定を加えたものであったこと（法務大臣官房司法法制調査部監修『日本近代立法資料叢書17』第1綴1頁（商事法務研究会，1985年）），第三に，明治19年3月に商法全体に審議対象を拡大した「商法編纂委員会」（寺島宗則委員長）の原案もまた，『司法省訳』であって（上掲書第4綴），細川潤次郎委員の書き入れの残る原案（「商法草案」（法務図書館 XB100/G2/2-15），全1033条の条文のみ，活版，618頁。明治19年11月25日に議了のメモがある）は，『司法省訳』と一致すること，が挙げられる。

20)　ロェスレル草案では，株式合資会社の採用は否定されたため（草案「差金会社」前注），独仏法のような株式合資会社およびその機関に関する規定は草案には存在しない。

れている。他方で，フランス法の翻訳をみると，おおむね業務執行者を「支配人」「管理人」とする一方，株式合資会社の監査役会[21]，および，株式会社の会計検査役[22]に「取締」の語を含めるものが目につく（下図）。

	株式合資会社			
			株式会社	
ドイツ一般商法典（1870年改正）の翻訳	persönlich haftender Gesellschafter〔無限責任社員〕	Aufsichtsrath〔監査役会〕	Vorstand〔取締役会〕	Aufsichtsrath〔監査役会〕
『独逸普通商法 上巻』[23]	無限責任社員	監督人（会議体とメンバーの区別なし）	頭取（会議体とメンバーの区別なし）	監督人（会議体とメンバーの区別なし）
『独逸六法 商法』[24]	無限責任社員	監督（監督ノ職員）	頭取（頭取職員）	監督（監督ノ職員）

　商法編纂局は，当時の英法，仏法，独法の専門家の複合体であった（1人で

---

[21]　フランス1867年会社法の株式合資会社の監査役会については，高田・前掲注4）「日本型コーポレート・ガバナンスの原型」403-404頁。
[22]　高田・前掲注4）「日本型コーポレート・ガバナンスの原型」404頁。
[23]　商法編纂局翻訳『独逸普通商法 上巻』（太政官蔵版，明治16年3月）（今村研介〔訳〕，濱崎康〔校〕，本尾敬三郎〔閲〕）。この訳書では，「頭取」「監督人」のいずれについても，合議体と，そのメンバーが区別されていない。たとえば，「株式会社は取締役（Vorstand）を置かなければならない」（227条1項1文），「取締役は，1人または複数の構成員より成る」（同2項1文）というべきところを，「株式会社ハ頭取一名ヲ置ク可シ」，「頭取ハ株主或ハ其他ノ者ヨリ一名乃至数名ヲ置クコトヲ得」としているのは，Vostandが最低1名でも構成されうる点を割り引いたとしても，複数のメンバーから構成される場合に合議体を構成する点が示されていないうらみがある。また，定款の絶対的記載事項のひとつである「株主の中から選ばれた3人以上の構成員より成る監査役会（Aufsichtsrath）の選任」（209条6号）が，単に「総株主中ヨリ三名以上ノ監督人ヲ選任スルノ定」とされている。これも，「監督人」がばらばらの会議体なき監査役であるかのように誤解したものであろう。
[24]　山脇玄，今村研介〔共訳〕『独逸六法　商法』（独逸学協会，明治19年12月）。この訳は，合議体とそのメンバーの区別を明らかにして，「頭取」と「頭取ノ職員」，また，「監督」と「監督ノ職員」を呼び分けている。

	株式合資会社		株式会社	
フランス1867年会社法の翻訳	gérant〔無限責任社員〕	conseil de surveillance〔監査役会〕	administrateur〔取締役〕	commissaire〔会計監査役〕
『仏国商事会社条例』25)	支配人	取締役（会議体とメンバーの区別なし）	支配人	報告委員

	株式合資会社		株式会社	
『リウヒエール仏国商法復説』26)	支配人	取締会員（会議体とメンバーの区別なし）	支配人	取締員
『ボワステール仏国商法講義』27)	管理者	監察会・監察会員	支配人	検査掛
『ブウーフ仏国商法略説』28)	管理人	取締役	管理人	会社取締ノ任アル委員

複数の分野に通じた者もいる）29)。ロェスレルがDirectorenに業務執行権・代表権を，Aufsichtsrathに監視・検査権を並列的に与えるアイディアを受け取った商法編纂局は，訳語の選択をみるかぎり，Directorenをドイツ法の取締役

---

25) 森順正〔校閲〕，岡安平九郎〔訳〕『仏国商事会社条例』（明治21年10月）。Tripier, Les Codes français, 2e éd., 1869に収録された1867年会社法の翻訳。
26) 商法編纂局翻訳『リウヒエール仏国商法復説』（太政官蔵版，明治15年8月）（松下直美＝室田充美＝井田鐘次郎＝立木頼三＝杉村虎一〔合訳〕，長森敬斐〔校正〕）。Rivière, Répétitions écrites sur le Code de commerce, 6e éd., Paris, 1870, p.102 et suiv., p.118 et suiv.
27) 旧太政官商法編纂局御反訳『ボワステール仏国商法講義 第二冊』（福原直道，杉村虎一，立木頼三〔合訳〕，長森敬斐＝岸本辰雄〔校閲〕）（明法堂，明治20年10月）。原著の版・刊年は不詳ながら，Boistel, Précis de droit commercial, 2e éd., Paris, 1878, p.197 et suiv., p. 226 et suiv. を参照した。
28) 司法省訳『ブウーフ仏国商法略説』（司法省蔵版，明治20年8月）。原著の版・刊年は不詳ながら，Boeuf, Résumé de répétitions écrites sur le droit commercial, Paris, 1969, p. 59 et suiv., p. 67 et suiv. を参照した。なお，本書は，フランスの法学部試験用の「虎の巻」である。
29) 高田晴仁「監査役の誕生――歴史の窓から――」監査役648号44頁以下（2016年）。

会に類比して「頭取」とし，Aufsichtsrath をフランスの株式合資会社の監査役会（あるいは株式会社の会計監査役）と同視して「取締役」の語を当てたのではないかと推測される。

しかしながら，国立銀行条例以来，定着していたといってよい directors を「取締役」と訳す習慣からすれば，3名以上の「頭取」というのはいかにもおかしい。しかも，取締役のなかからではなく，株主総会で「頭取」を選任するという点でも異なっている。国立銀行条例では，上述のように，取締役5名以上の同役中から1名の「頭取」を選任するものとされていたからである。

そこで，まず Directoren を「頭取」から「取締役」に修正し，玉突きで Aufsichtsrath の訳を「取締役」から「検査役」に修正することとなった。会計検査役（auditor）を「検査役」と訳す方法はこれまたすでに定着していたから[30]，当初は違和感のないものとして受け取られたのであろう。

(2) **参事院・商法編纂局の160条草案**

その最も早い例は，商法編纂局が，明治15年9月，会社法の条文数を半数に削減して上申した160条の草案[31]であり，また，ロェスレルがそのような大幅な削除に反対する意見書を出したことに応酬した，商法編纂局の「答弁」書[32]でも確認することができる。

機関の名称の修正だけならば，さしたる問題ではない。だが，上記の160条草案では，「取締役ハ三名以上ニシテ株主ニ限ル者トス」（第96条1項），「検査役ハ二名以上ニシテ株主ニ限ル者トス」（第101条）と修正したため，「取締役」「検査役」が合議体であるというニュアンスが消滅し，個々の「取締役」を3名，および，個々の「検査役」を2名，それぞれ選任しなければならないという規

---

30) 最も早い例のひとつとして，『英国会社類編』（大蔵省，明治10年11月）275頁以下に，「検査役」に「アージトル」（auditor）のルビを振った例がある。
31) 「商法案」法務大臣官房司法法制調査部監修『日本近代立法資料叢書21』第3綴7頁（商事法務研究会，1985年）。この史料〔法務図書館所蔵，XB400/N1/17〕は〔明治15年9月参事院商法編纂委員がロェスレル氏起稿商法草案第1編第1－6巻（全318ケ条）を改削して上申したもの〕である。手塚豊『法務図書館所蔵貴重書目録』45頁（1973年）。
32) 明治17年2月以降と推定される「ロェスレル氏意見書ニ対スル答弁」（法務図書館蔵）40頁以下では，「取締役（即チロェスレル氏案ニ云フ頭取）及ヒ検査役（ロェスレル氏案ニ云フ取締役）」とする訳語の変更が確認される。なお，ロェスレル草案「司法省訳」では調査官（Inspectoren）に「検査役」の訳語を当てていた。

定の仕方になってしまった。

　とくに，ロェスレルのドイツ語原案では，Aufsichtsrath は明らかに合議体としての「監査役会」を示している。そのことは，「監査役会の構成員」(Aufsichtsraths-Mitglied; Mitglieder des Aufsichtsrathes) という措辞との対比から明白であり，『司法省訳』では「取締役」と「取締役員」を区別していた。にもかかわらず，Aufsichtsrath を個々の「監査役たち」(einzelne Aufsichtsräthe) のように捉えたのは，なぜであろうか。

　その原因として考えられるのは，ドイツ法，フランス法の各種翻訳書でも合議体とその構成員を区別しないものが多いことにみられるように，当時の合議体に対する理解不足である。

　Directoren はもともと directors すなわち直訳すれば「取締役たち」であるが，日本語は名詞の単数と複数の区別が曖昧である上，合議体の理解が不十分であったために，個々の取締役たちが選任されるだけであって，かれらが合議体を構成するなどとは考えず，さらには，「取締役」「検査役」という対比から，「個々の取締役」に配するに「個々の検査役」をもってし，監査役会という合議体をも消し去ることにつながったのではないか。

　このような推測が正しいものとすれば，ロェスレルがイギリス法の伝統に従って，取締役たち（取締役会）を Directoren と表現したことは，かえって日本で合議体による機関構成（取締役会・監査役会）が消滅する伏線となったものといえるであろう。

　他方で，監査役会を任意機関から必置とし[33]，その権限については，「業務ヲ監督スル」という，「監視」に比して強い表現が用いられている（第102条1号）[34]。しかし，合議体の性格が失われた余波で，監査役会が，取締役会・株主総会に対し，一致して意見を述べる旨の規定が削除され（草案第233条），また，業務・財産調査権，帳簿閲覧権の具体的な監督権の行使方法に関する規定（草

---

[33]　前掲注32）「ロェスレル氏意見書ニ対スル答弁」42頁。「我カ案ニ於テ必ス検査役ヲ置カシムルハ会社ノ取締ヲ厚クスルカ為メナリ。検査役アルニ非サレハ取締役ノ放縦アルヲ豫遏スルノ方法ナシ」

[34]　第102条　検査役ハ左ノ件々ヲ担当ス可シ
　一　会社ノ業務ヲ監督スル事
　二　精算帳出納比較表及ヒ損益配当按ヲ検査シ其意見ヲ株主総会ニ報告スル事
　三　会社ノ利害ニ関シ必要ト認ル時ハ臨時ニ株主総会ヲ開ク事

案第234条）が削除されたことにより，取締役会との権限のバランスへの微妙な配慮がいったんはほぼその姿を消すことになった。

3 会社条例編纂委員（委員長寺島宗則）

　明治17年 5 月には，それまでロェスレル草案の翻訳・調査を担ってきた商法編纂局が解散（被免）となり，伊藤博文の肝いりで創設された制度取調局の一部局として，薩摩閥の大物，寺島宗則を委員長とする「会社条例編纂委員」が設置された。会社条例編纂委員会ではロェスレルの了解なくして，日本サイドは一方的な修正をなしえないというルールが設けられ[35]，『司法省訳』の振り出しに戻って審議のやりなおしとなった。会社条例編纂委員会の特色は，こうしたロェスレルの意向の尊重にあり，その結果，ロェスレル草案の趣旨に忠実な「商社法」（全221条）[36]を得ることとなった。

　この委員会での差金会社の「頭取」から「取締役」への名称の変更[37]，さらに，株式会社の「頭取」を「取締役」に，「取締役」を「検査役」に正式に変更された[38]。この点は，上述のように既定路線であって，なんら新規なものではない。

---

35)　明治19年 5 月31日付，会社条例編纂委員会から伊藤博文総理大臣への上進には，「抑ロエスレル氏ノ原案ヲ以テ欧州文明諸国ノ商社法ニ比較スルニ優ル所アルモ劣ル所ナキカ如シト雖モ各條中或ハ事情ニ適セス或ハ慣習ニ合ハスト認メタルモノハ毎條之ヲ氏ニ謀リ協議反覆其改ムヘキモノハ氏ニ請フテ自ラ原案ヲ改正セシメ妄リニ委員ノ意見ヲ以テ改竄ヲ加ヘス 故ニ委員トロエスレル氏トノ間ニ於テ熟議全ク調ヒ互ニ意見ヲ異ニスル所ナキニ至レリ」という（「商法ヲ定ム 其一」『公文類聚』第14編，明治23年，民業門坑業附三，商事一）。

36)　審議の対象は，当初は「会社」であったが，民事会社・商事会社の区別，すなわち民法・商法の領域の区分に関する根本的問題が浮上し，民事会社を対象外とする趣旨で「商事会社条例」となり，さらに「商事」の語を避けて「商社法」に変更された。商社法の正文は，前注35)「商法ヲ定ム 其一」に綴られている。

37)　明治17年10月14日「第22回 会社条例編纂委員会 商社法第一読会」法務大臣官房司法法制調査部監修『日本近代立法資料叢書17』第 1 綴117頁（商事法務研究会，1985年）。差金会社（イギリス法の有限責任会社）について，「箕作麟祥 「頭取」ト云フモ我邦ノ頭取ト異ナルベシ 渡邉洪基 「取締役」ト為スベシ」というやり取りがあった。箕作のいう「我国ノ頭取」は，国立銀行の「頭取」（取締役から 1 名を互選）を念頭に置いたものであろう。渡邉が「頭取」から「取締役」への変更を提案したのもごく自然なことであった。

38)　「第32回　明治17年11月21日」法務大臣官房司法法制調査部監修『日本近代立法資料叢書17』第 1 綴168頁（商事法務研究会，1985年）。商法草案191条（創立総会の権限）「第一総会ニ於テハ，前条議事ノ外，第一ニ取締役ヲ選挙シ及検査役ヲ要スルトキハ之ヲ選挙シ」（以下略）につき，本尾敬三郎は「本条頭取トアルハ取締役ニ，取締役トアルハ

見逃しえないのは,「検査役」(監査役)の職務に関する商社法第139条に,「監視」と「監督」の文言にやや乱れが見られることである(カッコ内は,不平等条約改正交渉のツールとして作成された商社法の日独英対照表[39]からの引用である)。

「第139条　検査役(Aufsichtsrath; committee of inspection)ハ左ノ事項ヲ担当ス可シ
　第一　取締役ノ業務取扱,法律定款及総会ノ決議ニ適合スルヤヲ監視シ(überwachen; supervision)且総テ其取扱上ノ過誤不整ヲ検査スル(aufdecken; detect)事[40]
　第二　計算書,財産目録,貸借対照表,事業報告書,利息配当案,分配金配当案ヲ検査シ(prüfen; examine)其意見ヲ株主総会ニ報告スル事
　第三　会社ノ利害ニ関シ必要ト認ムルトキハ総会ヲ招集スル事」

「商社法」理由書[41]によれば,「検査役ノ職務ハ取引ニ非ス。取締役ノ執務ヲ監督スルニ在リ。即チ株主ニ代リテ監督スルモノナリ。蓋株主ハ業務上ノ関係ナク唯総会ニ於テ意見ヲ陳スル(こと)ヲ得ルノミ。故ニ検査役ヲ設ケテ常ニ業務ヲ監督セシムルハ欠ク可カラサルナリ」というが,条文では「監視」とし,理由書では「監督」とした理由は不明とせざるをえない。

そもそも原案である『司法省訳』は,原文のÜberwachung (überwachen)を「監視」あるいは「監督」としており,両者に有意味な相違があるのか,たんなる用語の統一ミスなのかも明らかではなかった(草案第231条注釈。後述するように,ロェスレル帰国後の明治26年一部施行法の立法の際に「監督」権限は経営への干渉であるとする批判の対象となった)。その反面,「商社法」は,具体的

検査役ニ改メ」るべき旨を述べている。
39)　『商社法/Handelsgesellschaftsordnung/Commercial Companies and Associations Act』(法務図書館所蔵,XB300/J1/5)。
40)　念のために第1号の英文を示すと,以下のとおりである。"They [the committee of inspection] shall have supervision over the management of the directors, to see that it be in conformity with law, with the provisions of the company's statutes and with resolutions passed at general meetings, and in general they shall strive to detect all faults and irregularities in the management." 今日でいえば,supervisory boardである旨が示されている。
41)　明治19年11月7日付,会社条例編纂委員から伊藤博文総理大臣宛上進「商社法説明」(前掲注35)「商法ヲ定ム　其一」)。

な監査権限[42]および監査役会の全員一致の原則[43]については，比較的忠実に原案を再現している。

4　法律取調委員会（委員長山田顕義）

　寺島委員長の「会社条例編纂委員会」は，明治19年3月には，商法全体の編纂に進むため，「商法編纂委員会」と名を改めた。ただし成案を得た「商社法」をそのまま商法の一部に組み込むものとしたため，「商法編纂委員会」では審議を行っていない[44]。同委員会は，明治20年4月，商法全体の審議を終えた。商法の編纂はすぐさま井上馨外務大臣が率いる外務省設置の「法律取調委員会」に委ねられたが[45]，同年9月の井上外交失敗の後，「法律取調委員会」が司法省に移管されるという慌ただしさであった。

　司法省に設置し直された「法律取調委員会」の委員長は，司法大臣山田顕義である。「法律取調委員会」は，明治20年12月から商法の審議を開始したが，商社全体について当初の『司法省訳』を修正したものを原案としたと見られ，会社法（第1編第6章）も「商社法」が原案ではない[46]。

　ガバナンスの面では，業務執行取締役（geschäftsführende Directoren）の理解をめぐって，議論が起こった。これを既存の国立銀行のように事業の主宰者

---

42)　「第140条　検査役（die Mitglieder des Aufsichtsrathes；the members of a committee of inspection）ハ業務ノ実況ヲ尋問シ（sich unterrichten；acquaint themselves）会社ノ帳簿其他ノ書類ヲ展閲シ（einsehen；inspect）会社ノ金庫及其財産ノ現況ヲ検査スル（untersuchen；examine）ノ権アルモノトス」。理由書は，「本条ニ定ムル権利ハ前条ト同シカラス。前条ノ検査ヲ施行スルノ方法トシテ其担当ヲ盡スニ緊要ナルモノトス。而シテ此権利ハ各員各自ニ行フヿヲ得。合名社員業務ニ与ラサル者ノ権ト同一ナリ。」として，監査権限を具体化した規定であることを明らかにしている。

43)　「第141条　検査役ハ同役中意見ヲ異ニスルヿアルトキハ双方ノ意見ヲ総会ニ提出ス可シ」。理由書では，「検査役総会ニ対シテ報告ヲ為シ意見ヲ申立ルニハ鄭重ヲ要スルモノナレハ其総員一致ニ由ル可キハ言フヲ待タズ。然レドモ若シ一致ニ至ラサルトキハ各其意見ヲ呈出シ総会ノ決ニ任ス可シ。監督上ノヿニ付テ検査役中ノ多数ヲ以テ其意見ヲ定ムルニ至ルヿアルトキハ事実ヲ発露セサルノ弊アルヲ免カレス。」と合議体の存在を前提とする説明がなされている。

44)　「明治19年4月9日　第一読会第13回」法務大臣官房司法法制調査部監修『日本近代立法資料叢書17』第4綴31頁（商事法務研究会，1985年）。

45)　ボワソナード民法の審議も，明治19年8月に外務省に設置された法律取調委員会に移管されており，商法の審議が後から合流する形となった。

46)　『法律取調委員会　商法草案議事速記』法務大臣官房司法法制調査部監修『日本近代立法資料叢書18』54頁以下（商事法務研究会，1985年）。原案は速記録から省略されているため，直接知る手段がない。

であるかのように考える一部の者[47]に対して，そうではなく，これは取締役たちの中から「業務担当人」を選んで，対外的・対内的に業務執行を担当させるのみであり，その他の取締役（非業務執行取締役）と責任に軽重がない，という理解を示す者[48]との間で意見が一時対立したからである。

もとより業務執行取締役は，管掌する業務の範囲こそ違え，他の取締役に比べて会社に対して負う責任の性質に違いがあるわけではない[49]。ここでは「正論」が勝ちを占め，「頭取ノ文字ハ更ニ修正ヲ願ヒタイ，元ト頭取ト云フ字ヲ置イタノハ分リ易イト云フノデコウナリマシタガ，只今ノ議論ガ起レバ分リ易イドコロデナイ，今日此ノ通リ〔業務担当取締役を「頭取」と〕書イテ出セバ今ノ頭取ト同様ニ思フニ違ヒナイ」（清岡公張）との提案を受けて，「専務取締役」（managing director[50]）と名づけられた[51]。

ここでは，あからさまな会社の主宰者という意味づけをもつ「頭取」という名称は回避されたものの，この「専務取締役」が，明治44年改正商法170条で「代表取締役」へと転換し，株式会社を法的な意味のみならず，人格的にも代表するものと捉えられていくのである。歴史の皮肉を感じざるをえない。

他方で，ロェスレルとの連繫係である本尾敬三郎の「『検査役』ハ『監査役』ト御直シヲ願ヒマス，原文〔Aufsichtsrath〕ニモ検査ノ字ハ御座イマセン」

---

47) 「頭マハ一人デ宜シイ，二項ニ頭取ヲ置キマセウ」「上ガ幾人モアッテハ治マリガ付カヌ」（村田保）など，「国立銀行条例」の主宰者である「頭取」のイメージを引きずり，合議体による業務執行への無理解が暴露された。「明治20年12月24日 商法草案議事筆記第11回」法務大臣官房司法法制調査部監修『日本近代立法資料叢書18』167-168頁（商事法務研究会，1985年）。

48) （渡正元）「現今ノ日本ノ頭取ハ大変ナ責任ガアルケレドモ此法律ハ頭取モ取締役モ同ジコトデ担当員ト云フ程ノ者ヲ法律ガ定メルノダカラ」。前掲注47）172頁。

49) Lehmann, K., Das Recht der Aktiengesellschaften, Berlin 1904, Bd. 2, Nachdruck 1964, S. 338.

50) 『日本商法 英文／COMMERCIAL CODE』57頁（司法省記録課，明治25年）。

51) （本尾敬三郎）「頭取ト云フ文字ハ穏当デナイ，通例ノ取締役ト色ノ変ッタノヲ見付ケテ呉レンカト云フコトデ御座イマシタ。主トシテ業務ヲ執ル取締役ヲ置クコトヲ得トスレバ宜シイト思ヒマス。
（山田顕義委員長）「金兵衛ハ金兵衛ノ内カラ業務ヲ取扱ウ金兵衛ヲ置クコトヲ得ト云フコトニナル。何カ名ノ変ッタモノガ宜シイ」（略）
（鶴田皓）専務取締役
（山田委員長）主トシテ業務ヲ取扱ウヲメトシテ専務取締役ヲ置クコトヲ得トデモヤッテハドウデス。「明治21年3月3日 商法草案議事筆記第33回」法務大臣官房司法法制調査部監修『日本近代立法資料叢書18』544-545頁（商事法務研究会，1985年）。

との発言により,「検査役」を「監査役」に改めるものとされた[52]。「監査役」の誕生である[53]。

　ロェスレル草案の「監査役」の権限は，会計の検査にとどまらず，業務執行の監視を含むものであった。「検査役」ではそのニュアンスまでは伝わらない。そこで，Aufsichtsrath の権限である「監視（Überwachung）」と「検査（Prüfung）」から一文字ずつとった組合せで「監査」としたものといえる。ただし，先にも述べたように，当時は,「監視」と「監督」が区別されずに混在していたため,「監視」と「検査」の組合せなのか，はたまた「監督」と「検査」の組合せなのかは判然としない。ただ，少なくとも『司法省訳』および「商社法」の法文上は,「監視」とされており，また，監査役には取締役の選解任権は当然として，業務執行行為の差止権すらないという『司法省訳』の注釈を前提とする限りは（実証的には決め手に欠けるが）いずれかといえば「監視」のほうが適しているといえるであろう。

5　明治23年旧商法──「監督」から「監視」へ

　紆余曲折を経た旧商法は，明治22年6月には全体について元老院の議定を経て，明治23年4月26日に公布された。

　取締役[54]および監査役の規定は，法律取調委員会の審議結果がほぼそのまま採用されている。だが，これ以後，監査役の規定に大きく修正が加えられていく。そのプロセスを順を追ってみていくことにしたい。

　旧商法上の監査役の職務は，1号が「検査」に代えて「検出」とされている以外，変更はない。すなわち，監査役の権限の第一は，取締役の業務執行の「監視」(see) および懈怠・不正の「検出」(expose) であり，第二は，計算書類の

---

52) 「明治20年12月24日　商法草案議事筆記第11回」法務大臣官房司法法制調査部監修『日本近代立法資料叢書18』167－168頁（商事法務研究会，1985年）。
53) この誕生は必ずしも祝福されたものではなかった。監査役を1名または任意機関化する意見が出たのに対して，山田顕義委員長みずからが，おそらくロェスレルを指して「因疾ダカラ仕方ガナイ」とうそぶきながら原案を可としている。前注・175頁。
54) 「第185条　①総会ハ株主中ニ於テ三人ヨリ少ナカラサル取締役ヲ三个年内ノ時期ヲ以テ選定ス但其時期満了ノ後再選スルハ妨ナシ
　②取締役ハ同役中ヨリ主トシテ業務ヲ取扱フ可キ専務取締役ヲ置クコトヲ得然レトモ其責任ハ他ノ取締役ト同一ナリ」

検査 (examine), 第三に総会の招集である[55]。第一と第二を合成語として捉えなおせば, ここでもやはり「監視＋検査」＝「監査」となる。

参事院・商法編纂局時代 (あるいはそれ以前) からロエスレル草案の翻訳審議に携わってきた岸本辰雄は, 旧商法のコンメンタール[56]において, 上記の192条1号は,「株主ニ代リテ左ノ職務ヲ行フモノトス即チ取締役ノ業務ヲ監査スル⎾…是レ其業務執行ノ不当ナル⎾ト過失アル⎾トヲ監視シ検出スルノミニシテ取締役ノ所為ヲ監督スルニ非サル」ものである, と強調している。

あくまでも「監視」であって「監督」ならざるゆえんは, 監査役には取締役の業務執行を差し止める権限は与えられておらず, この第1号とつぎの第2号の計算書類の検査と合わせて, 取締役の業務執行を「監視検査」し, その結果を必要に応じ自ら株主総会を招集してそこで報告する (第3号) という限度にとどまるからである, という。もし監査役が取締役の業務執行を差し止めうるとすれば,「是レ即チ取締役ノ職務ヲ侵シ, 其職権ヲ奪フモノニシテ会社ノ組織ヲ紊乱スルモノト云フ可シ。故ニ監査役ハ能ク其職権ノ区域ヲ慎マサル可カラス。監査役ハ決シテ監督役ニ非サルナリ」といい, 監査役の権限行使が取締役の業務執行の妨害にならないよう, 一種の訓戒にまで及んでいる。

[55) 「第192条　監査役ノ職分ハ左ノ如シ
　　第1　取締役ノ業務施行カ法律, 命令, 定款及ヒ総会ノ決議ニ適合スルヤ否ヤヲ監視シ且総テ業務施行上ノ過怠及ヒ不整ヲ検出スルコト
　　第2　計算書, 財産目録, 貸借対照表, 事業報告書, 利息又ハ配当金ノ分配案ヲ検査シ此事ニ関シ株主総会ニ報告ヲ為スコト
　　第3　会社ノ為メニ必要又ハ有益ト認ムルトキハ総会ヲ招集スルコト」
　　前掲注50)『日本商法 英文』によれば, 旧商法第192条の英訳は次の通り。
　　The duties of the inspectors are as follows :-
　　i. To see that the conduct by the directors of the affairs of the company is in conformity with the laws and ordinances, the regulations of the company, and the resolutions passed in general meeting, and, generally, to expose all mistakes and irregularities committed by the directors in the course of such conduct ;
　　ii. To examine the accounts, the inventory, the balance sheets, the business reports and the schemes for distribution of interest or dividends, and to report to the shareholders in general meeting thereon;
　　iii. To convene a general meeting whenever they consider such a measure necessary or expedient in the interests of the company. なお, 商社法と異なって1号から "supervision" という表現が消えている。

56) 岸本辰雄『商法正義 第2巻』455-457頁 (新法注釈会, 刊年不詳)〔明治23年法のコンメンタール〕, および, 岸本辰雄『改正商事会社法正義』395-397頁 (新法注釈会, 明治26年)〔明治26年法のコンメンタール〕。なお, 引用文の圏点は原文のママである。

ただし、この時点では、ロェスレルの注釈に沿った解釈論として「監視」説が唱えられていたのみであり、制度的な改変には至っていない[57]。それが行われたのは、明治23年末の第1回帝国議会における商法典論争の延期派勝利の後、明治26年の旧商法一部施行のときである。

第2節　旧商法から新商法へ

1　明治26年旧商法一部施行法

明治26年3月6日、商法及商法施行条例中改正並施行法（法律第9号）が議決・公布（ロェスレルは同年4月に欧州に戻った）、同年7月1日から施行された。このうち、監査役権限の変更・縮小は、前年の東京商業会議所の修正案を取り入れたものであった[58]。

実のところ、東京商業会議所は、旧商法192条1号「取締役ノ業務施行力法律、命令、定款及ヒ総会ノ決議ニ適合スルヤ否ヤヲ監視（überwachen）シ且総テ業務施行上ノ過怠及ヒ不整ヲ検出（aufdecken）スルコト」の全部削除を求めていた。この点について明治25年6月の『東京商業会議所調査　商法及商法施行条例修正案』は次のように述べる。

「本条第1号ノ規定ニ拠レハ、監査役ハ、常ニ其職分トシテ取締役ノ業務ヲ監督セサルヘカラスシテ、若シ其責務ヲ欠クカ為メニ損害ヲ生スル時ハ、第百九十五条ニ示スカ如ク責任ヲ負ハサルヲ得サルカ故ニ、監督ノ際不知不識適当ノ畛界（しんかい）ヲ超越シテ業務ニ関渉シ、遂ニ商業ノ円滑ヲ害スルノ弊ヲ生スル〔コト〕ナシトセス。故ニ本条中第1号ヲ除却シ、以テ監査役ノ職分ヲシテ、現今各会社ノ所謂会計検査委員ノ如ク会計収支ノ正否ヲ監督スルニ止マラシメン〔コト〕ヲ望ム。是本条第1号ヲ削除セシ所以ナリ。」[59]

---

[57]　具体的な監査権限の規定も存置されている。「第193条　監査役ハ何時ニテモ会社ノ業務ノ実況ヲ尋問シ会社ノ帳簿及ヒ其他ノ書類ヲ展閲シ会社ノ金匣及ヒ其全財産ノ現況ヲ検査スルノ権利アリ」（The inspectors are at all times entitled to investigate the course of business, to have access to the books and papers, and to examine the treasury of the company and the present condition of all its property.）

[58]　高村直助『会社の誕生』174頁（吉川弘文館、1996年）。なお、明治23年旧商法と同26年一部施行法との規定の対照は、淺木愼一『日本会社法成立史』91頁（信山社、2003年）。

[59]　『東京商業会議所調査　商法及商法施行条例修正案』65頁（明治25年6月、東京商工会議所経済資料センター所蔵）。

要するに，監査役による業務監督権の行使を「業務ニ関渉」する妨害行為と捉えて，監査役から監督権限を奪い，会計検査役（auditor）のように会計検査権限のみを残すという趣旨である。用語法としても，ここでははっきりと，当時の会社実務上の「会計検査委員」のように「会計収支ノ正否ヲ監督スルニ止マラシメン」と述べ，会計面の監督・検査という意味での「会計監査」のみを監査役の権限とすべきものとしている。

この提案によれば，ロェスレルが狙いとした株式会社から業務執行のラインとは分離された「業務執行の外から」の業務執行監督機関は消滅し，会計検査機関が置かれるのみであるから，実質的にみれば従来の「監査役」の廃止論といってよい。ロェスレルがドイツで生じていた監査役による業務執行の支配の弊害を回避するために，意図的に監査役を業務執行のラインから外したことは，かえって業務執行の「邪魔者」扱いの源となってしまったわけである。

しかし，右の実業家の修正案に対して，岸本辰雄はつぎのように反駁した。「修正案ハ第192条第1号ノ職分ヲ以テ監査役ノ責務ヲ非常ニ重大ニスルモノト誤信シ，随テ此カ為ニ監査役カ取締役ヲ監督シ，其業務ニ干渉シテ遂ニ商業ノ円滑ヲ害スルニ至ラン事ヲ恐ル，蓋シ監査役ノ責務ハ固ヨリ重大ナルニ相違ナシト雖トモ，然レトモ其職分タル監査ニシテ監督ニ非ス，即チ単ニ之ヲ傍観シテ其過愆若クハ不整ヲ監視シ検出スルニ止マルモノナレハ修正論者ノ云フカ如キ弊害ヲ生スルノ恐アル事無シ，啻ニ然ラス，第1号ノ職分ハ監査役ノ監査役タル主眼ニシテ若シ之ヲ削去セハ監査役ヲシテ霊ナキノ仏タラシムルモノナリ，是レ豈可ナランヤ」[60]

つまり，監査役は取締役の業務執行を横からチェックするだけであって，「監督」機関ではないから実業家の業務干渉の心配は杞憂であり，もし監視・検査権限を削除してしまえば，監査役は「仏作って魂入れず」の譬えそのものになる，というのである。

実際の立法過程をみると，第3回帝国議会での延期派の勝利を受けて伊藤博文総理大臣は「民法商法施行調査委員会」を設置したが，明治25年10月27日の

---

[60] 岸本辰雄「東京商工会修正説ニ対スル駁論」村上一博編『日本近代法学の先達 岸本辰雄論文選集』114頁（日本経済評論社，2008年）。なお，岸本の反論は，直接には前掲注59）の前身である『東京商工会ノ調査ニ係ル商法修正意見書』（明治24年9月16日）に向けられたものである。

同委員会において，第192条1号をすべて削除すべきとの提案は反対多数で否決され（賛成者3人，反対者7人），業務執行監査機関としての監査役は辛くも消滅を免れた。だが続けて取締役の任務懈怠の「検出」(調査)に関わる文言（「シ且総テ業務施行上ノ過怠及ヒ不整ヲ検出」）を削除する案が提出され，今度は賛成者・反対者が同数の5人であったため，議長（委員長西園寺公望）の裁決（賛成）により可決するに至った[61]。

右の委員会の審議をとりまとめて提出された「商法及商法施行条例改正案」には，梅謙次郎による理由書が付されており，それによると，「監査役ハ…動モスレハ相当ノ畛域ヲ超越シテ濫リニ取締役ノ業務ニ干渉シ遂ニ営業上ノ運動ヲ遅緩ナラシメ或ハ商機ニ投シテ活発ニ輸贏ヲ争フコト能ハサラシムルノ虞ナシトセス。殊ニ監査役若シ其責任ヲ怠ルトキハ損害賠償ノ義務アルカ故ニ（第195条）往々干渉ニ過クルノ弊アルヲ免カレス」といい[62]，監査役の業務執行の監督を，取締役の業務への「干渉」とみる多数派の立場を明らかにしている[63]。

こうして明治26年旧商法一部施行法では，監査役の権限は，第191条1号「取

---

61) 高橋良彰「『民法商法施行調査委員会』関係資料」山形大学法政論叢10号118頁（1997年）。なお，監査役の人数につき「三人ヨリ少ナカラサル」ものとする規定（明治23年旧商法191条）を「一人若クハ数人ノ」監査役でよいと変更する提案は否決され（賛成者4人，反対者6人），結果として「二人以上ノ」監査役に改めるものと決した（賛成者8人，反対者2人）。「如何ナル小会社ニテモ必ス三人以上ノ監査役ヲ置クヘシトセルハ敢テ必要ナラサルカ如シ。故ニ「二人以上」ト改メタリ」という。しかし，2名では多数決が成り立たない。監査役がロェスレル草案の構想通りの「監査役会」としての実質をもって捉えられていない証左であろう。

62) 高橋・前掲注61) 135－136頁。

63) 梅謙次郎『日本商法講義』662頁（和仏法律学校，刊年不詳ながら講義の対象となっている会社法規の内容は明治26年法である）には，「余リ干渉ノ度深カランコトヲ恐レテ削除シタリ」といい，梅謙次郎『改正商法講義』461頁（明法堂・有斐閣，明治26年）（明治26年5月24日講義）では，「之ニ付テハ実業家ノ意見モアッテ斯クマデニ監査役ガ取締役ノ事務ニ干渉シテハ到底会社ノ仕事ヲスルコトハ出来ナイ，ソレ故ニ之ヲ省イタ方ガ宜カラウト云フコトデ削ラレマシタ，私共ノ考ニハ尤ノ事デアラウト思ヒマス」と当時の実業家の感覚が規定上の権限縮小に強く影響を及ぼしたことを物語っている。

64) 明治26年法は取締役の義務として「取締役ハ其職分上の責務ヲ尽スコト及ヒ定款並ニ会社ノ決議ヲ遵守スルコトニ付キ会社ニ対シテ自己ニ其責任ヲ負フ」（第188条）として善管注意義務を定め，かつ，定款または総会決議をもって連帯責任を負うべき旨を定めうるものとした（第189条）。なお，旧民法典は結局一度も施行されずに終わったため，現在のように，取締役が委任関係に基づく善管注意義務（民644条）を負うという構成をとりようがなかった。またロェスレル草案の段階で，取締役（Directoren）はイギリス法のdirectorsを参考にしながらも，特に競業行為・利益相反取引の規制をなさず，会社との利益衝突を回避すべき義務を負わない旨が明言されている（227条州釈）。

締役ノ業務施行カ法律，命令，定款及ヒ総会ノ決議ニ適合スルヤ否ヤヲ監視スルコト」という形で，文言上は今日の支配的学説のいう業務執行の「適法性監査〔監視＋検査〕」[64]のみを職務とする――「会計検査院」[65]に類似した――監査役を置く形で，わが国はじめての一般会社法が施行されたのであった。

2　明治32年新商法典

　明治26年一部施行法が日の目をみたのと時を同じくして，同年4月に法典調査会が組織され，旧商法典全体の見直しが進められた。

　起草者・田部芳による監査役の説明では，「会社機関ノ配列ニ付キ三個ノ程度ヲ設ケ第一款株主総会，第二取締役，第三監査役トセリ。而シテ監査役ナルモノハ株主総会，取締役ト同等ノ機関ナルコトヲ顕ハシタルナリ」と述べられている[66]。

　ところが，適法性に関する「監視」権限を定めた「取締役ノ業務施行カ法律，命令，定款及ヒ総会ノ決議ニ適合スルヤ否ヤヲ監視スルコト」は遂に削除されるに至った[67]。

　ここにおいて旧商法192条は全部削除となり，「監査」の語は「監査役」の名称に残るのみとなった。

　しかしこれは明治26年法の東京商業会議所案のように，監査役から業務監査権限をすべて奪うなどということを意味するわけではない。立法のあり方とし

---

[65]　梅謙次郎『日本商法講義』（前掲注63）650頁には，「株式会社ニ於ケル管理ノ機関ハ総計三アリ。曰ク取締役曰ク監査役曰ク株主総会是ナリ。之ヲ国家ニ譬フレハ，取締役ハ国務大臣，監査役ハ会計検査院（今少シ権限ハ広キカ），株主総会ハ議会ニシテ即チ取締役ハ一切ノ事業ヲ担任シ，監査役ハ之レカ監督ヲ司リ，株主総会ハ毎歳ノ収支其他一切ノ事項ヲ議定シ，時ニ或ハ役員ノ黜陟ニ関涉スルコトアリ」という。なお，明治14年の「会計検査院章程」において，「官金及ヒ物品ノ出納，官有財産管理ノ方法ヲ監査ス」と同院の権限を定めたのがわが国における「監査」の用例の嚆矢といわれる（安藤英義「監査という言葉をめぐって」産業経理65巻1号70頁（2005年））。監査の濫觴である「会計検査院」が右に挙げた梅の譬えと重なっているのは偶然ではあるまい。また同じく監査役を会計検査院に譬えるものとして，青木徹二『会社法（初版）』299頁（金港堂書籍，1904年）。

[66]　「明治29年10月23日　第34回商法委員会議事要録」法務大臣官房司法法制調査部監修『日本近代立法資料叢書19』第5綴191頁（商事法務研究会，1985年）。

[67]　前注192頁。

[68]　「監査役ハ何時ニテモ取締役ニ対シテ営業ノ報告ヲ求メ又ハ会社ノ業務及ヒ会社財産ノ状況ヲ調査スルコトヲ得」（181条），「監査役ハ株主総会ヲ招集スル必要アリト認メタルトキハ其招集ヲ為スコトヲ得（以下略）」（182条），「監査役ハ取締役カ株主総会ニ提

て，監査役が取締役の業務執行への過度の「干渉」を危惧する余り，一般的・包括的な監査権限の規定を削って，監査役の個別具体的な権限[68]を定める方法に転換したものと説明された[69]。いってみれば一般的・包括的な「監査」権限が何かということは，理論的な範疇(カテゴリー)の問題として学説に任されることとなったというべきであろう。

　この点で注目すべきと思われる岡野敬次郎の遺稿『会社法』中の思索の跡である。

　「監査役ハ会社業務ノ一般ノ状態ヲ監視ス。故ニ貸借対照表，計算書類ノ正否ヲ調査シ，若クハ業務執行ニ関スル特則ノ行為ノ適法ナルヤ否ヤヲ調査スル Auditoren, Inspektoren, Rechnungsrevisoren トハ其選ヲ異ニス。而シテ其調査スル所ハ主トシテ Legalität ニ在リト雖モ亦 Utilität ニ及ハサルニ非ス (Lehmann II § 80 S. 351, 352)」[70]。

出セントスル書類ヲ調査シ株主総会ニ其意見ヲ報告スルコトヲ要ス」(183条)。
69)　『商法修正案参考書』第181条の「理由」中には，「現行商法第192条第1号ニ規定セル業務執行ノ監視ノ如キハ本条ニ所謂会社業務ノ状況ヲ調査スルコトノ範囲内ニ属シ，同第193条ニ規定セル会社ノ金匣ノ検査ノ如キハ，本条ニ所謂会社財産ノ状況ヲ調査スルコトノ範囲内ニ属スルニ過キサルヲ以テ本案ハ何レモ之ヲ削除シ，又，現行商法第193条ニ於テハ，会社ノ帳簿及ヒ其他ノ書類ヲ展閲スルコトヲ得ル旨ヲ掲クト雖モ，是レ，監査役ノ調査ニ関スル職権ヨリ当然流出スヘキ所ナルヲ以テ，本案ハ亦此規定ヲモ削除シ，法人ノ監事ニ関スル新民法第59条ノ文例ヲ斟酌シテ現行商法ノ字句ヲ修正シ本条ノ規定ヲ設ケタリ」という。しかしながら，「業務執行ノ監視」および「会社ノ金匣ノ調査」が，いずれも「会社財産ノ状況ヲ調査」権限に含まれるものとした点はどうであろうか。確かに「金匣ノ調査」は結局のところ，会社財産の調査権のひとつであるということはできる。しかし「業務執行ノ監視」は，それとは同列に論じることはできない。そもそもロェスレル草案およびその修正段階では，業務の「監視」および「検査」を合わせて「監査」と呼んでいた。ところが，新商法では，これとは異なり，「監査の職務を果たす手段として調査権限があり，その調査権限のひとつとして業務執行の監視権限がある」という。もちろん，調査といい，監視といい，いずれもそれ自体は抽象的な概念である。しかし監査役が業務執行を「監視」し，その途中で疑わしい事象を発見したときに詳細を「調査」する，というのが自然な因果関係ではないのか。また，このような見解に立つと，「監査スルノ職務」といいながら，その実質から「監視」の職務を取り去ってしまい，残るのは，「検査」あるいは「調査」の職務だけとなる。うがった見方をすれば，監査役を"検査役""調査役"化することが，まさに新商法起草者の本音であって，監査役の業務執行の「監視」を抹消しようとして一部不首尾に終わった明治26年法制定時の焼き直しの議論であったということになろう。法務大臣官房司法法制調査部監修『日本近代立法資料叢書21』第2綴80頁（商事法務研究会，1985年）。
70)　岡野敬次郎『会社法』443頁（有斐閣，1929年）。
71)　Lehmann, K., Das Recht der Aktiengesellschaften, Berlin 1904, Nachdruck 1964, Bd. 2, S. 351 f.

岡野が引用するKarl Lehmannの体系書[71)]の一節を訳出するとつぎのようになる。

「監査役は経営状況全般を監視する（überwachen）義務を負う。この点では，監査役は，貸借対照表や帳簿の正確性を検査し（prüfen），あるいは，業務執行の個々の記録の適法性を調査する（untersuchen）義務を負うにすぎない会計検査役と区別される。それも監査役はたんに業務執行全般の適法性（Legalität）のみならず，その有用性（Utilität）をも検査しなければならないのである。」

すなわち，岡野は，Lehmannに倣って，監査役の権限として，会計の適法性調査とは質的に異なっているところの，今日でいう業務執行全般の適法性監査および妥当性監査の両方を含ましめるという立場をとっていたものと考えられる。上記のLehmannの解釈は，ドイツ新商法246条からはあまりに当然のものではあった。だが，これと同様の規定を新商法制定時に置かなかったわが国においても，こと監査権限の理論的意義については岡野を通じてドイツ法の「学説継受」がなされたといえるのである[72)]。

問題は，しかし，こうした監査権限の実効性にあった。岡野の高弟・松本烝治は，ドイツにおける監査役会Aufsichtsratが取締役会Vorstandの任免権を握っている監査の機能不全[73)]を正しく把握していた[74)]。

「独商法ハ我商法ト同ク独立ノ監督機関タル監査役ヲ認ム。其法律上ノ権限ハ我商法ト多ク異ナル所ナシ。然レトモ実際ニ於テハ定款ノ規定ヲ以テ監査役ニ取締役ノ選任権ヲ与フルノ例多ク，独逸ニ於ケル会社重役専擅ノ弊ハ概ネ有

---

72)　監査役が取締役の業務執行の適法性のみならず，妥当性についても監査権限を有する点については昭和25年改正以前には異論をみない。青木徹二『会社法（増訂3版）』516頁（有斐閣，1908年），田中耕太郎『改正会社法概論』593頁（岩波書店，1939年）（会社の業務全体につき，適法性Gesetzlichkeitのみならず，合目的性Zweckmässigkeitも審査するを要する），大隅健一郎『会社法論』306頁（厳松堂書店，1940年）。

73)　「監査役会制度の創設から現在までつづく実務には二つの方向がある。そのひとつは大株主代表である監査役会が業務執行にいちいち指図するため，取締役会が監査役会の代行者にすぎない場合であり，もうひとつは，監査役会員すべてが取締役によって選任されるためまったく監督機能をもたない場合とである。」Klaus J Hopt, The German Two-Tier Board : Experience, Theories, Reforms, in : K. J. Hopt, H. Kanda, M. J.Roe, E. Wymeersch, S. Prigge (eds.), Corporate Governance - The State of the Art and Emerging Research -, Oxford (Clarendon), 1998, 227–258.

74)　松本烝治『会社法講義』320頁（厳松堂，1916年）。また，松本烝治「監査役制度ノ改正問題ニ付テ」同『私法論文集』66頁以下（厳松堂，1926年，復刻・有斐閣，1989年）。

力者カ多数会社ノ監査役ヲ兼任シ，此周シテ私ヲ営ムニ起因セリ。我邦ニ於テハ実際上ハ監査役ハ寧ロ従属的地位ニ立チ取締役ノ鼻息ヲ窺フヲ常トス。独逸ノ監査役ノ会社ノ主宰者タル地位ヲ有スト同日ノ談ニアラサルナリ。」

だがしかし松本烝治においては，上記はたんなる彼我の実務慣例の相違なのであって，日独の法制の違いからくるものではなかった。続けていわく「然レトモ其法律ノ規定ニ至リテハ二法間ニ大ナル逕庭アルモノニアラス」と。

ここでは，日独の法制の相違点，すなわち，日本ではかつての（1937年改正前）ドイツ法のように定款自治によって監査役が取締役の選任権を握る途が閉ざされている，という法律の規定の相違点は，視野の外に置かれている[75]。しかしながら，わが国の監査役が「従属的地位ニ立チ取締役ノ鼻息ヲ窺フヲ常トス」る実態は，監査役に人物の宜しきをえないという社会的実態[76]を原因とするというよりも，むしろ制度がそのような実態を惹起する原因となっていたというべきであった[77]。

第3節　むすびに代えて

ロェスレル商法草案から新商法典の施行に至るおよそ18年にわたる道のりは，一方では，日本が「国産」商法典を獲得するストーリーであると同時に[78]，他方では，ロェスレルによる欧州法の混合的（éclectique）な「原案」[79]がさまざまに修正されるプロセスでもあった。

日本サイドによるロェスレル草案の受容は，旧商法に至るまでは，紆余曲折を経ながらも，ロェスレルその人の監修のもとに行われた。だが，日本語のコ

---

75)　松本・前掲注74)『会社法講義』341頁には「取締役ハ株主総会ニ於テ之ヲ選任ス（164条）。其他ノ方法ニ依ルコトヲ得ヘカラス」とある。

76)　このような指摘は，すでに岡野敬次郎がドイツの監査役に比して「我邦ノ実際ニ於テハ監査役ハ取締役ニ隷属シ頤使ニ甘スルヲ例トス。監督牽制ノ実ヲ挙クル能ハサルハ痛嘆ニ堪ヘス」という記述にもあらわれている。岡野敬次郎『会社法講義案』173-174頁（中央大学，1920年）。

77)　倉澤康一郎「昭和25年改正」同『株式会社監査機構のあり方』363頁（慶應義塾大学出版会，2007年）。

78)　今井潔＝淺木愼一「法典論争と国産会社法の成立——明治32年商法制定——」浜田道代編『日本会社立法の歴史的展開』79頁以下（商事法務研究会，1999年）。

79)　ジャン＝ルイ・アルペラン，高田晴仁訳「日本商法典の編纂とその変遷」商事法務1878号88頁以下（2012年）。

ミュニケーションが不可能で，独英仏語によるほかなかったことの限界から，日本語の諸草案から取締役会・監査役会の合議体としての性質が消失していくことまでチェックが及ばず，また，日本側の監査役制度に対する拒否感が，自らの欧州への帰還後に噴出することまでは予測することは難しかったであろう。

　もちろん，そこまでの責任が彼にあるわけでもない。梅謙次郎ら，新帰朝者にとってみれば，明治26年4月にはロェスレルという博識かつ頑固な重しが取れ，かつ，明治27年7月の英国との領事裁判権撤廃交渉の成功によって――それも旧民法，旧商法の起草という基盤があったればのことであるが――改正条約発効の条件である明治32年6月の新商法編纂に向けて一瀉千里に走り抜けることができた[80]。

　新商法は，良かれ悪しかれ，ロェスレルがもたらした欧州商法の積極的な日本化(ヤパニジールング)であった。そして，19世紀の混合商法と初期の「日本的修正」が現在の日本企業のコーポレート・ガバナンスと「世界標準」との偏差の根本にあることを見逃してはなるまい。

---

80)　高田晴仁「商法学者・梅謙次郎」法律時報70巻7号38頁以下（1998年）。

監査役会の監督機能
――業務執行に対する監査と関与・介入――

前田　重行

第1節　序　論

　ドイツ株式法におけるコーポレート・ガバナンス・システムとしては、いわゆる二元システムまたは二層システム（dual system または two tier system）が採用されており、取締役（Vorstand）と監査役会（Aufsichtsrat）の二つの機関によって構成されている。この二つの機関は独立の機関として、その職務および権限は明確に区分されており、取締役は業務執行機関として会社を指揮し、その責任を負っているのに対して、監査役会は、監督機関として取締役の業務執行を監査・監督する職務を有し、その責任を負っている。このように、株式法上、業務執行機関と監督機関が明確に区分され、業務執行と監督の職務およびそれに伴う権限は、それぞれの機関に専属的に帰属しており、一方の機関が他方の機関の職務に介入することは当然許されない。とくに監督機関である監査役会に関しては、株式法は業務執行上の措置を監査役会に移譲することができない旨を明文で定め（株式法111条4項1文）、監査役会が取締役の業務執行に介入することを原則として禁止している。このような監査役会による業務執行への介入が原則として許されないことは、監査役会の職務が取締役の業務執行に対する監督であり、監査役会が取締役からは独立した機関として監督を行う制度である以上、当然のことである。それゆえ株式法111条4項1文は当然のことを明文化したものに過ぎないものと考えられる。

　ただ、株式法はこのような監査役会による業務執行行為への介入を原則的に禁止しつつも、他面では、限定的ながら監査役会が取締役の業務執行の決定や措置に関与することを許容するのみならず、義務としても認めている。すなわち、まず取締役の業務執行の決定に際して、監査役会が取締役と協議、助言する制度がある。そしてさらに株式法上取締役による業務執行上の行為・措置に

ついて，監査役会の同意を必要とすることを定款または監査役会決議で定め，取締役の一定の業務執行上の決定や措置を実施する上で監査役会の承認を必要とする制度が存在する。前者の監査役会による協議・助言による関与の制度は明文規定があるわけではなく，解釈上認められているものであるが，後者の制度は，株式法上の明文規定が定めている制度であり（株式法111条4項2文），監査役会の監査制度の一部をなしており，とくに予防的監査を容易にする手段であるとされている[1]。ただ株式法111条4項2文の制度は監査制度の一環をなす予防的監査の手段であるとしても，同制度は取締役の業務執行上の措置に対する拒否権を認めたものであり，監査役会による業務執行への関与・介入の効果を持つ制度であることは否定できない。

　上記の取締役に対する協議・助言や業務執行上の措置に対する同意の必要性の制度は，予防的監査の手段であるとともに，監査役会による業務執行への関与が株式法上一定の範囲で認められていることを意味するものといえよう。もちろんこのような監査役会による業務執行への関与は，広範囲に認められるわけではなく，一定の行為の種類に限定され，かつその行為の種類はあらかじめ定款または監査役会決議による決定が必要である。しかし株式法111条4項2文が定めている制度は，限定的であり，かつ事前の一定手続が要求されるとしても，監査機関たる監査役会に業務執行への関与を肯定した制度であり，コーポレート・ガバナンス・システムにおける業務執行とそれに対する監督のシステムにおいては，両者の機能を担う機関が独立，別個の機関であることを考えると，業務執行とそれに対する監督のシステムに関して，かなり特色のある制度であるともいえる。

　このようにドイツ株式法上，監査役会は，取締役を背後から監視，監督するだけではなく，業務執行の決定に関して，一定の範囲では関与し，介入する機能をも担っており，いわば取締役の業務執行の決定や措置に際して，取締役との協働関係を有する機関でもある[2]。上記のような取締役の業務執行に対する

---

1) U. Hüffer / J. Koch, Aktiengesetz 11. Aufl. 2014（以下 Hüffer/Koch, AktG と略称する），§111 Rn. 33.
2) Vgl. Marcus Lutter / Gerd Krieger, Recht und Pflichten des Aufsichtsrats, 4 Aufl. 2002（以下 Lutter/Krieger, Recht und Pflichten des Aufsichtsrats と略称する）Rn. 57, Tim Drygala, in Karsten Schmidt und Marcus Lutter, Aktiengesetz Kommentar, 2. Aufl. 2010 Ⅰ Band（以下 Drygala in K. Schmidt/Lutter(Hrsg.), AktG. と略称する）§111 Rn.5.

監査役会の協働関係という位置づけは，2002年に制定，実施されたドイツ・コーポレート・ガバナンス・コード[3]でも一層強調され，積極的に取り上げられ，具体化されてきている。そしてこのような監査役会が単なる監査・監督機関に留まらず，取締役との協働機関的な役割を果たしてきていることの背景には，ドイツ株式会社法における監査役会制度の発生とその発展の経緯が存在するが，現在においてもコーポレート・ガバナンスのグローバル化への対応という現代的な意味づけも考えられる。本稿は，この監査・監督機関である監査役会が一定範囲では取締役の業務執行に関与，介入する制度となっている，ドイツ株式法上のコーポレート・ガバナンスにおける特色を取り上げ考察するものであり，叙述の順序として，そのような特色の背景としてのドイツ株式会社法における監査役会制度の沿革に沿って取締役と監査役会との関係の変遷を概観し，次に現行株式法上の監査役会による業務執行への関与の制度を考察し，このような関与による取締役の協働機関的役割の現代的意義とこれからの展開を検討したい。

第2節　監査役会制度の形成過程における取締役と監査役会との関係

1　監査役会制度の導入と1937年株式法

　ドイツ株式会社法における監査役会制度は，1861年の普通商法典（Allgemeine Deutsche Handelsgesetzbuch, ADHGB）において任意機関として導入されたものであり，当時の実務において採用されていた会社の支配・監督機関としての性格を持つ管理委員会（Verwaltungrat）がその前身であった[4]。そして1870年の株式会社法改正によって監査役会の設置が強制されたが，その設置強制は，株式会社法が免許主義から準則主義に移行し，国家による監督から離れたことに

---

[3] Regierungskommission, Deutscher Corporate Governance Kodex. 同コードについては，前田重行「ドイツにおけるコーポレート・ガバナンスの発展―コーポレート・ガバナンス・コードによる規律」石川正先生古稀記念論文集『経済社会と法の役割』（商事法務，2013年）参照。

[4] Ernst - Joachim Mestmäcker, Verwaltung, Konzerngewalt und Recht der Aktionär, 1958 S.83 ff., 前田重行「ドイツ株式会社法における経営監督制度の改革」菅原菊志先生古稀記念論集『現代企業法の理論』（信山社，1998年）（以下菅原古稀と略称する）597頁以下参照。

代わり，会社を監督する会社の機関としての監査役会制度が整備され，必要機関とされたことによる[5]。監査役会は，同改正および1884年の株式会社法改正により監督機関としてさらに整備されたが，とくに業務執行機関とその監督機関とが分離され，監査役会は業務執行機関の監督機関として位置づけられ，これにより以後のドイツ株式会社法における基本的コーポレート・ガバナンス・システムである二元システムの形態が形成された[6]。ただ，監督機関としての監査役会の主要な任務が業務執行に対する監査であるとされ，そのために監査役員と取締役員との兼任が禁止される等の監査機関としての手当がなされたが[7][8]，しかし他面では依然として経営管理機関的な性格を維持し，取締役の業務執行に関与し，あるいは定款の定めにより監査役会に業務執行の職務を委ねることも可能であると考えられていたのであり[9]，いわば監査役会は監督機関でありながら，取締役と協働して会社経営を担う役割をも果たしてきたのである[10]。このように当時の監査役会は，監督機関であるとともに，経営管理機関的機能をも担っていたのであり，このことから当時の監査役会については，ローマ神話における二つの顔を持つヤーヌス（Janus）のような機関であるとと評されることともなったのである[11]。

その後20世紀に入ってから，1929年以降の経済恐慌における企業破綻による株式会社制度に対する信頼性が喪失したため，これに対処する株式会社法改正（1931年の大統領緊急令による改正）[12]が行われ，同改正により監査役会制度の改善・強化[13]が図られている。そしてこの改正を経て，1937年の改正により単行法として株式法が制定された（Aktiengesetz vom 1937）。同改正により監査役会制度について種々の面における改善，整備が図られたが[14]，監査役会と業

5) Mestmäcker, a.a.O. (Fn. 4), S.84f., Herbert Wiedemann, Gesellschaftsrecht, Bd. 1 (1980) SS. 26, 27, 前田・菅原古稀598頁参照。
6) Wiedemann, a.a.O. (Fn. 5), SS. 26, 27.
7) 取締役員と監査役員との兼任を禁止する Art. 225a ADHGB von 1884等。
8) M. Lutter, Der Aufsichtsrat im Wandel der Zeit - von seinen Anfängen bis neue, in W. Bayer und M. Habersack (Hersg.), Aktienrecht im Wadel, Bd. Ⅱ (2007) Rn. 2.
9) Lutter, a.a.O. (Fn. 8), Rn. 6.
10) Vgl. Bundesministerium der Justiz, Bericht über die Verhandlungen der Unternehmensrechtskommission, 1979 Tz.226, 前田・菅原古稀598頁参照。
11) Lutter, a.a.O. (Fn. 8), Rn. 8.
12) Notverordnung vom 19.09.1931.
13) 監査役員の員数の法定，監査役員が兼任しうる他社の監査役員の数の制限，監査役員の権利の強化や監査の強化が図られている（Vgl. Lutter, a.a.O. (Fn. 8), Rn. 29, 30.）。
14) 同改正としては，会社の規模に応じた監査役員の員数の法定，監査役会の内部規律

務執行との関係に関しては，監査役会への業務執行の委譲の禁止規定が導入され，業務執行機関たる取締役と監督機関としての監査役会との分離が一層進められ，監査役会の監督機関としての性格が強調されることになった[15]。そしてこの分離原則の導入により，定款の定めによって，業務執行行為の決定を監査役会に委ねることが禁止され，かつ従来行われてきたような取締役において意見の相違がある場合に，取締役が監査役会の指示に従うとする規定は無効とされることとなったわけである[16]。

1937株式法により上記のように監査役会による業務執行の禁止の原則が導入されたが，しかし1937年株式法は，他面では業務執行上の行為の一定種類について，監査役会の同意を要することを定款または監査役会が定めることを認める制度を定めており，業務執行行為の一定種類という限定つきではあるが，監査役会の業務執行への関与を認めうることが明文上制度化されている。このことにより，依然として監査役会は，取締役との協働機関であり，取締役と協働し会社の経営管理を行う機関としての性格は払拭されていなかったものといえる[17]。

2　現行株式法の制定およびそれ以降について

(1)　第2次大戦後，株式法改正に関しては，1958年の改正のための報告者草案を経て，1960年に政府草案が提出され，1965年に現行株式法（Aktiengesetz von 1965）が成立した。監査役会制度については，1937年株式法を引き継いでおり，制度自体についての基本的な変更はないが，監査役会の機能化を図り，取締役に対する監督を一層効果的に行うための個々の条文の改正や新たな規制の導入が図られている[18]。また労働者参加に関する諸法の制定により，監査役

の整備，監査役会への業務執行の委譲の禁止および定款または監査役会決議により取締役による行為の一定の種類につき，監査役会の同意を必要とすることができる制度の明定が挙げられる。その他にも重要な点としては，監査の範囲について定めていた「会社管理の全ての領域」の文言を削除し，監査役会の監査が会社における業務上のすべての行為にまで及ぶわけではないことを明らかにしている。また取締役員の選任については監査役会のみが権限を有することを明らかにするとともに，監査役会による取締役員の解任については重要な根拠がある場合にのみ可能とする等の改正がなされている（Vgl. Lutter, a.a.O.（Fn. 8）, Rn. 48.）。

15)　R. Teichmann / W. Koehler, Aktiengesetz, Kommentar, 3 Aufl. 1950 SS. 207, 208.
16)　Teichmann / Koehler, a.a.O.（Fn. 15）, S. 208.
17)　前田・菅原古稀598頁参照。
18)　監査役会に関する1965年株式法による改革としては，監査役員の兼任規制の部分的

会に労働者代表の参加が行われたが,それに伴う監査役会の構成の整備のための改正もなされている（株式法95条〜99条）。

(2) 1965年株式法の制定以後における監査役会制度に関連する株式法改正の重要なものとしては,まず「企業の領域におけるコントロールと透明性のための法律（コントラ法）」[19]と「透明性および開示の増進のための株式法および貸借対照表法の改正法（透明化法）」[20]が挙げられる。前者の改正では,監査役会制度の改正の他に,株式法における規整の区分規定の導入,取締役,株主総会制度および自己株式の規制緩和等かなり広い範囲に改正が及んでいるが,監査役会による取締役の監督についての改善が大きなウエイトを占めている[21]。同改正における監査役会と取締役との関係について注目される点は,取締役の監査役会への報告義務に関する改正である。すなわち,株式法90条は,取締役は監査役会に一定の事項について定期的に報告することを義務づけており,同報告は監査役会の監査の基本的資料になるものと考えられる。そして監査役会の監査が予防的事前監査の必要性から,長期的な企業の事業計画（企業計画）についても,監査役会がチェックすることが望ましく,そのためには取締役が策定した企業計画を監査役会に対する報告の中に示して,監査役会がこれを監査する態勢が必要であると考えられた[22]。その結果,株式法90条1項がその報告内容として「計画されている経営政策および将来の業務執行の基本問題」を挙げていたが,これを「計画されている経営政策および企業計画の基本問題（特に生産,販売,人事,財務および投資についての計画）」に改めている。この改正によって企業の長期的経営計画としての企業計画が監査役会の監査対象となり,この

修正（105条1項），監査役員の欠格事由の拡大（100条2項2号・3号），監査役会の内部規律の整備（監査役会議事録の記載内容の明定（107条2項），委員会の決定に委ねられない事項の明定（107条3項）など，裁判所による監査役員の解任規定の導入（103条3項），取締役の監査役会に対する報告義務の拡張と整備や同報告を知ることについての監査役員の権利の強化（90条），監査役員との契約に対する規制の導入（114条）および監査役員への信用供与に対する規制の導入（115条）等が挙げられる（Vgl. Lutter, a.a.O. (Fn. 8), Rn. 64-79)。

19) Gesetz zur Kontrolle und Transparenz im Unternehmensbereich (KonTraG).
20) Gesetz zur weiteren Reform des Aktien- und Bilanzrechts, zu Transparenz und Publizitätsgesetz (Transparenz- und Publizitätsgesetz).
21) 同改正の詳細については，前田重行「ドイツにおける株式法改正—「企業の領域におけるコントロールと透明性のための法律」案について—」証券取引法研究会国際部会編・欧米における証券取引制度の改革（日本証券経済研究所，1998年）190頁以下参照。
22) Vgl. Referentenentwurf zur Änderung des Aktiengesetzes ("KonTraG"), II, Art. 1, 6, Begründung, ZIP 1996, S. 2131・前田・前掲注21) 198頁参照。

規定により取締役が企業計画を策定して，それを株式法90条1項の報告内容に加えることが明らかにされたのである[23]。この結果，監査役会は取締役の策定する企業計画について，これを報告書をとおして分析・検討する機会を持つこととなり，経営政策や企業計画の策定に関与し，介入する足がかりを確保することとなるわけである。

(3) つぎの2002年の透明化法では，株式法90条1項の取締役の報告義務についてさらに強化・改善がなされており，この点に関して注目される点は，株式法90条1項Ⅰ文1号に「当初報告された目標とは異なる状況の場合には，その旨およびその理由を付さなければならない。」という文言が付されたことおよび会社が親会社の場合には，報告には子会社および共同企業についても示さなければならないとされた点である。前者は，過去の企業計画の実施についての報告義務（フォロー・アップについての報告義務）が明示されていなかったので，この点を明示したのである。監査役会による正規の監査にはフォロー・アップについての情報が重要であり，この点は従来から報告義務に含まれていたと考えられていたが，明示されていなかったので，90条1項1文においてこの点を明示したものである[24]。このことにより，監査役会は取締役の策定した企業計画の実施状況に問題がある場合には，その点をチェックし，取締役にその理由，対策を問い，必要な場合には協議し，助言する機会が拡大することとなり，監査役会の業務執行への関与・介入が強化されることになるわけである。前記後者の部分は，90条1項の報告義務にコンツェルン関係を含める改正であり[25]，監査役会の監督機能をコンツェルン関係全般に及ぼすための改正であるといえよう。

さらに注目すべき重要な改正点は，株式法111条4項2文が改正前においては，監査役会の同意を必要とする行為の種類を「定めうる。」としていた文言を「定めなければならない。」という義務的文言に変更するとした点である。この部分の改正は，改正前において株式法111条4項2文の定める重要な業務執行行為につき監査役会の同意の必要性を定める制度が従来有効に用いられていなかったことを改善しようとするものである。すなわち，実務上多くの企業において，会社の収益見通しやリスク関係を基本的に変更するような措置や決

---

[23] 前田・前掲注21) 198頁。
[24] Vgl. Entwurf des Transparenz-und Publizitätsgesetz , BT/Drucksache 14/8769 11. 04. 2002 Begründung Ⅱ. Besonderer Teil A. (以下 Begründung と略称する) Zu Artikel 1, Zu Nummer 5 Buchstabe a Doppelbuchstabe aa (90 Abs. 1 Satz 1 Nr. 1 AktG).
[25] Vgl. Begründung, Zu Nummer 5 Buchstabe a Doppelbuchstabe bb.

定を上記規定に適切，かつ適時に結びつけておらず，会社の将来の運命や存続に影響を及ぼすような措置や決定が事後的に監査役会に知らされるにすぎないという状況を改善し，このような重要な決定等に関しては監査役会にも関与する機会を確保する必要があるということに基づく改正である[26]。

ただ同改正では，取締役が監査役会の同意を必要とする事項についてすべての会社に当てはまるような客観的なカタログ（同意必要事項の列挙）を作成することは困難であり，かつ同意を義務づける行為等についての法律上の最低限の事項を列挙するカタログを作ったとしても，それが法律上本来予定している対象事項をすべて網羅できず，それゆえにそのようなカタログの効力が否定される危険性やその点を巡る争いが生じうることが考えられるとして，同意事項についてのカタログを示すことはしていない[27]。したがって，いかなる措置が個別的に同意を必要とする条項の下に置かれるかについての決定は，個々の会社の監査役会，定款を定める株主総会に委ねるべきということになり，さしあたり現在の111条4項2文の「することを得る」を，監査役会または定款が，行為の一定の種類については，同意を持ってのみなし得ると定めなければならないとすべきことが，まず優先することになるとしたのである[28]。そして，監査役会の同意を必要とする行為や措置の一定種類を列挙するカタログを定めるにあたっては，どのような行為を指定するかについては，株式法の規定は行為の一定種類としか定めていないが，その内容としては，一方では取締役会のみで決定すべきではない重要な行為として会社の収益見込またはリスク状況が基本的に変更されるような決定または措置が考えられ，他方では，取締役の業務執行における監査役会の望ましくない広範囲な介入という結果を招くことを防ぎ，監査役会の過剰負担および監査役会に対する過剰請求を導くことのないように，重要性の少ない業務執行行為，たとえば単なる代理権の授与や重要性の少ない個別的な不動産取引などについての措置は，同意を必要とする措置には含まれないと考えられるとしている[29]。

---

[26] Begründung, Zu Artikel 1 Zu Nummer 9 (111 Abs.4 Satz 2 AktG).
[27] Begründung, Zu Artikel 1 Zu Nummer 9.
[28] Begründung, Zu Artikel 1 Zu Nummer 9.
[29] Begründung, Zu Artikel 1 Zu Nummer 9.

3 小括

　以上のような監査役会制度の形成過程や監査役会と取締役との関係についての従来の沿革を見るかぎり，監査役会が業務執行から切り離され，独立の監督機関として一層強化されてきたとはいえ,当初の経営管理機関（Verwaltungsrat）としての性格が完全に消失しているわけではなく，監査役会もまた業務執行に対して一定の範囲で関与・介入することが是認されているのみならず，むしろ義務として考えられてきている。その意味では，現行の監査役会制度は，二元システムの下で取締役とは別個の機関として取締役の業務執行を監視する監督機関であるが，他面では会社の重要な意思決定に関しては一定の範囲で関与し，取締役と協働する機能を果たしており，その点から見る限り，監査役会は取締役とともに新たな経営管理機関的な性格を有しているものとも考えられる。そして，後述するようにそのような監査役会に業務執行に関与・介入するための実定法上の制度および明示的な規定によらない解釈論として，監査役会の取締役に対する協議・助言を積極的に肯定する考え方が判例，学説で支持されているのである。また現代のドイツにおける株式会社法制におけるコーポレート・ガバナンスのあり方としてのベスト・プラクティスを示すものとして実務に大きな影響を与えているコーポレート・ガバナンス・コードはまさに上記のような判例・学説によって支持されている監査役会と取締役との協働関係に基づく，監査役会の取締役の業務執行への関与および介入の具体的なありかたを示したものといえよう。

第3節　現行株式法における監査役会の任務と業務執行への関与の制度

1　監査役会の業務執行に対する監査の任務

(1)　ドイツ株式法上，監査役会は，監督機関としての主たる任務として取締役員の選任・解任（株式法84条）を行うが，それとともに主要な任務として取締役の業務執行に対する監査（株式法111条1項）を行う。取締役の業務執行に対する監査役会の監査は，機関としての取締役総体による業務執行を対象とするが，個々の取締役員による業務執行行為も監査の対象となる[30]。監査役会に

よる取締役の業務執行に対する監査は，単に業務執行や取締役の行為の適法性のみを監視することだけではなく，その正規性，合目的性・経済性のチェックも含めた監査であると解されてきている[31]。これら監査の基準のうち，正規性は，目的に適切に対応しうる組織に関する監査の基準である。すなわち，業務執行行為が正規性の基準を満たしているかという点に関しては，企業内部における決定機構（システム）が会社の企業規模や構造に応じた経営の基準に十分に対応しているのかという点を問題とするものと考えられている[32]。

(2) 監査対象としての業務執行の範囲は，かつて初期の会社法では，事業のすべての領域における業務執行に及ぶとされていたが（商法旧246条），これでは監査対象が広すぎ，実践的ではなく[33]，その後の1930年改正草案において，取締役からヒエラルキー的に離れた立場にある者によるすべての措置が監査の対象になるわけではなく，主として取締役の第一次的な経営管理機能およびその実施についての監査が対象となるとされることが明らかにされ[34]，1937年株式法においては，前記の如く事業のすべての領域という表現が削除された。そして現行株式法の下では，単に「監査役会は業務執行を監査しなければならない。」とされたのである。したがって，監査はすべての業務執行に及ぶわけではなく，基本的には会社の指揮，経営管理の措置に限定されることとなったのである[35]。

監査役会が果たすべき監査機能については，Kölner Kommentar-AktG/Mertens/Cahn, 3. Auflage によれば，以下のような機能が挙げられている。すなわち，取締役の監査役会に対する報告を認識し，検討するとともに報告内容における業務執行事項，企業の発展や成果，取締役による決定や計画を把握し，

---

30) Hans-Joachim Mertens / Andreas Cahn, in Wolfgang Zöllner und Ulrich Noack (Hersg.), Kölner Kommentar zum Aktiengesetz, Bd.2/2 3 Aufl. 2013（以下 K K-AktG/ Mertens/Cahn, 3. Auflage と略称する）§111 Rn. 24.
31) BGHZ 114, 127, 129, Hüffer/Koch Aktiengesetz, §111 Rn. 2, KK-AktG/ Mertens / Cahn, 3 Aufl., §111 Rn.14.
32) Vgl. Drygala in K. Schmidt/Lutter（Hrsg.）, AktG.§111 Rn. 21, Gerald Spindler, in G. Spindler / Eberhard Stilz, Kommentar zum Aktiengesetz, Bd. 1 2. Aufl. 2010（以下 Spindler/Stilz/Spindler と略称する）§111 Rn. 21, Hüffer/Koch, Aktiengesetz, §111 Rn.14).
33) Mathias Habersack, in Wulf Goette / Mathias Habersack / Susanne Kalss, Münchner Kommentarr zum Aktiengesetz Bd. 2, 4. Aufl. 2014（以下 MüKoAktG/Habersack と略称する）§111 R. 87.
34) Lutter, a.a.O.（Fn. 8）S. 400.
35) Drygara in K. Scmidt /Lutter（Hrsg.）AktG, §111 Rn. 11, Hüffer/Koch, Aktiengesetz, §111 Rn. 2.

分析すること，年度決算書，営業報告書，利益配当案および従属報告書の検査，取締役の構成や任務遂行のための態勢が適切か，取締役の任務の遂行状況，コンプライアンス組織を含めた内部統制システムが適切に構築されているかなどをチェックするとともに，取締役が包括的なリスク管理システムを構築している場合にはその有効性のチェック，取締役が株式法90条の報告義務を完全に満たしているか，取締役が業務執行義務に違反しているかまたは違反の恐れのあることの指摘についてのすべてを調査すること，企業計画の実際上の展開が大きく異なることまたは会社の収益状況，財産状況が大きく悪化していることまたは比較しうる他の企業と比べて収益の発展が大きく異なることにつき原因を調査し，取締役が適切に対応しているか否かをチェックすることなどである[36]。そして以上の個々の監査項目についての監査を行う上で，基本となるのは株式法90条による監査役会に対する取締役の報告であり，同報告が一般的には監査役会の継続的監査の基礎的資料となるわけである[37]。監査役会は主としてこの取締役報告に基づき継続的監査を行うとともに，必要な場合には取締役にさらに情報の提供を求めるための報告を要求することができ（株式法90条3項），しかも個々の監査役員も取締役に追加の報告を求めることが認められている。ただし，この個々の監査役員による報告の要求は自己に対する報告ではなく，監査役会自体に対する報告としてのみ認められている（株式法90条3項2文）。

2 監査役会の業務執行への関与・介入

(1) 株式法上の規整

① **協議・助言（Beratung）による関与**

(i) 監査役会による監査は，取締役が行った業務執行行為を対象とする事後的な監査だけではなく，取締役の会社経営に関する計画や企画・立案等の経営に関する将来的な重要事項の決定も対象になると解されてきている[38]。いわば事前監査である。その場合の監査の方法は取締役の上記のような重要事項の決定に関して，監査役会として取締役と協議し助言するという方法であり，監査役

---

36) KK-AktG, Mertens／Cahn, 3. Auflage §111 Rn. 16.
37) KK-AktG, Mertens／Cahn, 3. Auflage §111 Rn.18, Drygara in K. Scmidt/Lutter (Hrsg.) AktG, §111 Rn. 12.
38) Drygara in K. Scmidt／Lutter (Hrsg.) AktG, §111 Rn. 12.

会が取締役による重要事項の決定に際して,取締役と意見交換を行い,企業の将来的な展開における問題点を早期に認識し,取締役に事前に対処させることを可能にするということである[39][40]。このような取締役の将来的な企業計画や立案の策定に際して協議し,助言するということは,一種の業務執行に対する関与であるとも考えられ,監査役会に業務執行自体を行うことを禁止する株式法111条4項1文との関係が問題となる。しかしこの点については,判例はこのような監査役会による取締役との協議,助言は,予防的措置としての事前監査の一環であり,許されるのみならず,むしろ監査役会の義務であるとも解してきている[41]。このような判例の考え方は,学説によっても支持されてきている[42]。またこのような監査役会による取締役との協議・助言については,株式法においてはこれを直接認める規定はないが,株式法90条1項が,意図している経営政策およびその他の企業計画(特に,金融,投資および人事計画)について監査役会に報告しなければならず,特に会社の収益力または流動性について重要な意義を持ちうる取引に関しては,その取引を行う前に監査役会がそれについて意見を表明する機会を持てるように可能な限り適切な時期に報告しなければならないと規定している点(1項1号・4号・2項4号)に示されているように,90条の規定は監査役会の協議・助言の義務を認めていると解されている[43]。

なお,監査役会による取締役との協議・助言はあくまでも,事前監査の一環として会社の指揮に関する重要な措置のみを対象とし,会社経営に関する通常

---

39) Spindler/Stilz/Spindler §111 Rn. 10.

40) 事前監査の手段としての監査役会による取締役との協議と助言の制度については,前田・菅原古稀603頁参照。

41) BGHZ 114, 129,130は,監査役会の取締役との関係における協議・助言については,以下のように判示している。すなわち,株式法「111条1項により,監査役会は第1次的には業務執行を監査しなければならない。この監督は,完結した事態のみならず,将来の営業政策にまで広がっている。それは適法性審査に制限されるのではなく,業務執行の合目的性および経済性の審査を含めなければならない。そのように理解された監督は,取締役との恒常的なディスカッションによってのみ有効になり得るし,かつその限りにおいて継続的な協議・助言によって行使される。それゆえ協議・助言は取締役の将来に向けられた監督の優越する手段なのである。」

42) Spindler/Stilz/Spindler §111 Rn. 21, Drygara in K. Scmidt /Lutter (Hrsg.) AktG, §111 Rn.18, 19, MüKoAktG/Habersack§111 Rn. 12, 32, KK-AktG/Mertnes / Cahn, §111 Rn. 40.

43) Lutter/krieger, Rechte und Pflichten des Aufsichtsrats, Rn. 94, Drygara in K. Scmidt /Lutter (Hrsg.) AktG, §111 Rn. 18, 前田・菅原古稀603頁。

の継続的な業務執行行為は対象にならないと解されている[44]。そして取締役との企業計画や営業政策について協議を行い，助言をすることは監査役会による監査の職務の一部を形成すると解されてきている。

(ii)　上記のような予防的措置としての監査役会による取締役の業務執行に対する関与については，株式法上これを支持する制度として90条1項の取締役の報告義務および111条4項2文の取締役の業務執行に対して監査役会の同意を要求する制度が存在している[45]。前者については，株式法90条1項が原則として年1回監査役会に対する報告義務を取締役に課しているが，その報告事項として，意図している経営政策およびその他の企業計画の基本的事項（特に金融，投資および人事計画）があり，かつその報告に際しては，過去に報告した目標と事実上の進展に相違があるときは，その理由も含めて報告しなければならない（同項1号）とされている[46]。ここで示されている報告事項は，まさに予防的な事前監査としての監査役会による取締役の企画・立案の策定に対する関与のために必要な取締役の具体案の提示を意味するものといえよう[47]。この規定から明らかなように，監査役会の業務執行への関与は，後述の株式法111条4項2文による同意必要性の設定を除いて，あくまでも取締役のイニシアティブによる立案に対する協議・助言という方法に限定されており，みずからイニシアティブをとったり，立案をすることは許されないと解されている[48]。

以上に見てきたように，取締役の業務執行事項や措置の決定に際して，監査役会が取締役と協議し，助言することは事前監査の一環であるという解釈により是認され，場合によってはむしろ監査役会の義務であるとも考えられてきているのであり，監査の一部をなすという論理により，監査役会の業務執行への関与・介入が肯定されるのみならず，必要とまで解されているのである。もっとも取締役の重要な業務執行の決定に際して，取締役と協議し，助言を行うという形式で監査役会による関与が認められ，その場合の協議・助言の対象となる事項については，会社の指揮に関する重要な措置に限られるという制約が存

---

44)　Spindler/Stilz/Spindler §111 Rn.10.
45)　Hueffer/Koch, AktG §90 Rn. 4, §111 Rn. 13.
46)　この点は，2002年の透明化法による株式法改正で追加された部分である（前記第2節2(3)参照）。
47)　株式法90条1項1号が定めるこの報告義務は，取締役への助言という方法によって行使される監査役会による相応の監査義務の存在を示すものであるとされている（MüKoAktG/Habersack §111 Rn.39）。
48)　MüKoAktG/Habersack §111 Rn. 39, 40.

在するが，ただ明文規定がそのような制約を定めているわけではなく，制度の解釈として挙げられてきているに過ぎず，必ずしも明確な基準が示されているわけではない。したがって，監査役会による協議・助言の制度が積極的かつ広範囲に使用される危険性もあり，取締役の固有権限たる独立して業務執行を行うことに不当な影響力を及ぼすおそれがないわけではないという点にも注意が必要であろう。

② **監査役会の同意の必要性の設定**

(i) 株式法111条4項2文は，定款または監査役会決議により，取締役による業務執行に関する一定の措置につき，その実行に際して監査役会の同意を必要とする旨を定めることを要求している。定款または監査役会決議により，監査役会の同意を必要とすると定められた業務執行上の行為・措置については，取締役がこれを実行する場合には，監査役会の同意を得なければならず，同意が得られない場合には実行することができないことになる。その意味では，この制度は，取締役の業務執行上の措置に対して監査役会に拒否権を与えたものである。ただこの制度は，監査役会に拒否権を与えるにとどまり，取締役に対する指図をしたり，取締役に代わり業務執行上の措置を行うことが認められているわけではない[49]。上記の同意必要性に関する事項の設定に関しては，定款で定めない場合には，監査役会が定めなければならないが，監査役会が上記の同意必要事項を設定する場合には，監査役会決議によらなければならず，監査役会に設けられた委員会や監査役会議長に委ねることはできない[50]。同意を必要とする事項については，実務では一般に取締役の業務規定に定めることが推奨されている[51]。

(ii) 監査役会の同意を必要とする事項については，株式法111条4項2文は，単に行為の特定の種類と規定するだけで，具体的な事項を列挙していない。したがって，その中身については議論のあるところである。この点についての透明化法に関する政府草案理由書では，会社の収益見込みもしくはリスク状況を基本的に変更するような企業戦略の策定または投資決定などが考えられるが，単なる代理権の授与や重要性の少ない個別的な不動産取引のような措置などは

---

[49] Drygara in K. Scmidt /Lutter（Hrsg.）AktG, §111 Rn. 57, MüKoAktG/Habersack §111 Rn. 99.
[50] Hüffer / Koch AktG §111 Rn. 35, 38, MüKoAkt/Habersack §111 Rn. 105.
[51] Hüffer / Koch AktG, §111 Rn. 38.

当てはまらないとするにとどめている[52]。さらに同理由書は会社の大きさや支店数その他の関係を無視してすべての会社に当てはまるような同意を必要とする措置等を網羅した客観的列挙（カタログ）を示すことは無理であるし，一般的カタログの提示は困難であるとして，同意を必要とする措置等についてのカタログを改正規定では示していない[53)54]。

結局株式法111条4項2文の「行為の特定の種類」に関しては，立法理由では明確な基準を示しておらず，解釈によって判断するほかはない。その場合にまず問題となるのは，取締役の業務執行上の権限，とくに会社経営の指揮についての固有の権限およびそれに対応する株式法111条4項1文の業務執行の移譲の禁止との関係である。すなわち，監査役会の同意を必要とする事項の設定が，これらの取締役の固有権限たる会社の指揮の機能を侵害してはならず，かつ監査役会による業務執行の禁止に反することのないような設定が必要となる[55]。さらに，監査役会の同意を必要とする行為または措置を定款規定または監査役会決議により予め定める場合には，その定め方としては取締役の機能を阻害し，監査役会の過剰負担を招くような重要性の少ない事項を含めた広範囲な設定は許されないし，他方ではすべての重要な措置といった一般条項的な表記の仕方も許されず，監査役会の同意を必要とする行為または措置については，個別的な行為の種類につき一般的なそのメルクマールにより特定して定めることが要求されていると解されている[56]。そして同意必要事項を定める場合には，アド・ホックに設定することが必要な場合は別として，定款または監査役会決議で予め設定する場合には，個々の具体的な行為ではなく，行為の種類を定めることになる。その場合の具体的な要件としては，透明化法の立法理由によれば，一方では取締役のみで決定すべきではない重要な行為として会社の収益見込またはリスク状況が基本的に変更されるような決定または措置の種類が考え

---

52) 前記第2節2(3)参照。
53) Begrüdung, Zu Artikel 1　Zu Nummer 9（§111 Abs. 4 Satz2 AktG）。前記第2節2(3)参照。
54) なお，同様の制度を有するオーストリヤ会社法では同意を必要とすべきである事項についての網羅的列挙としてのカタログが規定で示されている（オーストリア株式法95条5項2文）。
55) KK-AktG/Mertnes / Cahn, 3. Auflage §111 Rn. 84. MüKoAktG/Habersack §111 Rn. 106.
56) Drygara in K. Scmidt /Lutter (Hrsg.) AktG, §111 Rn. 55, Hüffer / Koch AktG §111 Rn. 36, MüKoAktG/Habersack §111 Rn. 106.

られ，他方ではそのような行為の種類の範囲は，取締役の通常の重要性の少ない業務執行行為まで及んではならないと考えられる[57]。以上のような考え方の下で，監査役会の同意を必要とする基礎的に重要な行為を具体的な行為の種類として表記，設定するとすれば，コーポレート・ガバナンス・コード3.3が定めるような企業の財産，財務または収益の状況を基本的に変更する行為または措置というとらえ方が適切であると考えられることになる[58]。このような基準に従って，定款または監査役会は羈束的な裁量により定めるべきであるとされている[59]。

(iii) 株式法111条4項2文に関する上記のような趣旨に対応するためには，後述するように予め同意を必要とする事項についての包括的なカタログ（網羅的な列挙）が作成されることが考えられている。もっとも，支配的見解によれば，個別的な場合に応じて，個々に監査役会決議により特定の行為につき同意を要求するというアド・ホックな定め方も認められている[60]。特に，取締役の行為につき監査役会の同意の必要性を定めることによってのみ取締役の違法な行為を阻止しうる場合には，監査役会は当該行為・措置につき同意の必要性を設定することは義務になると考えられており，さらにその他，定款違反の業務執行上の措置や取締役がその企業家的裁量を明らかに超えて会社に損害をもたらすような場合にも違法な業務執行上の措置が行われることを防ぐために同意の必要性の設定が監査役会の義務となる点は変わらないとされている[61]。なお監査役会の同意を必要とする事項のアド・ホックな設定は，必ずしも基礎的な意義を有する重要な措置に制限されないとされている[62][63]。

以上のように，株式法111条4項2文により監査役会の同意を必要とする行為の種類としては，企業の財産，財務または収益の状況を基本的に変更するような基礎的な行為の種類が挙げられてきているが，そのような行為の種類を監

---

57) Begründung, Zu Artikel 1 Zu Nummer 9. 前記第2節2(3)参照。
58) MüKoAktG/Habersack §111 Rn. 106, Spindler/Stilz/Spindler §111 Rn. 64.
59) Hüffer /Koch AktG §111 Rn. 36.
60) Drygara in K. Scmidt/Lutter (Hrsg.), AktG, §111 Rz. 50, Vgl. MüKoAktg/Habersack §111 Rn. 115.
61) MüKoAktG/Habersack §111 Rn. 115.
62) MüKoAktG/Habersack §111 Rn. 115, Hüffer/Koch AktG §111 Rn. 39.
63) もっとも，Spindler/Stilz/Spindler §111 Rn. 65はアド・ホックに個別的な行為を監査役会決議によって監査役会の同意を必要とする事項に設定することは，可能であるが，例外的であり，その内容，範囲およびリスクに関して特別に重要な行為が妥当すると述べている。

査役会の同意を必要とする項目として定めることについては，監査役会が個々にアド・ホックに定めるというよりは，むしろ定款または監査役会決議により予め網羅的に全体として定め，カタログ化することが考えられており[64]，実務では同意必要事項の網羅的な列挙としての包括的なカタログ化が行われている[65]。そして文献では，以下のようなモデル・カタログの例が示されている。それによれば，監査役会の同意を必要とする行為の種類としては，(イ)年度計画（予算）や投資計画ならびにその変更および超過の場合，(ロ)子会社や支店の設置（純粋の販売業務を目的とするものを除く），(ハ)一定額を超える企業および企業持分の取得，移転，(ニ)一定額を超える不動産の取得，移転，(ホ)一定額を超える借入れ，(ヘ)一定額を超える信用の供与，(ト)オプションプランの導入，変更，(チ)新製品およびその製造ならびにその課題の設定，(リ)重要な子会社の取締役員，業務執行者の選任，解任，(ヌ)重要な子会社における監査役会の同意必要事項の設定に際して親会社の監査役会の同意を前提とすることの取締役への義務づけなどが列挙されている[66]。また上記のモデル・カタログに列挙されている事項以外にも，社債の取得や担保の供与，生産ラインの設定などが挙げられている。ただしこれらの行為の種類に関しても，会社の状況に応じて，通常の営業範囲を超えている場合で，その金融上の量的な面や経済的な影響から効果的な投資としての見通しが一見して簡単につかないような場合であることが必要であると指摘されている[67]。

もっとも同意必要事項につき予め網羅的に列挙したカタログを作成することが義務とされているか否かについては，議論のあるところである。この点につき，株式法111条4項2文は，取締役の行為の特定の種類の実施については監査役会の同意を必要とすると定めなければならないと規定している。同規定における同意の必要性のある業務執行行為の一定の種類に関しては，2002年の透明化法による改正までは，「行為の一定種類につき同意の必要性を定めうる」とされていたのに対して，2002年の透明化法による改正では「行為の一定種類については同意の必要性を定めなければならない」と変更された[68]。したがっ

---

64) Vgl. Drygara in K. Scmidt/Lutter (Hrsg.), AktG, §111 Rz. 53.
65) その実態としては，M. Habersack, Corporate Governance-Belange und Arbeitnehmerbelange in Rahmen des 111 Abs. 4 Satz 2 AktG, ZHR 178（2014）S. 136参照。
66) Lutter / Krieger, Rechte und Pflichten des Aufsichtsrats, SS. 43, 44.
67) MüKoAktG/Habersack §111 Rn. 111.
68) 前記第2節2(3)参照。

て，行為の一定の種類については，同意を必要とする事項として扱うことが強制されるに至ったのであるが，さらに予め同意を必要とする事項についての網羅的なカタログを作成しておくことまで義務とされたのかどうかについては，考え方は分かれている。支配的見解は，このようなカタログの作成が義務づけられているとしており[69]，この見解に従う実務では，このような内容を定める取締役または監査役会の業務規定の作成が提案されている[70]。もっともこのような予めのカタログの作成は必ずしも義務づけられていないとする見解[71]も存在する。すなわち同説によれば，株式法111条4項2文は事前に同意を必要とする事項についてのカタログを設定することまで要求していないし，同規定は監査役会の監査機能の一環として，基本的に重要な行為または措置につき，その内容や時間的制約を定めることなく，監査役会の同意を必要とすることを要求すべきであるとしているに過ぎない。いずれにせよ会社の生存にとって重要な決定や措置が事前の列挙事項としてのカタログにない場合であっても，監査役会はその措置等につき同意の必要性の対象にしなければならないのであり，カタログにないことを理由に同意必要性の設定から外せば，監査に関する注意義務違反を問われる可能性が生ずるのである。したがって，監査義務違反の追及の脅威から逃れるためには，用意周到に広範囲な事項を網羅的に列挙したカタログを事前に設定しなければならないことになるが，そのことはまさに透明化法の立法理由書が指摘する過剰で官僚的なカタログの作成による弊害をもたらすのである。いわば支配的見解のように事前のカタログの要求は株式法111条4項2文の解釈としては監査について形式性を高めているに過ぎないことになるというのである[72]。

(iv) 取締役が，監査役会の同意の必要性が設定されている措置を実行しようとする場合には，監査役会の同意を求めなければならず，同意を得ずに実行してはならない。監査役会の同意は事前の同意でなければならない[73]。監査役会が同意を必要とする行為・措置についての設定を行う場合には，自らの決議によ

---

69) Spindler/Stilz/Spindler §111 Rn. 65, MüKoAktG/Habersack, Rn. 102, Habersack, a.a.O. (Fn. 62) S. 137, Drygara in K. Scmidt/Lutter (Hrsg.), AktG, §111 Rz. 53, Lutter / Krieger, Recht und Pflichten des Aufsichtsrat, Rn. 104.
70) Vgl. KK-AktG/Mertens/Cahn, 3. Auflage §111 Rn. 100.
71) KK-AktG/Mertens/Cahn, 3. Auflage §111 Rn. 104.
72) KK-AktG/Mertens/Cahn, 3. Auflage §111 Rn. 104.
73) MüKoAktG/Habersack §111 Rn. 123.

らなければならず，監査役会の下に設けられている委員会に委ねることはできないが（株式法107条3項3文），取締役から同意を求められた行為・措置について同意を与えることについての決定は，同委員会に委ねることができる[74]。このような措置の同意の決定を委員会に委ねることができるのは，株式法107条3項3文の定める監査役会による授権の禁止事項に上述のような同意必要性が設定されている事項についての同意を行う決定が含まれていないという理由によるものである。ただ，同意必要性が設定されている事項が企業計画や基本的な戦略決定の場合には，同意の決定の可否を委員会に委ねることは，監査役会の一般的な監査義務自体を委員会に委ねる結果になるので許されないと解されている[75]。

同意の可否の決定に際しては，監査役会はビジネス・ジャッジメント・ルールに従って判断することも認められ，企業家的裁量による判断が可能である[76]。ただ取締役が同意を求めてきた行為の実行が法令または定款に違反するおそれがある場合には，監査役会の同意の可否の判断に際しては裁量の余地はなく，同意を拒絶することが義務づけられる[77]。

監査役会の同意必要性が定められている行為について，取締役が同意を得ずにまたは同意が拒絶されたにも関わらず，これを実行した場合でも，その行為は対外的は有効であると解されており，株式法111条4項2文の同意必要性の設定は対外的効力を持たない[78]。しかし，対内的には取締役は注意義務違反の責任を問われることになる。

定款または監査役会決議により監査役会の同意が必要とされた行為の決定につき，監査役会が同意を拒絶した場合には，取締役は当該行為または措置をそのまま決定し，実施することは許されないが，なおそれにもかかわらず当該行為または措置を決定し実施することを希望する場合には，株主総会を招集し総会の決議による同意（4分の3以上の多数決による同意）を必要とする（株式法111条4項3文）。

---

74) KK-AktG/Mertens/Cahn, 3. Auflage §111 Rn. 106, 110, MüKoAktG/Habersack §111 Rn. 125, 126.
75) KK-AktG/Mertens/Cahn, 3. Auflage §111 Rn. 106.
76) KK-AktG/Mertens/ Cahn, 3. Auflage §111 Rn. 111, MüKoAktG/Habersack §111 Rn. 127.
77) KK-AktG/Mertens/Cahn, 3. Auflage §111 Rn. 111.
78) KK-AktG/Mertens/Cahn, 3. Auflage §111 Rn. 112.

(v) 以上に述べてきたように，現行株式法上は，明文規定を有しないものの，監査役会は取締役による企業計画，営業戦略の策定およびその他の基本的重要事項の決定に際しては，取締役と協議し，助言することができるのみならず，むしろこのことは監査役会の義務と解されており，このような解釈は，判例，学説によって支持されている。また，前述の株式法111条4項2文により取締役の行為または措置につき監査役会の同意の必要性を定める制度によって，監査役会は取締役の一定の業務執行事項に関しては拘束力を持って介入しうることとされている。そしてこの同意必要性の設定による介入は，同意必要事項についての事前の列挙としてのカタログの設定を必要とする考え方もあるが，そのような事前カタログの設定が義務づけられているわけではないとする考え方も有力である。いずれにせよ，そのような同意必要事項の列挙としてのカタログによる事前指定のない事項であっても，監査役会が必要と判断した場合には，一定の取締役の行為または措置につきアド・ホックに必要事項に指定し，その行為等につき同意するか否かの判断によって監査役会が介入しうるわけである。

(2) **コーポレート・ガバナンス・コードにおける規整**
① 株式法においては，前記に述べたように，解釈や制度の運用によって，事前監査の一環として監査役会が一定の範囲では，取締役の業務執行に関与・介入しうることが認められており，この点に着目する限り，ドイツ株式法においては，取締役と監査役会の関係は監視・監督を受ける側と監視・監督する側との対立的な関係というよりは，会社の経営・管理につき双方が協働する関係にあると見ることができる。このような双方の関係を協働関係と見る傾向は，2002年に導入されたコーポレート・ガバナンス・コードにおいて一層強調されているように思われる[79]。
② コーポレート・ガバナンス・コードはその第5章において監査役会について規律しているが，監査役会の職務については，コード5.1.1が定めている。すなわち同条項は，監査役会の職務につき，「監査役会の職務は，会社の業務執行に当たる取締役に対して，規則的に協議に応じ，助言し，かつ監査することにある。監査役会は，企業の基礎的意義を有する重要な決定に関与する。」と規定している。この規定の性質は，コードが被適用企業に対して行う「勧告

---

79) Vgl. Lutter / Krieger, Recht und Pflichten des Aufsihtsrat Rn. 58.

(Empfehlung)」ではなく，株式法の規定の趣旨を改めて示したものと言われている[80]。すなわち，株式会社においては，業務執行は取締役の職務であり，監査役会は取締役の業務執行を監督する機関であるとして，業務執行とその監督が分離していることを前提とし，監督機関である監査役会の主たる職務が監査であることを示したものである。ただ同条項は，監査役会の職務を示す株式法111条1項が監査役会の職務として明示していない取締役と協議し，助言を行うことも職務として規定している。この監査役会の取締役との協議・助言の職務は，前述のように従来から判例，学説によって事前監査の一環として認められるとともに，監査役会の注意義務をなすものとされ，このことをコードが積極的かつ明示的に示し，制定法を補充したものであるとされている。

また，上記コード5.1.1の後段の監査役会が企業について基礎的な意義を有する重要な決定に関与すべきであるとする点は，監査役会の事前監査の一環としての取締役に対する協議・助言に関して，特に会社の基礎的な重要性を有する決定や措置に関しては，監査役会の関与が求められるべきであると考えられてきた点を反映したものであり，その点を明確化したものである[81]。

③ コーポレート・ガバナンス・コード5.1.1に関連して，コードはさらに「取締役と監査役会との協働関係」を規律する第3章の3.1，3.2，3.3の各規定および「取締役」を規律する第4章の4.1.2を定めている。最初のコード3.1は監査役会の取締役に対する関与（取締役との協議・助言および企業の基礎的意義を有する重要な決定への関与の必要性）の前提となる取締役・監査役会の協働関係についての規律である。すなわち，同規定は取締役と監査役会は会社の繁栄のために密接に協働するものとすると定めており，同規定は株式法が前提としている両機関の協働関係の推進を示したもので，コードによる勧告でもないし，推奨でもなく，一種のプログラム的行為指針である。この規定により述べられている両機関の協働関係の具体的な内容については，つぎのコード3.2および3.3が定めている。

コード3.2は，取締役は監査役会と企業戦略上の方針等についての調整を行

---

80) Hans-Ulrich Wilsing in Hans-Ulrich Wilsing (Hrsg.), Deutscher Corporate Governance Kodex, Kommentar, 2012（以後 Wilsing/（Bearbeiter）DCGK と略称する）5.1.1. Rn. 1. コードが被適用企業に向けて示しているコーポレート・ガバナンスの規準としては，「勧告（Empfehlung）」および「推奨（Anregung）」の二種類があり，これらの規準の意味については，前田・前掲注3）石川古稀895頁参照。
81) Wilsing/Wilsing DCGK, 5.1.1 Rn. 17.

い，かつ当該戦略の実行について一定期間ごとに監査役会と検討するものとする，と定めている。同定めは，上記3.1のプログラム的行為指針の具体化，詳細化を示すものであり，一定の勧告や推奨を行うものではない[82]。同3.2は，取締役が会社を指揮する上での業務執行の決定として企業戦略を立案するが（株式法76条1項），その決定に際しては監査役会との協議により助言を受け，実施状況につき定期的に監査役会と検討することを要請している。もっともこのような企業戦略的決定に関する監査役会の関与については，株式法上の明文規定はないが，前述のように監査役会の監査義務から生ずることが解釈上是認されてきており，この点を明文化したものといえる。本規定の対象となる企業戦略的な方針の範囲については，取締役の監査役会への報告義務に関する株式法90条1項1号が定めるところの意図されている経営政策およびその他の企業計画についての報告義務の範囲により画されることになる[83]。

さらにコード3.3は，上記の取締役の業務執行の決定に際しての監査役会の関与に関するプログラム的な行為指針に対して，関与の方法と内容について具体的に定めている。すなわち，定款または監査役会は，基礎的な意義を有する重要な行為につき，監査役会の同意を必要とする旨を定めることとする。この基礎的な意義を有する重要な行為には，企業の財産状況，財務状況または収益状況を基礎的に変更する決定または措置が該当する，と定める。本定めは，取締役に対する監査役会の具体的な関与の方法を定めるが，その関与を単なる協議，助言的なレベルにとどめず，関与を拘束力あるものとするために取締役の決定または措置につき監査役会の同意の必要性を定款または監査役会決議により定めることとしている。このような拘束力ある関与の方式は，株式法111条4項2文の定めるところであり，コードは単に同規定をなぞったかのようにも思われる。しかしコード3.3は，単なる株式法111条4項2文の再現規定にとどまるものではなく，同規定を重要な点において補充するものである。すなわち，株式法111条4項2文は，監査役会の同意を要すると定める取締役の行為に関しては，単に行為の一定の種類と定めているだけで，具体的な内容については定めていない。このため同意を要するとすべき行為または措置が，いかなるものかについては，解釈上議論のあるところである。この点に関して，コード3.3は同意を要するとすべき行為・措置としては会社にとって基礎的な意義を有す

---

[82] Wilsing/Johannsen-Roth DCGK 3.2 Rn. 1.
[83] Wilsing/Johannsen-Roth DCGK 3.2 Rn. 4.

る重要な行為であると定め,さらに具体的な内容として,企業の財産,財務または収益の状況を基礎的に変更する行為または措置であることを示している。このコードの定めによって,監査役会の同意を要すとすべき行為または措置の判断に一応の基準が示されたわけである。もっとも,3.3の第1文が定める基礎的な意義を有する重要な行為としては,上記の企業の財産,財務または収益状況を基礎的に変更する行為に限られず,それ以外の行為も考えられることから,同規定第2文はそれらに関する限定列挙ではなく,その他の基礎的な意義を有する重要な行為（たとえば,新たな地域や外国への事業の拡大の決定,企業契約の締結または解約等の戦略的決定,および子会社の業務指揮者の選任等）をも含むものと考えられる[84]。ただ,監査役会の同意を必要とすべき基礎的な意義を有する重要な行為について一応の基準を立てるとすれば,コード3.3第2文が定める企業の財産,財務または収益状況の基礎的変更という判断基準は適切であり,一応は同基準に基づいて判断していくことが妥当であると考えられているわけである。もちろん,上記の基準によって,会社における監査役会の同意を要することとされる行為または措置が一般的に決まるわけではなく,会社の規模,支店の数,事業所の数等によって同意必要事項または措置は種々異なってくるわけであり,コード3.3はこのような違いに応じて各会社がその判断によって同意必要事項の決定をなし得ることとしたわけである。その意味では,コード3.3は制定法を運用しやすいように補充するとともに,企業規模等の各会社の違いに応じて会社自身が111条4項2文の規律に対応しやすいように改めて株式法の規定を再現したものともいえる。

　なおコード4.1.2は,取締役は企業の戦略的な面を発展させ,それを監査役会と調整し,かつその実施に配慮するものと定めており,この定めは前記の取締役,監査役会との協働の項目におけるコード3.3をコードの取締役の項目で繰り返しているにすぎない。

---

[84] Wilsing/ Johannsen-Roth DCGK 3.3 Rn. 13, Habersack, a.a.O. (Fn. 65) SS. 141,142.

第4節 取締役の業務執行に対する監査役会の関与・介入の現代的意義——取締役と監査役会の協働関係の現代的意義とこれからの方向（Verwaltungsrat（経営管理機構）化の方向）——

1 従来におけるコーポレート・ガバナンス・システムとしての二元システムをめぐる議論

　監査役会による業務執行への関与・介入が是認され，むしろ一定範囲では監査役会の義務とまで考えられてきている背景には，一つは前記第2節で述べたように，ドイツにおける監査役会制度導入の経緯とその後の展開といった歴史的要因が存在してきているが，それとともに現代においてはコーポレート・ガバナンス・システムとしての国際的なグローバル化との関係が挙げられる。

　従来においても，株式会社のコーポレート・ガバナンス・システムにおいて二元システム（dual system または two tier system）をとるドイツにおいては，しばしばドイツ法とは異なるアングロ・サクソン系のシングル・ボード・システムの存在を意識し，それとの比較を行い，その導入の可否を議論してきている[85]。第二次大戦前の1920年代においてもすでに，外国資本の獲得を容易にするという観点からアングロ・サクソン系の会社法におけるボード・システムの導入を巡る議論が，ドイツ法曹会議でなされたが，1926年のドイツ法曹大会では，ボード・システムのような単一の経営管理機関では業務執行に対する適切な監督が行われないという理由等でアメリカ・モデルの導入は不適切であるという結論が示されている[86]。そして現行株式法の原型が形成された1937年株式法の制定により，当時議論されてきたボード・システムへの移行や部分的採用をめぐる考え方が明白に否定されている[87]。

　第二次大戦後においても，1965年株式法の制定過程における議論でボード・システムの導入が議論されたが，結局従来の二元的なシステムの変更の必要性

---

85) シングル・ボード・システムと二元システム（デュアル・システム）との比較については，前田重行「ドイツにおけるコーポレート・ガバナンスの問題」民商法雑誌117巻4・5号44頁以下（1997年），同・菅原古稀611頁以下参照。
86) Lutter, a.a.O. (Fn. 8) Rn.13.
87) Lutter, a.a.O. (Fn. 8) Rn. 53.

はないとして，導入論は斥けられている[88]。また1965年株式法制定後においても，ボード・システムをめぐる議論は度々繰り返されてきたが，その移行・導入に対しては否定的見解が支配的であった。その理由としては両者の比較をしても一長一短があり，優劣が決定し難いこと等が挙げられているが，決定的な点は，ドイツの株式会社制度においては，やはり労働者の経営参加を認める共同決定制度の存在であろう。従来からの共同決定制度においては，従業員，労働者の参加は直接的な経営機関に対してではなく，これと異なり，直接の経営から距離を置いた機関としての監査役会に認めてきているのであり，いわば間接的な経営機関への参加に限定してきているのである。このような状況を前提とする限り，監査役会と取締役を併合して一つの機関とするシングル・ボード・システムへ移行した場合には，間接的な経営機構への参加という共同決定制度のあり方が維持できなくなるからである[89]。

2　コーポレート・ガバナンス・システムのグローバル化

(1)　緒　論

　ドイツでは，前記で述べてきたように，取締役と監査役会との関係に関する二元システムの妥当性については，たびたび議論が繰り返されてきているが，根本的に二元システムからシングル・ボード・システムへの移行という考え方は否定されてきている。しかしながら近年におけるコーポレート・ガバナンス・システムにおけるグローバル化あるいは国際的傾向の考慮の下では，ドイツにおけるコーポレート・ガバナンス論においても，改めてシングル・ボード・システムの存在を意識せざるを得なくなってきている。具体的には市場の国際化，資本市場における競争の面，特に敢えていえば，資本市場におけるシステムとしての優位をめぐる競争の面において，シングル・ボード・システムを考慮せざるを得なくなってきており，いわばコーポレート・ガバナンス・システム間の競争の問題として両システムの関係を捉えざるを得なくなってきているのである。

(2)　資本市場におけるシステム間の競争の影響

　ドイツにおけるコーポレート・ガバナンスの議論においても，近年国際的な

---

88)　Lutter, a.a.O. (Fn. 8) Rn. 60.
89)　共同決定制度と二元システムとの密接な結びつきについては，Lutter, a.a.O. (Fn. 8) Rn. 123, 前田・菅原古稀612頁参照。

資本市場における競争に対応し，国際的な投資家層をドイツ市場に引きつける上でコーポレート・ガバナンス・システムのグローバル化の重要性を認識し，グローバル化に対処する必要性が意識されてきている。その結果，ドイツ株式法上のコーポレート・ガバナンス・システムは，近年国際的なコーポレート・ガバナンス・システムの競争において優位性を有していると考えられるアングロ・サクソン系のシングル・ボード・システムを意識し，制度的な接近を図ってきているように思われる。特にシングル・ボード・システムのメリットとして会社の経営に対する監督機構を含めた会社の経営機構を構成するすべての機関構成員が企業の戦略的および企業政策的な将来を指向する決定について権限を有するという点が考えられているが[90]，そのメリットを可能な限り得られる方向において重要な役割を演ずるのが監査役会であり，特に監査役会を単なる監査のみの機関にとどめず，取締役とともに会社の経営管理機関(Verwaltungsrat)を構成するものとし，シングル・ボード・システムにおける単一取締役会に対応させ，同じような機能を担わせようとするものといえよう[91]。いわばドイツの株式会社は二元システムを採用しつつも，アングロ・サクソン系へのボード・システムへの接近を図りつつあり，その結果として，監査役会による取締役の業務執行の意思決定への関与の程度が増大するとともに，ますます重要性を帯びてきている。2002年のコーポレート・ガバナンス・コードの制定は，まさに上記のようなコーポレート・ガバナンス・システムのグローバル化を意識し，国際的な資本市場におけるガバナンス・システムの競争に対処することを一つの目的としたものといえる。もちろんこのような動きにおいても，ドイツ株式法上の二元システムを基本的に変更する動きは存在しないが，ただ前述したようにコードでは取締役と監査役会の協働関係を重視し，その一つの章（コード第3章）を両者の関係のあり方に割いており，取締役の業務執行における重要な決定や措置の決定につき，監査役会の協働ないしは関与を推進し，具体化する定めを置いている。このようなコードの体系は二元システムを維持しつつ，シングル・ボード・システムへのより一層の接近を意図してい

---

90) Lutter / Krieger, Rechte und Pflichten des Aufsichtsrats, Rn. 58.
91) Lutter/Krieger, Rechte und Pflichten des Aufsichtsrats, Rn. 58は，監査役会が取締役に対して協議・助言機能を有し，協働機関的役割を担うという任務が，新たに確定してきているということは，監査役会が前記のシングル・ボード・システムのメリット（ボードのメンバー全員が企業の戦略的，企業政策的な企業の将来の方向を指向する決定について権限を有するというメリット）と二元的監査役会システムのメリット（独立の監督機関の存在）が結びつくことであると指摘している。

るものと考えられる92)。

以上のように検討してくると、ドイツ株式法における監査役会の性格は一層取締役との協働機関的な方向に進んでいくようにも思われる。

第5節　むすび

　ドイツ株式法においては、すでに述べてきたように監査役会は取締役とは別個の機関として業務執行に対する監督を行うという二元システムをとっており、会社を指揮し、業務を執行するのは取締役であり、取締役はその固有の権限たる会社の指揮、業務執行についての権限を監査役会に委譲することは禁止されている。しかしながら、他方では監査役会は取締役の協働機関としての性格も有し、基礎的重要性をもつ行為や措置に限定されてはいるが、それらの行為・措置の決定、実施に監査役会の関与・介入が認められている。このような取締役による業務執行に関して、監査役会が関与・介入することが認められ、制度として是認されていることは、監査役会制度の発生とその沿革に原因があるともいえるが、現行法上においても監査役会による予防的監査あるいは事前監査の手段として広く肯定されてきている。そしてさらに監査役会が、監督機関でありながら、取締役の業務執行に関与・介入しうることによる取締役との協働機関的な役割も担うことについては、コーポレート・ガバナンス・システムのグローバル化におけるコーポレート・ガバナンス改革への対応という面においても現代的意義を有しており、その方向が重視されてきている93)。そしてドイツ・コーポレート・ガバナンス・コードは、まさに取締役と監査役会による協働機関的方向を一層強調するものであり、そのための具体的な規律を盛り込んでいる。このように、ドイツ株式法における監査役会の業務執行への関与・介入が是認され、監査役会が取締役とともに会社の経営機構における協働機関を形成するという進展は、現代ドイツにおいては、コーポレート・ガバナンス・システムの方向として積極的に評価されてきている94)。

---

92)　Vgl. Drygala in K. Scmidt/Lutter（Hersg.）, AktG, §111 Rn. 5.
93)　このような監査役会が取締役の経営戦略やその他の重要な決定に参加することによって生じてきている両機関の協働関係を捉えて、そのことから現代において取締役と監査役会による一種の「全体的総合機関（gesammt Organ）」が形成されてきているとする指摘がなされている（Lutter, a.a.O.（Fn. 8）, Rn.126）。
94)　Vgl. Lutter, a.a.O.（Fn. 8）, Rn.126.

しかしながら、このような監査役会の協働機関的性格に基づく業務執行への関与・介入ということは、他面では問題がないわけではない。すなわちシングル・ボード・システムにおいては、取締役会という一つの機関の中で業務執行の意思決定を行うとともに業務執行の監督も行われることから、業務執行に対する監督が業務執行担当者である経営者から影響を受けやすいという問題があるのに対して、二元システムのもとでは業務執行に対する監督機関が独立の機関として経営者からの影響を受けずに効果的な監督を行いやすいというメリットを有するが[95]、監査役会による業務執行への関与・介入が認められることにより、取締役と監査役会の関係において会社の協働機関的な状況が生ずると、監査役会に関して、上述の独立の機関による効果的な監督機能が弱まってしまうおそれが存在する。また、監査役会の協働機関的性格による取締役側の問題としても業務執行が監査役会からの影響を受けやすく、取締役が独立して会社を指揮し、業務執行を行うという会社法の理念が有名無実化し、建前に終わってしまう危険性が考えられる。監査役会は監督機関として取締役員の選任権を有し、限定的であるとはいえ、解任権も有することから、監査役会は取締役に対して、大きな影響力を有しているのであり、それに加えて、業務執行に対しても一定の範囲ではあるが関与、介入することが認められ、そのような関与・介入が積極的に行われる場合には、取締役は監査役会に従属化してしまう可能性が一層大きくなる[96]。

さらに取締役と監査役会による協働機関的な状況の下で、監査役会に対しては企業の重要な決定に参加し、関与することが求められ、特に株式法111条4項2文による同意の必要性の制度の存在によって、監査役会に対しては企業戦略や他企業の取得あるいは大規模な投資についての決定に際して、その妥当性の有無に関する判断が求められるが、監査役会自体が必ずしも経営専門家によって構成されているわけではなく、他に本職を持っており、非常勤的な職務としているメンバーによって構成されている状況の下で、そのような専門的判断を下すことは、かなり負担が大きいことであり、監査役会が十分機能を発揮

---

[95] シングル・ボード・システムに対する二元システムの優位性として、会社の経営機構において独立の監督機関を有することが挙げられている（Eberhard Scheffler, Der Aufsichtsrat - nützlich oder Überfluessig?, ZGR 1/1993, S. 65, Lutter / Krieger, Recht und Pflichten des Aufsichtsrat, Rn.68）。

[96] 実際上ドイツの株式会社においては、取締役が監査役会に従属化するような状況がかなり存在するようである。

し得ず，監査役会自体が無機能化する危険性が存在する[97]。

その他，取締役・監査役会による協働機関化によって，会社の重要な投資を行う場合や重要な融資を受けまたは信用を供与する決定等に監査役員が関与することにより，監査役員の利益相反のおそれが存在する。特にドイツにおける大会社の監査役員が金融機関の役員等である場合（銀行派遣監査役員）も多いことを考えると[98]，利益相反のおそれも無視し得ないであろう[99]。

ドイツにおける株式会社の経営機構の特色をなす取締役と監査役会の協働機関化は，コーポレート・ガバナンスにおける現代的な意義をも有し，これからも維持され，展開されていくものと考えられるが，その際には上記のようなリスクにどのように対処するかという問題点が付随しており，これからの検討に際しての重要な課題であると考えられる。

[97] 近年監査役会制度の改革が議論されてきているが，そこでは監査役会の活動の強化とともに監査役員の専門化の必要性が主張されてきている。従来における監査役員の専門化（専門職化）に関する議論については，前田・菅原古稀613頁以下参照。またこの点に関する立法的改革としては，2009年の計算現代化法（Gesetz zur Modernisierung des Bilanzrechts（Bilanzrechtsmodernisierungsgesetz（BilMoG））（2009））により株式法100条5項および107条4項が追加されている。　前者は，商法246d条が定める上場会社等の監査役会に関して，独立の会計または監査の領域における専門家が少なくとも1名存在することを要求しており，後者は監査役会において設置する監査委員会に関しては，上記の105条5項の定める資格を有する監査役員が少なくとも1名加わることを要求している（前田・前掲注3）石川古稀887頁参照）。

[98] 従来の調査によれば，ドイツにおける大会社の監査役ポストの10％から15％程度が銀行派遣監査役員で占められており，大会社の約70％程度に銀行派遣監査役員が存在している（前田重行「コーポレート・ガバナンスにおける金融機関の監視機能について—ドイツにおける銀行のモニタリング機能とその問題点について—」竹内昭夫先生追悼論文集『商事法の展望—新しい企業法を求めて—』（商事法務研究会，1998年）631頁～633頁参照）。

[99] 銀行が議決権行使（寄託議決権の行使も含めて）や監査役員の派遣により事業会社に一定の影響力を有する場合における利益相反の危険性の問題については，前田・前掲注98）竹内追悼639頁以下参照。

ドイツと日本における取締役の報酬規制

青竹　正一

第1節　はじめに

　ドイツは，取締役の報酬について，手続だけを規制しているわが国と異なり，取締役の職務，業績，会社の状況などからその実質的な相当性を法律をもって規制していることで特色を有する[1]。そこで，本稿では，ドイツの報酬規制の経緯，相当性の基準，基準に違反した場合の効果およびストック・オプションの規制などを紹介したうえ，ドイツ法と比較したわが国の取締役の報酬規制のあり方について，わが国における取締役の報酬の実態および判例・学説を取り上げて検討することにする。

第2節　ドイツにおける取締役報酬の実質的規制

1　1937年株式法制定前の規制

　明治23年（1890年）に公布されたわが国の旧商法は，その196条で，「取締役又ハ監査役カ給料又ハ其他ノ報酬ヲ受ク可キトキハ定款又ハ総会ノ決議ヲ以テ之ヲ定ム」と規定していた。明治32年（1899年）に制定された新商法は，その179条で，「取締役カ受クヘキ報酬ハ定款ニ其額ヲ定メサリシトキハ株主総会ノ決議ヲ以テ之ヲ定ム」と規定していた（監査役については，189条が179条を準用）。新商法179条は，昭和13年（1938年）の改正により，商法269条に移動し，平成

---

[1]　アメリカでは，取締役の報酬は原則として取締役会（報酬委員会）で決定されるが，取締役に付与されたストック・オプションの効力および取締役の責任との関係で，株主の承認があった場合に，裁判所は，報酬の相当性を浪費基準（waste standard）を用いて審査している。アメリカの判例法理につき，伊藤靖史『経営者の報酬の法的規律』52頁以下（有斐閣，2013年）参照。

17年（2005年）制定の会社法361条は，商法269条の規定を基本的に踏襲している。

明治23年の旧商法は，ロエスレル草案を基盤としている。取締役の報酬については，草案225条は，旧商法196条と同様のことを規定していた。草案が取締役の報酬は定款または総会の決議で定めると規定していたのは，取締役が自分で自己の報酬を取り分けることになると，お手盛りになるということがその理由である[2]。

ロエスレル草案は，1861年ドイツ普通商法典の影響を強く受けている。しかし，ドイツでは，1937年株式法78条1項が，「監査役会は取締役の報酬総額（俸給，賞与，費用の補償，保険料，手数料および各種の付随的な給付）が各取締役の職務および会社の状況と相当な関係にあることに注意しなければならない。」と規定するまで，取締役の報酬については規定がなかった。それまでは，取締役の報酬は会社と取締役との間の任用契約によって自由に定めることができ，ただ，良俗に違反する給付または暴利的給付を約束することはできないとする一般的な制限（ドイツ民法138条）に服するだけであった[3]。わが国の取締役の報酬規制については，ドイツ法を継受していないといえる。

2　1937年株式法以後の実質的規制の経緯と相当性の基準等

(1)　規制の経緯

監査役会は取締役の報酬総額が各取締役の職務および会社の状況と相当な関係にあることに注意しなければならないと規定した1937年株式法78条1項は，取締役の報酬について広汎な自由が認められた結果，取締役の職務・能力などに関係なく不当に多額な俸給および賞与が与えられ，とくに会社の経済状態が不振で，従業員が労働時間の短縮または失業を余儀なくされる場合でも，取締役だけは多額の俸給を受ける場合が少なくなく，国民社会主義の経済思想のもとに，国民の一般観念に適応する原則を樹立するために規定されたものであった[4]。なお，株式法78条1項の取締役の報酬総額の相当性の基準は，退職金，遺族給付およびこれに類する給付に準用されていた（1937年株式法78条1項2文）。

現行の1965年株式法87条1項は，「各取締役」の報酬総額の「決定に際して」

---

2) 司法省『ロエスレル氏起稿　商法草案（上）（復刻版）』404頁（新青出版，1995年）。
3) 大隅健一郎＝八木弘＝大森忠夫，大隅健一郎補遺『独逸商法〔Ⅲ〕株式法（復刻版）』196頁（有斐閣，1956年）。
4) 大隅ほか・前掲注3）196頁。

という文言を加えたほかは，1937年株式法78条1項をそのまま引き継いでいた。

2000年代に入り，ドイツの取締役の報酬規制は大きく変わっている。まず，2002年2月に，上場会社を対象とするソフトローである「ドイツ・コーポレート・ガバナンス・コード（Deutscher Corporate Governance Kodex）」が，ドイツ・コーポレート・ガバナンス・コード政府委員会によって制定された。同コードは，1965年株式法の内容を確認した規定のほか，「soll」という表現による勧告規定と，「sollte」ないし「kann」という表現（2012年にsollteに1本化）による提案規定がある。勧告規定は従わないこともできるが，その場合は，取締役会および監査役会はその旨と理由を表明し，開示しなければならないものとされている（株式法161条）。同コードは，取締役の報酬の相当性の具体的基準を定めている（コード4.2.2第2段落）。同コードは，その後しばしば改訂している。

2009年7月に，「取締役報酬の相当性に関する法律（VorstAG）」が制定された。同法は，連立与党の会派が提出した草案をもとに，連邦議会の法務委員会の決議勧告によって一部が変更され成立したものである[5]。同法は，金融危機によって短期的なインセンティブを与える取締役報酬の欠陥が明らかになったという認識を背景に，取締役の報酬体系が持続的かつ長期に向けられた企業経営のインセンティブを強めることを一つの目的としている[6]。

取締役報酬の相当性に関する法律により，2009年改正の株式法87条1項1文は，「監査役会は，各取締役の報酬総額（俸給，賞与，保険料，手数料，たとえば新株予約権のようなインセンティブ報酬の約束，および各種の付随的な給付）の決定に際して，その報酬総額が，取締役の職務および業績ならびに会社の状況と相当な関係にあること，および，特別の理由なく通常の報酬を超えないことに注意しなければならない。」と規定している。

報酬総額に含まれるものに新株予約権のようなインセンティブ報酬が例示されたこと，相当性の基準として取締役の業績が加えられたこと，報酬総額は特別の理由なく通常の報酬を超えないことが加えられたことが改正点である。

---

[5] 同法については，高橋英治「ドイツにおける『取締役報酬の相当性に関する法律』草案の概要―日本法への示唆」商事法務1873号72頁以下（2009年），正井章筰「ドイツにおけるコーポレート・ガバナンス強化への取組み（上）（下）―『取締役報酬の適切性に関する法律』を中心として」監査役564号59頁以下（2009年），565号82頁以下（2010年），野田輝久「ドイツにおける取締役報酬の実質的相当性について」近畿大学法科大学院論集7号53頁以下（2011年），伊藤・前掲注1）323頁以下に紹介がある。

[6] Entwurf eines Gesetzes zur Angemessenheit der Vorstandsvergütung (VorstAG), BT-Drucks. 16/12278, S.1.

また，2009年改正の株式法87条1項2文・3文は，「報酬体系は，上場会社においては，持続的な企業の発展に向けられたものでなければならない。変動報酬の構成要素は，複数年度の算定根拠を有するものであるべきであり，通常でない展開のために，監査役会は制限の可能性を合意すべきである。」と規定している。

　なお，1998年の株式法の改正で，新株予約権（ストック・オプション）の制度が導入されているが（株式法192条2項3号），2009年の改正で，新株予約権の権利行使期間の始期につき付与されてから2年後を4年後に改めている（株式法193条2項4号）。

(2) 相当性の基準等

　取締役の報酬の「相当性（Angemessenheit）」の基準として，1937年株式法78条1項および制定当初の1965年株式法87条1項は，取締役の職務と会社の状況を挙げていた。この二つの基準は，1965年株式法の制定時に明文化したように，個々の取締役について判断しなければならない。また，個々の取締役の報酬総額について判断されるのであって，俸給，賞与などのそれぞれについて判断されるわけではない[7]。また，二つの基準は，いずれか一方が満たされていればよいわけではなく，両方の基準が満たされていなければならないと解されていた[8]。2009年改正の株式法87条1項1文のもとでは，取締役の業績を加えた，三つの基準が満たされていなければならないことになる。

① 取締役の職務

　第一の基準である取締役の職務は，任用契約，定款あるいは業務規定により各取締役について定められた職務の種類・範囲およびそれに伴う責任をいう[9]。取締役会議長という地位は，一般に，他の取締役よりも高額の報酬が与えられることを正当化する[10]。また，役職だけでなく，取締役個人の特別の能力，知識，取締役としての経験なども，報酬を決定する際に考慮する要素になると解され

---

[7] Gerald Spindler, in: MünchKommAktG, 3. Aufl., §87 Rdnr.9.
[8] Spindler, a.a.O. (Fn. 7), §87 Rdnr.27 ; Holger Fleischer, Zur Angemessenheit der Vorstandsvergütung im Aktienrecht (Teil 1), DStR 2005, 1279, 1280.
[9] Spindler, a.a.O. (Fn. 7), §87 Rdnr.28; Fleischer, a.a.O. (Fn. 8), 1280 ; Hölters, AktG, 2.Aufl., München 2014, §87 Rdnr.19.
[10] Hans-Joachim Mertens/Andreas Cahn, in : KölnKommAktG, 3. Aufl., §87 Rdnr.12.

ている[11]。

なお、結合企業の監督も取締役の職務となるので、コンツェルンから受ける報酬を含めて報酬の相当性を判断しなければならないと解されている[12]。コーポレート・ガバナンス・コードは、各取締役の報酬総額にはコンツェルンからの報酬を含めて判断することを定めている（コード4.2.2 第2段落）。

② 取締役の業績

第二の基準である取締役の業績の追加は、取締役の個人的業績も相当性の基準となると定めていた2002年制定時のコーポレート・ガバナンス・コード（4.2.2 第2段落）に従ったものである。しかし、2009年の改正前から、取締役の業績は取締役の職務に包含されると解されていたから[13]、相当性の判断にあまり影響を与えるものとなっていない。業績には、取締役の個人的業績だけでなく、取締役会内での協力や取締役会全体の集団としての能力も、相当性を判断する基準になると解されている[14]。

③ 会社の状況

第三の基準の会社の状況は、会社の財産状況だけでなく、財務状況、売上・収益状況、および、将来の会社の展開や市場などの外部の要素を総合的に判断しなければならない[15]。コーポレート・ガバナンス・コードは、会社の状況の基準として、会社の経済的状況、成果および将来の見通しを定めている（コード4.2.2 第2段落）。

会社の経済的状況が不良なときは、当然に少額の報酬しか約束できないものではなく、会社の業績悪化後の再建時に取締役に就任する者の報酬は、通常の場合より高額であっても相当性を欠くことにならないとするのが通説となっている[16]。再建が失敗に終わるかもしれないというリスクを引き受けていること、

---

11) Spindler, a.a.O. (Fn. 7), §87 Rdnr.28 ; Fleischer, a.a.O. (Fn. 8), 1280.
12) Mertens/Cahn, a.a.O. (Fn. 10), §87 Rdnr.12.
13) Spindler, a.a.O. (Fn. 7), §87 Rdnr.28 ; Gregor Thüsing, Das Gesetz zur Angemessenheit der Vorstandsvergütung, AG 2009, 517, 518 ; Hölters, a.a.O. (Fn. 9), §87 Rdnr.20.
14) Holger Fleischer, Das Gesetz zur Angemessenheit der Vorstandsvergütung (VorstAG), NZG 2009, 801, 802; Hölters, a.a.O. (Fn. 9), §87 Rdnr.20 ; Ida Luise Wilhelm, Die Verrechtlichung von Geschäftsleitervergütungen in Kapitalgesellschaften (Studien zum Handels-, Arbeits-und Wirtschaftsrecht Bd.148) Baden-Baden 2013, S.86.
15) Fleischer, a.a.O. (Fn. 8), 1280 ; Mertens/Cahn, a.a.O. (Fn. 10), §87 Rdnr.9.
16) Spindler, a.a.O. (Fn. 7), §87 Rdnr.27, 33 ; Mertens/Cahn, a.a.O. (Fn. 10), §87 Rdnr.9 ; Hüffer, AktG, 11. Aufl., 2014, §87 Rdnr.4 ; Wilhelm, a.a.O. (Fn. 14), S.84.

および，不良な状況を改善し，破綻を免れるために特別に有能な人材を求める必要があることからである。

④ **通常性**

2009年の改正で追加された特別の理由なく通常の報酬を超えないことという基準は，報酬の相当性の上限を画するために設けられた基準である[17]。「通常性（Üblichkeit）」は，草案理由書および法務委員会の報告書によると，当該会社の事業分野，規模およびドイツ国内において通常という水平的比較可能性（horizonntale Vergleichbarkeit）と，当該会社内の賃金および給与体系において通常という垂直性（Vertikalität）から，通常であるか否かが判断されるとする[18]。

前者の基準は，同様の業種や類似の規模の会社を比較対象とすることである[19]。外国の高い報酬水準は，当該取締役が外国企業から具体的提示を受けていたり，外国企業において高い報酬を受け取る資格を有する場合は，比較対象となると解されている[20]。後者の基準は，当該会社の他の取締役の報酬や従業員の給与を比較対象にすることを意味することになる。特別の理由は，取締役の職務，業績および会社の状況からその存在を認めることができると解されている[21]。

2009年の株式法の改正を受けて，コーポレート・ガバナンス・コードは，報酬の通常性を相当性の基準として追加し，比較対象とすることができる企業および当該会社の報酬体系を考慮した通常性を定め，さらに，2013年の改訂において，監査役会は幹部従業員および全従業員の給与と取締役の報酬との関係を考慮すべきことを勧告している（コード4.2.2 第2段落）。

⑤ **企業の持続的発展と変動報酬**

前述のように，2009年改正の株式法87条1項2文は，上場会社における報酬

---

17) Thüsing, a.a.O. (Fn. 13), 518 ; Jobst-Hubertus Baur/Christian Arnold, Festsetzung und Herabsetzung der Vorstandsvergütung nach dem VorstAG, AG 2009, 717, 719.
18) Entwurf, BT-Drucks. 16/12278, S.5 ; Beschlussempfehlung und Bericht des Rechtsausschusses (6.Ausschuss), BT-Drucks. 16/13433, S.10.
19) Beschlussempfehlung, BT-Drucks. 16/13433, S.10.
20) Fleischer, a.a.O. (Fn. 14), 802 ; Hölters, a.a.O. (Fn. 14), §87 Rdnr.22.
21) Benedikt Hohaus/Christoph Weber, Die Angemessenheit der Vorstandsvergütung gem. §87 AktG nach dem VorstAG, DB 2009, 1515, 1516; Wilhelm, a.a.O. (Fn. 14), S.90.

体系は企業の持続的発展に向けられたものでなければならないと規定している。また，同項3文は，変動報酬の構成要素は複数年度の算定根拠を有すべきものと規定している。これらの規定は，業績連動型の報酬について長期的なインセンティブ効果を有するように設定すべきことを意図している。たとえば，賞与につき年度末などの一定の基準日におけるパラメーターを満たせば，以後，会社の経済状態が悪化しても付与することや，事業の売却などの非通例的な利益により賞与を水増しすることはできない[22]。また，報酬として付与される株式は，ストック・オプションと同様の待機期間を設けなければならず，ドイツで利用されているファントム・ストック[23]などの報酬も長期的な株価の推移および長期的な企業の利益に報いるものでなければならないとされている[24]。なお，複数年度について，取締役の任期の5年（株式法84条1項1文）が参考とされている[25]。

2009年の株式法の改正を受けて，コーポレート・ガバナンス・コードは，報酬体系は持続的な企業の発展に向けられたものでなければならないこと，監査役会は変動報酬が原則として複数年度の算定根拠を有することに注意しなければならないこと，変動報酬の設定に際してマイナスの展開も考慮されるべきであること，報酬総額はとくに相当でないリスクの引受けの誘因になってはならないことを定めまたは勧告し，さらに，変動報酬は要求度の高い重要な比較パラメーターに関連づけられるべきであること，成果目標または比較パラメーターの事後的変更は排除されるべきことを勧告している（コード4.2.3第2段落・第4段落）。

3　報酬の事後的減額と監査役の損害賠償責任

(1) 事後的減額

1937年株式法78条2項は，「取締役の報酬総額の決定後に会社の状況に重大な悪化が生じ，報酬を継続して付与することが会社にとって著しく不当となるときは，監査役会は報酬の相当な減額をすることができる。」と規定していた。

---

22) Entwurf, BT-Drucks.16/12278, S.5.
23) ファントム・ストック（Phantom Stock）は，仮想の株式を用いたストック・オプション（virtuelle Option）である。Spindler, a.a.O. (Fn. 7), §87 Rdnr.59.
24) Entwurf, BT-Drucks.16/12278, S.5.
25) Thüsing, a.a.O. (Fn. 13), 521 ; Fleischer, a.a.O. (Fn. 14), 803.

会社の状況に悪化が生じ，報酬の継続的付与が会社にとって不当となる場合に，取締役が会社のために特別の犠牲を払うことが，国民の一般観念に合致するからである[26]。同項は，1965年株式法87条2項にほとんど変更することなく引き継がれていた。

2009年改正の株式法87条2項1文は，「重大な」および「著しく」の文言を削除し，「相当な減額」を「相当の額まで減額」に改め，また，減額「できる」ではなく，減額「すべきである」に改めている。いずれも，監査役会による取締役報酬の事後的減額を容易にし，減額規定の実効性を高めるためであることは明らかである。

草案理由書によると，会社が破産に至らなくても，従業員の解雇・給与の減額をしなければならず，利益配当をすることができない場合は，会社の状況が悪化しているとの要件を満たす[27]。また，取締役に義務違反がなくても，会社の状況の悪化が当該取締役在任中に発生し，当該取締役に帰責性が認められる場合は，報酬の継続的付与が会社にとって不当となるときの要件を満たす[28]。

退職金・遺族給付などの減額については，1937年株式法78条2項にも，1965年株式法87条2項にも規定がなく，退職金・遺族給付などには取締役報酬の減額規定は適用されないと解されていた[29]。

2009年改正の株式法87条2項2文は，「退職金，遺族給付およびこれに類する給付は，会社を退職した後3年に限り第1文による減額をすることができる。」と規定している。3年に限ったのは，会社の状況の悪化を取締役に帰責できる期間はおのずから限られること，および，退職金などへの信頼を保護すべきことからである[30]。

---

[26] 大隅ほか・前掲注3）197頁参照。
[27] Entwurf, BT-Drucks.16/12278, S.6.
[28] Entwurf, BT-Drucks.16/12278, S.6.
[29] 1937年株式法78条2項につき，大隅ほか・前掲注3）197頁参照。1965年株式法87条の政府草案理由書も，退職金は，圧倒的な代表的な見解によれば，1937年株式法78条2項により引き下げられず，連邦裁判所は，この見解に従って，退職金は民法242条の信義誠実の原則によってのみ削減できる旨を宣言し，草案は，この見解に従い，取締役の報酬総額のみが第2項により削減できることを明らかにしていると述べている。慶応義塾大学商法研究会訳『西ドイツ株式法』123頁（慶應通信，1969年）。
[30] Beschlussempfehlung, BT-Drucks.16/13443, S.11.

(2) 監査役の損害賠償責任

　取締役報酬の取締役の職務，業績，会社の状況との相当性および通常の報酬を超えないことを規定する株式法87条1項は，法律上の禁止規範ではなく，監査役会に対する指針（Richtlinie）を定めるものであって，監査役会が同項に違反して報酬を決定したとしても，当該報酬の合意および取締役の任用契約は無効とならないとするのが通説である[31]。報酬の合意および任用契約が無効となるのは，ドイツ民法138条の良俗違反の場合だけである[32]。

　監査役会が各取締役の報酬総額を決定する際に注意義務に違反し，不相当な報酬を決定した場合は，取締役の注意義務および会社に対する損害賠償責任に関する規定（株式法93条）を準用する株式法116条により，監査役は会社に対し損害賠償責任を負うことには争いがなかった。2009年の改正で，株式法116条3文は，監査役が不相当な報酬を決定した場合には，賠償責任を負う旨を明文で規定している。相当な報酬の決定が監査役会の重要な職務であり，その義務に違反するときは監査役が個人として責任を負うことを明確にするというのがその趣旨である[33]。

　株式法93条1項2文は，2005年にアメリカの経営判断原則を継受し，「取締役が企業家的決定において適切な情報に基づいて会社の利益のために行為したものと合理的に認めることができる場合は，注意義務に違反しない。」と明文で定めている[34]。監査役会が取締役報酬を決定する際に注意義務に違反しているか否かについても，経営判断原則が適用されると解されている[35]。

　なお，監査役会は，責任の発生を防止するために外部の報酬専門家の意見を求めることが多い[36]。コーポレート・ガバナンス・コードは，監査役会が報酬の相当性の判断のために外部の報酬専門家の助言を求める場合に，その専門家

---

31) Spindler, a.a.O. (Fn. 7), §87 Rdnr.80; Mertens/Cahn, a.a.O. (Fn. 10), §87 Rdnr.5; Hüffer, a.a.O. (Fn. 16), §87 Rdnr.22.
32) Spindler, a.a.O. (Fn. 7), §87 Rdnr.80; Mertens/Cahn, a.a.O. (Fn. 10), §87 Rdnr.5; Hüffer, a.a.O. (Fn. 16), §87 Rdnr.22; Hölters, a.a.O. (Fn. 9), §87 Rdnr.46.
33) Entwurf, BT-Drucks.16/12278, S.6.
34) ドイツにおける経営判断原則の発展過程および株式法93条1項2文を構成する各要件事実については，高橋英治「ドイツと日本における経営判断原則の発展と課題（上）」商事法務2047号16頁以下（2014年）参照。
35) Spindler, a.a.O. (Fn. 7), §87 Rdnr.20; Holger Fleischer, Zur Angemessenheit der Vorstandsvergütung im Aktienrecht (Teil II), DStR 2005, 1318, 1319.
36) Fleischer, a.a.O. (Fn. 14), 804.

が取締役会または企業から独立していることに注意すべきことを勧告している（コード4.2.2 第3段落）。

第3節　わが国における取締役の報酬規制のあり方とドイツ法

1　指名委員等設置会社以外の会社の取締役報酬

(1)　確定報酬

わが国の会社法361条（平成17年改正前商269条）は、取締役の報酬等について定款の定めまたは株主総会の決議で定めるという手続的規制に委ね、とくに報酬等の実質的な相当性を問題としていない。そこで、通説は、裁判所が報酬額の相当性について審査することはないと解している。この点は、判例も明らかにしている。

東京地判平成19・6・14判時1982号149頁は、取締役を辞任した者が取締役が虚偽の事実を前提として退職慰労金の支給議案を株主総会に提出したことは任務懈怠であるとして、会社法429条に基づき、「退任時の報酬月額×在任年数×功績倍率」から算定した金額に相当する損害の賠償を請求した事案につき、「報酬決定の対象者である取締役が会社にどの程度貢献したかについての判定は、まさに会社（株主）の自治に委ねるべき問題である。裁判所が、証拠に基づいて取締役在任中の働きやこれにより会社に生じた利益について事実を認定した上、他の取締役や従業員の働きとも比較しながら当該取締役の働きに評価を加えて取締役としての貢献度を判定するというようなことは、わが国の法制度の予定するところとは言い難い。……取締役報酬に関しては、提案した議案の実質的内容が不当であることを提案取締役の義務違反として、報酬支給の対象である取締役（又は元取締役）が、議案を提案した取締役に対して損害賠償請求をすることは、特段の事情がない限り、法律上許されないものというべきである。」と判示している。

また、最判平成15・2・21金判1180号29頁は、お手盛りを防止する趣旨からすると、取締役の報酬についてその額を定めた定款の規定または株主総会の決議がなく、また、株主総会の決議に代わる全株主の同意もない場合は、「その額が社会通念上相当な額であるか否か」にかかわらず、取締役は会社に対し報

酬請求権を有しないと判示している。

　これに対し，学説では，ドイツ株式法87条1項を参考に，立法論として，取締役の報酬が取締役の職務，業績，会社の状況から相当でなければならない旨を会社法に定めることが提案されている[37]。

　ドイツ株式法が取締役の報酬について実質的な相当性を問題としているのは，会社の経済状態が不振で，従業員が労働時間の短縮または失業を余儀なくされる場合でも，取締役だけが多額の報酬を受ける場合が少なくなかったことが背景にある。しかし，わが国の大企業の社長などの報酬は，従業員の給与とのバランスを考慮する傾向が強いため，最近でも，欧米先進国の経営トップなどと比較してかなり低い水準にある[38]。わが国では，高額な報酬を規制するために取締役の報酬が実質的に相当なものでなければならない旨を定める必要性はないといえる。しかし，ドイツ株式法が規定する相当性の基準は，取締役の責任との関係で参考となる。

　会社法361条1項1号により，事前確定型の報酬等を株主総会決議で定める場合は，その額を定めなければならない。その場合，実務上は，個々の取締役の報酬額を定めず，取締役全員に支給する総額の限度だけを定めて，具体的配分は取締役会の決定に委ねている。そして，最高裁は，そのような実務の扱いを是認している[39]。しかも，限度額を変更するまで新たに株主総会決議を経る必要はないと解されている[40]。

　取締役会（取締役会がさらに代表取締役に一任することがあれば代表取締役）が具体的配分額を決定する際にどのような基準で決定するかは，お手盛り防止のためにも，また，取締役に対し会社の業績を向上させるインセンティブを与えるためにも，重要となる。

　この点について，最近のわが国の全上場会社に対するアンケート調査によると，「取締役の報酬額について明文化された規定（支給基準）が存在するか」と

---

37) 高橋・前掲注5）77頁，野田・前掲注5）79頁。
38) 神田秀樹＝武井一浩＝内ヶ崎茂編著『日本経済復活の処方箋　役員報酬改革論』190頁（商事法務，2013年），久保克行「日本の経営者インセンティブとストック・オプション」商事法務2041号52頁-53頁，55頁（2014年）参照。
39) 最判昭和60・3・26判時1159号150頁。
40) 矢沢淳『企業法の諸問題』241頁（商事法務研究会，1981年），大隅健一郎＝今井宏『会社法論（中）（第3版）』166頁（有斐閣，1992年），神田秀樹『会社法（第18版）』234頁注9（弘文堂，2016年）。

いう質問に対して，回答企業の65.7％が存在しないと回答している[41]。また，「経営者報酬の決定においてどのような規準を重視しているか」という質問に対して，回答企業の52.2％が自社の業績を重視していると回答し，同業他社の経営者報酬，他業種同規模の会社の経営者報酬を重視していると回答した企業はきわめて少ない[42]。また，最近の東京，大阪などの５証券取引所に上場している会社に対するアンケート調査によると，取締役会が役員報酬について代表取締役に一任する決議を行うと回答した会社は多い[43]。

　学説では，最近，経営者の監督・経営者のインセンティブ付与のために，適切な報酬を個々の取締役について決定することが取締役会の監督権限・職務（会社362条２項２号）に含まれるとして，取締役報酬の具体的配分を取締役会で決定する場合に，相当でない報酬が決定されたときは，取締役は任務懈怠責任（会社423条１項）を負うとする見解が出されている[44]。そして，取締役の員数が減少しようと，報酬総額が従来の最高限度額の範囲内に収まりさえよいと考えるのは，お手盛り防止ないし株主による取締役報酬のコントロールの観点からも問題が大きいことが指摘されている[45]。また，取締役の報酬等としていくらが相当かは，個々の取締役ごとにその職責・能力を勘案して決すべきもので，個人別の報酬等の決定を取締役会に一任した株主総会決議の趣旨は，取締役会がそうした事情を勘案したうえで個人別に相当な報酬等を決定することを委託したものと解すべきとし，また，その職責・能力から不当に低い報酬額を決定した場合も，取締役のインセンティブを損ない，会社の不利益にもなるとし，不相当な報酬等を決定した取締役については善管注意義務・忠実義務違反が認められるとする見解が出されている[46]。

　株主総会決議で定めた限度額の範囲内であれば，各取締役の役職，経営能力，会社への貢献度，会社の業績，同業他社の報酬などを考慮せずに決定してもよ

---

[41]　宮島英昭ほか「日本型コーポレート・ガバナンスはどこへ向かうのか（下）―『日本企業のコーポレート・ガバナンスに関するアンケート』調査から読み解く」商事法務2009号15頁（2013年）。
[42]　宮島ほか・前掲注41）15頁。
[43]　別冊商事法務編集部編『会社法下における取締役会の運営実態』別冊商事法務334号61頁（商事法務，2009年）。
[44]　伊藤・前掲注１）39頁－40頁，352頁。
[45]　伊藤・前掲注１）40頁－41頁。
[46]　落合誠一編『会社法コンメンタール（８）』162頁－163頁，165頁〔田中亘〕（商事法務，2009年）。

いというのであれば，お手盛りになるだけでなく，取締役は会社の業績・企業価値を向上させるというインセンティブを持つことができない。それは，会社および株主に不利益となることは否定できない。各取締役の役職，経営能力，会社への貢献度，会社の業績，同業他社の報酬などから不相当な配分額を決定した場合は，決定した取締役・代表取締役は任務懈怠責任を負うと解してよい。ただし，各取締役の経営能力，会社への貢献度の評価については裁量が認められ，善管注意義務違反があるかについて経営判断の原則が適用されなければならない。

なお，各取締役の報酬の具体的配分を代表取締役に一任する決議は，最高裁もこれを是認している[47]。しかし，代表取締役を監督する立場にある取締役会制度の趣旨から，否定されるべきである。ただし，平成26年（2014年）の改正により認められている監査等委員会設置会社の監査等委員である取締役の報酬等は，個人別の株主総会決議がないときは，総額の範囲内において監査等委員である取締役の協議で定めることになっている（会社361条3項）。

(2) ストック・オプション

取締役に対し会社の業績を向上させ，株価上昇への意欲を喚起するために付与されるストック・オプションは，現在では，金銭の払込みに代わる職務の執行・労務の提供に対して付与されるものとして扱われる[48]。そこで，ストック・オプションとして付与する総額の限度を定める場合は，額が確定しているもので金銭ではない報酬（会社361条1項1号・3号）として，限度額・内容について株主総会決議で定めることが必要となる。

わが国では，上場会社の役員報酬等は，固定型の金銭報酬および変動型の短期ボーナスが大部分であり，欧米先進諸国と比較してストック・オプションなどのエクイティ報酬の割合は低い[49]。もっとも最近は，退職慰労金の支給に代え，行使価額をきわめて低額（通常は1円）にし，取締役を退任することを行使条件とする株式報酬型ストック・オプションが増加傾向にある[50]。

---

[47] 最判昭和31・10・5裁判集民事23号409頁，最判昭和58・2・22判時1076号140頁。
[48] 企業会計基準第8号「ストック・オプション等に関する会計基準」4－6。
[49] 神田＝武井＝内ヶ崎・前掲注38）7頁，191頁，久保・前掲注38）52頁－53頁。なお，ドイツにつき，阿部直彦「コーポレート・ガバナンスの視点からみた経営者報酬のあり方」商事法務2048号27頁（2014年）参照。
[50] 中西一宏「役員に対するストック・オプション報酬議案の事例分析（取締役・監査

2009年のドイツ株式法87条1項の改正は，金融危機によって短期的インセンティブを与える取締役報酬の欠陥が明らかになったことが背景にあり，前述のように，上場会社の報酬体系は持続的な企業の発展に向けられたものでなければならず，変動報酬は複数年度の算定根拠を有するものでなければならないと規定している。また，ストック・オプションの行使期間の始期を付与されてから4年後としている（株式法193条2項4号）。

　わが国でも，今後，企業価値の増大に向けた経営のために，業績連動型のストック・オプションなどのエクイティ報酬を活用すべきといわれている[51]。また，平成27年（2015年）6月に改正・施行されている東京証券取引所の上場規則は，上場会社は，同年3月に金融庁と東京証券取引所を共同事務局として上場会社向けに策定した原案を内容とする「コーポレートガバナンス・コード」の各原則を実施するか，実施しない場合はその理由をコーポレート・ガバナンス報告書において報告することを求め（東証・有価証券上場規程436条の3），コード「補充原則4-2①」は，経営陣の報酬は，持続的な成長に向けた健全なインセンティブの一つとして機能するよう，中長期的な業績と連動する報酬の割合や，現金報酬と自社株報酬との割合を適切に設定すべきであるとしている。

　エクイティ報酬の活用，インセンティブ報酬の設定に際して，長期的指標に連動させた方が，取締役の貢献度に連動させることができ，また，会社から交付を受ける株式の時価が権利行使価額を上回る可能性が高くなり，インセンティブ報酬の目的に合致するといえる。しかし，新株予約権の行使期間の始期は，新株予約権の具体的内容として（会社236条1項4号），公開会社では取締役会の決議で定めることになっており（会社240条1項・238条1項1号），始期をどのように定めるかについて法令上の制約はない。わが国の公開会社の取締役の任期は選任後2年以内（会社332条1項），監査等委員会設置会社の監査等委員以外の取締役および指名委員会等設置会社の取締役の任期は選任後1年以内（会社332条3項・6項）であるから，ドイツのように付与されてから4年後というように法律で制約することは適切ではない[52]。ただし，取締役会の裁量に委ねられるとしても，取締役の会社への貢献度と無関係な株価の値上りによ

　　　役対象）—平成25年6月総会1,872社」資料版商事法務354号129頁-130頁（2013年）参照。
51)　神田＝武井＝内ヶ崎・前掲注38）11頁〔内ヶ崎発言〕。
52)　正井・前掲注5）監査365号90頁は，ストック・オプションの行使は付与されてから4年後とするドイツの規制を日本の会社法において定めておくべき事項に挙げている。

る利益の取得を可能とするような短期間で行使できる新株予約権は，インセンティブ報酬の趣旨から許されないであろう。

(3) 報酬の事後的減額

　2009年改正のドイツ株式法87条2項は，会社の状況に悪化が生じ，報酬を継続して付与することが会社にとって不当となるときは，監査役会は相当の額まで減額すべきものとし，退任後3年に限っているが，退職金も減額できるものとしている。

　わが国においては，定款の定めまたは株主総会・取締役会決議で具体的に定められた報酬額は，会社と取締役間の委任契約の内容となるため，報酬・退職慰労金の減額は制限的に解されている。

　最判平成4・12・18民集46巻9号3006頁は，具体的に定められた報酬額は会社と取締役間の契約内容となり，その後に取締役の職務内容に著しい変更があり，それを前提に株主総会がその取締役を無報酬とする決議をしても，その取締役は，それに同意しない限り，報酬請求権を失わないと判示している。

　また，最判平成22・3・16判時2078号155頁は，退職慰労年金について，退任取締役が株主総会決議を経て具体的な退職慰労年金債権を取得した以上，その支給期間が長期にわたり，その間に社会情勢が変化することや，その後の内規の改廃により将来退任する取締役との間に不公平が生ずるおそれがあることを勘案しても，退職慰労金について集団的・画一的処理が要請されるという理由のみから，内規の廃止の効力をすでに退任した取締役に及ぼすことは許されず，その同意なく退職慰労年金債権を失わせることはできないと判示している。

　わが国では，取締役報酬の減額・無報酬化は，非公開会社（閉鎖会社）において経営者間に対立が生じたことが原因となることが多い。非公開会社では，報酬の減額・無報酬化は，株主としての利益も失う可能性がある。非公開会社では，剰余金の配当がなされず，会社の利益が役員報酬として引き出されやすいからである。また，わが国では，退職慰労金の不支給・低額決定について，退任取締役側をどのように保護すべきかが問題となっているところである[53]。

　ドイツにおいても，会社と取締役との間の任用契約の内容となる報酬を事後的に減額することについて，「合意は守られるべし（pacta sunt servanda）」の原

---

53) 以上につき，青竹正一『新会社法（第4版）』305頁以下（信山社，2015年），同『現代会社法の課題と展開』251頁以下（中央経済社，1995年）参照。

則を放棄することになることが指摘されている[54]。株式法87条2項は，わが国では参考にされるべきではない。

2 指名委員会等設置会社の取締役・執行役の報酬

　ドイツにおいては，取締役報酬の決定について，監査役会内部の委員会（人事委員会あるいは総務会）に委ねることが実務慣行となっていた。2009年改正の株式法107条3項3文は，委員会の議決に委ねることができない事項に，株式法87条1項および2項1文・2文の取締役の報酬の決定と報酬・退職金などの減額の決定を加えた。これにより，取締役の報酬・減額の決定は，監査役会の全体会議で決定しなければならないことになっている。ただし，委員会が全体会議の準備作業を行うことは否定されない[55]。ドイツ・コーポレート・ガバナンス・コードは，2012年の改正で，取締役の任用契約を扱う委員会が設置されている場合は，当該委員会が監査役会に提案すべきことを勧告している（コード4.2.2 第1段落）。

　なお，ドイツでは，株主総会は取締役報酬の決定に関与できなかった。2009年改正の株式法120条4項は，上場会社の株主総会は取締役の報酬体系の承認について決議できるものとしている。しかし，株主総会の決議は，権利・義務を創設するものではない（同項2文）。また，株式法87条の規定に基づく監査役の義務に影響を及ぼさない（同項3文）。

　それでは，わが国において，平成14年（2002年）の改正で設置が認められ，平成26年（2014年）の改正で名称を変えている指名委員会等設置会社では，取締役の任務懈怠責任は認められるか。

　指名委員会等設置会社では，報酬委員会は必要機関である（会社2条12号）。報酬委員会は，取締役の中から取締役会の決議で選定される委員によって組織され（会社400条1項・2項），委員の過半数は社外取締役でなければならない（会社400条3項）。そして，報酬委員会が取締役・執行役の個人別の報酬等の内容を決定する権限を有する（会社404条3項前段）。取締役・執行役の報酬等は，株主総会の決議で定めることはできず，取締役会・代表執行役にその決定を一任することもできない。

　報酬委員会は，取締役・執行役の個人別の報酬等の内容にかかる決定に関す

---

54) Baur/Arnold, a.a.O. (Fn. 17), 725.
55) Entwurf, BT-Drucks.16/12278, S.6 ; Fleischer, a.a.O. (Fn. 14), 804.

る方針を定め,その方針に従って,個人別の報酬等の額・算定方法・内容を決定しなければならない(会社409条)。そこで,報酬委員会制度の意義は,社外取締役が過半数の委員会がコンサルタントなどを利用してその合理的な報酬システムを確立し,とくに各執行役の業績の報酬への反映および株主の利害との調整を図ることにあることが指摘されている[56]。

指名委員会等設置会社では,株主総会は取締役・執行役の報酬等の決定に関与できない。また,報酬委員会は,取締役・執行役の個人別の報酬等の決定方針を定め,個人別の報酬等の額・算定方法・内容を決定しなければならない。したがって,報酬等の額・算定方法・内容は,各取締役・執行役の役職,経営能力,会社への貢献度が反映されたものでなければならないといえる。相当でない報酬が決定された場合は,報酬委員会の委員は任務懈怠責任(会社423条1項)を問われるとする見解[57]は,支持されてよい。

3 報酬の開示

指名委員会等設置会社以外の会社の取締役の報酬規制について定款の定めまたは株主総会の決議に委ねているわが国では,株主に判断材料を提供するための報酬の開示が重要となる。

ドイツでは,2004年12月に出された欧州委員会の勧告を受けて,2005年8月に,「取締役報酬開示に関する法律(VorstOG)」が成立した[58]。同法により,ドイツ商法が改正され,各事業年度の計算書類の附属明細書には,従来の取締役全部の報酬総額に加え,上場会社においては,すべての取締役の報酬を個人別に記載しなければならないものとしている(ドイツ商法285条9号a5文)。個別開示の要求は,取締役の報酬の相当性について監査役が職務に従って決定しているかを株主が判断できるようにするためと,投資家にとっても重要であることからである[59]。

個別記載は,成果に連動しない構成要素,成果に連動する構成要素,長期のインセンティブ効果を有する構成要素の三つに区分しなければならない(ドイ

---

56) 江頭憲治郎『株式会社法(第6版)』566頁注1(有斐閣,2015年)。
57) 伊藤・前掲注1)34頁,江頭・前掲注56)566頁注2。
58) 同法については,野田輝久「ドイツにおける取締役報酬の開示規制」石山卓麿先生=上村達男先生還暦記念『比較企業法の現在―その理論と課題』53頁以下(成文堂,2011年),伊藤・前掲注1)317頁以下に紹介がある。
59) 野田・前掲注58)55頁以下参照。

ツ商法285条9号a5文)。ストック・オプションその他のエクイティ報酬は，その数および付与時点の時価を記載しなければならない（ドイツ商法285条9号a4文)。

　株主総会が決議によって代表される資本金の4分の3以上の多数より個別開示を行わないと決議することによって，最長5年間は取締役報酬の個別開示を行わないようにすることができる（ドイツ商法286条5項)。

　わが国においては，公開会社では，事業報告の内容として，当該事業年度にかかる取締役（指名委員会等設置会社では取締役および執行役）の報酬等について，取締役と社外取締役を区分して，取締役全部の総額と員数を記載するか，取締役全部につき個別記載するか，一部の取締役につき個別記載し，その他の取締役につき総額と員数を記載し（会社435条2項，会施規121条4号・124条5号），株主・会社債権者に開示しなければならない（会社437条・442条)。したがって，個人別の報酬額の開示は，会社が任意に採用する場合である。

　ストック・オプションとして付与された新株予約権は，付与時の公正価値のうち当該事業年度の報酬分に相当する金額が，開示対象である取締役の報酬等の総額に含まれる[60]。また，当該事業年度末日において取締役が職務執行の対価として交付された新株予約権を有しているときは，取締役と社外取締役を区分して，新株予約権の内容の概要および新株予約権を有する者の人数を事業報告に記載しなければならない（会施規123条1号イ～ハ)。当該事業年度に額が確定していない賞与，退職慰労金については，支給予定額を記載する（会施規121条5号)。

　取締役の報酬等の額またはその算定方法にかかる決定に関する方針を定めているときは，当該方針の決定の方法およびその方針の内容を事業報告に記載しなければならないが（会施規121条6号），指名委員会等設置会社以外の会社は省略できる（同条柱書ただし書)。

　平成22年（2010年）の「企業内容等の開示に関する内閣府令」の改正により，上場会社においては，社外取締役を除き，報酬等の総額が1億円以上である取締役の取締役ごとの総額（連結子会社の取締役としての報酬等を含む）および種類別の額を有価証券報告書に記載し，開示することが求められている（同府令・第2号様式「記載上の注意」(57)a(d))。

---

[60] 相澤哲編著『立案担当者による新会社法関係法務省令の解説』別冊商事法務300号48頁（商事法務，2006年)。

株主に判断材料を提供するためには，総額が1億円未満の各取締役の報酬等についても開示させる方が望ましい。しかし，監査役会は各取締役の報酬総額について取締役の職務，業績，会社の状況と相当な関係にあるように注意して決定しなければならないとしているドイツと異なり，わが国では，前述のように，株主総会は取締役全員に支給する総額の限度だけを定めて，具体的配分は取締役会の決定に委ねている。また，お手盛りの弊害が顕著ではない現状において，個人別の報酬額を明らかにしたくないという心情がある。それでも，報酬等の支給が限度の範囲内でなされたかを判断できるようにするため，株主総会で定めた限度額の開示を省令で求めるべきである。また，取締役の報酬の額またはその算定方法にかかる決定に関する方針の開示は，指名委員会等設置会社以外の会社についても求めるべきである[61]。

---

61) 東京証券取引所の上場規則で各原則を実施するか，実施しない場合の理由の報告を求めている「コーポレートガバナンス・コード」の「原則3－1(ⅲ)」は，上場会社は，取締役会が経営陣幹部・取締役の報酬を決定するに当たっての方針と手続を開示し，主体的な情報発信を行うべきであるとしている。

「倒産申立義務」復活論に関する一考察

武田　典浩

第1節　序　論

　現在，倒産申立義務を日本法に復活させようという動きが発生している。初めにこの議論を取り上げたのは，政府の産業競争力会議における「産業の新陳代謝の促進」と称する2013年3月15日付のテーマ会合における民間議員の提言においてであった[1]。この後，倒産申立義務導入論が影をひそめ，導入論議は一先ず終結したように見えた。しかし，今度は，公益社団法人経済同友会により2014年4月16日に公表された「『第2弾成長戦略』に向けた提言」において復活している。すなわち，同提言15〜16頁において，「低生産性企業の早期かつ穏やかな集約・退出を促すために，経営者の倒産申立の義務化または私的整理の成立要件の緩和を行うことが考えられる。諸外国の倒産法との比較では，日本は倒産申立義務がない上に，申立要件が法定されているため（支払不能または債務超過のおそれ），倒産手続の利用に抑制的である。これに対し，米国では倒産申立義務はないが申立要件もないため，『アメ』による促進型と言える。ドイツでは，経営者は支払不能または債務超過の時には倒産手続を申立てなければならず，違反時には民事・刑事の責任を負うため，『ムチ』による促進型と言える。このように，日本の制度は退出について最も抑制的な仕組みとなっている。」[2]として，私的整理成立要件緩和化と選択的であるとはいえ，倒産申立義務を復活させ，倒産法改正論議の俎上に挙げるように提案している。

　しかし，この提言については二つの点から疑念を呈することができると考える。

---

[1]　日本経済新聞2013年3月6日付朝刊4面では，「財務内容が悪化した企業に早期に倒産処理を義務付けるルール…の導入を民間議員が提起する」としている。

[2]　http://www.doyukai.or.jp/policyproposals/articles/2014/pdf/140416a.pdf

一つは，倒産申立義務のそもそもの趣旨についてである。上記提言を見る限り，経営者に対して「ムチ」を与えることにより低生産性企業の退出を促進させることが倒産申立義務の存在意義であると，提言者は考えているようである。しかし，倒産申立義務の本来の存在意義をそのように考えてもよいのだろうか。母国たるドイツの倒産申立義務は上記のような趣旨の下で運用されているのかにつき，詳細な検討をする必要があるように思える。

　もう一つは，日本法への導入の方法についてである[3]。後述のように，かつてわが国の商法においても，倒産申立義務は存在していたが，昭和13年改正により削除されている。しかし，解釈論として倒産申立義務類似の善管注意義務を取締役に課すことは可能ではないかと議論がなされるなど，議論が進展しており，立法論として倒産申立義務を論ずる必要性があるのかにつき，検討する必要性があろう。

　本稿においては，上記二つのアプローチから，日本法への倒産申立義務導入論につき検討を加える。まず第2節においては，ドイツにおける倒産申立義務の近時の展開を概観することにより，その趣旨に揺らぎが生じていることを示したい。第3節において上記検討を踏まえた結論である。

第2節　ドイツにおける倒産申立義務の趣旨の揺らぎ？

1　倒産申立義務概説

　本節では，ドイツにおける倒産申立義務の現状を踏まえた趣旨論を探究する。議論の本筋に入る前に，まずは，倒産申立義務の基本的な内容について簡単に振り返っておこう。

　倒産申立義務とは，法人が債務超過又は支払不能になったときに，その代表機関の構成員又は清算人が，有責な遅滞なく，遅くとも債務超過・支払不能発生後3週間以内に倒産の申立を行う義務である（倒産法15a条1項）[4]。2008年以

---

[3]　二つめの視点からは，すでに検討が加えられている。山本和彦「"ドイツ型倒産法制"導入の是非～倒産手続開始申立義務は日本になじむのか～」ビジネス法務13巻7号39頁以下（2013年）。この視点については，この山本教授の論考によるところが大きい。

[4]　早川勝「国際競争と会社法立法―ドイツにおける有限会社法の現代化および濫用に対処するための政府草案（MoMiG）を中心に―」同志社法学59巻6号1，19頁注34（2008年）に政府案の条文案の翻訳がある。

前においては，有限責任形態の会社類型ごとに，それぞれ別個の条文が置かれていた（§§92 AktG aF, 64 Abs. 1 GmbHG aF）が，2008年の有限会社法改正（Gesetz zur Modernisierung des GmbH-Rechts und zur Bekämpfung von Missbräuchen（MoMiG））により，ドイツ国内に事実上の本拠地を有している外国会社への適用可能性を確保するために，法形態中立的に形成すべく，倒産申立義務を倒産法へと移動させた[5]。倒産申立義務は倒産法的性質を有するから，倒産法へと移動させたとの理由もある[6]。

2011年12月7日施行の「企業の再建の更なる簡易化に関する法律（Gesetz zur weiteren Erleichterung der Sanierung von Unternehmen（ESUG））」[7]により，微修正がなされた。「倒産申立（Insolvenzantrag）」という概念を「開始申立（Eröffnungsantrag）」という概念に統一させ，法人格のない社団における申立義務につき，用語上の修正を行った[8]。

なお，2013年には倒産法15a条に6項が挿入された。これは，パートナーシャフト会社法（Partnerschaftsgesellschaftsgesetz; PartGG）の2013年7月19日の改正により新たに導入されたパートナーシャフト有限職業責任会社（Partnerschaftsgesellschaft mit beschränkter Berufshaftung）[9]について，15a条を適用しないことを明記されたのである。

業務執行者が所定の期間内に倒産を申し立てなかったときの制裁措置としては，倒産法上は刑事制裁しか置かれていない（倒産法15a条4項）。これに対して，民事制裁措置はどのように認められるかが問題となる。具体的に述べれば，業務執行者が規定通りに倒産を申し立てなかったことにより損害を受けた債権者は，業務執行者に対して損害賠償請求をなしうるのかが問題となる。これについては，一部の反対説はある[10]が，判例[11]・支配的見解は，倒産法15a条が債

---

5) Lars Klöhn, in: MÜNCHENER KOMMENTAR ZUR INSOLVENZORDNUNG, BD. 1, 3. AUFL. 2013, §15a, Rn. 3.
6) Begr RegE MoMiG BT-Drucks. 16/6140, S. 55.
7) 同法の制定背景については，久保寛展「ドイツ企業再建法における企業再建方法としてのデット・エクイティ・スワップ」福岡大学法学論叢58巻1号255，259頁（2013年），谷口哲也「ドイツ倒産法の改正—企業再建のさらなる緩和のための法律—」中央大学大学院研究年報43号39頁（2013年）。
8) Klöhn, a.a.O.（Fn. 5）, Rn. 4.
9) この企業形態については，丸山秀平「ドイツにおけるパートナーシャフト有限職業責任会社の導入」中央ロー・ジャーナル11巻2号3頁（2014年）。

権者保護のための保護法規（Schutzgesetz）として認められることを踏まえ，民法823条2項による保護法規違反の不法行為責任を追及することを認める[12]。

なお，このような教科書的記述を行う際，通常は制度の立法趣旨についても言及すべきところだが，本稿の目的は立法趣旨を明らかにすることにあり，しかも，以下で述べる揺らぎの議論の動向を踏まえて，趣旨論が展開されているのであるから，趣旨の詳細な説明は最後に残しておこう。

2 揺らぎその1：倒産遅延責任としての位置づけと欧州内立法競争

(1) 総説

業務執行者に倒産申立を義務付けるということは，会社たる法人を消滅させることであるから，何故事業活動を行う法人を消滅させることが義務付けられるのかについて焦点を当てて，趣旨を論ずることが通常の行動であるように思える[13]。まさに，上記日本における倒産申立義務導入論はこのようなスタンスの議論をしている。しかし，現在のドイツ法を概観すると，倒産申立義務だけを論ずるよりもむしろ，倒産申立あるいはそれ以外の健全化措置を取るべき義務といったかたちで論じていることが一般的である。また，この義務そのものを論ずるよりもむしろ，義務に違反したときの責任の趣旨を中心に検討していることも特徴的であろう。

---

10) *Holger Altmepen=Jan Wilhelm*, Quotenschaden, Individualschaden und Klagebefugnis bei der Verschleppung des Insovenzverfahrens über das Vermögen der GmbH, NJW 1999, 673, 679. *Holger Altmeppen* in: ROTH/ALTMEPPEN, GMBHG, 7. AUFL. 2012, §64, Rn. 33.
11) BGH, Urt, v. 16. 12. 1958 - Ⅳ ZR 245/57, BGHZ 29, 100, 101.
12) *Gerhard Wagner*, Grundfragen der Insolvenzverschleppungshaftung nach der GmbH-Reform, FS FÜR KARSTEN SCHMIDT, 2009, S. 1665, 1671, *Klöhn*, a.a.O. (Fn. 5), Rn 140, *Karsten Schmidt*, in : SCHOLZ GMBHG, 11. AUFL. 2015, §64, Rn. 173 ff.
13) このような理解を示すのは Altmeppen である。彼によると，──独立した法人格として──財産が喪失したら，資本会社はその存立適格を失うことに，同義務の趣旨があると説く。*Altmeppen*, a.a.O. (Fn. 10), Vor § 64, Rn. 6. そして，Altmeppen は倒産申立義務を民法823条2項における債権者保護のための保護法規と性質決定することに反対している。

(2) Karsten Schmidt の問題提起

 とくにこのような理解で議論を行うのは Karsten Schmidt である[14]。彼によると，財務状況の継続的監視は平時の有限会社[15]における企業統治の基礎の一つであり[16]，業務執行者は会社の財務状況を監視し続ける義務を負う（自己検査義務：Selbstprüfungspflicht）べきであるが，債務超過あるいは支払不能ないしはその発生の危険が近づけば近づくほど，自己検査義務はより具体化され強化されるとする。そして，倒産法15a条に基づくいわゆる倒産申立義務は従来，健全化に反する法的道具として理解（誤解！）されてきたが，正当に理解される倒産法15a条は，この強化された自己検査義務の表れの一つであり，企業を埋葬するための規定ではないという。すなわち，同規定は，会社の危機状況において，会社を適時に健全化を図るか，さもなければ[17]倒産を申し立てるかを，業務執行者に選択させるものであるとする。倒産申立義務は MoMiG により倒産法的に位置づけ直された[18]背景には，書かれざる企業法的規制として，危機回避，危機早期認識および早期健全化による危機克服を隠し持っているとする。そして，倒産申立義務に違反したときには，業務執行者は倒産申立を違法に行わなかったという不作為があるのではなく（不作為不法行為：Unterlassungsdelikt）[19]，倒産状況発生にもかかわらず禁じられた事業継続を行ったという作為が問題となるのである（作為不法行為：Tätigkeitsdelikt）[20]。とくに，倒産法15a条に定める3週間は無為な待機を認められたわけではなく，むしろ，最後の健全化への努力への機会を認めるものであるとし，同期間経過前に支払不能ないしは債務超過の回避あるいは排除する努力をしなければならないとす

---

[14] Schmidt が以下の議論を大々的に展開した1982年の第54回ドイツ法曹大会における鑑定意見書については，吉原和志「会社の責任財産の維持と債権者の利益保護(2)——より実効的な規制への展望—」法学協会雑誌102巻5号881，973頁（1985年）に紹介されている。本稿では，近時のコンメンタールにまとめられた Schmidt の見解を紹介するにとどめる。

[15] 倒産申立義務はとくに小規模閉鎖的会社で問題となるのであるから，以下では2008年改正以前の倒産申立義務を取り上げる際には，有限会社法の条文を取り上げて議論する。

[16] Karsten Schmidt, in: Karsten Schmidt/Uhlenbruck, Die GmbH in Krise, Sanierung und Insolvenz, 4. Aufl. 2009, Rn. 1.109.

[17] Schmidt はエクスクラメーションマークで強調しているが，傍点による協調のほうが分かりやすいと思われるので，そのように変更した。

[18] Begr RegE MoMiG BT-Drucks. 16/6140, S. 55, 133.

[19] 不作為不法行為と理解する立場のほうが支配的であるようである。Klöhn, a.a.O. (Fn. 5), Rn. 146, Karsten Schmidt/Herchen, in : Karsten Schmidt, InsO, 2013, §15a, Rn. 2.

[20] Schmidt, a.a.O. (Fn. 16), Rn. 1.110, Schmidt, a.a.O. (Fn. 12), Rn. 132.

る。そして，このような自己検査義務という理解を入れることにより，平常時の業務執行者義務を規定する有限会社法43条と，倒産法15a条に基づく業務執行者義務は合一化されるとする[21]。

(3) 倒産申立義務 VS 不当取引？
① 移動の自由と会社債権者保護

　倒産局面という最終段階 (Final Period) においては，本人によるしっぺ返しを行うことができないために，取締役の行動規律を平常時に比べて厳格化しておくべきとの要請は，各国共通の理解である[22)23)]。問題は，倒産時の取締役の義務責任をどのように制度設計するかにある。

　EU裁判所が一連の判例において会社の移動の自由を認めて[24]以来，他のEU加盟国内において設立された会社の法人格が所在地を移動した際に，移動先の加盟国においても認識されるようになり，移動先で再設立を行う必要はなくなった。それ以来，EU国内における会社法立法競争が生じ，倒産適状時における取締役（業務執行者）責任についても，いずれの国の責任が優越しているかの議論が盛んになってきた。とりわけ，対立軸に上がるのは，ドイツ型倒産申立義務とイギリス型不当取引[25]であった。無限責任社員がおらずに実質的倒産状況にある会社を継続させることから生ずる，商取引のリスクを最少化させるとの目的を追求する点において，倒産申立義務と不当取引とは共通性がある[26]が，いずれが優れているのかが問題となる。

---

21) *Schmidt*, a.a.O. (Fn. 16), Rn. 1.111.
22) 倒産申立義務の存在意義を最終段階ゲーム (Final Period Konstellationen) から説明するものとして，*Matthias Casper*, in : ULMER, GROSSKOMGMBHG, 2008, §64, Rn. 8.
23) 各国の倒産遅延責任を比較検討する近時の論文としては，*Michael Stöber*, Die Insolvenzverschleppungshaftung in Europa, ZHR 176 (2012) 326 ff. がある。
24) 会社の移動の自由については，高橋英治「ヨーロッパにおける開業の自由の発展─ヨーロッパ連合における基本的自由の相互作用─」法学雑誌59巻1号1，17頁（2012年）。
25) 不当取引とは，会社が倒産清算を回避する合理的見込みがないことを知っている取締役に対し，債権者の損失を最小化する観点から行うべきあらゆる手段を取るように法律が義務付け，それに違反した場合には会社に対して清算出資を課すものである（イギリス1986年倒産法214条）。同制度については，本間法之「イギリス倒産法における「不当取引 Wrongful Trading」─破産手続内における取締役の個人責任追及の可能性─」中村英郎先生古稀祝賀（上）『民事訴訟法学の新たな展開』563頁（成文堂，1996年）などを参照。
26) *Klöhn*, a.a.O. (Fn. 5), Rn. 148, FELIX STEFFEK, GLÄUBIGERSCHUTZ IN DER KAPITALGESELLSCHAFT-KRISE UND INSOLVENZ IM ENGLISHEN UND DEUTSCHEN GESELLSCHAFTS- UND INSOLVENZRECHT, 2011, 440.

② 欧州委員会：不当取引の推奨

　欧州委員会は倒産遅延責任の望ましいモデルとしては，イギリスの不当取引型を推奨していた。曰く，「（不当取引）規定の美点は，倒産（Insolvency）状況が未だ予見されない限りにおいては，取締役の継続的な経営判断に介入することがないことにある。現実的倒産状況における破産申立の一般的義務は，通常は遅きに失する[27]。」すなわち，不当取引は「会社の清算を回避する合理的見込がない（正念場 moment of truth）」時点を捕捉するため，債務超過発生時より生ずる倒産申立義務よりも早い時点を捕捉することができる，そして，倒産申立義務の実行は通常は遅くなる，との認識に基づくのである。

③ ドイツ学説：倒産申立義務の優越性

　ところが，ドイツ国内においては，以下に述べる理由を挙げ，倒産申立義務が優れていると述べる見解が依然として強い[28]。

　第一に，義務発生の時点の明確性があげられる。不当取引においては moment of truth 発生時点以降，取締役は会社の清算を回避するためのあらゆる手段を尽くす義務が生じる。しかし，その moment of truth はいつ発生するのかが不明確であるとする。判例を詳細に分析した結果，債務超過発生からかなり経過した時点においてようやく認められる[29]とし，それゆえ，欧州委員会が念頭に置いていた倒産申立義務を前倒しにするとの結果にもならないとする。これに対して倒産申立義務は，会社が債務超過になった時点で発生するから，発生時点としては明快であるとする[30]。

　第二に，予防的な行為規範として考慮すると，実際に義務発生が明らかになった時点で，業務執行者は何を為すべきかが明確であるとする。倒産申立義務では3週間以内に倒産を申し立てるか，あるいは債務超過を解消するかという，

---

[27] Report of the High Level Group of Company Law Experts on a Modern Regulatory Framwork for Company Law in Europe, Brussels, 4. 11. 2002, p. 68-69. なお，欧州委員会がその後公表した行動計画書でも不当取引を推奨している。高橋英治＝山口幸代「欧州におけるコーポレート・ガバナンスの将来像―欧州委員会行動計画書の分析―」商事法務1697号101頁（2004年）。

[28] 欧州委員会の提言に賛成する者は，僅かながらも存在する。*Volker Triebel=Sabine Otte*, 20 Vorschläge für eine GmbH-Reform : Welche Lektion kann der deutsche Gesetzgeber vom englischen lernen?, ZIP 2006, 311, 314.

[29] STEFFEK, a.a.O. (Fn. 26), 380では，不当取引事例における債務超過，支払不能，moment of truth 時点を比較検討している。ほとんどの事例において債務超過から長時間経過した支払不能時点が moment of truth 時点として認定されているようである。

[30] *Stöber*, a.a.O. (Fn. 23), 355.

手段を志向する義務を構成している。これに対して不当取引では「清算を回避する」といった目的（債権者を保護するという目的）を設定しているだけであり，具体的に何を為すべきかは，取締役の判断に委ねられているとする[31]。不当取引型においても取締役がなすべき行為の一つとして倒産申立が存在するがこれを選択せず，往々にして見込みのない健全化に走る恐れがあり，それに対し，倒産申立義務では明記されている倒産申立へと取締役の行動をフレーミング[32]でき，そちらの方が債権者保護策としては望ましいのだとする。

　第三に，新債権者と旧債権者との取扱いの差についてである[33]。倒産遅延責任において，債権者は，倒産適状発生前に債権を取得した債権者（旧債権者 Altgläubiger）と，倒産適状発生後・申立前に債権を取得した債権者（新債権者 Neugläubiger）とを分けて議論がなされている。問題は，その債権者がそれぞれどのような損害賠償請求をなしうるかである。イギリス法では，上記債権者の区別なく，全債権者について割合的損害額（取締役の行為により毀損された倒産財団額）につき，倒産管財人が原告となり（会社に対する責任 Innenhaftung），倒産財団増幅のために責任追及できるだけである。これに対し，ドイツ法では，旧債権者については割合的損害を倒産管財人が行使できるだけである点には変わりはない。しかし，新債権者損害については，会社の支払能力を信頼して取引関係に入った新債権者に，信頼利益損害として，自身が原告となって（直接責任 Außenhaftung），全額の賠償を求めることができる。一般的に，割合的損害の追及は困難であるとされ，それゆえ，新債権者に全額損害賠償を認めるドイツ型が優れているとする[34]。もしも，ドイツが倒産申立義務を捨て，イギリス不当取引型を導入するならば，新債権者損害についても割合的損害しか認めず，同損害を上回る部分については契約締結上の過失責任を追及できるに過ぎないとする，かつてのドイツ最高裁の立場に逆行することになるとも警告す

---

31) Steffek, a.a.O. (Fn. 26), 548, Stöber, a.a.O. (Fn. 23), 354. Steffek は倒産申立義務と不当取引の図式をルール対スタンダードの図式であると捉えている。Ibid, 549, Fn. 1704, 911. イギリス法においても，不当取引責任を回避するために取締役がなすべき every step は不明確であり，行為の類型化の必要性があると説かれている。Andrew Keay, Company Directors' Responsibilities to Creditors, 2007, 112, 130.
32) フレーミング効果については，大垣昌夫＝田中沙織『行動経済学』99頁（有斐閣，2014年）。
33) 新債権者の損害の性質については，理論的に厄介な問題が残っているため，詳細な議論は後述し，ここでは損害額についてだけ議論する。
34) Wagner, a.a.O. (Fn. 12), 1683.

る35)36)。

　しかし，上記批判に対しては反対論も成り立つであろう。第一の批判に対しては，確かに，欧州委員会の判断は事実誤認に基づくかもしれないが，不当取引責任の制度設計の仕方の問題であり，イギリス国内においても発生時点の不明確性，遅延性については議論がなされている37)。しかも，この不当取引の遅延性を補完するために，イギリス法ではコモン・ローによる取締役の債権者に対する義務の法理が判例により展開されている38)。これは，会社の危機間際になると，取締役が義務を負う対象が対会社（＝株主）から対会社（＝債権者）にシフトするとの見解である。不当取引発生時点より前の時点から発生するので，不当取引の不足分を補完する機能があるとは言われている39)40)。第二の批判に対しては，明文上では倒産申立するか否かの判断しか求めないとの選択のほうが業務執行者にとって酷であるとの議論も成り立ちうる。立法者自身もこの点を認識しており，バブル崩壊による資産額の目減りにより債務超過がすぐにも発生し，業務執行者に3週間以内に倒産申立義務が課されてしまうとの問題点があることを踏まえ，債務超過算定の際の継続企業価値による資産評価を時限立法により打ち切った41)ことは，このような倒産申立義務の厳格すぎる点を浮き彫りにしている。既述のSchmidtの見解のように，業務執行者の自己検査義務の厳格化と捉え，債務超過時点において業務執行者に倒産申立か否かとの選択を与えるだけではなく，他の健全化措置の採用可能性をも考慮するように制度設計できるとの見解を採用すれば，このような欠点は解消できるかもしれない。また，会社の倒産状況の処理が高度の経営判断事項であるとの前提に立てば，債権者利益を最優先にすることを条件として，取締役にある程度

---

35) *Mathias Habersack=Dirk A. Verse*, Wrongful Trading-Grundlage einer europäischen Insolvenzverschleppungshaftung ?, ZHR 168 (2004) 174, 211.
36) 　不当取引に対する倒産申立義務の優越性を示すものではないが，倒産申立義務は誠実義務違反，存立破壊的侵害に基づく責任，株式法311条以下のコンツェルン責任，誠実義務違反に基づく責任と競合するため，これらとの責任競合を調整する必要があり，不当取引だけを単独で抜き出すことに否定的な意見を述べる見解もある。*Habersack=Verse*, Ibid, 209.
37) KEAY, a.a.O. (Fn. 31), 129.
38) West Mercia Safetywear Ltd v Dodd [1988] BCLC 250.
39) KEAY, a.a.O. (Fn. 31), 129.
40) 　しかし，判例法により認められた法理であるため，発生時点，要件，効果などが不明確である点は否めない。STEFFEK, a.a.O. (Fn. 26), 475. では発生時点が図示されている。
41) BegrEntwurf FMStG, BT-Drucks. 16/10600 S. 12. なお，2014年1月1日には継続企業価値評価に戻している。

の裁量を認めることも首肯できるようにも思える。第三の批判に対しては，そもそも新債権者に割合的損害額以上の賠償を与える必要性があるのかとの議論もなりたちうる。ドイツにおいても新債権者への信頼利益全額の賠償を否定すべきとする見解も存在する[42]。

(4) まとめ

以上の検討をまとめると以下のようになる。ドイツにおいては倒産申立義務を債務超過発生後に強化された業務執行者の自己検査義務として理解するSchmidtの見解が優勢となり，この義務に違反して適切な対応を行うことなくして事業継続を行った業務執行者に対し，倒産を遅延させた責任を課すことが中心的役割となっている。ところが，欧州における企業の移動の自由を踏まえ，倒産遅延責任の合一化の要請が高まり，とりわけ欧州委員会からはイギリスの不当取引形態による合一化要請が強い。しかし，ドイツ国内では倒産申立義務の優越性を唱える見解が多く，いずれかの形態に収斂していくのかそれとも収斂は起きないのか，今後の動向を見ないと分からない。

3 揺らぎその2：倒産適状後に現れた債権者の保護とその理論的基礎づけ

(1) 総説

既述のように，倒産申立義務による保護が検討対象とされている債権者は，旧債権者と新債権者の2種類存在している。連邦最高裁が新債権者の信頼利益賠償（信用供与損害賠償）をも倒産申立義務の保護範囲に組み込んでしまったが，同損害を倒産申立義務の客観的保護目的から基礎付けようとすると，理論的に厄介な問題が残るとの指摘が近時なされている[43]。以下ではこの議論を紹介しよう。

(2) 新債権者損害論

① 新債権者損害に関する近時の判例

以前は新債権者についても，旧債権者と同様に，割合損害しか請求すること

---

42) *Wagner*, a.a.O. (Fn. 12), 1668. では，AltmeppenとSchmidtを挙げている。
43) *Lars Klöhn*, Der Individuelle Insolvenzverschleppungsschaden — Schadensermittlung und sachlicher Schutzbereich der hafting nach §823 Abs. 2 BGB iVm §15a InsO—, KTS 2012, 133 ff.

ができないとの見解が有力であった[44]。ところが，近時の判例では，新債権者は信頼利益損害をその全額について請求認容する判決が現れるようになってきた。そのリーディングケースである，1994年6月6日の判決[45]を見てみよう。

[事実]
　被告が業務執行者兼一人社員となっている有限会社と原告との間で，1985年12月と86年1月に売買契約が締結され，所有権留保を付して目的物が提供されたが，1986年3月27日の被告の申立により1986年4月25日に有限会社の財産に対する破産手続が開始され，代金を受領していない原告が取戻権に基づき目的物を一部取り戻し，残債権90,276マルクについて，原告は被告に対し損害賠償請求した。有限会社は1985年以降債務超過そして支払不能であり，目的物を注文した時点で，その事実を被告は認識していたと，原告は主張した。地裁は請求棄却。控訴審は認容。被告は上告。

[判旨] 原審破棄・差戻し。
　「有限会社法64条1項の破産申立義務に有責に違反した業務執行者に対し，破産申立の不行使によって有限会社と事業関係を結び，信用を供与した債権者に対して，それにより発生した損害につきいわゆる割合的損害を超える額を賠償する義務を負うと判断する。
　有限会社の業務執行者に課されている破産申立義務によって，破産適状の発生時に既存の会社債権者（旧債権者）だけではなく，さらにその後に現れた者（新債権者）も保護される。業務執行者がその義務を遵守したならば，彼らは債権者地位を占めなかったであろう。彼らは会社との間で契約をもはや締結しなかったであろうし，信用を供与せず，それゆえ損害は発生しなかったであろう。」[46]とする。では何故新債権者も保護対象に含まれるようになったのか。最高裁は，倒産申立義務の規範目的は，「有限の責任基金を有する破産適状にある会社を商取引から遠ざけておき，それによりこのような形成物の発生により債権者が害されあるいは危殆せられることが無いようにする点にある」[47]とした。すなわち，倒産適状にある会社との商取引から遠ざけられていると期待

---

44) 吉原和志「会社の責任財産の維持と債権者の利益保護（3・完）法学協会雑誌102巻8号1431，1440頁以下（1985年），*Wagner,* a.a.O. (Fn. 12), 1684.
45) BGH, Urt. v. 6. 6. 1994 - II ZR 292/91, BGHZ 126, 181 ff.
46) BGHZ, 126, 181, 192, 193.
47) BGHZ 126, 181, 194.

して取引関係に入った債権者に,「信頼利益」の保護を提供するとしたのである。

ところが,「取引関係に入った債権者」に限定する意図は倒産適状後に現れた法定債権者（gesetzliche Gläubiger）とりわけ不法行為債権者を同規定の保護対象から外すことにある[48]。不法行為債権者は不法行為法によって保護されるべきであるからとする。

さらに,「取引関係に入る」とは,倒産適状にある会社とどのような形でもって接触を持った者を差すのかにつき,不明確さが残った。そこで最高裁は,信頼利益賠償を全額受けられる新債権者の範囲につき,契約に基づき貸付・事前給付を行った債権者に限定するとの判断をした。これについて検討した, 2005年7月25日判決[49]を紹介しよう。

[事実]
原告Xは,資金提供者からの貸付金を集約してそれを原資に自治体へ証書貸付を行っている有限会社Gの一人社員兼業務執行者であった者である。資金提供者による資金提供は短期貸付であり,自治体の資金需要は長期計画となるため,そこで生じる利息の差額より収入を得続けている。ところが, 1989年以降,自治体の利率と資金提供者の利率とに逆ザヤが生じ, 1990年12月31日現在の貸借対照表（1992年4月7日作成）では4,550万マルクの欠損を計上し,不利な業績見通しがあり,倒産遅延による刑事罰の恐れ存在することが会計報告内で指摘された。ただ,利ザヤ増加を待つ,そして, 1991年1992年の貸借対照表見込みが倒産申立の誘因とはならないと, XとS (1988年3月に原告からG社の事業持分の70％を譲り受け,唯一の業務執行者に就任。その後もXはG社への助言を継続) の間で合意がなされた。その後も財務状況は好転せず, 1991年度, 1992年度とも債務超過となった。

1994年11月以降, Xの知らぬ状況で, S主導の下, G社が有する貸付債権の詐害的な二重譲渡を行うなどし始め,その流れの中で本件被告Yは1995年8月31日,存在しない貸付債権を1億8,000万マルクで取得することになってしまった。

G社は, 1996年10月, 2億3,100万マルクの債務超過を抱えて破産した。

---

[48] *Klöhn*, a.a.O. (Fn. 43), 135.
[49] BGH, Urt. v. 25. 7. 2005 - II ZR 390/03, BGHZ 164, 50 ff.

YはXに対し，コンツェルン責任ないしはSの破産遅延への（精神的）幇助を理由とし，詐害的な債権二重譲渡から生じた損害（7,000万マルク）の一部である1,000万マルクの賠償の請求し，これとは反対に，XはYに対し，相応の額の消極的確認の訴えを提起した。

　第一審で棄却された反対訴訟は第二審で認容。原告により上訴。

[判旨] 原審破棄，差戻し。

　まず最高裁は，倒産申立義務により保護される新債権者の範囲につき，以下のように説明する。「BGHZ 126, 181 ff. の民事部判決によると，制定法上の破産申立義務の保護目的は，責任基金が有限であるような倒産適状にある会社を商取引から遠ざけることにあり，それにより，債権者の詐害あるいは危殆を妨げる（aaO S. 194）。しかしこれは，会社の倒産適状によりその内部関係において存在する損害のみに関わる。新債権者は，倒産状況にある有限会社との間の取引関係において発生する，例えば事前給付により信用を供与することから保護されるべきである…。倒産適状にある会社に対し，価値を有する反対給付と向き合っていないような給付をもたらすことにより，新債権者が被る信頼利益損害（aaO S. 201）を，有限会社法64条1項に違反した業務執行者は賠償すべきである。」[50]

　では，本件におけるYは上記新債権者に該当するのだろうか。最高裁は以下のような理由によりこれを否定する。すなわち，本件において被告が損害を受けた根拠となるのは，被告が信用を与えたからではなく，Gにより仲介されて債権を取得したからである。他方，この債権譲渡は詐害的な二重譲渡による。よって，「これらが示すことは，被告の損害は申し立てられた破産引延しではなく二重譲渡に基づくものであり，それは主犯の暴行（Haupttätexzeß）の原則により原告に帰責されることなく，有限会社法64条1項の保護目的によって捕捉されえない。被告は既存の取引の方法によって，Gの支払能力ではなく，彼のために行動した業務執行者の誠実性に信頼を置いていた。これは被告には刑法263条，民法823条2項に基づき責任があるが，原告は倒産引延しの関与に基づく責任はない。」[51]とする。最後に，倒産申立義務の目的論に及んでいる。すなわち，同義務は，「倒産適状後に不法行為の犠牲となることから潜在的不法行為債権者を守ることを目的としない…。なぜなら，このような不法行為に

---

50)　BGHZ 164, 50, 60.
51)　BGHZ 164, 50, 61.

とって，業務執行者および／あるいはこれへの関与者は，場合によっては関連する規範によって帰責されるのであり，それは倒産引延しではない。」[52]とする。

同判決により示されたのは，①倒産申立義務の目的は倒産適状にある会社を商取引から遠ざけることにある，②新債権者として保護されるのは事前給付により信用を供与した債権者に限られる，③新債権者の損害の本質は，価値を有する反対給付と向き合ってない給付をもたらす点にある，④②以外の新債権者，たとえば不法行為債権者は倒産申立義務の保護対象ではない，との点である。

② 旧債権者と新債権者の区別に関する近時の裁判例

しかし，旧債権者と新債権者とはどのように区別されるべきであるかについては，不明確な問題が残る。たとえば，倒産適状以前に信用供与し続け，倒産適状後に信用枠を増額したような場合，この債権者はいずれのカテゴリーに含まれるのだろうか。これが問題となった2007年2月5日判決[53]を紹介しよう。

[事実]

原告Xはメインバンクとして，A会社に当座貸越で信用を供与し続けていた。A社の自己資本で填補されない欠損額が48万マルク余存在することが証明された1996年12月31日時点の債務額は，13万6千マルクであった。1997年10月22日にXはA社に対する当座貸越額をさらに30万マルク増大し，A社業務執行者である被告Yがこれについて保証人になった。その後2003年9月30日までの貸越額は37万ユーロ余まで増大した。A社の財産に対する倒産手続における配当率は1％止まりだった。

A社は1997年初頭に債務超過にあり，それゆえYは破産申立義務を負っており，もしも同義務が履行されていたら37万ユーロ余まで信用額が増大しなかったであろうとの理由で，XはYに対し，Yにより保証されていた15万マルク余（30万マルク）を控除した残損害額21万ユーロ余の損害の賠償を求めた。

地裁は請求棄却。控訴審は，Xの半額の過失相殺により10万ユーロ余の額で請求を認容。被告により上告。

[判旨] 原審破棄，差戻し。

「旧債権者と新債権者とを区別する際に重要となるのは，有限会社法64条1

---

52) BGHZ 164, 50, 61.
53) BGH, Urt. v. 5. 2. 2007 - Ⅱ ZR 234/05, BGHZ 171, 46 ff.

項の人的保護範囲ではなく，むしろ，破産遅延により彼らに生じた損害の性質および範囲である（BGHZ 126, 181, 193）。1994年6月6日の民事部判決（BGHZ 126, 181）によると，新債権者とは，その有限会社に対する債権を業務執行者の倒産申立義務発生後に取得した債権者である。彼らは，倒産適状にある有限会社との法律関係が存在することにより発生した損害全額の賠償を求める請求権を有する。本件で問題となっている当座貸越信用といったような継続的債務関係（Dauerschuldverhältnis）においては，倒産遅延の状況における延長あるいは拡張の契約が，これと同様の位置を占める。…銀行はこのような信用供与損害を，倒産遅延状況において残高が増大した限りにおいて，有限会社に認容された当座貸越信用の枠組において被る。控訴審が冒頭で適切に説明したように，その限りにおいて，この事例において銀行は，業務執行者の倒産申立義務発生後に有限会社に対して（価値を喪失した）債権を取得した（BGHZ 126, 181）。銀行の新債権者適格について，重要なことは，商法355条に相応する中間期決算による貸付債務の生じうる更改ではなく，むしろ，破産申立の実際の状況まで膨れ上がる貸付金と，破産申立の義務適合的状況において生じた貸付金との，差額である。ここで問題となるのは，倒産法92条における全債権者損害ではなく，むしろ，銀行の個別損害である。」[54]

しかし，なぜ新債権者の範囲を事前給付者に限定したのかについて，あまり明確な解答を与えていないように思える。これにつき，明確な解答を与えていると思われる判決として，2001年12月5日のチェレ高等地方裁判所の判決[55]を取り上げてみよう。

[事実]
　原告Xは，被告Yが業務執行者であるN有限会社との間で，1995年から1996年までに複数の建築契約を締結した。ただ，N社については，1997年3月に包括執行手続の開始が申し立てられた。
　XはYに対し，N社との間で1996年終わり／1997年初頭に締結された個別の建築契約に基づき，労働賃金債権として81,594.11マルク，およびそれに関する附随債権の請求を行った。Xによると，N社は1995年終わりにはすでに債務

---

54) BGHZ 171, 46, 51.
55) OLG Celle, Urt v. 5. 12. 2001- 9 U 204/01, NZG 2002, 730.

超過であり，それゆえYは業務執行者として破産申立を行う義務があり，義務に違反した不作為により，XはY社との契約関係に入ってしまい，Xにより請求がなされている債権は包括執行手続において実行できなくなった，という。

地裁は請求一部認容，被告により控訴。

[判旨] 原判決一部変更，請求一部認容。

原告は被告に対し，63,130.56マルクの損害賠償請求権を有する。

本件では，複数の建設契約に基づく原告の債権のうち，いずれの債権が新債権者損害として請求できるかが問題となった。まず，N社が債務超過にあったと裁判所が認定した1995年12月31日[56]以降に締結された契約関係より生じた債権については，新債権者債権として認定した[57]。しかし，問題となったのは，1995年12月31日以前にすでに締結されていた建築契約に関する債権であった。チェレ高等地方裁判所は，前述の1994年6月6日判決を引用して，以下のように述べ，新債権者損害であることを認定した。

「しかし，…確かに，これら取引関係2,9（建設計画L）には1995年12月31日以前に既に契約が締結されていたことは，争いがない。しかし，賠償適格（ersatzfähig）については，契約締結はそれ自身決定的ではない。連邦最高裁が略述した（BGHZ 126, 181, 192 ff.）ように，これは有限会社法64条の保護目的から生じる。これによると，業務執行者が破産申立の義務を遵守すべきであるときに，債権者地位を有していなかった，いわゆる「新債権者」は保護されるべきである。彼らは，債務超過あるいは支払不能の有限会社との法律関係において発生した，損害の賠償を求めることができる。しかし，これら新債権者について財産上の不利益は，契約締結により既に発生したのではなく，むしろ，彼が給付を行い，しかしそれについて後に反対給付を十分に得られず，その代わりに財団からの割合的満足しか受けられないときに生ずる。確かに，債権者は債務超過企業との契約関係に突入せず，しかし，契約がそのようなものとして彼に「負担をかける」ことがなく，むしろ，反対給付なくして履行提供を行った。これは民法321条から生ずる。この規定により，契約相手は，財産状況の重要な減少の際に，履行を拒絶することができる。この時点において初めて，場合によっては業務執行者の，求められた破産申立の不作為により，その事前

---

56) NZG 2002, 730.
57) NZG 2002, 730, 732.

給付をもたらし，民法321条に基づく抗弁権をもはや行使することができないような気にならせる，債権者の保護の必要性が開始する。その限りにおいて，このような規制メカニズムは，連邦最高裁による有限会社法64条1項の保護目的の明確化によって覆われるようになる。すなわち，「破産申立の不履行によって有限会社と取引関係が発生し，信用を供与した…（BGHZ 126, 181, 192）」損害賠償は，債権者に与えられるべきである。契約相手の倒産においてもたらされたこのような信用供与は，事前給付者の保護の必要性を生じさせる誘因である。しかし，信用供与が意味するのは，履行提供であり，契約締結ではない。有限会社法64条1項は結局，債権者の事前給付を妨げるのである。このような保護目的を基礎に置くならば，建設計画Lから生ずる原告の債権が，賠償適格がある損害として評価されるといったことに疑念も存在しない。彼らが建設現場を整備したことにより，原告が1996年6月30日に初めて労働に着手したことは，争いがない。しかしこの時点について，被告は既に破産申立を行うべきであった。」[58]

以上から判明したとおり，民法321条の不安の抗弁権[59]を倒産申立義務の保護範囲に含ましめたことが，新債権者の範囲を事前給付者に限定した理由である。

以上の検討より，以下のことが分かった。すなわち，新債権者の信頼利益損害をも，倒産申立義務の保護対象に挿入したことにより，倒産適状時における財団毀損行為だけではなく，「取引保護」の観点も，同義務の保護対象に含ましめられたのである。しかし，取引保護の要請を倒産申立義務の保護範囲に含ましめることが可能であるかを，もっと理論的に詰めて考える必要があるようにも思える。

③　損害賠償額算定の基礎：差額説を出発点として

新債権者の損害につき，近時，Lars Klöhn が理論的に探究している。以下では，同論文を紹介しながら分析を行いたい。

---

[58] NZG 2002, 730, 732.
[59] 不安の抗弁権とは，契約締結後に相手方（債務者）の財産状況が著しく悪化し，これにより先履行義務者たる債権者において反対給付を受けられない恐れが生じた場合に，債権者が自己の債務の履行を拒絶することができる権利である。不安の抗弁権については，清水元「不安の抗弁権」遠藤浩ほか監修『現代契約法大系第2巻現代契約の法理(2)』79頁（有斐閣，1984年），松井和彦『契約の危殆化と債務不履行』（有斐閣，2013年）。

まず，倒産適状にある会社の新債権者は，損害として考慮される2種類の財産変動を被るとする。すなわち，財産上の損失を被り，金銭貸付を与え，目的物を譲渡しあるいは許容されない行為により損害を被るとする。この財産変動を財産流出（Vermögensabfluss）と称している。他方，彼らは，倒産によって財産流出と同様な程度まで価値が維持されていないような，会社に対する請求権を取得する。貸主は民法488条1項2文，2項に規定される元利金返還請求権が無価値化し，売主は民法433条2項に基づく代金債権が倒産債権化し，不法行為被害者は民法823条1項に基づく損害賠償請求を倒産一覧表上においてのみ申し立てることが出来る。この請求権を補償請求権（Kompensationsanspruch）と総称している。問題となるのは，倒産遅延損害が，財産流出のみから発生するのか，補償請求権の無価値化からのみ発生するのか，それとも，両者の混合から発生するのか，であるとする[60]。

損害賠償額を算定するには，差額説が用いられるのが一般的である[61]。差額説による損害とは，現実の財産状況と，賠償義務ある事情がないときに支配していたであろう財産状況との差額であると定義づけられ，これは民法249条に基づくとする。

この差額説を新債権者損害に当てはめてみると，現在財産（Ist-Masse）は口頭弁論終結時の債権者の現実の財産状況であり，有るべき財産（Soll-Masse）は時宜に適った倒産申立があればあったであろう財産状況であり，両者を比較することにより損害額を算定する，ということになる。しかし，時宜に適った倒産申立があれば，その後いかなる因果経過が生ずることが想定されるか。ここでは三つのシナリオを想定することができ，そのシナリオ如何によって倒産申立義務違反から生ずる損害賠償の法的性質が異なるのだという[62]。

すなわち，倒産適状発生により，(ⅰ)倒産債務者の事業を停止して価値ある活動も停止する。それにより「取引から手を引く」。(ⅱ)事業は仮監督人あるいは倒産債務者により継続される（倒産法270b条）[63]が，債権者の財産流出は回避

---

60) Klöhn, a.a.O. (Fn. 43), 138–139.
61) 差額説に対して猛烈な批判がなされているのは周知の事実である（たとえば，吉村良一「ドイツ法における財産的損害概念」立命館法学150-154号794頁（1980年）など）。しかし，Klöhn は差額説を前提に論じているために，本稿も同説を前提に議論を進める。
62) Klöhn, a.a.O. (Fn. 43), 139.
63) ⅱのシナリオは自己管理手続を採ることを想定している。自己管理（Eigenverwaltung）とは，選任された倒産管財人に倒産債務者財産の管理処分権を移行し，管財人の指揮下で手続が進められる通常の倒産手続とは異なり，任命された監督人（Sachwalter）

される。倒産手続開始により債権者は警告され，会社との接触は回避され，そして，仮監督人あるいは倒産債務者は債権者の財産流出に至らせないからである。(iii)事業は継続され，債権者の財産流出に至り，債権者は倒産申立にもかかわらず会社と契約を締結し，事前給付するかあるいは同様な方法でもって現実と同じに害される。上記シナリオのいずれを採用するかによって，新債権者の損害賠償請求権の性質が異なるとする。(i)と(ii)のシナリオを採るならば，財産流出は本来回避されるべきであるから，その回避されるべき財産流出が損害となる。これに対し，(iii)を採るならば，財産流出は回避されないのであるから，それ自身が損害とは認められない。とすると，このシナリオにおける損害は，財産流出に対して本来与えられるべき反対給付が不十分であること，ないしは，そのような反対給付不十分な給付を行ってしまった仮管財人に対する損害賠償請求権となるとする[64]。

それでは，倒産申立義務の保護対象に新債権者を含ましめることと，申立義務の規範目的との関係につき，最高裁はどのように考えているのだろうか。前述のとおり，最高裁は再三，「破産適状にある会社を商取引から遠ざけ」[65]るとの観点を強調してきた。これは，倒産適状発生による事業の即時停止か，当座の事業継続と財産流出の停止を求める，シナリオ1あるいは2を前提にしているようにも思える[66]。さらに，その「遠ざける」方法を具体的に考えると，裁判所は，もしも倒産申立があれば債権者が利用できたはずの事前給付を拒絶する各種抗弁権を，新債権者が利用することができなかった点に，事前給付を

の監督下で管理処分権を債務者に委ねたまま進める再建型の倒産処理事件をいう。吉野正三郎『ドイツ倒産法入門』64頁（成文堂，2007年）。同手続は従来はそれほど利用されておらず，企業の早期健全化を図るため同制度の積極活用をめざし，ESUGにより改正がなされた。とくに，裁判所が自己管理命令を出す要件が，「状況に照らし，命令が手続を遅延させあるいは債権者に不利益となることが予想されるとき」ではなく，「命令が債権者にとって不利益となると予想されうる状況が認識されないこと」（倒産法270条2項2号）と引き下げられた。Bitter, in : SCHOLZ, a.a.O. (Fn. 12), Vor §64, Rn. 156. 谷口・前掲注7）46頁も参照。また，同改正により，債務者は，倒産手続の開始を求める申立から開始決定までの期間に，自己管理により，再建計画案を作成することができるとする，パラソル手続（Schutzschirmverfahren）が導入された（倒産法270b条）。同手続については，「ドイツにおける倒産法改正の動き」商事法務1914号46頁（2010年），谷口・前掲注7）46頁。

[64] *Klöhn*, a.a.O. (Fn. 43), 140.
[65] BGHZ 126, 181, 194, BGHZ 164, 50, 60.
[66] *Klöhn*, a.a.O. (Fn. 43), 143-144.

行った新債権者の要保護性を認めている[67]。この理解をさらに筋の通った形で受け入れるならば、倒産遅延の前には会社と債権者の間の接触はなかったであろうという事例においては、倒産申立が仮になされたら、債権者がこのような接触を回避したであろうとの理解が出発点となり、これは損害評価においては、シナリオ2に至るであろうとする[68]。

これに対し、Klöhn は、シナリオ3を完全に捨て去るべきではないと主張する。

Klöhn は、倒産法15a条はその法的性質は倒産法である[69]から、倒産法の趣旨に適した制度趣旨を探求すべきだと考える。これを倒産申立義務の倒産法附随的保護目的（insolvenzrechtsakzessorische Schutzzweck）と称している[70]。

Klöhn は、支配的見解とは微妙に異なり、債権者を、ア）申立義務の時点に倒産財団の分配に頼らざるを得ない債権者、イ）倒産申立義務発生後に初めて会社に対する請求権を取得した債権者、ウ）申立義務発生時点で倒産手続において特別に保護される法的地位を保持する債権者の三つに分類すべきであるという[71]。支配的見解が述べる「新債権者」は、ここでいうイ）の債権者が該当

---

[67] NZG 2002, 730, 732. 同じような議論を展開する裁判例として、オルデンブルク高等地裁2009年12月2日判決（OLG Oldenburg Urt v. 2. 12. 2009-1 U 74/08, BeckRS 2010, 02819, GWR 2010, 170.）が存在する。

本件では、後に倒産状況となった会社への軸受装置（Lagersystem）の供給に関して未済となった部分について、業務執行者および唯一の社員（事実上の業務執行者）に対して、有限会社法64条1項、民法823条2項に基づき、倒産遅延責任の観点から損害賠償請求を行った事案である。とりわけ、倒産適状後のプロジェクトの現実化可能性に関する中間的な交渉の後に、これら状況を認識しなかった原告によりさらなる無担保の供給をもたらした部分についての、新債権者としての損害が問題となった。

高等地裁は、被告である業務執行者に対する請求を全額認容した（事実上の業務執行者に対する請求は棄却）。とりわけ民法321条、322条に基づく倒産適状後の契約上の履行拒絶権の行使の可能性を原告に認めることを理由に、倒産適状後に倒産会社と契約を締結したいわゆる新債権者損害として、全額認容したのである。

[68] Klöhn, a.a.O. (Fn. 43), 145.
[69] これは準拠法的な性質決定とは異なる。MoMiG において立法者は、準拠法選択の観点から倒産申立義務を倒産法へ移植した（BegrRegE MoMiG, BT-Drucks. 16/6140 S. 133）が、実際に倒産法的に性質決定されることが確実化されていない。倒産申立義務およびその違反は会社の機関の責任の規定である以上、会社法として性質決定される可能性があるからである。Stöber, a.a.O. (Fn. 23), 330.
[70] Klöhn, a.a.O. (Fn. 5), Rn. 19. この見解に対して Schmidt は、状況的（indiziell）な性格を持つに過ぎないと述べる。Schmidt, a.a.O. (Fn. 12), §64, Rn. 131.
[71] Klöhn, a.a.O. (Fn. 43), 150. ア）は、支配的見解が述べる「旧債権者」とは微妙に異なり、旧債権者からウ）の債権者を除いたものであるという。また、支配的見解は担保付債権者を倒産申立義務の保護対象から外しているが、Klöhn は、担保目的物財産の減

する。

　新債権者の要保護性を論ずるに際し，Klöhn は ESUG をとりわけ強調する。「企業の維持は，清算と（少なくとも）完全に同価値に設定された目的に含まれ（倒産法1条1項），そしてその中において，企業の健全化が近時 ESUG によって多様な観点において簡易化された倒産法においては，実質的倒産状況にある会社を「取引から引き剥がす（aus dem Verkehr zu ziehen）」ことに開始申立の目的があると，述べることはほとんどできない。」そして，財産状況が侘しく，（仮）管財人が定刻前の事業停止を義務付けられるような会社は，申立地位により，取引から引き剥がされるべきであり，潜在的会社債権者は会社とのあらゆる接触から保護され，財産流出が回避されるべきである。これに対し，それ以外の会社すべてが取引から引き剥がされるべきではなく，むしろ，少なくとも過渡期においては継続されるが，ただそのときには，倒産法の保護規定の基準に従って継続されるべきであり，その規定の中には，保全処分（倒産法21条），開始決定の公告（倒産法30条），管財人の責任（倒産法60条）と並んで，15a 条も含まれるとする。そして，会社と接触を持ちその結果，財産流出を書き誤らなければならない債権者にとっては，価値ある補償請求権を認めることが重要となるとする[72]。

　すなわち，Klöhn は，倒産適状発生後においても取引を完全停止せず，倒産法上の適切な保護策が用意されることを前提に，（仮）管財人が過渡期においても取引を継続して健全化を図り，もしも過渡期における経営判断に失敗したときには，その管財人や業務執行者に対する損害賠償請求権で制裁を科す，とのシナリオを書いている。最高裁が新債権者損害の本質につき，財産流出にしか焦点を当てていないことを批判し，過渡期において企業継続したときの業務執行者に対する補償請求権という側面に光を当て直すことにより，いわば違反時の責任という側面から，業務執行者による健全化を志向した企業継続の余地に焦点を当て直したのである。この見解は，Schmidt による倒産適状発生後における業務執行者の自己検査義務の厳格化と同様に，倒産申立義務を単なる会社の市場からの排除と純化する見解とは対立するとの点において，傾聴に値し

少に対する要保護性が生ずる可能性を指摘している。S. 150-153.
[72]　*Klöhn*, a.a.O. (Fn. 43), 151-153. これに対し，Stöber は ESUG によって倒産法が健全化を志向するようになったことを認めてはいるが，それによる倒産申立義務への影響については言及していない。*Stöber*, a.a.O. (Fn. 23), 356.

よう。

④ まとめ

　以上の検討をまとめると以下のようになる。倒産申立義務違反に基づく新債権者による損害賠償請求の性質は，倒産適状後の業務執行者の業務執行行為による発生したさらなる財団破壊行為ではない。会社の信用力が健全であると信頼して取引関係に突入した新債権者の信頼利益損害であり，しかも，新債権者が事前給付を行う際に将来的に得られるべきであった反対給付債権の無価値化，ないしは会社の営業活動を継続させ，新債権者に損害を与えてしまった仮管財人に対する損害賠償請求権であると考えうる。そして，倒産法上の債権者保護手段による十分な保護策を講じることを前提とするのではあるが，倒産適状後においても，一定範囲で会社の営業行為が継続されることを前提としないと，上記の新債権者損害の性質を導き出すことはできないとの上記見解は，聞き逃すことができないであろう。

　ここまで議論が展開されたので，ドイツ法紹介の最後に，現在，倒産申立義務の趣旨がどのように説明されているのかを概観することで締めよう。
　まず，2008年の有限会社法改正の際の法案の理由書に，申立義務の趣旨が言及されている箇所がある。そこでは，「申立義務による倒産手続の時宜に適った突入を目的とし，それにより，旧債権者は責任財団の更なる減少から，そして，新債権者は困窮した株式会社との契約締結から，それぞれ保護される。」[73]とし，すでに新債権者保護についても念頭に置いている。ただ，新債権者の保護について，最高裁は信用供与から保護しているが，MoMiG改正理由書では，信用供与まで要求せず，契約締結から保護されるとの表現にとどめている[74]。
　また，ドイツ有限会社法の代表的なコンメンタールであるScholzでは以下のように記述されている。「それがなければ企業活動の正当に継続することができない（そして正当な有限責任を認められない）ような，責任財団の維持，そして，債務超過ないしは支払不能状況における有限責任会社の継続による債権者の危殆化の禁止」[75]にあるという。すなわち，責任財団の維持は旧債権者損害，継続による債権者危殆化の禁止とは新債権者損害の，それぞれの対応策

---

[73] Begr RegE MoMiG BT-Drucks. 16/6140, S. 55.
[74] *Klöhn*, a.a.O. (Fn. 43), 149.
[75] *Schmidt*, a.a.O. (Fn. 12), Rn. 131.

を想定しているといえよう。その他のコンメンタールを見ても,「取引の保護」[76]など文章表現は変えているものの,新債権者保護を踏まえた立法趣旨の説明になっている。さらに,Klöhnは,「(倒産申立義務)は,企業が倒産法的債権者保護なくして継続することが出来ない時点を確定するから,同規定は企業倒産法の重要な規則である。」として,倒産適状後の企業継続の前提としての,倒産法的債権者保護策であると,真正面から認めている[77]。繰り返しになるが,倒産申立義務を会社の倒産申立による市場からの排除に純化してはいないのである。

4 まとめ

　上記,ドイツ倒産申立義務の近時の状況を検討することより,二点のことが明らかになった。一つは,倒産申立義務を,倒産適状にある会社に倒産申立の義務として課するものと理解するよりもむしろ,倒産遅延責任の基礎づける一端として,すなわち,倒産状況にある会社における取締役の注意義務の判断基準として機能してきた。もう一つは,新債権者に信頼利益賠償(信用供与賠償)を認める連邦最高裁の主張を肯定するには,その前提として,倒産適状後であっても,倒産法における債権者保護の道具を機能させることを前提に,一定範囲の事業継続を認めざるを得ない。これら状況は,倒産適状にある会社に倒産申立を義務づけることにより市場から強制排除を求めるといったような,倒産申立義務を単なる「ムチ」として理解する傾向は,ドイツにおいてはもはや主張されていないことを示すといえよう。

第3節　結論:倒産申立義務の廃止とその後の学説の展開

　最後に,上記ドイツ法の検討を踏まえ,昭和13年商法改正後の学説の概観を行い,本稿における結論を出す。

---

76) *Heribert Hirte*, in : UHLENBRUCK/HIRTE/VALLENDER, InsO, 13. AUFL. 2010, §15a, Rn. 1. *Ulrich Haas*, in : BAUMBACH/HUECK, GMBHG, 20 Aufl. 2013, §64, Rn. 109.
77) *Klöhn*, a.a.O. (Fn. 5), Rn. 1. しかも,「倒産申立義務が「退出」責任に思えることは不運である」とさえ述べており,これは,倒産申立義務を倒産適状にある会社の取引社会からの撤退の義務と純化する見解(第1節で紹介した提案)への批判であろう。

1　昭和13年商法改正と現在の状況[78]

　昭和13年商法改正により取締役の破産申立義務が削除された。その理由としては，実際に債務超過の状況に至っても，取締役がそれを容易に認定できないし，仮にそれを認定しても人情からおよび恥を晒すことを避けることから実際には申し立てられないことを理由とした[79]。そこで，もしも債務超過の状態にある場合には，それ以上倒産を遅延させないためにも，会社更生の途を講じさせ，それがだめならば破産手続に移らせ，しかもそれを裁判所の監督下に置いて講じさせる。同商法改正により，会社整理手続が導入されたため，倒産申立義務から会社整理へとシフトさせることを同改正は目的としていた[80]。すなわち，倒産申立義務という「ムチ」よりも会社整理という「アメ」を利用して事業再生を図ることを意図したのが，同改正法の趣旨であったとされる[81]。もしも，倒産申立義務を「ムチ」として復活させるならば，上記問題状況が今日において妥当しなくなったことを示す必要があろうが，当時に比べ現在のほうが，再建型倒産処理手続が活発になったといえる。この点を踏まえ，山本和彦教授によると，倒産申立義務を導入するなら，①再建型手続を含めた制度設計，債務超過を含めた基準時の設定は困難である，②制裁措置として刑事罰を用意しても訴追しないであろうし，取締役が個人保証を負っている中小企業については民事上の損害賠償も実効性がないとされ，「ムチ」よりも「アメ」を利用した事業再生を推し進めるほうが妥当であるとされる[82]。

---

78) 以下の記述については，拙稿「取締役の対第三者責任と役員責任査定との関係」落合誠一先生古稀記念『商事法の新しい礎石』283，294頁（有斐閣，2014年）も参照。
79) 司法省民事局編纂『商法中改正法律案理由書（総則会社）』214頁（1937年），奥野健一「商法中改正法律案の質疑応答（六）　取締役に関する諸問（二）」法学志林40巻3号104頁（1938年），田中耕太郎『改正商法及有限会社法概説』15頁（有斐閣，1939年），奥野健一ほか『株式会社法釋義』365頁（巌松堂，1939年）。
80) 田中・前掲注79）232頁。
81) 山本・前掲注3）41頁。なお，木川裕一郎教授は，昭和13年商法改正による破産申立義務の廃止そのものが立法過誤であったとされ，その理由の一つに「破産申立あるいは私的整理開始義務」との解釈を展開できた可能性を指摘される。木川裕一郎「倒産手続開始申立義務の再生」法学新報113巻9・10号157，162頁（2007年）。この見解は「「アメ」利用への義務」構成とったかたちで倒産申立義務を構成する見解であろう。ただ，本文に引用した田中耕太郎教授の見解を概観すると，当時，倒産申立義務を「ムチ」として観念していたことを否定できないであろう。
82) 山本・前掲注3）41頁。

2 善管注意義務の一環としての倒産申立義務

　倒産申立義務を日本法へ導入するならば，倒産申立による市場からの排除に純化させることは妥当ではない。

　吉原和志教授は，主に先述の Karsten Schmidt の見解から示唆を得て，倒産申立義務の趣旨の重点は，取締役・業務執行者の不断の自己検査義務にあり，とくに支払不能よりも先に到来する債務超過時点における早期自己検査義務が存在する点にあることを強調され，これが取締役の善管注意義務の内容として認めることを指摘される[83]。善管注意義務の内容として倒産申立義務ないしはその趣旨を読み込む見解[84]は，この見解と軌を一にするものであり，妥当であると考える[85]。弥永真生教授による，「罰則との関係では，破産申立義務を定めても，その実効性は乏しいかもしれないが，破産申立義務に違反した場合には，無過失の立証責任を取締役等に負わせることによって，会社債権者保護の実効性は高まる可能性がある。」とされる見解も，これと同様の方向性を志向されている[86]。

3　結　論

　仮に倒産申立義務を日本法に導入したいのならば，倒産申立による市場からの排除の観点を強調するにとどまらず，市場からの排除がなされないための代替手段の提言も，併せて行う必要があろう。その点で，倒産申立義務を取締役の善管注意義務ないしは任務懈怠の任務性の一内容に取り込む方法が，無難な落とし方であると考える。ゆえに，倒産申立義務の「ムチ」の面ばかり強調す

---

[83]　吉原・前掲注14）881，973頁，同・前掲注44）1431，1475，1480頁（1985年）。

[84]　木川・前掲注81）183頁．*Masaru Hayakawa*, Wettbewerb der Gesetze und Gläubigerschutz nach dem Gesellschaftsrecht in Japan, 同法62巻1号256，235，230頁（2010年）。

[85]　なお，高知地判平成26・9・10金判1452号42，48頁では，債務超過状態にある会社の整理の可否，時期，方法に関する判断を行うに当たっては，取締役は業種業態，損益や資金繰りの状況，赤字解消や債務の弁済の見込みなどを総合的に考慮判断することが要求され，これはいわゆる経営判断に他ならないとする。債務超過であっても取締役の破産申立義務は生じず，資金繰りが見込める状況において本業を継続し，それに不可欠な債務を負担することは，通常は善管注意義務違反とはならないとされる。大塚和成「本件判批」銀行法務21・780号71頁（2014年）も参照。

[86]　弥永真生「債権者保護」浜田道代先生還暦記念『検証会社法』（信山社，2007年）483，508，510頁。

る，産業競争力会議および経済同友会による，倒産申立義務導入の論議には賛成できない。

　ただ，倒産時における取締役の善管注意義務を導き出すために，ドイツ法のみを参照して結論を出すのも早計であるように思える。既述のように，現在においても倒産申立義務の中心を，倒産を申し立てる義務として観念する見解が有力であるため，健全化に主力を置いた取締役義務を申立義務から抽出することは議論を履き違える危険も生じかねない。また，ドイツ倒産申立義務に比べてイギリス不当取引責任では取締役の経営判断に委ねる要素が多いという事実は，ドイツ：社員中心主義，イギリス：取締役中心主義という，企業統治の基本構造から説明がつく事実でありうるため，日本における企業統治の基本構造からいずれの立場が妥当かを検討しなければ，正当な比較法研究とは言い得ないかもしれない。この点を踏まえ，ドイツ法とイギリス法の比較検討の上，結論を出すべきであるといえる。この点は今後の検討課題としたい。

〔追記〕

　脱稿後，注16で引用した KARSTEN SCHMIDT/UHLENBRUCK, DIE GMBH IN KRISE, SANLERUNG UND INSOLVENZ につき，第5版が出版されたが，本稿では出稿時に参照した第4版に拠っている。

格付機関の格付に対する信頼と金融機関の取締役の責任
―ドイツにおける経営判断原則との関係について―

久保　寛展

第1節　はじめに

　いわゆるサブプライムローン問題は，2008年9月のリーマン・ブラザーズの経営破綻（リーマンショック）を契機として，アメリカ合衆国の金融機関だけでなく，ヨーロッパの金融機関も巻き込んで，金融市場の世界的混乱を引き起こし，金融システムを機能不全にさせた[1]。この世界的混乱は，サブプライムローンの証券化商品がヨーロッパの金融機関によっても保有されたことにより，いったんサブプライムローンのデフォルトが発生すると，当該証券化商品の資金回収不能がたちまちヨーロッパの金融機関にも影響を及ぼし，ヨーロッパ経済にも直接に大打撃を与えることになった。その後も，ヨーロッパ経済は，2009年10月のギリシャの財政危機を発端とする，いわゆる欧州債務危機によって，ユーロの暴落等に基づくヨーロッパの経済不況の深刻さをいっそう増加させ[2]，先行き不透明な金融危機を迎えることになり，これらの危機を通じて，ヨーロッパ経済は二重の苦難に直面することになった。

　このような金融危機の克服は，ヨーロッパにおいて喫緊の課題として認識されたことから，欧州委員会は，当該危機の克服のため，いち早く2010年6月2日に「コーポレート・ガバナンス緑書」[3]を提示することで，金融危機におい

---

1) たとえば櫻川昌哉＝福田慎一編『なぜ金融危機は起こるのか』223頁〔小川英治〕（東洋経済新報社，2013年）。
2) 櫻川＝福田・前掲注1) 223–224頁参照。
3) Grünbuch Corporate Governance in Finanzinstituten und Vergütungspolitik vom 2.6.2010, KOM（2010）284 endgültig. なお，この緑書については，http://ec.europa.eu/internal_market/company/docs/modern/com2010_284_de.pdf において参照することができる。

て露見した金融機関のコーポレート・ガバナンスの脆弱性を克服するための公開審議を開始した。この過程において欧州委員会は，金融機関のコーポレート・ガバナンスの改善の検討を義務づけられた結果，まず，金融機関の経営機関（Verwaltungsräte）によっても，監督機関（Aufsichtsinstanzen）によっても，金融危機に際して直面したリスクの種類や範囲が完全に理解されていなかったと認識し[4]，また原因の一つである金融機関による過剰なリスクの引受けも，有効な内部統制メカニズムによるリスク管理の不備によるものであると結論づけた[5]。その結果，改善の一環として，取締役および監査役（以下，取締役等とする場合がある）が継続教育（Fortbildung）や先進教育（Weiterbildung）を受け続けることが不可欠であり，金融機関の構造を十分に熟知しかつ効果的な監督が可能となるよう要請された[6]。これに対して，ドイツ国内でも同様に，ドイツの立法者は，株式法において監査役の適性として，金融機関の監査役だけでなく，上場会社のすべての独立の監査役は少なくとも計算または決算監査に関する分野で専門知識を有しなければならない旨を定め（ドイツ株式法100条5項。以下，「株式法」とする），金融機関の監査役に対しても枠条件を明定しただけでなく，さらに信用制度法（KWG）では，金融機関および金融持株会社の経営機関および監督機関による監督のための諸規制を導入したため，これに基づき連邦金融サービス監督機構（BaFin）は，取締役等が信頼できかつ専門知識を有していない場合，業務の遂行を禁止できるものと定めた（ドイツ信用制度法36条3項1文。以下，「信用制度法」とする）。

とりわけこのような信用制度法上の金融機関の取締役等に対する適性要件の設定は，金融危機の発生原因の一つとして，後述するデュッセルドルフ上級地方裁判所のIKB社事件[7]も示すように，証券化商品への投資決定という経営判断に際して，当該取締役等が無批判に（盲目的に；blindlings）格付機関による外部の格付を信頼したと考えられたことによる。取締役等が銀行セクター出身であるにもかかわらず，格付を無批判に信頼したことは，情報入手不足あるい

---

[4] Grünbuch Corporate Governance, a. a. O. (Fn. 3), S. 2.
[5] Grünbuch Corporate Governance, a. a. O. (Fn. 3), S. 2.
[6] Grünbuch Corporate Governance, a. a. O. (Fn. 3), S. 13 ; Habbe/Köster, Neue Anforderungen an Vorstand und Aufsichtsrat von Finanzinstituten, BB 2011, S. 265.
[7] OLG Düsseldorf, Beschl. v. 9.12.2009 – I-6 W 45/09 (IKB Deutsche Industriebank AG), AG 2010, S. 126 = NJW 2010, S. 1537 = ZIP 2010, S. 28. なお，本件は，BGH, Beschl. v. 1.3.2010 – II ZB 1/10, AG 2010, S. 244 = NZG 2010, S. 347 = WM 2010, S. 470によって確定した。

は情報分析ミス，さらに監査役にとっては不適切な監視活動であると理解され[8]，ひいてはこれらが金融危機の発生に寄与した側面があると認識された。そのため，このような適性要件の設定は，とりわけ金融システムに組み込まれた金融機関の取締役等に対し，少なくとも第三者情報を入手しかつ分析するだけの能力が求められることを背景に，単純に格付を信頼してはならないことを示すものでもある。格付機関の格付は，証券の発行者や投資家の側にも一定の意義があることは否定できず，今後も利用されうるものではあるとはいえ，将来的に問題となるのは，金融機関の取締役等を念頭に置いた場合，当該取締役等が専門知識を有することを前提に，投資決定としての経営判断に際して，どの程度，第三者情報としての格付を信頼できるのか，あるいは信頼してもよいのか，さらに格付を信頼した場合であっても，取締役等は株式法上の経営判断原則（株式法93条1項2文）に基づき責任を免れる余地があるのかに尽きるように思われる。

　2008年9月の金融危機からすでに約7年が経過し，法的な観点からも金融危機の見直しが求められている現在，本稿が対象とするドイツでは，後述するIKB判決を前提に，このような問題に関する議論の進展がみられるところである[9]。そこで，以下では，前述の問題意識のもと，まず，前提として格付機関の格付の機能および意義とその問題点を確認した上で（第2節），次にIKB

---

8) Terwedow/Kļaviņa, Inwieweit dürfen sich Vorstand, Aufsichtsrat und Abschlussprüfer auf Ratings erworbener Finanzprodukte verlassen?, Der Konzern 2012, S. 535, 536.

9) ドイツ法の検討につき，本稿では，前掲のHabbe/Köster, a. a. O.（Fn. 6）, S. 265；Terwedow/Kļaviņa, a. a. O.（Fn. 8）, S. 535のほか，基本的にEmpt, Vorstandshaftung und Finanzmarktkrise, KSzW 2010, S. 107；Fleischer, Vertrauen von Geschäftsleitern und Aufsichtsratsmitgliedern auf Informationen Dritter – Konturen eines kapitalgesellschaftsrechtlichen Vertrauensgrundsatzes, ZIP 2009, S. 1397；Fleischer, Verantwortlichkeit von Bankgeschäftsleitern und Finanzmarktkrise, NJW 2010, S.1504；Florstedt, Zur organhaftungsrechtlichen Aufarbeitung der Finanzmarktkrise, AG 2010, S.315；Jobst/Kapoor, Paradoxien im Ratingsektor – Vertrauendürfen und Vertrauenmüssen von Vorstand, Aufsichtsrat und Abschlussprüfer auf Ratings erworbener Finanzprodukte, WM 2013, S. 680；Lang/Balzer, Handeln auf angemessener Informationsgrundlage – zum Haftungsregime von Vorstand und Aufsichtsrat von Kreditinstituten, WM 2012, S. 1167；Lutter, Bankenkrise und Organhaftung, ZIP 2009, S. 197；Meyer, Finanzmarktkrise und Organhaftung, CCZ 2011, S. 41；Schaub/Schaub, Ratingurteile als Entscheidungsgrundlage für Vorstand und Abschlussprüfer?, ZIP 2013, S. 656；Spindler, Sonderprüfung und Pflichten eines Bankvorstands in der Finanzmarktkrise – Anmerkung zu OLG Düsseldorf, Beschl. v. 9.12.2009 - 6 W 45/09 – IKB, NZG 2010, S. 281によっている。

判決を含め，格付に対する信頼とこれに対する経営判断原則の適用の可能性を論じ，もってドイツ会社法研究の一端を垣間見ることにしたい。

第2節　格付機関による格付の機能および意義とその問題点

1　格付の機能および意義

　格付機関は，もともと1975年のアメリカ合衆国における「全国的に認知されている統計的格付機関（NRSRO）」に基礎を置くものであるが[10]，現在ではすでにその格付が資本市場に参入するための不可欠な前提となり[11]，公的な目的のために当該格付を前提とした自己資本比率規制が設けられているのは周知のとおりである。この現象は，格付機関にいわば国家主権を委嘱したものと理解されており[12]，その結果，証券の発行者は，証券発行に際して法律に基づく格付機関の判定に基づかざるを得なくなった。そのため，この事実は，いわゆる発行者が格付の対価を支払う「発行者支払モデル」を生じさせたが，そもそもこのモデルには利益相反を伴う危険が内在するのではないかとの疑義が生じている[13]。しかし，発行者の側からすれば，前述のように法律の規定に基づき格付の依頼（依頼格付）をなさざるをえないのであって，そうであれば，当該発行者支払モデルに依拠するとしても，当該発行者の格付需要に応じる格付機関の存在が必要になることは当然であろう。その需要に応じたのが，3社の大規模な格付機関である Moody's，Standard & Poor's および Fitch Ratings（いわゆるビッグ・スリー）であり，現在まで，これら3社の格付機関がそれぞれの

---

[10]　たとえば髙橋真弓「格付をめぐる法規制のあり方について」南山法学25巻1号61頁（2001年），野田耕志「米国における証券市場のゲートキーパーの有効性」上智法学論集52巻1・2号71頁以下（2008年），久保田安彦「証券化市場規制と格付会社規制」企業と法創造6巻3号35頁（2010年），久保田隆「格付会社の規制について」国際商取引学会年報12号69頁（2010年）を参照。

[11]　Jobst/Kapoor, a. a. O. (Fn. 9), S. 680.

[12]　Jobst/Kapoor, a. a. O. (Fn. 9), S. 680.

[13]　Vgl. Arntz, Strengere Regeln für Ratings: Die neue Verordnung über Ratingagenturen, ZBB 2013, S. 318, 321；Deipenbrock, Die zweite Reform des europäischen Regulierungs- und Aufsichtsregimes für Ratingagenturen - Zwischenstation auf dem Weg zu einer dritten Reform?, WM 2013, S. 2289, 2293.

実績（track record）に基づき，自己の格付が信頼されるのに十分な評判を得たとされる[14]。その評判に基づき，投資家自身もこれらの格付機関に信頼を置くようになり[15]，また発行者の側でも，マーケットリーダー（Marktführer）としての格付機関のポジティブな評価は，その評価対象である自己の金融商品が市場に受け入れられることで，高値で売り捌く機会を得ることができ，ひいては資本調達コストもわずかで足りるという利点を有する[16]。このことから，格付機関は資本市場におけるいわゆる「ゲートキーパー」の機能を果たすようになったといわれる。

2　格付プロセス

このような格付を作成するプロセスでは，証券の発行者に関していえば，発行者と格付機関との間の協力関係を前提に，発行者自身から提供されかつ公的にアクセス可能なデータ資料に基づき，発行者自身がアナリストチームによって評価される。評価に際しては発行者の売上高，収益および自己資本比率のような定量的要因（hard facts）が考慮されるとともに，企業文化，企業構造もしくは経営の品質のようなコーポレート・ガバナンスの観点に基づく定性的要因（soft facts）の判断のために，企業の業務執行機関との対話も実施される[17]。他方，まれに実施される勝手格付の場合には後者の定性的要因は考慮されない。分析が終了した後も，発行者には意見を表明しかつ誤った評価を修正することは可能である。このようにして算定された企業の格付は，公表され，算定の基礎が変更する場合にはこれに応じて適合させられる。格付機関の格付は売買の推奨ではなく，発行者である債務者の，債券から生じる利息および償還義務を適時にかつ完全に履行する能力や準備に係る意見の表明でしかない[18]。

---

14) Jobst/Kapoor, a. a. O. (Fn. 9), S. 680.
15) もっとも，「サブプライムローン等を裏付資産とする RMBS（住宅ローン担保証券）や，それらを再加工した債務担保証券（CDO）などが，主として米国系の格付機関によって，大量・大幅に引き下げられたことから，証券化商品の格付について，その多くが的外れであったのではないかとの疑念から，投資家の信頼が失われ，それまで解消されていた情報の非対称性が顕在化した」といわれる（高橋正彦「証券化と格付機関規制」証券経済学会年報48号159頁（2013年））。
16) Jobst/Kapoor, a. a. O. (Fn. 9), S. 680.
17) Vgl. Blaurock, Verantwortlichkeit von Ratingagenturen – Steuerung durch Privat- oder Aufsichtsrecht?, ZGR 2007, S. 603, 605 ; Jobst/Kapoor, a. a. O. (Fn. 9), S. 680.
18) Vgl. Blaurock, a. a. O. (Fn. 17), S. 604 ; Jobst/Kapoor, a. a. O. (Fn. 9), S. 681.

3　金融商品の格付の機能―投資家の視点―

　投資家からすれば，格付機関は情報仲介者としての機能を果たす[19]。投資決定を下す投資家は，通常，証券発行者の内情を認識できないことから，自由市場に典型的な情報の非対称性に直面し，不均衡な情報配分リスクにさらされる[20]。情報が均等に配分される完全市場でさえ，完全に情報を把握しかつ当該情報を評価する人間の能力が限定的である結果，グローバル化が進行し，金融商品がますます複雑化する現状では，投資家の合理的行動も限定される[21]。したがって，格付の意義は，このような調査に要するコストを引き下げることにある。

　ところで，金融商品とは，有価証券もしくは有価証券類似の証券（ドイツ有価証券取引法2条1項），貨幣市場商品（同法2条1a項）ならびにデリバティブ（同法2条2項）をいう。これらの各金融商品のうち，たとえば不動産担保証券（MBS）や債務担保証券（CDO）に係る格付では，当該格付が，証券の発行者である債務者および各金融商品のデフォルトの蓋然性に係る指標として作用する点に意義があり，また，クレジット・デリバティブ・スワップ（CDS）のようなデリバティブの場合には，信用リスクのプロテクション売買の契約相手方の決定に影響を及ぼすことに意義があるとされる[22]。さらに，格付はリスク指標を超えて市場行動にも影響を及ぼすことから，信用度を引き下げる場合，通常は金融商品の需要も低下する結果，投資家に売却のインセンティブが発生する[23]。このように，市場価格に重大な影響を及ぼす格付機関の評価に対し市場が敏感に反応することから，必然的に投資家にとっても，事実上，この信用度評価を無視できなくなる。

4　格付に対する信頼の問題点

　約7年の歳月を経た世界的な金融危機を振り返れば，経済学と法律学の伝統

---

[19]　Vgl. Blaurock, a. a. O. (Fn. 17), S. 633 ; Jobst/Kapoor, a. a. O. (Fn. 9), S. 681.
[20]　Vgl. Blaurock, a. a. O. (Fn. 17), S. 608 ; Jobst/Kapoor, a. a. O. (Fn. 9), S. 681 ; Tönningsen, Die Regulierung von Ratingagenturen, ZBB 2011, S. 460, 461. そのため，髙橋・前掲注10）55-56頁では，簡易な文字あるいは記号で示される格付には，情報の偏在をスムーズに緩和するという特性を有することが指摘される。
[21]　Vgl. Blaurock, a. a. O. (Fn. 17), S. 609 ; Jobst/Kapoor, a. a. O. (Fn. 9), S. 681.
[22]　Jobst/Kapoor, a. a. O. (Fn. 9), S. 681.
[23]　Jobst/Kapoor, a. a. O. (Fn. 9), S. 681.

的思考パターンが間違っていたのではないかと推測される要因がある[24]。その一つが，ゲートキーパーである格付機関は「ほとんど過ちを犯さない」との認識である。金融危機の発生以前において，多数の金融機関や企業が複雑な金融商品を取得したが，その反面，専門的知識を有する当該金融機関や企業の取締役でさえ，金融商品の基本的特徴を理解していた者は必ずしも多くなかったといわれる[25]。この状況は，当該取締役が期待された利回り見込みを考慮しながら，複雑な金融商品の構造を理解し，かつその価値を批判的に調査しなかったことを意味するが，このような状況に陥ったのも，当該金融商品が格付機関によって表面的に評価され，かつ安全なものとして当該商品に最高の格付注記が付与されていたからにほかならない[26]。ここでは，取締役を含む関係者が，格付機関の格付を無批判に信頼し，かつ当該金融商品の残存リスクを過小に評価していた傾向が見受けられる[27]。

従来，格付機関が資本市場の品質や健全性（Integrität）を確保するとの観点に基づき，グローバルな金融市場や有価証券市場がその機能を発揮する鍵となる役割は，格付機関を通じて果たされてきたのに対し，証券の発行者にとっては，格付機関はいわば資本市場への「ドアの開閉装置」としての役割を演じる一方，投資家にとっては情報の非対称性を解消するための不可欠な情報仲介者の役割を演じたとされる[28]。ここでは格付機関が，市場に対して容易にかつ迅速に，また安い費用でデータを提供し，その結果として関係者の情報入手の困難を緩和し，もって潜在的投資家にも実質的な投資決定を下すことを可能にした。

しかしながら，金融危機以降は，格付機関はこれまでとは異なる目線でみられることになった[29]。なぜなら，金融危機の発生は，たしかにマクロ経済学やミクロ経済学に基づく多数の要因に基づくものもあるが，その核心部分には不動産担保証券や債務担保証券を用いたリスク分散に原因があり，その原因の作出につき，格付機関がきわめて楽観的な評価を行うことで，当該証券の発行に

---

24) Schaub/Schaub, a. a. O. (Fn. 9), S. 656.
25) Schaub/Schaub, a. a. O. (Fn. 9), S. 656.
26) Schaub/Schaub, a. a. O. (Fn. 9), S. 656.
27) Schaub/Schaub, a. a. O. (Fn. 9), S. 656.
28) Jobst/Kapoor, a. a. O. (Fn. 9), S. 680.
29) Jobst/Kapoor, a. a. O. (Fn. 9), S. 680.

重要な役割を果たしたからである[30]。このことから，アメリカ合衆国において，いったん仕組み金融商品市場が内部崩壊するおそれを生じるようになったとき，格付機関が素早く各証券を格下げすることで対応した結果，格下げが危機的破綻を促進させる原因になったのである。この事実は，格付機関による誤った評価がいったん白日にさらされた場合には，格付機関の表明（Aussagen）に対して著しい信頼の喪失が生じることの証左となるものである[31]。

他方，その後に発生した国債危機においても，引き続き格付機関が市場行動を抑制する場合に鍵となる地位を占め，かつその格付が市場によって決定的なリスク指標として用いられた事実がある。その理由としては，投資家の側に代替的な情報源が不足していることが一因として考えられた[32]。その意味でも，格付機関が果たす役割は小さくないが，その反面，前述のように格付の品質そのものに対していったん疑義が生じたような場合には，法的な観点から取締役や監査役等が，どの程度，金融商品の格付を信頼できるのかという問題も生じさせた。

最近，シュツットガルト上級地方裁判所においても，「ドイツ経済最強の親玉」であるフォルクスワーゲンの監査役のフェルディナント・ピエヒ（Ferdinand Piëch）氏が，オプション取引の固有のリスク評価を含めて，企業の重要な取引を把握しかつ判断することもしなかったことから，この点に監査役としての義務違反が確認された[33]。金融危機の発生に対し，このように監査役を含む取締役に責任を帰属させる要因の一つには，彼らの多くが銀行セクター出身であるにもかかわらず，情報分析ミスや直接に取引する者の情報入手不足があったとされる[34]。アメリカ合衆国でも同様であるが，この場合にその大半がサブプライム証券であることを前提に，しばしば反論として主張されたのが，「取得される証券が主幹格付機関によって最高のAAAの格付評価を受けていたこと」および「そのような格付を用いた事業モデルが市場もしくは業界で一般的に行われていたこと」であった[35]。

しかしながら，この場合，高い利回りには高いリスクが付随する（ハイリスク・

---

30) Jobst/Kapoor, a. a. O. (Fn. 9), S. 680.
31) Jobst/Kapoor, a. a. O. (Fn. 9), S. 680.
32) Jobst/Kapoor, a. a. O. (Fn. 9), S. 680.
33) 本件については，OLG Stuttgart, Urt. v. 29.2.2012 – 20 U 3/11, ZIP 2012, 625を参照。
34) Terwedow/Kļaviņa, a. a. O. (Fn. 8), S. 535–536.
35) Terwedow/Kļaviņa, a. a. O. (Fn. 8), S. 536.

ハイリターン）という市場の当然の認識に依拠するならば，資本市場の動向が誤って展開したような場合において，そもそも性質上そのような展開を早期に認識する必要はなかったのか，また，仮に認識の必要がないとしても，取締役等が自己の責任を免れるには，どの程度，取得する金融商品の格付を信頼してよいのかが問題となりうる。また，これに関連して格付を信頼する場合には，金融機関の取締役等はいったい何を知り，そのためにどのような専門知識を持ち合わせる必要があるのかが問題とされ，たとえ信頼した場合であっても，取締役等は経営判断原則の適用に基づき責任を免れる余地があると解すべきなのかも問題となる[36]。その解明のため，以下では章を改めて，取締役の責任と経営判断原則に関するドイツ株式法の規制を概観した後，格付に関連づけて，これらの問題に取り組むことにしたい。

第3節　取締役の責任——経営判断原則と格付の信頼

1　取締役の一般的注意義務

　株式会社の取締役は，業務執行に際して，通常のかつ誠実な業務指揮者の注意を払わなければならない（株式法93条1項1文）。この注意義務は，たとえば「自己のために商行為である行為によって他人に対して注意義務を負う者は，通常の商人の用いるべき注意につきその責任を負う」との規定を定める商法所定の注意義務（商法347条1項）を超える，高度な注意義務であると理解される[37]。このことは，取締役が自己の資金で経営するのではなく，他人の財産の受託者と同様の義務を負わされることを意味することから，取締役に対し，固有の業務指揮者と同等の具体的な行為を行うことが求められる[38]。そのため，たとえば金融機関の取締役の注意義務の場合には，事業会社の取締役（Industrievorstand）の注意義務よりも高く設定されるとする見解もある[39]。取締役がこのような注

---

[36] Terwedow/Kļaviņa, a. a. O. (Fn. 8), S. 536.
[37] Lang/Balzer, a. a. O. (Fn. 9), S. 1168. なお，取締役の責任要件の分類につき，高橋英治『ドイツ会社法概説』156頁（有斐閣，2012年）を参照。
[38] Empt, a. a. O. (Fn. 9), S. 107.
[39] Lang/Balzer, a. a. O. (Fn. 9), S. 1168. なお，わが国でも，金融機関の経営者の注意義務は，事業会社の経営者の注意義務よりも，一般的には高い水準が要求されるとする見解が多数であるが（参照，吉井敦子『破綻金融機関をめぐる責任法制』268頁（多賀出版, 1999年），吉原和志「取締役の経営判断と株主代表訴訟」小林秀之＝近藤光男編『新

意義務を具体化する場合，つねに企業の種類，規模および事業目的，当該企業の景気データならびに業界の特殊性等のような個別事情を考慮する必要があるが，もっともその場合，個別事情の客観的な性質上，取締役は具体的な状況下で客観的に必要な事情だけを考慮するにすぎない[40]。さらに，通常のかつ誠実な業務指揮者の必要な注意（株式法93条1項1文）を払って行動し，かつ会社に潜在的に発生する損害を回避するため，取締役は，一定の場合には専門家に助言を求め，かつ必要な特別の知識を欠く場合には自己が有する専門知識だけに頼らない義務も存在する[41]。取締役がこのような義務に違反する場合には，取締役は，会社に対して，当該義務違反に基づき発生する損害を賠償する義務を負わされる（株式法93条2項）。

2　セーフハーバーとしての経営判断原則

もっとも，このような取締役の注意義務違反を確定する場合であっても，経営には常にリスクを伴うことを無視できない。取締役の側からすれば経営判断の結果に対して予見するのはほとんど不可能であり，その結果の成否にはさまざまな要因が絡み合うので，事後的に当該経営判断が間違いであったことが判明したからといって，取締役に義務違反を認めることは妥当ではない[42]。たとえ諸要因が絡み合う状況でも，最終的に取締役は市況や市場データの動向に関して将来を指向した判断を下さなければならないが，その予測は，必ずしも想定された事実に事後的に合致するわけではなく，当該判断が企業の存続の危機さえ生じさせる場合もあろう[43]。このことは，一定の経営判断にはリスクを伴うことがあることを意味し，そのため，予測の不確実性に強力な制裁を科すことは，取締役の過度なリスク回避行為を生じさせ，潜在的な利益獲得の機会を逃すことにもつながる。このような事態を避け，適切な解決を見出すには，法

版株主代表訴訟大系』119頁（弘文堂，2002年），川口恭弘「事業の公益性と取締役の責任」同志社大学日本会社法制研究センター編『日本会社法制への提言』119，124-125頁（商事法務，2008年），岩原紳作「金融機関取締役の注意義務―会社法と金融監督法の交錯」落合誠一先生還暦記念『商事法への提言』212頁（商事法務，2004年）），銀行融資の特殊性を過度に強調することに対し疑義を呈する見解もある（森本滋「経営判断と『経営判断原則』」田原睦夫先生古稀・最高裁判事退官記念論文集『現代民事法の実務と理論（上）』668頁（きんざい，2013年））。

40)　Terwedow/Kļaviņa, a. a. O.（Fn. 8), S. 537.
41)　Terwedow/Kļaviņa, a. a. O.（Fn. 8), S. 537.
42)　Schaub/Schaub, a. a. O.（Fn. 9), S. 657.
43)　Schaub/Schaub, a. a. O.（Fn. 9), S. 657.

律上，一定の場合には注意義務違反に基づく取締役の責任が問われない仕組みを用意する必要があり，株式法ではこの仕組みを経営判断原則として規定した（株式法93条1項2文)[44]。すなわち，「取締役が企業家的決定（unternehmerischen Entscheidung）において適切な情報に基づき，会社の福利のために行為したものと合理的に認めることができる場合には，義務に反しない」のである。この場合，取締役に対して一定の経営上の裁量が付与されていることに疑いはなく[45]，前述の要件が存在すれば，取締役の義務に基づく行為であることが推定され，義務違反が存在しないために取締役は免責される。このことは，経営判断の側面では常に「人は後になってからいつも利口になる（man ist hinterher immer schlauer)」ことが想定される所以でもあり，裁判官の側でも，経営判断の評価に際していわゆる「後知恵バイアス（Rückschaufehler; hindsight bias)」が回避されなければならないとされる所以でもある[46]。

他方，経営判断原則の場合には，その適用に際して，取締役はどの程度，格付を信頼してよいのかどうかという問題も生じる。取締役は，前述のように適切な情報に基づき合理的に行為したものと認められる場合には，免責に係る株式法上の特権を享受する。そのため，取締役が金融商品の取得に係る決定を下す場合には，その決定は，必然的に十分な情報に基づき，すなわち，信頼できる高い格付に基づき下されたことが必要となろう[47]。そうであれば，格付の場合，高い格付それ自体がすでに「適切な情報」であるとして判断できるのか，

---

[44] 経営判断原則は，連邦通常裁判所によっても，ARAG/Garmenbeck判決（BGHZ 135, 244）において認められた。この判決を検討する邦語文献としては，布井千博「取締役に対する民事責任の追及と監査役の提訴義務— ARAG/Garmenbeck事件を素材として」奥島孝康教授還暦記念第一巻『比較会社法研究』383頁以下（成文堂，1999年)，大山俊彦「監査役会の『企業者的な裁量の余地』（unternehmerischer Ermessensspielraum）について（いわゆる経営判断の法理）—ドイツ連邦最高裁のARAG/Garmenbeck損害事件を踏まえて」明治学院大学法律科学研究所年報17号142頁以下（2001年）および高橋英治『ドイツと日本における株式会社法の改革—コーポレート・ガバナンスと企業結合法制』220頁以下（商事法務，2007年）がある。なお，ドイツの経営判断原則については，マルクス・ロート＝早川勝（訳）「ドイツの経営判断原則と取締役の責任の追及—ドイツ株式法の近時の改正」同志社大学ワールドワイドビジネスレビュー7巻2号105頁（2006年)，福瀧博之「ドイツ法における経営判断の原則—株式法93条1項2文とMarcus Lutterの見解」関西大学法学論集57巻4号132頁（2007年)，同「ドイツ法における経営判断の原則と利益衝突—ドイツ株式法とMarcus Lutterの見解」関西大学法学論集57巻6号181頁（2008年）を参照。

[45] Empt, a. a. O. (Fn. 9), S. 107.

[46] Spindler, a. a. O. (Fn. 9), S. 283.

[47] Terwedow/Kļaviņa, a. a. O. (Fn. 8), S. 537.

たとえ適切な情報として判断できたとしても，その情報がどの程度妥当なのかが，少なくとも検討が要求される領域として登場する。

3　経営判断原則の諸要件

(1)　適切な情報に基づく行為

経営判断原則の第一の要件は，適切な情報に基づく合理的な行為であり，取締役の一般的な注意義務としての「通常のかつ誠実な業務指揮者の注意」に対応する。この場合，「適切な情報」に基づく合理的な行為という要件は，取締役が経営判断を下す場合にどのような情報で足りるのかが重要であり，その意味では取締役に対し，どのような情報が必要であるかをみずから判断させる余地を残す[48]。もっとも，経営判断に必要な情報は「適切」でなければならず，具体的な経営判断の状況に関係するものでなければならないが，取締役は必ずしも理論的に提供可能な一切の情報を利用しかつその価値を評価するよう要請されているわけではなく，要請されるのは「適切な」情報上の根拠にすぎない。このことから，個別事案によるところも大きいが，重要なのは，何が適切であるかを判断するための基準であり，とくに掲げるならば，一般的には以下の判断基準を考慮できるとされる[49]。すなわち，①リスク・プロファイルによる評価，②経営判断に要する時間，③情報入手の可能性，④費用便益分析である。

第一に，取締役の経営判断と，これに対する実際の結果が会社にとって重要であればあるほど，原則として経営判断に際してより慎重な準備がなされなければならない。このことから，経営判断に係るリスク・プロファイルも，適切性の重要な判断基準の一つとなる[50]。種々のリスクが統合的に把握され，リスク管理のために用いられるリスク・プロファイルでは，事前に予測できる限り，リスクが事前に想定可能な範囲内において評価される。金融商品の取引は，その複雑性に基づき，金融機関のリスク負担能力を超過するデフォルト・リスクが蓄積する形態での市場リスク（いわゆるクラスターリスク；Klumpenrisiko）のように[51]，場合によっては高度なリスクを生じさせることもある。したがって，このような高度なリスクを把握し，投資決定の根拠とされるには，リスク分散

---

48)　Meyer, a. a. O. (Fn. 9), S. 42.
49)　Meyer, a. a. O. (Fn. 9), S. 42.
50)　Meyer, a. a. O. (Fn. 9), S. 42.
51)　Lutter, a. a. O. (Fn. 9), S. 199.

のために，計画された金融商品の取引に係るリスク・プロファイルが作成され，リスク・プロファイル全体において当該取引に結合したリスクが評価されなければならない[52]。

次に，取締役が経営判断の基礎として用いる情報を収集するのに必要な「時間」も，情報の適切性を判断するための一つの基準になる[53]。時間が考慮されるのも，入札公募（Ausschreibung）やM&A取引のように，経営判断が時として短時間で下されなければならない場合もあるからである。その意味では，「時間」もまた，適切性の判断基準に影響を及ぼすことが考えられる。もっとも，この場合には時間そのものが軽率な経営判断を許す，いわば「特許状」を意味するものではないことは当然である[54]。

第三に，取締役が経営判断の基礎として情報を入手する可能性も，事実上のものであれ，法律上のものであれ，経営判断の基礎にある適切性の判断を決定づける。取締役が企業買収を決定する場合のように，対象企業の限定された情報に頼らざるをえない状況もあるからである[55]。

最後に，取締役は，情報の適切性の判断に際して，既存の情報を超えるさらなる情報入手の可能性がある場合には，情報入手のために必要な費用が，どの程度，当該情報を通じて獲得される認識と適切な関係（費用便益関係）にあるのかを考慮しなければならない[56]。

以上のような判断基準によって，情報の根拠の「適切性」が判断される。

(2) 会社の福利に基づく行為

さらに，取締役は「会社の福利」のために経営判断を下されなければならない。この場合の経営判断とは，当該判断が企業にとって過大なリスクであってはならないことを意味し，過大でないと判断されるためには，取締役は，企業の存続，採算性および企業価値の向上に向けた会社の利益を考慮し，かつこれらを指向しなければならない[57]。もっとも，企業の存続を危殆化させるほどのリスクを引き受ける経営判断が会社の福利に合致するかどうかは，すべての諸

---

52) Terwedow/Kļaviņa, a. a. O. (Fn. 8), S. 542.
53) Meyer, a. a. O. (Fn. 9), S. 42.
54) Meyer, a. a. O. (Fn. 9), S. 42.
55) Meyer, a. a. O. (Fn. 9), S. 42.
56) Meyer, a. a. O. (Fn. 9), S. 42.
57) Terwedow/Kļaviņa, a. a. O. (Fn. 8), S. 543.

事情を事前に考慮して判断される必要がある。その場合には、リスクが実際に実現する蓋然性を考慮すると同時に、一般的なリスクヘッジ（Absicherung）を利用して引き受けられたリスクであるかどうかも考慮される[58]。その検討の結果、取締役が過度なリスクを引き受けるべきではないとの結論にいたれば、会社の福利のために、リスクを引き受ける行為をするべきではない。

4　デュッセルドルフ上級地方裁判所2009年12月9日決定（IKB Deutsche Industriebank AG 事件）と学説の反応

このような取締役の適切な情報に基づく会社の福利のための合理的行為が、経営判断原則の適用が認められる主要な要件であることが確認できるとしても、それでは、取締役が外部の格付機関による格付を信頼することが合理的行為として認められるのであろうか。金融商品が組成される場合、格付機関は、前述のように、助言を求める当該商品の発行者から格付の対価を受けることから（発行者支払モデル）、格付機関にはそもそも高い格付を付与するインセンティブが存在し、その意味では格付機関の格付に潜在的な利益相反が内在しているといわれる。しかし、たとえそのような状況であっても、取締役が外部の格付を取得することは、それ自体固有の経営判断に取って代わるものではないにしても[59]、格付が適切な情報入手の主要部分を構成する側面があることは否定できない。そうであれば、取締役が格付を入手しかつ使用する場合、取締役は格付の入手のほか、その信頼性にも依拠した適切な情報に基づく経営判断が下されなければならない。その場合には、取締役が、一般的に格付機関の権限、信用および独立性に対して正当な期待を有していることが必要であり、この期待は、格付機関に固有の経験や格付機関の市場における評判等から判断される[60]。

この観点につき、実際に、2009年12月9日のデュッセルドルフ上級地方裁判所決定（IKB 事件）[61]では、取締役は、証券化商品の過剰な複雑性および不透明性に基づき、たとえ十分な情報に依拠しても経営判断を下しえない状況では、格付機関による外部の格付を入手しただけでは取締役の情報入手義務を免除するものではない旨が判示された。本件は、もともとY社（IKB 社；申立ての相

---

58) Vgl. Empt, a. a. O. (Fn. 9), S. 113 ; Terwedow/Kļaviņa, a. a. O. (Fn. 8), S. 543.
59) Meyer, a. a. O. (Fn. 9), S. 43.
60) Meyer, a. a. O. (Fn. 9), S. 43.
61) OLG Düsseldorf, Beschl. v. 9.12.2009, a. a. O. (Fn. 7).

手方)の株主X(申立人)らが,2007年夏におけるY社の危機的状況の発生に関連して,Y社の取締役および監査役の義務違反の可能性を調査するために,裁判所による特別検査役の選任を請求した株主総会の特別検査役選任事件であるが,その事実の概要を簡潔に述べれば,次のとおりである。「2008年3月27日のY社の株主総会において,Y社の危機的状況を発生させた諸事情に関して,当時の大株主であった復興金融公庫(KfW)の,議題2および議題3(取締役と監査役の免責)に係る議決権行使の結果に対し,Y社の取締役および監査役の義務違反の調査のための特別検査役として,弁護士等を選任する旨が決議された。しかし,その間に復興金融公庫が,90%を超えるY社の大量株式(Aktienpaket)を,アメリカの投資会社であるLSF6(LSF6 Europa Financial Holdings L.P.)に売却したことから,LSF6が再度2009年3月27日に招集したY社の臨時株主総会において,従前に選任された特別検査役の選任がLSF6の議決権行使によって撤回された。これに対して,株主であるXらが,Y社の取締役および監査役が,Y社の危機的状況を発生させた諸事情に関連して義務違反を行ったかどうかを審査するために,改めて特別検査役の選任(株式法142条1項)を申し立てた(X1ないしX3の持分総額を合算すれば,特別検査役の選任に係る10万ユーロの基準に達していた(株式法142条2項))」というものである。原審のデュッセルドルフ地方裁判所がXらの申立てを許可したことから,Y社が即時抗告を申し立てた。

本件の争点は,特別検査役の選任権の濫用など複数に及ぶが,本稿に関連する部分は,Y社における取締役および監査役の義務違反の存否の判断である。その判断に際して,とくに問題となるのが,Y社がその定款(2条1項・2項)上,主として産業経済の促進ならびにそのための融資を目的とし,付随的に「すべての種類の銀行業および金融サービス業」を目的としているにもかかわらず,取締役が他の目的会社を通じ,格付を利用して有価証券取引やアメリカのサブプライムローンのような証券化商品の取引を行ったことにある[62]。この問題について,裁判所は,「取締役の義務違反は,取締役が適切な情報に基づき会社の福利のために,試行錯誤した結果に基づき経営判断を下したことが認められる場合には存在しないが,経営判断に際して,取締役は提供されるすべての情報源を利用し尽くさなければならず,利用し尽くした場合にはじめて第三者の

---

[62] Florstedt, a. a. O. (Fn. 9), S. 316-317.

情報を信頼できる」ことを前提に，次のように判示した。すなわち，「①Y社の証券化セクターにつき，定款上の事業目的によれば証券化商品の取引をまったく行ってはならないか，たとえ取引を行うにしても僅少な範囲でしか取引できないにもかかわらず，当該証券化セクターでの取引がY社の事業分野の約46％にまで及んでいることから，このように定款に違反する場合には，取締役は経営判断原則（株式法93条1項2文）に基づく保護によって裁量の余地を与えられないこと」，「②Y社の取締役は，十分な情報に基づき取引しなかったか，もしくはクラスターリスクのような過剰なリスクを引き受けたことから，当該取締役の義務違反について十分な疑いがあること」，「③格付機関の格付は，その利用条件上，提供された情報の正確性，完全性，現実性および有用性に対する保証を常に行うわけではなく，また資産担保証券が比較的新しい仕組み金融商品であったことからすると，格付機関自身に当該証券の評価に係る十分な経験が存在したわけでもなかったことから，取締役が投資決定のための重要な唯一の情報源として格付機関の格付を利用した場合には，取締役は，提供可能なすべての情報源を利用し尽くす義務に違反し，したがって，取締役は格付機関による外部の格付を入手しただけでは情報入手義務を免除されるものではない」というものである。

　これに対して，学説でも同様に，取締役は外部の格付を利用でき，場合によっては利用しなければならないが，たんにこの情報源だけを信頼してはならないと主張される[63]。たしかに取締役が外部の助言者もしくは専門家から助言を得たとしても，取締役がその助言を信頼するかどうかは，通常は個別事案によるところが大きい。たとえば医師の場合にも，医師が患者の容体に対し疑義を有する場合には，他の診療分野の医師の診断を鵜呑みにするのではなく，少なくとも当該医師みずから必要な専門知識をもって患者の容体を知るよう義務づけられる[64]。金融機関の取締役の場合にも，実際上，外部の格付の利用だけに限定されるものではないことから，その意味ではたんに情報源の一つとして想定されるものであり，また格付の作成における利益相反の潜在はまさに格付自体の特徴であることを前提に，格付自体に最初から利益相反が内在しないものと想定すべきではない[65]。しかしながら，裁判所によって強調されたように，格

---

63) Spindler, a. a. O. (Fn. 9), S. 284. なお, Lutter, a. a. O. (Fn. 9), S. 199も同旨。
64) Spindler, a. a. O. (Fn. 9), S. 284.
65) Spindler, a. a. O. (Fn. 9), S. 284.

付機関自身がいまだ証券化商品の市場において豊富な経験を有しないのであれば，格付機関の評価は，証券化市場における投資決定に際して補足的なものでしかなく，その評価が唯一の決定の基礎であってはならないとの判断は重要であり，まさに新種の市場やリスクの場合には，取締役は自己の分析を通じて発生の可能性があるシナリオや損益の評価のために，幅広い情報の根拠を入手する必要がある[66]。相応の情報に基づく根拠を欠くのであれば，株式法93条1項2文に基づく経営上の裁量の余地という「セーフハーバー」も考慮されず，その場合には，通常，取締役の注意義務違反も生じさせる[67]。

5 取締役による外部の格付の信頼の射程

学説では，前述したデュッセルドルフ上級地方裁判所の決定は，リスクの大きい証券化商品の取引に対する取締役の責任に関して議論のきっかけを与える意味においても評価され[68]，その議論としては，外部の格付が投資決定の一要素として利用される場合に，どこまで取締役は外部の格付を信頼できるのかという形で問題とされる。当該裁判所の決定では，格付機関の評価に対する取締役の過度な信頼が批判されると同時に，格付機関の外部の格付を入手しただけでは，取締役固有の情報入手義務を免除するものではないことが確認された。さらに格付の過度の信頼は，「使用可能なすべての認識源を利用し尽くす義務に対する取締役の重大な違反」であることも示唆される[69]。この方向性は，格付の利用者は格付を無批判に信頼するのではなく，利用者自身も分析を実施するものとすると定めるEUの格付機関規則[70]においても同様であるが，もっとも，ドイツの株式法自体には，第三者情報に対する取締役の信頼の射程または限界に係る直接的な定めはないため，一般的な諸原則が提示されることが必要となる。その諸原則としては，当該裁判所の決定および学説上，主として①情報提供者（Auskunftsperson）の慎重な選定ならびに②取得情報の妥当性検査（Plausibilitätskontrolle）が掲げられ[71]，この諸原則に基づき，利用者自身も第三

---

66) Spindler, a. a. O. (Fn. 9), S. 284.
67) Spindler, a. a. O. (Fn. 9), S. 284.
68) Vgl. Fleischer, a. a. O. (Fn. 9), NJW 2010, S. 1504; Schaub/Schaub, a. a. O. (Fn. 9), S. 657; Spindler, a. a. O. (Fn. 9), S. 281.
69) OLG Düsseldorf, Beschl. v. 9.12.2009, a. a. O. (Fn. 7), ZIP 2010, 28, 32.
70) Erwägungsgrund Nr. 10 VO (EG) 1060/2009 des Europäischen Parlaments und des Rates v. 16.9.2009, ABl. EU Nr. L 302/1 v. 17.11.2009.
71) その他，第三者に明確にすべき事実関係に係る情報提供者の情報提供義務がある

者情報である格付を無批判に信頼することなく，分析を行わなければならないことが指摘された。そのため，以下では，この分析に係る諸原則の内容を中心に概観することとする[72]。

(1) 情報提供者の慎重な選定義務（cura in eligendo）

第一に，利用者は，情報提供者である格付機関の選定に際して，属人的信頼性ならびに専門的信頼性に係る調査義務を負う[73]。

① 格付機関の属人的信頼性

まず，属人的信頼性として，一般的には格付機関が過去に有した固有の経験，ならびに市場もしくは業界における評判も投資決定のための基礎にされるが，とりわけ格付機関が客観的な情報，すなわち情報提供者として独立性に基づく情報を保証できるような属性も有していなければならない[74]。最低限の要件としての独立性は，直接もしくは間接に格付機関に利益相反がない場合に存在するが[75]，問題はどのような基準によって利益相反の不存在を判断できるかであり，この場合，判断基準として一般的には格付機関に対する報酬と，ガバナンス構造の問題が提示されている[76]。まず，格付機関の主要な収入源が発行者から依頼された格付に対する対価であることから（発行者支払モデル），発行者から支払われる報酬への依存をどのように根拠づけられるのかが問題となる。格付機関がネガティブな見通しで格付を付与する場合，発行者が他の格付機関に変更するおそれがあるために（格付漁り；rating shopping），格付機関が優良な格付を付与するよう圧力にさらされる危険がある[77]。そのため，格付機関が引き続き評価の依頼を受けうるには，格付機関に対しそもそも好意的な評価を行

(Jobst/Kapoor, a. a. O. (Fn. 9), S. 684)。

72) なお，わが国でも第三者の情報に対する取締役の信頼に対して，第三者の適切な選任などの一定の要件のもとで保護されることが主張されている（畠田公明『コーポレート・ガバナンスにおける取締役の責任制度』75頁（法律文化社，2002年），神吉正三『融資判断における銀行取締役の責任』244頁（中央経済社，2011年））。
73) Vgl. Fleischer, a. a. O. (Fn. 9), ZIP 2009, S. 1403 ; Jobst/Kapoor, a. a. O. (Fn. 9), S. 682-683; Schaub/Schaub, a. a. O. (Fn. 9), S. 659 ; Terwedow/Kļaviņa, a. a. O. (Fn. 8), S. 538-539.
74) Vgl. Fleischer, a. a. O. (Fn. 9), ZIP 2009, S. 1403 ; Jobst/Kapoor, a. a. O. (Fn. 9), S. 682.
75) Vgl. Fleischer, a. a. O. (Fn. 9), ZIP 2009, S. 1403 ; Jobst/Kapoor, a. a. O. (Fn. 9), S. 682.
76) Jobst/Kapoor, a. a. O. (Fn. 9), S. 682-683.
77) Jobst/Kapoor, a. a. O. (Fn. 9), S. 682.

うインセンティブが存在する。

また、格付市場自体がほぼ3社の大規模格付機関によって占有される寡占市場であり、格付機関の利用者が増加すればするほど一利用者の便益も高まるネットワーク効果や、他の格付機関への乗り換えが困難となるロックイン効果に基づく硬直的な構造を有することも考慮すれば[78]、このような寡占市場に基づく格付機関との関係が競争阻害要因であるともいえる。競争を機能させるにはこのようなインセンティブや競争阻害要因を克服する必要もあろう。

以上の危険や競争阻害要因への対策として考慮されたのが、主として同一の発行者に対する格付機関の活動期間を時間的に制限する、2011年末に欧州委員会により提示された格付機関のローテーション制度であったとされる[79]。したがって、発行者から対価の支払いを受ける発行者支払モデルに依拠するとしても、ローテーション制度に基づき、特定の格付機関の格付に対する依存の軽減を確保することが、報酬の観点から要求される。

さらに、ガバナンス構造の問題として、格付プロセスでは、格付の調査のためにどのような人物が格付委員会に参加しているのかが明らかでない場合が少なくない[80]。発行者の経営陣と対話を行うアナリストが格付委員会に出席することは容易に推測できるとしても、アナリストチームのメンバーが報酬の交渉に参加し、被調査企業に対して資本参加していれば、利益相反の側面の存在を否定できない。それゆえ、ガバナンスの構造上、そのための回避措置も要求される。

このように属人的信頼性の観点からすれば、格付機関の選定に際して属人的信頼性を確保するために、格付機関に対する報酬とガバナンス構造の観点からの調査が要求される。

② **格付機関の専門的信頼性**

次に、専門的信頼性について、一般的に格付機関は必要な専門知識を有することを前提とするが、具体的な事案においてはそれぞれの格付の対象に対する

---

78) Jobst/Kapoor, a. a. O. (Fn. 9), S. 683のほか、ロックイン効果を指摘する見解として、Arntz, a. a. O. (Fn. 13), S. 322 ; Deipenbrock, a. a. O. (Fn. 13), S. 2292 ; Haar, Haftung für fehlerhafte Ratings von Lehman-Zertifikaten – Ein neuer Baustein für ein verbessertes Regulierungsdesign im Ratingsektor?, NZG 2010, S. 1281, 1282を参照。

79) Vorordnungsvorschlag der Europäischen Kommission zur Änderung der VO (EG) Nr. 1060/2009 über Ratingagtenturen v. 15.11.2011, KOM (2011) 747 endg., S. 9.

80) Jobst/Kapoor, a. a. O. (Fn. 9), S. 683.

格付機関の調査に係る経験も重要となる[81]。専門的信頼性に関しては，IOSCO基本行動規範の第1.2号，第2.2号でも[82]，できる限り高い客観性を有する格付として，慎重に調査された正確な現在の企業データや市場データ，ならびに長期的データという実務上の基準を用いた客観的正確性が求められた[83]。この要求は，金融危機に際して，主として①格付は一般に機密事項である内部プロセスにおいて作成の経緯を経ることから，その不透明性が格付の根拠ならびに格付機関の信頼性の一般的調査を困難にしたこと[84]，②勝手格付の場合には，調査対象企業と格付機関との間の情報交換がないことから，格付分析はもっぱら公的にアクセス可能な情報に依拠せざるをえなかったこと[85]，③格付機関には債務担保証券の実績を欠くために，信頼できる記録上のデータについても，その経験についても不十分であったことからすると，格付機関が，市場占有率の維持，収益の最大化および迅速な業務処理のために，格付の品質をおろそかにした可能性があり（底辺への競争），格付機関自身に十分なリスク分析の実施能力が不足していたこと[86]，という三つの根拠が存在したことに基づく。とりわけ③の根拠に関しては，格付機関は，仕組み金融商品に係る市場の機能が停止した時にはじめて評価を修正するとともに，厳格な格下げによってネガティブな発展が加速したことが，その証左として掲げられている[87]。以上のIOSCOの

---

[81] Jobst/Kapoor, a. a. O. (Fn. 9), S. 683–684.

[82] 2004年のIOSCO基本行動規範第1.2号および第2.2号は，次のように規定する。すなわち，第1.2号では，「信用格付機関は，厳格かつ体系的であり，また可能であれば，歴史的経験に基づく何らかの形の客観的な検証の対象となり得る格付となるような格付方法を用いるべきである」と規定され，第2.2号では，「信用格付機関及びそのアナリストは，その実質及び外見の両面において独立性及び客観性を維持するため，注意を払い，また専門的な判断を行うべきである」と規定される（なお，本文訳については，金融庁のホームページ上において仮訳が公表されている。参照，http://www.fsa.go.jp/inter/ios/f-20041224-3/03.pdf）。

[83] なお，EU格付機関規則（Verordnung（EG）Nr. 1060/2009 des Europäischen Parlaments und des Rates vom 16.9.2009 über Ratingagenturen）でも，8条1項では，「格付会社は，その信用格付業において利用した格付方法，モデルおよび信用格付の主要な前提条件について付属文書IEに規定されているとおりに公表しなければならない」と規定され，また8条3項では，「格付会社は，厳格，体系的，継続的，かつ，バックテスティングを含む歴史的経験に基づく検証の対象となり得るような格付方法を利用しなければならない」と規定される（本条の訳文については，三井秀範監修『詳説・格付会社規制に関する制度』289–290頁（商事法務，2011年）を参照）。

[84] Jobst/Kapoor, a. a. O. (Fn. 9), S. 683.

[85] Jobst/Kapoor, a. a. O. (Fn. 9), S. 683.

[86] Jobst/Kapoor, a. a. O. (Fn. 9), S. 683–684.

[87] Jobst/Kapoor, a. a. O. (Fn. 9), S. 684.

(2) 取得情報に係る妥当性検査 (Plausibilitätskontrolle)

　最後に，第三者情報が信頼できるものとみなされる最後の要件として，取得情報に係る妥当性検査が掲げられる[88]。この場合，助言を求める利用者にとっては，提供された情報を根本的に精査することが問題なのではなく，むしろ，単純に明白な矛盾が存在すること，根拠が不足すること，および根拠が不完全であることを明らかにする必要があるにすぎない。つまり，明らかに瑕疵がある第三者情報に依拠することの防止が目的となるのである[89]。このことは，発行者に係る日常の経済活動上の時間の消費や経費の支出ならびに迅速な行動を考慮したならば，第三者情報としての格付に基づく個々の投資決定に際して，幅広い調査を行うことは取締役に要求できないことによる[90]。実際上，格付に基づく投資決定に際して一般的な特別の調査義務を課すこと自体，投資決定の障害になる可能性があろう。取締役に対して不十分な専門知識のために外部の格付を利用する可能性を認める反面，取締役に信用度評価の完全な調査を求めることは，いわば矛盾する状況であり，それゆえ，取締役は，明白な矛盾等が存在しない限り，原則として外部の格付を信用することができる[91]。もっとも，経営戦略的に重要な決定が下される場合や，大規模な金額を投資する場合，新種のもしくは複雑な金融商品に投資する場合または大規模なリスクを引き受けるような場合には事情は異なり[92]，このような場合における個々の格付への単純な信頼は，経営判断原則の諸要件（株式法93条1項2文）を充足せず，取締役の免責の余地はないものといわなければならない。このような状況では，引き受けられたリスクの評価とともに，利用される格付の妥当性検査も強化され

---

[88] Vgl. Fleischer, a. a. O. (Fn. 9), ZIP 2009, S. 1404；Jobst/Kapoor, a. a. O. (Fn. 9), S. 684; Meyer, a. a. O. (Fn. 9), S. 43.
[89] Vgl. Fleischer, a. a. O. (Fn. 9), ZIP 2009, S. 1404；Jobst/Kapoor, a. a. O. (Fn. 9), S. 684.
[90] Jobst/Kapoor, a. a. O. (Fn. 9), S. 684.
[91] Vgl. Fleischer, a. a. O. (Fn. 9), NJW 2010, S. 1505；Jobst/Kapoor, a. a. O. (Fn. 9), S. 684.
[92] Vgl. Fleischer, a. a. O. (Fn. 9), NJW 2010, S. 1505；Habbe/Köster, a. a. O. (Fn. 6), S. 267；Jobst/Kapoor, a. a. O. (Fn. 9), S. 684.

るべきであるからである[93]。したがって，その場合には，他の格付機関による評価とその根拠，従前に格付が存在する場合にはその更新の有無，市場分析，金融商品の場合には当該金融商品に係るリスク構造の分析，外部および内部の専門家への照会ならびに内部のリスク管理システム（株式法91条2項，信用制度法25a条）から導き出された結果と格付との比較など，必然的に調査の範囲も広範に及び[94]，格付の妥当性が分析されなければならないであろう。

6 小 括

　以上のように，取締役がどこまで格付を信頼できるのかという問題は，主として情報提供者としての格付機関の慎重な選定ならびに取得情報の妥当性検査という二つの基準に従って分析された結果として判断される。その場合，格付機関の事前の選定に際しては，格付機関の属人的信頼性ならびに専門的信頼性について調査義務を負うとともに，取得情報に係る事後の妥当性検査に関しては，提供された情報の根本的な調査ではなく，明白な矛盾，根拠不足または根拠の不完全性が存在するかどうかについて調査義務を負う。このような分析の結果として，取締役は最終的に格付機関によって提供された格付を信頼できるかどうかを審査するが，もっとも，この分析の結果，格付を信頼したことに基づき自己の注意義務を免除されるものではない。つまり，その意味では，格付は，たんに補足的なリスク指標である情報源の一つとして適格であると想定されるにすぎないのである[95]。

　経営判断原則（株式法93条1項2文）によれば，取締役は，具体的な状況下において通常の業務指揮者であれば経営判断の時点で考慮したであろう情報を入手しなければならず，経営判断に際して，取締役がそのような適切な情報に基づき合理的な方法によって会社の福利のために取引するものと認められる場合にはじめて，取締役は注意義務を免れる。デュッセルドルフ上級地方裁判所の判例[96]では，IKB社の取締役は証券化セクターにおける証券化商品の取引の開始および実施に際して，十分な情報上の根拠なく取引を行ったとの結論に達しているが，ここでは，その情報上の根拠に関して外部の格付だけを利用し

---

93) Jobst/Kapoor, a. a. O. (Fn. 9), S. 684.
94) Jobst/Kapoor, a. a. O. (Fn. 9), S. 684.
95) Jobst/Kapoor, a. a. O. (Fn. 9), S. 688-689.
96) OLG Düsseldorf, Beschl. v. 9.12.2009, a. a. O. (Fn. 7).

かつ無批判に信頼したことが非難されている。取締役は，具体的な情報の必要性に関して裁量の余地を有し，その裁量の範囲内では，原則として独自に情報の必要性を考慮できるが，とくに証券化商品の取引のような戦略的決定の場合には，日常業務に係る措置よりも高い情報の必要性が存在することになる[97]。経営判断原則を考慮する場合，通常，リスク・プロファイルによる評価，経営判断に要する時間，情報入手の可能性および費用便益分析のような基準に従って適切な情報上の根拠を複合的に判断し，その結果として行われる経営判断は，取締役に対し適切な情報に基づく行為として義務を免れさせる。しかし，複雑な証券化商品の取引の場合には，学説から指摘されるように[98]，IKB社の取締役が，外部の格付を，証券化セクターにおいて取引を開始しかつ実施する唯一の投資決定の基礎としたことから，その限りでは外部の格付を信頼する以外に幅広い情報入手を行わなければならないとされる。また，格付は，たしかに原則として適切な情報の基礎でありうるが，たんなる信用度評価であり，補足的なリスク指標として重要であるにすぎないので，付加的な情報源の一つとして利用されるとしても，格付機関の利用条件において明示されるように，常に情報の正確性等を保証するものではない[99]。さらに格付機関自身，資産担保証券のような比較的新しい仕組み証券について十分な経験も有していなかった[100]。このような事実からすれば，取締役が証券化商品の取引において注意義務を免れるには，なおさら適切な情報上の根拠を判断するための基準を充たすとともに，みずから格付分析を行うことも要求される性質のものであったと理解される。

　もっとも，当該裁判所の判旨によれば，いわゆる「後知恵バイアス」に基づく判断であったのではないかとの疑義を生じさせる[101]。しかしIKB社のような中規模金融機関の取締役が，クラスターリスクの引受けのような金融機関そのものの存続を危殆化させるおそれのある取引を行う場合において，当該取締役が相当大規模な範囲内で外国の証券化商品の取引に関与するならば，事業会社の場合とは異なり，それだけ正当化のための根拠が要求されるべきであろう。

---

97) Habbe/Köster, a. a. O. (Fn. 6), S. 267.
98) Spindler, a. a. O. (Fn. 9), S. 284.
99) OLG Düsseldorf, Beschl. v. 9.12.2009, a. a. O. (Fn. 7), ZIP 2010, S. 32.
100) OLG Düsseldorf, Beschl. v. 9.12.2009, a. a. O. (Fn. 7), ZIP 2010, S. 32 ; Jobst/Kapoor, a. a. O. (Fn. 9), S. 684 ; Lutter, a. a. O. (Fn. 9), S. 198.
101) Vgl. Florstedt, a. a. O. (Fn. 9), S. 317 ; Habbe/Köster, a. a. O. (Fn. 6), S. 266.

たしかに一定のリスクを引き受けることは，経営判断そのものに包含され，その意味では後知恵バイアスも回避される余地を残すが[102]，他方，存続を危殆化させるほどのリスクについては，少なくとも取締役が意図的に当該リスクを引き受けたことを正当化できるだけの根拠の明示が要求されなければならない。

第4節　結　語

　取締役が不十分な情報に基づき経営判断を行うことは，相当な賠償責任リスクを引き受けることを意味し，適切な情報に基づき会社の福利のために注意義務を払って経営判断を下す場合にのみ，経営判断原則を成立させる。しかし，デュッセルドルフ上級地方裁判所のIKB社事件に基づく場合，経営判断に必要な情報入手の要件に関連して，アメリカやヨーロッパにおいて多数の金融機関を倒産させる原因にもなった，いわゆる証券化商品の取引に係る金融機関の取締役の投資決定に対して，不十分な情報に基づく経営判断であるとして，経営判断原則の成立を否定したことは重要であり，この方向性は，少なからず今後の金融機関の実務にも影響を及ぼすことになろう。クラスターリスクの引受けのように，金融機関の取締役の経営判断が金融システム全般にまで影響を与える可能性を有するのであれば，当該取締役が格付機関による外部の格付だけを無批判に信頼したことに対し，不十分な情報に基づく経営判断であると判断されたのも，あながち誤った方向ではない。その意味では，わが国でも，アメリカ法と異なり経営判断の内容が著しく不当であれば注意義務違反を問われることから[103]，格付を無批判に信頼した場合には，金融機関の取締役に対し裁量の幅を制限する解釈は考慮に値すべきであろう。

---

102)　Schaub/Schaub, a. a. O. (Fn. 9), S. 658.

103)　江頭憲治郎『株式会社法（第5版）』464頁（有斐閣，2014年）。アメリカ合衆国の経営判断原則については，川浜昇「米国における経営判断原則の検討(1)（2・完)」法学論叢114巻2号79頁以下（1983年），114巻5号36頁以下（1984年）などを参照。わが国において経営判断原則の一定の定式化を主張する見解として堀田佳文「経営判断原則とその判断基準をめぐって」落合誠一先生古稀記念『商事法の新しい礎石』281頁（有斐閣，2014年）があるほか，さらに森田果「わが国に経営判断原則は存在していたのか」商事法務1858号4頁（2009年）も参照。なお，格付への無批判の信頼が問題となったわけではないが，金融機関の取締役に対する経営判断原則の適用を限定的に解するわが国の判例として，とくに旧拓銀特別背任事件上告審決定（最決平成21・11・9判時2069号156頁）では，経営判断の原則が適用される余地は限定的なものにとどまるといわざるを得ない」と判示されている。

＊なお，本稿は，平成25〜26年度科学研究費若手研究(B)「格付機関の法的責任と投資家の保護」（課題番号：25780081）による研究成果の一部である。

ドイツ株式法における株主代表訴訟

周　劍龍

第1節　はじめに

　ドイツでは，2005年9月に「企業の健全化と取消権の現代化のための法律」(UMAG)，が成立したのを受けて，株主代表訴訟（ドイツでは，株主訴訟(Aktionärsklage)，または株主による責任追及訴訟(Haftungsklage der Aktionäre)と呼ばれる）が株式法にようやく導入された[1]（株式法148条・149条，以下では，株式法の条文を示す際に法令名を省略する）。株式法上の株主代表訴訟とは，株主は自己の名において取締役，監査役などに対する会社の損害賠償請求権を行使する訴訟を意味し（148条1項1文），アメリカ法や日本法におけるそれと相当する。従来，株式法は，特別と思われる企業結合の場合における従属会社の局外株主による代位訴権（309条4項1文など）の法認を除いて，株主代表訴訟を認めておらず，その代わりに，少数株主に対して会社の損害賠償請求権行使の請求権を与えていた（2005年改正前株式法147条1項）。すなわち，①株主総会が単純多数をもって決議した，または②合計して基本資本（Grundkapital）の100分の10に達する株式を保有する株主が請求した場合に，会社は損害賠償請求権を行使しなければならないと規定されていた。こうした請求権は，提訴強制権（Klageerzwingungsrecht）と性格付けられている。株式法は，UMAG の成立を

---

1) Gesetz zur Unternehmensintegrität und Modernisierung des Anfechtungsrechts (BGBl I 2005, 2802)。同法は 2005年11月1日より施行された。ドイツ株式法への株主代表訴訟の導入経過について，高橋英治『ドイツと日本における株式会社法の改革』235頁以下（商事法務，2007年）。高橋均『株主代表訴訟の理論と制度改正の課題』196頁以下（同文館出版，2008年）参照。UMAG は，株主代表訴訟導入のほか，経営判断原則の法定，特別検査実施基準値の引き下げ，株主フォーラム制度の導入，総会決議の取消訴訟手続の現代化などを主な内容としている。なお，1965年株式法成立後の改正概要について，早川勝「1965年ドイツ株式法の改正と展開」同志社法学352号（63巻6号）165頁以下（2012年）参照。

受けて、②の要件を削除し、①の要件のみを規定することとなった[2]。しかしながら、従来こうした提訴強制権はほとんど活用されておらず、機能しなかったため改善の提案は多くなされた。そしてまた、147条の改善提案と並行して、アメリカ法を参考に株主代表訴訟を導入すべきであるという提案も多くの学者によってなされた[3]。1990年代以降、世界的な潮流となったコーポレート・ガバナンスの強化をめぐる議論がドイツにおいても例外なく盛んになされるようになった。そうしたなかで、いわゆる「強盗的株主（räuberrischer Aktionär）」に会社を脅すための道具を与えるのを危惧して、株主代表訴訟の導入に反する意見がありながらも[4]、ドイツにおけるコーポレート・ガバナンスを改善するには強力な措置となるという認識のもとで、ドイツ立法者は、株主代表訴訟を拒否するという従来の姿勢を転換して、株主代表訴訟の導入をすることに踏み切った。本稿では、まずはドイツ株式法における株主代表訴訟の構造を概観し（第2節）、それに続いてドイツ法における株主代表訴訟の特徴を明らかにし、ならびに若干の評価を述べることとする（第3節）。

2) 本来、会社の損害賠償請求権を行使する者は会社を代表する機関（取締役または監査役）であるが、そうした機関による提訴懈怠に備えて、株主総会が選任した特別代理人（besondere Vertreter）、または少数株主の請求に基づいて裁判所が指定した会社の代理人（Vertreter der Gesellschaft）によって会社の損害賠償請求権が行使されることは法定されている（147条2項、Grunewald, Gesellschaftsrecht,9. Aufl., 2014, S.266）。ここにいう少数株主とは、合計して基本資本の100分の10に、または持株の金額（券面額）が100万ユーロに達する株式を保有する株主を指す。1998年に「企業領域における監督と透明性に関する法律」（KonTrag,Gesetz zur Kontrolle und Transparenz im Unternemensbereich）が成立したのを受けて、改正された株式法は少数株主の持株要件について持株数を基本資本の100分の10から基本資本の100分の5へ、持株の金額を100万ユーロから50万ユーロへと引き下げた経緯がある（KonTragによる株式法147条改正の検討について、高木康衣「ドイツ株式法147条とその改正案について」比較法雑誌38巻1号135頁（2004年）参照）。なお、KonTrag成立前の株式法147条に関する検討について、周剣龍『株主代表訴訟制度論』139頁以下（信山社、1996年）参照。
3) 周・前掲注2）159頁以下参照。なお、ドイツにおける株主代表訴訟についての議論は19世紀半ばごろに遡ることができる。判例や学説の沿革について詳しくは、周・同書119頁以下参照。
4) Vgl.Kiethe,Manahmenkatalog der Bundersregierung zur Aktienrenchtreform 2003 - "Verbessrung" des Klagerechts der Aktionäre?, ZIP 2003, 707ff. また、ドイツにおける強盗的株主について、布井千博『会社荒らし訴訟における権利濫用について―ドイツ法の検討』東海法学17号89頁以下（1997年）、正井章筰「ドイツの株主総会制度の改革と『略奪的株主』に対する規制」早稲田法学85巻3号1099頁以下（2010年）参照。

第2節　ドイツ株式法における株主代表訴訟の構造

株主は，株主代表訴訟により株式法147条1項に規定する会社の賠償請求権を貫徹し，実現することができるようになった。株式法は，株主代表訴訟による会社の損害賠償請求権の実現について，二段階の手続を踏まなければならないという制度設計を行っている。第一段階は，代表訴訟を提起するための前置手続とされる提訴許可手続で（148条1項・2項），第二段階は固有の株主代表訴訟である（148条4項）。ただ，会社の損害賠償請求権を実現するための株主訴権は，あくまでも補助的な性格（subsidäire Charater）を有するにすぎない[5]。

1　提訴許可手続の要件

株主は，裁判所による提訴許可を得てからはじめて株式法147条1項に規定する会社の損害賠償請求権を自己の名義において行使することができる。裁判所の訴訟許可を得るためには，株主は，①適格少数株主要件のほか，②株式取得の時期，③提訴請求の無用性，④悪意または重大な法令・定款違反，および⑤会社の福祉という優位な理由に抵触しないことといった要件をも満たすことが義務付けられる（株式法148条1項）。②〜⑤の要件を設けた理由は，十分な勝訴の見込みのある訴訟提起のみが認められるためであると説明される[6]。なお，提訴許可手続は，ドイツ民事訴訟法上の即時抗告という手続とも関わるものである[7]。

(1)　適格少数株主による請求

ドイツ株式法によれば，株主は，株式法147条1項に規定する会社の損害賠償請求権を行使するための訴訟許可を申し立てる時点において，合計してその保有する株式数（条文では持分（Anteile）が用いられているが，株式会社のため，本稿では株式と訳する）が基本資本の100分の1，またはその持株の金額（券面額）

---

[5]　Begr. RegE UMGA, BT-Drucks 15/5092, S. 21（ドイツ連邦政府 UMAG 草案理由書，以下では，政府草案理由書とする）は株式法148条1項2号，3項が株主代表訴訟の性格を明らかにしていると説く。

[6]　Herrler, in: Grigoleit/Bearbeiter, Aktiengezets, Kommentar, 2013, §148, Rn 3.

[7]　Begr. RegE UMGA, BT-Drucks 15/5092, S. 20．株式法148条2項7文，ドイツ民事訴訟（Zivilprozessordrung, ZPO）567条以下参照。

が10万ユーロに達することを要求される（148条1項1文）。こうした少数株主要件は，株式法142条に規定する特別検査役（Sonderprüfer）の選任を申し立てる場合のそれと同様とされる[8]。また，当該少数株主要件はたんに株主が裁判管轄権のある地方裁判所に提訴許可を申し立てる時点においてそれを満たせば足りるのであって，その後持株数の減少という変更は問題にならないと一般的に解される[9]。株式法147条2項では，合計してその保有する株式数が資本の100分の10，またはその持株の金額が100万ユーロに達する株主は，会社の損害賠償請求権を行使するための会社の代理人を指定することを裁判所に申し立てることができるとされる。これに対比してみれば，代表訴訟の場合における少数株主要件について一定の緩和がなされたことは明らかである。このことから，代表訴訟が活用されることを立法者は望んでいると一応推測されよう。なお，少数株主要件を満たした株主は，複数いて提訴許可を申し立てた場合に，いわゆる民法上の組合（BGB-Gesellschaft）として行動すると解される[10]。

株式会社，とりわけ上場会社の株主にとって，少数株主要件を満たすのはけっして容易なことではない。このことに鑑み，ドイツ立法者は，2005年に株式法を改正する際に新たにいわゆる株主フォーラム制度を設けた（127a条）[11]。そこで，少数株主要件を満たしていない株主は，代表訴訟提起の許可を申し立てようとする場合に，株主フォーラムという株主間のコミュニケーションの場を

---

8) 株式法142条によれば，設立または業務執行に関する事項，とくに資本調達および資本減少の措置に関する事項の検査のためにも，株主総会は，単純多数をもって検査役（特別検査役）を選任することができる（1項1文）。株主総会が設立に関する事項または5年以上を経過していない業務執行に関する事項の検査のため特別検査役の選任を求める申立てを否決した場合に，その事項について不正があるかまたは法律もしくは定款の重大な違反があることに対する疑いを正当化する事実が存在するときは，裁判所は，合計して基本資本の100分の1，または持株の金額が10万ユーロに達する株式を有する株主の申立てにより，特別検査役を選任しなければならない（2項1文）。ただ，148条1項と異なって，142条2項は，少数株主要件について申立時のみに限定するという表現を用いていない。

9) Herrler, in:a.a.O., Rn 4 ; Holzborn/Jänig,in : Bürgers/Körber, Aktiengesetz, Heidelberger Kommentar,3.Aufl.,2014, § 148, Rn 5 ; G.Bezzenberger/T.Bezzenberger, in : GroßKommentar Aktiengesetz,2008, § 148, Rn176 ; Schröer, Geltendmachung von Ersatzansprüche gegen Organmitglieder nach UMAG, ZIP 2005,2081,S.2083.

10) Begr. RegE UMGA, BT-Drucks 15/5092, S.21; Auch Vgl. G.Bezzenberger/T. Bezzenberger, in : a.a.O., Rn 168.

11) 株主フォーラム制度の検討について，久保寛展「株主間のコミュニケーション手段の確立—ドイツにおける株主フォーラム（広場）制度の創設」福岡法学論叢51巻1・2号19頁以下（2006年）参照。

使って,ともに行動する他の株主を募ることによって少数持株要件を満たすことが可能となると思われる。

(2) 株式取得の時期

株主は,提訴許可を申し立てる際に,株主自身または包括承継の場合の被承継人がその主張する義務違反や損害を公表によって知った時点より以前にすでに株式を取得したことを証明しなければならない(148条1項1号)。これは,アメリカ法上の行為時株主の原則(contemporaneous ownership rule, 株式同時所有の原則ともいう)にあたるものである。この要件は,会社の利益のためではなく,提訴しようとする株主自身または第三者の利益のために代表訴訟を提起するということを防止する趣旨を有しており,この要件が満たされないのであれば,提訴許可は認められないこととなる。ただ,この要件の適用について,つぎのようないくつかのことを考慮する必要があると説かれる。まずは,情報公表の媒体のことである。政府草案理由書によれば,媒体は,経済新聞紙や,広範に利用されているオンライン・デバイスのような公共メディア(Breitenmedien)などを意味するという[12]。つぎに,過失による情報不知(fahrlässige Unkenntnis)のことである。これについて,個別具体的な事案に応じて考慮する必要があるといわれるが[13],手続単純化の理由に基づいて原則的にいわゆる思慮深い平均的な株主(verstandig Durchschnittsaktionär)という概念が機能すると解される[14]。ただ,専門的な金融投資家のような組織的な株主は思慮深い平均的な株主には相容れないため排除されるべきである[15]。さらに,少数株主要件の充足とも関連することである。少数株主の保有する株式のすべては株主がその主張する義務違反や損害に関する情報が公表される以前にすでに取得されなければならず,そのうち一部の株式が当該情報公表後に取得されたのであれば,この要件は充足されないとされる。なお,株式取得の時期に関する要件の濫訴防止の趣旨に鑑みれば,株主が義務違反や損害に関する情報を私的に入手してから株式を取得した場合もこの要件を満たさないこととなる。いずれにせよ,この株式取得の時期に関する要件を満たすためには,株主は関連情報を知る以

---

12) Begr. RegE UMGA, BT-Drucks 15/5092, S. 21.
13) G. Bezzenberger/T. Bezzenberger, in : a.a.O., Rn 111.
14) Herrler, in : a.a.O., Rn 5 ; Holzborn/Jänig, in : a.a.O.,Rn 4.
15) Herrler, in : a.a.O.,Rn 5.

(3) 提訴請求の無用性

　株主自身による提訴の緊急性に鑑みて，株主は，提訴許可を申し立てるにあたって，相当な期間内において会社が自ら提訴するよう請求したことが無駄であることを証明しなければならない（148条1項2号）。株式法は相当な期間を明らかにしていないため，ここでもっとも問題となるのは相当な期間の意味である。相当な期間は，個別具体的な事案に応じて決定されるべきであると一般的に解されるが[16]，政府草案理由書はそれについて具体的に2カ月としている[17]。たとえば，会社は真正にかつ最終的に株主の提訴請求を拒絶した場合[18]や，株主の提訴許可の申立てが法に適った特別な場合（たとえば，損害賠償請求権が時効にかかって消滅しそうな場合）には期間の意味はなくなる。ただ，取締役や監査役が責任を負う可能性は相当な期間の意味をなくすことができない。株主は，相当な期間内における提訴請求の無用性について説明および証明をする義務を負わなければならない。そしてまた，会社は，請求権を行使するか否かについて意味のある理由説明（たとえば，会社の福祉に反するという優越的理由があるなど）を求められる。さらに，会社側のたんなる提訴の予告は，裁判所が少数株主自身による提訴の申立てを認めないとする理由とはならない[19]。なお，提訴請求の名宛人は損害賠償請求権を行使する権限を有する業務執行機関である。当然であるが，会社はそうした権限のない機関を提訴請求の名宛人に任命することができない。

(4) 不誠実または重大な法令・定款違反

　提訴許可が得られるためには，不誠実（Unredlichkeit）または法令・定款の重大な違反によって会社に損害が生じたことに対する疑いを正当化する事実が存在することは必要とされる（148条1項3号）。これは，提訴許可が得られる

---

16) G. Bezzenberger/T. Bezzenberger, in : a.a.O., Rn 124 ; Holzborn/Jänig,in : a.a.O., Rn 5．

17) Begr. RegE UMGA, BT-Drucks 15/5092, S. 22.

18) この場合の根拠条文としては，ドイツ民法（Bürgerliches Gesetzbuch, BGB）286条2項3号があげられる。すなわち，債務者が真正にかつ最終的に給付を拒絶した場合に催告は必要でないとされる。

19) Holzborn/Jänig, in : a.a.O.,Rn 5 ; Schröer,a.a.O.,S.2085.

ための実質的要件の一つである。この要件に用いられる表現が株式法142条2項1文に由来しており、この要件を適用するにあたって不誠実または法令・定款の重大な違反についての明白な疑い（dringender Verdacht）が求められないことを政府理由書は明らかにしている[20]。しかし、株式法は、不誠実や、法令・定款の重大な違反について具体的な規定を設けていないため、それらに対する理解には議論の余地があるが、一般的に重大な義務違反に準じて解すべきであり[21]、不誠実とは、具体的に通常理解するように誠実義務に違反する結果に繋がると解される[22]。そして、義務違反の重大さについては、個別事案の状況に対して包括的な評価が求められるべきである。いわゆる包括的な評価とは、過失の程度、会社に対する義務違反により生じた結果の程度、会社信頼の毀損などといったような、より広範な要素をもってなされるべきである[23]。軽微な損害は重大な義務違反として否定される。

　株主は、提訴許可を申し立てる際に、不誠実または法令・定款の重大な違反の結果として会社に損害が発生した蓋然性が高いと推論されるという事実（十分な事実の疑い）を説明し、証明することが必要である。いうまでもなく、たんなる推測や事実の陳述は不十分である。ただ、問題となるのは証明の程度である。証明の程度は、蓋然性が高いと推論されるために必要とされる程度の疎明（Glaubhaftmachung）であれば足りるのであって、ドイツ民事訴訟法286条に規定するような完全証明（Vollbeweis）をもって、疑いを正当化する事実を証明することを要求しないと一般的に解される[24]。というのは、株式法148条1項1号、2号において証明すること（Nachweis）という表現が用いられているのと比較すれば明らかなように、同条3号において同様な表現が用いられていないからである。

(5) 会社の福祉という優越的理由に抵触しないこと

　株式法148条1項1号から3号までの要件が満たされたとしても、提訴許可を得るために、当該提訴が会社の福祉という優越的理由に抵触しないとの要件をも満たすことは要求される（148条1項4号）。政府草案理由書によれば、こ

---

20) Begr. RegE UMGA, BT-Drucks 15/5092, S. 22.
21) Holzborn/Jänig, in : a.a.O., Rn 7.
22) Herrler, in : a.a.O., Rn 8.
23) Holzborn/Jänig, in : a.a.O., Rn 15.
24) Holzborn/Jänig, in : a.a.O., Rn 8 ; Herrler, in : a.a.O., Rn 9.

の要件の立法は ARAG/Garmenbeck[25]に対する連邦通常裁判所判決に依拠したといわれる[26]。しかし、当該判決では、法文上のような「優越的理由（überwiegende Gründe）」の表現を使用しておらず、「重要な理由（gewichtige Gründe）」の表現を用いる[27]。148条4号の要件と1号ないし3号の要件との関係について、4号要件はまったく例外的な要件とされ、たとえ1号ないし3号が満たされたとしても4号要件が満たされなければ、株主による提訴は認められないとされる。もっとも、取締役の不誠実という疑いのある事実の存在が裁判所の確信を得られるほど示されたような場合には、提訴の申立てが④号要件にいう会社の福祉という優越的理由に抵触するとは言い難いであろう[28]。

　この要件を適用するにあたって、最も問題となるのは会社の福祉という優越的理由を考慮する際にどの要素を採用すべきかであると考えられる。提訴によって請求される損害賠償請求額が低額である場合にこの要件に抵触することで提訴の申立てを不許可にするのは疑問の余地がなかろう。それ以外の要素については、たとえば、高い訴訟費用の徴収リスク、新たな事実が提示できない場合の提訴許可の申立て（nicht Neues beitragende Klagen, あるいは me-too-Klagen）、わずかな損害賠償額、会社の業務行為または会社の外観に対する悪い影響、会社業務執行者行為の妨害、会社営業環境の侵害などがあげられる[29]。当然のことながら、代表訴訟の立法目的に反するような提訴申立ては、この要件に抵触するため、認められないこととなる。会社は、提訴許可手続にはいわゆる第三者として参加することができるため（148条2項9文）、会社の抗弁として、株主による提訴の申立てが会社の福祉という優越的理由に抵触することを証拠にて明らかにする義務を負う[30]。

25) BGHZ135, 244. 本判決について、布井千博「取締役に対する民事責任の追及と監査役の提訴義務— ARAG/Garmenbeck事件を素材として」奥島孝康教授還暦記念『比較会社法研究(1)』381頁（成文堂，1999年），高橋英治，前掲注1）220頁以下参照。本判決は、ドイツにおける経営判断原則の判例法理を確立した。株式法は、当該原則を明確化し、その内容は、取締役会の構成員が企業家的決定をする際に適切な情報に基づいて会社の福祉のために慎重に行動したのであれば、義務違反は存在しないというものとなっている（93条1項2文）。経営判断原則の明確化は、株主代表訴訟の拡大の可能性に備えるためであると指摘されている（ヴェルンハルト・メーシェル著＝小川浩三訳『ドイツ株式法』72頁（信山社，2011年））。
26) Begr. RegE UMGA, BT-Drucks 15/5092, S. 22.
27) NJW 1997, 1926.
28) Begr. RegE UMGA, BT-Drucks 15/5092, S. 22.
29) Holzborn/Jänig, in : a.a.O.,Rn 9.
30) G.Bezzenberger/T.Bezzenberger,in : a.a.O., Rn 161 ; Holzborn/Jänig, in : a.a.O., Rn

2 裁判所による手続

(1) 管轄裁判所

　申立人たる株主による提訴許可の申立てに対して，会社の所在地のある地方裁判所（Landgericht）は，管轄権を持ち，当該地方裁判所に商事部がある場合に，民事部に代わって，商事部が審理し，決定する（148条2項1・2文）。複数の地方裁判所に提訴許可の申立てがなされた場合に，州政府（Landesregierung）は，複数の地方裁判所の管轄区域に関する法令に基づいて一つの地方裁判所に決定を委譲することができ（こうした委譲決定権は州政府の司法機関に委ねられうる），それによって法的請求権の統一化が確保され（同条同号3・4文），提訴許可申立人の株主は，提訴許可を得た場合に，共同して訴訟当事者として自己の名義をもって会社の請求権を行使することとなる[31]。

(2) 会社の地位

　提訴許可申立ての相手方（Antragsgegner）は，会社の損害賠償請求権を行使される債務者および提訴許可された場合における訴訟手続上の被告たる者である。会社は，第三者として提訴許可手続および提訴が許可された場合の訴訟手続に参加する（148条2項7文）。これはいわゆる共同訴訟的な補助参加（streitgenössische Nebenintervenientin）と考えられるが，第三者としての会社の参加が行政裁判所法（Verwaltungsgerichtsordnung, VwGo,65条2項・66条）に規定する職権上必要的第三者参加であるか[32]，または任意（privatautonom）による第三者参加であるか[33]は定かではない。ただ，会社の第三者としての共同訴訟参加は，その補助する当事者の抗弁のために，攻撃および防御の方法を行使し，ならびにその他の訴訟行為を行うことができると解される[34]。たとえば，提訴許可手続の相手方を補助するために第三者として参加する会社は，提訴が会社の福祉という優越的理由に抵触するのを上申することができる。い

---

　9 ; Herrler, in : a.a.O.,Rn10.
31) 　Holzborn/Jänig, in : a.a.O.Rn 10.
32) 　Begr. RegE UMGA, BT-Drucks 15/5092, S. 24.
33) 　G.Bezzenberger/T.Bezzenberger, in : a.a.O., Rn 184 ; Holzborn/Jänig,in : a.a.O.,Rn 11 ; Zieglmeier, Die Systematik der Haftung von Aufsichtsratsmitgliedern gegenüber der Gesellschaft, ZGR 2007, 144, S.154.
34) 　Holzborn/Jänig, in : a.a.O.,Rn 11.

うまでもなく、会社による訴訟物の自由処分は許されない。そのほか、会社は、後述のように自己の名義で提訴することによって株主による提訴を不許可にさせることもできる。その意味において、提訴手続に対する相当程度のコントロール機能は会社に与えられているといえよう。

(3) 裁判所の決定

提訴許可が申し立てられると、訴訟物たる会社の損害賠償請求権の時効は、確定力のある申立不許可決定まで、または提訴が許可された場合に提訴される期間到来までは中断される（148条2項5文）[35]。裁判所による決定がなされる前に、相手方には意見陳述の機会が与えられなければならない（148条2項6文）。裁判所は、きちんとした理由に基づいて決定を言い渡さなければならない。決定の形式や、内容および告知については判決に関する規則が準用される[36]。上場会社の場合には、株式法149条1項に基づいて会社の公告紙にも当該決定が公告されなければならない。裁判所の言い渡した決定に対して、即時抗告（sofortige Beschwerde）は認められるが、再抗告（Rechtsbeschwerde、法律違反を理由とする抗告）は認められない（148条2項7・8文）。

3 会社の提訴

ドイツ株式法148条は、株主代表訴訟について規定するが、その3項において会社自身による提訴や会社による係属中の株主代表訴訟の承継についても規定をも設けている。その理由について、政府草案理由書は、代表訴訟によって行使される請求権の持ち主があくまでも会社自身であることを挙げている[37]。

(1) 会社による訴訟追行

会社自身は、当然にいつでもその法律上の損害賠償請求権を行使することができる（148条3項1文前段）。「いつでも」というように法文上規定される以上、前述の株主による提訴許可手続中であろうと、または後述のように株主代表訴訟が係属中であろうと関係なく、会社はその損害賠償請求権を行使できること

---

[35] その根拠条文はドイツ民法209条であるとされ、それによれば、消滅時効が中断される場合の時間は時効期間に算入されないと規定される。
[36] Holzborn/Jänig, in : a.a.O.,Rn 11a.
[37] Begr. RegE UMGA, BT-Drucks 15/5092, S. 23.

となる。会社提訴によって，提訴許可手続や係属中の株主代表訴訟は「不適法(Unzulässigkeit)」となる（同条同項同文後段）。その結果，提訴許可手続や係属中の株主代表訴訟は，自動的に中止となるか，またはある種の擬制によってもはや係属できなくなると解される[38]。また，会社提訴は，同じ訴訟物をめぐって，訴訟が係属中であるにもかかわらず，新たな訴訟提起に当たることであるが，これはドイツ民事訴訟法261条3項1号という規定に反するという抗弁を受けて対抗されることもない[39]。会社の提訴がなされた場合に，訴訟許可手続や代表訴訟に関してかかった費用は，一般的に会社が負担しなければならないと解される。というのは，株主が当事者適格を有しないという「不適法」によって関連手続が中止させられたのではないからである[40]。

しかしながら，会社による新たな提訴について批判があるのも事実である。訴訟許可手続の段階において会社による新たな提訴の問題がそれほど明らかに現れないかもしれないが，株主代表訴訟が係属中の場合には，当該問題が顕著に現れると思われる。たとえば，まずは，被告側から見て，これまで訴訟行為のため費やした時間や金銭，訴訟行為を通して確定された証拠などが無駄となり，会社提訴は訴訟不経済であるだけではなく，不公平でもあるという問題がある[41]。つぎに，このような形で会社による訴訟手続への関与が認められると，被告に有利な結果（有利な判決や和解による解決）が得られるように会社は提訴権を濫用するおそれがあるという問題もある。

株式法は，株主代表訴訟制度を導入した一方，147条に規定される株主総会決議による会社の損害賠償請求権行使制度をも残している。それは会社による新たな提訴を認めるとした株式法上の構造的な理由であると考えられるが，会社による新たな提訴が惹起した問題も注目に値するものである。

(2) 会社による係属中の株主代表訴訟の承継

会社は，自ら新たな訴訟を提起せず，株主が提起した訴訟を承継することができる（148条3項2文）。こうした訴訟の承継は，一般的に原告側の適法な当

---

[38] Holzborn/Jänig, in : a.a.O.,Rn 12.
[39] ドイツ民事訴訟法261条3項1号は，訴訟係属が存続している間に当事者は訴訟事件を他に継続させることができないと規定する。
[40] Holzborn/Jänig, in : a.a.O.,Rn 12.
[41] Bork, Prozessrechtliche Notiz zum UMAG, ZIP 2005, 66,S.67 ; G.Bezzenberger/T. Bezzenberger, in : a.a.O., Rn 211 ; Herrler, in : a.a.O.,Rn14.

事者変更（Parteiwehsel）と捉えられており[42]，被告側および原告側のいずれかの同意を必要としない。会社による訴訟承継が生じた結果，提訴した少数株主は排除されることとなる。前述の会社による新たな提訴と異なって，訴訟承継の場合には，その前提として，承継の時点において株主代表訴訟が係属中であり，会社はこれまでの訴訟行為ならびに証拠取調べの成果に拘束される。当然のことながら，費用負担を伴う判決は，会社に対してのみ下される。この場合に，後述のように承継までの手続に関してかかった費用は会社が負担する（148条6項4文）。

(3) 株主の第三者としての訴訟参加

会社による新たな訴訟提起，または代表訴訟の承継によって提訴許可申立人たる株主または原告株主は訴訟行為の主当事者から退くこととなるが，それは，株主がもはや提訴許可手続や訴訟行為には係ることができないことを意味しない。少数株主は，いわゆる第三者としてこれらの手続に参加することとなる（148条3項3文）。この場合における第三者としての参加は，一般的に共同訴訟的な補助参加と解され[43]，少数株主は，補助される側たる会社に対する異議がある場合に，独自に攻撃や防御のような法的手段を用いたり，その他の訴訟行為に従事したりすることも可能である[44]。そのような意味において，株主の第三者としての訴訟参加は，会社による訴権の濫用を一定の程度において抑止することができると期待される。いうまでもなく，少数株主に対して訴訟物の処分権は認められない。

4　株主による提訴

株主代表訴訟を直接規定する条文は，株式法148条4項である。当該条文の内容は，UMAGに関する政府草案では，株式法148条3項として規定されていたが，ドイツ連邦議会の審議において法律委員会の提案を受けて，会社による提訴に関する同条3項が新たに加えられたため，最終的に同条4項とされたという経緯がある[45]。提訴許可を申し立てた少数株主は，裁判所により提訴を許

---

[42]　Bork,a.a.O.,S.67；Holzborn/Jänig, in : a.a.O.,Rn 15；Herrler, in : a.a.O.,Rn14.
[43]　G.Bezzenberger/T.Bezzenberger, in : a.a.O., Rn 215；
[44]　Holzborn/Jänig, in : a.a.O.,14.
[45]　Beschlussempfehlung und Bericht des Rechtsausschluß, Druksache 15/5693,S.9.

可された後，ようやく自己の名義で会社の損害賠償請求権を行使できることとなるが，なお一定の要件を満たさなければならないとされる。

(1) 原告と被告

　原告となる者はいうまでもなく提訴許可手続において許可決定を得た申立人である[46]。こうした株主は，法律上の当事者適格（Prozessstandshaft）がある者として自己の名義で訴える。訴訟手続が開始した後，他の株主は新たに原告側に加わることができないとされる[47]。また，原告株主は，提訴時に限らず，訴訟手続の全過程においても少数株主要件を満たすことがもはや要求されない。というのは，前述のように株式法148条1項1文によれば，提訴許可手続の開始時に少数株主要件が満たされたのであれば足りるとされ，そしてまた148条4項がそれについてもとりわけ規定していないからである[48]。

　当該責任追及訴訟（Haftungsprozess）の被告は，株式法147条1項において明らかにされた損害賠償請求権の債務者たる者でなければならない（148条4項2文）。具体的にいうと，それらの者は，株式法46条ないし48条，53条に基づいて会社の設立に関し発生した責任を負う者，または会社の業務執行に関し発生した責任を負う取締役会もしくは監査役会の構成員，または株式法117条に基づいて会社への影響利用に関し発生した責任を負う者とされる。

　原告株主は，一般原則に従い，説明および立証に関する情報提供義務（Informationlast）を負担しなければならないため，株式法142条に基づく特別検査（Sonderprüfung）を通して関連情報の入手を図ることができる。なお，個々の場合において，いわゆる業務執行機関に関する規則に基づいて関係機関は関連情報を提供する義務を負うため，原告株主はこうした形での情報入手も可能であろう。株主の提訴に対して管轄権を有する裁判所は，提訴許可手続に対して管轄権を有した裁判所と同じであり（148条4項1文），提訴による請求内容は，提訴許可手続を通して得た許可決定の範囲内に限ると解される[49]。

---

[46]　Begr. RegE UMGA, BT-Drucks 15/5092, S. 23.
[47]　Begr. RegE UMGA, BT-Drucks 15/5092, S. 23.
[48]　Herrler, in : a.a.O., Rn16. これに対して，特別検査役選任の申立てについて，株主は，当該申立てに関する決定が言い渡されるまでは少数株主要件を満たさなければならないと要求される（142条2項2文）。
[49]　Holzborn/Jänig, in : a.a.O.,15.

(2) 適法な提訴要件

株主は，提訴許可に関する法的な確定力のある決定が下されてから3カ月以内に訴えなければならない（148条4項1文）。ただ，留意しなければならないのは，株主が直ちに提訴をできるのではなく，提訴する前に再度相当な期間内において会社自身が提訴をするよう請求することが義務付けられていることである。もっとも，こうした請求が無駄であれば，再度の提訴請求はなされなくてもよい（148条4項1文）。相当な期間については，前述のように2カ月と解されるが，再度提訴請求の要件は，政府草案では要求されておらず，ドイツ連邦議会の審議中に法律委員会の提案に基づいて立法者によって新たに追加されたのである[50]。再度提訴請求の要件の追加は，提訴権があくまでも会社自身にあるという理由によったのではないかと推測される。

(3) 他の株主による訴訟の補助参加と訴訟の併合

提訴許可決定を得た株主によって，代表訴訟が提起されると，その他の株主はもはや訴訟参加（補助参加，Nebenintervention）することが許されない（148条4項3文）。その他の株主とは最初から提訴許可手続に参加していない株主を意味する。その理由として，少数株主要件を満たすために補助参加を許す必要がないというものがあげられる。そのほか，政府理由書は，提訴許可手続が開始した後株式を取得するというような，148条1項1号に抵触する者が訴訟参加することを排除するためという理由をも述べている[51]。補助参加しようとする株主が148条1項1号の要件を満たしたことについて証明さえすれば，この要件をそれほど困難なくクリアできると思われるが，その他の株主による補助参加を排除する真の意図は，手続の複雑化を避けるためではないかと推測される。

なお，異なる少数株主グループによる複数の代表訴訟が係属する状況が生じた場合には，訴訟行為および判決の合一的確定のために訴訟の併合（Klageverbindung）がされなければならないとされる（148条4項2文，ドイツ民事訴訟法147条）。

---

50) Beschlussempfehlung und Bericht des Rechtsausschluß, Druksache 15/5693, S.9.
51) Begr. RegE UMGA, BT-Drucks 15/5092, S. 23.

5 判決および和解の法的効力

(1) 判　決

　損害賠償請求権手続に係る判決は，会社のみならず，当該手続に参加していない株主をも含めて株主全員に対して法的効力（Rechtskraft）を有する（148条5項1文）。ここにいう判決とは，株式法148条4項による株主代表訴訟に対する判決であろうと，または同法同条3項による会社自身の提訴に対する判決であろうと問わない。いうまでもなく，判決の法的効力に対抗するために被告が新たな訴訟を提起することはもはや許されない。問題は株主代表訴訟の場合に勝訴判決が得られたにもかかわらず，会社が相当の期間を経てもなお判決の執行を求めないとき，提訴した株主がどのような対応をできるかである。これについて，提訴許可申立者という地位にある株主が会社に対して債務名義の譲渡（Titelberttagung）を請求する権利を有するべきであり，それによって判決の執行を求めることができると解される[52]。そうすると，会社の損害賠償請求権の実効化は最終的に図られると考えられる[53]。

　他方，判決と異なって，提訴許可申立てに対する決定は，当該当事者に対するのみ法的効力を有する。提訴許可の申立てが認められ，または拒絶された場合には，他の株主が再度提訴許可を申し立てるか否かはその自由意思によることとなる。

(2) 和　解

　同じ訴訟物に対して，会社の訴訟提起，会社の訴訟の承継または株主代表訴訟が規定されているため，会社または株主による和解（Vergleich）が想定される。以下，株主による和解と会社による和解に分けて和解をみることとする。

　第一は，株主による和解についてである。株主代表訴訟の場合に，株主は被告側と和解することができ，当該和解は会社のみならず，訴訟に参加していな

---

52) Holzborn/Jänig, in : a.a.O.,Rn 18; Herrler, in : a.a.O.,Rn 19.
53) 日本においても，代表訴訟の判決後原告株主による損害賠償請求権の実効化の担保措置をめぐる議論がある。多数説は，代表訴訟制度の実効性を担保する見地から判決後株主による執行保全手続（仮差押えなど）や強制執行を認めるとしている（中野貞一郎「代表訴訟勝訴株主の地位―第三者の訴訟担当と執行担当―」判例タイムズ944号41頁（1997年），など参照）。他方，それを否定する説も有力的に主張されている（伊藤眞「株主代表訴訟の原告株主と執行債権者適格（上）（下）」金融法務事情1414号6頁（1995年），同1415号13頁（1995年）参照）。

い他の株主に対しても効力が生ずる（148条5項2文）。148条は和解の要件について明文化していないため，提訴株主はどのような前提要件の下で和解をできるかが問題となる。株式法は，会社の損害賠償請求権の放棄や和解について①賠償請求権が発生してから3年が経過したこと，②株主総会が同意したこと，および③合計して基本資本の100分の10に相当する株式を有する少数株主が当該議事録に対し異議を述べていないことといった要件を定めている（93条4項3文）。株主代表訴訟において行使されるのは会社の損害賠償請求権であるため，こうした要件は株主代表訴訟の和解に対しても適用されると一般的に解される。ただ，さらに問題となるのは株主代表訴訟の和解が①にいう3年閉鎖期間（dreijährige Sperrfrist）の要件に縛られるかどうかである。政府草案理由書は例外なく①の要件が満たさなければならないとしている[54]。そうすると，株主は提訴してから和解によって訴訟を終了させるためには会社の賠償請求権が発生してから3年が経過することを待たなければならず（実際に3年より短いはずである），その結果，処分権主義の観点から提訴株主の処分権が過度に縛られるおそれがあろう。そこで，会社自身による和解の場合より，株主代表訴訟の場合の和解に対する和解要件の適用を緩和すべきであり，つまり①の要件の適用は排除されるべきであると多数説は主張している[55]。会社による訴訟和解の場合ではないが，会社による訴訟の取り下げについて株式法は，①の要件の適用例外を認め，前述の②および③の要件の適用を要求するにとどめる（148条6項4文）。こうした規定は，株主代表訴訟の和解に対し①の要件が不適用であるべきとする主張を裏付けているといえよう。

　なお，提訴許可手続において，申立人たる少数株主が相手方と行った和解は，当事者間においてのみ効力を有し，会社およびその他の株主に対して一切効力を有しないと解される[56]。

　第二は，会社による和解についてである。会社が自ら提訴し，または株主代表訴訟を承継し，訴訟を遂行する場合に，和解による訴訟の終結も認められる。和解の効果は，株主のすべてに対して及ぶ（148条5項2文）。会社による和解に対する株式法93条4項3文の規定の適用について，政府草案理由書は，例外

---

54) Begr. RegE UMGA, BT-Drucks 15/5092, S. 23.
55) Holzborn/Jänig, in : a.a.O.,Rn 20 ; Herrler, in : a.a.O.,Rn 21 ; G.Bezzenberger/T.Bezzenberger,in : a.a.O., Rn 244.
56) Herrler, in : a.a.O.,Rn 21.

なくとしている[57]が，学説の多くは，前述のように3年閉鎖期間の要件の不適用をも主張する。

6　費用負担

　前述のように，株式法は，株主代表訴訟についてかなり複雑な手続規定を設けているため，そうした複雑さは，裁判費用の負担に関する規律においても見られる。株主代表訴訟は会社の損害賠償請求権を行使するための訴訟形態であるため，勝訴しても損害賠償金の給付が会社に対しなされ，その代わりに株主が金銭や時間などの面において多大な負担を強いられる。そのようなことを考慮して，株式法は，裁判関連費用の負担について原告株主の負担の軽減を図ったと考えられる。

(1)　提訴許可手続の費用

　原則的に，提訴許可の申立てが認められない場合に，申立人は提訴許可手続の費用を負担しなければならない（148条6項1文）。しかし，次のような場合には，法は申立人に対して実体法上の費用償還請求権（materiell-rechtlichen Kostenerstattunnganspruch）を与えている。すなわち，それは，会社が提訴許可の申立てがなされる以前に当該申立てが148条1項4号に規定する会社の福祉という優越的理由に抵触していることを告知することができたにもかかわらずそれを告知しなかったため，当該申立てが認められなかった場合である（同条同項2文）。提訴許可の申立てが認められた場合には，裁判費用請求権は最終判決までに留保される。具体的に提訴株主がどのくらいの費用を請求できるかについて裁判所は裁判費用法（Gerichtskonstengesetz）53条1項4号が規定する最高限度額に基づいて自由裁量することとなる[58]。なお，会社が148条3項により自ら提訴した場合に，提訴許可手続の成功の見込みの有無と関係なく，申立人は実体法上の費用償還を請求することができる（148条6項4文）。

(2)　訴訟手続費用

　ドイツにおいて，民事訴訟に関する裁判費用請求権は通常責任訴訟の最終判決（Endurteil）によって裁定される（ドイツ民事訴訟法91条以下）。ただ，株主

---

57)　Begr. RegE UMGA, BT-Drucks 15/5092, S. 23.
58)　Herrler, in : a.a.O.,Rn 23.

代表訴訟の場合には，提訴許可手続が含まれるため，裁判費用の中に提訴許可手続の費用をも含めた形で，裁判費用のすべては最終判決において裁定されることとなる（148条6項3文）。株主代表訴訟が最終的に株主の勝訴に終わった場合に，株主は，実体法上の費用償還請求権を行使して会社に対し裁判費用の全額を請求することができる。そしてまた，たとえ株主代表訴訟が全部または一部において棄却されたとしても，原告株主が許可の申立てについて，故意または重大な過失のある陳述をしていない限り，会社は原告株主の負担した費用を償還しなければならない（148条6項5文）。それは，訴訟の目的や趣旨に鑑みて，粗雑な手続進行や不必要な費用負担を防止するためであるとの理由によると説かれる[59]。この請求権も株式法が原告株主に与えた実体法上の費用償還請求権である。なお，会社が提訴許可手続の開始後，自ら提訴した，または株主代表訴訟を承継した場合に，当該提訴が提起され，または株主代表訴訟が承継されるまでの間においてかかった相当な費用を会社は負担しなければならない（同条同項4文）。

(3) **代理費用**

株式法によれば，訴追のために複数の代理人（Bevollmächtigter）が必要である場合を除いて，申立人としてまたは共同訴訟人として共同して行為した株主が会社に弁済請求できる手続代理費用は全権委譲された代理人に支払った代理費用に限るとされる（同条同項6文）。この規定の趣旨は会社にとって不必要な費用の支出を回避するためである。会社による代理費用負担の例外として，政府草案理由書は次のような場合を挙げた。たとえば，申立人間または共同訴訟人間において極端な利害衝突が生じたため，異なる代理人を選定しないと，通常の手続が進行できない場合には，複数の代理人を選定することがありうる[60]。ただ，居住地が別々であるという理由で複数の代理人を選定することができない。

7 株主代表訴訟の公告

濫用的な訴訟行為を防止するために，株式法は，株主代表訴訟に関する公告制度を設けている。このような公告制度は，上場会社に対してのみ実施され，

---

59) Herrler, in : a.a.O.,Rn 24.
60) Begr. RegE UMGA, BT-Drucks 15/5092, S. 24.

それ以外のいわゆる小規模株式会社は制度の適用から除外される。株式法149条は，提訴許可の申立て，手続の終結（Verfahrensbeendigung，提訴許可手続および代表訴訟手続を含める）を規定するほか，さらにまた手続の終結および訴訟回避のためのすべての取り決めをも公告の対象として規定する。

(1) 公告の義務

　株式法148条に基づく提訴許可が確定された後，会社は直ちに許可の申立て，ならびに手続の終結を会社の公告紙において公告しなければならない（149条1項）。ただ，当該義務を負担しなければならないとされるのは，上場会社だけである。それは，株主全員に株主代表訴訟に関する情報を知らせるためである。小規模株式会社の場合には，株主の数が限られるため，こうした義務負担は必要ではないと思われる。そしてまた，会社公告紙は電子的なものをも含めると解される[61]。

(2) 公告の範囲および公告の法的効果

　まずは，公告の範囲についてである。公告されなければならないとされるのは，手続終結の方式，それに関連して付随的な書面を含めた合意の文面ならびに当事者の名前である（149条2項1文）。手続終結の方式とは，終結判決，和解，訴えの取下げ，免責宣言などを意味し，そして当事者とは，会社，申立人または原告，ならびにそうした者の利益のために行為した第三者，つまり手続の終結に関わった当事者およびその代理人を指すとされる[62]。さらに，法がとくに公告の中心内容としたのは，会社により，または会社に帰属するとされる第三者によりなされる財産的価値のある給付（vermögenswerte Leistung）である（149条2項1文）。政府草案理由書によれば，いわゆる財産的価値のある給付とは，訴訟費用および経費の支払，和解に関し合意した和解金，損害賠償の支払，助言や鑑定意見や経済的な成果に関する報酬，助言依頼のような法律行為上の債務などをいうとされる[63]。こうした給付はあくまでも手続の終結と関連する給付であって，それが直接または間接に申立人または原告株主の利益となったか否かは重要でない。そしてまた，こうした給付は，公告において項目（態様や

---

61) Holzborn/Jänig, in : a.a.O., §149,Rn 2.
62) Begr. RegE UMGA, BT-Drucks 15/5092, S. 24.
63) Begr. RegE UMGA, BT-Drucks 15/5092, S. 24.

金額）ごとに明記されなければならない（149条2項2文）。なお，株主は，会社に対し給付の公告をなすよう請求する権利をも有する[64]。

つぎに，公告の法的効果についてである。完全な公告は，給付義務負担の効力が発生する前提要件（Wirksamkeitvoraussetzung）である（149条2項3文）。公告義務が履行されていないにもかかわらずなされた給付は無効であるため，こうした給付に対して，不当利得としてそれを返還請求することができる[65]（同条同項5文，ドイツ民法812条1項1文）。ただ，手続の終結を導いた訴訟行為の効力は影響を受けない（149条2項4文）。

さらに，訴訟回避のための合意についてである。公告義務およびそれに違反した場合の法的効果について前述の規定は，同様に訴訟回避のための合意に対しても適用される（149条3項）。いわゆる訴訟回避のための合意とは，提訴許可手続の取下げ，和解による許可手続の終結，提訴許可を得た後の代表訴訟の不提起などの場合に当たると考えられる。

第3節　ドイツ株式法における株主代表訴訟の特徴とその評価

本稿第2節において概観したドイツ株式法における株主代表訴訟の構造から，主として①濫訴防止のための強い姿勢，ならびに②会社による訴訟介入の強化という二つの特徴を見出すことができると考える。

1　濫訴防止のための強い姿勢

第一は，株式法は株主代表訴訟の手続を明確に二段階に分けていることである。第一段階の手続は，提訴許可手続で，第二段階の手続は本来の代表訴訟手続である。原告株主は，第一段階では申立人として裁判所に対し提訴許可を申立てして，裁判所が厳格な審査した上で，法定の要件を満たしたと認めた場合に，ようやく第二段階の手続である代表訴訟を提起できることとなる。

第二は，①持株数が基本資本の100分の1，または持株の金額が10万ユーロに達するという少数株主要件，②行為時株主要件，③会社の福祉という優越的理由に抵触しない要件といった提訴許可のための厳しい要件が設けられている

---

[64]　Begr. RegE UMGA, BT-Drucks 15/5092, S. 25.
[65]　Begr. RegE UMGA, BT-Drucks 15/5092, S. 25.

ことである。

　第三は，上場会社に限るとされるが，代表訴訟に関する公告制度が設けられていることである。この制度の下では，提訴許可の手続と代表訴訟の手続の終結方式やそれに関連する付随的書面を含めた合意の文面ならびに当事者の名前が公告されなければならないほか，公告の中心内容とされるのは，会社により，または会社に帰属するとされる第三者によりなされる財産的価値のある給付である。

　株主代表訴訟の提訴に関し提訴許可が必要とする株式法上の制度設計，ならびに提訴許可を得るための厳しい要件は，ドイツには代表訴訟の濫用に対して相当な不安があるということを考慮してなされたのではないかと推測される。ただ，これらの厳しい要件は，次のような問題を有することを指摘したい。まずは，①の少数株主要件についてであるが，持株数が基本資本の100分の10以上に達する株主には提訴強制権を付与した株式法147条2項の規定と比較して，株式法は持株数が基本資本の100分の1に達する株主に提訴許可申立人という当事者格を付与し，少数株主要件を緩和したものの，この少数株主要件をクリアできるのはけっして容易なことではない。つぎに，②の行為時株主の要件についてであるが，この要件が濫訴防止に対して一定の効き目があることは否めないものの，この要件について最も問題とされるべき点は，善意・無過失で株式を取得した株主が代表訴訟の提起から排除されることである[66]。さらにまた，③の会社の福祉という優越的理由に抵触しない要件についてであるが，この要件がもっとも強力と思われるところは，株式法148条1項1号ないし3号に規定する要件をクリアしたとしても，提訴が会社の福祉という優越的理由に抵触すると判断された場合に，提訴が認められないとされることである。したがって，運用の結果いかんでは，この要件が必要以上に代表訴訟の提起を阻碍してしまうこともあり得る。

---

66)　アメリカでは，このような問題を指摘する学説や，カリフォルニア州会社法のような，行為時株主の要件を柔軟に取り扱う州法がみられる（詳細については，周・前掲注2）29頁以下参照）。日本では，2001年商法改正（議員立法）の原案には行為時株主の原則の導入が提案されたが，この提案は厳しく批判され（たとえば，岩原紳作「株主代表訴訟」ジュリスト1206号131頁（2001年）など参照），結局，提訴株主の善意・無過失の証明が困難という理由で削除された。

2 会社による訴訟介入の強化

　まずは，株式法は代表訴訟を通して会社の損害賠償請求権を貫徹し，実現しようとする株主に2回の提訴請求を義務付けている。つまり，株主は，提訴許可を申し立てる前のみではなく，裁判所より提訴許可を得てから，代表訴訟を提起する前にも会社に対し提訴請求をしなければならない（148条1項2号・4項1文）。株式法は，会社の考慮期間について明文化しておらず，相当な期間と規定するにとどめる。つぎに，会社は，いつでも自ら提訴することができると規定されている（148条3項1文前段）。さらに，会社は，係属中の代表訴訟を承継することができるとも規定されている（148条3項）。

　株式法における会社による訴訟介入の強化について，政府草案理由書は，代表訴訟によって行使される請求権の持ち主があくまでも会社自身であるという理由を挙げている。代表訴訟の提起前に会社に対する株主の提訴請求は会社に自ら提訴をするかどうかを考慮する機会を提供し，会社自身による提訴を促すために必要不可欠な手続であり，要するに代表訴訟の代位訴訟性に基づく要請である。したがって，政府草案理由書の挙げた理由は妥当なものである。それにしても，株式法上の会社による訴訟介入の強化はやや行き過ぎではないかと思われる。というのは，それによって株主の代表訴訟提起権の行使が必要以上に制限され，代表訴訟がほとんど機能しないという結果が招かれるおそれがあるからである。なお，ドイツにおいて株式法上の会社による訴訟介入の強化に対し批判があることはすでに述べたとおりである（第2節3の(1)）。

第4節　まとめ

　以上，ドイツ株式法における株主代表訴訟の構造，その特徴およびそれに対する若干の評価を述べた。19世紀半ば頃行われた論争を経て株主代表訴訟の導入を拒否するという結論に至ったドイツ法は，ほぼ一世紀半を経て代表訴訟を導入した。これは，いうまでもなくドイツ会社法制史上画期的な立法であり，高く評価されるべきことである。ただ，すでに明らかにしたように，ドイツにおいて，株主代表訴訟の提起手続は複雑で，要件も相当厳しく，また会社による訴訟介入が必要以上に強化されているため，提訴は実際に困難であると推測

される[67]。事実，ドイツにおいて株主代表訴訟は訴訟の洪水をもたらすよりも，むしろ実務的に意味のないものになっている[68]とか，立法者の期待に応えていない[69]などといった批判がすでに現れ，その改善提案もなされている。しかしながら，株主代表訴訟が日本法に導入されてから40数年の歳月を経てようやく機能し始めたことに鑑みれば，株主代表訴訟はドイツ法にとって本来馴染みのない制度であるため，それが本格的に機能し始めるにはなお一定の時間的猶予が必要であろう。

---

[67] ドイツにおいて株主代表訴訟はほとんど利用されていないといわれる（松井秀征「ドイツにおける株式会社法性の運用実態と我が国への示唆（上）」商事法務1941号29頁（2011年），高橋英治『ドイツ会社法概説』116頁（有斐閣，2012年）参照）。
[68] Schmolke, Die Aktionärsklage nach §148 AktG, ZGR 2011, 398, S.399.
[69] Habersack, Perspektiven der aktienrechtlichen Organhaftung, ZHR 177（2013）782,S.790.

第4章　企業再編

ドイツ組織再編法における債権者保護制度
―株式会社の合併・分割の規制を中心として―

受川　環大

第1節　序　説

　ドイツ組織再編法(Umwandlungsgesetz(UmwG) vom 28.10.1994, BGBl. I S. 3210)は，合併（Verschmelzung），分割（Spaltung），財産移転（Vermögensübertragung），ならびに法形態の変更（Formwechsel）の4つの組織再編の方法について，「組織再編（Umwandlung）」という名称のもとで一括して規定する法律である[1]。

　合併や分割等の組織再編に参加する会社の債権者は，株主とは異なり，組織再編の実施に対して何の影響力も有していないにもかかわらず，組織再編によって自己の請求権が危殆化され，不利益を被るおそれがある。組織再編当事会社の債権者保護の出発点は，株式会社の設立の一般規定（株式法23-53条）および資本維持に関する規制が組織再編の際にも適用されることにある[2]。

　これに加えて，組織再編法は，債権者保護のための特別な制度を設けている。組織再編全般に共通する制度としては，①組織再編当事会社の担保提供義務（組織再編法（以下では条文のみを引用する）22条，②議決権のない持分所有者の保護に関する特別規定（23条），③組織再編当事会社の役員の損害賠償義務（25条・27条）が規定されている。合併の場合における①②③の諸規定は，分割，財産

---

[1]　組織再編法については，早川勝「翻訳・ドイツ組織変更法」同志社法学49巻4号234頁以下（1998年），高橋英治『ドイツ会社法概説』457頁以下（有斐閣，2012年）参照。
[2]　リューディガー・ファイル＝正井章筰（訳）「企業の組織再編における株主，債権者および労働者の保護―ドイツの規制―」商事法務1950号38-39頁，40頁（2011年）。

移転および法形態の変更においても準用されている（分割について125条，財産移転について176条1項，法形態の変更について204条・205条1項・206条）。

また，分割の場合には，分割会社の財産が減少することや分割当事会社間で資産と負債を任意に振り分けることができることから，分割当事会社の連帯責任の規定（133条）によって債権者保護が補充されている[3]。さらに，人的会社から資本会社への法形態変更の場合には，変更前の人的会社の無限責任社員の継続（変更後5年間）に関する規定が置かれている[4]（224条1項・2項）。

本稿では，わが国の法制度との比較法的考察を行う上で，特に有益と考えられるドイツ法上の合併および分割における債権者保護制度を中心に検討する。

第2節　合併における債権者保護制度

1　総説

組織再編法は，わが国と同じく，合併の種類（方式）として，吸収合併と新設合併を法定しているが（2条），合併に参加できる法的主体（Rechtsträger）の範囲を非常に広範に認めている。すなわち，人的会社（合名会社・合資会社），資本会社（有限会社，株式会社，株式合資会社），登記協同組合，登記社団（民法21条），協同組合組織の会計監査団体，保険相互会社は，財産を移転する法的主体，財産を承継する法的主体または新たな法的主体として合併に参加することができる（3条1項）。しかも，別段の定めがない限り，同一の法形態の法的主体も，異なる法形態の法的主体も同時に参加して合併を行うことができる（同条4項）。

合併法制において，債権者保護制度の中核を占めるのは，合併当事会社の担保提供義務（22条）であるが，議決権を持たない特別の権利の所持人の保護を図る規定（23条）のほか，財産移転会社（消滅会社）の役員の損害賠償義務の

---

[3]　ドイツ法上の会社分割における債権者保護に関する先行業績として，牧真理子「ドイツ組織再編法における債権者保護規定－会社分割法制の考察」藤田勝利先生古稀記念論文集『グローバル化の中の会社法』339頁以下（法律文化社，2014年），拙稿「会社分割における債権者保護－ドイツ組織再編法の検討を中心として」正井章筰先生古稀祝賀『企業法における現代的課題』55頁以下（成文堂，2015年）参照。

[4]　拙稿「人的会社から物的会社への組織変更－ドイツ組織再編法の検討を中心として」国士舘法学23号18-19頁（2001年）。

規定（25条）も置かれている。以下においては，わが国の法制度との比較の便宜上，株式会社間の合併を中心に検討する。

2　合併当事会社の担保提供義務

(1)　概要と立法趣旨

　合併当事会社（消滅会社，存続会社および新設会社）は，その所在地の登記簿に合併登記が公告された日から6か月以内に，債権者が自己の請求権についてその発生原因および金額を記載した請求書を書面で届け出たときは，当該債権者が弁済を求めることができない限りにおいて，これに対して担保を提供しなければならない（22条1項1文）。

　合併は，合併当事会社の一部または全部の債権者の地位を悪化させる可能性があるので，22条は，合併によって生じる請求権の危殆化から，債権者を保護することを目的として規定している[5]。担保提供を求めることができる債権者とは，自己の請求権の弁済期が到来しておらず，直ちに弁済を求めることができないため，その請求権が合併によって危殆化されるおそれがある合併当事会社の債権者である[6]。22条は，すべての合併事例に直接適用される[7]。

(2)　沿　革

　1937年改正前の商法典（HGB）においては，合併によって相手方会社を吸収する会社は，解散会社の債権者に対し，会社公告紙に3回にわたって債権の届出をするよう催告した後1年間を経過するまでは，合併当事会社の財産を合一することはできず，分離して管理しなければならないと規定されていた（1937年改正前商法306条2項・297条5項）。この財産の分離管理制度は，債権者の保護には厚いが，会社財産を即時に合一する合併の経済的目的と相容れず，実際問題としても，合併した会社の財産を分離したまま管理し，経営せよと要求することは無理な注文であったことから，財産の分離管理規定はしばしば無視されたといわれている[8]。

---

[5]　Maier-Reimer/Seulen in Semler/Stengel, Umwandlungsgesetz, 3.Aufl. 2012. §22 Rn.1.
[6]　Maier-Reimer/Seulen in Semler/Stengel, a.a.O.（Fn. 5), §22 Rn.3.
[7]　Maier-Reimer/Seulen in Semler/Stengel, a.a.O.（Fn. 5), §22 Rn.2. ただし，国境を越えた外国会社との合併については，122j条が別段の定めをしている。
[8]　田村諄之輔『合併手続の構造と法理』117-118頁以下（有斐閣，1995年），柴田和史「合併法理の再構築（二）－吸収合併における合併対価の検討」法学協会雑誌105巻2号68

そこで，1937年株式法（Aktiengesetz）は，財産の分離管理制度を廃止し，債権者の担保提供制度を創設した（1937年株式法241条）。債権者保護手続は完全に事後的救済の問題となり，合併登記後に，消滅会社の債権者についてのみ行われた。債権者保護手続は，実質的には資本減少の場合と同様である。1965年株式法も，1937年法の手続を承継しており，若干の用語上の変更がなされただけであった[9]（1965年株式法347条）。

22条は，EC第3指令13条[10]を国内法化した株式法旧347条の規定に倣って，財産移転会社（消滅会社）の債権者に加えて，財産承継会社（存続会社・新設会社）の債権者をも保護の対象に拡張した。その理由としては，いずれの合併当事会社が合併に際していかなる役割を引き受けるかは，所在地の優位性，会社名，労働市場などのコントロールできない要因によって左右されることが指摘されている[11]。

(3) 権限のある債権者

22条は，契約上の請求権，条件付請求権または期限付請求権，不法行為や厳格責任（Gefährdungshaftung）に基づく請求権など，いかなる法律上の根拠に依拠するものであれ，当該請求権を有する債権者が合併前にすでに合併当事会社の債権者であった場合には，すべての種類の請求権を有する債権者に適用される[12]。ただし，合併によって初めて成立する株主の金銭代償請求権や補償請求権（裁判手続法（SpruchG）15条，29条以下），23条による特別の権利の所持人には適用されない[13]。

合併当事会社に対して債務の履行を請求できない，したがって未だ履行期が到来していない債権者のみが，担保提供請求権を有する。請求権の履行期が到

頁以下（1988年）。Schaumburg・Rödder, UmwG・UmwStG, 1995, §22 Rn.6. 同書は，条文ごとに組織再編法整備法の政府草案理由書（Gesetzentwurf eines Gesetzes zur Bereinigung des Umwandlungsrechts (UmwberG), Bundesrat-Drucksache 75/94 vom 04.02.94.）を編集したコンメンタールである。本稿では，政府草案理由書の引用は同書の掲載箇所によるものとする。

9) 田村・前掲注8) 118頁以下，柴田・前掲注8) 75頁以下。
10) 1978年10月9日の株式会社の合併に関するEC第3指令（Directive 78/855/EEC）。EC第3指令については，山口幸五郎編『EC会社法指令』117頁以下（同文舘出版，1984年），森本滋『EC会社法の形成と展開』313頁以下（商事法務研究会，1984年）参照。
11) Schaumburg・Rödder, a.a.O. (Fn. 8), §22 Rn.3.
12) Maier-Reimer/Seulen in Semler/Stengel, a.a.O. (Fn. 5), §22 Rn.8-19.
13) Maier-Reimer/Seulen in Semler/Stengel, a.a.O. (Fn. 5), §22 Rn.6-7.

来しているときは,債権者は,給付を請求できるし,また給付を請求すべきである。債権者が請求権を有するかどうかは,合併当事会社に対する請求権の履行期が基準となる[14]。

(4) 請求権の相手方

担保提供請求権は,合併当事会社を対象とするものであり,その機関を対象とするものではない[15]。

(5) 請求権の危殆化

担保提供請求権の成立要件は,保護されるべき債権者の請求権の危殆化が確実なものとなることである。危殆化は,財産承継会社の新たな法形態・資本構成または合併の法律効果によって引き起こされる[16]。たとえば,支払能力ある会社が支払不能の会社と合併するときは,前者の会社の財務状況が悪化することがある。もっとも,危殆化は,財産承継会社が合併の直接の結果として債務超過または支払不能である場合にだけ生ずるものではない。危殆化が生じているか否かは,弁済期の到来している債務,自己資本比率と現在の支払能力との現実的ないしは予見可能な関係,資本の活用と達成可能な現実ないしは予見可能な支払能力との関係等のような,一般的な経営学上の基準をもって判断されるべきである[17]。

また,組織再編法による合併の法律効果それ自体が会社資産を減少させ,債権者の地位を悪化させることもあり得る。すなわち,合併当事会社の株主に対する金銭による追加の支払補償および金銭代償は,会社の資産を減少させ,支払能力を低下させるものである[18]。

さらに,担保提供請求権の成立には,請求権の具体的な危殆化が必要である。請求権の危殆化は,損失発生の確実性を意味するものではないが,重大な経営状況の悪化だけでは足りない。少なくとも債務者たる合併当事会社が当該債権の支払期限に市場で信用を維持できなくなるか,または債権者に対する給付が履行されていないときは,債権者が担保提供を受けることなく引き続き契約を

---

14) Maier-Reimer/Seulen in Semler/Stengel, a.a.O. (Fn. 5), §22 Rn.36.
15) Maier-Reimer/Seulen in Semler/Stengel, a.a.O. (Fn. 5), §22 Rn.45.
16) Maier-Reimer/Seulen in Semler/Stengel, a.a.O. (Fn. 5), §22 Rn.20.
17) Maier-Reimer/Seulen in Semler/Stengel, a.a.O. (Fn. 5), §22 Rn.21-22.
18) Maier-Reimer/Seulen in Semler/Stengel, a.a.O. (Fn. 5), §22 Rn.29-30.

締結することができないといった程度に悪化していることが必要である[19]。

債権者の請求権が合併によって危殆化されるかどうかは，承継会社の資産状況のみならず，その資産・財務・収益状況および既存の担保（保証）に基づいて判断しなければならない。将来に履行期が到来する請求権については，現在の資産状況よりも，収益力のほうがはるかに重要である[20]。また，請求権の危殆化は，合併を直接の原因として生じることが必要である。合併前の状況があまり良くなかった場合には，危殆化は合併によって生じたものではない。これに対し，既に生じていた請求権の危殆化がさらに重大なものとなったときは，担保提供請求権は成立する[21]。

(6) 疎 明

債権者の担保提供を求める権利は，債権者が合併によって，自己の請求権に対する履行が危殆化することにつき疎明したときに限り，債権者に帰属するものとする（22条1項2文）。22条は，一方では，株式法旧347条の規定とは異なり，債権者の負担を軽減するために，請求権の危殆化の証明（Nachweis）ではなく，疎明（Glaubhaftmachung）で足りるものとしている。他方では，財産移転会社の債権者のほうが財産承継会社の債権者よりも保護の必要性が大きいと考えられるので，財産移転会社の債権者もまた，自己の請求権の危殆化の場合にのみ担保提供を請求することができる[22]。

(7) 担保提供請求権の申告期間

債権者は，自己の請求権を6か月以内に申告する場合にだけ，担保提供請求権を有する。この期間は除斥期間であり[23]，債務者である合併当事会社の登記簿における合併登記の公告をもって開始する。したがって，この期間は，合併当事会社ごとに別々に算定されなければならない[24]。

登記裁判所は，合併の公告において，担保を請求する権利およびその請求期間を表示しなければならない。この義務の違反は民法839条の職務上の責任に

---

19) Maier-Reimer/Seulen in Semler/Stengel, a.a.O. (Fn. 5), §22 Rn.32.
20) Maier-Reimer/Seulen in Semler/Stengel, a.a.O. (Fn. 5), §22 Rn.33.
21) Maier-Reimer/Seulen in Semler/Stengel, a.a.O. (Fn. 5), §22 Rn.34.
22) Schaumburg・Rödder, a.a.O.(Fn. 8), §22 Rn.5.
23) Maier-Reimer/Seulen in Semler/Stengel, a.a.O. (Fn. 5), §22 Rn.39.
24) Maier-Reimer/Seulen in Semler/Stengel, a.a.O. (Fn. 5), §22 Rn.38.

基づく請求権を生じさせるが、請求期間の開始を妨げるものではない[25]。

(8) 債権の届出

債権者は、自己の請求権についてその発生原因および金額を記載した請求書を書面で届け出なければならない。これによって、合併当事会社の取締役にとっても、広範な経営上の取扱いが容易となる[26]。

債権の届出のためには、請求権が明確でありかつ金額が確定されている程度の表示が必要であり、またそのような表示で十分である。既に発生している損害賠償請求権について、損害額が未だ確定されていないときは、金額の表示は困難となる。債権者は、場合によっては、損害額を査定し、または最低額を示さなければならない[27]。

(9) 合併当事会社の債務の履行

担保提供請求権は、合併によって初めて成立し、ただちにその履行期が到来する。担保提供請求権は、合併の効力発生時にはまだ履行期が到来していないが、6か月の期間の経過前に履行期が到来する請求権についても成立する。合併当事会社は、法定の要件に基づき申し出られた担保請求についての履行を遅滞したときは、損害賠償義務を負う[28]。

(10) 担保の金額と種類

担保の金額は、債権者に対する弁済を保証すべきものであるから、給付されるべき担保の金額は、原則として保証される債権の額を基準とするが、債権者の具体的な保護の必要性によって修正されることもある。停止条件付請求権は、その条件成就がきわめて確実である場合には、満額で担保を提供しなければならない。その条件成就がそれほど確実でない場合には、担保を提供する必要はない[29]。

担保提供請求権は、民法232条以下の方式での担保を意味する。したがってまずは金銭の供託が考慮され、次に安全確実な上場無記名証券、白地式裏書の

---

[25] Maier-Reimer/Seulen in Semler/Stengel, a.a.O. (Fn. 5), §22 Rn.44.
[26] Schaumburg・Rödder, a.a.O.(Fn. 8), §22Rn.3.
[27] Maier-Reimer/Seulen in Semler/Stengel, a.a.O. (Fn. 5), §22 Rn.41.
[28] Maier-Reimer/Seulen in Semler/Stengel, a.a.O. (Fn. 5), §22 Rn.42.
[29] Maier-Reimer/Seulen in Semler/Stengel, a.a.O. (Fn. 5), §22 Rn.48.

ある指図証券またはドイツ連邦または州に対する国家債務原簿等の供託が挙げられる。いかなる種類の担保を提供するかの選択権は，担保提供義務者たる合併当事会社に帰属するが，強制執行の場合には，債権者が選択することができる[30]。

(11) **担保提供請求権の実現**

債務者たる合併当事会社が担保提供義務を履行しないときは，債権者は，担保提供を求める訴えによって，また場合によってはその仮処分の申立てをもって，担保提供請求権を行使することができる。訴えによるかまたは仮処分申立てによるかの選択権は債務者に認められているので，申立ては，債務者の選択により，民法232条に規定された方式のうち，一定額の担保給付を債務者に命ずる内容のものでなければならない[31]。

(12) **担保提供請求権の排除**

合併当事会社が破産した場合には，法律の規定により債権者の保護のために設けられかつ国が監督する塡補財団から優先弁済を受ける権利を有する債権者は，担保提供を請求する権利を有しない（22条2項）。この例外は，債権者が既に他の方法で十分に保証されている場合には，担保提供請求権を認める必要がないと考えられたことによる[32]。

また，学説の多数説によれば，債権者が既に民法232条によって保証を受けているときは，担保請求権は成立しないし，債権者がその他の経済上同等の保証を享受できるときも同様に解されている[33]。

3 特別の権利の所持人の保護

(1) 概要と立法趣旨

株式会社間の合併の場合には，財産移転会社において，議決権を付与されていない権利の所持人，特に議決権のない持分，転換社債，利益配当付社債および享益権（Genußrecht）の所持人に対しては，財産承継会社における同等な価

[30) Maier-Reimer/Seulen in Semler/Stengel, a.a.O.（Fn. 5），§22 Rn.52. 民法232条は，担保提供の種類として，金銭または有価証券の供託などを規定している。
[31) Maier-Reimer/Seulen in Semler/Stengel, a.a.O.（Fn. 5），§22 Rn.53.
[32) Schaumburg・Rödder, a.a.O.（Fn. 8），§22Rn.8.
[33) Maier-Reimer/Seulen in Semler/Stengel, a.a.O.（Fn. 5），§22 Rn.60.

値のある権利を付与しなければならない (23条)。この規定の基本的な法理念は、同等の価値のある財産権の付与によって、議決権を持たない持分の所持人を保護すること、すなわち財産権の希釈化 (Verwässerung) を防止することである[34]。特別の権利の所持人たる法的地位は、一方では債権法上の債権者の地位に止まるものではないが、他方では議決権の行使によって合併の実施に影響を与える可能性がないものであるから、上記の保護が必要とされる[35]。

(2) 沿革および EU 法の調整

23条は、ドイツ法上は最初に株式法旧347条 a によって導入された「株式会社の合併に関する EU 指令」[36]15条に由来する規定である。EU 指令15条の適用範囲は、EU 法の適用範囲に対応して、株式会社における特別な権利の所持人に限られるが、組織再編法23条は、財産権の希釈化保護の思想を採り入れ、すべての法形態の法的主体の合併についてもその保護範囲を拡張するものである。23条は、EU 指令15条の文脈において解釈されなければならない。株式会社の規定は EU 指令の統一解釈に直接服するものであるが、その他の法形態の規定は、指令を「過剰に導入した規定」として理解することができるのであり、指令の統一基準の解釈はドイツの立法者の意思に依拠するものである[37]。

(3) 23条からの逸脱

23条および同条に依拠する請求権は強行法的なものであり、その請求権は定款または合併契約によっても廃除することができない。合併契約の中で特別の権利の定めを欠いても、請求権を侵害することはない[38]。

(4) 特別の権利の所持人

23条の保護の主体は、財産移転会社における議決権を付与されない諸権利の

---

34) Kalss in Semler/Stengel, a.a.O. (Fn. 5), §23 Rn.1.
35) Schaumburg・Rödder, a.a.O. (Fn. 8), §23 Rn.2.
36) Richtlinie Nr.2011/35/EU des Europäischen Parlaments und des Rates vom 5.4.2011 über die Verschmelzung von Aktiengesellschaften, ABl. EU Nr.L 110,S.1；Richtlinie Nr. 2005/56/EG des Europäischen Parlaments und des Rates vom 26.10.2005 über die Verschmelzung von Aktiengesellschaften aus verschiedenen Mitgliedstaaten, ABl. EG Nr.L 310.
37) Kalss in Semler/Stengel, a.a.O. (Fn. 5), §23 Rn.2.
38) Kalss in Semler/Stengel, a.a.O. (Fn. 5), §23 Rn.3.

所持人である。EU指令15条とは対照的に，これらの特別の権利が有価証券化されているかどうかは重要ではない。転換社債，利益配当付社債および享益権の所持人および議決権のない持分の所持人は，潜在的な債権者と称される。財産移転会社において，純然たる債権法上の債権者ではないが，議決権を成立させることはない社員権類似の法的地位を有するすべての権利者が含まれる[39]。

4　合併当事会社の役員の損害賠償義務

(1)　財産移転会社の取締役・監査役の損害賠償義務
①　概要と立法趣旨

　25条は，財産移転会社（消滅会社），その株主および債権者の利益のために，財産移転会社の機関の構成員の損害賠償義務を規定する[40]。すなわち，株式会社の合併の場合には，財産移転会社の取締役および監査役（以下「役員」という）は，財産移転会社，その株主または債権者が合併によって被った損害について連帯債務者として損害賠償責任を負う。ただし，財産移転会社の財産状態の検査および合併契約の締結に際して注意義務を尽くした役員は賠償義務を負わない（25条1項）。損害賠償請求権ならびに合併に基づき一般的規定によって財産移転会社に対して生じたその他の請求権については，財産移転会社は存続しているものとみなされる。その限りにおいて，債権と債務は，合併によって統合されない（同条2項）。財産移転会社の役員に対する損害賠償請求権は，財産承継会社（存続会社・新設会社）の所在地を管轄する登記裁判所への合併登記が公告された日から5年を経過したときは時効消滅する（同条3項）。

　ところで，株式会社に関する基本法である1965年株式法においては，取締役・監査役の会社に対する損害賠償責任の規定（株式法93条・116条）は置かれているが，取締役・監査役の第三者に対する損害賠償責任の規定（日本会社法429条1項に相当する規定）は設けられていない。会社債権者は，株式法93条5項1文により，会社の取締役に対する請求権を行使することによって満足を得るのが原則であると説明されている[41]。すなわち，会社債権者は，会社から弁済を受けることができない場合に限り，取締役が通常のかつ誠実な事業指揮者の注意を著しく怠った場合に，自己の名においてかつ自己の利益において（自己に

---

39)　Maier-Reimer in Semler/Stengel, a.a.O.（Fn. 5），§23 Rn.3.
40)　Maier-Reimer in Semler/Stengel, a.a.O.（Fn. 5），§25 Rn.1.
41)　高橋・前掲注1）162頁。

給付するように）会社の請求権を行使できるにすぎない[42]。このように，株式法が会社債権者の直接的な救済規定を設けていないことから，組織再編法が財産移転会社の役員の損害賠償義務を独自に規定しているとも考えられる。

② 責任発生原因

役員の賠償義務が生ずるのは，財産移転会社の財産状態の検査および合併契約の締結に際して注意義務違反があった場合だけである。注意義務違反の有無の立証責任は，取締役・監査役がこれを負う[43]。

合併当事会社の財産状態の検査に際して，役員は，関連する諸事項を慎重に調査し検査する義務を負っている。役員が個人的な利害関係をもたない限り，自己責任に基づき評価し判断する広範な裁量の余地を認められている。一方，合併契約の締結に際して，役員は，合併の法定要件を正確に考慮しなければならず，また遵守されるべき形式的規定および株主の同意のための要件，ならびに法令を遵守した株主に対する報告・情報提供にも注意義務を負っている。その他の点については，役員は，広範な裁量によって評価し判断することができる[44]。

役員の責任は，客観的な義務違反のほかに，個別の有責（Verschulden）を要件とする。有責性がないことの立証責任は役員がこれを負う。役員が賠償義務を負うためには，各役員の過失（Fahrlässigkeit）が認められれば足りる。同様のことは，債権者によって主張された請求権についても妥当する[45]。

③ 賠償請求権者

損害の賠償請求権者は，「財産移転会社」，その株主および債権者である。「財産承継会社」ならびにその株主および債権者の損害は，25条によっては保護されないため，それらの者の保護は，一般規定に甘んじることとなる[46]。

財産移転会社の請求権が生ずることは稀である。株式交換比率を定める前に，財産移転会社の企業価値が役員の注意義務違反によって減じられる場合（たとえば風評被害や営業上の秘密の開示などによる）にのみ，財産移転会社の損害賠

---

[42] 正井章筰『ドイツのコーポレート・ガバナンス』167頁（成文堂，2003年）。正井教授は，会社債権者の取締役に対する損害賠償請求に係る裁判例がほとんどないことから，あまり利用されていないことを示唆される。
[43] Kübler in Semler/Stengel, a.a.O. (Fn. 5), §25 Rn.8.
[44] Kübler in Semler/Stengel, a.a.O. (Fn. 5), §25 Rn.9.
[45] これに対して，株式法93条1項［取締役の注意義務］は，通常のかつ誠実な業務執行者の注意義務を基準とする。Kübler in Semler/Stengel, a.a.O. (Fn. 5), §25 Rn.11.
[46] Kübler in Semler/Stengel, a.a.O. (Fn. 5), §25 Rn.12.

償請求権が生ずる[47]。

　損害賠償請求権が財産移転会社に帰属する限り，株主は，自己の有する株式価値の減少から生ずる損害の補償を求める請求権を持たない。そのように解さないと，役員は二重の請求（財産移転会社の請求および株主の請求）のリスクに脅かされるからである。株主にとって第一次的な損害は，役員が合併当事会社の財産状況につき十分に注意義務を尽くさないで検査したことによって，株主に不利な株式交換比率が定められた場合に生ずる。この場合には，株主は，「裁判手続法（Spruchverfahrengesetz）」[48]によって，財産承継会社に対して金銭補償を請求することもできる[49]。

　財産移転会社の債権者にとっては，合併当事会社の財産の評価およびそれに基づき決定された株式交換比率は，合併の実施後にすべての債権者の引当となる財産承継会社の財産に影響を与えないため何ら意味を持たない。したがって，たとえ役員が合併当事会社の財産の状況を検査する際に注意義務に違反しても，債権者の請求権は生じないが，他方，役員が財産移転会社に与えた損害によって債権者の地位が悪化する場合には，債権者に固有の請求権が帰属する[50]。そのような債権者の請求権が生ずるのは，とくに次の場合である。新債務者たる財産承継会社の財産状態が，旧債務者たる財産移転会社の財産状態よりも劣化している場合である。こうした債権者のリスクの増大は，第一次的には，合併当事会社の担保提供義務（22条）によって緩和される。しかし，財産承継会社の財産が担保提供義務を履行する上で十分でないために，22条による保護が与えられない限りにおいて，債権者は，財産移転会社の役員に対して損害賠償を請求することができる[51]。

④　賠償されるべき損害

　賠償されるべき損害は，合併によって生ずるあらゆる否定的な結果を含むものではなく，役員の義務違反に基づく侵害のみを含むものである。損害賠償請

---

47)　Kübler in Semler/Stengel, a.a.O.（Fn. 5），§25 Rn.13.
48)　裁判手続法の詳細については，早川勝「迅速な裁判手続による少数株主保護の確保」同志社法学55巻7号1頁以下（2004年）参照。また，裁判手続法の邦訳として，早川「＜資料＞新裁判手続法（試訳）」同号71頁以下がある。なお，拙稿「株式買取請求権制度の再構築―ドイツ法上の金銭代償制度を参照として」大野正道先生退官記念論文集編集委員会『企業法学の展望』139－141頁（北樹出版，2013年）参照。
49)　Kübler in Semler/Stengel, a.a.O.（Fn. 5），§25 Rn.14.
50)　Kübler in Semler/Stengel, a.a.O.（Fn. 5），§25 Rn.15.
51)　Kübler in Semler/Stengel, a.a.O.（Fn. 5），§25 Rn.16.

求は，合併が実行されることを前提としており，損害賠償請求は金銭的な補償のみを目的とするものである。合併契約の解除による現状回復は排斥される[52]。

(2) 特別代理人による権利行使
① 概要と立法趣旨
　財産移転会社の役員は，その有責性の有無につき相互に異なる判断が示されるかもしれない多くの訴訟の対象とされるリスクを抱えていることから，何らかの法規制が存在しないと，自らの債権の弁済を求める権利者間の競争を引き起こすおそれがある[53]。そこで，財産移転会社の役員に対する請求権は，特別代理人のみがこれを主張することができるものとされている（26条1項1文）。
　財産移転会社，株主および債権者は，その請求権の裁判上の主張を認められておらず，彼らが訴えを提起する場合には，その裁判上の主張は許容されないものとして棄却される。もっとも，彼らは，特別代理人によって遂行される訴訟手続に補助参加人として参加することができる[54]。
② 特別代理人の選任
　財産移転会社の所在地を管轄する裁判所は，財産移転会社の株主または債権者の申立てに基づき，特別代理人を選任しなければならない（26条1項2文）。債権者は，財産承継会社に対し弁済を請求できない場合または22条により提供された担保に基づき弁済を請求できない場合にのみ，これを申し立てる権限を有する[55]（26条1項3文）。
　管轄裁判所は，申立権限のほかに，選任のための実質的な必要性が存するかどうかを検査しなければならない。それに加えて，申立者は，25条1項または2項の要件を満たすことを真実のものとしなければならない。特別代理人の選定は裁判所の裁量による。申立者は，特別代理人の選定について拘束力のない提案をすることができる。人的会社または資本会社（共同経営法律事務所，税理

---

52) Kübler in Semler/Stengel, a.a.O. (Fn. 5), §25 Rn.17.
53) Schaumburg・Rödder, a.a.O. (Fn. 8), §26 Rn.2., Kübler in Semler/Stengel, a.a.O. (Fn. 5), §26 Rn.2.
54) Kübler in Semler/Stengel, a.a.O. (Fn. 5), §26 Rn.3.
55) Kübler in Semler/Stengel, a.a.O. (Fn. 5), §26 Rn.6. 株主が申し立てる場合には，特別代理人の選任は，財産承継会社の株式と引き換えにすでに自己の株式を交換した財産移転会社の株主のみが申し立てることができる（70条）。

士法人,経営監査会社）を選定することもできる。管轄裁判所の決定は，抗告（不服申立て）によって取り消す（争う）ことができる（26条1項4文）。抗告期間は1か月であり，再抗告は認められない[56]。

③ **特別代理人の法的地位**

(イ) **職務上の当事者**　特別代理人は，他人の名においてではなく，自己の名において行為を行う。特別代理人は，存続するものと擬制される財産移転会社または申立権者の代理人ではなく，職務上の当事者である。特別代理人は，申立権限のある持分所有者および／または債権者の指図に拘束されない。特別代理人は，委託された職務を引き受ける義務を負わないし，いつでも辞任することができる[57]。

(ロ) **補償および報酬**　特別代理人は，相当な現金立替金の補償請求権および自己の職務執行に対する報酬請求権を有する（26条4項1文）。立替金および報酬は，特別代理人と申立権者との間で取り決めることができる。取り決めがないときは，補償額は裁判所によって決定される（26条4項2文）。特別代理人が弁護士であるときは，その報酬は連邦弁護士費用法に基づき決定される[58]。裁判所は，各事案の一切の事情を斟酌して，自由裁量により，参加した株主および債権者が立替金と報酬を負担すべき範囲について定める（26条4項3文）。裁判に対しては抗告をすることができるが，再抗告をすることはできない（26条4項4文・5文）。活動の終了後に，立替金および報酬は，特別代理人が得た収益から支払われる[59]。

(ハ) **責任**　特別代理人は，利己的に職務を遂行してはならず，必要な注意を払わなければならない。特別代理人は，こうした義務に違反したときは，請求権者に対し，損害賠償責任を負うと解されている[60]。

④ **手続**

(イ) **催告**　特別代理人は，自己の選任の目的を示して，財産移転会社の株主および債権者に対して，25条1項および2項の規定による請求権を，少なくとも1か月を下らない相当の期間内に届け出ることを催告しなければならない（26条2項1文）。この催告は，電磁的連邦官報，および消滅会社の定款で別の

---

56) Kübler in Semler/Stengel, a.a.O. (Fn. 5), §26 Rn.4.
57) Kübler in Semler/Stengel, a.a.O. (Fn. 5), §26 Rn.9.
58) Kübler in Semler/Stengel, a.a.O. (Fn. 5), §26 Rn.10.
59) Kübler in Semler/Stengel, a.a.O. (Fn. 5), §26 Rn.10.
60) Kübler in Semler/Stengel, a.a.O. (Fn. 5), §26 Rn.11.

会社公告紙を定めたときは，当該会社公告紙にも公告しなければならない（26条2項2文）。特別代理人は，いかなる事実，いかなる請求権に基づき，誰に対して主張されるべきかを，明確に催告しなければならない。株主および債権者が申立てをして費用負担に参加する意思があるかどうかを調査して判断できるようにするために，このような催告が必要とされる[61]。

(ロ) 申立て　申立てについては，特別な方式は規定されていない。株主および債権者は，請求権の主張および行使に必要とされる情報を特別代理人に提供しなければならない。収益の分配に先立ち，株主または債権者の地位を証明しなければならない[62]。

(ハ) 取立て　特別代理人は，その選任によって把握された請求権を行使し，取り立てなければならない。その際には，特別代理人には広範な裁量の余地が認められている。特別代理人は，訴えを提起するか，法的手段を発動するか，および／または和解をするかどうかについて，裁量により決定する[63]。

⑤　財産分配

特別代理人は，債権者が財産承継会社から弁済を受けていないか，または担保の提供を受けていない限りにおいて，財産移転会社の請求権の行使から得られた額を，財産移転会社の債権者に対する弁済のために使用しなければならない（26条3項1文）。財産の分配については，株式会社の清算の場合において適用される分配に関する規定（株式法271条・272条）を準用する（26条3項2文）。自己の債権を期間内に申し立てた者だけが，この分配手続に参加することができる（26条3項3文）。

特別代理人が債権者の請求を主張した場合において，特別代理人に支払われるべき費用および報酬を控除した後に得られた額は，第一に，債権者に対して弁済しなければならない。複数の債権者が権限を有し，財産が請求権の総額を補償できないときは，各債権者の請求額に応じて比例配分して弁済しなければならない[64]。

---

61) Kübler in Semler/Stengel, a.a.O.（Fn. 5），§26 Rn.12.
62) Kübler in Semler/Stengel, a.a.O.（Fn. 5），§26 Rn.13.
63) Kübler in Semler/Stengel, a.a.O.（Fn. 5），§26 Rn.14.
64) Kübler in Semler/Stengel, a.a.O.（Fn. 5），§26 Rn.15-16.

(3) 財産承継会社の取締役・監査役の損害賠償義務

　27条は，合併に基づき，財産承継会社（存続会社・新設会社）の取締役または監査役に対して生ずる損害賠償請求権は，財産承継会社の所在地の登記簿への合併登記が公告された日から5年を経過したときは時効消滅することを規定している。27条は，株式法93条・116条等と平仄を合わせた消滅時効の起算点および期間を統一的に定めるものであり，債権者等の請求を基礎づける規定ではない。その意味で，27条は，財産移転会社（消滅会社）の役員に対する損害賠償請求権を基礎づける25条とは異なる。したがって，債権者は，合併の財産承継会社の役員に対して賠償請求しようとするときは，株式法93条（取締役の注意義務及び責任）および116条（監査役の注意義務及び責任），民法823条（民法上の一般不法行為責任）などによって責任を追及することになる。

　27条の定める5年の消滅時効期間は，取締役・監査役に対する契約上の請求権についても妥当する[65]。ただし，不法行為に基づく請求権については，民法852条の消滅時効の規定が適用されると解する見解が支配的である[66]。

　27条は，「合併に基づき生ずる」損害賠償請求権のみを対象とする規定である。取締役・監査役の責任を生じさせる落度（Fehlverhalten）は，合併と客観的な関連性を有するものでなければならない。25条1項は，合併当事会社の財産状態の検査および合併契約の締結に際しての注意義務違反の場合のみを対象しているが，27条は，それよりも適用範囲が広いと説明されている[67]。

第3節　分割における債権者保護制度

1　総　説

(1) 分割の方式

　分割については，消滅分割（Aufspaltung），存続分割（Abspaltung），分離分割（Ausgliederung）の3種類の方法が規定されている[68]（123条1項-3項）。それぞれの分割の方法には，吸収分割と新設分割の方法があり，さらに分割会社の財産の一部を既存会社に移転し，残部を設立会社に移転するといった吸収分

---

65)　Kübler in Semler/Stengel, a.a.O.（Fn. 5），§27 Rn.1, 3.
66)　Kübler in Semler/Stengel, a.a.O.（Fn. 5），§27 Rn.5.
67)　Kübler in Semler/Stengel, a.a.O.（Fn. 5），§27 Rn.5.

割と新設分割の混合方式も認められている（同条4項）。

① 消滅分割

　消滅分割（Aufspaltung）とは，財産を移転する法的主体が，清算手続を経ることなく解散し，その財産の一部を一体として，財産を移転する法的主体の持分所有者に対して，財産を承継する法的主体の持分または社員の地位の付与と引換えに，自己の財産を分割する方法である。さらに，①他の既存の法的主体に対して同時に移転する吸収分割と，②他の新設の法的主体に対して同時に移転する新設分割に分けることができる（123条1項）。

② 存続分割

　存続分割（Abspaltung）とは，財産を移転する法的主体が存続し，財産の一部または複数の部分を一体として，財産を移転する法的主体の持分所有者に対して，財産を承継する法的主体の持分または社員の地位の付与と引換えに，自己の財産を一部または複数の部分に分割する方法である。さらに，①既存の一個または複数の法的主体に移転する吸収分割と，②財産を移転する法的主体がこれにより設立した一個または複数の新たな法的主体に移転する新設分割に分けることができる（123条2項）。

③ 分離分割

　分離分割（Ausgliederung）とは，財産を移転する法的主体が，財産の一部または複数の部分を一体として，財産を移転する法的主体自体に対して，財産を承継する一個または数個の法的主体の持分または社員の地位の付与と引換えに，自己の財産を一部または複数の部分に分割する方法である。さらに，①既存の一個または複数の法的主体に移転することによって行う吸収分割と，②財産を移転する法的主体がこれにより設立した一個または複数の新たな法的主体に移転することによって行う新設分割が認められる（123条3項）。

　実際には，EC第6指令[69]を国内法化した消滅分割と存続分割が頻繁に利用されているといわれている。分離分割は，EC第6指令には存在しない分割方式であったが，実務上は，子会社の新設分離分割が重要であることが指摘され

68）　早川勝「ドイツにおける会社分割規制－株式会社の分割手続を中心として」同志社法学48巻5号97－98頁（1997年），高橋・前掲注1）472－474頁参照。なお，組織再編法制定前のドイツにおいては，分割に関する特別の制度は存在しなかったので，企業分割は，現物出資による会社設立または新株発行に関する規定に従って行われていたと説明されている。山田純子「会社分割の規制（一）」民商法雑誌99巻6号847－849頁（1989年）参照。

ている[70]。

(2) 分割に参加できる法的主体

　ドイツ組織再編法上，人的会社（合名会社，合資会社），資本会社（有限会社，株式会社，株式合資会社），登記協同組合，登記社団（民法21条），協同組合組織の会計監査団体，保険相互会社などの法的主体は，財産を移転する法的主体，または新たな法的主体，財産を承継する法的主体として，各類型の分割に参加することができる（124条1項）。解散した法的主体も，その継続を決議できる場合には，財産を移転する法的主体として，分割に参加することができる。また，分割は，別段の定めがない限り，同一の法形態の法的主体間においてだけでなく，異なる法形態の法的主体間においても，これを行うことができる（124条2項・3条3項・4項）。

　以下では，株式会社を分割会社，設立会社または承継会社とする消滅分割，存続分割，分離分割を中心に検討する。

2　債権者保護──「第2編　合併」の規定の準用

　分割においては，合併の場合と同様の危険が分割当事会社の株主および債権者に生ずる。分割が部分的な合併であるという合併との類似性（部分的合併と捉える）に基づき，分割については，組織再編法第3編第1章の規定（分割の総則規定）および第2編第2章（合併の特別規定）の第1節から第9節の規定は，別段の定めがない限りに準用される[71]（125条）。したがって，消滅分割，存続分割，分離分割における債権者保護の点に限定してみると，合併当事会社の担保提供義務の規定（22条），財産移転会社の取締役・監査役の損害賠償義務の規定（25条・26条）が準用される。これに対し，財産承継会社の取締役・監査役の損害賠償義務の規定（27条）は，吸収型の分割についてのみ準用され，承継会社が存在しない新設型の分割については準用されない。なお，立法者が分

---

69) 株式会社の分割に関するEC会社法第6指令（Sixth Council Directive 82/891/EEC of 17 December 1982.）は，EC加盟国に会社分割の制度化を義務づけたものではなく，会社の分割を認める加盟国に対し，株主・債権者保護の最低基準を示しその達成を求めたものである。EC第6指令については，森本・前掲注10) 345-361頁，山田・前掲注68) 832-839頁を参照。

70) Ganske, Umwandlungsrecht, 2.Aufl., 1994. S.14. 早川・前掲注68) 98頁。

71) Schaumburg・Rödder, a.a.O.（Fn. 8），§125 Rn.2.

割を合併類似事象であると捉え，分割固有の規定の法定を放棄して合併規定の準用を決定したことは，分割規制の拡張をもたらす一方で，分割につき合併規定を変換する作業は煩雑であり解釈上の誤りを内包することが指摘されている[72]。

分割当事会社とその株主にとって最優先されるべきは，分割の効力発生を妨げないことである。たとえ設立会社・承継会社に対する資産と負債の恣意的な割当てが行われるという特別の危険が考慮されるとしても，通例の場合において，債権者の事後的な危険の発生に対し十分な措置で対処する。その際に，133条1項2文の前段は，担保提供請求権を誰に対し主張するかを明確に規定している。合併の場合には，財産移転会社は消滅するため，財産承継会社のみが担保提供義務者となるのとは異なり，分割の場合には，複数の分割当事会社（分割会社，設立会社または承継会社）が担保提供義務者として考慮される[73]。

3 分割当事会社の連帯責任

分割当事会社は，分割の効力が生ずる前に生じた分割会社の債務（以下「旧債務」という）について，連帯債務者として責任を負う（133条1項1文）。これは，EC第6指令12条6項1文[74]に倣って，承継会社・設立会社が分割会社の債務につき連帯債務者として責任を負う旨を，一般原則として，すべての類型の分割について規定したものである[75]。

分割は，分割当事会社の債権者に対し重大な影響を与える可能性がある。分割によって，分割会社から承継会社・設立会社へ財産が移転するところ，分割の反対給付は，分割会社ではなく，その株主に対して，承継会社等への参加という形式で付与される（ただし，分離分割の場合を除く）。分割自由の原則に基づき，分割当事会社は，資産と債務を詳細に区分すること，また資産と債務を

---

72) Stengel in Semler/Stengel, a.a.O. (Fn. 5), §125 Rn.1.
73) Schaumburg・Rödder, a.a.O. (Fn. 8), §133 Rn.3.
74) EC第6指令は，分割当事会社の連帯責任について次のように規定する。分割計画書に従って分割会社の債務を承継した会社（承継会社および設立会社。以下「承継会社等」という）の債権者が満足を受けることができない場合において，他の承継会社等は，連帯して当該債務について責任を負わなければならない（12条3項1文）。ただし，当該責任は，承継した純資産額を限度とすることができる（同条3項2文）。また，承継会社等は，分割会社の債務について連帯して責任を負う旨を定めることができる（12条6項1文）。この場合には，その他の保護措置（担保提供等）を設ける必要がない（同条6項2文）。森本・前掲注10）357頁，山田・前掲注68）835-836頁参照。
75) Schaumburg・Rödder, a.a.O. (Fn. 8), §133 Rn.5.

按分比例しないで配分することも認められている。133条は，連帯債務者の責任を命ずることによって，分割から生ずる危険から債権者を保護するものである[76]。

分割会社の旧債務については，すべての分割当事会社は，分割の登記の公告時から5年間は，承継会社または設立会社に移転した旧債務に関する責任を免責されることはない（主債務者には担保提供義務も課され，5年後も責任を負う）（133条1項1文・3項・4項）。

承継会社・設立会社は，自己に分配された分割会社の旧債務につき責任を負うのみならず，（存続分割または分離分割の場合には）分割会社に残存する債務，および他の承継会社または設立会社に配分された債務についても責任を負う。法は，分割を部分的合併として扱っており，債務に対する責任に関しては，いかなる場合でも，債務が債務の引当となる財産によって区別することができないと考えられている[77]。

分割の意義は，資産と負債を分割当事会社の間で分割することである。分割契約に基づき負債を負担すべき分割当事会社は，いかなる場合にも，内部関係においては第一次的に債務につき責任を負う。当該分割当事会社は，K. Schmidt の定式化に従って，通常，「主たる債務者」と呼ばれる一方，他の参加者は「共同責任者」と呼ばれる[78]。「主たる債務者」と「共同責任者」という用語は，法令上の用語ではなく，債務を割り当てられる分割当事会社または債務を割り当てられない分割当事会社の呼称として用いられるものである。一方の分割当事会社に対する主たる債務者としての債務の割当ては，内部関係においてのみ意義を有するものではなく，免責の意義をも有するものである。つまり，共同責任者のみが5年の経過で免責されるのに対し，主たる債務者は5年の経過後も責任を負う[79]。

分割当事会社が連帯責任を負う場合においても，営業の譲渡人の商号を使用した譲受人の責任の規定（商法25条・26条）および分割会社の役員の損害賠償義務の規定（125条・25条）の適用は妨げられない（133条1項2文）。他方，担保提供義務については，担保提供を請求された分割当事会社だけが負うものと

---

76) Stengel/Schwanna in Semler/Stengel, a.a.O. (Fn. 5), §125 Rn.1.
77) Stengel/Schwanna in Semler/Stengel, a.a.O. (Fn. 5), §133 Rn.26.
78) K.Schmidt ZGR 1993, 366, 386.
79) Stengel/Schwanna in Semler/Stengel, a.a.O. (Fn. 5), §133 Rn.27.

されている（同条項3文）。

　なお，分割会社は，承継会社の旧債務については連帯責任を負わない。承継会社の旧債務に係る債権者は，その請求権の危殆化が顕在化するときは，承継会社に対する担保提供請求権の行使によるほかない[80]。

　また，労働法上，分割前に生じた労働契約上の義務につき，従前の雇用者である分割会社は，承継会社とともに連帯債務者として責任を負うとされている[81]（民法613a条1項）。

4　商法の責任規定の適用

　すべての類型の分割について，商法（HGB）の一般的な責任規定の適用が妨げられない[82]。すなわち，商法25条（営業の譲渡人の商号を続用した場合の譲受人の責任），26条（商号続用の場合の責任の存続期間）および28条（個人商人の営業への参加）が適用される[83]（133条1項2文・135条1項）。

　商法25条は，「(1)生前に譲り受けた営業について，継承関係を示す付加文字を付加し又はこれを付加せずに従前の商号を続用した者は，前営業主の営業によって生じた一切の債務について責任を負う。営業によって生じた債権は，前営業主又はその相続人が商号の続用に同意していた場合には，債務者に対する関係においては，譲受人に移転したものとみなす。(2)前項と異なる約定は，商業登記簿にこれを登記しかつ公告し，又は譲受人若しくは譲渡人より第三者に通知した場合に限り，第三者に対して効力を有する。(3)商号を続用しないときは，営業の譲受人は，特別な債務負担の原因が存在する場合，特に商慣行によって譲受人が債務の引受けを公告した場合に限り，従前の営業上の債務について責任を負う。」と規定する。また，商法26条は，「営業の譲受人が商号の続用又は第25条第3項に規定する公告に基づき従前の債務について責任を負うときは」，従前の営業主に対する債権者の請求権は，原則として5年の経過をもっ

---

80)　Stengel/Schwanna in Semler/Stengel, a.a.O. (Fn. 11), §133 Rn.4.
81)　高橋・前掲注1）478頁。なお，組織再編における労働者保護規制につては，正井章筰「2005年会社法のコーポレート・ガバナンス－基本的論点の検討」永井和之＝中島弘雅＝南保勝美『会社法学の省察』89-91頁（中央経済社，2012年），根本到「合併・会社分割と労働関係─組織変更法の内容」毛塚勝利編『事業再構築における労働法の役割』381頁-405頁（中央経済社，2013年）等を参照。
82)　Schaumburg・Rödder, a.a.O. (Fn. 8), §133 Rn.5.
83)　牧・前掲注3）347頁・351頁（注44）は，商法25条以下の廃止に向けた議論があることを指摘する。

て消滅することを規定している。

　したがって，分割において，承継会社・設立会社が分割会社の主たる事業を承継し，かつ，分割会社の商号を引き続き使用する場合には，承継会社等は，責任を負わない旨を商業登記簿へ登記しまたは債権者へ通知しない限り，分割会社の事業によって生じた債務につき責任を負わなければならい（商法25条）。この場合において，分割会社の責任は，事業の移転後5年を経過した時に消滅する[84]（商法26条）。

　なお，商法28条は，「(1)個人商人の営業に，無限責任社員または有限責任社員として加入したときは，会社は，従前の商号を続用しなくとも，営業によって生じた前営業主の一切の債務について責任を負う。」と規定するところ，同条が適用される場合が分割について生じうるかは疑問視されている[85]。

第4節　結語──日本法との比較検討

　第2節および第3節で検討したように，ドイツ組織再編法は，合併・分割に共通する債権者保護制度として，組織再編（合併・分割）当事会社の担保提供義務および会社役員の損害賠償義務を規定し，また分割に固有の制度として，分割当事会社の広範な連帯責任を法定している。以下では，ドイツ法上の諸制度とわが国の比較可能な制度とを対比して整理するものとする。

1　組織再編当事会社の担保提供制度と債権者異議制度

(1)　意　義

　ドイツ法上の組織再編当事会社の担保提供制度は，わが国の債権者異議制度と比較することができるであろう。両制度の根本的な相違は，前者が合併・分割の効力発生後の事後的救済制度であるのに対し，後者は効力発生前の予防的制度である。事後的措置と予防的措置のいずれの法制が優れているかは，それぞれ長短があり一概に評価しえないと指摘されている[86]。事後的救済策をとれば，合併または会社分割の手続は円滑に進行し迅速に行われる。一方，事前予防的措置は，それだけ債権者の保護には手厚くなるが，組織再編当事会社にとっ

---

84)　Maiter‐Reimer in Semler/Stengel, a.a.O.（Fn. 5），§133 Rn.111‐112.
85)　Maiter‐Reimer in Semler/Stengel, a.a.O.（Fn. 5），§133 Rn.111.
86)　合併における債権者保護手続に関する指摘として，田村・前掲注8) 127頁。

ては負担の重いものとなる。実際，債権者異議手続の不履行は，合併または会社分割の無効原因となると解するのが一般的である[87]。

(2) 公告・通知の要否

　ドイツ組織再編法においては，財産移転会社に知れている債権者への各別の催告は要求されておらず，組織再編当事会社の所在地の登記裁判所が行う合併登記または分割登記の公告の中で，当事会社の債権者が担保提供請求権を有することが明示される。これに対し，わが国の債権者異議手続においては，異議申述のための公告に加えて，会社に知れている債権者には各別の催告が要求されている。もっとも，分割会社が債権者に対する公告を，官報に加え，日刊新聞紙または電子公告によっても行った場合には，原則として，知れている債権者（異議を述べることができる債権者）に対する各別の催告を要しない。ただし，会社分割においては，分割会社の不法行為債権者に対しては個別催告をしなければならず（会社789条3項・810条3項），不法行為債権者で個別催告を受けなかったものは，分割契約や分割計画の内容いかんにかかわらず，分割会社と承継会社または設立会社の双方に対して不法行為債権を行使できる（会社759条2項・3項・764条2項・3項）。

(3) 要件・効果

　ドイツ組織再編法においては，組織再編当事会社の債権者が合併後または分割後に自己の請求権の危殆化を立証しなければならず，しかも法22条が予定する救済措置は，当事会社が自己の請求権の弁済期が到来していない債権者に対して，弁済するのではなく担保を提供するにすぎない。これに対し，わが国の債権者異議手続においては，異議を述べることができる債権者に該当すれば，自己の債権の危殆化等を立証する必要はなく，当事会社に対して弁済または担保提供等を請求することができる（会社789条1項・799条1項・810条1項）。ただし，当事会社は，合併または会社分割をしても当該債権者を害するおそれがないことを立証すれば弁済等を免れることができる（会社789条5項但書・799条5項但書・810条5項但書）。

---

[87]　江頭憲治郎『株式会社法（第6版）』883・885・922・923頁（有斐閣，2015年），玉井裕子編『合併ハンドブック（第2版）』279頁〔滝川佳代〕（商事法務，2013年），酒井竜児編著『会社分割ハンドブック』376頁〔滝川佳代〕（商事法務，2011年）等。

2　特別の権利の所持人の保護

　ドイツ組織再編法22条は，財産移転会社（合併の消滅会社，分割会社）における議決権を付与されていな権利（議決権のない株式，転換社債など）の財産的価値の希釈化を防止するため，当該権利の所持人に対して，財産承継会社（合併の存続会社・新設会社，分割承継会社）における同等な価値のある権利を付与することを要求している。

　これに対し，わが国には22条に相当する規定は存在しない。合併の消滅会社等における議決権制限株式の株主については，反対株主の株式買取請求権の行使により（会社785条2項1号ロ等），持株の経済的保障と引き換えに存続会社等から離脱することは認められているが，合併後の存続会社等に留まり同等な価値のある権利を付与されることは保障されていない。また，新株予約権付社債の社債権者についても，新株予約権付社債の買取請求は認められているが（会社787条1項・2項等），合併後の存続会社等で同等の価値のある権利が付与されるものではない。なお，株式交換の場合に限って，新株予約権付社債の社債権者に債権者異議権が認められている（会社789条1項3号）。

3　組織再編当事会社の役員の損害賠償義務

(1)　意　義

　ドイツ法は，財産移転会社の役員（取締役・監査役）の損害賠償義務に関する明文規定を設けている（25条）。ここで財産移転会社とは，株式会社の合併および分割に限れば，吸収合併消滅会社・新設合併消滅会社，吸収分割会社・新設分割会社である。損害の賠償請求権者は，財産移転会社自体，その株主および債権者である。株式会社に関する基本的法律である株式法においては，わが国の取締役の対第三者責任（会社429条）に相当する規定は存在せず，会社債権者は，取締役の会社に対する損害賠償義務の規定（株式法93条）において，会社の取締役に対する請求権を行使すること（株式法93条5項1文）によって満足を得るのが原則である。それゆえ，組織再編における債権者保護規定が，あえて組織再編法25条に置かれているともいえるであろう。なお，財産承継会社の役員の損害賠償義務を基礎づける規定はないため，財産承継会社の債権者等は，株式法93条（取締役の注意義務及び責任）および116条（監査役の注意義務及び責任），民法823条（一般不法行為責任）などによって，その責任を追及する

ことになる。

　財産移転会社の役員に対する損害賠償請求権者のうち，財産移転会社の債権者に限ってみると，財産移転会社の役員の損害賠償義務は，わが国における役員等の第三者に対する損害賠償責任（会社429条1項）と対比することができるであろう。会社法429条1項は，取締役等の任務懈怠行為によって第三者に損害が生ずる場合一般について，取締役等の第三者に対する損害賠償責任を法定したものであるが，取締役等が組織再編の実施に際して任務を懈怠したことによって，組織再編当事会社の債権者に損害が生じた場合にも，理論上は同条を適用できると考えられる。組織再編に際しての取締役の対第三者責任が争われた事案は少ないが，株式移転における株式移転比率の合意について，取締役に善管注意義務違反があるとして会社法429条1項に基づく損害賠償責任が追及された事案として，東京地判平成23年9月29日判時2138号134頁が参照に値する[88]。本件は，損害保険会社であるA会社とB会社が，共同株式移転の方法による共同持株会社C会社を設立したところ，A会社の株主であるXらが，A会社の代表取締役Yが，株式移転比率を定めるにあたって，悪意または重過失により公正な株式移転比率を定めるべき任務を怠り，本来Xらが保有するA会社株式1株に対してC会社株式1株以上が割り当てられるべきであったにもかかわらず0.9株しか割り当てられず損害を被ったなどと主張して，会社法429条1項に基づく損害賠償を請求した事案である。

(2) **要件・効果**

　ドイツ法においては，財産移転会社の取締役等の損害賠償責任が成立するためには，当該会社の財産状態の検査および合併契約・分割契約の締結に際しての取締役等の注意義務違反，注意義務違反についての過失，当該会社の債権者の損害発生が必要とされる。注意義務違反および過失の有無の立証責任は，取締役等がこれを負う。債権者は，個別にこの賠償請求権を行使することは認められず，債権者の申立てに基づき裁判所が選任した特別代理人が請求権を行使することになる。

---

[88]　本件判批等として，弥永真生・ジュリスト1437号2頁（2012年），杉田貴洋・法学研究（慶應義塾大学）85巻11号113頁（2012年），髙橋均・ジュリスト1450号104頁（2013年），石塚明人・青山ビジネスロー・レビュー2巻2号53頁（2013年），飯田秀総・商事法務2080号82頁（2015年）等参照。

これに対し，会社法429条1項においては，取締役の任務懈怠の存在，任務懈怠についての悪意または重過失，第三者の損害発生，任務懈怠と第三者の損害発生との間に相当因果関係が認められれば，会社債権者自らが取締役に対して損害賠償を請求できる。前掲・東京地判平成23年9月29日は，株式移転比率に関する合意の任務に当たる取締役の判断が善管注意義務に違反するかどうかについて，いわゆる経営判断の原則を適用して，株式移転比率の決定につき善管注意義務違反となるべき任務懈怠があるとはいえないと判示した。

　ドイツ法における「財産移転会社の財産状態の検査および合併契約等の締結に際しての注意義務違反」という要件は，わが国では，前掲・東京地判平成23年9月29日が判示したように，組織再編条件（株式移転比率等）の決定や組織再編契約等の締結についての善管注意義務違反に相当するものと考えられる。わが国では，かかる善管注意義務違反の有無を判断するにあたっても，経営判断の原則が適用され，組織再編条件を決定する前提となった事実を認識する過程における情報収集やその分析に誤りがあるか，その意思決定の内容に明らかに不合理な点がない限り，取締役の善管注意義務違反は認められないと解される。

　なお，たとえば，分割会社の取締役がその債権者を害することを知って会社分割を実施した結果，分割会社の残存債権者が債権を回収できなくなったような詐害的会社分割の事案においては，残存債権者は，詐害行為取消権の行使（民法424条）等によって救済を求めている[89]。理論上は，残存債権者は，会社法429条1項により，取締役に対して損害賠償を請求できると考えられるが，詐害的会社分割の事案で取締役の対第三者責任が追及された裁判例は公表されていない。その理由としては，会社分割により優良資産等を承継した設立会社・承継会社に対する請求のほうが，資力の乏しい取締役個人に対する請求よりも，債権回収をする上で実効性があることが推認される[90]。

---

[89]　最二小判平成24・10・12民集66巻10号3311頁は，残存債権者が詐害行為として新設分割を取り消し得ることを明らかにした。

[90]　拙稿「組織再編における取締役等の損害賠償責任」法学新報122巻9・10号60-61頁（2016年）。

4 分割当事会社の連帯責任

(1) ドイツ法

　ドイツ法は，EC第6指令に基づき，分割当事会社の連帯責任の原則を法定している。すなわち，すべての承継会社または設立会社は，各分割当事会社において分割の効力発生前に生じた債務（旧債務）が分割契約・承継契約または分割計画において割り当てられなかった場合であっても，分割会社の旧債務につき5年間責任を負う。その根底にある思想は，分割自由の原則に基づき，分割当事会社は資産と債務を詳細に区分すること，また資産と債務を按分比例しないで配分することも認められているために，分割当事会社の連帯責任を法定することによって，分割によって生ずる危険から債権者を保護することにある。もっとも，このような無制限な連帯責任法制（ただし，時間的制限はある）は，分割会社の残存債権者を優遇し過ぎることが指摘されている[91]。

(2) 平成17年制定の会社法

　分割当事会社の連帯責任の規定は，債権者異議手続の規定と相互に密接な関連性を有するところ，分割当事会社は，一定の条件の下でのみ，分割会社の債権者に対して連帯責任を負うとされている[92]。すなわち，会社分割について異議を述べることができる分割会社の債権者であって，各別の催告を受けなかったものは，吸収分割契約または新設分割計画において分割後に分割会社または承継会社・設立会社に対して債務の履行を請求することができないとされているときであっても，分割会社または承継会社・設立会社に対して，分割会社が効力発生日もしくは設立会社の成立の日に有していた財産の価額または承継した財産の価額を限度として，当該債務の履行を請求することができる（会社759条2項・3項・764条2項・3項）。

(3) 平成26年改正会社法
① 詐害的な会社分割における債権者保護制度

　平成26年6月20日成立の「会社法の一部を改正する法律（平成26年法律第90号）」（以下「平成26年改正法」という）は，詐害的な会社分割における残存債権

---

91) 牧・前掲注3) 346頁。
92) 藤田友敬「組織再編」商事法務1775号60頁 (2006年)。

者の保護については，承継会社等に対して金銭の支払を直接請求できるものとすることが適切かつ直截簡明であることから，民法上の詐害行為取消権に加えて，会社法に規定を設け，残存債権者が，詐害的な会社分割に係る行為を取り消すことなく，承継会社等に対しても，債務の履行を請求することができるものとした[93]。すなわち，分割会社が，承継会社等に承継されない債務の残存債権者を害することを知って会社分割をした場合には，残存債権者は，承継会社等に対して，承継した財産の価額を限度として，当該債務の履行を請求することができるともものとした（以下，残存債権者の承継会社等に対する請求権を「履行請求権」という）。ただし，吸収分割の場合には，吸収分割の効力が生じた時における吸収分割承継会社の善意（残存債権者を害すべき事実を知らなかったこと）が免責事由とされている（会社759条4項・764条4項）。また，人的分割の場合には（会社758条8号・763条1項12号），分割会社の財産が減少することから，残存債権者は異議手続の対象となるため（会社789条1項2号・810条1項2号），履行請求権は生じない（会社759条5項・764条5項）。

上記の履行請求権は，かなり限定された要件と範囲において，承継会社等に対して，残存債権者の債務について連帯責任を課したのと同じ機能を有すると評価できるであろう。

② **不法行為債権者の保護**

平成26年改正法は，不法行為債権者の保護については，会社分割について異議を述べることができる不法行為債権者であって，分割会社に知れていないものは，分割会社および承継会社等の双方に対して，承継した財産の価額を限度として，当該債務の履行を請求することができるものとした。これは，会社法の下において，会社分割について異議を述べることができる不法行為債権者であって，分割会社に知れていないものが分割会社および承継会社等の双方に対して債務の履行を請求することができるか否か解釈上不明確であるので，立法により，このような不法行為債権者の保護をより確実に図ることを目的としたものである[94]。この点の改正は，分割会社に知れていない不法行為債権者に対

---

93) 法務省民事局参事官室「会社法制の見直しに関する中間試案の補足説明」商事1952号56頁（2011年），坂本三郎ほか「平成26年改正会社法の解説（Ⅸ・完）」商事法務2049号23頁（2014年），北村雅史「会社分割等における債権者の保護」金融商事判例1461号104頁以下（2015年）等参照。

94) 法務省民事局参事官室・前掲注93) 58頁，坂本ほか・前掲注93) 22頁，北村・前掲注93) 107頁以下等参照。

する分割当事会社の連帯責任を明確化したものとして評価することができるであろう。

(4) 小 括

わが国において，会社分割における債権者保護法制の中核を占めるのは，①債権者異議制度と②承継会社・設立会社の連帯責任であるところ，両制度を相互に組み合わせることの有用性が指摘されている[95]。平成26年改正法は，①については特に見直すことなく，②の連帯責任をかなり限定的な範囲でのみ拡張したものと理解することができる。今後の立法の在り方としては，承継会社または設立会社が分割会社の債務につき原則として連帯責任を負うものとし（ただし，責任限度額および時間的制限を課す），承継会社等の連帯責任について一層の拡張を図るといった方向性も考えられる[96]。

[95] 森本滋編『会社法コンメンタール (17)』265頁〔神作裕之〕（商事法務，2010年），神作裕之「濫用的会社分割と詐害行為取消権（下）－東京高判平成22年10月27日を素材として」商事法務1925号47頁（2011年）。
[96] 詳細は，拙稿・前掲注3）75頁以下。

組織再編に係る決議の効力を争う訴え

牧　真理子

第1節　はじめに

　本稿は，ドイツにおける組織再編の効力を争う訴え，すなわち株主総会決議取消しの訴えおよび決議無効確認の訴えについて，組織再編法および株式法の規定を分析し，両訴訟の機能および関係について検討するものである。

　わが国では平成26年6月20日に改正会社法が成立し，組織再編行為等の差止請求規定が新設された。組織再編の差止請求権の行使は，実際には仮処分申立事件としてされると考えられ，組織再編無効の訴えと同様に，組織再編自体が阻止されるという効果をもたらしうる。このことから，組織再編の差止請求が可能である場合に，組織再編無効の訴えの提起に影響が生じるかという点で，両制度の関係が問題となる[1]。改正会社法が当該規定を導入した理由には，組織再編無効の訴えによると，事後的に組織再編の効力が否定され法的安定性を欠くため，事前に組織再編を差し止める制度を規定する必要性が考えられたこともあるとされている。ゆえに，事前の差止制度がうまく機能するかという点も，組織再編の差止請求規定の必要性および企業への影響のバランスをとる必要性から問題となりうる[2]。

　ドイツにおける組織再編の効力を争う訴えは，日本とまったく異なる制度設計を採っている。しかし，日本における組織再編の差止請求規定とその近隣規定との関係および実効性について検討する上で，ドイツ法のあり方は基礎的な

---

1)　武井一浩「会社法改正とM&A―経営成長戦略としての改正の歴史と今後の課題」商事法務2000号65頁（2013年）。組織再編行為の差止規定の新設が組織再編行為の無効原因の議論状況に与える影響に関する研究として，笠原武朗「組織再編行為の無効原因――差止規定の新設を踏まえて」『商事法の新しい礎石』311頁以下（有斐閣，2014年）。組織再編等に関する差止請求制度創設の背景および内容と評価について，白井正和「組織再編等に関する差止請求権の拡充－会社法の視点から」川嶋四郎＝中東正文編『会社事件手続法の現代的展開』205頁以下（日本評論社，2013年）。

2)　法制審議会会社法制部会第12回会議録〔齊藤真紀幹事発言〕。

対照資料となりうる。以下では，ドイツ法の諸規定を観察し，議論状況の分析を試みる。なお，議論を簡潔にするため，ドイツ法の組織再編行為は合併と会社分割を中心に扱い，組織再編を行う権利の担い手については株式会社を前提として行う[3]。

第2節　組織再編の差止め

1　概　要

　合併の効力は，消滅会社の本拠地の登記簿に登記された後，存続会社または設立会社の各本拠地の登記簿に登記をすることによって発生する（組織再編法（以下では，条文のみを引用する）19条）。合併の登記により，消滅会社の財産は債務とともに存続会社または設立会社に承継され，消滅会社は特別な清算手続を経ずに消滅し，消滅会社の株主は存続会社または設立会社の株主となり，公証人が作成した証書の瑕疵は治癒される（20条1項）。それ以外の合併の瑕疵は合併の登記により治癒されないが，合併の登記の効力に影響を及ぼさない（20条2項）。会社分割の効力は，承継会社または新設会社の本拠地の登記簿に登記された後，譲渡会社の本拠地の登記簿に登記をすることによって発生する（130条1項）。譲渡会社の財産は，存続分割および分離分割の場合には，債務を含む財産の分割された一部またはその複数部分が，分割契約および引受契約により定められた配分により，一体として，承継会社または新設会社に移転する。消滅分割の場合は，譲渡会社は特別な清算手続きを経ずに消滅し，消滅分割および存続分割の場合には，譲渡会社の株主は分割契約および引受契約により定められた配分により承継会社または新設会社の株主となり，公証人が作成した証書の瑕疵は治癒される（131条1項）。それ以外の会社分割の瑕疵は会社分割の登記により治癒されないが，会社分割の登記の効力に影響を及ぼさない（131条2項）。

　合併・会社分割の各当事会社の代表者は，登記の申請をしなければならない

---

[3]　ドイツ組織再編法は，まず合併に関する一般規定を置き，その後に特別規定を設けている。合併に関する規定の多くは会社分割に準用されている（組織再編法125条）。合併規制に関する詳細な研究として，受川環大「ドイツ組織再編法における合併規制―株主保護規定の検討を中心として」『比較企業法の現在―その理論と課題』183頁以下（成文堂，2011年）。

(16条1項・125条)。その際,合併・会社分割の承認に係る株主総会の決議の効力を争う訴えが提起されていないこと,もしくは期限内に提起されていないこと,またはそのような訴えが確定的に棄却されたか取り消されたことを宣言し,登記裁判所に通知しなければならない。これがない場合は,登記をすることができない。ただし,提訴権限を有する株主が,公証人の認証のある表示によって決議の効力を争う訴えを放棄するときは,登記は妨げられない(16条2項)。総会決議の効力を争う訴えが提起された後,当該訴えの提起が総会決議にかかる登記を妨げないことが受訴裁判所により確定力のある決定をもって示されたときも,同様である(16条3項1文)。しかし,総会決議の効力を争う訴えが理由あるものと判明するときは,その決定を求めた当事会社は,相手方当事会社に,決定に基づく登記により生じた損害の賠償請求をすることができる。損害賠償として,承継会社または新設会社の本拠地の登記簿における登記の効力を排除するよう要求することはできない(16条3項10文)。

ドイツ組織再編法は,組織再編無効の訴えに関する規定を有していない[4]。合併・会社分割の登記がされた後は,登記の効力が解消されることはなく,合併・会社分割の瑕疵は治癒されない。登記に係る株主総会の決議が法に違反していたとしても,いったん登記されると株主総会の決議前の原状に回復することは阻止される。立法者は,会社法上の行為をできるだけ維持するという一般的傾向にあるが,合併・会社分割の実行後にこれらを遡及的に清算することは事実上もはや不可能であり,瑕疵ある合併・会社分割であっても過去および将来において包括的に存続を保護する必要があると考えたことから[5],登記に重要な意味を持たせたのである。

組織再編に係る株主総会決議の効力を争う訴えが提起されると登記をすることができないため,当該訴えは実質的に事前の差止機能を有することになる[6]。

---

[4] 日本会社法828条参照。組織再編無効の訴えは組織再編効力発生後にその効力を否定するものであり,法律関係が不安定になるおそれがあることから,訴えが認められにくい。

[5] Gesetzentwurf der Fraktionen der CDU/CSU und F.D.P., Entwurf eines Gesetzes zur Bereinigung des Umwandlungsrechts (UmwBerG), BT-Drucks. 12/6699, S.91f.

[6] ドイツ組織再編法は,合併登記をした後は,消滅会社の合併決議の効力を争う訴えは,存続会社に対して提起しなければならないと規定する(28条)。しかし,通常は当該訴えの提訴期間内には登記が完了しないので,合併登記後の訴訟提起は事例はほとんどない(受川環夫「組織関係行為の無効の訴え-会社法の視点から」川嶋四郎=中東正文編『会社事件手続法の現代的展開』193頁(日本評論社,2013年))。

合併や会社分割に係る株主総会の決議に異議のある当事会社の株主は，決議無効確認の訴え（Nichtigkeitsklage）または決議取消しの訴え（Anfechtungsklage）を提起することができる（株式法241条以下）。その他，民事訴訟法256条による一般的な確認の訴えを提起することにより，決議の無効を裁判上確定させることも可能である。株式法243条が規定する決議取消しの訴えは，株主総会の決議に法令又は定款の違反があるときに提起されうる。決議の瑕疵には，形式的な瑕疵が想定されている。株式法241条が規定する決議無効確認の訴えは，決議に実質的な瑕疵がある場合，基本的実体法規違反，一般条項違反のうちとくに重大な瑕疵が存在する場合，決議取消しの訴えに基づいて判決により既判力をもって無効の宣言がされたとき等に提起されうる[7]。合併に係る株主総会決議の効力を争う訴えの提訴期間は，組織再編行為を早期に確定させる趣旨から，決議の日より1カ月とされている（組織再編法14条1項）。株式法上の株主総会決議取消しの訴えの提訴期間は決議の日より1カ月であるため（株式法246条），組織再編法14条1項は何ら新しい規定とはいえないが，決議無効確認の訴えは原則として提訴期間がなかったため[8]，特別な規定であるといえる[9]。

組織再編に係る決議の効力を争う訴えが提起されると，原則として登記ができなくなる。登記が禁止されることを「登記の遮断効（Registersperre）」という。ドイツ組織再編法は，合併決議の効力を争う訴えを提起することで，その実現を中断させるというような訴え提起の濫用を防止するため，登記停止の解除を規定している（組織再編法16条3項）[10]。同条同項は，合併決議の効力を争う訴えの提起後，当該訴えの受訴裁判所に対する被告会社の申立てに基づき，訴えの提起が登記を妨げるものではない場合，当該訴えが不当もしくは理由がないことが明白である場合，申立人が公正証書による申立ての送達後1週間以内に，招集通知以後少なくとも1,000ユーロの株式を保有しているということを証明しない場合，合併の即時の効力発生が訴えにより主張された法令違反の

---

[7] 高橋英治『ドイツ会社法概説』234頁以下（有斐閣，2012年）。
[8] 2012年株式法改正法案により，株主総会の決議無効確認の訴えにおいても，濫用的な訴訟提起を防止する目的で，限定的に提訴期間の制限が設定されることになった。藤嶋肇「2012年ドイツ株式法改正法案」大阪経大論集63巻4号142頁以下（2012年）。
[9] ただし，会社の機関構成員・持分所有者以外の第三者（たとえば会社債権者）が合併決議の無効確認訴訟を提起する場合，1カ月という訴え提起期間の規制はない（Reinhard Marsch-Barner, in : Harald Kallmeyer (Hrsg.) Umwandlungsgesetz Kommentar, 5. Aufl. (2013), §14 Rn.6.）。
[10] 株式法319条6項，327e条2項も同様。

重大さを考慮して，申立人が立証した合併当事会社およびその持分所有者に対する重大な不利益を回避するために優位すると思料される場合にのみ，決定により登記停止の解除がされると規定している。なお，これらの規定は，組織再編法125条により会社分割に準用される。

ドイツ組織再編法は，登記に確定的な効力を持たせることで組織再編の継続保護を図る一方，これによって生じる損害は，役員に対する損害賠償請求により調整するという制度設計を採っている。合併において，消滅会社，その株主または債権者が被った損害につき，消滅会社の取締役は，監査役が存在する場合は監査役と連帯して賠償義務を負う。ただし，財産状態の検査および合併契約の締結に際して注意義務を尽くした取締役または監査役は，賠償義務を負わない（25条1項）[11]。存続会社の取締役および監査役も，消滅会社の取締役および監査役と同様の責任を負うが，存続会社の取締役および監査役に対する損害賠償請求権は，存続会社の本拠地を管轄する登記裁判所へ合併登記が公告されたとみなされる日から5年を経過したときに時効消滅する（27条）[12]。

ドイツ組織再編法は，合併，消滅分割，存続分割[13]において金銭代償制度を有している（29条）[14]。これらの組織再編は持分の交換が伴うが，交換比率の適正性によって株主は保護される。消滅会社の株主は，その交換比率が著しく低いことや交換対価が相当ではないことを理由として決議の効力を争う訴えを提起することはできない（14条2項）。合併の場合，株主は合併決議の効力を争う訴えではなく，存続会社に対して金銭代償を請求し退社することによって救済される（15条）[15]。株主が合併契約またはその原案において，組織再編法29

---

11) 合併の効力発生後は，消滅会社の取締役や監査役が存在しないため，損害賠償請求の行使にかかる手続は，消滅会社の株主または債権者の申立てにより裁判所が選任した特別代理人が担当する（26条）。
12) 日本法の議論として，組織再編に係る取締役に対する損害賠償請求権の行使は，実効性をもって十分に機能しているとまでは評価されていない（白井・前掲書注1）209頁以下）。
13) 消滅分割（Aufspaltung），存続分割（Abspaltung）は人的分割であり，分離分割（Ausgliedrung）は物的分割である。
14) 吸収合併をする場合，存続会社は合併契約書またはその原案において，消滅会社の合併決議に対して異議をとどめた株主に対して，相当の金銭代償と引換えにその株式を取得することを申し出なければならない（29条1項1文）。株主総会に出席しなかった株主は，異議をとどめたものと同視される（同条2項）。
　組織再編法29条は，物的分割である分離分割には準用されない（125条）。
15) 交換対価に関して金銭代償を請求する際に，請求権者は株主総会決議に対する異議を申述する必要はないとされている（Vgl. Jens Kuhlmann/ Erik Ahnis, Konzern- und

条に基づく金銭代償が著しく低く定められたこと，合併契約において金銭代償の申出がないことおよび適法な申出がないことを主張した場合，裁判所は相当な金銭代償を決定しなければならない（34条）。それゆえ，合併決議の効力を争う訴えにおいては，組織再編法29条に基づく合併契約における反対株主に対する金銭代償の申出が著しく低く定められたこと，合併契約において金銭代償の申出がないことおよび適法な申出がないことを理由として提起することはできない（32条）。なお，存続会社の株主は，交換比率が消滅会社の株主にとって著しく高いことや交換対価の申出が著しく高いため不利益を受けることを理由に，合併決議の効力を争う訴えを提起することができる。存続会社の株主は，これらを原因として金銭代償を要求することはできない[16]。

2　組織再編の存続保護

ドイツ組織再編法は，瑕疵ある合併や会社分割であっても，登記後は瑕疵が治癒されずに当該組織再編の効果は存続し，不当な組織再編については役員に対する損害賠償請求等で対処するとの設計を採っている。

立法者が，組織再編法16条において「手続きに瑕疵が存在していたとしても，登記の効力を排除することはできない」と規定したことに対する批判は存在する。合併・会社分割の効力は登記後は解消されることはなく，合併・会社分割に係る契約や株主総会決議のような個々の行為としても，合併および会社分割全体としても治癒されることはない（20条2項・131条2項）。Engelmeyer は，とくに会社分割の場合について，立法者が，登記された瑕疵のある組織再編が過去も将来も絶対的な存続保護の下にあると解していることを批判する。そして，当該規定は立法者の誤りであると評価し，会社分割を経済的に解消すること（Rückgängigmachung, Rückgäbwicklung）は排除されるものではないと主張する[17]。つまり，当該規定の定める存続保護は，登記により発生した効力はもはや変更できないとするものではなく，たんに過去における瑕疵ある会社分割に関するものであって，将来における会社分割の解消を妨げるものではないという。そして，会社分割の登記後も，取消訴訟を提起し，または存続すること

Umwandlungsrecht, 3., völlig neu bearbeitete Aufl. (2010), S.433f.)。

16)　Christian Gehling, in : Johannes Semler/ Arndt Stengel (Hrsg.) Umwandlungsgesetz mit Spruchverfahrensgesetz, 3. Aufl. (2012), §15, Rn.6.

17)　Vgl. Cäcilie Engelmeyer, Die Spaltung von Aktiengesellschaften, nach dem neuen Umwandlungsrecht, (1995), S.370ff.

ができるのであって，会社分割の解消を将来において解消することは可能であるという[18]。この趣旨からすれば，個々の行為の瑕疵は治癒される余地があるといえるであろう。K. Schmidt は，とくに合併の場合について，組織再編法20条2項は合併の適法性ではなくその効力について定めるものであり，違法に行われた合併を排除する請求は，確かに規則通りでは事実の影響力により認められないが，瑕疵のある会社は清算されなければならないとの原則に依ることになるという[19]。Veil は，立法者が組織再編の存続を包括的に保護していることに対して疑問を唱える。すなわち，会社はシナジー効果を期待して他の企業と合併するが，経済的な解消により合併前の状態へ戻すことは，合併後短期間の間にもはや困難になるという。しかし，会社分割のうち分離分割の場合は分割会社の財産が承継会社へと分離するが，財産の分離は内在的であり，分割会社の同一性は変化せず，譲渡された財産は区別して認識できるため，会社分割の解消を阻害する原因とはならないと解している。そして，立法者が合併の規定を会社分割に準用し統一的に解していることを批判する[20]。

　立法者の見解は，財産移動に拘束力を持たせるものであると考えられる[21]。ドイツ組織再編法制は，事後的に組織再編の効力を否定することは組織再編の法的安定性を欠くとして，わが国のような組織再編無効の訴えの規定を有していない。そのような経済合理的観点のほか，組織再編に係る決議の効力を争う訴えを提起することにより事実上の事前の差止めが可能であることからすれば，立法者に対する批判は妥当しないと考えられる。もっとも，登記後は組織再編の存続が保護され，組織再編の解消や民法249条1項に基づく原状回復を請求できないことを前提とした上で，組織再編決議の瑕疵は役員に対する損害賠償

---

18) Vgl. Engelmeyer, a.a.O. (Fn. 17), S.372. 早川勝「ドイツにおける会社分割規制—株式会社の分割手続を中心として—」同志社法学48巻5号181頁以下（1997年）。
　　Engelmeyer は会社分割に関する論文でこのように述べているが，彼の所説は合併にも該当するものと解される。
19) Karsten Schmidt, Haftungsrisiken bei „steckengebliebenen" Verschmelzungen?, DB 1996, S.1860. K.Schmidt は，個別事例の内容に応じて，組織再編の解消は可能であると唱える（Karsten Schmidt, Einschränkung der umwandlungsrechtlichen Eintragungswirkungen durch den umwandlungsrechtlichen numerus clausus?, ZIP 1998, S.187ff.）。
20) Rüdiger Veil, Aktuelle Probleme im Ausgliederungsrecht, ZIP 1998, S.365f.; ders., Umwandlung einer Aktiengesellschaft in eine GmbH, (1996), S.163f.
21) しかし，たとえば会社分割後に分割会社の既存債権者保護の手法として破産法上の否認権が行使される場合，財産移動の拘束力は及ばないと考えられる。

請求による塡補が規定されていることから[22]，登記により瑕疵が包括的に治癒することはなく，組織再編に係る決議の効力を争う訴えの機能および役員に対する損害賠償請求の実効性が問題となりうる。

3 組織再編に係る決議の効力を争う訴え

(1) 決議の瑕疵

瑕疵ある合併や会社分割であっても，いったん登記されると瑕疵は治癒されないまま当該組織再編の効果は存続する。それゆえ，組織再編に異議のある当事会社の株主は，組織再編の登記を停止させるため，組織再編に係る決議の効力を争う訴えを提起することになる[23]。

株主総会の指揮や情報提供が不十分であったこと等，株主総会決議の手続および準備段階に形式的な瑕疵があるとされ，その瑕疵が決議取消しを正当化するために十分なものである場合に，株主総会決議取消しの訴えを提起することができると解されている[24]。決議内容が法令または定款に違反する場合，合併契約に瑕疵がある場合，組織再編法や当事会社に適用される一般法規に違反する場合等に実質的な瑕疵があるとされ，株主総会決議無効確認の訴えを提起することができると解されている[25]。

---

22) Kuhlmann／Ahnis, a.a.O. (Fn. 15), S.440.
23) わが国の改正会社法では，法令または定款に違反する場合であって，消滅会社等の株主が不利益を受けるおそれがあるときに，組織再編の差止請求ができると規定されている。一般に，法令または定款の違反には，取締役等の善管注意義務・忠実義務違反は含まれず（岩原紳作「『会社法制の見直しに関する要綱案』の解説（Ｖ）」商事法務1979号8頁以下（2012年))，組織再編の差止請求は，基本的には手続的な法令定款違反がある場合にのみ認められると解されている（笠原・前掲注1）314頁以下）。
24) 合併報告書を欠いているか瑕疵ある合併報告書が提出されている場合，合併検査および合併検査報告書を欠いている場合ならびに合併検査報告書に瑕疵がある場合，株主総会の招集に瑕疵があるか内容的に不十分な場合，招集の形式や期間が不十分である場合，書類の送達または供覧に瑕疵がある場合，株主総会招集後の情報提供に瑕疵がある場合，株主または第三者の株主総会への参加を許可および不許可にしたことに関連して決定に瑕疵がある場合，株主総会の組織および運営に瑕疵がある場合，発言権および情報収集権の行使を株主に許可しなかった場合もしくは瑕疵により第三者に許可した場合，株主総会における情報提供に瑕疵があった場合，議決権の行使を株主に許可しなかった場合もしくは瑕疵により第三者に許可した場合，議決権行使の際に瑕疵があった場合，決議の結果を計算および確定する際に瑕疵があった場合等が形式的な取消事由となる（Gehling, a.a.O. (Fn. 16), §14 Rn. 7 ff.)。
25) 合併決議が具体的な合併契約や草案をもとに行われていない場合，一般法規違反として，株式法53a条による株主平等取扱原則に違反する場合，株主および会社間における誠実義務に違反する場合等がこれに含まれる（Gehling, a.a.O. (Fn. 16), §14 Rn. 11ff.

ここでは，株主総会決議の違法性や実質的な瑕疵の有無について決議内容が審査されることになり，ゆえに決議は実質的な管理の下にあるといわれる（materielle Beschlusskontrolle）。しかし，すべての決議が実質的な管理の下にあるのではないと解されている。Gehlingは，合併決議を例に挙げ，これは実質的な決議の管理に服さないと唱える[26]。株式法や組織再編法は，決議内容が当該決議に異議のある株主の権利を侵害に対して，株主総会の決議可決要件の加重，組織再編の当事会社の全取締役による株主への情報提供義務（8条・122e条・125条），裁判所が選任した検査役による組織再編の検査（9条・122f条・125条）等，補足的な規定により当該株主の利益を保護するように設計されていると解するのである[27]。一方，Wiedemannは，決議が事実に基づく正当化（sachliche Rechtfertigung）に適合するか検討されなければならないと主張する[28]。この見解では，合併，会社分割のほか，企業契約，編入，スクイーズ・アウト等，組織の構造を変更する決議について，事実に基づく正当化が必要となる[29]。すなわち，当該決議の内容が「会社の利益に合致する目的に奉仕するものであり，意図した目的に適切かつ必要であり，相当であるか」という正当化事由を満たすか判断される[30]。支配的見解は，基礎的決議（Grundlagenbeschluss）には，事実に基づく正当化は必要ないと唱える。この決議内容を実質的に判断しないとする支配的見解は，株式法ないし組織再編法の諸規定により当事者に対する利益衡量がされているのであって[31]，濫用的な決議がされた場合には個別の事案に応じて対処すると解している[32]。

　事実に基づく正当化の要件を通して組織再編に係る株主総会決議に瑕疵があるか審査することは，当該決議の効力を争う訴えを提起するための前提となる。

　　；Marsch-Barner, a.a.O.（Fn. 9），§14 Rn.7.）。たとえば，有限会社が株式会社に組織変更した後，すぐにスクイーズ・アウトする場合も実質的な瑕疵があったとされる余地があろう。

26）　Gehling, a.a.O.（Fn. 16），§14 Rn. 15.
27）　Kuhlmann／Ahnis, a.a.O.（Fn. 15），S.437.
28）　Herbert Wiedemann, Minderheitenrechte ernst genommen - Gedanken aus Anlaß der Manga Media-Entscheidung BayObLG ZIP 1998, 2002-, ZGR 1999, S.868ff.
29）　Kuhlmann／Ahnis, a.a.O.（Fn. 15），S.438.
30）　Kali+Salz 事件（BGH Urt. V. 13.3.1987, BGHZ 71, 40.）が，事実に基づく正当化に係る先例となっている。
31）　たとえば，決議要件の加重や，組織再編に係る報告書の作成義務，組織再編の検査などがある。
32）　Marcus Lutter/ Tim Drygala, in : Marcus Lutter/ Martin Winter（Hrsg.）Umwandlungsgesetz Kommentar, 4 Aufl.（2009），§13 Rn.31ff.

ドイツの学説上,当該決議の効力を争う訴えによるよりも,その他の規定により利益衡量を目指すものが優勢であることは,注視すべき点といえよう。

(2) **株主総会決議取消しの訴えと決議無効確認の訴えの関係**

組織再編法上,株主総会決議取消しの訴えと決議無効確認の訴えは,ひとつの概念に包摂されて扱われている(14条1項)。合併や会社分割に係る株主総会決議の瑕疵について判断される際,当該決議が事実に基づく正当化という要件に該当するか検討が行われ,決議の瑕疵を取消事由または無効事由に分類することが必要であるか,すなわち株主総会決議取消しの訴えおよび株主総会決議無効確認の訴えの関係がいかなるものであるか問題となる。

現行株式法は,決議にとくに重大な瑕疵がある場合は無効事由に該当し,それ以外は取消事由に該当すると整理する。1937年株式法は決議取消事由の一部は同時に無効事由に該当するものとして,その無効を確認する決議無効確認の訴えを法定し,これが1965年株式法へ継受された。

株主総会決議取消しの訴えと決議無効確認の訴えの関係は,旧くから議論されてきた[33]。学説上,株主総会決議取消しの訴えと無効確認の訴えを峻別する考え方を批判し,決議取消しの訴えと無効確認の訴えの訴訟物を包括的に捉える見解が優勢であった。K.Schmidt は,そのように解することで,一度決議無効確認の訴えを提起したあとで同じ瑕疵を主張して決議取消しの訴えを提訴するといったことが防げられ,決議無効事由を決議取消訴訟によって主張することを認める判例について説明がしやすくなると唱えていた[34]。一方,Zöllner は,決議取消訴訟の訴訟物は,取消可能性をのみならず無効を根拠づけるものも含んでおり,無効確認の訴えは確認訴訟であり,取消しの訴えは形成の訴えであると理解されることや,両訴訟の申立ての形式が区別されることは,訴訟物の差異をもたらすものではないと唱えていた。そして,決議取消しの訴えも確認の要素を有し,無効確認の訴えも形成の要素を有するのであって,他の権利保護の要求を自動的に含んでいるため,両訴訟の請求は交換可能であると主

---

[33] 詳細について,岩原紳作「株主総会決議を争う訴訟の構造(8)」法学協会雑誌97巻6号792頁以下(1980年)。

[34] Karsten Schmidt, Fehlerhafte Beschlüsse in Gesellschaften und Vereinen (II), AG 1977, S. 246.

張した[35)][36)]。Würthweinは，連邦通常裁判所が，株主総会決議取消しの訴えおよび無効確認の訴えは，合一の訴訟物を対象とする合一的な法制度であると示したことを受けて[37)]，両訴訟の要件が満たされる場合，瑕疵が取消事由または無効事由であるか否か明らかとはならず，取消事由と無効事由で異なる訴訟の請求は不要であると主張している[38)]。

組織再編法が株主総会決議取消しの訴えと決議無効確認の訴えを同様に扱うことは，早期の法的安定性の要請によるが，株式法上の取扱いと離齬がないものとなっている。

第3節　組織再編の差止め濫用への対処

1　登記停止の解除

組織再編法は，組織再編の当事会社が訴訟上の差し支えがないことを宣言した場合に，登記申請が可能となると規定している。この消極的証明（Negativattest）がある場合のほか，提訴権限を有する株主が，公証人の認証のある表示により決議の効力を争う訴えの放棄を宣言する場合にも，登記が可能となる（16

---

35)　Wolfgang Zöllner, in: Wolfgang Zöllner (Hrsg.) Kölner Kommentar zum Aktiengesetz, 1976, §246 Rn.48f.

36)　わが国でも両規定の関係性について議論があり，決議の効力を争う訴えの訴訟物は1個であり，訴訟の種類は訴訟手続上の攻撃防御方法の違いによるとする一元論が一部で唱えられていた（小山昇「株主総会の決議を争う訴訟の訴訟物について」鈴木竹雄先生古稀記念『現代商法学の課題（上）』245頁（1975年））。

37)　BGH, Urt.v.22.7.2002- II ZR 286/01, NJW 2002, Heft47, S.3465f.

本事件の概要は，被告会社の株主である原告が，取締役および監査役の解任，および被告会社が譲受会社，F有限会社が譲渡会社となる合併契約の原案を承認した株主総会決議の無効確認の訴えを求めたものである。地方裁判所は，資本増加による新株主が，原告や他の既存株主を不利にする法令違反はないと認めることは不当であるとして訴えを棄却した。控訴審では，株式の寄託に係る期間計算が問題とされたが，原告は，控訴状によると，訴えの根拠として，コンツェルンの決算および業況報告書を作成する取締役の義務が履行されずに株主総会が招集されたという株式法121条3項違反があると主張していた。控訴審裁判所は，控訴事由は無効事由および取消事由に該当するとして，控訴を欠席判決により却下した。その後，原告が控訴審判決は不適法であるとして上告した。

連邦通常裁判所は，原告の請求が取消事由および無効事由に該当するときは分離して判断するとした控訴審裁判所の判示を否定した。

38)　Martin Würthwein, in : Gerald Spindler/ Eberhard Stilz (Hrsg.) Kommentar zum Aktiengesetz, (2010), §243 Rn.15.

条2項)[39]。

　株主総会決議取消しの訴えは，形式的に少数派株主保護を保証するものであり，組織再編に異議のある当事会社の少数派株主についても，保護が狭められるものではない。一方，少数派株主保護と効率的な組織再編の履行の要請との両立は難しく，原則として組織再編の登記ができないことを規定したのである。組織再編に係る決議の効力を争う訴えが提起されると登記はできなくなるという効果は，提訴権限を有する株主に，会社との交渉において不相応な手段を与えることになると解されている。それゆえ，強大な権限を濫用する「略奪的株主（räuberische Aktionäre）」の出現を防止するという観点から，登記停止の解除が規定された（16条3項）[40]。組織再編は企業の経営戦略に関わる重大な行為であり，それゆえ適時の登記が計画されているはずである。登記の停止は組織再編を行う企業にとって不都合なものであるから，略奪的意図をもった株主が，そのような企業から経済的価値を得ることと引き換えに株主総会決議取消しの訴えを取り下げることを目論み，あえて組織再編に係る決議の効力を争う訴えを提起することも考えられるのである。

2　導入の経緯および効果

　1980年代後半以降，株主が自己の経済的な目的や訴えを取り下げる代わりにその代償を得るという目的のために，取消訴訟の提起を利用する略奪的株主が多く出現した[41]。連邦通常裁判所は，そのような状況に対処するため，登記される決議の効力を争う訴えが認容されないことが明らかである場合において，「合併決議に対して提起された決議取消の訴えが…見通しがたたないことに疑

---

[39]　株式法上，取り消しうる決議を追認するための株主総会が開催されず，全株主が取消権の放棄を宣言することにより代償されえない限りにおいて，株主の意思によらない取消権が問題になるということから，組織再編法16条2項が株主のみならず，取締役会，取締役および監査役を提訴権者と規定していることは，まったく問題がないとはいえないと解されている。組織再編法上は，株主は公証人の証明により放棄を宣言することによって，訴訟提起の意思がある取締役会を除外することができる。にもかかわらず，この放棄宣言が取締役の消極的証明および形式的な登記の前提を補償することを見落としてはならないこと，登記裁判官の審査権および義務については議論されないままであることが指摘されている（Reinhard Bork, in : Marcus Lutter/ Martin Winter（Hrsg.）Umwandlungs-gesetz Kommentar, 4 Aufl.（2009）, §16 Rn.14f.）。

[40]　高橋・前掲注7）243頁以下。

[41]　略奪的株主に関する議論と実態について，正井章筰「ドイツの株主総会制度の改革と『略奪的株主』に対する規制」早稲田法学85巻3号1109頁以下（2010年）に詳しい。

いがないならば，登記裁判所は，決議取消しの手続きが有効に終結する前に，商業登記簿に合併の登記をすることを妨げない」と示し，登記の遮断効を打ち破ることを認めた[42]。組織再編法の立法者は，この見解を拡大し，組織再編法では登記の遮断効は受訴裁判所の決議により乗り越えられることを規定した[43]。株主総会決議の効力を争う訴えの受訴裁判所は，組織再編の効果の存続保護と登記停止について比較衡量し，登記停止の解除について決定する（16条3項2文）[44]。K.Schmidt は，受訴裁判所の決定は妥協的性質を有すること，株式法上の権利保護への介入および登記手続の複雑性が観察されるが，組織再編法16条3項2文は，会社から代償を得ることを目的とする恐喝的な決議取消訴訟を提起するという唆しを著しく減らしたと評価する[45]。Bork は，さらに進んで，その訴えが初めから不適法であったり，主張が成り立たず，もしくはいずれにせよ根拠がない場合は，権利濫用的に訴えが提起されても，権利濫用が明白に容易に確認されるため，登記の遮断効は打ち破られるのであり，取消手続にかかわりなく登記裁判官に登記することを認めるべきであると唱える[46]。

組織再編法制定後，略奪的株主による濫訴を防ぐため[47]，2005年9月22日に

---

42) BGH v.2.7.1990 - II ZR 1/90, BGHZ 112, 9 ff.
43) Karsten Schmidt, Gesellschaftsrecht, 4 Aufl., 2002, S.350f.
　　このことは，とくに合併の局面であてはまるという。
44) 組織再編法制定以前は，株主総会決議の効力を争う訴えが濫用的であるかという点は，登記裁判官が審査していた。関連して，登記裁判官が，株主総会決議に懸念がないにもかかわらず，合併決議の内容の違反についてどの程度まで検討する必要があるか問題となりうる。登記裁判官は，実質的審査権はなく，登記を行う際に形式的に適法性を審査する義務および審査権を有する。立法者は，株主総会決議取消しの訴えの訴訟物は，登記を妨げるものではないし，受訴裁判所が登記の遮断効を破ることが会社の利益であると評価する場合には，登記は妨げられないとしている（Vgl. Reinhard Bork, in Marcus Lutter（Hrsg.）Kölner Umwandlungsrechtstage: Verschmelzung Spaltung Formwechsel, (1995), S.265f.）。
45) K.Schmidt, a.a.O. (Fn. 43), S.352.
46) Bork, a.a.O. (Fn. 39), §16 Rn.15f.
47) 濫用に該当する要件は，権利濫用が取消訴訟の原告株主の主観的動機に基づくことが必要であり，動機が取消権行使の目的からかけ離れていれば足りるとされる。そして客観的要件として，とくに原告株主の主観的動機を推論させるような徴憑が重要であるとされる。たとえば，取消訴訟の原告がごく少数の株式を所有しているにすぎないこと，取消訴訟にかかる株主総会の開催直前にはじめて株式を取得したこと，場合によっては時間的に並行して提起される取消訴訟の同一原告の行為等があてはまると考えられている（久保寛展「株主総会決議に対する濫訴防止の可能性—ドイツにおける UMAG 草案による措置を中心として—」福岡大学法学論叢49巻3＝4号397頁以下402頁以下（2005年））。

成立した「企業の誠実性及び取消権の現代化のための法律（Gesetz zur Unternehmensintegrität und Modernisierung des Anfechtungsrechts: UMAG）」に基づき，株式法上，資本増加，資本減少および企業契約に関する株主総会決議取消しの訴えが提起された場合における登記停止解除の手続が規定された（株式法246a条）[48]。株式法246a条は，当該訴えが不適法であるか明白な根拠がない場合，当事会社が主張する会社およびその株主にとっての重大な不利益が，裁判所の自由な心証によると取消訴訟の原告である株主の不利益よりも優位にあり，優先されると認められる場合等[49]には，受訴裁判所の決定により，株主総会決議取消しの訴えが提起されたにもかかわらず登記することができ，総会決議の瑕疵が登記の効力に影響を及ぼさないと規定する[50]。同条は，略奪的株主が利己的で不誠実な取消権を行使することによる会社の経済的および時間的損失を防ぐため，決議取消事由を明確にして取消しが認められる範囲を縮小させるために導入された[51]。株主総会決議の効力を争う訴えに理由があると認められた場合には，会社は登記をしたことによって生じた損害を賠償しなければならず（同条4項），組織再編法と同様に，原状回復ではなく損害賠償により対処するという構成が採られている。ドイツ組織再編法とは異なり，株式法246a条には登記の遮断効が存在しない。消極的証明があり，提訴権限を有する株主が権限を放棄し，または登記停止の解除があるという場合に初めて，商業登記の禁止が問題となるのであり，株式法246a条は登記を妨げるものではないからである[52]。

ドイツの組織再編法制は，合併や会社分割の効力発生が組織再編に係る決議の効力を争う訴えにより，みだりに登記停止により差し止められることがないよう，登記停止を解除する旨の規定を置いている。組織再編の差止めの必要性と法的安定性の均衡について，組織再編に係る決議の効力を争う訴えが濫用的に提起されたことが明白である場合は，登記は停止しないとされている。そし

---

[48] 株式法の条文訳は，早川勝「1965年ドイツ株式法の改正と展開」同志社法学63巻6号303頁（2012年）を参照した。
[49] そのほか，原告が申立書の送達後1週間以内に書面によって招集通知の公告を行った後少なくとも1,000ユーロの持分額を有する株式を保有することを立証しなかったときがある（同条2項2号）。
[50] この利益衡量は，2009年「株主権指令の実施に関する法律（Gesetz zur Umsetzung der Aktionärsrechterichtlinie :ARUG）」により精緻化された。
[51] 久保・前掲注47) 397頁以下。
[52] Vgl. Kuhlmann /Ahnis, a.a.O. (Fn. 15), S.443.

て，登記後は，当該組織再編に瑕疵がある場合でも瑕疵は治癒されることはなく，組織再編の存続が保護され，役員の損害賠償で調整するという制度設計を採っている[53]。これらの制度設計は，役員の損害賠償責任により支えられているが，瑕疵ある組織再編に対する損害賠償責任が実際に実効性を有するかということは，残された問題である[54]。

第4節　おわりに

　ドイツ組織再編法は，わが国とは異なり，組織再編無効の訴えではなく組織再編に係る株主総会決議の効力を争う訴えを事前の差止制度として機能させることにより，組織再編の早期の法的安定性を追求している。訴訟物の取消事由または無効事由の該当性について議論はあるが，当該訴えについては手続的な法令違反のみならず，株主総会決議の違法性や瑕疵の有無について実質的に判断される。一方で，組織再編に係る決議の効力を争う訴えが濫用的に用いられた経験により，事前の差止制度が有効に機能するための規定が置かれ，組織再編の効力発生が阻止されないよう法的枠組みが整備された。事前の差止制度の必要性と法的安定性の均衡についても，一定の場合には登記停止を解除し，登記により組織再編の効力を発生させることが規定されている。

　ドイツ組織再編法制のあり方は，わが国のそれとは大きく異なるが，ドイツにおける組織再編に係る決議の効力を争う訴えについての考察は，改正会社法により新設された組織再編行為等の差止請求規定の機能を検討する際の一助になるといえよう。

〔付記〕　本稿は，科学研究費若手研究（B）（課題番号：25780071）の助成を受けた研究の成果の一部である。

---

53)　合併や会社分割の登記自体が無効であった場合について，組織再編法は規定していない。
54)　会社分割に係る債権者保護は，会社分割当時会社に連帯債務者としての責任を課すこと，および債権者による担保提供請求権のほか，役員の損害賠償責任によっても図られることが制度設計されているが，ここでも損害賠償責任の実効性は明らかとはいえない。

第5章　企業結合

従属株式会社における会社利益とグループ利益＊

マティアス・ハーバーザック
新津　和典（訳）

第1節　問題提起とテーマ設定のEU法上の背景

　ドイツ法によるコンツェルン責任を議論の対象とすることは，問題提起の規模からして僭越であるように思われ，また初めから失敗する運命にあるが，それは，このテーマが及ぶすべての領域を──株式会社，有限会社，そして人的会社について──テーマとして論じテーマを絞らない場合である。このように言えるのは，とくに会社法とコンツェルン法的な側面がほとんどないという背景があるからであり，それはもっぱら「変態的事実上のコンツェルン」（qualifizierter faktischer Konzern）や「存在破壊責任」（Existenzvernichtungshaftung）などといった常套語の下になされてきた過去30年間の議論ばかりが注目されるが，当地ではそれに劣らない迫力で多くの判例と学説をもたらした。それにもかかわらず，ドイツ法におけるコンツェルン責任の基礎を確認することは，歓迎されるべきである。というのも，とくにヨーロッパレベルではなお依然としてコンツェルン法の個別的な側面に関する規整について検討がなされているからである。欧州委員会はその2003年5月21日アクション・プランにおいて，たしかにコンツェルン法の包括的な調整を行うことはしなかったものの，しかしいずれにしても「コンツェルンに属する企業の経営者が調整されたコンツェル

＊　本稿は2012年5月24日に開催された第3回ドイツ・オーストリア・スイス討論会での講演を基にする。原著はドイツ語で *Kalss/Fleischer/Vogt*（Hrsg.）, Gesellschafts- und Kapitalmarktrecht in Deutschland, Österreich und der Schweiz 2013, 2014, S.1に掲載されている。注は必要なものにとどめた。

ン政策を採用し執行することが許されるのは，その構成員（Mitglieder）〔訳注：正しくは「債権者」（Gläubiger）。KOM（2003）284 endg.〕の利益が有効に保護され，かつ，利益と不利益が時の経過とともに衡平に当該企業の株主に配分される場合に限られる」という一定の枠組み規定を与えた[1]。これに先立つのが High Level Group の勧告であってフランスの「Rozenblum」構想の採用を謳うが，それによれば不利益措置が許されるのは，企業グループが構造的に強固であり，当該従属会社が「一貫した恒久的なグループ政策」に組み入れられ，そして個々のグループ会社の利益と不利益が「一定のバランス」を相互に保っている場合である[2]。これは，子会社を一つの共通のグループ政策に服せしめることを——そしてそれによる本来的意義におけるコンツェルン指揮を行うことを——すべての加盟国が許容しているわけではないという事実に鑑みたものである。2011年「Reflection Group」提出のヨーロッパ会社法の将来に関する報告書[3]は，言うまでもなく，グループ関連規定を，またそれに基づくコンツェルン利益とそれによる結合的な執行権限を認める措置をも勧告している。欧州委員会はこの勧告を2012年12月12日ヨーロッパ会社法に関するアクション・プランにおいて採用し，その第4.6計画としてグループ利益の概念のより良い承認を謳った[4]。本所見は，ドイツ法がこの考えられてきた枠組み規定と両立し得るかを検証する機会を与える。これを本テーマの重要な限界づけとしつつ，従属株式会社法という論点に集中させることとする。株式法におけるコンツェルン法だけは，契約コンツェルン以外にも[5]従属会社に対して不利益な影響力を行使することを許容している。これに対して，複数の社員が存在する有限会社や——必然的

---

1) KOM (2003), 284 endg.; Abdruck in NZG 2003, Sonderbeil. zu Heft 13; dazu *Bayer* BB 2004, 1, 5 ff.; *Habersack* NZG 2004, 1 ff.
2) Abrufbar unter www.ec.europa.eu/internal_market/company/docs/modern/report_de.pdf; s. ferner *Forum Europaeum Konzernrecht*, ZGR 1998, 672, 704 ff.; *Lutter*, Festschrift Kellermann, 1991, S. 254, 261 ff.; *Gräbener*, Der Schutz außenstehender Gesellschafter im deutschen und französischen Kapitalgesellschaftsrecht, 2009, S. 105 ff.
3) Abrufbar unter www.ec.europa.eu/internal_market/company/docs/modern/reflectiongroup_report_en.pdf.
4) Europäische Kommission, Aktionsplan : Europäisches Gesellschaftsrecht und Corporate Governance – ein moderner Rechtsrahmen für engagiertere Aktionäre und bessere überlebensfähige Unternehmen, Brüssel, 12. 12. 2012, KOM (2012), 740/ 2；これにつき次の論文がある。*Ekkenga, Teichmann, Drygala* und *Hommelhoff*, in AG 2013, 181 ff.; ferner *Hopt* ZGR 2013, 165, 209 ff..
5) 有限会社および人的会社に関して次を参照。*Emmerich/Habersack*, Konzernrecht, 10. Aufl., 2013, § 32, § 34 Rn. 17 ff.

に最低2人の社員が存在する——人的会社の場合には，不利益な影響力は，社員の同意ない限り，誠実違反であって不利益補償の機会が存在しないため，禁止される[6]。一人有限会社法は，究極的には，一人社員による影響力行使について，基本的に，資本充実規定および——Trihotel連邦通常裁判所判決後に民法826条から導き出される——「存在を破壊する（existenzvernichtende）」（と言うよりはむしろ，破産をもたらす（insolvenzverursachender））介入の禁止[7]によって対応する。つまり，コンツェルンの構成部分としての適性は，まったく疑いの余地がない。

第2節　株式法311条以下における個別的補償制度の概念的基礎

1　個別的補償，包括的補償，および，第三者責任（Außenhaftung）

　ドイツ株式法におけるコンツェルン法は，周知のとおり，株式法311条以下に規定される「事実上の」企業結合（株式法311以上以下）と，株式法291条以下・319条以下に規定される契約および編入コンツェルンとの区別によって特徴づけられる。契約コンツェルンが選択されるのは多くの場合，税制上の理由からであるものの[8]，その会社法上の効果，とくに支配契約の効果は，独立した株式会社や単純な従属株式会社や支配契約によってコンツェルンを構成する株式会社と比較すれば，まったく欠落していない。取締役の，指図に拘束されない，独自の責任の下になされる会社の業務執行という原則（株式法76条1項），および，なお依然として[9]厳格である財産拘束の原則（株式法57条）ではなくして，

---

[6] 有限会社につき次を参照。BGHZ 65, 15, 18 ff.; *Casper*, in : Ulmer/Habersack/Winter, GmbHG, 2008, Anh. § 77 Rn. 76 ff.; 人的会社につき次を参照。*Mülbert*, in : Münchener Kommentar zum HGB, 3. Aufl., 2011, Konzernrecht der Personengesellschaften, Anh. § 105 Rn. 199 ff.; *Schäfer*, in : Staub, HGB, 5. Aufl., 2009, Anh. § 105 Rn. 44 ff.
[7] BGHZ 173, 246 ; 本判決につき次を参照。*Gehrlein*, WM 2008, 761 ff.; *Habersack*, ZGR 2008, 533, 542 ff.; *Osterloh-Konrad*, ZHR 172 (2008), 274 ff.; *Paefgen*, DB 2007, 1907 ff.; *J Vetter*, BB 2007, 1965 ff.
[8] 機関関係（Organschaft）の要件と効果につき次を参照。*Emmerich/Habersack* (Fn. 5), § 1 Rn. 29 ff.
[9] 2008年10月23日有限会社法現代化と濫用克服に関する法律（das Gesetz zur Modernisierung des GmbH-Rechts und zur Bekämpfung von Missbräuchen（MoMiG）vom 23.

支配企業の指図権，および，支配企業のコンツェルン構成会社に対する損失補償義務（Verlustausgleichspflicht）（株式法302条）が規定され，すなわち，局外株主の保護につき，株式法304条および305条の規定による補償・代償請求がこれを手当てする。組織・資産構造へかなり介入しているにもかかわらず，しかし支配契約は支配会社の従属会社の債権者に対する第三者責任（Außenhaftung）を原則としてもたらすものではない。その例外は株式法303条に規定され，本条は従属会社の債権者に対して支配契約終了時に（利益供与契約の終了の場合にも同様に）担保を提供する請求権を与え，そしてかかる請求権は，従属会社が破産の場合には，破産手続が手続費用をカバーすべき財産がないために開始されないとき，支払請求権に転化する[10]。そのほか，従属会社の企業的リスクは，損失補償義務によってそのすべてを支配企業に請求され，支配企業はコンツェルン関係に由来しない，それどころか指図権の行使に由来しない損失をも補償する義務を負う。

　コンツェルン法に基づく支配企業の第三者責任についてドイツ法が規定するのは，編入コンツェルンにおいてのみであり，編入コンツェルンは，契約コンツェルンと比較して，さらに緩和された資産構造規制とさらに広範な指図権という特徴をもつ[11]。編入コンツェルンでは，たしかに被編入会社はその法律上の独立性は維持されるものの，しかし他方で主会社（Hauptgesellschaft）は被編入会社に対して損失補償義務を負うだけでなく（株式法324条3項），同時に被編入会社の債権者に対して第三者責任をも負う[12]。編入の魅力は，従来までは編入の登記によって被編入会社の局外株主を代償を対価として締め出され，主会社がこれによって唯一の株主となることにあった（株式法320a条・320b条）。10年前に施行された株式法327a条以下が5パーセントまでの少数派株主のスクイーズ・アウト（Squeeze Out）を可能にして以降，多数派編入（Mehrheits-

---

　10. 2008（BGBl. I S. 2026））による株式法57条の緩和につき，第3節 2 参照。

[10]　Vgl. BGHZ 95, 330, 3471；*Emmerich*, in : Emmerich/Habersack, Aktien- und GmbH-Konzernrecht, 7. Aufl., 2013, § 303 Rn. 24. 広範な文献，および，破産手続開始の場合の支払請求の論点につき，後者を参照。

[11]　*Habersack*, in : Emmerich/Habersack, Aktien- und GmbH-Konzernrecht, 7. Aufl., 2013, § 323 Rn. 2 f., § 324 Rn. 3 ff.

[12]　責任の法的性質および求償の法律効果につき次を参照（連帯債務については前者を，附従性については後者を参照）。*Hüffer/Koch*, AktG, 11. Aufl., 2014, § 322 Rn. 6, andererseits *Habersack*, in : Emmerich/Habersack, Aktien- und GmbH-Konzernrecht（Fn. 11）, § 322 Rn. 3 f.

eingliederung) は，聞くところによれば，その実務上の意義を失ったとされている。以下においても，編入は影を潜めたままとなる。

もとより——包括的な——損失補償義務の制度から区別されなければならないのは，株式法311条において発現される個別的補償の概念である。これは，具体的な影響力行使を対象としており，支配企業に対して，支配企業が働きかけた措置が従属会社の不利益をもたらした場合に，その不利益補償を義務づける。したがって，株式法311条が株式法302条に劣るのは，従属関係ないしコンツェルン関係に由来しない不利益は補償を義務づけることなく，従属会社のリスクであるという点においてである。これが問題となるのは，従属会社の取締役の「自律的な（autonome）」義務違反であり，しかし市場価格の変更や取引先の破産といった対外的効果についても問題となる。同時に株式法311条が株式法302条を超えるのは，不利益補償が，たとえ従属会社が損失を証明せず，したがって損失補償請求権がすでにその補償されるべき額が存在しないためにその余地がない場合であっても，提供されるという点においてである。

2　株式法311条の特権化機能

この個別補償制度の概念的基礎は，損害禁止に求められ，かかる損害禁止は，結合されない株式会社，複数の社員が存在する有限会社，および，人的会社での，社員資格上の誠実義務に由来するものであり，局外株主を従属とグループ化の危険から保護する——十分に有効な——手段として，また——間接的に——債権者を保護する手段として，理解されている[13]。ただし，株式法311条による規整については若干の特筆すべき特徴が指摘され，それら特徴は，今日の通説によれば，従属株式会社を相当な程度グループの利益のために用いる可能性を開き，したがって欧州委員会やReflection Groupの方向性に合致する。

この特筆すべき特徴の一つとして，まず不利益な影響力行使が，その事業年度内に不利益補償がなされた場合に適法とされる事情が挙げられる。これは株式法311条1項後段から直ちに言えることであり，不利益補償の履行によって不利益な影響力行使を，——したがって，それ自体損害禁止に抵触する行為を——，正当化することを意味するに足りる[14]。これと関連する「特権化」（Pri-

---

[13]　有限会社および人的会社につき注6）参照。株式会社につき，また株式法117条1項との関係について，次を参照。*Hüffer/Koch* (Fn. 12), § 53a Rn. 19.

[14]　*K. Schmidt*, Gesellschaftsrecht, 4. Aufl.. 2002, § 31 IV 2 b ; *Hüffer* (Fn. 12), § 311

vilegierung）については，株式法311条２項により，不利益補償は事業年度終了時になされれば足り，当該履行は不利益補償請求権についての説明をなすだけでもよいということに目を向ければ，気づくであろう。これに基づいて「拡張された」(gestreckte) 不利益補償が許容される[15]と言えるのは，事業年度終了時に，従属会社が事業年度中に支配企業の働きかけによってこうむった不利益を計上し，そしてそれをその後当該事業年度終了までに得られた利益で差し引くことができるからである。これに対して，株式法62条によれば，従属会社の公然または隠れたる給付金は，ただちに補償されなければならないことになってしまう。したがって，株式法311条の実務上の有効性にとって不可欠な重要性をもつのは，連邦通常裁判所が，最近，──通説[16]にならい──株式法311条による株式法62条の排除を認めたことである[17]。これに呼応するのが，従属会社の取締役や監査役が，支配企業による不利益な働きかけに応じた場合であっても，不利益が保障能力を有し，かつ，支配企業が当該補償をなす手筈を整えまたその能力をもつこと確認した場合には，株式法93条や116条の意味における義務違反にならないことである[18]。たしかに支配企業は従属会社の取締役に対して指図を与える権限はなく，すなわち株式法311条の枠内においても株式法76条１項に甘んじる[19]。ただし，一般的に，機関にたずさわる者は，事実上の任命権者（Personalhoheit）であることに鑑みて，支配企業の意向に耳を傾けないことはなかろう。それらは，すでに述べたように，行為前を基準時として従属会社の財産的利益が個別補償によって維持されることを確信するだ

Rn. 6 ; Emmerich/*Habersack* (Fn. 12), § 311 Rn. 5 ; *Altmeppen*, in: Münchener Kommentar zum AktG, 3. Aufl., 2010, § 311 Rn. 37 ff. ; a.A. namentlich *Würdinger*, in : Großkommentar zum AktG, 3. Aufl., § 311 Anm. 5, 6, 9.

15） これにつきとくに次を参照。*Kropff*, Festschrift Kastner, 1992, S. 279, 290 ff.
16） *Hüffer* (Fn. 12), § 311 Rn. 49 ; Emmerich/*Habersack* (Fn. 12), § 311 Rn. 82 ; MünchKommAktG/*Altmeppen* (Fn. 14), § 311 Rn. 448 f. ; *Koppensteiner*, in : Kölner Kommentar zum AktG, 3. Aufl., 2004, § 311 Rn. 161 f. ; *J. Vetter*, in : K. Schmidt/Lutter, AktG, 2. Aufl., 2010, § 311 Rn. 104 ; a.A. GroßkommAktG/*Würdinger* (Fn. 14), § 311 Anm. 5 ; *Bälz*, Festschrift Raiser, 1974, S. 287, 314 f.
17） BGHZ 179, 71 Tz. 11; sodann BGHZ 190, 7 Tz. 48; BGH ZIP 2012, 1753 Tz. 16 ; offengelassen noch in BGHZ 175, 365 Tz. 28.
18） 従属会社の取締役および監査役会の義務につき詳しくは次を参照。*E. Vetter*, ZHR 171 (2007), 342, 352 ff. ; MünchKommAktG/*Altmeppen* (Fn. 14), § 311 Rn. 441 ff., 461 ff.; Emmerich/*Habersack* (Fn. 11), § 311 Rn. 78 ff.
19） KG ZIP 2003, 1042, 1049; KölnKommAktG/*Koppensteiner* (Fn. 16), Vor § 311 Rn. 9 ff., § 311 Rn. 139 ; K. Schmidt/Lutter/*J. Vetter* (Fn. 16), § 311 Rn. 117 mit weit. Nachw.

けで,義務違反にならない。これとは唯一異なるのが,従属会社の株主総会が支配企業の議決権多数をもって不利益な法律行為を承認した場合であり,かかる株主総会の承認は,株式法119条2項により,従属会社の取締役がかかる株主総会による措置を請求した場合になすことができる。このような事例では,不利益補償はすでに決議において調整されなければならないのであり,しかも十分に具体的である。これら学説で従来から支配的であった見方[20]は,第二民事部が,最近,該当する株式法243条2項2文を引用して確認した[21]。

しかし,この他については,すなわち株主総会によってなされたはたらきかけ以外については,株式法311条2項の特権化機能の下にとどまる。株式法62条が排除され,かつ,従属会社の役員の義務プログラムが株式法311条の個別補償制度へ適うように修正され,そして不利益補償の履行が用いられる。これがなされない場合,株式法62条の返還請求権が復活するだけではない。支配企業,支配企業の役員,従属会社の役員は,株式法317条および318条に従って,不利益な影響力行使によって従属会社に生じた――不利益補償とは異なって,その損害額の算定基準は行為前ではなく行為後である――損害を賠償する責任を負う。ここで必要なことは,支配企業にこれら責任を負うことにならないようにすることである。むしろ,これらは,とくに拡張された不利益補償の機会を支配企業と従属会社に許容するものであり,すなわち従属会社を,その合意の下に,かつ,その財産的利益の保持の下に,統一的グループ政策に統括することが許される。ここで,再度,個別補償制度の限界――そしてしたがって同時に許容される支配企業の影響力行使の限界について取り上げなければならない。それに先立って,上で概説した諸原則について,三つの比較的新しい最上級審裁判所の判例において解説する。

---

20) *Hüffer/Koch* (Fn. 12), § 311 Rn. 48 ; *Emmerich/Habersack* (Fn. 11), § 311 Rn. 85 ; K. *Schmidt/Lutter/J. Vetter* (Fn. 16), § 311 Rn. 123 ; a.A. *Strohn*, Die Verfassung der Aktiengesellschaft im faktischen Konzern, 1977, S. 39 ff. ; *Mülbert*, Aktiengesellschaft, Unternehmensgruppe und Kapitalmarkt, 2. Aufl., 1996, S. 288 ff.

21) BGH ZIP 2012, 1753 Tz. 18 ff. mit weit. Nachw.

第 3 節　最近の連邦通常裁判所判決後の個別補償制度

1　不利益の概念と企業家裁量

　株式法311条の進展に重要な意義を有するのは，まず2008年 3 月 3 日の連邦通常裁判所第二民事部「UMTS」判決である[22]。これはドイツテレコム株式会社の株主の訴えに基づいてなされ，当該株主は，ドイツ連邦共和国による競売を通じてなされたUMTS特許のテレコムによる取得は，当時支配企業であったドイツ連邦共和国によってなされた不利益取引であり，不利益補償はなされていないのであるから，したがってドイツ連邦共和国はテレコムに対して株式法317条 1 項により損害を賠償する責任を負うと主張した。株主の訴えをなす権限は株式法317条 4 項・309条 4 項 1 文 2 文により生じることについて疑いはなく，また連邦通常裁判所はすでにそれ以前に──正当にも──株式法311条以下の公法上の法主体への適用を認めているため[23]，訴えの成否はもっぱら，連邦政府による取得の働きかけの存否と，取得が不利益の性質を帯びているか否か次第であった。原審であるケルン高等裁判所と同じく[24]，連邦通常裁判所も，連邦政府の働きかけの問題[25]については言及せず，訴えを株式法317条 2 項による責任排除により斥けた[26]。かかる規定によれば，とくに支配企業が責任を負わないのは，独立する会社の通常かつ誠実な業務執行者であったとしても同じ法律行為をなし，または，同じ措置をとり若しくはとらなかったであろう場合である。適切な見解によれば，これは言うまでもなく当然のこととして理解されるのであり，株式法317条 2 項の要件の下ではすでに株式法311条 1 項の意味での不利益は存在せず，したがって株式法317条 1 項の構成要件を欠いていることになる[27]。かかる立場を連邦通常裁判所も踏襲した[28]。すでに連邦

---

22) BGHZ 175, 365 ; dazu *Altmeppen*, NJW 2008, 1553 ff. ; *Fleischer*, NZG 2008, 371 ff.
23) BGHZ 69, 334 ff. ; BGHZ 135, 107 ff.
24) OLG Köln ZIP 2006, 997.
25) Näher dazu *Habersack*, ZIP 2006, 1327 ff. (1329 f.).
26) BGHZ 175, 365 Tz. 11 ff.
27) OLG Köln ZIP 2006, 997, 1000 f. ; LG Bonn NZG 2005, 856, 857 ; KölnKommAktG/*Koppensteiner* (Fn. 16), § 311 Rn. 14 ; Emmerich/*Habersack* (Fn. 11), § 311 Rn. 7 mit weit. Nachw. ; a.A. namentlich MünchKommAktG/*Altmeppen* (Fn. 14), § 311 Rn. 10.
28) BGHZ 175, 365 Tz. 11.

通常裁判所はこれ以前に, 不利益とは, 会社の財産または収益状況の低下または具体的な危険であると理解されなければならないのであって, それらが従属性から生じていなければならないと判示する[29]。株式法317条2項の要件が存する場合には, しかし, 問題とされる措置が従属性の結果であるとは言い難い[30]。UMTS判決の意義は, かかる概念を明確化したことよりもむしろ, 従属会社の取締役の注意義務違反の――そしてしたがって不利益の――存在に関して判示した点に求めなければならない。民事部がとくに判示するのは次のとおりである[31]。

「その――2000年に法律取引が実際になされた時点に関する…――株式法93条1項1文による注意義務の順守の問題の評価については, 執行機関には業務執行の枠内において原則として, それなくして企業家の活動がおよそ考えられない広範な裁量が認められなければならない (BGHZ 135, 244, 253 f.)。かかる裁量を逸脱したと言えるのは, 責任意識に支えられた, もっぱら企業利益のみを志向した, そして決定の基礎に関する注意深い調査に基づいた, 企業家の行為がなされる限界を明らかに超えた場合, または, 企業家の危険を引き受ける準備が無責任になされ, または, 取締役の行動が他の理由によって義務違反となる場合である (Senat aaO; vgl. die inhaltsgleich nunmehr als Haftungsausschluss kodifizierte „business judgment rule" in § 93 Abs. 1 Satz 2 AktG i.d.F. des UMAG vom 22. September 2005 – BGBl. I 2802)。」

現在では株式法92条1項2文において認められた経営判断原則が株式法311条1項の不利益概念の枠内においても考慮されることは, たしかに説得力はあるものの, 決して当然のこととは言えない。周知のとおりとくに株式法93条1項2文の介入に関しては, もっぱら――必要ではあるものの, 十分ではない――一定の要件のもとにのみ許容されるのであり, その要件は, 取締役の行為が特別な利益や適切でない考量から自由であることである[32]。株式法93条1項2文のセーフ・ハーバー (safe harbour) は, したがって取締役が利益衝突の

---

[29] BGHZ 141, 79, 84; sodann BGHZ 179, 70 Tz. 8 f.
[30] Deutlich *Hüffer/Koch* (Fn. 12), § 317 Rz. 11.
[31] BGHZ 175, 365 Tz. 11.

関係にある場合には用いることができず[33]，なお依然として争いがあるのは，提出された報告の目的に関して，当該取締役の予断が，同様に会議体としての決定に影響を及ぼすものの，本人は利益衝突の関係にない取締役へどのように作用したかを掘り下げるべきではないという点である[34]。重要なのは，UMTS判決が，黙示的で説得力のある前提を基礎にしていることであり，その前提とは，従属会社の取締役がとくに典型的には支配企業の代表によって支配された従属会社の監査役会の人事権に鑑みて，他に追求される支配企業の企業家的利益に鑑みて生じる，一般的な「コンツェルン衝突」が，株式法93条1項2文の介入と矛盾しないとするものである[35]。2012年6月15日施行のDCGK5.4.2は，支配株主，または，支配株主と結合する企業との個人的または取引的関係は，それが本質的でかつ一時的なものでない利益衝突を基礎づけるものである場合，DCGKの言う従属性の損失となると考える[36]。DCGK5.4.2第1文がなお依然として，監査役会における独立構成員の適切な数に関する評価を監査役会の権限であるとしていることをもさておけば，新版のDCGKも，株式法93条1項2文の枠内での「コンツェルン衝突」は軽微なものに過ぎず，したがって従属会社の役員には，株式法311条・317条2項の枠内においてUMTS判決が強調する企業家的裁量が与えられるということについて，なんら変更し得るものではない。

2　株式法57条との関係とコンツェルン・ファイナンスの軽減

UMTS判決の半年後に出された連邦通常裁判所第二民事部「MPS」判決は，さまざまな意味でコンツェルン法を進歩させるものであった[37]。まず民事部は，

---

[32]　これにつき，および，株式法93条1項2文のこれ以外の要件につき，次を参照。*Hüffer/Koch*（Fn. 12），§ 93 Rn. 8 ff.；*Fleischer*, in：Spindler/Stilz, AktG, 2. Aufl., 2010, § 93 Rn. 66 ff.

[33]　前掲のもののほか次を参照。*Habersack*, in：E. Lorenz, Karlsruher Forum 2009, 2010, S. 21 ff.；*Lutter*, Festschrift Canaris, 2007, Bd. II, S. 245, 248 ff.；krit. *Krieger/Sailer-Coceani*, in: K. Schmidt/Lutter, AktG, 2. Aufl., 2010, § 93 Rn. 15.

[34]　Dazu *Habersack*（Fn. 31），S. 22 f. mit weit. Nachw.

[35]　Vgl. bereits *Habersack*（Fn. 31），S. 21 f.；*ders.*, in：Münchener Kommentar zum AktG, 4. Aufl., 2014, § 100 Rn. 78；*Hopt*, ZIP 2005, 461, 467 f.；*Hüffer*, ZIP 2006, 637 ff.；*Lieder*, NZG 2005, 569, 571 f.；a.A. wohl *Lutter*（Fn. 31），S. 245, 254 f.

[36]　Dazu *Nikoleyczik/Schult*, GWR 2012, 289, 290；*Wilsing/von der Linden*, DStR 2012, 1391 f.

[37]　BGHZ 179, 71；dazu *Habersack*, ZGR 2009, 347 ff.；*Kropff*, NJW 2009, 814 ff.；*Mülbert/Leuschner*, NZG 2009, 281 ff.

株式法311条2項で予定された拡張された不利益補償の機会は,株式法57条・62条・93条3項1号を排除する特別規定であるとしていた[38]。したがって,民事部は,コンツェルン内の交換関係の作出と実施を,第三者との関係では維持し得ない条件で,かつ,補償を事業年度末まで猶予する形で可能ならしめ,そして第2節2においてすでに述べたように,株式法311条2項の実効性に資するものであった。「MPS」判決が注目されるべきは,しかし,とくに,子会社から親会社が受ける貸付け(Upstream-Darlehen)の供与や資金の集中管理(zentrales Cash Management)への従属会社の統括をなし得るコンツェルン・ファイナンスの諸措置をそれぞれ一般的に認め,しかしまた,株主の第三者に対する債務の従属会社による保証や[39],有限会社法の現代化と濫用対処のための法律(MoMiG)による株式法57条1項3文の調整[40]により生じた立法者の伝説的「11月」判決[41]からの乖離とは独立して株式法311条との整合性を認め,同時に,不利益がなされた時点を超えた従属会社の役員の注意義務を強調する点においてである。その公式判決要旨(amtlichen Leitsätze)は「MPS」判決の内容を首尾よくまとめているので,ここに再び示すものである。

a) 保証がなされず,短期に弁済請求し得る「アップストリーム・ローン(upstream-Darlehen)」が従属株式会社によってその多数派株主に対してなされることは,その弁済請求額が貸渡しの時点と等価である限り,本質的には株式法311条にいう不利益な法律取引ではない。かかる要件の下では株式法57条にも違反するものではなく,それは改正後の同条3項が明確化している。これに対して反対の立場である2003年11月24日の民事部判決(BGHZ 157, 72 zu § 30 GmbHG)は,旧判例としても維持されない。

b) これによっても変わることがないのは,貸付期間中に場合によっては生じる信用リスクを調査する義務や,貸渡し後に生じる支払能力の悪化に応じてなされる契約解除や保証の請求をなす義務といった,株式法93条1項

---

[38] BGHZ 179, 71 Tz. 11 ; offengelassen noch in BGHZ 175, 365 Tz. 28 ; zu weit. Nachw. s. Fn. 16.
[39] Speziell dazu K. Schmidt/Lutter/*J. Vetter* (Fn. 16), § 311 Rn. 62 ff. ; Emmerich/*Habersack* (Fn. 11), § 311 Rn. 47c.
[40] S. Fn. 9.
[41] BGHZ 157, 72.

1 文に基づき，また株式法311条・318条によっても排除されない従属会社の経営機関の義務である。かかる措置がとられなかった場合には，株式法311条から逸脱し得るのであって，（株式法93条2項・116条から生じるもののほか）株式法317条・318条に基づき損害賠償請求権が生じ得る。

当該判決は，有限会社法現代化法（MoMiG）の公式資料が示すように[42]，資本維持規制をキャッシュ・プーリング（Cash-Pooling）に適用することは「国際的に活動するコンツェルンの実体に応じて重大な実務上の弊害となり」得るのであって，「これは特に最近の連邦通常裁判所の判例（BGH II ZR 171/01 vom 24. November 2003）の結論において顕著」となろう，というその背景に目を向けなければならない。株式法57条1項3文に従った貸付けの供与がコンツェルン状態以外の場合にも株式法上の財産拘束と調和すると解釈することは，整合性がとれないのであって，株式法311条以下の観点から問題であろう[43]。

少なくとも注目すべきは，「MPS」判決で生じたBGHZ157, 72（訳注：「11月」判決のことである）の課題と株式法57条1項3文の新設と結合する結論は，独立の株式会社を通じた信用供与と従属する株式会社を通じた信用供与が本質的に同じ原則において評価されていることに目を向けなければならないということである[44]。新設の株式法57条1項3文の適用については，したがって，従属株式会社による信用供与との関係では，株式法57条・62条の株式法311条による排除はもはや問題にならないのであって，すなわち株式法57条1項3文の新設は一般論としてこれを定めたにすぎず，適切な見解によれば従来からすでに従属株式会社には（従属株式会社に限っては）適用されていたのである[45]。従属会社が信用取引に基づいて等価値の請求権を有する場合，株式法311条にいう不利益を欠いているばかりではなく，すなわち，株式法57条の従属株式会社への適用可能性を前提としたとしてもむしろ株式法62条の余地もないのである。

連邦通常裁判所が詳しく論じる必要がなかった論点として，貸付けの供与が

---

42) Begr. RegE, BT-Drucks. 16/6140 S. 41.
43) この関係で次を参照。*Habersack/Schürnbrand*, NZG 2004, 1 ff. 当該拙稿は，連邦通常裁判所の「11月」判決（BGHZ 157, 72）を下敷きにして，株式法311条の優越性と，そしてしたがって（株式法57条1項3文で規整される請求の意味における）倒産リスクの具体的評価につき論じるものである。
44) 以下につき次を参照。*Habersack*, ZGR 2009, 347, 354 ff.
45) 前掲注43）参照。

事案の事情からして不利益的性質を帯びていた場合に，どのように不利益補償がなされるかという問題がある。この点，別稿で論じたように[46]，株式法311条2項の不利益補償は，不利益的性質が当該措置の内容から生じる事実関係に適合させて整備されなければならないのであって，すなわち従属会社の利益に資するように法的請求権を与えなければならない。これに対して，不利益的性質が不相当な破産リスクから生じる場合には，不利益補償は，支配企業により請求された貸付金をいかなる正当な理由もないものとして回収する法的請求権を与えることによってなされなければならず，すなわち従属会社は，従属会社がいずれにしてももたなかったであろうものを何ら得るわけではない。株式法311条2項の趣旨と目的に適合する当該規定の解釈は，したがって，その結論として，この種の不利益補償の事例において，もっぱら不利益の有効な排除によってのみ，したがって即時の貸付金の回収またはその即時の保証によってなされるものでなければならない。

　株式法311条の枠内においては事前の見込みによって決せられることに鑑みると[47]，すでに交付された貸付金の即時の弁済や保証といった方法での不利益補償の行使が意義をもつのは，もちろん，貸付金が貸し渡されたのちに支配企業によってさらなる不利益的な措置の働きかけがなされる場合，たとえば，支配企業が従属会社の取締役に対して契約解除の機会を断念させるように働きかける場合に限られる[48]。これに対して，すでに不利益的な貸付けがなされ，しかし当該貸付金がいまだ交付されていない場合には，貸付金の即時弁済の方法での不利益補償が問題とならないのは明白である。連邦通常裁判所も，かかる具体的な損失危険の事例において従属会社の取締役が貸付けを拒む完全な権利を認める[49]。それは，取締役が一般的に不利益な影響力に服することが許されるのは，不利益補償の給付が保証されていると考えられる場合に限られるからである[50]。唯一の考え得る不利益補償の方法が貸付金の即時弁済または保証である場合，取締役は，貸付債権金を請求し得ることに甘んじて従属会社の損失

---

[46] *Habersack/Schürnbrand* NZG 2004, 689, 694.
[47] 第2節2参照。
[48] Vgl. BGH ZIP 2009, 70 Tz. 14 ; 一般的に，法律行為の不作為も株式法311条のはたらきかけの対象となり得ることにつき，次を参照。Emmerich/*Habersack* (Fn. 11), § 311 Rn. 37 ; *Hüffer/Koch* (Fn. 12), § 311 Rn. 23.
[49] BGHZ 179, 71 Tz. 13 unter Hinweis auf *Habersack/Schürnbrand* NZG 2004, 689, 694.
[50] 第2節2参照。

の危険を引き受けることはまったくもって許されないのであって，すなわちかかる取締役はそもそも貸付金の交付を拒まなければならないのである。それにもかかわらず貸付金を交付したのであるから，株式法311条の特権的効果は生じないのである。従属会社への影響力行使は違法であるから，支配企業は株式法62条により貸付金を即時弁済する義務を負い，従属会社の取締役はその回収・保証請求権を積極的に追及する義務を負う。そのほか，支配企業およびその役員は株式法317条1項3項により，従属会社の取締役および監査役会は株式法93条・116条により損害を賠償する責任を負うのであり，すなわち，実質的に，支配会社の破産リスクは，これに参加する役員に転嫁されることを意味する。これ以外はすべて，株式法57条1項3文による法状況に調整される。すなわち，弁済請求権がその等価値性を欠く場合には，株式法57条1項1文の支払禁止および株式法62条・93条・116条の法律効果に甘んぜざるを得ない。

　かかる考察が長らくなされ，株式法311条の信用供与との関係における特殊性に関する問題はついに重要視されなくなり，そして，それは株式法57条1項3文が信用供与に関して株式311条の枠内において以前から決定的に重要な具体的な考察方法を取り上げたからである。しかしながら，このことが妥当するのは信用供与それ自体についてであって，つまり，清算およびそれと同時に倒産リスクの引受けの放棄についてであって，すなわち，かかる不利益的性格がある場合，それは株式法57条1項または株式法311条に適合されなければならないかどうかという違いを生ぜしめない。これとは異なるのが，貸付金の利息[51]についてである。正しくも連邦通常裁判所が示したのは，株式法311条での不利益があると言えるのは貸付けに利息が付されないか，または，相当な利息が付されない場合であって，かかる不利益は，「貸付金のすべてに及ぶ補償能力のない具体的な貸付リスクという」不利益とは区別しなければならず，また別の利益（株式法311条）による補償や株式法317条および318条による損害賠償請求の場合のそれとは区別して捉えられなければならないということである[52]。株式法57条1項3文は貸付けを一般的な倒産リスクに関してのみ株式法57条1項1文の支払禁止から排除しているのであるから，結合していない株式

---

51) このほか，キャッシュ・プーリングにおいて従属会社の不利益となり得るものとして，次を参照。KölnKommAktG/*Koppensteiner* (Fn. 16), § 311 Rn. 80；Emmerich/*Habersack* (Fn. 11), § 311 Rn. 48.

52) BGHZ 179, 71 Tz. 17；dazu auch *Altmeppen* ZIP 2009, 49, 52.

会社の場合には何らかの利息の不利益に関しては、株式法57条1項1文および62条にとどまる。従属株式会社の場合には、これに対して、株式法311条がこの点についても一般規定を排除する。このことは、その他の点についても、複数の点で意義を有する。まず支配企業が得る機会は、利息に関する不利益を、即時かつ実際にではなく（株式法62条），事業年度末に請求権を認める形で（株式法311条2項），補償する機会である。つぎに、株式法57条および62条の排除を伴うのは、すでに言及した株式法93条2項3項1号および116条の排除である。そして、株式法311条だけが、利息に関する不利益を、過度の倒産リスクの押しつけという様式での不利益から法的に隔離することを認めるものであろう。これに対して、財政的な視点が強調される株式法57条1項3文の考察方法において露呈するのが、債権の割引きという形式での相当でない利息であり、これもまた株式法57条1項3文における必要な等価値性を欠くものとして処理される[53]。

3　目論見リスクの引受け

「MPS」判決と同じ流れにあるのが、2011年5月31日連邦通常裁判所第二民事部の株式売出し事件に関する判決であり、ドイツテレコム株式会社に、その大株主―ドイツ連邦およびドイツ復興金融公庫（KfW）―双方に対する、売出し目論見の瑕疵に基づくアメリカでの集団訴訟の和解目的で支給された額およびその訴訟費用―総額で112,000,000ユーロ―の支払請求を認めた[54]。この訴えについて、考慮しなければならない背景は、ドイツテレコム株式会社が目論見責任を負うこととなった売出し目論見はもっぱらドイツ復興金融公庫の旧株式の売出しに資するものであり、このほか資本増加から生じた株式も会社に提供されたことがなかったこと、発行利益はしたがってもっぱら旧株主に資するものであること、会社の株式は長期間にわたってドイツのすべての証券市場で取引され、米国預託証券（American Depositary Receipt）の形式でニューヨーク証券取引所でも上場が許されてきたこと、という背景である[55]。

連邦通常裁判所第二民事部は、ドイツテレコム株式会社の当該株式の譲渡人

---

53)　Vgl. *Habersack* ZGR 2009, 347, 359 f.; *Kiefner/Theusinger* NZG 2008, 801, 804.
54)　BGHZ 190, 7.
55)　「DTAG」事例の変態的性質を正しくも強調するものとして、次を参照。*Kremer/Gillessen/Kiefner* CFL 2011, 328, 332 f.

であるドイツ復興金融公庫による目論見責任リスクの免責なくして，ドイツテレコム株式会社による目論見責任リスクの引受けを，株式法57条1項1文により禁止されたドイツ復興金融公庫への支払であると認めた。ドイツ連邦に関しては，民事部は，株式法17条1項の支配関係および補償なき不利益の存在を肯定し，ドイツテレコム株式会社へのドイツ復興金融公庫株式の公への売出しに関するはたらきかけの検討に関して，そしてしたがってドイツ復興金融公庫による免責の承諾のない目論見責任リスクの引受けが，株式法317条1項1文に言うドイツ連邦の責任を，――および，株式法317条3項および318条1項2項による支配企業の法定代理人およびドイツテレコムの役員の責任――を招来し得るかに関する認定に関して，高裁へ差し戻した[56]。

目論見リスクの引受けは旧株式の売出しの事例においては免責の合意によってのみ補償され得るという理屈について，連邦通常裁判所は，その根拠をとくに株式法57条1項3項で決定的である「財政的」考察方法に求めている[57]。これによると，旧株式の売出しにおける会社の自己利益や算定不可能な利益といったものは責任リスクの引受けの補償には馴染まないのであって，すなわち必要なのはむしろ具体的な財政的に算定可能な利益であるが，それは高裁では検討されておらず認定もされていない。ただし，先駆的研究は，正当にも，会社が引き受ける責任リスクは株式の売出しおよび目論見の一般への公示の時点では未だ具体化しておらず[58]，したがって真正な債務の所動も引当金の積立ても働きかけられず，そして，これは連邦通常裁判所によって不可欠であるとされた免責請求にも妥当しなければならないのであって，すなわち免責されるべき債務が成立しかつ算定可能になってはじめて顕在化し得るとする[59]。つまり，目論見リスクの引受けにおいて「財政的考察方法」を持ち出そうとする場合には，一般的で未だ潜在的なものにすぎない目論見責任リスクは，商法典251条1文に準じて言えば，「傍線を伴って（unter dem Strich）」記載されるといった方法でのみなされ得るのであって，すなわち，連邦通常裁判所によって不可

---

56) 株式法311条の特殊な論点の詳細につき，とくに次を参照。*Leuschner* NJW 2011, 3275 ff.
57) BGHZ 190, 7 Tz. 24 ff. mit Nachw., auch zu abw. Stimmen.
58) S. namentlich *Kremer/Gillessen/Kiefner* CFL 2011, 328, 330 f.; allg. *Ballwieser*, in : Münchener Kommentar zum HGB, 2. Aufl., 2008, § 249 Rn. 11 ff.
59) *Kremer/Gillessen/Kiefner* CFL 2011, 328, 330 f.; *Fleischer/Thaten* NZG 2011, 1081 ; 保証人の求償権につき次を参照。s. *Hennrichs*, in : Münchener Kommentar zum AktG, 2. Aufl., 2003, § 249 HGB Rn. 43.

欠であるとされた免責請求も同じく「傍線を伴って」のみ捉えられなければならないことになろう。この法状況は，したがって着想としては，株主の第三者に対する債務への会社による保証の場合のそれと比較することができ，かかる法状況では，同様に，保証義務は，保証人への権利行使が顕在化しない限り，ただ単に「傍線を伴って」記載されなければならないのであって，観念的には主債務者への求償権によって相殺される[60]。

しかし，これをもって MPS 判決を筆頭とする一連の判例は閉じられたかに思え，それら判例は，たしかに直接的には従属会社による貸付けに関するものであるが，しかしその理由付けは，貸付けと経済上同視し得る従属会社による保証についても妥当し得る[61]。目論見責任リスクにおいては，ただし，目論見に瑕疵ありと証明されるか否か，そして目論見責任請求の主張一般をどの程度考慮し得るかという点が問題となり，すなわち，論点は，「主債務」が存在する担保の設定をどう捉えるかである。まず二つめの点については，株主が，場合によっては，当該責任請求からの会社の免責を，そしてしたがって損害をこうむった投資者の満足を，民法267条および362条による会社の離脱の効果をもってなし得るかどうかであり，そしてこの点につき考慮しなければならないのは，市場法（BörsG）44条2項1文によって目論見責任からいったん発生した請求権は証券の売却によって消滅せず，承継取得者が有価証券目論見法（WpPG）21条1項1文の期間内になす場合には，むしろ承継取得者も目論見責任請求をなし得るのであり，責任は売出しの総額によって制限されない。したがって，目論見責任リスクに関する不確実性は，通常，保証の引受けとは比較し得ないほど大きいのであるから，さらに言えば，市場参加者は一般に目論見には誤りがないものであって，目論見責任リスクなどしたがって存在しないものと考えているのであるから，——担保設定の場合の法状況とは異なって，——目論見リスク，および，それに対応する免責請求の算定の，算定し得る拠り所が存在せず，そしてしたがって——株式法311条においてなされる——等

---

60) 各論につき実に争いのある株式法57条1項3文の保証の評価の詳細につき次を参照。Spindler/Stilz/*Cahn/v. Spannenberg* (Fn. 32), § 57 Rn. 38 f., 141 ff.; *J. Vetter*, in : Goette/Habersack, Das MoMiG in Wissenschaft und Praxis, 2009, S. 107, 133 ff.; zu § 30 Abs. 1 S. 2 GmbHG s. *Hommelhoff*, in : Lutter/Hommelhoff, GmbHG, 17. Aufl., 2009, § 30 Rn. 34 ff.; *Verse*, in : Scholz, GmbHG, 11. Aufl., 2012, § 30 Rn. 96 ff.; *Habersack*, in : Ulmer/Habersack/Löbbe, GmbHG, 2. Aufl. 2014, § 30 Rn. 96 ff. mit umf. Nachw.

61) 第3節2参照。

価値性の審査の十分な基礎が存在しない。連邦通常裁判所と同じく目論見責任の引受けは会社の目論見責任の免責によってのみ補償され得ることを前提とする場合には[62]，会社による貸付けや担保設定について認められる諸原則の適用を認めなければならないことになる。株式法311条との整合性は期日に即して検討されなければならず，唯一の決定的な期日がリスクの引受け時であるところ，リスクの顕在化については問題にならない[63]。取締役は，したがって，すでに目論見の公表時に，そして売出しの総額を考慮した上で，――そしてすべての不確実性を度外視して――会社がその利益のために目論見リスクを引き受けた当該株主が，免責義務を履行することができるかどうかを審査しなければならず，これの場合には目論見リスクが実現することもあろう。会社が目論見の公表時に典型的にはすべての目論見の欠缺を前提としているといった事情を除けば，会社はすでに当該時点において，会社はリスクが実現した場合には十分に履行能力のある免責債務者または免責請求権の保証を利用し得ることを保証しなければならず，すなわち，取締役は免責債務者の過半数について，それらの者が按分して，または，連帯して，責を負うかどうかについて検討しなければならない。このほか，株式法311条とは独立して，取締役には，常に，期日を超えて，会社の株主に対する免責請求権の等価値性を審査するという義務，および，場合によっては免責請求権の保証を主張する義務を負うことについては，なんら変わりはない[64]。

第4節　個別補償制度の限界

　個別補償制度は，――必然的なことに，――その機能要件の枠内でのみ，債権者および従属会社の局外株主の十分な保護を可能にするものである。かかる要件としては，とくに，従属会社がこうむった不利益が株式法311条および317条に従って補償し得ることが挙げられる。問題であり，かつ，議論に値するのは，会社財産への介入が従属会社の破産をもたらし，かつ，これが不利益な構造変更であるとみなされる場合である。

---

62)　Krit. freilich *Habersack*, Festschrift Hommelhoff, 2012, S. 303, 309 ff.
63)　In diesem Sinne auch BGHZ 190, 7 Tz. 24 f. ; *C. Schäfer* ZIP 2010, 1877, 1882 ; *Podewils* NZG 2009, 1101, 1102.
64)　貸付けにつき次を参照。BGHZ 179, 71 Tz. 13 f. – MPS; *Habersack* ZGR 2009, 347, 361 ff.

1 株主の「存在破壊責任」?

2007年7月16日 Trihotel 判決[65]において,——すでに導入部分で言及したように,——連邦通常裁判所第二民事部は, いわゆる「存在破壊責任」に, すなわち,「有限会社の一人社員の, 濫用的で, 有限会社を破産へ導き, または, それを悪化させる, 補償なき, 債権者の優先弁済という目的義務に資する会社財産への介入に対する責任」(責任事由がこのように第一の公式判決要旨において言い換えられている) に, 一個の新たなドグマ的基礎を与えた。もはや社員は, 法形態の濫用に結び付けられた, 会社債権者に対する透視 (第三者) 責任ではなくして[66], 民法826条に基づく, 有限会社に対する損害賠償責任——したがって, 不法行為法に基づく対内的責任——に服することになる。透視責任がもつ補充性は, 有限会社法31条からの支払請求権に対して不法行為の内部責任を欠いており, すなわち, 民法826条からの請求権と有限会社法31条からの請求権は, これらが重複している限り, 請求権競合となる。

これら原則が株式会社一般に, そして一人株式会社の場合に個別的に適用されるか否かという問題について, 連邦通常裁判所はこれまで長らく答える必要がなかった。この問題に関しては, おそらく, 株式会社の財務・組織構造が, つまり, 比較的高額な最低資本金, 厳格な財産拘束の原則, 指図から自由な業務執行の原則, そして監査役会設置義務, さらにはコンツェルン法上の規定といったものが, 一定程度の破産予防を一人会社の場合にも予定し, そしてこれがもとよりそれほど真摯に事業に臨まない設立者にむしろ否定的に作用することをその基礎として視野に入れなければならないであろう。事実,「Trihotel」諸原則の株式法への適用はたしかに肯定されなければならない[67]。もちろんこれによって多くの実益があるわけではなく, それは,「Trihotel」責任が生じるのが, 会社の存在が社員の介入的取引によって破壊され, すなわち破産がもたらされ, または深化された場合に限られるからである。この他, 株式法は, すでにその117条で責任要件を規定しており,「Trihotel」責任よりも広範であ

---

65) BGHZ 173, 246 ; bestätigt in BGH ZIP 2008, 308, 310 ; s. ferner BGH ZIP 2008, 455 ; s. ferner die Nachw. in Fn. 7.
66) So noch BGHZ 151, 181, 187.
67) Vgl. OLG Köln ZIP 2007, 28, 30 ; *Habersack* ZGR 2008, 533, 550 f. ; *Hüffer/Koch* (Fn. 12), § 1 Rn. 29 f.

るから[68]。「Trihotel」責任が株式法へ準用されたとしても，債権者と局外株主の状況をより良くすることはない。したがって，従来から問題として残されているのは，「Trihotel」と株式法117条を超えるコンツェルンに特別の責任についてであり，すなわち，従属会社，その債権者，局外株主を従属性という特別の危険から保護する責任を巡る問題が残されている。

2　変態的な不利益を与えた株主の責任

(1) 基　礎

2001年まで絶対的な通説とされたのは，有限会社法に関して発展した変態的な事実上の企業結合に関する諸原則を[69]，――および，したがって株式法302条と303条に準じる責任を――，株式法に準用し得るとするものであった[70]。有限会社社員の「存在破壊責任」に関する判例の後，反対説が定着し，反対説は，かかる責任はその余地がないとする[71]。ただし，それはなお依然として批判されなければならない[72]。従属株式会社に関しては，――そして，従属株式会社についてのみ，一般的に存在する株主総会の業務執行との隔たりに鑑みた

---

68)　Für Konkurrenz auch *Hüffer* (Fn. 12), § 1 Rn. 30.
69)　概説につき次を参照。Emmerich/*Habersack* (Fn. 11), Anh. § 317 Rn. 3 f.
70)　OLG Hamm NJW 1987, 1030 = AG 1997, 38 ; *Emmerich/Sonnenschein/Habersack*, Konzernrecht, 7. Aufl., 2001, § 28 ; Hüffer AktG, 4. Aufl., 2000, § 302 Rn. 30, § 303 Rn. 7, § 311 Rn. 11 ; *Lutter* ZGR 1982, 244, 262 ff. ; *Stimpel* AG 1986, 117, 121 f. ; *Timm* NJW 1987, 977, 978 ff. ; *Zöllner*, Gedächtnisschrift Knobbe-Keuk, 1997, S. 369 ff. ; der Sache nach auch *Kropff*, in : Münchener Kommentar zum AktG, 2. Aufl., Anh. zu § 317 Rn. 50 ff. (einschränkend – Verlustausgleich nur bei nachhaltiger und dauernder Einwirkung – noch *ders.* AG 1993, 485, 493 f.) ; aA – gegen Vorliegen einer Regelungslücke – OLG Düsseldorf NJW-RR 2000, 1132, 1133 ; für Stärkung oder Modifizierung der §§ 311 ff. Bälz AG 1992, 277, 291 ff. ; *Koppensteiner*, in Ulmer, Probleme des Konzernrechts, 1989, S. 87, 90 ff. ; *W. Müller*, Festschrift Rowedder, 1994, S. 277, 287 f.
71)　So namentlich OLG Stuttgart AG 2007, 633, 636 ; OLG Stuttgart AG 2007, 873, 875 ; *Hüffer* (Fn. 12), § 1 Rn. 26; *ders.*, Festschrift Goette, 2011, S. 192, 200 ff. ; KölnKommAktG/*Koppensteiner* (Fn. 16), Anh. § 318 Rn. 63 ff. ; *Decher* ZHR 171 (2007), 126, 137 ; aA – für analoge Anwendung der §§ 302, 303 AktG – Emmerich/*Habersack* (Fn. 11), Anh. § 317 Rn. 5, 7 ; *ders.* ZGR 2008, 533, 552 ff. ; Spindler/Stilz/*Müller* (Fn. 32), Vor § 311 Rn. 25 ff. ; *Krieger*, in : Münchener Handbuch des Gesellschaftsrechts, Band IV : Aktiengesellschaft, 3. Aufl., 2007, § 69 Rn. 134 ; *Burgard* WM 2006, 1651, 1652 ; *Cahn* ZIP 2001, 2159, 2160 ; *Eberl-Borges* Jura 2002, 761, 764 ; *dies.* WM 2003, 105 ; *Schürnbrand* ZHR 169 (2005), 35, 58.
72)　筆者の立場につき，前掲注71）参照。

問題が実際上は意義を有するのだが，——コンツェルン法上の規定が，立法者が「Trihotel」諸原則を超える不利益な影響力からの保護を視野に入れたことを，とくに明確に認識させる。有益なことに，まず，株式法311以上以下，したがって，——もっぱら補償の留保の下に置かれる——不利益禁止，そして従属報告書の作成義務は，一人株式会社にも無制約に適用される[73]。これに対応して，企業価値を自由に処分し得るはずの株主も，取締役に対する指図権は支配契約の締結を通じてのみ取得するのであり，そうでない場合には，従属一人株式会社の取締役もまた，同じく株式法76条1項および311条の規定に従って，業務を各執行しなければならない。これら双方において株式法はもとより有限会社法とは区別される[74]。一人有限会社社員の「存在破壊責任」に関する諸原則については，一人有限会社社員の自己利益は，——これは同様に社員全員の同意のもとに有限会社に損害が与えられた場合にも妥当するが，——存在を破壊する介入の禁止という条件の下に認められなければならないのではなく，むしろ一般的な，誠実義務に由来する損害禁止という高度な制約であるとして理解されるという背景をも視野に入れなければならない。かかる背景から，株式会社での債権者保護が有限会社法の水準よりも低いレベルにとどまり得るのであって，したがって「存在破壊責任」は株式法についても認められなければならないのかという論点は[75]，すでに基礎的な議論の段階ですでに密接に関連するものである。これら株式法と有限会社法との相違に鑑みると，むしろ，株式法ではないものが存在破壊的な介入の禁止を超える，株式会社，会社債権者，そして少数派株主の保護を要求しているのではないかということが問われなければならない。まさにこれは肯定されなければならない。したがって，前提としなければならないのは，支配企業が株式法302条の適用において責任を負うのは，会社に，変態的に，すなわち個別補償ができない方法で，不利益がもたらされた場合であり，それゆえに株式法311条および317条の機能要件を超えた影響力が行使され，したがってそれは，支配契約に基づいて法的に許されるものである場合のように機能するということである[76]。実際上の結論として，株

---

73) Emmerich/Habersack (Fn. 11), § 312 Rn. 6 ; Bachmann NZG 2001, 961, 970 ; aA Götz AG 2000, 498 ff.
74) S. dazu bereits Röhricht, in : VGR 5 (2002), S. 3, 13 f.
75) So noch Hüffer, AktG, 10. Aufl., 2012, § 1 Rn. 26 ; ähnlich KölnKommAktG/Koppensteiner (Fn. 16), Anh. § 318 Rn. 73 ff.
76) 前掲注71) 参照。

式会社，および，株式会社を通じて会社債権者は，すでに存在を危機に陥らしめる措置からすでに保護されており，支配企業は，すなわち，すでに「存在破壊」以前に，少数派株主からは不作為を請求され得るし，従属会社からは損失補償を請求され得るのである。

(2) 具体化

　変態的な不利益を被ったという事実が存在し，したがって株式法302条以下が準用される要件については，ここでは個別的には論じることはできない[77]。いずれにしても明確であるべきは，何よりも問題とされる措置の不利益的な性格が確定されなければならないということであり，すなわち，その上で，その措置が株式法311条や317条による個別補償によって対応されるのか否かが問題となり，したがって変態的な不利益であるか否かが問題となる。「疑わしい」（Verdächtig）のは，とりわけ従属会社の組織再編においてである。それらは，たしかに決まってそれ自体は切り離されることになるが，しかし場合によってはその結果において従属会社にとっては安定的な評価をなし得ず，したがって不利益的な性質を帯び，株式法317条による個別補償を用いることができない場合もある。これと関連するのが，たとえば，退出や重要な企業機能の集中化，または，その他既存の活動の縮小もしくは廃止といった措置，さらには，会社の，独立または単純に従属する企業としての存続に不可欠な資金の引上げ，従属会社の統制に本質的に重要であってその市場での地位をすでに形成させていた企業参加の売却，または，その企業の収益力によって保障されてきた市場からの撤退といったものである。これらすべてのケースにおいて，何よりもこれら各措置一般が，株式法311条の意味での不利益的性質をもつか否か，そしてそれは，上の第3節1で確定したように，従属会社の業務執行が措置の執行を度外視していたかどうかによって評価される。これは必ずしもコンツェルン統合化措置に必然的な事案ではない[78]。とくに企業家的機能の集中化において不利益的な性質が否定されなければならないのは，従属会社が従属関係終了の場合にも引き続きアウトソースされた機能への介入を保持し，かつ，集中化に結

---

[77] Näher Emmerich/*Habersack* (Fn. 11), Anh. § 317 Rn. 9 ff. ; *ders.* ZGR 2008, 533, 552 ff.

[78] MünchHdbAG/*Krieger* (Fn. 71), § 69 Rn. 138 ; *ders.* ZGR 1994, 375, 386.

合した費用面での利益やその他のシナジー効果を享受する場合である[79]。これはコンツェルンにおける特化のための措置にも妥当するのであり，すなわちこれら措置が不利益的でないこととなるのは，生存能力を確保する対策，たとえば，コンツェルン関係終了後に適切な代替機能を与え，または，機能を戻す約束がなされる場合であり，さらには，その機能の職務とともに，新たな，経済的観点から，そして，必要な評価に基づいて，同価値の機能の引受けがなされる場合である[80]。一般化して言えば，統合化措置が不利益であることとなるのは，それが合理的な商人的評価において，かつ，必要な企業家裁量を考慮しても，明らかに従属会社にとって負担になる場合であり，それはとくに会社に課せられるリスクや喪失する機会に比した適切な利益が相対しないからである。すなわち，当該措置が，会社の存続もしくはその会社が営む事業の収益性について重大な疑いを生ぜしめ[81]，または，算定し得ないもしくは重大なリスクが配分される場合には，例外的に317条による個別補償を用いることができず，また民事訴訟法287条による損害評価の機会も用いることができない限りにおいて，それは変態的不利益の推定を正当化する[82]。

第5節　結　語

単純従属株式会社またはコンツェルン化された株式会社に関するドイツ法は，導入において言及した「Rosenblum」構想からさほど乖離するものではない。不利益な影響力を行使して，それによって従属会社を一個の統一的なグループ政策へ服せしめることは完全に許容される。これを実際に執行するためには，とくに，拡張された不利益補償を許容し，そして——それと密接に関連する——株式法311条による株式法57条および62条を排除し，さらに株式法311条の不利益概念の枠内においても企業家裁量を是認することが必要である。長年支持されてきた「事実上のコンツェルンの禁止」(Verbots des faktischen Kon-

---

79)　Vgl. Emmerich/*Habersack* (Fn. 11), § 311 Rn. 48 f., 57a mit weit. Nachw.
80)　Vgl. *Mertens,* in Hommelhoff/Rowedder/Ulmer, Max Hachenburg – Vierte Gedächtnisvorlesung, 2001, S. 27, 34 f.
81)　とくに極端な事例として次を（有限会社に関する箇所を）参照。BGH NJW 1996, 1283, 1284.
82)　*Kropff* AG 1993, 485, 493.

zerns)[83] に代えて，コンツェルンの──とくにコンツェルン内部取引の──留保が，次第に支持を集めている。ただし，「Rosenblum」原則とは大きな相違が残される。とくにドイツ法は具体的にこうむった不利益に対する具体的な補償という要件を堅持しているのであり，すなわち，統一的グループ政策の利益と不利益が次第に従属会社の株主に衡平に配分されるという曖昧な見込みでは足りない。かかる立場は判例においても十分に追認されるであろうし，その核心は，ドイツ法が契約コンツェルンおよび編入コンツェルンとともに，すでに説明したように，明らかに広範な従属会社に対する影響力行使を可能にするコンツェルン形態を整備していることからも説明がつく。グループ政策への統括を可能にしつつ，具体的個別補償も包括的損失補償も放棄する規定は，いずれにしても，第三者の視点からして王道であるとは言えないであろう。これに準じる EU の規定は，したがってなお依然として慎重に考察されねばならないこととなろう。

---

[83] Zu Nachw. s. Emmerich/*Habersack* (Fn. 11), § 311 Rn. 8.

結合企業法における兼任取締役と支配企業の責任

野田　輝久

第1節　はじめに

　わが国の会社法は，親子会社関係の成立につき，従前とられていた過半数資本参加という形式基準に加えて，会社による「他の会社等の財務及び事業の方針の決定を支配している場合」を要件とする実質基準を採用している（会社法2条3項・4項，会社法施行規則3条1項・2項）。この「他の会社等の財務及び事業の方針の決定を支配している場合」と評価される要素として，他の会社等の取締役会の構成員の総数に対する自己の役員，業務執行社員，使用人の数の割合が50％を超えている場合が含まれている（会社法施行規則3条3項2号）。すなわち，取締役等役員の兼任は，他の会社を支配する一要素と考えられているのである。また，取締役等の派遣・兼任は，いったん成立した支配・従属関係をより強固なものとするためにも利用される。

　体系的結合企業法制を有するドイツにおいても，支配企業・従属会社間における取締役の兼任は比較的多く行われているようであり[1]，判例[2]・学説[3]によ

---

1)　著名な例では，Martin Winterkorn は，Porsche SE と Volkswagen AG の双方の取締役会長（Vorsitzender des Vorstands）を兼任している。

2)　BGH Urt. v. 9. 3. 2009, BGHZ 180, 107. 本件は，株式会社である被告 A と原告が有限責任社員として，被告 B が無限責任社員として，ある株式合資会社に出資しており（出資比率は，それぞれ原告が24.6％，被告 A が73.4％，被告 B が2％），さらに，原告と被告 A は，被告 B にそれぞれ25.1％，74.9％を出資していた。被告 A の取締役に被告 B の取締役会長が2001年と2004年にそれぞれ選任・再選されたことから，原告が，株式合資会社と競業関係にあり支配企業である被告 A の取締役の地位を被告 B の取締役が引き受けることは，少数派の有限責任社員である原告の事前の同意が必要である旨の確認の訴えを提起した事案である。

3)　Seibt, Christoph E, in : K. Schmidt/Lutter (Hrsg.), AktG Band I, Köln 2008, § 76 Rz 18 ; Fleischer, Holger, in : Spindler/Stilz, AktG, München 2007, § 76 Rdnr. 93 ; Hüffer, Uwe, AktG, 10. Aufl., München 2012, § 76 Rdnr. 21, § 311 Rdnr. 22.

り取締役の兼任は許されると解されている。確かに結合企業における取締役の兼任には，親会社による結合企業全体の政策等に関する意思決定が子会社において迅速に実行されると同時に（上から下への視点），とりわけ純粋持株会社を頂点とする結合企業では，子会社の代表者が親会社である純粋持株会社の意思決定に参加することで，全体の立案に参画することが可能となる（下から上への視点）といったメリットがある[4]。しかしながら，他方で，兼任取締役が行った違法または不適切な行為により従属会社が損害を被った場合に，誰に対してどのような根拠で当該損害を賠償する責任を追及することができるのか等，困難な問題も生じる。しかも，ドイツにおいては，同じく兼任取締役が存在する場合であっても，契約コンツェルンであるか事実上のコンツェルンであるかによって，異なる解釈問題が生じうることも指摘されている[5]。

本稿は，ドイツの結合企業において取締役の兼任が存在する場合に，当該兼任取締役の違法または不適切な行為により従属会社に損害が生じたときの損害賠償責任の問題を検討するものである。考察の順序は以下のとおりである。まず，違法行為等を行った兼任取締役の責任に関する学説・判例における議論を，契約コンツェルンの場合と事実上コンツェルンの場合とに分けて紹介する（第2節）。次に，同様の状況下における支配企業の責任について，同じく契約コンツェルンの場合と事実上のコンツェルンの場合とで区別して考察する（第3節）。最後に，以上の考察を通じてわが国の解釈論等に何らかの示唆が得られるかどうかを検討する（第4節）。

---

[4] Hoffmann-Becking, Michael, Vorstands-Doppelmandate im Konzern, ZHR 150, S. 570 f.；コンツェルンにおける取締役の兼任を上から下への構造と下から上への構造とに分けて検討するものとして，Decher, Christian E, Personelle Verflechtungen im Aktienkonzern, Heidelberg 1990, S. 67 ff. かつて，筆者は，支配会社の取締役・監査役会による従属会社に対する指揮・監督義務という観点から，これを効率的に行う一つの組織モデルとして，役員の兼任について検討を加えた。野田輝久「子会社の業務執行に対する親会社の指揮・監督義務―ドイツ法を中心として―」青山法学論集40巻3・4合併号171頁，194頁以下。

[5] 兼任取締役が結合企業において引き起こす種々の問題を契約コンツェルンと事実上のコンツェルンとに分けて検討するものとして，Streyl, Annedore, Zur konzernrechtlichen Problematik von Vorstands-Doppelmantdaten, Heidelberg 1991, S. 19 ff.；Noack, Ulrich, Haftungsfragen bei Vorstandsdoppelmandaten im Konzern, FS für Michael Hoffmann-Becking, München 2013, S. 847 ff. 本稿は，このNoackの論文に負うところが大きい。

第2節　兼任取締役の責任

1　契約コンツェルンの場合

(1)　契約コンツェルンにおける責任規定の概要

　支配企業と従属会社との間に支配契約が存在する場合（いわゆる契約コンツェルンの場合）には，支配企業は原則として，契約期間中の年度欠損額につき損失補償義務を負う（株式法302条1項）。この損失補償義務の存在が，支配企業の従属会社に対する法定指図権（株式法308条1項）を根拠づける。そして，この支配企業の法定指図権は，支配企業やコンツェルン全体の利益に資するものである限り，従属会社にとって不利益となるようなものであっても許される[6]。従属会社の取締役は，支配企業によるこの法定指図権に従う義務を負い，この指図が明らかに支配企業の利益にならないという場合でない限り，当該指図に従うことを拒絶することはできない（株式法308条2項）。

　支配企業の法定代理人（取締役）は，支配契約が存在する場合には，従属会社に対する指図付与につき，通常かつ誠実な業務指揮者の注意を用いなければならず，この義務に違反して従属会社に損害が生じた場合には，当該支配企業の取締役は，支配企業と連帯してその損害を賠償する義務を負う（株式法309条1項・2項）[7]。従属会社の株主および債権者も，当該会社の損害賠償請求権を行使することができるが，株主の場合には，会社に対する給付請求権の行使のみが認められ，債権者については，会社に対する給付によって当該債権者が満足を得ることができない場合にのみ，行使することが認められる（株式法309条4項1文～4文）。上記規定に基づく請求権は，5年の消滅時効にかかる（株式法309条5項）。

　従属会社の他の取締役および監査役も，その（通常かつ誠実な業務指揮者としての注意）義務に違反して行為した場合には，株式法309条により損害賠償

---

[6]　支配契約によって別段の定めをすることは可能である。
[7]　従属会社による損害賠償請求権の放棄および損害賠償に関する和解については，少数派株主保護の観点から制限が加えられている。すなわち，当該請求権の成立後3年を経過していること，局外株主が特別決議により同意していること，当該決議において代表される基本資本の10分の1以上の持分を有する少数株主が議事録に異議をとどめていないこと，という三つの要件を満たす必要がある（株式法309条3項1文）。

義務を負う者とともに，連帯債務者として責任を負う（株式法310条1項1文）。もっとも，従属会社の取締役および監査役の損害賠償義務は，支配企業による指図に基づいて行われた行為によって従属会社に損害が生じた場合には，発生しないものとされている（株式法310条3項）。

ところで，支配企業（の取締役）が従属会社に向けて行う指図は意思表示の性質を有し，支配企業が指図の名宛人たる従属会社取締役に対し，従属会社の業務執行に関する一定の作為または不作為を命じ，当該従属会社の取締役がこれに従って行為することが義務づけられる場合に成立するとされている[8]。その要式に特別なものはなく，また命令という形式が要求されるわけではない。示唆という形であっても，それを受ける者が，示唆を受けたときの状況から，自らの行為がそれにより影響を受けると考える限り，指図と評価され得る[9]。また，その対象は，取締役の業務執行全般に及ぶのであって，取締役の対外的措置のみならず，対内的行為であってもそれが取締役の権限に属するものであれば指図の対象となる。

支配企業による指図が形式的にはその対象（従属会社取締役の業務執行行為）の範囲内であったとしても，当該指図が許容されない場合があり得る。支配企業のある指図が許されるか否かの限界は，支配契約または法律によって画される。指図権の範囲を支配契約によって制限することは可能であるが，株式法308条が定める限界を超えて拡張することは許されない。支配契約に規定されていない内容や形式による指図は，株式法76条1項に違反して無効であると解されている[10]。また，株式法の規定（たとえば，66条［株主の出資義務の履行免除の禁止］，71条以下［自己株式の取得］，89条［取締役に対する信用供与］，113条以下［監査役の報酬等］）に違反する指図も無効であると解されている[11]。さらに，商法上の計算規定に違反する行為や競争法・特許法等の規定に違反する行為についても，指図は許されないものとされている[12]。

---

8) Koppensteiner, Hans-Georg, in : Kölner Komm z. AktG, 3. Aufl., Köln u. a. 2004, §308 Rdnrn. 20, 22.
9) Koppensteiner, a. a. O. (Fn. 8), § 308 Rdnr. 22 ; Hüffer, Uwe, AktG, 10. Aufl., München 2012, §308 Rdnr. 10.
10) Hüffer, a. a. O. (Fn. 9), § 308 Rdnr. 13.
11) 支配的見解とされている。Hüffer, a. a. O. (Fn. 9), Rdnr. 14 ; Koppensteiner, a. a. O. (Fn. 8), § 308 Rdnr. 30 f.
12) Koppensteiner, a. a. O. (Fn. 8), Rdnr. 30 ; Altmeppen, Holger in: Münchener Komm. z. AktG Band 5, 3. Aufl., München 2010, § 308 Rdnr. 100 ; Hüffer, a. a. O. (Fn.

(2) 兼任取締役の責任

　契約コンツェルンにおける兼任取締役の責任を論じる際には，既述のような指図が存在する場合と存在しない場合とで分けて検討することが有益である。以下，それぞれについて見ていくこととする[13]。

　指図が存在する場合に，当該指図が許されるものであるときは，兼任取締役は，まず，従属会社において，当該指図に従った措置を適切に実行する義務を負う。この場合に，指図に従わなかったとき，あるいは当該指図に従った措置が不適切に実行されたときに，コンツェルン関係にない会社の取締役の責任規定である株式法93条2項が適用されるのか，それとも契約コンツェルン法の責任規定である株式法310条1項が適用されるのかについては，学説上争いがある。また，兼任取締役が，従属会社取締役としての資格で，支配企業に対して責任を負うか否かについても問題となるが，この点については，指図が存在しない場合とは異なり，指図が存在する場合における不適切な取締役の行為に関する問題は，兼任取締役特有の責任問題というよりは，むしろ契約コンツェルンにおける従属会社取締役一般に通じる責任問題であるともいえる[14]。他方，兼任取締役が従属会社における業務執行において，不適切な業務執行を行った場合に，当該兼任取締役は，その支配企業との関係から何らかの責任を負うことになるのかが問題となる。本来，支配契約が締結されており，支配企業による指図が許されるものである限り，既述のように，当該指図は従属会社にとって不利益なものであっても，それがコンツェルン全体の利益に資する限り正当化される。ただし，このような従属会社にとっての不利益な指図は，支配企業による損失補償義務の裏返しであり，兼任取締役の業務執行行為が従属会社に損害を与えるものであれば，それは，支配企業にとっては年度欠損額に対する補償額の増加という形で損害が顕在化する。当該業務執行行為がコンツェルン全体の利益を増加させる行為であるならば，当該兼任取締役の支配企業に対する責任は生じないが，たんに従属会社の損害のみを増加させる行為については，コンツェルン全体の利益が増加することなく，支配企業の損失補償額を増加させたという点において，当該兼任取締役は支配企業に対しても責任を負うこと

　9）, § 308 Rdnr. 14.
13） Noack, a. a. O. (Fn. 5), S. 847, 848ff. の分類による。
14） Noack, a. a. O. (Fn. 5), S. 847, 848.

になると考えられる[15]。

　次に，指図が許されないものである場合についてである。既述のとおり，指図には，法律上または契約上の制限がある。その制限に違反して指図がなされ，兼任取締役が通常かつ誠実な業務指揮者の注意を用いていないと判断された場合，従属会社は，当該兼任取締役に対し，一方では当該兼任取締役の支配企業取締役としての資格に基づいて，他方では従属会社取締役としての資格に基づいて，損害賠償を請求することができる（前者につき株式法309条2項1文，後者につき310条1項1文）。さらに，兼任取締役は，支配企業に対しても，コンツェルン関係にない会社の取締役の場合と同様の責任を負うことがあり得る（株式法93条2項）。もっとも，当該兼任取締役が従属会社に対して損害賠償義務を履行した場合には，支配企業に対する義務は消滅すると解されている[16]。

　最後に，指図が存在しない場合の兼任取締役の責任について概観する。明確な指図が存在しないからといって，違法または不適切な行為をした兼任取締役が支配企業または従属会社に対して何らの責任も負わないとすることは妥当ではない。そこで，このような場合に兼任取締役が支配企業または従属会社のそれぞれに対して損害賠償責任を負うという結論については，学説上争いはない。学説上争いがあるのは，損害賠償責任の根拠規定についてである。多数説は，株式法309条2項および310条1項の適用を指向する。他方，有力説によると，株式法93条2項の適用が示されている[17]。両者の相違としては，前者のコンツェルン法上の規定については，損害賠償請求権の時効が5年であるのに対し（株式法309条5項・310条4項），後者の規定による時効は，上場会社に限り10年に伸長されている（株式法93条6項）。また，前者のコンツェルン法の規定によれば，少数派株主による特別決議が要求され，かつ個々の株主が当該損害賠償請求権を行使することができるのに対し，後者の場合には，株主代表訴訟制度は制度としては存在するものの，少数株主権とされている上，当該請求権を代表訴訟により行使する場合には裁判所の許可を得なければならない等，さまざまな制約が存在する[18]。もっとも，契約コンツェルン法上の規定を適用する場

---

15) Noack, a. a. O. (Fn. 5), S. 847, 848 f.
16) Emmerich, Volker/Habersack, Matthias, Aktien- und GmbH-Konzernrecht, 7. Aufl., München 2013, § 309 Rdnr. 5 a ; Noack, a. a. O. (Fn. 5), S. 847, 849.
17) Hüffer, a. a. O. (Fn. 9), § 309 Rdnrn. 1, 29 ; Altmeppen, a. a. O. (Fn. 12), § 309 Rdnr. 63.
18) ドイツにおける株主代表訴訟制度に関する邦語文献として，高橋均『株主代表訴訟

合には，株式法308条1項にいう「指図の付与（Erteilung von Weisungen）」という契約コンツェルンにおける中核となるメルクマールをどのように考えるかという点が問題となる。この規定の適用を肯定する見解は，少数派株主の利益保護という実質面から，形式的に指図が存在する場合との比較において株式法309条4項および5項の不適用を批判し[19]，あるいは，そもそも法が指図の要式性を要求しておらず，また実際にも指図を立証することは困難であるとの理解のもとに，兼任取締役が存在する場合には，指図の存在が事実上推定されると解している[20]。さらに，学説上では，当該兼任取締役が支配企業またはコンツェルン全体の利益のために行動したかどうかを重視すべきであるとして，これが肯定されるのであれば契約コンツェルン法規定の類推適用が認められ，そうでなければ株式法93条2項が適用されると解する見解もある[21]。

2 事実上のコンツェルンの場合

支配契約が存在しない場合（いわゆる事実上のコンツェルンの場合）に，兼任取締役が従属会社に対して負うべき責任として考えられるのが，支配企業の取締役としての株式法317条3項に基づく責任と従属会社取締役としての株式法318条1項1文に基づく責任である。さらに，学説上では，株式法117条1項に基づく責任（一般的な会社に対する影響力行使に基づく責任）も検討対象とされている。他方で，兼任取締役の支配企業に対する責任については，一般的な取締役の責任としての株式法93条2項が根拠条文として挙げられる。以下では，従属会社に対する責任と支配企業に対する責任とを分けて見ていくこととする。

(1) 従属会社に対する兼任取締役の責任

支配契約が存在しない場合には，支配企業は，従属会社に対して，原則として，従属会社にとって不利益な行為あるいは措置を行うよう仕向けたことにより生じた損害を賠償する義務を負う。ただし，当該不利益が行為または措置の行われた事業年度の終了時までに補償されるか，または補償のために定められた利益に対する請求権が従属会社に付与された場合には，損害賠償義務は生じ

の理論と制度改正の課題』（同文館，2008年）191頁以下を参照。
[19] Koppensteiner, a. a. O. (Fn. 8), § 309 Rdnr. 9.
[20] Streyl, a. a. O. (Fn. 5), S. 68.
[21] Noack, a. a. O. (Fn. 5), S. 847, 849 f.

ない（株式法317条1項）。また，そのような法律行為や措置を仕向けられた場合であったとしても，独立した会社の通常かつ誠実な業務指揮者であっても当該法律行為や措置を行ったといえる場合であれば，同じく損害賠償義務は生じない（同条2項）。この規定を受けて，実際に従属会社に対して，従属会社にとって不利益な法律行為や措置を行うように仕向けた支配企業の法定代理人（取締役）は，支配企業と連帯して，損害賠償責任を負う（同条3項）[22]。さらに，従属会社取締役が自らの義務に違反して，結合企業に対する関係に関する報告書（いわゆる従属報告書）に会社にとって不利益な法律行為または措置を記載せず，または会社が当該法律行為または措置によって不利益を被り，その不利益が補償されなかった旨を記載しなかった場合には，当該取締役は，支配企業やその法定代理人と連帯して，従属会社に対して損害賠償責任を負う（株式法318条1項1文）。以上の株式法317条および318条の責任については，契約コンツェルンに関する株式法309条3項ないし5項が準用される（株式法317条4項・318条4項）。したがって，兼任取締役の場合，支配企業の取締役として株式法317条3項に基づく責任を，また従属会社取締役として株式法318条1項に基づく責任を従属会社に対して負うことになる。

　学説上では，株式法117条1項に基づく責任を認める見解もある[23]。同条によれば，会社に対する影響力を利用して，故意に取締役，監査役，支配人または商事代理人が会社または株主の損害において行為するよう決定した者は，当該行為から生じた損害を会社に対して賠償する義務を負う。また，そのような影響力の行使者は，株主に生じた直接損害について，当該株主に対しても損害賠償責任を負う。この株式法117条1項は会社財産の保護をその制度趣旨としていると解されているが，同時に，株式会社の機関等，業務執行等について適切な権限を有するすべての者に対する侵害的影響力行使から，当該機関等の構成員を保護することにより，適切な業務執行行為を確保するという点も，趣旨

---

22) この株式法317条の責任の性質については，学説上争いがある。すなわち，この責任の性質を機関としての責任（Organhaftung）と不法行為責任（Deliktshaftung）のいずれと理解するかという争いである。前者と理解するものとして，Koppensteiner, a. a. O. (Fn. 8), § 317 Rdnr. 5, 後者と把握するものとして，Emmerich/Habersack, a. a. O. (Fn. 16), § 317 Rdnr. 11（株式法117条1項の責任を厳格化したものと捉える）。

23) Ulmer, Peter, Das Sonderrecht der §§ 311 ff. AktG und sein Verhältnis zur allgemeinen aktienrechtlichen Haftung für Schädigungen der AG, FS für Uwe Hüffer, München 2010, S. 999, 1010 ff.；A. A. Brüggmeier, Die Einflußnahme auf die Verwaltung einer Aktiengesellschaft, AG 1988, S. 93, 101 f.

の一つとして挙げられている[24]。もっとも，学説上の支配的見解によれば，株式法117条1項に基づく責任と317条に基づく責任とは部分的に重複しており，両条項を重畳適用することは可能であると解されている[25]。その理由として，以下の点が挙げられている。すなわち，株式法311条以下の事実上のコンツェルン規制は，従属会社に生じた不利益が補償される限りにおいて，当該従属会社に対して，一般株式法を超える柔軟な，しかし株式法311条および317条により制限された影響力を行使し得る権限を支配企業に認めるという目的を有している。株式法311条以下の規定により同法117条が排除されることを認めることは，上記目的を超える利益を支配企業に享受させてしまう結果となる。とくに，株式法117条1項2文は，株主の直接損害についても支配的影響力の行使者に当該損害の賠償を義務づけているが，このような義務は株式法317条には存在せず，株式法311条以下の規定が同法117条の規定を排除すると解するならば，この点においても，支配企業に制度趣旨を超える便益を与えることになり，妥当ではない[26]。

(2) 支配企業に対する兼任取締役の責任

ドイツコンツェルン法上，取締役が支配企業と従属会社とを兼任している場合に，当該兼任取締役が従属会社に不利益な影響を及ぼしたとき，支配企業が兼任取締役に対して，当該支配企業の取締役としての責任を追及し得る旨の規定は存在しない。しかしながら，従属会社に不利益が生じないように経営することが兼任取締役の職務に属する場合，通常かつ誠実な業務指揮者の注意義務（株式法93条1項）に違反したとして，株式法93条2項に基づく損害賠償義務が検討対象となる。もちろん，従属会社の不利益が支配企業の利益によって補償されたのであれば，従属会社に損害は発生していないことになる[27]。その他の請求根拠として，学説上では，雇用契約違反に基づく請求が可能であるとの指摘がなされている。この見解によれば，雇用契約の中に，適法なコンツェルン企業の経営が取締役の職務内容として規定されている限り（これは通常より高

---

24) Hüffer, a. a. O. (Fn. 9), § 117 Rdnr. 1.
25) Hüffer, a. a. O.(Fn. 9), § 117 Rdnr. 14, §317 Rdnr. 17 ; Emmerich/Habersack, a. a. O. (Fn. 16), § 317 Rdnr. 34, Koppensteiner, a. a. O. (Fn. 8), § 317 Rdnr. 52 ; Noack, a. a. O. (Fn. 5), S. 847, 850.
26) Ulmer, a. a. O. (Fn. 23), S. 999, 1011.
27) Noack, a. a. O. (Fn. 5), S. 847, 850.

額の対価とセットになっているといわれている)，この債務法上の義務違反に基づく支配企業の兼任取締役に対する請求権が根拠づけられることになる[28]。

第3節　支配企業の責任

　以上の兼任取締役自身の責任とともに，兼任取締役の違法または不適切な行為により，支配企業自体が従属会社，従属会社の少数株主あるいは債権者に対して責任を負うかどうかが，次に検討されなければならない。たとえ，兼任取締役が支配企業と従属会社の双方から報酬を受領していたとしても，一般的には，支配企業の方が遥かに高い賠償能力を有すると考えられるため，兼任取締役の違法な行為等による損害の経済的補償という観点からは，支配企業に帰責させる方が合理的と考えられるからである[29]。もっとも，支配企業の責任を肯定するための理論的根拠については，契約コンツェルンの場合と事実上のコンツェルンの場合とで異なり得るし，また契約コンツェルンの場合であっても，指図の有無によって異なり得る。

1　契約コンツェルンの場合

(1)　法的根拠

　既述のとおり，契約コンツェルン規制の根幹は，支配企業による損失引受義務（株式法302条）にある。兼任取締役が従属会社の事業年度における欠損につながる業務執行を行った場合には，当該欠損額は，支配企業の負担において填補されることになる。他方，（兼任）取締役の行為により従属会社に損害が生じた場合における支配企業自体の責任については，株式法上明文の規定はない。学説上の通説によれば，兼任取締役が支配企業において指図をあたえ，従属会社において当該指図を実行する場合に，当該指図が法律上または支配契約上許容されないものである場合には，支配会社は，これにより従属会社に生じた損害を賠償する義務を負うと考えられている。1965年株式法制定時の政府草案理由書によれば，このような場合には，支配企業は，一般法原則に基づき，支配

---

[28]　Kleba, Robert, Interessen- und Pflichtenkollisionen und Haftung bei Vorstandsdoppelmandaten im Aktienkonzern, Diss. Düsseldorf, 2013, S. 104 ff.（zit. nach Noack, a. a. O.（Fn. 5), S. 847, 850.）
[29]　Noack, a. a. O.（Fn. 5), S. 847, 850.

契約上の責任を負うとされていた[30]。したがって，立法者としては，株式法309条1項および2項の要件を満たしさえすれば，支配企業の法定代理人（取締役）のみならず，支配企業自体も，支配契約上の義務違反に基づき損害賠償責任を負うと解していたと考えられる。もっとも，その法的根拠については，学説上争いがあり[31]，多数説的見解は，ドイツ民法典（BGB）280条1項に基づく支配契約違反を根拠条文に挙げて，立法者の見解を補強する[32]。ただし，支配企業の責任の法的根拠についての上述の議論は，今日それほど実益があるわけではないという指摘も多い[33]。

　支配企業の責任の法的根拠を契約に求めるか否かにかかわらず，その責任の前提は，（兼任）取締役による株式法309条の要件を満たしていない（許容されない）指図にある。他方，そもそも指図が存在しない場合に，支配企業の責任をどのように根拠づけるかという点は，難しい問題である。兼任取締役は，支配企業が設定したコンツェルン全体の目標を踏まえて，自らの判断で，従属会社において従属会社取締役として行動することも十分に考えられるからである。この場合には，学説上の多数説の見解をとったとしても，支配企業による指図が存在しないために，支配契約の違反を根拠として責任を課すことは難しい。そこで，学説上では，支配企業・従属会社間で取締役が兼任しているか，または支配企業の使用人が従属会社の取締役に就任しているという事実に基づいて，支配企業に責任を負わせるべきとする見解が主張されている（いわゆる構造責任）。この見解によれば，支配企業の取締役が従属会社の取締役として活動していることそのものが，同時に，支配企業による従属会社に対する一般的な指図と評価され，したがって，株式法308条ないし310条の規定を適用することが

---

[30] Kropff, Bruno, Aktiengesetz : Textausgabe des Aktiengesetzes vom 6. 9. 1965, Düsseldorf 1965, S. 404 f.
[31] 学説上の議論については，Hüffer, a. a. O. (Fn. 9), § 309 Rdnr. 26 f. を参照。
[32] Altmeppen, a. a. O. (Fn. 12), § 309 Rdnr. 137 ; Koppensteiner, a. a. O. (Fn. 8), § 309 Rdnr. 37 ; Baumbach, Adolf/Hueck, Alfred, Aktiengesetz, 13. Aufl., München 1968, § 309 Rdnr. 1 ; Godin/Wilhelmi, Aktiengesetz, 3. Aufl., § 309 Anm. 2. 本文に掲げた多数説的見解のほかに，支配企業を従属会社の機関類似の地位とみなして，法律上の根拠（株式法309条を類推適用）から，直接支配企業の損害賠償責任を導き出す見解や，同じく法律上の根拠ではあるが，民法典31条を介して株式法309条の直接適用を主張する見解が見られる。
[33] Emmerich/Habersack, a. a. O. (Fn. 16), § 309 Rdnr. 21 ; Koppensteiner, a. a. O. (Fn. 8), § 309 Rdnr. 37.

できることになる[34]。

　学説上では，兼任取締役の場合におけるように，明確な指図を観念し得ない場合であっても一定の場合には支配企業の責任を根拠づけることを可能にするために，民法典31条の規定を媒介にして，同法823条以下の不法行為に基づく損害賠償責任，または株式法117条の影響力行使者としての責任を認める見解が主張されている。民法典31条は，社団の理事等がその職務（Verrichtung）を行う際に第三者に加えた損害につき損害賠償義務を負う場合に，当該損害につき当該社団自体が責任を負う旨を定める規定である。従属会社が兼任取締役の行為により損害を加えられた場合に，この民法典31条が適用されることについては，学説上，従来から指摘されてきた[35]。しかし，判例はこれを否定している[36]。判旨は以下のように述べる。

　「民法典31条も同様に問題にはならない。…なぜなら，損害賠償を義務づけられる行為は，『職務の実行に際して』行われることを要する旨の同条の要件を欠いているからである。確かにある職務が同時に二つの法人のための機関の行為であることはあり得る。しかし，双方の法人のために行われた行為が対象とされている（下線引用者）。法人により株式会社の監査役会に派遣された者は，被派遣会社の監査役としての義務の履行の際に，その二つの地位に基づいて派遣した会社の機関の代表者として行為してはならない。このような監査役は，確かに派遣した会社の利益を守らなければならないが，当該利益を被派遣会社の利益よりも優先させてはならない。株式会社の監査役会に派遣された者が同時に派遣した会社の機関の代表者であるような場合に，当該者が派遣した会社の利益を優先させることにより，被派遣会社の監査役としての義務に違反したときは，監査役としての行為がこの義務違反を構成するのであって，同時に派遣した会社のもとでその者に割り当てられている職務を行う際の行為がそうなるわけではない。なぜなら，この者は，被派遣会社の監査役会

---

[34] Emmerich/Habersack, a. a. O. (Fn. 16), 308 Rdnr. 29a ; Hirte, Heribert, in : Großkomm. z. AktG, 4. Aufl., 2005, § 308 Rdnr. 18 ; Stryle, a. a. O. (Fn. 5), S. 166.

[35] Mestemäcker, Ernst-Joachim, Verwaltung, Konzerngewalt und Rechte der Aktionäre, Karlsruhe 1958, S. 263; Rehbinder, Eckard, Konzernaußenrecht und allgemeines Privatrecht, Bad Homburg v.d.H./Berlin/Zürich 1969, S. 251 ; Ulmer, Peter, Zur Haftung der abordnenden Körperschaft nach § 31 BGB für Sorgfaltsverstöße des von ihr benannten Aufsichtsratsmitglieds, in: Lutter, Marcus u. a. (Hrsg.), FS für Walter Stimpel, Berlin・New York 1985 S. 705, 722.

[36] BGH Urt. v. 29. 1. 1962, BGHZ 36, 296, 309. この判例は，ハンブルク市によって派遣された監査役5人を含む監査役の責任解除の決議および特別検査役の選任を否決した決議の取消しを求めた事案である。

においてその監査役としての資格においてのみ行為し，派遣した会社の機関構成員として行為するわけではないからである。」

　この判旨に対しては，学説から，経験則に照らした痛烈な批判が加えられている。すなわち，兼任取締役はあくまで支配企業の代表者であり，兼任取締役は，一般に「上で（oben）」他の取締役とともに行動しているのであるから，その独立の地位ということを持ち出しても，それほど意味があるわけではない。コンツェルン全体の戦略やその判断はコンツェルンの頂上会社（Konzernspitze）で行われるのであるから，兼任取締役がそのコンツェルン頂上会社による事前の指導のもと子会社においてコンツェルンの戦略決定とは異なる行動をとることは，想定しにくい[37]。したがって，原則的には，指図が許されないものである場合，または指図を明確には観念できない場合（取締役が兼任しているときには，これがもっとも問題となり得る）には，民法典31条の適用を肯定すべきであるとされている[38]。

(2) 特殊な事実上のコンツェルンとの関係

　前述の構造責任という考え方は，かつてドイツにおいて盛んに議論された特殊な事実上のコンツェルン（Qualifizierter faktischer Konzern）における支配企業の責任をめぐる見解の対立を想起させる。すなわち，ドイツにおいては，1972年に，有限会社法の改正にかかる会社法専門家による研究会が，支配契約を締結していないにもかかわらず，支配企業が従属会社に影響力を行使し，「従属会社の固有の利益を継続的に侵害」している場合には，相当な代償と引き換えに，局外社員は当該従属会社から退社することができる旨を提案していた[39]。その後，連邦通常裁判所は，1985年9月16日のAutokran判決[40]において，

---

[37]　代表的なものとして，Noack, a. a. O. (Fn. 5), S. 847, 856.

[38]　ただし，兼任取締役の行為によって従属会社には損害が発生しても，必ずしも支配企業の利益になっていない場合もあり得る。したがって，いかなる基準のもとに兼任取締役の行為を支配企業に帰責させるかが問題となる。学説上では，以前からその基準が模索されてきた。この点については，Noack, a. a. O. (Fn. 5), S. 847, 857 ff.

[39]　Arbeitskreis GmbH-Reform, Thesen und Vorschläge zur GmbH-Reform Bd. 2, Heidelberg 1972, S. 5. これについての邦語文献として，早川勝「事実上のコンツェルンと西独有限会社法草案」下関商経論集20巻1号111頁（1976年），高橋英治『企業結合法制の将来像』210頁以下（中央経済社，2008年）。

[40]　BGH Urt. V. 16. 9. 1985, BGHZ 95, 330. 同判決についての邦語文献として，マークス・ルッター＝木内宜彦編著『日独会社法の展開』197頁以下（中央大学出版部，1988年）。

この特殊な事実上のコンツェルンの概念を裁判所として初めて採用した。同判決において，連邦通常裁判所が特殊な事実上のコンツェルンのメルクマールとして持ち出したのは，支配企業による従属会社に対する「包括的かつ継続的指揮」という概念であった。この表現だけから見ると，従属会社が支配企業によって包括的かつ継続的に指揮されているという状態（いわゆる構造責任または状態責任）に着目しているといえるが，学説上では，同判決は，構造責任とは異なるいわゆる行為責任（または有責責任）をも併せて採用していると評価する見解もある[41]。

連邦通常裁判所は，Autokran 判決に引き続き，Tiefbau 判決[42]，Video 判決[43]においても，基本路線としての構造責任論を維持した。しかしながら，この構造責任論に対しては，学説上批判が強く，とりわけ，支配企業はその帰責事由の有無にかかわらず，従属会社に生じた危険を引き受ける義務を負うという，いわば構造責任論の根幹をなす理論構成に対して，さらに，Video 判決の結論が社員の有限責任原則の否定につながることに対して，批判が集中した[44]。このような学説の批判を受けてか，連邦通常裁判所は，1993年の TBB 判決[45]において，行為責任論への転換を図った。同判決においては，これまでの支配企業による「包括的かつ継続的指揮」を責任発生のメルクマールとするのではなく，支配企業による従属会社の利益の侵害に焦点を当てて，支配企

早川勝「変態的事実上の有限会社コンツェルンについて」産大法学24巻3・4合併号158頁以下（1991年），金田充広「ドイツ法における特殊な事実上の有限会社コンツェルン」阪大法学41巻4号1195頁（1992年），高橋・前掲注39）222頁以下。

[41] Kübler, Friedrich, Haftungstrennung und Gläubigerschutz im Recht der Kapitalgesellschaften, FS für Heinsius, Berlin 1991, S. 414. 高橋・前掲注39）225頁以下。

[42] BGH Urt. v. 20. 2. 1989, BGHZ 107, 7. 本判決に関する邦語文献として，早川・前掲注39）183頁以下，高橋・前掲注39）226頁以下参照。

[43] BGH Urt. v. 23. 9. 1991, BGHZ 115, 187. 本判決に関する邦語文献として，早川勝「変態的事実上の有限会社コンツェルンにおける支配企業の責任－近時における連邦通常裁判所の判例を中心として」同志社法学45巻1・2合併号46頁以下（1993年），丸山秀平編著『ドイツ企業法判例の展開』236頁以下（中央大学出版部・1996年）〔梶浦桂司〕，高橋・前掲注39）228頁以下参照。

[44] Flume, Werner, Das Video-Urteil und das GmbH-Recht, DB 1992, S. 29；Altmeppen, Holger, Grenzlose Vermutungen im Recht der GmbH, DB 1991, S. 2229. なお，Video 判決の控訴審判決までの段階で，一連の連邦通常裁判所の判決と構造責任論に対する批判を展開するものとして，Altmeppen, Holger, Abschied vom "qualifiziert faktischen" Konzern, Heidelberg 1991, S. 82 ff. また，Video 判決とこれに対する学説の対応については，高橋・前掲注39）230頁以下に詳しい。

[45] BGH Urt. v. 29. 3. 1993, ZIP 1993, 589. 本判決に関する邦語文献として，早川・前掲注43）72頁以下，丸山編著・前掲注43）243頁以下，高橋・前掲注39）232頁参照。

業の責任を論じている。連邦通常裁判所は，その後の二つの判決においても，同様に，行為責任論を維持している[46]。ただし，連邦通常裁判所は，2001年のBremer Vulkan 判決[47]において，特殊な事実上のコンツェルン概念を捨て去り，「会社の存立を否定する侵害（bestandsvernichtender Eingriff）」という概念を中核に据えた法人格の濫用に基づく責任を認める方向に舵を切っている。

　特殊な事実上のコンツェルンにおける支配企業の責任につき，既述の構造責任論と行為責任論に関する学説上の議論が盛んになされていた当時，役員兼任・役員派遣が特殊な事実上のコンツェルンの要件となり得るかという点も，その議論の対象とされていた。基本的に，構造責任論を支持する見解は，役員兼任・役員派遣を特殊な事実上のコンツェルン成立の一つの徴表として捉え[48]，他方で行為責任論を支持する見解は，これを否定する[49]。下級審裁判例も，2件ほどではあるが，見解が分かれている[50]。

　しかしながら，特殊な事実上のコンツェルンという概念さえ過去のものとなった現代においては，また，取締役の兼任それ自体が法律上禁止されているわけではないとの既述の解釈のもとでは，兼任取締役が存在するという一事をもって，従属会社に生じた損害につき，支配企業が常に責任を負うとの結論を導き出すことは，兼任取締役を有するコンツェルンにおいては，支配企業は具体的指図の有無にかかわらず，従属会社の債務を常に保証する義務を負っているのと同様の結果となり，いわば結果責任を認めるのに等しい。そこで，学説

---

[46]　BGH Urt. v. 13. 12. 1993, NJW 1994, S. 446 (ETC), Urt. v. 19. 9. 1994, NJW 1994, S. 3288. 両判決についての邦語文献として，高橋・前掲注39）234頁以下参照。

[47]　BGH Urt. v. 17. 9. 2001, BGHZ 149, 10. 本判決についての邦語文献として，早川勝「企業結合・企業再編に関する法規制の現状と課題」同志社法学55巻3号38頁以下（2003年），高橋英治「ドイツ法における子会社債権者保護の新展開－変態的事実上のコンツェルンから法人格否認の法理へ」同『ドイツと日本における株式会社法の改革－コーポレート・ガバナンスと企業結合法制』102頁以下（商事法務，2007年）［初出：法学67巻6号125頁以下（2004年）］，神作裕之「ドイツにおける『会社の存立を破壊する侵害』の法理」江頭憲治郎先生還暦記念『企業法の理論（上）』81頁以下（商事法務，2007年）参照。

[48]　このように考える代表的な見解である Säcker, Franz Jürgen, Zur Problematik von Mehrfachfunktionen im Konzern, ZHR 151, S. 59, 65ff. は，支配企業・従属会社間での完全な情報交換が存在し，取締役の同一性が決定の同一性を帰結するとの理由で，役員の兼任が特殊な事実上のコンツェルンの制度的前提であると解している。

[49]　代表的な見解として，Altmeppen, a. a. O. (Fn. 44), S. 11 ff.

[50]　前者に属する裁判例として，OLG Hamm, Urt. v. 3. 11. 1986, ZIP 1986, S. 1554. 後者に属する裁判例として，LG Mannheim, Urt. v. 17. 1. 1990, DB 1990, S. 2011. 両裁判例について紹介する邦語文献として，野田輝久「特殊な事実上のコンツェルンの法的性質」青山社会科学紀要21巻2号1頁以下（1993年）参照。

においても，取締役の兼任それ自体が支配企業の責任を惹起することに批判的な見解も見られる[51]。

2 事実上のコンツェルンの場合

支配契約が存在しない場合，すなわち事実上のコンツェルンの場合，当該不利益が支配企業によって補償される場合を除き，従属会社にとって不利益な措置を行う（または行わない）よう仕向ける（veranlassen）ために，支配企業がその影響力を行使することは禁じられる（株式法311条1項）。従属会社に生じた不利益が補償されない場合には，当該不利益が加えられた事業年度中に，いついかなる利益によって当該不利益が補償されるのかについて決定されなければならず，そのように定められた利益に対して，従属会社は補償請求権を有することになる（同条2項）。したがって，支配企業によって仕向けられたすべての影響力は，補償または補償請求権の対象となる。

兼任取締役が行う行為は，すべて支配企業による仕向けによる結果であると考えるのであれば，最終的に補償が行われなかった場合を除けば，他の請求根拠について検討する必要はそれほど多くはない[52]。学説上，兼任取締役が存在する場合には，株式法311条にいう仕向け（Veranlassung）が認められると解する見解が支配的である。すなわち，たしかに，支配企業の取締役が同時に従属会社の業務執行を担っている場合には，当該兼任者が行う取引や措置は，「外から（von außen）」仕向けられたものではない。他方，株式法311条1以下のすべての規制が無意味になる可能性や従属会社およびその局外株主にとって生じる危険は高まることになる[53]。たしかに，従属会社は，兼任取締役に対して，注意義務違反に基づく損害賠償請求権を有するが（株式法93条），しかしながら，株主総会がその決議をもって当該取締役の責任を解除（Entlastung）することができるし（株式法119条1項3号），そうでなくても，会社による損害賠償請求権の行使には株主総会決議等一定の要件が必要とされているために（株式法147条1項），実際上，従属会社の取締役の責任が追及されることはきわめて例外的な事象に属する[54]。したがって，兼任取締役が存在する場合には，当該兼

---

51) Noack, a. a. O. (Fn. 5), S. 847, 852 f.
52) Noack, a. a. O. (Fn. 5), S. 847, 852.
53) Emmerich/Habersack, a. a. O. (Fn. 16), § 311 Rdnr 28; Koppensteiner, a. a. O. (Fn 8), § 311 Rdnr. 29.
54) Koppensteiner, ebenda.

任取締役が従属会社において行う法律行為や措置については，支配企業による仕向けが存在すると考えて，株式法311条以下の規定を適用することが望ましい。

学説の支配的見解のように，兼任取締役が存在する場合に，当該取締役が従属会社においてとる法律行為または措置には，支配企業による仕向けが存在すると解した場合，それがどのような形で主張・立証されるのかが問題となる。学説上では，このような場合には，支配企業による仕向けがあったものとみなされる（unwiderlegbar vermuten）というように解釈すべきである[55]とする見解と，単なる推定（Vermutung）にとどまるとする見解が見られる[56]。前者の見解に対しては，従属会社の損害が単に兼任取締役の注意義務違反の行為により生じただけである場合もあり，またコンツェルンが従属会社の取締役による自主的判断の余地を広く認める構造になっている場合などのように，兼任取締役が存在する場合すべてについて，従属会社の損害が支配企業による仕向けの結果と判断できるわけではないという点が挙げられている[57][58]。

第4節　結びにかえて

ドイツのコンツェルンにおいても，支配企業と従属会社との間で役員の兼任が行われている例は多く，基本的には取締役の兼任は法律上許容されている。兼任取締役が存在するコンツェルンにおいて当該兼任取締役による違法または

---

55) Hüffer, a. a. O. (Fn. 9), § 311 Rdnr. 22 ; Bayer, Walter/Lieder, Jan, Upstream-Darlehen und Aufsichtsrathaftung, AG 2010, S. 885, 886 ; Säcker, a. a. O. (Fn. 48), S. 59, 65 ff.
56) Emmerich/Habersack, a. a. O. (Fn. 16), § 311 Rdnrn. 28, 35 ; Vetter, Jochen, in : Schmidt/Lutter, AktG Band II, 2. Aufl., Köln 2010, § 311 Rdnr. 32 ; Noack, a. a. O. (Fn 5), S. 847, 852 ; Decher, a. a. O. (Fn. 4), 174 ; Koppensteiner, a. a. O. (Fn. 8), § 311 Rdnr. 30 Fn. 83 ; Kropff, Bruno, Münchener Komm. z. AktG, 3. Aufl., München 2010, § 311 Rdnr. 100.
57) Koppensteiner, ebenda ; Emmerich/Habersack, ebenda. ; Vetter, ebenda.
58) 従属会社が有限会社である場合には，従属会社に対する影響力行使により生じた損害が事業年度末までに補償されるのであれば，当該影響力の行使は適法なものとされるという，支配企業にとっての一種の特権は，認められないと考えられている。したがって，この場合には，兼任取締役の違法または不適切な行為による従属会社の損害は，支配企業による影響力行使によるものと評価される可能性が高く，支配企業の損害賠償責任の問題が生じると思われる。その際の法的根拠についても，学説上では，民法典31条による損害賠償責任が主張されている。Zöllner, Wolfgang/Beurskens, Michael, Baumbach/Hueck, GmbHG, 20. Aufl., München 2012, Anh KonzernR Rdnr. 79 f. ; Noack, a. a. O. (Fn. 5), S. 847, 853, 859.

不適切な行為により従属会社に損害が生じた場合，当該兼任取締役および支配企業が従属会社に対して損害賠償責任を負うという点では，異論はないものと思われる。ただし，それをどのような法的根拠によって認めるかという点については，契約コンツェルン規制と事実上のコンツェルン規制を中核とするドイツ結合企業法全体の枠組みに照らして検討されており，学説上でもかなり激しい見解の対立がある。とくに，支配企業の責任については，現行コンツェルン法の枠組みでは十分な解決できないとの認識のもと，民法典31条を根拠とする見解が有力に主張されている点は，ある意味で，兼任取締役により惹起される責任問題がドイツにおける結合企業法の限界事例であることを示している。

　わが国においても，親子会社間で取締役が兼任しているケースは多いと思われるが，兼任取締役が子会社の取締役として子会社に対して責任を負う場合，または親会社の取締役として親会社に対して責任を負う場合はあるとしても，親会社自体が子会社に対して責任を負う場合は相当限定的であろう。わが国において，兼任取締役が存在するか否かにかかわらず，親会社が子会社の少数株主や債権者に対して責任を負う旨の規定は存在せず，また法人格否認の法理が適用されるなどの場合を除いては，親会社が責任を負うことはほとんどないと言ってもよい。これが体系的結合企業法制が存在しないことの帰結であるとすれば，個別規定の解釈により，これを補うことが指向されるべきである。その際に，ドイツにおいて，民法典31条に基づいて支配企業の責任を認めるという解釈は，わが国においても，たとえば会社法350条を柔軟に解釈する等の形で参考にすべき点もあると思われる。

第3編

公開買付法・資本市場法

ドイツと日本の企業買収法における共通点と相違点

ハラルド・バウム
久保　寛展（訳）

第1節　両国の「遅れた」国民性

　ドイツと日本の企業買収法の発展と規制を比較してみると，意外な共通点と相違点がある。両国は，これまで一般に，いわゆる「埋め込まれた資本主義（embedded capitalism）」の顕著な例として位置づけられてきた。両国のパターナリズム的な国家とコーポラティズム的な経済構造によって，国民経済上，両国は自由な裁量を発揮する市場の力にブレーキをかけ，かつクッションの役割を果たしてきたのである。企業に対しては，政治がとくに「株主価値（shareholder value）」を指向させたわけでもない。「ステークホルダー」の利益も強く指向せず，少なくとも株主価値およびステークホルダーの利益は同等であるとした。企業買収に関しては，その二つが両国の「遅れた」国民性であり，とくに被買収会社である標的会社の現経営陣の意思に反して行われる敵対的企業買収が，まさに活気ある市場の力の現れであっても，その国民性は一貫していたように思われる。敵対的企業買収と，これによって創設される「企業支配権（Unternehmenskontrolle）のための市場」[1]が，少し前から経済的および企業政策的な観点のもとではじめて描き出されたことが両国に共通している（もっとも，（従来と）かなり結論は違っているが）。

　外国の買収者であるイギリスの通信企業，ボーダフォン社によるドイツの伝統的な企業，マンネスマン社への敵対的企業買収は，公衆が注目するなか実施され，2000年初頭に成功を収めたが，この企業買収が，ドイツが発展し始める

---

[1]　「企業支配権のための市場（market for corporate control）」という考え方は，アメリカ合衆国の法学者兼経済学者である Henry G. Manne が，1965年にすでに彼の同様のタイトルの画期的な論文の中で述べたものである（MANNE, Mergers and the Market for Corporate Control, J.Pol.Econ. 73（1965）110 ff.）。

ための合図（Paukenschlag）であり，その時点から一般に世界的に大規模な敵対的企業買収が問題となった。日本でも同様に，インターネットのスタートアップを手掛けるライブドア社が，2005年にラジオ放送のNBS（Nippon Broadcasting System）社（ニッポン放送）の経営陣の意思に反して買収を計画したことが，公衆の注目を浴びたところである。ライブドア社は，東京証券取引所のインターネットポータルであるToSTNeTを通じて，取引所の取引時間外に（またこのことが（その当時）公表されることなく）短期間のうちに30％以上の大量の株式を買い占め，かつその後にはじめて企業買収の意図が公表されたが，最終的にこの企業買収はニッポン放送の対抗措置とその協力株主による支援によって頓挫した。買収側の最高経営責任者（CEO）である熱血的（flamboyante）な当時32歳の堀江貴文は，その後にライブドアと名称変更されたインターネットのスタートアップ会社を設立するために東京大学を退学し，非常に早く数百万長者にまで上り詰め，かつ公衆の面前に登場する際にはみずから日本の既成体制（Establishment）への反抗者と評された者（Tシャツを着た社長）であるが，このような人物による買収の事実は，計画された企業買収の枠内では[2]，これまで日本で知られていなかったメディアでの騒動を引き起こした。

　ドイツでも日本でも，それぞれアウトサイダー（ドイツの場合には外国の企業，日本の場合にはまさに伝統的な日本の企業エリートを挑発してなった社会の成功者）による活動は，概して政治経済学の分かれ目であり，新時代の始まりとして議論された[3]。たいていは外国の投資ファンドや投資会社によるものであるが，前述された若干の敵対的企業買収への警戒から，日本では企業買収の賛否に関

---

[2] その企業買収の計画の詳細については，WHITTAKER/HAYAKAWA, Contesting "Corporate Value" Through Takeover Bids in Japan, ZJapanR/J.Japan.L. 23 (2007), 5, 8 ff.; KOZUKA, Recent Developments in Takeover Law, ZJapanR/J.Japan.L. 21 (2006) 5, 12 ff.; HINES/TANIGAWA/HUGHES, Doing Deals in Japan, Colum. Bus. L. Rev. 2006, 355, 374 ff.; YAMAUCHI, Erwerb von Anteilen am Rechtsträger von Unternehmen im japanischen Gesellschaftsrecht, in : Blaurock (Hrsg.), Anleger- und Gläubigerschutz bei Handelsgesellschaften, 2006, 25, 27 ff.; MILHAUPT, In the Shadow of Delaware? The Rise of Hostile Takeovers, in : Japan, Colum. L. Rev. 105 (2005) 2171, 2178 ff.

[3] 日本の動向の詳細については，BAUM, Japans zögerlicher Weg zu einem Markt für Unternehmenskontrolle, in : Baum/Fleckner/Hellgardt/Roth (Hrsg.), Perspektiven des Wirtschaftsrechts. Beiträge für Klaus J. Hopt aus Anlass seiner Emeritierung (2008) 325 ff.; さらに，TAKAHASHI, Unternehmensübernahmen im deutschen und japanischen Kontext, in : Assmann et al. (Hrsg.), Markt und Staat in einer globalisierten Wirtschaft (Tübingen 2010), 67 ff.; COLCERA, The Market for Corporate Control in Japan (2007) 97 ff.

する議論が始まった[4]。ドイツと日本の間での企業買収活動の顕著な違いは，数的には比較的少ない事例が存在したにすぎないが，ドイツが過去数年に経験した敵対的企業買収の大半が成功を収めたことにある[5]。もっとも，2008年ないし2009年に見事に失敗したスポーツカーメーカーであるポルシェ社の，はるかに大規模なフォルクスワーゲン社に対する買収計画は，その例外である[6]。これに対し，日本では，（1988年の特殊な例外を除き[7]）戦後の時代において，今日までひとえに純粋な敵対的企業買収が成功した計画は存在しなかった[8]。以下では，およそ同時期に発生した2件の事例を用いて，構造的な違いを具体的に説明することにしよう。

第2節 シェフラー（Schaeffler）vs. 王子製紙

第一に，2008年にドイツで実施された事例であるが，シェフラー・グループが自動車部品の下請け兼タイヤメーカーである上場会社（コンチネンタル社）に対して敵対的企業買収を行った事件がある。DAX30の一社であるコンチネンタル社は，36カ国に約200もの支店を有し，売上高が約260億ユーロにも及ぶ，自動車産業では世界的規模の下請け会社の一つである。2007年に法外な値段で株式を取得した後，コンチネンタル社の株価が下落した事実があったが，これ

---

[4] その間に清算されたとはいえ，日本の最初のヘッジファンドとして，2000年以降，挑戦的な資本参加政策を追求した村上ファンドの活動について，BUCHANAN/CHAI/DEAKIN, Hedge Fund Activism in Japan. The Limits of Shareholder Primacy (2012) 153 ff. 本論文では，とくに Steel Partners や TCI のような外国のファンドの活動についても論じられる（174 ff.）；BAUM in : ZJapanR/J.Japan.L. 36 (2013) 293 ff. において批評がある。
[5] 2010年ないし2011年にドイツで行われた企業買収の実証分析は，SEIBT, Übernahmerecht : Update 2010/2011, Corporate Finance Fachportal 5 /2011, 213 ff. にある。
[6] 本件の企業買収の戦いは，フォルクスワーゲン社がポルシェ社を買収したことで終結したが，その後も数年の間，ドイツの裁判所で争われた。本件については，参照，MÖLLERS, Die juristische Aufarbeitung der Übernahmeschlacht VW-Porsche, NZG 2014, 361 ff. ; SEIBERT, Der Übernahmekampf Porsche/VW und das Schwarze-Peter-Spiel um das VW-Gesetz, AG 2013, 904 ff.
[7] 投機家のグループに属した投資会社の光進が，航空写真による測量に特化した企業である国際航業の支配権を（一時的に）取得した事件がそれである。
[8] このことをとくに強調して指摘する見解として，PUCHNIAK, The Efficiency of Friendliness : Japanese Corporate Governance Succeeds Again Without Hostile Takeovers, Berkeley Business Law Journal 5 / 2 (2008) 195, 232 ff. もある。その改訂版は，ZJapanR/J.Japan.L. 28 (2009) 89 ff. にも所収されている。もっとも，第二次世界大戦以前の時代については，少し事情は異なる。参照，TAKAHASHI (Fn. 3) 69.

は，当該企業を攻撃するためのものであった。同族コンツェルンのシェフラー社は，とりわけ玉軸受（Wälzlager）およびクラッチ（Kupplungen）を製造し，かつ同様に自動車産業界にも供給する，ドイツの大規模な個人保有の工業会社の一つである。シェフラー社は，毎年，約90億ユーロの売上高があり，売上高については明らかにコンチネンタル社よりも少なかったが，過去には，すでに企業の外部成長に挑戦する用意があることを表明していた。2008年7月初頭になって，シェフラー社は，コンチネンタル社の取締役に対し，コンチネンタル社の過半数支配権（Kontrollmehrheit）を取得する意思があることを知らせたが，これには当該取締役も憤慨し，きっぱりと拒否された。そのため，シェフラー社は，同年7月末に，コンチネンタル社のすべての局外株主の株式に公開買付を行うことを表明した。コンチネンタル社の意見表明では，取締役と監査役が，法定要件を充足する買付申入価格があまりにも低すぎるとして拒否し，株主に対して，その申入れを受け入れないよう通知した。もっとも，対話の道筋は途切れなかったとはいえ，監査役には徹底的な防衛措置に同意する用意はなかった。2008年8月末，両企業の間で合意に達し，買付申入れ価格をわずかに修正した後，結果的にシェフラー社はコンチネンタル社の株式の80％以上を取得した[9]。経済界を含む公式の意見や，雇用の保証を求めた従業員側の意見では，企業戦略上は（いずれにしても，2009年初頭の経済的破綻の時まで[10]）有意義に思えた当該企業買収に対し，傾向としてポジティブに反対の態度が示されていた。

これに対し，日本では，同様の多数の企業買収計画のうち成功しなかった事案であるが，まったく反対の推移をたどったものとして，日本の有名な製紙会社である王子製紙が2006年に競合会社である北越製紙を買収する計画を表明した事件がある[11]。この事件は，日本の「一流の（blue chip）」企業が他の企業を買収する，はじめての敵対的買収の計画であったように思われる[12]。日本のメディアによっても非常に注目された。この企業買収に経済的意義があり，王子製紙が株主に対し高額の買収プレミアムを提供したとはいえ，当該企業買収の

---

[9] Vgl. Berichte in der FAZ v. 22. 8. 2008, S. 14 ; FAZ v. 23. 9. 2008, S. 16.
[10] 2009年初頭に，シェフラー社は，金融危機の過程で企業買収に係る高額の負債を負ったことにより，経済的に相当困難な状況に陥った。この状況は，株式の取得に関して疑いの目でみるきっかけを与えることになった。しかし，その問題は，後年に克服された。
[11] その対決の背景と経緯についての詳細は，PUCHNIAK (Fn. 8) 246 ff. m.w.N. ; BAUM (Fn. 3) 335 ff.
[12] 従前では，およそ2000年以降に始まった村上ファンドの活動につき，BUCHANAN/CHAI/DEAKIN (Fn. 4) 153 ff.

計画は，短期間のうちに協力株主の決定的な支持のもと，北越製紙の経営者と従業員の反対の抵抗にあって失敗した。

王子製紙が株式取得を計画した要因は，日本での生産能力を満たした製紙市場を，北越製紙が大幅に拡大する旨を公表したことにある。協力関係を構築する目的で両企業が合併するという王子製紙の提案からわずか数週間後に，当初から沈黙していた北越製紙の経営陣は，期待されうる公開買付を失敗させるため，協力の意思がある，すなわち売却の意思がない株主層を純粋に増やすことに成功していた。第一に，北越製紙は，協力株主の一人である三菱商事と，新株発行によって三菱商事がディスカウント価格で5,000万株の新株を取得することで合意に達していたが，これは，三菱商事の持株比率が24％にまで高められる結果になるものであった。第二に，北越製紙の経営陣が，協力関係にある株主全員に対し，王子製紙もしくは第三者による公開買付を望まない場合に行使できるものとする，追加的な新株予約権を発行する決議を行った。この措置は，もともと少数派株主の利益を保護するための北越製紙の「独立」委員会によって承認されていた。この独立委員会は，従前に北越製紙で業務を行っていた2名の退職者と1名の宮司から構成された。さらに，別の製紙会社である日本製紙によって，北越製紙を支援するために，不意打ち的に全部で8.5％の大量の株式を買い占めたことが公表された。

さまざまな通知義務を無視し，隠れて構築された防衛措置を講じた後，北越製紙は，公式に王子製紙の要求を拒絶した。引き続き王子製紙が，三菱商事への新株発行を断念すれば，北越製紙の発行済株式の50.1％を，現在の時価を上回る35％の価格で取得するという買付申入れを行ったにもかかわらず，新株発行が実施されたため，王子製紙は株式取得計画を断念することになった。三菱商事が新株取得のために支払った価格は，その間の相場の上昇に基づく現在の時価を下回る26％であり，また少数派株主の利益がひどく無視されたとはいえ，北越製紙の経営陣に対して訴えが提起されることはなかった。従業員や顧客から影響を受けた日本の公衆は，王子製紙の計画に批判的な立場であったし，経済界でも，王子製紙の措置は広く受け入れられないものとして拒否された。

最近の他の敵対的企業買収の計画についても，通例，言及されたような標的会社の経営陣による「協力株主」の動員によって頓挫した。協力株主とは，株式を発行する会社と業務関係もしくは融資関係にあり，とりわけ長期的な協力

関係を維持する目的のために株式（Beteiligung）を保有し，かつ利回り志向のポートフォリオ投資を行わない株主をいうが，さらに，外部の干渉から当事会社の経営陣を守るため，協力株主との間には当事会社の同意がなければ株式を売却しないとの黙示の合意も存在した[13]。とりわけ，少なくとも横断的な株式保有（Überkreuzbeteiligungen）が一時的に後退したのは[14]，日本が1990年代の深刻な構造的危機を克服する過程において広範な構造上の変更を行ったからであるが，明らかに確認できることは，企業買収を前提とする効率性の向上よりも，企業自体の取得に高い価値を認めかつ相応の防衛措置を容認するという基本的コンセンサスが継続したことである[15]。その限りでは，日本の会社法および資本市場法における包括的な規制緩和にも，あまり変更点はなく，反対に最近の規制上の展開は，依然として日本の企業が難攻不落である支えにもなっている[16]。

これに対し，いわゆる「ドイツ株式会社（Deutschland AG）」を解体し，これによって変化をもたらすには，より徹底的かつ包括的な措置が講じられなければならないように思われる[17]。敵対的企業買収は，当該買収が企業政策上の目標に役立つとすれば，いずれにしても，数年内には企業の外部成長および効率性を向上させるための原則として，明らかに正当な手段になるにちがいない。ドイツの銀行も威信を喪失することなく，その間にこのような取引に融資を行うことができ，また利害対立が先鋭化するまで実施することになろう。そうで

---

13) 株式の相互保有と役員兼任（Überkreuzverflechtungen）の発生・動機，およびこれらが日本のコーポレート・ガバナンスに及ぼす影響については，すでに Baum, Zur Diskussion über vergleichende Corporate Governance mit Japan, RabelsZ 62 (1998) 739 ff. m.w.N. zur Japan bezogenen internationalen Diskussion.
14) Vgl. Kuroki, The Relationship of Companies and Banks as Cross-Shareholdings Unwind, NLI Research Paper, 2003 ; Okabe, Are Cross-Shareholdings of Japanese Corporations Dissolving?, Nissan Occasional Paper Series No. 33, 2001 ; その間，2005年以降，新たに増加に転じた後，2008年ないし2009年の金融危機後は相互株式保有の数が再び低下傾向にある（Standards & Poor's, RatingsDirect, 28. Mai 2015, 1 ff. をみよ）。
15) このことが，（他の大勢の西欧の分析者（たとえば Milhaupt (Fn. 2) を参照）と異なる）Puchniak (Fn. 8) の分析の中心的なテーゼである。コーポレート・ガバナンスの種々の形式の収斂に係る争いある問題については，Buchanan/Deakin, Japan's Paradoxical Response to the New 'Global Standard' in Corporate Governance, ZJapanR/J.Japan.L. 26 (2008) 59 ff. の分析もある。
16) これについては，以下の第4節 2(2) を参照。
17) 包括的な分析については，Ringe, Changing Law and Ownership Patterns in Germany : Corporate Governance and the Erosion of Deutschland AG, Am.J.Comp.L. 63 (2015, forthcoming) ; Oxford Legal Studies Research Paper No. 42/2014.

あれば，ドレスドナー銀行はたしかにコンチネンタル社のメインバンクであったが，ドレスドナー銀行がシェフラー・グループに対し，企業買収の支援のため信用供与を約束することに支障はなかったはずである。もっとも，ドイツの企業買収立法が強力に影響を及ぼすことで，（日本と同様）政治的には他の従業員と同様に，現経営者の組織的な利益が十分に考慮されうることにもなる[18]。共同体法のレベルでは，（国家主義的な政治家と協力関係にある）企業買収指令の内容形成に関しても，事情は同様であろう[19]。

次に，ドイツと日本の異なる実務経験上，両国の企業買収法がどのように発展してきたのかという問題の検討に移りたい。

第3節　企業買収法の典型的な規制モデル

ドイツの企業買収法も，日本の企業買収法も，その生成と内容の形成は，的確に述べれば，スキャンダルによって駆り立てられた。2001年12月のドイツ有価証券取得および買収法（WpÜG；以下，企業買収法とする）[20]の強行された起草と制定は，冒頭で紹介された2000年初頭のイギリスのボーダフォン社によるマンネスマン社への敵対的企業買収によって直接に誘導されていたし，日本では，主として二つの段階（1990年と2005年）において発展した。日本でも，それぞれ前述された敵対的企業買収の行為が，少なくとも規範を設けるための共同の原因になっていたのである。両国が上場会社の株式保有構造に関して事実上類似する状況（分散保有の状況ではなく，日本では株式の相互保有によるネットワーク構造，ドイツでは広範な大量保有とコンツェルンの形成）にあったとはいえ，両国とも，とくに歴史的経緯に原因がある，対照的に観念できる企業買収制度を採用した。

企業買収法につき，国際的に比較すれば，主として基本的に相違する以下の二つの規制モデルがあり，そのモデルは，両国ともほぼ同時期に1968年に発効し，かつその後に原型となる模範として構想された企業買収法に応用され

---

[18]　これについては，以下の第4節1(2)を参照。
[19]　これについては，以下の第4節1(1)を参照。
[20]　Wertpapiererwerbs- und Übernahmegesetz (WpÜG) vom 20. Dezember 2001 (BGBl. I S, 3822), zuletzt geändert durch Artikel 4 Absatz 53 des Gesetzes vom 7. August 2013 (BGBl. I S. 3154).

た[21]。そのモデルとは，第一に，イギリスのテイクオーバー・コード（Takeover Code；従前のテイクオーバーおよび合併に関するシティー・コード）[22]の規制であり，第二に，アメリカのウイリアムズ法（Williams Act）[23]の規制である。イギリスとアメリカの資本市場構造は類似し，その企業モデル（一般に分散保有にある，上場された資本会社が優位であること）もたいていは同様の性質であるとはいえ，両国の企業買収制度は，相当に相違する規制戦略を追求している。この相違に係る原因は，それぞれ規範を創設する手続の政治経済学にある。すなわち，アメリカでは，現経営者の利益は維持するものでありえたのに対し，イギリスでは，機関投資家の利益を維持することに特色があったのである[24]。

周知のように，イギリス型のモデルは，テイクオーバー・コードの規制をもって，支配権の移動もしくは取得の場合における企業結合の形成の保護を目指し，そのための手段として，支配権保有者がすべての局外株主の株式に対し買付申入れを行う必要がある，価格統制された義務的公開買付を定めるものである。これによって，局外株主には，確定的な同一の条件で退社権（Austrittsrecht）が認められ，さらに，前もって支払われる支配権プレミアムへの参加も確保される。この支配権を指向した規制の試みは，結果として実質的な株主の平等取

---

21) 両国の異なる規制モデルについては，BAUM, Funktionale Elemente und Komplementaritäten des britischen Übernahmerechts, RIW 2003, 421 ff.；DAVIES/HOPT, Control Transactions, in：Kraakman et al (Hrsg.), The Anatomy of Corporate Law. A Comparative and Functional Approach (2. Aufl., 2009) 225, 267 ff.；以下の簡単な概要は，BAUM, Stichwort „Übernahmerecht", in：Basedow/Hopt/Zimmermann/Illmer (Hrsg.), Handwörterbuch des Europäischen Privatrechts (2009) Bd. II, 1509 ff. による。
22) The Takeover Code. Rules, Appendices and Notes. 11th Edition, 20 May 2013；The Panel on Takeovers and Mergers <www.thetakeoverpanel.org.uk>；イギリスのモデルについては，ROSSKOPF, Selbstregulierung von Übernahmeangeboten in Großbritannien, 2000；DAVIES/WORTHINGTON, Principles of Modern Company Law (9. Aufl. 2012) 1009 ff.；歴史的発展については，JOHNSTON, The City Take-Over Code (1980).
23) 15 U.S.C. §§78m (d) - (e), 78n (d) - (f)；アメリカ合衆国の規制モデルについての簡潔な概要は，MERKT, US-amerikanisches Gesellschaftsrecht (3. Aufl. 2013) 736 ff.；BLOOMENTHAL/WOLFF, Securities and Federal Corporate Law (2 nd ed., 2000) Chap. 25.
24) ARMOUR/SKEEL, Who Writes the Rules for Hostile Takeovers, and Why? The Peculiar Divergence of US and UK Takeover Regulation, Georgetown Law Journal, 95 (2007) 1727 ff.；さらに，次の文献をみよ，FERRARINI/MILLER, A Simple Theory of Takeover Regulation in the United States and Europe, ECGI – Law Working Paper No. 139/2010；日本に言及する文献として，ARMOUR/JACOBS/MILHAUPT, The Evolution of Hostile Takeover Regimes in Developed and Emerging Markets：An Analytical Framework, Harvard Int. Law Journal 52 (2011) 221, 258 ff.

扱いをもたらすが、相当に規制を強める特徴を有し、市場のプロセスにも介入する。そのため、規制の潜脱を避けるために、標的会社に支配的影響力を行使するのにふさわしい株式保有者の協調行動（acting in concert）も把握する必要性から、追加的に規制を設ける必要も生じてくる。

　これに対して、ウイリアムズ法のアメリカ型モデルでは、各州法の制定のレベルにおいて、純粋な資本市場法の規制のなかでとくに手続に関連した措置を講じている。このモデルでは、企業買収法との接点は、支配権の移動ではなく、標的会社の株式に係る公開買付の申入れの表明（テンダー・オファー）にあり、株式取得の過程それ自体が規制されるにすぎない（規制の内容からすれば、慎重ですらある）。ウイリアムズ法は、まず、情報提供に係る手続上の平等な取扱いを保証することによって、株主があまりにも低額で株式を軽率に売却することから保護を図ることで、株主が標的会社から早い段階で退社することを阻止することを目指す。イギリス型のモデルとは異なり、アメリカ型のモデルでは、簡潔に表現すれば、標的会社からの退出ではなく、正反対に標的会社にとどまることが重要なのである[25]。

　アメリカのほぼすべての州で制定されたいわゆる反テイクオーバー法を考慮すると、公開買付申入れの承認もしくは拒否に関する決定権限を限定することについては、イギリス型のモデルとは広く顕著な違いがある。支配権の移動に関する決定はもっぱら株主にあり、標的会社の経営陣によって阻止もしくは防止されないこと（ノンフラストレーション・ルール）を確保するのが、テイクオーバー・コードの規制当局者の重要な関心であるのに対し、反テイクオーバー法では、支配権の移動に関する決定権限は事実上経営陣にあり、株主の決定の自由が広く取り除かれていることからわかるように、望ましくない企業買収に対する（無限ではないにしても）包括的な防衛措置は、アメリカの企業の経営陣にゆだねられている。

　規制の方法をみると、両国の企業買収制度における第三の主要な違いは、イギリスが最初から効果的に機能した自主規制を設けたのに対し、アメリカでは、ヨーロッパ大陸でも優勢になったように、ウイリアムズ法によって国家の介入を伴う企業買収法が選ばれたことにある。それぞれ別々に分類される、公開買付の承認もしくは拒否に係る決定権限のもとでは、イギリスの場合、実際のと

---

[25] R. H. SCHMIDT, Anlegerschutz und die rechtliche Regelung von Übernahmeangeboten, in : Boettcher u.a. (Hrsg.), Jahrbuch für Neue Politische Ökonomie, Bd. 6, 1987, 180 ff.

ころ裁判手続は事実上重要ではないのに対し，敵対的企業買収の過程において戦術的な動機を伴うアメリカの場合には，訴訟が提起されることが通常になる。

　このような根本的な観念上の違いからわかることは，しばしば聞き及んだこととは異なるが，国際的に統一された「アングロ＝アメリカ型」の特徴をもつ企業買収の規制モデルではなく，二つの相違する規制モデルが併存していることが重要であることである。日本は，（従来）アメリカ型のモデルを選んできたのに対し，（共同体法のレベルでも同様に）ドイツが企業買収法を制定するに際しては，イギリス型のモデルに模範的要素が見出されたのである。

第4節　法の移植としての企業買収法

1　EUとドイツの経験

(1)　企業買収指令

　企業買収法の分野において共同体法に基づく調整の努力の発端には，欧州委員会の依頼に基づきイギリスの会社法学者であるロバート・ペニングトン（Robert R. Pennington）によって作成された，1974年の比較法に基づく鑑定書がある。この鑑定書が，とりわけ企業結合形成の保護の手段としての義務的公開買付を共同体に提案する，テイクオーバー・コードの中心的な要素の一つであった[26]。このことから，翌30年以上に及ぶヨーロッパの議論の核心にイギリスの特色がみられたのである。これに対し，イギリスの場合と異なり，ドイツの企業結合法は，アメリカ型モデルと同様に，大量保有，企業結合およびピラミッド形成の特徴を有するヨーロッパ大陸の企業風土にとって，まさに有力な解決策を提示するにもかかわらず，機能的な代替手法として認められたわけではなかった。ドイツの企業買収法（WpÜG）に係る準備作業やその内容の形成についても，待ち望んだ企業買収指令の背景には，主としてイギリス型モデルが指向されたのである[27]。

---

[26]　„Übernahmeangebote und andere Angebote", EG-Komm. Dok. XI/56/74-DE. この資料は，FLEISCHER/KALSS, Das neue Wertpapiererwerbs- und Übernahmegesetz (2002) 831 ff. に所収されている。これについては，BEHRENS, ZGR 1975, 433 ff.

[27]　その概要は，BAUM, Takeover Law in the EU and Germany – Comparative Analysis of a Regulatory Model, University of Tokyo Journal of Law and Politics 3 (2006) 60 ff.

30年以上に及ぶ議論と，幾度も失敗した計画の後，企業買収指令は，最終的に2004年に選択モデルの形式での妥協の産物として発効した[28]。その最も重要な目標は，支配権の取得を背景に公開買付の対象である標的会社につき，当該会社の有価証券の保有者を平等に取り扱うことを保証することにある（企業買収指令3条1項a）。取得者（買付者）は，議決権が付されたすべての未取得の有価証券に対して義務的公開買付を表明し，その場合，事前取得価格もしくは同時取得価格を下回ってはならない反対給付を提供する必要がある（企業買収指令5条1項および3項）。これによって，少数派株主の退出権（Ausstiegsrecht）と，支配権プレミアムが生じる場合には当該プレミアムへの参加が保証されるのである。さらに，さまざまな情報提供の期間，公告期間および最低限の期間から，少数派株主には，情報提供を受けた販売圧力のない決定が可能にされる。企業買収指令は，支配権を指向した種々の規定から，前述されたイギリス型モデルに従っているが，加盟国での国内法化を考慮すると，重要な項目では少なくとも事実上，イギリス型モデルとは異なっている部分がある。

すなわち，原則として買付申入れ義務に基づき買収価格を増加させる，企業買収の阻害効果に対抗する機能的に重要な手段として，イギリスの企業買収法には，すでに言及された厳格な妨害行為の禁止（Vereitelungsverbot）が定められる。これは，企業買収の計画に直面して，株主が同時に明示的に合意することなく，買収を阻止もしくは防止する措置を講じることが標的会社の経営陣に禁止されるものである。これによって，イギリスでは，買付者は，費用をつり上げる防衛措置を考慮する必要がなくなり，原則として企業買収を促進する効果がもたらされる[29]。それゆえ，イギリスの敵対的企業買収の成功の割合が，アメリカの場合と比べてほぼ2倍程度高いことは不思議なことではない[30]。

たしかに企業買収指令9条2項および3項にも，同様の妨害行為の禁止が定められるとともに，この禁止は，さらにブレークスルー・ルール（Durchgriffsregel）によっても補足される。当該ルールは，一定の要件のもと，標的会社の有価証券に係る譲渡制限，議決権の制限および役員の派遣権（Entsenderechte）

---

[28] Richtlinie 2004/25/EG des Europäischen Parlaments und des Rates vom 21. April 2004 betreffend Übernahmeangebote, ABl. EG vom 30. 4. 2004 Nr. L 142, 12.
[29] イギリスの企業買収法の特色については，BAUM, RIW 2003 (Fn. 21).
[30] イギリスの47％に対してアメリカの27,8％。Vgl. ROWOLDT/STARKE, Abwehrmaßnahmen, Erfolgswahrscheinlichkeit und Übernahmeprämien, Corporate Finance 5/2014, 209, 216.

の効力が生じないとするものであるが（11条2項，3項および4項），12条1項所定の選択モデルによれば，各加盟国には，妨害行為の禁止および／もしくはブレークスルー・ルールを国内法化しない権利がある（オプト・アウト）。その場合，各加盟国は，自国の領土内に所在地がある会社に限り，当該会社が任意に企業買収指令の制限に服する旨の選択の可能性（撤回することも可能である）を認めなければならない（オプト・イン：企業買収指令12条2項）。さらに企業買収指令12条3項によれば，各加盟国には，企業買収指令の制限に服する会社に対し，当該会社が企業買収指令に従わない買付者による企業買収計画の対象である場合には，当該制限に服することを免除する可能性が設けられる（互恵主義の原則；Reziprozitätsregel）。

2007年2月に公表された，企業買収指令の国内法化に関する欧州委員会の報告書によると，ほぼすべての加盟国が（ドイツも同様に）ブレークスルー・ルールを適用しない可能性が示された[31]。さらに，マルタ共和国を除き，すでに従前から中立性原則（Neutralitätsgebot）を定めなかった加盟国では，国内法化の過程において当該原則を新たに導入している。すでに従前から経営陣の中立義務を前提とした加盟国のうち，若干の加盟国では互恵主義の原則の導入によって制限を設けた一方，他の加盟国では，防衛措置を講じるための経営陣の権限すら強化している。また，さまざまなヨーロッパ大陸諸国で確立された手法であるが，期待されなかった企業買収への保護策のために複数議決権を維持することに関心があった経営者および労働組合のロビイストの意思が，産業政策や国家主義を志向した政治家と一緒になって，押し通されることになった。

この調査結果は，企業買収指令を通じて，企業，投資家およびヨーロッパ経済全体にポジティブな効果を与える，ヨーロッパの企業買収の簡易化という欧州委員会の意図と基本的に矛盾するものである。そのため，欧州委員会は，交渉の期間中，選択モデルの政治的妥協にも反対を表明した。そのなかで，欧州委員会は，企業買収指令の国内法化の結果，企業買収の障害の数が減少する代わりに，むしろ企業買収が増加する危険性があるのではないかとの懸念を表明している[32]。

---

31) COMMISSION OF THE EUROPEAN COMMUNITIES, Report on the Implementation of the Directive on Takeover Bids, Commission Staff Working Document, SEC (2007) 268, 21. 2. 2007.

32) COMMISSION OF THE EUROPEAN COMMUNITIES (Fn. 31)；企業買収指令の考え方について批判的な見解として，たとえば DAVIES/SCHUSTER/VAN DE WALLE DE GHELCKE, The

企業買収指令は，もともと遅くとも2013年までに改定されなければならないものであった（企業買収指令20条）。しかしながら，公表された2012年の報告書では，欧州委員会は，（新たなメンバーで，かつヨーロッパでの法政策的議論を完全に収束させることで）本質的に改正する必要がないために，さしあたり，企業買収指令の改正を見合わせるという意外な結果をたどる[33]。単に付随的な若干の非立法的措置に限り，勧告されたにすぎない[34]。したがって，企業買収指令とその国内法化の中心的課題は依然として残存し[35]，企業や各国の首都のロビイストの意思が，EUの新たな企業買収のための効率的な市場に不利な形で押し通されたのである[36]。

(2) ドイツの企業買収法（WpÜG）

洗練された義務的公開買付のルールと厳格な中立性原則の欠如という，この組み合わせによる機能障害の一例が，ドイツの企業買収法である。ドイツの企業買収法は，たんに宣言的（deklaratorisch）にイギリス型モデルを指向するにすぎず，実質的に指向するものではない。たしかに企業買収法33条1項1文には，原則的な妨害行為の禁止が定められているが，議会の立法手続の過程では，当該禁止が（警告的な意見を無視して[37]）二つの法律要件の例外を設けて非常に希釈化された結果，これまで未解決の前例があったとしても，事実上機能し

Takeover Directive as a Protectionist Tool? ECGI Working Paper in Law No. 141/2010 ; ENRIQUES, European Takeover Law : The Case for a Neutral Approach, UCD Working Papers in Law, Criminology & Socio-Legal Studies Research Paper No. 24/2010; GATTI, Optionality Arrangements and Reciprocity in the European Takeover Directive, European Business Organization Law Review 2005, 553 ff. ; RICKFORD, The Emerging European Takeover Law from a British Perspective, European Business Law Review 2004, 1379, 1421 ; BERGLÖF/BURKART, European Take-over Regulation, Economic Policy 36（2003）171 ff.

33) EUROPÄISCHE KOMMISSION, Bericht der Kommission an das Europäische Parlament, den Rat, den Europäischen Wirtschafts- und Sozialausschuss und den Ausschuss der Regionen. Anwendung der Richtlinie 2004/25/EG betreffend Übernahmeangebote, COM（2012）347 final, 28. 6. 2012.

34) それゆえ，欧州証券市場監督局（ESMA）が，たとえば協調行動（acting in concert）の問題となる規制に関して，この概念に含まれない行為態様のリストを公表した（ESMA, Öffentliche Verlautbarung ESMA/2013/1642 vom 12. 11. 2013をみよ）。

35) HOPT, European Takeover Reform of 2012/2013 – Time to Re-examine the Mandatory Bid, European Organisation Law Review 15（2014）143 ff. の批判的分析をみよ。

36) HOPT, Editorial, Europäische Zeitschrift für Wirtschaftsrecht 2014, 402.

37) たとえばすでに早くから存在した，HOPT, Aktionärskreis und Vorstandsneutralität, ZGR 22（1993）534 ff. の見解。

ない危険性が残されている。企業買収法33条2項に基づく公開買付申入れを阻止する総会授権決議（Vorratsbeschlüssen）の承認が疑わしい場合のほか，現在の企業買収計画に関して防衛措置が認められるのは，監査役会の同意がある場合にすぎない（したがって，株主の同意はなくてもよい。企業買収法33条1項2文）[38]。これは，事実上，ドイツの企業買収法上の，イギリス型規制モデルとアメリカ型規制モデルの企業買収に逆行する要素の組み合わせであって，イギリス型モデルの規制の厳格さを機能的に補完する主要な要素がドイツ法に存在しないことを示すものである[39]。

さらに，テイクオーバー・コードの自主規制に基づく成功の秘密の本質をなす，形式ばらないこと（Informalität），迅速であること（Geschwindigkeit），実務を指向しかつ事実上裁判の対象にならないこと，という性質を，ドイツの実体法や規則に移植することはできなかった。むしろ，企業買収法の施行以降，ドイツでは企業買収に関して，企業買収があまりにも多くの費用と時間を要する裁判手続になったことは，あまり意外なことではない[40]。さらに，透明性や期限に係る規制のすべてがいっそう費用を増加させる効果を有すること，および企業買収の実施に調査費用およびその他の費用を要することが，潜在的な買付者に対しそのインセンティブを減少させることも，併せて考慮されなければならない。

ドイツという金融立地の競争力を強化する目的のために，信頼できる透明な企業買収に係る法律の枠組みを設けることが，原則として歓迎されうることは自明であっても，総じれば（per saldo），ドイツの株式市場における企業買収法の相当な制限的効果は，問題であるように思われる。現在の規制は，いずれ

---

38) 批判的な見解として，HOPT, Grundsatz und Praxisprobleme nach dem Wertpapiererwerbs- und Übernahmegesetz, ZHR 166 (2002) 383, 427 („deutscher Sündenfall") ; WINTER/HARBARTH, Verhaltenspflichten von Vorstand und Aufsichtsrat der Zielgesellschaft bei feindlichen Übernahmeangeboten nach dem WpÜG, ZIP 2002, 1 ff. ; KIRCHNER/PAINTER, Takeover Defenses Under Delaware Law, the Proposed Thirteenth EU Directive and the New German Takeover Law, Am.J.Comp.L. 50 (2002) 451 ff. ; MÜLBERT/BIRKE, Das übernahmerechtliche Behinderungsverbot, WM 2000, 705 ff.

39) これについて，批判的な見解として，GORDON, Das neue deutsche „Anti"-Übernahmegesetz aus amerikanischer Perspektive, AG 2002, 670 ff.

40) これについては，BAUM, Protection of Third-Party Interests Under German Takeover Law, in : Tison et al (Hrsg.), Perspectives in Company Law and Financial Regulation: Essays in Honour of Eddy Wymeersch (2009) 397 ff. ; POHLMANN, Rechtsschutz der Aktionäre der Zielgesellschaft im Wertpapiererwerbs- und Übernahmeverfahren, ZGR 36 (2007) 1 ff.

にしても，全体として，立法理由書に掲げられた「企業買収の一方的困難を回避する」[41]という目標の一部に合致しないし，ドイツの立法者もまた，少なくとも買付申入れ義務および希釈化された妨害行為の禁止に係る具体的な内容の形成に関して，繰り返し正当化根拠として掲げられた「国際標準」に依拠したわけではない。むしろ，またしても，法の移植として外国の法制度を導入することに伴う問題が生じたのである。さらに，企業買収に逆行する規制枠組みを広く強化したことで，必然的に非常に批判を受けた2008年8月のリスク制限法[42]が求められることになった。本法は，実質的な必要性よりもむしろ，時代思潮の影響を受けていたように思われる。

2 日本の動向

(1) 法的枠組み

日本は，ドイツの企業買収法のような固有の企業買収法を有しない[43]。1971年にはじめて，主として公開買付申入れの表明に関する買付者の行為義務を定めた手続法上の諸規制だけが，当初は原初的な形式において証券取引法（Wertpapierbörsen- und Wertpapierhandelsgesetz）[44]に規定されたにすぎない。証券取引法は，1948年に日本に駐留した連合軍の影響のもと，アメリカの1933年証券法と1934年の証券取引所法に直接依拠して制定されたものである。企業買収法の規定は，1990年に抜本的に改正されかつ強化されたが，これは，1980年代後半のゆすり目的による一連の敵対的企業買収計画もしくは株式の大量取得の結果でもあった[45]。アメリカ型モデルを指向することは依然として存在している。1990年の改正の結果，日本の企業買収法の規制は，とくに適用可能性の要件をみると，今日では，もともと模範になったウイリアムズ法の諸規制よりも

---

41) BegrRegE BT-Drucks 14/7034, 27.
42) Gesetz zur Begrenzung der mit Finanzinvestitionen verbundenen Risiken, BGBl. I 2008, 1666；その批判については，以下の脚注74。現在の問題提起に関する概要については，KÄMMERER/VEIL (Hrsg.), Übernahme- und Kapitalmarktrecht in der Reformdiskussion (2013) にある。
43) 日本の企業買収法の詳細については，BAUM/SAITO, Übernahmerecht, in：Baum/Bälz (Hrsg.), Handbuch Japanisches Handels- und Wirtschaftsrecht (2011) 317 ff.；さらに，COLCERA (Fn. 3) 137 ff.
44) Shōken torihiki-hō, Gesetz Nr. 25/1948.
45) これについては，BAUM, Marktzugang und Unternehmenserwerb in Japan (1995) 96 ff.

実質的に異なるものであり，より機能的に内容が形成されている[46]。

2006年の日本の資本市場法の包括的な改正以降，企業買収法の規定は，現在のところ「金融商品取引法（Finanzprodukte- und Börsengesetz; FBG）」にある[47]。さらに，これを補充する規則が付け加わる。企業買収法との接点は，日本では，アメリカと同様に，イギリスの企業買収制度に置かれた支配権の移動と取得ではなく，公開買付の申入れの表明にある。もっとも，2006年の改正の過程では，一種の義務的公開買付として，株主の持分保有が議決権付株式の3分の2の上限を超過する場合について実質的に株主に対する全株買付権（Auskaufsrecht）が導入された（金融商品取引法27条の13第4項）[48]。

(2) **防衛措置**

金融商品取引法には，例外を無視すると，企業買収における経営陣の権利および義務に係る特別の規制が設けられていない。当該経営陣は，金融商品取引法によれば，中立義務を負わされることもないし，金融商品取引法が，個々の防衛措置を許容しかつ限界を設ける規定を置くこともない。唯一の例外が，金融商品取引法27条の10第1項である。これによれば，標的会社の経営陣は，公開買付の申入れに対し意見を表明する義務を負う。この場合，当該経営陣には，現在のところ買付者に質問事項を提出する可能性もあり，その回答に対して，経営陣は理由を記載して公開買付を拒否することができる。

したがって，日本において防衛措置が認められるには，まず，純粋に会社法に基づいて判断される必要がある[49]。関係する法律の規制が一般に存在する限り，防衛措置には株式法の性質がある。2005年に日本の会社法が包括的に改正されて以降，株式法は，組織再編法（Umwandlungsrecht）とともに，会社法（GesG）として新たな固有の規制が設けられた[50]。会社法109条は，少なくとも上場会

---

46) これについては，B<small>AUM</small>, Der Markt für Unternehmen und die Regelung von öffentlichen Übernahmeangeboten in Japan, AG 1996, 399 ff.
47) Kin'yū shōhin torihiki-hō, Gesetz Nr. 65/2006 ; 直接に関係する規定が，金融商品取引法27条の2ないし27条の22である。大株主に対する届出義務を規制するのが，金融商品取引法27条の23ないし27条の30である。
48) これについては，B<small>AUM</small>/S<small>AITO</small> (Fn. 43) 354 f.
49) その詳細な概要については，B<small>AUM</small>/S<small>AITO</small> (Fn. 43) 360 ff.
50) Kaisha-hō, Gesetz Nr. 86/2005 ; 改正の概要については，T<small>AKAHASHI</small>/S<small>HIMIZU</small>, The Future of Japanese Corporate Governance: The 2005 Reform, ZJapanR/J.Japan.L. 19 (2005) 35 ff. ; T<small>AKAHASHI</small>/S<small>AKAMOTO</small>, Practical Experiences with the New Japanese Company Code, ZJapanR/J.Japan.L. 23 (2007) 41 ff. ; D<small>ERNAUER</small>, Die japanische Gesell-

社に属する公開会社に対し，その株主をそれぞれの株式の種類に応じて平等に取り扱うよう義務づけるが，この規定から経営陣の一般的な中立義務が導き出されないことは明白である。

　日本の資本市場法も，会社法も，これまで企業支配権に係る活発な市場の発展を妨げたが，期待されなかった企業買収に対して必ずしも経営陣が予防的に講じる特別の防衛戦略までを妨げるものではない。企業買収の開始後にはじめて開始される適時の防衛措置に関しても，日本では，これまで厳格な「ノンフラストレーション・ルール」が確立されなかった。しかし，新たな裁判所の判決では，少なくとも経営陣が新株引受権を排除した形で (unter Bezugsrechtsausschluß)，かつ株主の同意なく，株式もしくは新株予約権を発行することで株主構成を決定できるかどうかという問題が生じた。

　過去，日本の判例上，この株主構成の決定は，少なくとも新株もしくは新株予約権の発行が特定の株主の持株割合を希釈化するほか，なお別の経営上の目的がありうる場合で（いわゆる主要目的ルール），かつその発行が市場に適合する価格で行われた場合には，許されるものとみなされた[51]。これによって，標的会社の経営陣には，期待されなかった企業買収の場合，大幅な自由が認められたのである。裁判所が，新株発行の名目上の主要目的に関して明白な保護の主張を信頼することもいとわなかったので，経営陣は，支配権市場を通じてもっとも広範に，企業に拘束された資源の効率的再配分を任意に妨げることができた[52]。冒頭で言及された2005年のライブドアによるニッポン放送の企業買収計画の過程では，既存株主を考慮せず，選定された特定の第三者に対して新株予約権を発行することが防衛措置として争われた。仮処分手続において，東京地

---

schaftsrechtsreform 2005/2006, ZJapanR/J.Japan.L. 20 (2005) 123 ff.

[51] Vgl. DG Tokyo v. 2.12.1988, Hanrei Jihō Nr. 1302 (1988), 146 ff. (*Takahashi* vs. *Miyairi Barubu I*); DG Tokyo v. 5.9.1989, Shōji Hōmu 1193 (1989), 41 ff. (*Takahashi* vs. *Miyairi Barubu II*); DG Tokyo v. 25.7.1989, Shōji Hōmu Nr. 1190 (1989), 93 f. (*Shūwa* vs. *Chūjitsuya*) bzw. 96 f. (*Shūwa* vs. *Inageya*); DG Osaka v. 22.6.1990 u. v. 12.7.1990, Kinyū Shōji Hanrei Nr. 851 (1990), 39 ff. (*Karorina u.a.* vs. *Zeneraru*); DG Kyoto v. 5.8.1992, Hanrei Jihō Nr. 1440 (1992), 132 ff.; DG Kobe v. 24.2.1993, Hanrei Jihō Nr. 1462 (1993), 151 ff.; DG Tokyo v. 1.6.2004, Hanrei Jihō Nr. 1873 (2004), 159 f. (*Matsuoka* vs. *Miyairi Barubu III*); これについては，Takahashi (Fn. 3) 73 ff.; Kozuka (Fn. 2) 10 ff.

[52] その一例が議論の余地がある次の判決である。すなわち，OG Tokyo v. 1.8.2004, Kinyū Shōji Hanrei Nr. 1201 (2004), 1 ff. (*CSK* vs. *Bell System 24*); これについて，懐疑的な見解として，Whittaker/ Hayakawa (Fn. 2) 7.

方裁判所は新株予約権の発行を禁止したが，東京地方裁判所の他の民事部と，これに引き続き控訴審である東京高等裁判所についても，この禁止を容認した[53)]。たしかに東京地方裁判所は，引き続き形式的に「主要目的ルール」を適用したとはいえ，実質的には株主と経営陣との間における会社内部での権限の調整が問題であった。しばらくして，若干の裁判所でも同様に，予防的に講じられた防衛措置の許容性をめぐる紛争において，既存株主が譲渡できない独占的な新株予約権を受け取ることになる「ライツプラン（rights plan）」のモデルに従って論証が行われた[54)]。これらの判決は，中立義務の確立に向けた最初の措置として解釈されうるものであろう。

同様の観点からとくに関心があるのは，防衛措置の許容性の解明が重要であった2005年の企業買収法の強化に際しても，日本が改めてアメリカを指向したことである。

この動向を背景に，日本の産業団体である日本経団連が，国内外の投資会社（Beteiligungsgesellschaften）の企業買収活動の結果として，さしあたり規制緩和と市場開放を指向していた政策を変更し，かつ過小評価された日本の多数の企業を考慮して，十分に信頼できる防衛措置を確立することを支持したことがあった。なぜなら，立法者が，今日まで，このような事態につき自身に課された義務を果たさなかったからである。この論拠は，外国の投資会社への懸念が重視された，リスク制限法を背景とする2007年度ないし2008年度のドイツの政治的議論に類似している[55)]。しかし，日本の場合，もともとの問題は，むしろ

---

53) DG Tokyo v. 11.3.2005, Hanrei Taimuzu Nr. 1173 (2005), 143 ; DG Tokyo v. 16.3. 2005, Hanrei Taimuzu Nr. 1173 (2005), 140 ; OG Tokyo v. 23.3.2005, Hanrei Jihō Nr. 1899 (2005), 56 ; 英語の翻訳版として，TAKAHASHI/SAKAMOTO, ZJapanR/J.Japan.L. 21 (2006), 231, 232 ff. ; これについては，TAKAHASHI (Fn. 3) 77 f. ; WHITTAKER/HAYAKAWA (Fn. 2) 8 ff. ; KOZUKA (Fn. 2) 12 ff. ; YANAGA, Use of Share Options as Anti-Takeover Measure in Japan, ZJapanR/J.Japan.L. 25 (2008) 63 ff. ; KAMIYA/ITO, Corporate Governance at the Coalface : Comparing Japan's Complex Case Law on Hostile Takeovers and Defensive Measures, in: Nottage/Wolff/Anderson (Hrsg.), Corporate Governance in the 21st Century : Japan's Gradual Transformation (2008) 178 ff.

54) DG Tokyo v. 1.6. 2005, Hanrei Taimuzu Nr. 1186 (2005), 274 (*SFP* vs. *Nireko*) ; DG Tokyo v. 9.6. 2005, Hanrei Taimuzu Nr. 1186 (2005), 265 ; OG Tokyo v. 15.6.2005, Hanrei Taimuzu Nr. 1186 (2005), 254 = Hanrei Jihō Nr. 1900 (2005), 156 ; 英語の翻訳版として，TAKAHASHI/SAKAMOTO, ZJapanR/J.Japan.L. 21 (2006) 231, 236 ff. ; SHIMIZU/IGI, Pacific Rim Law & Policy Journal 16 (2005) 613 ff.

55) もっとも，その後すぐに発生した金融危機の過程では，国内の銀行を支援するための資金に関して，突然，大いに歓迎される事態になった。

会社法に基づき許容される防衛措置を目的とした手段を設けることが，企業買収法上，どのような要件のもとで認められるのかにつき，十分な数の裁判所の判決を欠くために，（いまだ）十分に解明されていないことにあった。

この理由から，国内企業の利益の擁護者であると理解された日本の経済産業省により，2004年秋に企業価値研究会 (Corporate Value Study Group) といわれる作業グループが創設された。法務省についても，形式上はその後にはじめて一緒に取り組むようになった。作業グループの任務は，防衛措置の規制に係る提案を展開することにあり，2005年5月に当該グループによって第一次報告書が提示された[56]。その報告書に基づき，経済産業省および法務省は，2005年5月27日に，裁判にも耐えられる，許容される防衛措置の内容を含む指針を定めた手引き (Empfehlungen) を公表した[57]。その手引きは，アメリカ法，具体的にはアメリカの実務上重要なデラウェア州の裁判所の判例を指向するものである。これにより，関係するデラウェアの法（判例法）がいわば法の移植として日本に輸入された[58]。

アンケート調査によれば，2008年5月には，日本の取引所に上場された全部で約3,900社に及ぶ企業のうち，すでに500社以上が（主として株主総会の同意をもって）アメリカの「ポイズン・ピル」をモデルとした防衛措置を設け，企業買収に対する備えを講じていた。もっとも，経済産業省に設置された研究機関の調査によれば，防衛措置を導入した企業の時価（取引所相場）は，（あまり意外なことではないが）ネガティブに反応したし，2008年2月の調査結果では，「ポイズン・ピルによる防衛措置を表明することは大幅に株主の財産を減じる」[59]ことが明確になった。

許容される防衛措置を設けるための経済産業省と法務省の指針によれば，防衛措置は，以下の三つの要件を充足する必要がある。すなわち，(i)防衛措置が

---

[56] 報告書の英語版の要約が，ZJapanR/J.Japan.L. 21 (2006) 137 ff. に所収されている。2008年には，専門家グループが，広範な報告書において，予防的な防衛措置の許容性に係る厳格な基準に賛成の立場を表明したが，以下に掲げる経済産業省および法務省の指針を変更にするにはいたらなかった。詳細については，BAUM/SAITO (Fn. 43) 370 f.

[57] „Guidelines Regarding Takeover Defense for the Purpose of Protection and Enhancement of Corporate Value and Shareholders' Common Interest" という表題のもとでの英語版の翻訳は，ZJapanR/J.Japan.L. 21 (2006) 143 ff. に所収されている。これについては，BAUM/SAITO (Fn. 43) 366 ff.

[58] これについての詳細は，MILHAUPT (Fn. 2).

[59] ARIKAWA/MITSUSADA, The Adoption of Poison Pills and Managerial Entrenchment : Evidence from Japan. RIETI Discussion Paper Series No. 08-E-006, Februar 2008, S. 1.

「企業価値」および株主全体の利益を向上するものであること，(ii)防衛措置が公表され，かつ株主の意思を反映するものであること，(iii)防衛措置が潜在的危険との関係で必要かつ相当であること，である。中心となる「企業価値」の概念には，当該指針の公式の定義によれば，「株主の利益」に資する，「財産，収益力，財務的安定性，効率性，潜在的成長力等のような企業の属性」が含まれている。他方，その概念は厳密に区別できるものではない。解説によると，たとえば株主の利益だけでなく，明示的にステークホルダーの利益も含まれるからである。このことは，何が決定的な基準であるのかという問題を生じさせるが[60]，手引きによれば，株主総会が防衛措置に同意したか，あるいは防衛措置が少なくともいつでも株主総会によって廃止されうるという形で株主の意思が考慮されている。

　手引きでは，事前に防衛措置を講じることが前提とされる。これは，少なくとも間接的であれ，疑義があるときに企業買収と同時に防衛措置を講じる場合，予防的に防衛措置を講じる場合よりも厳格な基準を適用することを認識させたライブドア対ニッポン放送の判決の趣旨にも合致する。もっとも実質的には，この論証は，あまり有力な見解ではないように思われる。まさに予防的な防衛措置の場合，株主が早急に自分の固有の利益に反して防衛措置に同意し，株主にとって潜在的に有利な公開買付の申入れの表明を困難にする危険性があるからである。

　このような法的環境に直面すると，ますます急速に予防的な防衛措置を講じることが徹底するだけである。日本の実務では，とりわけ買付者を排除して既存株主に対し新株予約権を発行する形態の防衛措置が実施された。その大半は，まず一度，時間と買付者の意図に関する情報の確保が問題となり，この確保が満足させられる状況にない場合にはじめて，事前の防衛措置が開始され，その場合には買付者が経済的補償（finanziellen Ausgleich）を受けるという二段階モデルが好まれている[61]。

　この手引きは，2007年に，アメリカの投資ファンドであるスティール・パートナーズによる日本の食品製造会社であるブルドックソースの買収計画が失敗

---

60)　この意味において批判的な見解として，WHITTAKER/HAYAKAWA (Fn. 2) 13.
61)　詳細については，KANDA, Takeover Defenses and the Role Law : A Japanese Perspective, in : Tison et al (Hrsg.), Perspectives in Company Law and Financial Regulation : Essays in Honour of Eddy Wymeersch (2009) 413 ff.

した事件において，最初の審査に合格する必要があったが，もっとも，その結論については，せいぜい合否の定まらない状況でしかなかった。最高裁判所に達するまでの三つの下級審において，ブルドックソースによる新株予約権の発行が許されるものとみなされたが，この発行は，買付者を除く既存株主が，各株式につき反対給付なしに3個の新株予約権の発行を受ける権利を有したのに対し，スティール・パートナーズについては新株予約権が排除されて経済的補償を受けるにすぎないものであった[62]。本稿では，これ以上の詳細には立ち入らない[63]。

本判決は，日本での活発な学問的議論を呼び起こした[64]。個々の問題につき指針や裁判所が解明したとはいえ，新株予約権を発行した形式での防衛措置が許容される限界が，いまだ余すところなく解明されたわけではないという評価では，おそらく一致していよう。防衛措置を講じる決定権限，したがって，支配権の移動に関する決定権限が最終的に誰に帰属するのか（経営陣なのか，株主なのか，あるいは裁判所なのか）という重要な問題は，依然として確定的に解明されていないのである[65]。最近，再び増加したのが，裁判所が防衛措置に係る事件において株主総会の権限を強調したことへの（予想されなかった）反応として，経営陣がその議決権行使に頼らざるをえない協調株主の利益の存在である。

比較法的な観点からみれば，たしかに日本は，新株予約権の発行を利用することで，アメリカの「ライツプラン」のモデルに従った制度を設ける可能性を作り出したが，日本には独立の役員（Organmitglieder）がいないとされることから，独立の監督者（Kontrolleure）による必要な審査を欠くことが問題視されていた[66]。実際，東京証券取引所の調査結果によれば，2007年には，証券取

---

[62] DG Tokyo v. 28.6.2007, Shōji Hōmu Nr. 1805 (2007), 43; OG Tokyo v. 9.7.2007, Shōji Hōmu Nr. 1806 (2007), 40; OGH v. 7.8.2007, Shōji Hōmu Nr. 1809 (2007), 16 = Hanrei Jihō Nr. 1983 (2007), 56；英語の翻訳版については，TAKAHASHI/SAKAMOTO, ZJapanR/J.Japan.L. 25 (2008) 221 ff.

[63] 本件についての詳細は，BUCHANAN/CHAI/DEAKIN (Fn. 4) 212 ff.; HANSEN, Japan's First Poison Pill Case, Bulldog Sauce v. Steel Partners : A Comparative and Institutional Analysis, ZJapanR/J.Japan.L. 26 (2008) 139 ff.; さらに，YANAGA (Fn. 53) 63 ff.; BAUM/SAITO (Fn. 43) 368 ff.

[64] 次の文献を参照，YANAGA (Fn. 53) 63 ff. m.w.N.

[65] KANDA (Fn. 61); DERS., Does Corporate Law Really Matter in Hostile Takeovers?, Colum. Bus. L. Rev. 2004, 67, 74.

[66] KAMIYA/ITO (Fn. 53); GILSON, The Poison Pill in Japan: The Missing

引所に上場された企業の42％に限り，社外役員（社外取締役）が存在し，その場合であっても平均して2名しかいなかったのである[67]。前述した王子製紙対北越製紙の企業買収計画の失敗は，社外役員が不足していたことをはっきりと裏付けた。2014年ないし2015年の会社法の改正では，集中的に議論された後，最終的に立法レベルにおいて，このテーマが取り上げられず，むしろ，経済界出身のロビイストの意見が改めて押し通された。しかし，いずれにしても，東京証券取引所の上場規則や2015年6月1日付の日本版コーポレート・ガバナンス・コードは，現在，上場企業に対し，少なくとも「遵守せよ，さもなくば，説明せよ（comply or explain）」を基礎に，最低2名の独立の取締役がいる取締役会（Verwaltungsrat）を規定している[68]。

第二の批判は，会社法の規制は技術的性質しかもたず，裁判所が指向できるような実質的な基準を定めなかったことから，日本の裁判所に法律上の基準が欠けていたことである[69]。スティール・パートナーズとブルドックソースとの間での企業買収の争いの過程で控訴審である東京高等裁判所が下した決定では，この懸念が間違ったものではないことが示された。高等裁判所は，スティール・パートナーズが短期的な利回りを指向した投資ファンドであり，したがって，標的会社の長期的な経営に対して関心のない「濫用的買収者」であるので，企業価値および株主全体の利益が毀損されているものとみなしたからである。他方，外部からのコーポレート・ガバナンスを考慮すると，利回りを指向した機関投資家「だけ」を，過剰に蓄えた利益の配当を得ようと求める「濫用的買収者」として資格を奪うのは，あまり説得力があるようには思えない[70]。イギリスの企業買収法と異なり，なぜ，一般にポイズン・ピルが許容されるべきかという根本的な問題は，明らかな限りでは，必ずしも日本の裁判所によって問題視されていない。

Infrastructure, Colum. Bus. L. Rev. 2004, 21, 41 f.
[67] TOKYO STOCK EXCHANGE (Hrsg.), White Paper of Corporate Governance, 2007, 15.
[68] これに関する議論につき，包括的な文献として，GOTO/KOZUKA/MATSUNAKA, Japan's Long Resistance to Independent Directors, in: Baum/Kozuka/Nottage/Puchniak (Hrsg.), Independent Directors in Asia（2016年刊行に向けて準備中）。
[69] GILSON (Fn. 66) 42.
[70] スティール・パートナーズは，たとえば2003年に失敗した2件の企業買収計画によって，いずれにしても，標的会社であるユシロ化学工業とソトーが長期的に剰余金の支払を10倍もしくは15倍に増額することを達成した。ヘッジファンドの成果については，BUCHANAN/CHAI/DEAKIN (Fn. 4) 205 ff. をみよ。

全体として懸念されるのは，法の移植としての「日本版ポイズン・ピル」が，これまでアメリカよりもあまり広く発展しなかった制度環境において十分に統制を受けず，その結果として，とりわけ現職の経営陣の強力な防御策でありうるということである[71]。一例として，2006年に新日鐵住金が導入した買収防衛策があげられる。この防衛策は，形式的には指針の基準を充たすものであるが，事実上，ほぼ当該企業を買収できない防衛策である[72]。

第5節　規制当局識者の思い上がり

防衛措置に係る日本の公官庁による手引きの基礎にある「企業価値（corporate value)」の考え方の背後には，規範を創設する者（Normsetzer）に，価値を高める企業買収と価値を引き下げる企業買収との間での確実な区別が事前に（ex ante）かつ抽象的に（in abstracto）可能であるとの理念が存在する。言及された2008年8月のリスク制限法につき，法定の枠条件を設けようとしたのは，「効率性を向上させる効果的な金融取引もしくは企業取引を侵害することなく，同時に経済全体から期待されない金融投資家（Finanzinvestoren）の活動を困難にさせる」[73]ためであると理由づけたドイツの立法者も，同様である。これを受け入れることは非現実的であり，したがって，国家の無能ぶりがさらけ出されたといえよう[74]。

各企業買収の規制の中心にあるのは，株式の譲渡によって現実になる，買付者と標的会社の所有者との間での利益の最適な分配が決定されることである。獲得される利益を法的に配分することは，利益指向の買付者の活動に頼らざる

---

71) MILHAUPT (Fn. 2).
72) GIVENS, Corporate Governance and M&A, in : McAlinn (Hrsg.), Japanese Business Law (2007) 143, 166.
73) BegrRegE BT-Drucks 16/7438, 8.
74) リスク制限法の相応の考え方と目標の設定について批判的な見解として，BAUM, The Adverse Effects of Politically Induced Capital Markets Legislation on Corporate Governance : The German Takeover Act of 2001 and the "Risk Limitation Act" of 2008, Revue Trimestrielle de Droit Financier/Corporate Finance and Capital Markets Law Review 2009, 152 ff. ; FLEISCHER, Finanzinvestoren im ordnungspolitischen Gesamtgefüge von Aktien-, Bankaufsichts- und Kapitalmarktrecht, ZGR 2008, 185 ff. ; HELLWIG, Zur Problematik staatlicher Beschränkungen und der Beteiligung und der Einflußnahme von Investoren bei großen Unternehmen, ZHR 172 (2008) 768 ff. ; HOPT, Offene Märkte oder Abschottung?, in : FS von Rosen, 2008, 537 ff.

をえない支配権市場の機能の制度的保護と，投資活動の向上を目的とする信頼形成型の投資家保護に基づく株主個人の保護との間の緊張関係のなかで，インセンティブ効果を用いて同時に，両保護のバランスの位置をずらすことでもある。これらの保護が互いに逆行することで，各企業買収の規制が根本的なジレンマとして対立することがわかる。価値を創造する企業買収を阻止あるいは妨害することなく，規制を通じて，一般に価値を否定する企業買収を同時に禁止できるものと想定することは幻想であろう[75]。むしろ，企業買収法により強化される少数派株主の保護と，価格が高騰すれば（特別な利益を食い尽くす）「不適切な（schlechte）」取引も，（効率性を高める）「適切な（gute）」取引も生じうる企業買収の頻度（Häufigkeit）との間には，ネガティブな相関関係が存在している。典型的には，適切な取引の場合の利幅が不適切な取引の場合よりも小さいということになれば，おそらく（あまりにも）厳格な少数派株主の保護が，効率性を高める多数の企業買収を過剰に妨げているのであろう。

　これに対して，国際的に比較して日本の敵対的M&Aに係る市場には平均を上回る効率性が存在することからわかるように，日本のために弁解されることは，おそらく資源配分を目的とした敵対的企業買収の必要はないこと，また外部からのコーポレート・ガバナンスの手段としての敵対的企業買収のおそれすら必要ないということである[76]。周知のように，分散保有ではなく，支配権を有する株主が支配したことで，敵対的企業買収がうまく行かないような市場であっても，必ずしも実効性（erfolgreich）がないわけではない[77]。ただし，この論証に関して問題であると思われることは，日本には支配権を行使する株主ではなく，まさに支配権を行使しない協調的株主がいることである。この見解が，将来の成功のための鍵があまり期待された成果を上げない内部者（insider）指向的な伝統型構造を維持することにあると考えるならば，この見解に説得力があるとは思えない。

---

75) このことを強調する，BLACK, The First International Merger Wave (and the Fifth and last U.S. Wave), U.Miami L.Rev. 54 (2000) 799 ff. も同旨である。
76) PUCHNIAK (Fn. 8).
77) Ibid.

第6節　結　語

　ドイツの企業買収法にも日本の企業買収法にも，その中心には法の移植があり，それぞれ特有の歴史的前提もあり，またその一部については，外部から制御された発展の結果でもある。両国とも部分的に類似する構造をもった企業風土があるとはいえ，両国の企業買収法は，その経路依存的な（pfadabhängigen）発展の結果として原則的な規制モデルを指向している。大衆投資家と比較して十分に組織された経営者および従業員のグループは，日本と同様にドイツでも，グローバル経済という経済学上の切実な要求（Desiderata）に反して，それぞれの規範制定の手続のなかでとくに一部の者の利害関係を認めさせることに成功した。これにより，両国の企業買収法は，それぞれの規制モデルとの比較では，おそらく観念上は，政治的プロセスの進行中に希釈化された結果，次善の策として形成されたことになろう。日本の規範の創設者にも，ドイツの規範の創設者にも，価値を高める企業買収と価値を引き下げる企業買収との間において事前にかつ抽象的に確実な区別が可能であるという危険な思い込みがある。

ドイツ企業買収法について

泉田　栄一

第1節　序

　欧州レベルでの企業買収法の法典化の試みは，1974年のPennington草案まで遡るが，EU委員会の最初の買収申込に関する1989年1月19日付の指令案は厳格すぎたため加盟国の支持を受けることができず，規制を緩和した1996年1月8日の新提案も，2001年7月に，欧州議会において賛否同数で否決された[1]。そこで，EU委員会は，ハイレベルの会社法専門家グループ（委員長Winter）に作業を委託し，2002年1月19日に提出された同報告書に基づいて，2002年10月に新提案を提出したが，これもドイツ等の反対で拒否され，政治的妥協が成立したのは2003年11月27日であった。買収指令（Takeover Directive）[2]は，2004年5月20日に施行された。加盟国の実施締切期限は2006年5月20日で，それから5年後，EU委員会は必要なら指令の見直しをすることになっていたので（買収指令20条），委員会は12年6月に報告書を公表している[3]。

---

1) Holger Ulbricht, Abwehrmaßnahmen gegen feindliche Übernahmeversuche nach deutschen und englischem Recht, 2005, S.1f.
2) Richtline 2004/25/EG des Europäischen Parlaments und des Rate vom 21. April 2004 betreffend Übernahmeangebote (ABL.L.142/12 vom 30.4.2004, S.1). Dirk van Gerven (ed.), Common Legal Framework for Takeover Bids in Europe, Vol. I and II, 2008は，EU27カ国と欧州経済領域（EEA）3カ国の買収指令の実施状況を解説している。
3) European Commission, Report from the Commission to the European Parliament, the Council, the European Economic and Social Committee and the Committee of the Regions, Application of Directive 2004/25/EC on Takeover Bids, 28. 6. 2012 COM (2012) 347final. 制度は申し分なく機能しており，ステークホルダーは一般に満足しているが，五つの問題が現れているとする。第一に，指令2条1項dで定める「共同行為（acting in concert）」の定義が，国により異なり，法的不安定性が生じていること（この点は，2011年4月の「EUコーポレート・ガバナンス体制に関するグリーン・ペーパー」〔Green Paper on the EU Corporate Governance Framework, 4 April 2011, COM (2011) 164final.〕でも指摘されていた。第二に，指令4条5項が認める一般原則の例外規制が国によって異なること，第三に，全株に対する任意の申込後支配が取得されたときには，申込義務がないとする指令5条2項の規定は，公正な価格での義務的申込を

他方，ドイツでは長い間企業買収に関する規制は行われて来なかった。その理由は，90年代中頃まで企業買収は多くなかったこと，および，イギリスの例に倣って市場参加者による自主規制が好ましいと考えられたことによる。1979年に取引所専門委員会が作成した買収申込ガイドラインは，1995年に公開買収基準（97年に改正されている）に代えられた[4]。しかし，実務であまり知られておらず，制裁規定もなかったので資本市場の慣習にはならなかった[5]。ボーダフォンによるマンネスマン株式会社の被買収を契機に専門家委員会が設けられ，2000年6月には討議草案（Diskussionsentwurf），2001年3月には報告者草案（Referentenentwurf），同年7月には政府草案（Regierungsentwurf）が公表され，同年12月20日には「有価証券取得および買収に関する法律（Wertpapiererwerbs- und Übernahmegesetz：WpÜG。以下買収法という）」が制定された（BGBl. I. S. 3822.2002年1月1日施行）。そして上記指令を国内法化するため「買収申込に関する2004年4月21日の欧州議会および欧州理事会指令実施法」（BGBl2006 I. S. 142）が2006年7月13日に公布されたが，買収法の改正は，買収指令に従って必要なものに限定された（最小改正）[6]。

　　回避するために利用されていること，第四に，3カ国のみがブレークスルー・ルール（breakthrough rule）を国内法化しているので，成功していないこと，第五に，従業員代表は規制に不満を持っているということである。そこで，第一に，2012年10月には「共同行為」概念を明確にするための措置を取る予定であること，第二に，第二の問題については調査をして，必要なら，是正措置を取ること，第三に，上記第三の利用方法は指令の目的に反するので，加盟国との議論または委員会勧告を通して，適当な措置を取ること。第四に，上記第四の状態を変更する必要性はないので，そのままの状態を維持すること，そして，第五については，改善のため従業員代表と意見交換を行うことが指摘されている。Vgl. Steinmeyer, WpÜG, 3. Aufl., 2013, Einleitung Rn. 39.

4) 拙稿「〔資料集〕ドイツの株式等の公開買付けに関する規定」明大法科大学院論集第3号309頁以下，福島洋尚「ドイツにおける株式公開買付に対する会社法上の防衛措置」青山法学論集40巻3・4合併号131頁以下（1999年）参照のこと。

5) Buck-Heeb, Kapitalmarktrecht, 6. Aufl., 2013, §14 Rn618.

6) 拙稿「ドイツにおける公開買付指令の実施」国際商事法務35巻8号1054頁（2007年）参照。Vgl. Stephan F.Oppenhoff, Implementation of the European Takeover Directive in Gemany,in The European Takeover Directive and Its Implementation, 2009, p.311f., Steinmeyer, aaO (Fn 3), Einleitung,Rn11～18,Heidel (Hrsg.), Aktienrecht und Kapitalmarktrecht, 3. Aufl, 2011, WpÜG Einleitung Rn7. その後，2007年1月5日の透明性指令実施法（TUG）により，証券取引法22条の改正に従って買収法30条も相応の改正を受け（BGBl. I, S. 10），また，2008年8月のリスク上限制限法（Risikoobergrenzungsgesetz）により買収法30条2項が改正された（BGBl. I. S. 1666）。さらに，2009年7月の株主権指令実施法（Das Gesetz zur Umsetzung der Aktionärsrechterichtlinie (ARUG)）により16条4項が改正され（BGBl. I, S. 2479），2009年4月18日の第13外部経済法及び外部経済規則改正のための法律（Dreizehntes Gesetz zur Änderung des Außenwirt-

買収法は，組織された市場における取引の許可を受けている対象会社の有価証券の取得[7]に向けた公開申込を規制している（1条1項・2条1項）。同法の目的は，買収の促進でも阻止でもなく，連邦金融サービス監督機構（Bundesanstalt für Finanzdienstleistungsaufsicht，以下 BaFin と略称する）が監督する公正かつ秩序正しい手続を保証することである。かつまた，当該有価証券所持人及び従業員のために情報及び透明性を改良し，企業買収の場合の少数株主の法的地位を強化し，国際的に普通の基準を定めることである。したがって，買収法は，契約法上の特別規定を含んではいるものの，むしろ監督法，資本市場法および会社・コンツェルン法上の側面から構築されている[8]。すなわち，買収法は9章，68カ条から構成され，第1章総則は，適用範囲（1条），概念規定（2条）および一般原則（3条）を定めている。第2章は，BaFin の権限を定めている（4条から9条）。第3章から第5章は，申込に関する規定である。買収法は，申込を自発的申込（freiwillege Angebote）といわゆる義務的申込（mandatory bids, Pflichtangebote）に区別し，自発的申込は，対象会社に対する支配の獲得に向けられた申込（いわゆる買収申込〔takeover bids, Übernahmeangebote〕）とその他の申込（いわゆる単純な取得申込〔einfache Erwerbsangebote〕）とに区別している。義務的申込とは，支配が獲得された後に行われる申込である。買収指令は，支配を引き起こす議決権割合を特定しなかったが，買収法は，支配（control, die Kontrolle）を，対象会社における議決権の少なくとも30％の保有と定めている[9]（買収法29条2項）。単純な取得申込は，第3章有価証券取得の

schaftsgesetzes und der Außenwirtschaftsverordnung）により7条1項2文が追加されている（BGBl. I, S. 770）。他の法律の改正に伴い規制に変更が生じた個所もある。Steinmeyer, aaO（Fn　3），Einleitung, Rn20a～20f. 買収法施行規則は，WpÜG-Angebotsverordnung（以下「申込規則」と略称する），WpÜG-Anwendbarkeitsverordnung, WpÜG-Beiratsverordnung, WpÜG-Widerspruchsausschuss-Verordnung, WpÜG-Gebührenverordnung, WpÜG-BMV の六つから構成されている。

7) 市場で取得したか，市場外で取得したか，法の作用で取得したか，議決権があるかは，重要でない。上場会社の議決権比率が3％，5％，10％，15％，20％，25％，30％，50％，75％を上回るか下回るときには，発行者および BaFin に対し報告義務を負う（有価証券取引法21条）。

8) Steinmeyer, aaO（Fn　3），Einleitung Rn24-27.Grunewald/Schlitt,Einführung in das Kapitalmarktrecht, 3.Aufl., 2014, §17 I は，買収法を資本市場法と会社法の境界領域と位置付けている。

9) EU 加盟国では，支配を，ドイツと同じ，対象会社の議決権の30％以上とする国が最も多いが（イギリス，イタリア，オランダなど），規制はバラバラである。なお，日本証券経済研究所『ヨーロッパ M&A 制度研究会報告書』4頁注9（2010年）は，ドイツで30％基準が採用されたのは，株主総会の出席率が概ね60％以下であったことによると

申込（10条から28条）で規制され，買収申込は第4章（29条から34条）で規制され，義務的申込は第5章（35条から39条）で規制されている。買収法は，「積み木箱原則」（Baukastenprinzip）[10]を採用しており，第3章は，すべての申込の種類に適用される全規定を含んでいる。第3章の規定は，別段の規定がなければ，買収申込に適用され（34条），同様のことは第5章にも当てはまり，第3章および第4章の規定は，明確に排除されていない限りで，義務的申込に適用される（39条）。第5a章は，指令実施法により後から追加された章で，残存株主の締め出し権（right of squeeze out;Ausschluss）と株式売却権（right of sell out;Andienungsrecht）（39a条から39c条）を定めている。第6章手続（40条から47条）は，BaFinの調査権限（40条）とBaFinの処分に対する異議申立手続（41条）を定めている。第7章は上訴（48条から58条）を定め，第8章罰則（59条から65条）は，権利喪失（59条）と過料（60条）を定め，第9章は裁判管轄と経過規定（66条から68条）を定めている。

第2節　適用範囲と定義

1　原　則

　買収法は，対象会社が発行し，組織された市場における取引の許可を受けている有価証券の取得に向けた申込を規制している（買収法1条1項）。「対象会社」（offeree company; Zielgesellscaften）とは，ドイツ国内に住所を有する株式会社[11]（株式法1条1項）または株式合資会社（同278条）（買収法2条3項1号）とドイツ以外の欧州経済圏条約締約国[12]に住所を有する会社（同3項2号）である。「組織された市場」とは取引所法の意味のドイツ国内の取引所における規制市場と他の欧州経済圏条約締約国における金融市場指令（MiFID）4条1項14号の意味の規制市場を意味する（2条7項）。「有価証券」（securities; Wertpapiere）は，証券の有無を問わず，株式，株式に類する有価証券および株式に代わる証書等である（2条2項）。「申込」（takeover bit or bid;Angebote）

推測している。
10)　Steinmeyer, aaO（Fn　3），Einleitung Rn29.
11)　欧州会社も株式会社に含まれる。Steinmeyer, aaO（Fn　3），§2 Rn10.
12)　欧州経済圏とは，EU加盟国ならびに欧州経済圏条約締約国（すなわち，ノルウェー，アイスランド，リヒテンシュタイン）を含む。買収法2条8項。

とは，任意にまたは本法の義務に基づいて行われる，対象会社の発行する有価証券を取得するための公開の買入れまたは交換の申込である（2条1項）。「公開（öffentlich）」については，立法者は，可能な実体の多様性を考慮して，脱法を回避するため，意図的に定義規定を定めていない。「買収者」(offeror;Bieter)とは，単独で又は他の者と共同して申込を行い，申込を意図しまたは申込を義務付けられる自然人又法人である（2条4項）。「共同行為者（persons acting in concert; Gemeinsam handelnde Personen）」とは，対象会社の有価証券の取得または対象会社の株式に基づく議決権の行使に関するその者の行為を買収者との合意またはその他の方法により共同する自然人または法人である。対象会社の共同行為者は，買収申込または義務的申込を阻止するための行為を対象会社との合意またはその他の方法により共同する自然人または法人である。子企業は，それを支配する者と相互に共同行使者とみなされる（買付法2条5項）。「子企業」とは，商法290条の意味の子企業と見なされるかまたはその法形態又は住所にかかわらず，支配的影響が行使されうる企業である（買収法2条6項）。なお，買収法2条は，買収指令2条を国内法化した規定である。

2　適用制限

①対象会社がドイツ国内に住所を有しているが，その発行する議決権株式はドイツ国内でなく，他の欧州経済圏条約締結国の市場取引許可を受けている場合の買収法の適用は，ただ支配など会社法の性質の問題を規制している限り，買収申込と義務的申込に制限される（買収法1条2項）。この規定は，指令4条2項eを国内法化した規定である。

②議決権がある有価証券取得のための「欧州申込（Europäische Angebote）[13]」であって，「欧州パス（European passport, Europäischer Pass）[14]」（買収法11a条）の適用がある場合を除き，他の欧州経済圏条約締約国に住所を

---

[13] 欧州申込とは，対象会社が住所を有する欧州経済圏条約締約国法により買収申込に関する2004年4月21日の欧州議会および理事会指令2004/25/EG（ABl. EU Nr. L. 142 S. 12）2条1項aの意味の申込とみなされる申込である（買収法2条1a項）。

[14] ドイツ以外の欧州経済圏条約締約国に住所を有する対象会社の有価証券であって，ドイツ国内においても組織された市場における取引許可を受けている有価証券の取得を目指す欧州申込に関する，他の欧州経済圏条約締約国の監督当局の認証を受けた申込書類は，ドイツ国内において，追加の認証手続がなくても，有効な申込書類と認められる（買収法11a条。いわゆる欧州パス）。この規定は，買収指令6条2項を国内法化した規定である。

有する会社の議決権を有する有価証券がドイツ国内においてのみ組織された市場における取引を許可されているか（買収法1条3項2号a），または，議決権ある有価証券はドイツ国内または他の欧州経済圏条約締約国においても組織された市場における取引許可を受けているが，対象会社が住所を有する国内では組織された市場における取引許可を受けていない場合には，最初にドイツ国内の組織された市場における取引の許可を受けたか（買収法1条3項2号b（aa）），または複数の取引許可が同時に行われ，対象会社がBaFinを自己の所轄監督機構として決定したときには（bb），買収法が適用される（買収法1条3項1号）。この場合には，対価，申込書類の内容および申込手続に関する規定が適用される（買収法1条3項2文，適用規則2条）。この規定は，指令4条2項b～d・eを国内法化した規定である[15]。

第3節　一般原則

　買収法3条は，有価証券の取得のあらゆる申込の際に遵守されるべき一般原則を定めている。平等取扱原則の適用があること（買収法3条1項），対象会社の有価証券所有者には，事情を知った上で申込を決めることができるよう十分な時間と十分な情報が与えられなければならないこと（同2項），対象会社の取締役および監査役会は，対象会社の利益のために行為しなければならないこと（同3項），買付者と対象会社は，手続を遅滞なく実施しなければならず，対象会社は，その業務執行において，相応な時間を超えて支障を受けることがあってはならないこと（同4項），対象会社，買収者の会社または申込に関係するその他の会社の有価証券の取引の際に，市場の歪みがもたらされてはならないこと（同5項）が規定されている。これらの規定は，買収指令3条を国内法化した規定である。

　なお，買収者および買収者の共同行使者は，対象会社の取締役または監査役会構成員に申込の関連で不当な金銭給付またはその他の不当な金銭価値ある利益を供与しまたは約束することは，禁止される（買収法33条d）。

---

15)　準拠法の観点から買収指令と英仏独の国内法を比較する文献として藤澤尚江「EU公開買付指令と法の適用関係」筑波ロー・ジャーナル11号161頁以下（2012年）がある。

第4節 申 込

1 申込前の手続

　買収者は，対象会社としばしば交渉し，デューデリジェンスを行う。①買収者は，申込を行う決定をしたなら，当該決定を遅滞なく公表しなければならない（買付法10条1項1文）。決定の公表は，インターネットおよび金融機関等の電子情報システムを通してドイツ語で行われる（同条3項1文）。②買付者は，上述の決定を，公表前に，(i)買収者，対象会社，及びその他申込に直接関係する会社の有価証券が取引許可を受けている取引所の業務執行者，(ii)有価証券がデリバティブの対象である限り，デリバティブが取引されている取引所の業務執行者，および(iii) BaFin に通知しなければならない（同条2項1文）。取引所は，当該通知に基づき相場価格の確定の停止または中止を決定することができる（同2文）。③買収者は，①の決定の公表を遅滞なく上記(i)から(iii)の者に送付しなければならない（同条4項1文）。また，④買収者は，公表後，対象会社の取締役に遅滞なく申込を行う決定を書面により通知しなければならない。⑤対象会社の取締役は，労使協議会または，労使協議会がないときには，直接従業員に，遅滞なく上記通知を報告し，買収者も，自らの労使協議会または従業員に同様の報告を行わなければならない（同条5項）。10条は，市場操作およびインサイダー取引の阻止を目的としている。

2 単純な取得申込

(1) 申込書類

　買収者は，申込書類〔Angebotsunterlage〕（いわゆる目論見書〔Pospekt〕）を作成し，(3)で述べる BaFin による審査を受けた後，申込書類を公表する[16]（買収法11条1項1文）。申込書類には，「当該申込の諸事情を踏まえて判断するのに欠かせない事項を記載しなければならない」（同項2文）。具体的記載内容は，

---

[16] 申込に条件を付けることはできる。しかし，買収者等の裁量に依拠する申込や，取消または撤回を留保した上でなされる申込は，許されない（買収法18条）。有価証券の一定割合または一定数の取得の申込の場合において，申込超過の場合には，原則として按分処理する（19条）。

買収法11条2項および「申込規則」で定められている[17]。買収法は買収者に申込の発信を一般に呼びかけることを禁止している（同法17条）。これは、公開買収は、民法145条の意味の法的拘束意思を有する申込として発せられることを意味している。申込の変更は、対象会社の株主に有利な特定の場合に限り、承諾期間終了の一取引日前までは可能である（買収法21条1項）。申込の変更は公表しなければならない（同条2項）。承諾期間終了前であれば、対象会社の株式所有者は、契約の拘束を免れる（同条4項）。変更の公表が承諾期間終了前の直近2週間以内に行われるときには、承諾期間は2週間延長される（同5項）。

(2) 申込の資金確保

買収者は、申込書類の公表前に、申込の完全履行に必要な資金が反対給付（金銭か交換を問わない）の請求の弁済期間において確保されているよう必要な措置を講じなければならない（買収法13条1項、申込規則2条4号）。反対給付として金銭の支払を予定している申込の場合には、買収者から独立した証券会社（Wertpapierdienstleistungsunternehmen, WpDU）の融資確認書（Finanzierungsbestätigung）を書面で提出しなければならない（買収法13条1項2文・11条2項4号）。これらの規定は、買収指令3条1項cを国内法化した規定である。

(3) BaFinの審査

①買収者は、申込を行う決定の公表後4週間以内にBaFinに申込書類を審

---

[17] ①申込書類の申込の判断にとって重要な記載事項が不正または不完全であるときは、申込承諾者または株式を締め出しにより買収者に譲渡した者（買収法39a条）は、申込書類の内容に責任を負う者（11条3項）および申込書類の作成に責任を負う者（通説によると、申込書類の事実上の首謀者であって、弁護士等の書面作成者は含まれない）に対し、連帯債務者として、申込の承諾または株式の譲渡から生じた損害の賠償を請求することができる（買収法12条1項）。申込書類の記載事項の不正または不完全につき善意で、その善意が重過失に基づくものでない旨を証明する者は、損害賠償責任を負わない（同2項）。損害賠償請求権は、①申込の承諾が申込書類に基づいて行われていないか、②申込を承諾した者が承諾の意思表示をした際に、申込書類の記載事項の不正または不完全につき悪意であったか、または、③申込の承諾に先立ち不正または不完全な記載事項の訂正がドイツ国内で公表された場合には、存在しない（同3項）。損害賠償請求権は、申込書類の記載の不正または不完全を知った時から1年、または申込書類の公表から3年で時効消滅する（同4項）。損害賠償請求権をあらかじめ軽減または免除する合意は無効である（同5項）。民法上の契約または故意の不法行為に基づく請求権の行使は妨げられない（同6項）。

査のために送付しなければならない（買収法14条1項）。BaFin は，申込が国境を越えるものであるかまたは必要な資金確保措置を行うため買収者が期間の延長を申請してきた場合には，1項の期間をさらに4週間延長することができる（同項3文）。

②BaFin は，申込が必要な記載事項を含んでいないか，記載事項が法令に反するときには，申込を禁止する（買収法15条1項1号2号）。申込が禁止された申込書類の公表は行われてならず，申込を前提とする法律行為は無効である（同条3項1文）。上記理由により禁止された買収者および有価証券の取得最低限度を申込の条件とした場合であって，当該限度を承諾期間の経過後達成することができなかった買収者は，1年を経過しなければ，新たな申込を行うことができない（26条1項1文・2文）。もっとも立法者は買収者に対する制裁より少数株主保護を重視したため，申込の禁止期間は義務的申込には適用されない（同項3文）。BaFin は，対象会社が免除に同意したときには，書面申請により，買収者を申込の禁止から免除することができる（26条2項）。

③BaFin が公表を認可したかまたは申込書類の受領後10取引日を経過した場合であって，BaFin が申込を禁止しなかった場合には，インターネットおよび電子連邦官報または銀行のような国内の適当な場での無料の公告により（買収法14条3項1文），遅滞なく申込書類を公表しなければならない（同条2項1文）。BaFin は，申込書類が法令に反しているかまたは不完全な場合，その訂正をさせるときには，10日の期間をさらに5取引日ほど延長することができる（同項3文）。買収者は，電子連邦官報等の公表を遅滞なく BaFin に報告しなければならない（同条3項2文）。買収者は，公表後遅滞なく対象会社の取締役に申込書類を送付しなければならない。対象会社の取締役は当該申込書類を遅滞なく労使協議会又は従業員に送付し，買収者も自己の労使協議会又は従業員に送付する（同条4）。

(4) 申込の承諾期間

申込の承諾期間（acceptance period, die Annahmefrist）（買収法11条2項6号）の始期は，申込書類の公表（14条3項1文）である（16条1項2文）。承諾期間は，4週間以上，10週間以下である（同項1文）。これは，買収指令7条1項1文（2週間以上，10週間以下と規定している）を実施した規定である。有価証券所有者による申込の承諾によりそのつど買収者との売買契約が成立する（民法433条・

453条1項)。買収者は，その現在の有り高を申込書類公表後は1週間ごとに，承諾期間経過前最後の週には毎日，承諾期間経過後は遅滞なく，締め出しに必要な議決権比率に達した後は遅滞なく，インターネットで公表し，かつBaFinに報告しなければならない（23条1項1文）。買収指令は買収の結果の開示しか要求していないので（13条（d）），買収法は，買収指令と比較すると高度な開示を定めている。

(5) 対象会社の意見表明

対象会社の取締役および監査役会は，申込書類およびその変更の受領後，遅滞なく理由を付した意見表明を，個々的に又は共同して，公表しなければならない（買収法27条1項1文・3項1文）[18]。この規定は，買収指令9条5項を国内法化した規定である。この場合，対象会社の取締役および監査役会は，対象会社の利益のために行動しなければならない（3条3項）。意見表明は，とくに，①申し込まれた反対給付の種類および額，②申込が成功した場合に予想される対象会社等に対する効果，③買収者の目的，④取締役および監査役会が対象会社の有価証券の所有者である限り，自ら申込を承諾する意図の有無を述べなければならない（27条1項2文）。従業員協議会または，それがないときには，従業員から対象会社の取締役に対して申込に対する意見表明が送付された場合には，当該意見表明を添付しなければならない（同条2項）。対象会社の取締役および監査役会は，意見表明の公表後，意見表明を従業員協議会または従業員に送付し，BaFinには連邦官報で公表を報告しなければならない（同条3項）。

不完全な意見表明により機関構成員は株主に対して民事責任を負うか否かが問題となる。通説は買収法12条の類推適用を否定している[19]。一般的民事目論見書責任も否定されている。特別の場合には，株式法117条1項・2項（会社に対する影響の利用の場合の損害賠償責任）に基づく機関構成員の責任が考えられる。民法823条2項に基づく不法行為責任も問題となりうる。機関構成員が不完全な意見表明によって故意にかつ良俗違反的な方法で投資家に損害を与えた場合には，民法826条の責任も考えられる。

[18] 意見は，①反対給付の種類と額，②申込が成功した場合の結果，③申込の目的，④取締役・監査役員が対象会社の所有者である場合に限り，申込を承諾する意図の有無である。
[19] Steinmeyer, aaO（Fn 3），§27Rn76, Buch-Heeb, aaO（Fn 5），§15Rn671, Heidel, aaO（Fn 6），§28Rn13.

(6) 対象会社の株主総会の招集

申込書類の公表後申込に関し対象会社の株主総会が招集される場合には，原則として，承諾期間は，申込書類の公表から10週間である（買収法16条3項1文）。これは買収指令7条2項を国内法した規定である。対象会社の取締役は株主総会の招集を遅滞なく買収者およびBaFinに報告し，買収者は当該報告を連邦官報で公表し，BaFinに当該公表を報告しなければならない（買収法16条3項2文から4文）。株主総会は14日前に招集でき，招集地は自由であること，届出と総会には少なくとも4日あることを要するなど株式法の多くの特則が定められている（買収法16条4項）。

(7) 競合的申込

競合的申込（Konkurrierende Angebote）は，ある申込の承諾期間内に第三者により行われる申込である（買収法22条1項）。競合的申込の場合に，競合的申込のための承諾期間が終了する前に申込承諾期間が終了するときには，申込承諾期間は，競合的申込のための承諾期間の終了後に終了する（同2項1文）。競合的申込が変更されるか，禁止されるかまたは法令に違反する場合も同様である（同項2文）。申込を承諾した対象会社の有価証券の所有者は，契約の締結が競合的申込の申込書類の公表前に行われた限り，申込期間の終了するまでに，契約を撤回することができる（同3項）。

3　買収申込

(1) 議決権の算定と免除

①買収申込は，対象会社の支配（買収法29条2項）の取得に向けられた自発的申込である[20]（29条1項）。買収法は，議決権の算定要件を定めている。買収者の子企業所有のもの，買収者の計算で第三者が所有するもの，担保のために第三者に譲渡したもの，買収者のために用益権が設定されているもの，買収者の意思表示により取得が可能なものおよび買収者に委託されているか議決権の代理行使が可能なものは，買収者の議決権に算入される（30条1項1文）。対象会社株式に基づく第三者の議決権も，対象会社と行動を同調させると，算入される（30条2項）。これに相当する買収指令の規定は5条1項1文であるが，そ

---

[20]　買収申込中に支配に必要な議決権の30％を取得したときには，義務的申込は不要となる（買収法35条3項）。

れよりも広い。証券会社が子企業と見なされるか否かについては，判定規定が置かれ（買収法30条3項），連邦財務省は省令を定める権限を有している（買収法30条4項）。そこで，透明性指令実施令（Transparenzrichtlinie-Durchführungs-verordnung, TranspRLDV。その18条および19条が判定規定である）を発布している。

②買収者，買収者との共同行為者またはその子企業は，対象会社の有価証券の保有意図が短期で，議決権株式である場合に，会社の業務執行に影響を及ぼす意図がないときには（買収法20条2項），買収者の書面申請により，BaFinは，29条2項の議決権比率算定に際し，対象会社の有価証券を算入しないことを，買収者に認めることができる（同1項）。免除された株式の議決権は行使をすることができない（同3項）。しかし，買収者が，議決権を利用して，会社の業務執行に影響を及ぼす方に政策を転換した場合には，BaFinに遅滞なくその旨を通知しなければならない。免除は違法になったことから，BaFinは，行政手続法（VwVfG）48条により免除を撤回することができる（同条4項）。買収指令は，議決権持分の計算規定の定めを加盟国に委ねているので（5条3項），買収指令の影響はない。

(2) 一部申込の禁止

買収申込は支配の取得を目指すので，買収を対象会社株式の一部のみに限る買収申込は許されないが（32条。全額申込原則），BaFinは，欧州経済圏外に住所を有する有価証券所有者を申込から除くことを買収者に許可することができる（24条）。

(3) 反対給付

買収法31条は，買収申込と義務的申込（買収法39条による31条の準用）の場合に買収者が提供すべき最小反対給付の種類と額を規制している（いわゆる最小価格規制）。それによると，反対給付は相応の額の金銭（ユーロ）給付か，組織された市場での取引が許可された流動性のある株式でなければならない（同2項1文）。議決権付き株式の反対給付は，議決権付き株式でなければならない（同項2文）。種類株式の場合には，反対給付の額は異なってもよい（申込規則3条3文）。相応性の基準は，申込規則4条から7条で詳細に規定されている。たとえば，①事前取得が免除されていない限り（買収法20条1項），対象会社の株式の反対給付は，買収者等が自発的買収申込の場合には14条2項1文（義務的

申込の場合には35条2項1文)による申込書類の公表6か月前に行った株式の(取引所内又は取引所外の)いわゆる事前取得額でなければならず(申込規則4条)，②対象会社の株式がドイツ国内取引所での取引が許可されている株式のときには，買収者の申込を行う旨の決定(買収法10条1項1文。義務的申込の場合には35条1項1文に基づく支配の獲得)の公表の前3か月間の加重平均国内取引所相場(買収法31条1項，申込規則5条1項)でなければならない。

反対給付が法定の要件に応じない場合，株主は買収者に対し相応の価格の支払を民法上請求できるか否かについては議論があるが，圧倒的に肯定されている[21]。

対象会社の買収者は，買収者等が申込を行う旨の決定の公表(買収法10条3項1文)6か月前から承諾期間終了までの間に，金銭の支払により，対象会社の株式または議決権の5％以上を取得する場合には，対象会社の株主に，強行的に，金銭(ユーロ)給付をしなければならない[22](買収31条3項)。買収者等が，申込書類公表後，承諾期間経過後の公表前に，対象会社の株式を申込書面で申し込んだ反対給付より高い価額で取得する場合には，差額だけ増額される(31条4項)。買収者等が，承諾期間経過後の公表後1年内に取引所外で対象会社の株式を申込に掲げられた額よりも高い額で取得した場合には，差額分を金銭(ユーロ)給付する義務を負う(31条5項)。買取指令にはこのような定めはない。

(4) 対象会社の取締役の行為

①取締役は，買収申込を行う決定の公表後は，結果が公表されるまで，申込の効果を妨げるいかなる行為も行うことができない(買収法33条1項1文)[23]。ただし，(i)買収申込を受けていない会社の通常のかつ誠実な業務執行者がとるであろう行動[24]，(ii)競合的申込(いわゆるホワイト・ナイト)の模索および(iii)対象会社の監査役会が同意した行動は，この限りでない(同項2文)。なお，②

---

21) Buck-Heeb, aaO (Fn 5), §15Rn687.
22) 立法理由は，対象会社への買収者の「忍び寄り(Anschleichen)」の阻止である。Steinmeyer, aaO (Fn 3), §31Rn76, Heidel, aaO (Fn 6), §31Rn25.
23) 牧真理子「ドイツ企業買収法における経営管理者の中立義務と例外規定」GEMCジャーナル(東北大学法学研究科グローバルCOE)5号142頁以下(2011年)参照。
24) 敵対的公開買収(unfriendly oder hostile takeover, Feindliche Übernahme)に対する防衛措置は，予防的措置(Präventive Abwehrmaßnahmen)と阻止的措置(Repressive Abwehrmaßnahmen)に区別することができる。Steinmeyer, aaO (Fn 3), §33Rn. 68-98.

株主総会は取締役に，33条1項1文に定められた期間前に，買収申込の成功を阻止するために，株主総会の権限に属する行為を行う権限を与えることができる（同条2項1文）。当該行為は種類ごとに定められなければならない（同項2文）。当該授権は最長18カ月である（同項3文）。当該株主総会決議は，少なくとも決議の際に代表される基本資本金の4分の3の多数を要する。しかし，定款で要件を厳しくしかつ別の要件を定めることができる（同項3文）。第1文の授権に基づく取締役の行為には，監査役会の同意が必要である（同項4文）。実務では，この規定は，期待された効果を上げなかったと評価されている。③買収法は，買収指令12条1項が認容した，欧州防衛禁止を国内強行法に転換しない可能性を選択した（opt-out）ので，対象会社は，その定款に33条を適用しないと定めることができる（買収法33a条1項）。この場合には，買収法33a条2項が定める厳格な欧州の防衛禁止（規定指令9条2項および3項）が適用される（opt-in）（同2項）。すなわち，対象会社の取締役だけでなく監査役会も，申込の成功を妨げうるあらゆる行為を行うことができないが，ただし，(i)申込を行う決定の公表後に株主総会が取締役または監査役会に授権した行為，(ii)通常の業務運営の範囲内の行為，(iii)申込を行う決定の公表前に決定され，かつ部分的に実施された決定の実施に役立つ限り，通常の業務運営の行為，および(iv)競合申込の模索は許される（同項2文）。33a条は権限規定であるから，株主は，禁止された防衛措置の実施の中止請求を主張することができる。対象会社の取締役は，opt-in決議（株式法119条5号，179条以下が定める定款変更決議）をした場合にはその旨を，BaFin（買収法45条）および対象会社の有価証券が取引許可を受けている欧州経済圏条約締約国の監督当局に遅滞なく報告しなければならない（同33a条3項）。

(5) 欧州ブレーク・スルー原則

　ドイツの立法者は，買収指令12条1項が認容した，欧州ブレーク・スルー・ルールを国内強行法に転換しない選択をしたので，対象会社が定款で規定することにより自発的に欧州ブレーク・スルー原則に服することを可能にしている（買収法33b条1項）。同条2項によると，(i)申込書類公表後，買収申込の承諾期間内は，定款または契約で定めた対象会社の株式の譲渡制限は買収者に対し無効であり（同1文1号），(ii)申込書類公表後，買収申込の承諾期間内は，議決権拘束契約および複数議決権株式は（防衛）株主総会において効力を有しない

(同1文2号)。また(承諾期間経過後),(ⅲ)(成功した)買収者の請求で招集された,定款変更または会社の指揮機関を任命するための最初の株主総会において,買収者が対象会社の議決権の75％以上を所有する場合には,議決権拘束契約および役員派遣権(Entsendungsrechte)および複数議決権株式は適用されない(同1文3号)。

これに対し,無議決優先株および2004年4月22日以前に合意された譲渡制限・議決権拘束は,適用されない(買収法33ｂ条2項2文)。無議決優先株は買収指令2条2項ｅが定める有価証券に含まれないからであり,後者の時間的制限は信頼保護のための規定で,買収指令11条2項および3項に相応している。

対象会社の取締役は,opt-in決議(株式法119条5号,179条以下が定める定款変更決議)をした場合にはその旨を,BaFin(45条)および対象会社の有価証券が取引許可を受けている欧州経済圏条約締約国の監督当局に遅滞なく報告しなければならない(同33ｂ条3項)。

33ｂ条1項に基づいて権利(具体的には役員派遣権)が剥奪された場合,当該権利が申込の決定の公表前に生じ,買収者が知っていた限り,買収者は金銭で相応の補償をしなければならない(買収法33ｂ条5項1文。計算方法とその理由は申込書類の記載事項である。申込規則2条3ａ号)。この規定は買収指令11条5項を実施したものである。補償請求権は,権利の剥奪以降2か月が経過する前まで裁判上においてのみ主張できる(33ｂ条5項2文)。

(6) 相互性の留保

買収法33ｃ条1項および2項は,買収指令12条3項が定めるいわゆる相互原則を選択し,定款が欧州買収防衛禁止および(または)欧州ブレーク・スルー原則を採用している買収会社の株主総会は,買収者または買収者の支配企業が同様の規制に服さないときには,これらの禁止・原則は適用されないと決議することができると定めている。当該決議(単純議決権過半数。株式法133条1項)の効力は最長18か月間有効である(33ｃ条3項2文。買収指令12条5項)。対象会社の取締役は,BaFinおよび当該会社の議決権株式が組織された市場において取引することを許可されている欧州経済圏締約国の監督当局に,当該授権を報告しなければならず(同3文),授権は遅滞なく対象会社のインターネットで公表されなければならない(同4文。買収指令12条4項)。

4 義務的申込

(1) 申込および申込公表義務

対象会社に対する支配を直接的または間接的に獲得した者は、その旨を自己の議決権比率[25]と共に遅滞なく、遅くとも7日内に、インターネットおよび金融機関等の電子情報システムを通して公表しなければならない（買付法35条1項1文）[26]。当該期間の始期は、買収者がその事実を知った時または諸般の事情により知りうべかりし時である（2文）。買収者は、公表後4週間内にBaFinに申込書類を送付し、申込を公表しなければならない（35条2項1文）。もっとも、対象会社の自己株式、対象会社の従属企業または過半数所有企業に属する対象会社の株式、第三者に属しているが、対象会社、対象会社の従属企業（株式法17条参照）または過半数被所有企業（株式法16条参照）の計算で保有されている対象会社の株式は、公表義務から免除される（買収法35条3文）。これは、株式法71d条2文とパラレルな規定である。

(2) 権利喪失と利払金請求

①買収者、買収者の共同行為者または子企業の所有する株式に基づく権利または当該株式から30条1項1文2号に基づいて買収者、買収者の共同行為者または子企業の議決権と算定される議決権は、35条1項または2項の義務が履行されない間は行使できない（買収法59条1項）。ただし、(1)で述べた公表または申込の不履行が故意によるものではなく、後に履行された場合には、利益配当請求権（株式法58条4項）および残余財産分配請求権（株式法271条）については、この限りでない。これは、買収指令17条2項で許容された制裁であり、有価証券取引法28条に倣った規定である。履行されない限り、30％の基準未満になっ

---

[25] BaFinは、(i)相続、遺産分割または夫婦、同姓婚当事者もしくは直系3親等までの親族間の無償贈与または婚姻もしくは同姓婚解消を契機とする財産分与、(ii)法形態変更または(iii)コンツェルン内での組織再編により株式が取得されたとき、書面申請があったときには、対象会社の株式の議決権比率に算入しないことを許可をすることができる（買収法36条）。

[26] BaFinは、支配獲得方法、支配獲得によって意図した目標設定、支配獲得後に生ずる支配基準値以下への低下、対象会社に対する資本参加割合または支配の行使の事実上の可能性に関して、申込者および対象会社の株式の所有者の利益を考慮して正当と思われる限り、書面申請により（なお申込規則10条・11条参照）、買収者の35条1項1文および2項1文に基づく義務を免除することができる（買収法37条1項）。申込規則9条は免除要件を詳細に定めている。

ても，権利喪失は終わらないというのが通説である[27]。②⑴の義務違反が続くときには，買収者は，対象会社の株主に対して，民法247条の基本金利に加え，年5％の利息の支払義務を負う（買収法38条）。これは買収指令17条を国内法化した規定である。

第5節　締め出しと株式売却権

1　締め出しの種類

　締め出しには，①買収法が定めるもの（39a条・39b条），②株式法が定めるもの（株式法327a条から327f条）および③組織再編法（UmwG）が定める合併法上のもの（62条5項）の3種がある。①の規制は，買収指令15条を国内法化したものである。①の特徴として，第一に，対象会社の株式は組織された市場における取引が許されていること（買収法1条1項），第二に，対象会社の株主総会の決議を前提とせず，買収者の申請による裁判所の決定が必要であること，第三に，対価の相当性が専門的検査役により調査される②とは異なり，①の対価の相当性の推定は反証により覆されないこと，第四に，締め出される株主が金銭代償の相当性を裁判上で争うことができる②③と異なり，特別裁判手続法（SpruchG）上の手続がないことを挙げることができる。第五に，買収者は①または②の方法を選択することは自由であるが，①を選択したときには，買収法の手続が終わるまで，株式法上の締め出しはできないことである（買収法39a条6項）。

2　買収法上の締め出し

　⑴買収法39a条によると，買収申込または義務的申込後，対象会社の95％以上の議決権を取得した買収者は，裁判所（フランクフルト・アム・マイン地方裁判所が専属管轄権を有している。5項1文）に申請することにより，その決定により，相当の代償を供与して，残った議決権株式を買収者に譲渡させることができる（1項1文）。対象会社の95％の株式が買収者に属しているときには，申請により，無議決優先株も買収者に譲渡されることができる（同2文）。代償

---

[27]　Buch-Heeb, aaO（Fn 5），§15Rn677.

の種類は，買取申込または義務的申込の反対給付に相応しなければならず（3項1文），金銭代償は常に選択肢として用意されていなければならない（同項2文）。買取申込または義務的申込の範囲内で供与される反対給付は，買収者が申込に基づいて申込が関係する90％以上の株式を取得したときには，相当の代償とみなされる（同項3文）。承諾比率は，議決権株式と無議決権株式とに分けて算定しなければならない（同項4文）。譲渡申請は，承諾期間経過後3月内に行わなければならない（4項1文）。買取申込または義務的申込の要件が満たされていなくても，後から締め出し要件が満たされることが確実であるときには，買収者は締め出しの申請をすることができる（同2文）。

(2)締め出し手続は39b条で規定されている。株式法99条を倣っている。原則として非訟事件手続法が適用される（買収法39b条1項）。地方裁判所は締め出し申請を会社公告紙で公告する（同2項）。地方裁判所は，理由を付した決定をもって裁判を行う（同3項）。

3 株式売却権

株式売却権（買収法39c条）は，買収指令16条を国内法化したものである。申込に応募しなかった対象会社の株主は，買取申込または義務的申込後，買収者に39a条の申込資格がある限り，承諾期間経過後3か月（買収者が23条の公表義務を履行しない場合には，公表義務の履行が3か月の起算時となる）以内であれば，申込に応募することができるという内容であり，残存株主の保護を目的とする。

ドイツにおける相場操縦規制について

松井　秀征

第1節　はじめに

1　人為的な価格変動に対する法的規制

　金融市場において取引される金融商品の価格は，さまざまな方法によって，人為的に変動させられることがある[1]。このようにして形成される価格は，当該金融商品に関する真実の情報を反映した価格から乖離する。その結果，この乖離した価格で金融商品の取引を行った投資家は，その後に人為的な影響が消滅し，価格が大きく変動した場合，予期せぬ損失を被る可能性がある。したがって，ある金融市場が人為的な影響を受けやすいとなれば，当該市場は投資家からの信頼を得られず，市場としての機能を果たせない，ということにもなる。ここに，金融市場における人為的な価格変動に対し，これを抑止するための法的規制が要求される理由がある。

　わが国の場合，人為的な価格変動に対する法的規制として複数の規定が用意されているが，これは大きく次の三つの類型に分類することができるだろう。第一は，人為的に価格を変動させる行為それ自体を禁止する規制である（金商159条1項・2項1号参照）。これは，狭義の相場操縦規制ともいうべきもので，わが国では第2次世界大戦後，アメリカの連邦証券規制を参考にして導入されたものである。第二は，人為的な価格変動を目的とする行為を禁止する規制である。これも広義には相場操縦規制といえるもので，たとえば風説の流布の禁止（金商158条），あるいは表示による相場操縦の禁止（金商159条2項2号・3号）

＊本研究は，公益財団法人全国銀行学術研究財団の助成を受けた。
1)　以下の内容は，山下友信＝神田秀樹編『金融商品取引法概説』318頁〔後藤元〕（有斐閣，2010年）の記述に依拠している。

等はその例である[2]。そして第三は，人為的な価格変動に用いられうる可能性に照らして，一定の行為を制限する規制である。たとえば，自己株式の売買に関する規制（金商162条の2・証券取引規制16条），あるいは空売り規制（金商162条1項1号・金商令26条の2）がそれである。

このような人為的な価格変動に対する法的規制は，金融市場に対する信頼確保を欲するところにおいてはいずこでも必要であり，ドイツもその例外ではない。たとえば，ドイツの有価証券取引法（WpHG）[3]は，その20a条1項1文1号において，市場価格に影響を及ぼし得る虚偽・誤導的な表示及び違法な情報秘匿を禁止する。また同項1文2号において，金融商品にかかる虚偽・誤導的な徴表の付与ないし人為的な価格水準をもたらす取引を禁止している。これを先のわが国の例に比するならば，前者は人為的な価格変動を目的とする行為に関する禁止規制（広義の相場操縦規制），後者は人為的に価格を変動させる行為それ自体に対する禁止規制（狭義の相場操縦規制）だということになる[4]。

ドイツの相場操縦規制は，もともとは取引所法（Börsengesetz）にそれに類する規定があったところ，2002年の有価証券取引法改正によって現在のような枠組みに整備されたものである。なお相場操縦規制に関しては，この法改正の後，時を置かずしてEUレベルで指令が成立しており，ドイツでもこの指令を受けた法改正が2004年に行われた。本稿は，以上のドイツにおける相場操縦規

---

[2] わが国の金商法は，本文に掲げた類型の他にも，情報の表示に関する規制を設けている。すなわち，虚偽の相場の公示等の禁止（金商168条），対価を受けて行う新聞等への意見表示の制限（金商169条），有利買付け等の表示の禁止（金商170条），そして一定の配当等の表示の禁止（金商171条）がそれである（これらの規制の趣旨については，山下＝神田・前掲注1）340頁以下〔後藤元〕参照）。

これらの行為は，一面において人為的に市場価格を変動させる側面を有しているが，必ずしもそのことを目的とするとは限らない（条文上も相場変動ないしその目的に関する文言が存在しない）。このことから，ここでは相場操縦規制には含めていない。

[3] Gesetz über den Wertpapierhandel (Wertpapierhandelsgesetz--WpHG). Vom 9. September 1998. BGBl. I S. 2708.

[4] 有価証券取引法20a条1項1文3号は，その他の詐欺的行為を禁止する。これは，法文上は一般的な詐欺禁止規定であるが，委任を受けた命令（これについては，後述注24）参照）の規定を見ると相場操縦の規定ということもできそうである。

ドイツの有価証券取引法は，本文に掲げた規制のほか，空売り規制も有している（有価証券取引法30h条以下）。これは，2008年以降の金融危機に直面して，金融システムの安定性確保といった観点から導入されたもので，本稿の問題意識とはやや異なる（この点につき，松井秀征「金融危機と空売り規制をめぐる動き」金融法研究27号134頁以下（2011年）参照）。

制の内容について検討することを目的とするものである。

2 本稿における検討の対象と順序

　ドイツにおける相場操縦規制に関しては，わが国でも早くよりその内容が紹介されている[5]。本稿の議論も，規制の内容を紹介する点で従前の研究と重なるところがあるが，さらに今日までに蓄積されてきた規定の解釈等について若干の検討を試みたい。

　まず第2節において，ドイツにおける相場操縦規制が整備されてきた過程について，その背景ともなっているEUレベルでの指令と合わせ確認する。これを踏まえて第3節では，ドイツにおける当該規制の内容を具体的にみることとする。最後に，第4節において，わが国の規制との比較も交えながら簡単にまとめを行う。

第2節　ドイツにおける相場操縦規制の整備

　第1節で述べたとおり，現在のドイツの相場操縦規制は，2002年の有価証券取引法改正により導入され，その後2003年のEU指令を経て，2004年に若干の改正が施されている。そこで本節では，2002年の法改正により相場操縦規制が導入されるまでの経緯，2003年のEU指令が相場操縦行為に関して加盟国に立法を義務づけている内容，そして2004年に当該指令によってなされたドイツの法改正について概観する。

1　2002年有価証券取引法改正――第4次資本市場振興法

(1) 前　史

　かつてドイツにおける相場操縦行為等に対する規制は，1896年取引所法75条[6]，これを引き継ぐ1908年取引所法88条に規定が置かれていた[7]。これは，金

---

[5] 久保寛展「ドイツ第4次資本市場振興法に基づく相場操縦規制の改正」同志社法学55巻7号347頁（2004年）。

[6] Börsengesetz. Vom 22. Juni 1896. RGBl. S. 157.

[7] Bekanntmachung, betreffend die Fassung des Börsengesetzes. Vom 27. Mai 1908. RGBl. S. 215. この1908年の取引所法は，1896年の取引所法の条文が全面的に改正されたものである。その結果，1896年の取引所法では75条に規定されていた相場操縦関連の

融商品等の取引所価格又は市場価格に影響を及ぼす目的で，欺罔的な意図の下，詐欺的な手段を用いる者を刑事責任の対象とするものであった。その後1986年の改正において[8]，同様の目的をもって，金融商品等の評価のために重要な事実について不実の表示を行った場合，あるいは違法に当該事実の表示を欠いた場合についても刑事責任の対象とされている（1986年改正取引所法88条1号）。

しかし，ドイツにおいて相場操縦行為等に対する取引所法88条の執行例は，極めて少なかったとされている。それは，一方において抽象的な規定の文言に起因する問題であり，他方において検察庁が執行機関となっているという執行を担当する組織に起因する問題であった[9]。

(2) 資本市場法制の展開

ドイツにおいては，1990年代以降，魅力ある資本市場を構築すべく，そのための法整備が進められることになる。これは四度にわたる資本市場振興法の立法につながることになるのだが，その背景には次のような事情があったことが指摘される[10]。

かつての欧州共同体内では，1980年代後半以降，市場統合の動きが活発化し，資本移動の自由化が進められることになった。これにより欧州共同体内の金融機関，そして金融市場は，域内における競争にさらされることとなり，これに応じて各国の金融市場に対する規制緩和の動きが進んでいくこととなった。この点はドイツも例外ではなく，国際的な資本市場としての魅力を高めるため，資本市場振興のための包括的な立法が繰り返されることとなった。

これは，投資会社法の改正を中心とした1990年の第1次資本市場振興法[11]

　　条文は，この1908年の取引所法において88条に規定されるに至った。
　　　なお，1896年の取引所法以前には，1884年に改正されたドイツ普通商法典249d条において相場操縦関連の規定がすでに設けられている。この点の事情に関しては，久保・前掲注5）352頁に詳しい。
8)　Zweites Gesetz zur Bekämpfung der Wirtschaftskriminalität（2. WiKG）. Vom 15. Mai 1986. BGBl. I 721.
9)　以上につき，久保・前掲注5）353〜354頁。
10)　以下については，河内隆史「ドイツにおける資本市場法制の動向」神奈川大学創立70周年記念論文集25〜28頁（1998年）による。
11)　Gesetz zur Verbesserung der Rahmenbedingungen der Finanzmärkte（Finanzmarktförderungsgesetz）vom 22. Februar 1990. BGBl. I S.266.

に始まり，有価証券取引法の制定を含む証券取引制度に関する包括的な改正を行った1994年の第2次資本市場振興法[12]，リスク資本市場の規制緩和と現代化のための有価証券取引法及び投資会社法等の改正を中心とした1998年の第3次資本市場振興法[13]，そして本稿で特に触れる2002年の第4次資本市場振興法と続くこととなる。以下，項を改めて，この第4次資本市場振興法，そしてこれによる有価証券取引法の改正について見ることとしたい。

(3) 第4次資本市場振興法と有価証券取引法の改正

　第4次資本市場振興法は，2002年に制定されたものである[14]。これも，その究極的な目的は従前の資本市場振興法と同様であり，国際的な資本市場としてドイツの魅力を高め，その競争力を強化することを目的としている[15]。そして，より具体的な目的の一つとして，市場の健全性と透明性を高めることで投資者保護を改善する，ということが含まれていた[16]。

　有価証券取引法の改正により相場操縦に関する規定が設けられたのは，以上のような目的に由来するものであった。すなわち従前のドイツ法において，相場操縦は1908年取引所法88条により規制されていたのだが，(1)に述べたとおり，その執行例は少なく，規制としての実効性に乏しいのが実際であった。そのため，第4次資本市場振興法においては，相場操縦の規定を整備するということ

　　　第1次資本市場振興法については，河内・前掲注10) 32頁に若干の紹介がある。
12)　Gesetz über Wertpapierhandel und zur Änderung börsenrechtlicher und wertpapierrechtlicher Vorschriften (Zweites Finanzmarktförderungsgesetz) vom 26. Juli 1994. BGBl. I S. 1749.
　　　第2次資本市場振興法については，河内・前掲注10) 32頁以下のほか，神作裕之「ドイツ第2次資本市場振興法案の概略（上）・（下）」商事法務1348号13頁以下・1353号21頁以下（1994年），前田重行「ドイツにおける証券取引規制の改革と証券取引法の制定」金融法研究11号116頁以下（1995年）を参照。
13)　Gesetz zur weiteren Fortentwicklung des Finanzplatzes Deutschland (Drittes Finanzmarktförderungsgesetz) vom 24. März 1998. BGBl. I S.529.
　　　第3次資本市場振興法については，河内・前掲注10) 37頁以下のほか，神作裕之「第3次資本市場振興法——投資会社法の改正を中心に——」金融法研究15号136頁以下（1999年）を参照。
14)　Gesetz zur weiteren Fortentwicklung des Finanzplatzes Deutschland (Viertes Finanzmarktförderungsgesetz) vom 21. Juni 2002. BGBl. I S.2010.
15)　神作裕之「第4次資本市場振興法案について」金融法研究18号123頁（2002年）。
16)　久保・前掲注5) 350頁。その他に，取引所，市場参加者及び投資会社のための柔軟な取引可能性を拡大すること，そして資金洗浄に対する既存の予防システムにおける欠陥を埋め，不適法な資金を見つけ出すことを容易にすることという目的が挙げられる。

が重要な課題となったわけである。

　第4次資本市場振興法による相場操縦規制の整備は，1908年取引所法88条の規定を廃止し，新たに有価証券取引法に相場操縦に関する規制を設けるという形で進められた（以下，この改正有価証券取引法を「2002年有価証券取引法」という）。すなわち2002年有価証券取引法の第4節には，「相場及び市場の不正操作の禁止にかかる監督」という節が設けられ，相場及び市場の不正操作の禁止に関する実体的要件を定める規定（2002年有価証券取引法20 a 条），そして当該禁止にかかる監督権限を金融監督庁が有することを定める規定（同法20 b 条）が設けられた。そして2003年，同法20 a 条の実体的要件を具体化するための命令[17]も併せて定められた。

2　2003年市場濫用指令と有価証券取引法の改正

　以上のとおりドイツでは2002年に相場操縦に関する規制を整備したのだが，EUレベルにおいては，当該問題に関する指令が2003年に発せられることとなる。そしてこれを踏まえて，有価証券取引法も2004年に改正されることとなった。

(1)　2003年市場濫用指令

　1990年代，当時のヨーロッパ共同体では，金融市場の一体化に向けた取り組みが進められてきた[18]。そして1999年5月，理事会から金融市場に関する枠組みの設定に関する実施計画が明らかにされた。当該計画においては，単一の金融市場を完成するために必要な行為が掲げられ，その中で特に強調されていたのが，相場操縦行為に関する指令の必要性であった。このような指令により，相場操縦行為に対する各国の規制について，一体化を図ることが目指されていたのである。

　このような経緯を経て，2003年1月に採択された「インサイダー取引及び相場操縦に関する指令」[19]（以下，これを「2003年市場濫用指令」という）は，相場

---

17)　Verordnung zur Konkretisierung des Verbotes der Kurs - und Marktpreismanipulation (KuMaKV) vom 18.11.2003. BGBl. I S.2300.

18)　以下の記述については，松井秀征「インサイダー取引規制の比較法的研究」神作裕之責任編集『企業法制の将来展望——資本市場制度の改革への提言（2013年度版）』350頁以下（2012年）を参照。

19)　Richtlinie 2003/ 6 /EG des europäischen Parlaments und des Rates vom 28. Januar 2003 über Insider-Geschäfte und Marktmanipiulation (Marktmissbrauch).

操縦行為をインサイダー取引と並ぶ市場濫用行為（Marktmissbrauch）と位置づけている。この市場濫用行為というのは、金融市場における情報の不正使用、当該市場の不正操作、あるいは当該市場機能の歪曲行為などを包含する概念であり、いずれも金融市場が完全性をもって機能を妨げる行為を指している[20]。

(2) 2003年市場濫用指令における相場操縦規制

2003年市場濫用指令における相場操縦規制は、相場操縦の定義規定（2003年市場濫用指令1条2項）、相場操縦の禁止規定（同5条）、及びその適用除外規定（同7条・8条）から構成されている。

まず、2003年市場濫用指令が定める相場操縦（Marktmanipulation）には、次の三つの行為類型が該当する（同1条2項）[21]。

(a) 取引又は取引注文が、金融商品の供給、需要、又は価格に関して、虚偽又は誤導的な徴表を示すか、示し得るものである場合、もしくは一名又は共同して行動する複数名の者により、一又は複数の金融商品の価格を異常な又は人為的な水準に固定する場合。ただし、取引を行い又は取引注文を発した者が、自らの行為が適法であり、かつ当該取引又は当該取引注文が問題となる規制市場において受容された市場慣行に合致するものであることを証明した場合はこの限りでない。

(b) 取引又は取引注文が、架空の手法、その他詐欺又は偽計の形態によるものである場合

(c) インターネットを含むメディアを通じ、又は金融商品に関して虚偽又は誤導的な徴表を示すか、示し得るその他の手段による情報の伝播。この伝

---

20) E.J.Swan & j.Virgo, Market Abuse Regulation, 2nd ed. 1 (2010).
21) 同項は、その規定の中に本文中に示した (a) ～ (c) に該当する例を次のとおりに示している。
(a)の例：ある者、もしくはこれと共同して行為する者が、直接または間接に購入又は売却価格を固定する効果を持ち、又は不公正な取引条件を生み出す効果を持つ金融商品の供給ないし需要について、支配的な地位にあることを確保する行為。
(b)の例：市場終了時における金融商品の購入又は売却であって、終値ベースで行動する投資家を誤導する効果を持つもの。
(c)の例：伝統的または電子的な媒体への一時的または継続的なアクセスを利用して、金融商品（または間接的にはその発行者）に関する意見を表明し、それ以前に当該金融商品に対して有しているポジションを前提として、これと同時に生ずべき公衆に対する利益相反を適切かつ効果的に開示することなく、当該意見の表明が有する当該金融商品に対する価格の影響を基にして利益を得る行為。

播には，噂の伝播，もしくは虚偽又は誤導的なニュースであって，これを伝播する者が当該情報が虚偽又は誤導的であることを知り，知り得べき場合におけるその伝播を含む。ジャーナリストに関しては，その者が自らの専門的能力に基づき行動した場合，その情報の伝播はその職業を規律する規則に従ったものとみなされる。ただし，その者が直接または間接に問題となる情報の伝播から恩典又は利益を得た場合はこの限りでない。

これを踏まえて2003年市場濫用指令は，いかなる者も相場操縦行為を行わないよう加盟国に命じている（同5条）。ただし同指令は，加盟国，あるいはヨーロッパ中央銀行をはじめとする公的機関が行う通貨政策，為替政策，及び財政政策（公的債務政策）については指令それ自体の適用除外とするほか（同7条），次の場合について指令に基づく規制の適用除外としている。すなわち，「買戻し」プログラムによる自己株式の取引，同指令の定める手続に従って採用された手法により実行される金融商品の安定操作である（同8条）。

なお，2003年市場濫用指令は，規制の違反があった場合に加盟国が採るべき制裁に関する規定も有している。すなわち同指令14条1項は，同指令を国内法として実行する際の制裁のあり方について触れている。そこでは，指令で禁止された行為の違反について刑事上の制裁を科す権限は当然のこととして，これとは別に違反行為者に対する行政上の制裁を科すことを認めている。なお，これらの制裁については，実効性を有するものであること，違反行為に比例したものであること，そして抑止力のあるものであることが求められている。また同条4項では，それが金融市場に対する重大な影響を与え，あるいは当事者に対して不相当な損害を与えない限り，執行機関がとった措置や制裁について公表することも認めている。

(3) 2004年有価証券取引法改正

2003年市場濫用指令を踏まえて，2004年，2002年有価証券取引法の相場操縦に関する規定は改正されることとなる（以下，この改正有価証券取引法を「2004年有価証券取引法」という）。

まず，2002年有価証券取引法の第4節においては，「相場及び市場の不正操作の禁止」という表題が与えられていたが，これが端的に「市場の不正操作の禁止」

という表題に改められた。また、これに関する実体的要件を定める規定（20a条）は、2003年市場濫用指令に適合した内容に改められた結果、従前より適用範囲が広がるとともに、内容において厳格化された[22]。さらに当該禁止にかかる監督権限を金融監督庁が有することを定める規定（20b条）は、相場操縦に限らない一般的な手続規定に移された結果、削除された。以上に加え、2005年、従前の命令[23]を置き換える形で2004年有価証券取引法20a条の実体的要件を具体化するための命令（以下、この命令を「2005年命令」という）[24]も制定されている。

相場操縦に関する2004年有価証券取引法の規定は、その後、若干の微修正を経ながらも、基本的な構造を維持したまま現在に至っている[25]。

第3節　ドイツにおける相場操縦規制の内容

第2節で見たとおり、2004年有価証券取引法の定める相場操縦規制の内容は、2003年市場濫用指令の内容を前提としている。以下、その具体的な規制の内容を確認し、若干の議論となる点について説明を加えることとしたい。

1　相場操縦に関する実体的規制

(1)　総説——2004年有価証券取引法の規律

2004年有価証券取引法が定める現在のドイツの相場操縦規制は、次のような内容となっている[26]。

> **第20a条　市場の不正操作の禁止**
> (1)　①次の行為は禁じられる。
> 1.　ある金融商品の評価に重要な事情に関し、虚偽又は誤導的な表示を行い、又は当該事情を現に存する法規定に反して秘匿すること。ただし、当該表示又は秘匿が、ある金融商品の内国取引所価格又は市場価格、もしくは他の欧州連合加盟国又は欧州経済圏協定締結国における組織化された市場に

---

[22]　J.Vogel, in: Assmann/Uwe H.Schneider (Hrsg.), WpHG, 6. Aufl. 2012, Vor §20a Rz.5.
[23]　前掲注17) 参照。
[24]　Verordnung zur Konkretisierung des Verbotes der Marktmanipulation (Marktmanimulations-Konkretisierungsverodnung -- MaKonV) vom 1.3. 2005. BGBl. I S.515
[25]　この点については、J.Vogel, a.a.O. (Fn. 22), Rz.6f.
[26]　以下の訳については、日本証券経済研究所『新外国証券関係法令集　ドイツ』〔小宮靖毅〕（2009年）を参考にし、適宜修正を加えた。

おける価格に影響を及ぼすに足るものである場合に限る。
 2． 金融商品の供給，需要，取引所価格，又は市場価格に虚偽又は誤導的な徴表を与え，もしくは人為的に価格水準をもたらすに足る取引を行い，又は買付けないし売付けの委託を行うこと。
 3． ある金融商品の内国取引所価格又は市場価格，もしくは他の欧州連合加盟国又は欧州経済圏協定締結国における組織化された市場における価格に影響を及ぼすに足るその他の詐欺的行為を行うこと。
②第1文は，次の金融商品に適用する。
 1． 内国の取引所の取引許可を受け，又は規制市場ないし自由取引の銘柄登録がされたもの
 2． 他の欧州連合加盟国又は欧州経済圏協定締結国における組織化された市場における取引許可がされたもの
③組織化された市場における取引許可，又は規制市場ないし自由取引の銘柄登録の申請がなされ，もしくはこれが公表された場合，当該取引許可，又は銘柄登録がされた場合と同様とする。
(2) ①第1項第1文第2号の定める禁止は，当該行為が問題となる組織市場又は自由取引において許容される市場実務に合致しており，かつ行為者が当該行為について正当な理由がある場合には適用しない。②第1文の規定する許容される市場実務には，それぞれの市場において合理的な裁量に従い期待されうるものであり，かつ本条の意味における市場実務として金融監督庁が認めた慣行のみが該当する。③事前に明確に認定されていないということをもって，市場実務として許容されないということにはならない。
(3) ①自己株式取得プログラムの枠組みにおいて，又は金融商品価格の安定化措置としてなされる自己株式取得は，第1項第1文の違反とはならない。ただし，当該行為が欧州議会及び理事会指令2003/6の施行のための2003年12月22日の委員会命令（EG）Nr.2273/2003――自己株式取得プログラム及び価格安定化措置に関する例外規定（ABl EU Nr.336 S.33）の基準に従って行われる場合に限る。②自由取引又は規制市場に銘柄登録がなされた金融商品に対しては，命令（EG）Nr.2273/2003の規定を準用する。
 (4)～(6) （略）

以上の2004年有価証券取引法20a条の定める相場操縦規制の内容を見た場合，第1項が禁止行為規制，そして第2項及び第3項がこれに対する適用除外という構成になっている[27]。

27） なお，訳出を省略した第4項以下の規定の概要は，商品・排出権・外国支払手段に対する準用規定（第4項），連邦財務省による規則制定権限にかかる規定（第5項），そして報道関係者の取引に関する特則（第6項）である。

第1項のうち，特に第1文が定める禁止行為規制の内容について，相場操縦規制という観点からさらに詳細に見た場合，次のように整理することができる。まず第1号は，金融商品の評価にとって重要な事情に関する虚偽・誤導的な表示，ないし違法な情報秘匿を禁止の対象とし，人為的な価格変動行為それ自体を対象とするものではない。これは，第1節1でも見たように，当該価格変動を目的とする行為を禁止する規制であり，広義の相場操縦規制というべきものである。これが相場操縦に関する規制であることの徴表は，当該表示ないし秘匿が違法となる場合について，金融商品の市場価格に影響を与えうるものであることを要件としていることから理解できる。

　次いで第2号は，金融商品それ自体の需給ないし価格に対する虚偽・誤導的な徴表を与える取引，あるいは人為的な価格水準をもたらす取引等を行うことを禁止している。これは，人為的な価格変動等を直接に禁止するものであり，狭義の相場操縦規制だということができる。これについては，第2項の市場実務に合致した取引の適用除外，そして第3項の自己株式取得プログラムないし価格安定措置として行われる自己株式取得の適用除外が設けられている点が特徴的である（このうち，第2項の適用除外については(3)③にて後述する）。

　そして第3号は，価格に対する影響を及ぼし得る詐欺的行為の禁止規制である。これは人為的な価格変動を禁止する狭義の相場操縦規制だということもできるし，あるいは一般的な詐欺禁止規制だということもできるだろう。

(2) **虚偽・誤導的な表示及び違法な情報秘匿の禁止**

　2004年有価証券取引法20a条1項1文1号が定める虚偽・誤導的な表示，ないし違法な情報秘匿の禁止は，かつての1908年取引所法88条1号の規定を引き継いだものである。これは，ドイツでは「情報に基づく不正操作（informationsgestützte-Manipulation）」として説明されるものである[28]。その内容は，金融商品の評価に重要な事情に関して，虚偽・誤導的な表示を行うという積極的な作為によるものと，違法に情報を秘匿するというある種の不作為によるものから構成されている。

① **金融商品の評価に重要な事情**

　本号の適用のためには，虚偽・誤導的な表示であれ，違法な情報の秘匿であ

---

[28] J.Vogel, in : Assmann/Uwe H.Schneider (Hrsg.), WpHG, 6. Aufl. 2012, §20a Rz.58.

れ，これが金融商品の評価にとって重要な事情について行われていなければならない。この金融商品の評価にとって重要な事情については，2005年命令がさらに若干の規定を置いている。

まず2005年命令2条1項によれば，当該重要な事情とは，思慮ある投資家がその投資判断を行うに際して考慮するであろう事実ないし価値判断を指すものとされる。また，十分な蓋然性をもって将来生じるであろう事柄であっても，この当該重要な事情に含まれうる。

次いで同条2項によれば，2004年有価証券取引法15条1項1文の定める内部者情報（内部者取引規制の対象となる未公開情報），及び有価証券取得・買収法10条ないし35条により公表の求められる公開買付けの開始決定及び義務的公開買付けの対象となる支配の取得についても，通常の場合，当該重要な情報に該当するものとされる。

さらに同条3項及び4項は，同条1項にいう当該重要な事情に該当する例を列挙するものである。3項では，端的に当該重要な事情に該当する例が挙げられ，具体的には，企業合同関係の構築又は解消（3項1号）[29]，財務状況の危機（3項2号）[30]，重要な知的財産権にかかる変動（3項3号）[31]，重要な法的紛争及びカルテル手続（3項4号），重要な人事異動（3項5号），そして新規事業に関する戦略的判断（3項6号）[32]が挙げられている。また4項では，当該重要な事情に該当し得る例が挙げられ，具体的には，年次決算等の変更（4項1号），配当の変更（4項2号），同条2項に包含されない企業の取得・買収（4項3号），そして資本ないし財務上の措置（4条4項）が挙げられている。

② **虚偽・誤導的な表示**

この要件で問題となる「表示（Angabe）」とは，すでに見た金融商品の評価に重要な事情が存在する，もしくは存在しないということについての説明であり，それはいかなる方法で表示されているか――口頭でなされたのか，書面で

---

[29] 重要な協力関係の構築，重要な参加持分の取得又は譲渡，支配及び利益移転契約ないしその他の重要な契約関係の締結，変更又は解消がここに含まれる。

[30] 流動性に問題が生じていること，債務超過の状態にあること，又は株式法92条による株主総会への損失報告義務が生じていることがここに含まれる。

[31] 重要な発明，重要な特許の取得又は喪失，又は重要なライセンスの獲得がここに含まれる。

[32] とりわけ，核となる新規の事業分野への参入又はそこからの撤退，あるいは新規事業の立ち上げがここにいう戦略的判断に該当する。

なされたのか，あるいは電子的方法で伝達されたのか等――は問題とならない[33]。

次いで，表示が「虚偽 (unrichtig)」である場合というのは，存在しない事情を存在する，あるいは存在する事情を存在しないと表示する場合のように，当該表示が客観的な事実に相応していない場合を指す。したがって，ある表示が虚偽であると判断するためには，事実との比較のプロセスが必要となるのだが，問題は評価や予測に関する表示がなされている場合である。この場合は，当該評価や予測を基礎づける事情が客観的にみて事実と相応していない場合に虚偽という判断がなされることになる[34]。

この点と関連して問題となるのが，ある事情について不十分な表示がなされた場合である。不十分な表示については，かりにそれが後に述べる違法な情報秘匿の問題であるとするならば，それは端的に法律上の開示義務があったか否かの問題となる。しかし，それが虚偽の表示の問題としてとらえられるならば，当該開示義務の有無にかかわらず，本号の規制対象となる。ドイツにおけるこの点に関する現在の一般的な理解は，積極的な表示があり，しかしそれが部分的な表示であるがゆえに，全体として虚偽となる内容になっているのであれば，虚偽の表示があったという評価をする，というものである[35]。

「誤導的 (irreführend)」な表示であったかどうかという要件が設けられているのは，内容的には正しくとも，情報の受け手において誤ったイメージを生じさせる表示であればこれを規制の対象とする，という意図に由来するものである。通常，誤導的な表示に関する要件は，問題となる表示について，客観的に見て，対象となる投資家の相当部分を惑わす (täuschen) に足るものであれば，それは誤導的であると評価される[36]。これも先の不十分な表示が虚偽の表示となるか否かという議論と同様，表示の全体として誤導的であるかどうかという評価をすることになる。

③ 違法な情報秘匿

虚偽又は誤導的な表示と並んで禁止行為類型とされているのが，金融商品の

---

[33] J.Vogel, a.a.O. (Fn. 28), Rz.59.
[34] J.Vogel, a.a.O. (Fn. 28), Rz.60.
[35] J.Vogel, a.a.O. (Fn. 28), Rz.61.
[36] J.Vogel, a.a.O. (Fn. 28), Rz.62.

評価にとって重要な事情について，法規定に反してこれを秘匿することである。つまり，不作為が禁止行為の対象とされているわけであるが，あらゆる者の不作為が対象となることのないよう，法規定に反している——特段の義務ないし責任が課されているのにこれに反している——場合に適用の範囲を限定している[37]。したがって，ここでの義務や責任というのは，法規定が一定の事実を明らかにする義務ないし責任を明確に規定していることが前提であり，信義誠実原則のような一般的な義務はその対象とならないというのが支配的な見解である[38]。

　法規定が一定の事実を明らかにする義務を明確に課している場合として，一般に説かれているのは，資本市場法上の開示義務[39]，会社法上の説明義務[40]，計算書類の開示義務（ドイツ商法315条以下，264条以下），あるいは財務分析の作成者にかかる利益相反状況の開示義務（2004年有価証券取引法34b条1項2文）である。やや争いのあるのが，支払不能又は債務超過時における倒産手続開始の申立てにかかる問題である。当該手続の開始は，裁判所の職権により登記がなされるが，これは商法上，公告の対象となっていないからである（ドイツ商法32条2項1文）。しかし，何人も当該登記の閲覧の権利を持っていることに鑑みて，法規定がある事実を明らかにする義務を明確に課している場合に該当するというのが有力な考え方である[41]。

④　**市場価格への影響**

　本号の適用のためには，虚偽・誤導的な表示であれ，違法な情報秘匿であれ，それが市場価格に影響を及ぼすに足るものでなければならない。これは抽象的

---

37) J.Vogel, a.a.O.（Fn. 28), Rz.98.
38) J.Vogel, a.a.O.（Fn. 28), Rz.106.
39) 具体的には，2004年有価証券取引法の定める開示義務（適時開示義務（同法15条），業務執行者の株式取引の報告義務（同法15a条），議決権持分の変動にかかる報告義務（大量保有報告の義務。同法21条以下），有価証券の権利実現のために必要な情報の公告義務等（株主総会にかかる情報，剰余金配当に関する情報，有価証券にかかる権利の変更等の公告義務等。同法30b条・30e条)），有価証券取得・買取法の定める開示義務（公開買付開始決定の開示義務（同法10条），義務的公開買付にかかる開示義務（同法35条），対象会社役員の態度表明義務（同法27条)），あるいは有価証券目論見書法上の目論見書義務といったものが挙げられる。
40) 具体的には，株主による説明請求に対する取締役の説明義務（株式法131条），あるいはコーポレート・ガバナンス規準に関する説明義務（同法161条）が挙げられる。
41) ただし，この点はドイツでも若干の異論があるところである。議論の対立については，J.Vogel, a.a.O.（Fn. 28), Rz.111を参照。

な危険性を示す要件であることは言うまでもない。

そもそも金融商品の評価に重要な事情に対する虚偽・誤導的な表示や違法な情報秘匿が行われているのであれば，それは市場価格に影響しうるものとも理解でき，特に独立の要件を設ける必要性について疑問がないではない。これに対しては，金融商品の評価に重要な事情であっても，表示の種類や方法によって，あるいはすでに情報が浸透していたというような他の事情によって市場価格に影響しえない場合もあり得ることから，これらは別の要件として考える意味があるという意見があるところである[42]。その意味では，表示や秘匿行為と価格への影響との間の一般的な因果関係が問題となる要件であることがわかる[43]。

(3) 金融商品にかかる虚偽・誤導的徴表の付与・人為的価格水準をもたらす取引の禁止

2004年有価証券取引法20a条1項1文2号は，金融商品の供給，需要，取引所価格，又は市場価格に虚偽又は誤導的な徴表を与え，もしくは人為的に価格水準をもたらすに足る取引を行い，又は買付けないし売付けの委託を行うことを禁止する。これは，第2節2に示した2003年市場濫用指令の内容に由来する規定である。

① 取引・買付けないし売付けの委託

1号の規制と比した本号の規制の特徴は，実際の取引等に基づく市場の不正操作を規制の対象としている点にある。

まず「取引（Geschäfte）」とは，取得や譲渡にとどまらず，保証，信託，担保化等，あらゆる種類の金融商品の取引を含む趣旨である[44]。対象となる金融商品は取引所その他組織化された市場等における取引対象となっていなければならないが（2004年有価証券取引法20a条1項2文），その取引自体は，取引所において行われる場合に限られない[45]。

次いで本号は，買付けないし売付けの委託（Kauf- oder Verkaugsaufträge）であっても，取引の場合と同様に規制の対象に含めている。ここでいう「委託」とは，民法上の委任契約のように厳格な理解をとるものではなく，資本市場法

---

[42] J.Vogel, a.a.O. (Fn. 28), Rz.113.
[43] J.Vogel, a.a.O. (Fn. 28), Rz.118.
[44] J.Vogel, a.a.O. (Fn. 28), Rz.145.
[45] J.Vogel, a.a.O. (Fn. 28), Rz.146a.

上の規制の趣旨に従って，単なる「注文」のようなものを含むものとして理解されている[46]。

② **虚偽・誤導的徴表・人為的価格水準**

　本号の規制の対象となるためには，現実になされた取引，あるいは買付け・売付けの委託が，金融商品の供給，需要，取引所価格，又は市場価格に虚偽又は誤導的な徴表を与え，もしくは人為的に価格水準をもたらすに足るものでなければならない。この要件は，現実にそのような徴表を与える可能性があるか，人為的な価格水準をもたらす可能性があるか，という客観的な蓋然性の問題として理解される。そして当該要件については，2005年命令3条がこれを具体化するための規定を置いている。

　2005年命令3条1項1号は，次の金融商品の取引，又は買付け・売付けの委託（以下，単に「取引等」という）について，それが虚偽・誤導的な徴表となりうるもの，あるいは人為的な価格水準をもたらしうるものとしている。すなわち，

a) 問題となる金融商品の取引等が，ある日の当該金融商品取引量の相当部分を占めている場合。とりわけ，その取引等が重大な価格変動をもたらす場合。

b) 問題となる金融商品について，ある者が相当量の買付け又は売付けのポジションを所有し，あるいはこれに関するデリバティブ等を所有しており，その者が当該金融商品の取引等によって，その価格に重大な変動をもたらす場合。

c) 問題となる金融商品の取引等が，短期間にポジションを入れ替えるものであって，ある日の当該金融商品取引量の相当部分を占めており，かつ重大な価格変動と関連している可能性がある場合。

d) 問題となる金融商品の取引等が，取引日における短時間の間に積み重ねられ，これにより現在の価格変動につながる重大な価格変動をもたらす場合。

e) 問題となる金融商品の取引等が，ある金融商品又は他の財産価格の参照価格として資する一定の価格の確定時点に近接して行われ，かつ当該参

---

46)　以上について，J.Vogel, a.a.O. (Fn. 28), Rz.147参照。

照価格に影響を与えることにより，当該ある金融商品の価格又は他の財
　　産価格に影響を与える場合
がこれに当たるものとされている。また同項 2 号は，市場参加者が参照可能な
注文状況，とりわけ指値による最高価格の買付委託，または最低価格の売付委
託にかかる価格に基づき，買付け又は売付けの委託を行い，その委託に基づく
取引が成就する前にこれを撤回する行為を虚偽・誤導的な徴表となりうるもの，
あるいは人為的な価格水準をもたらしうるものとしている。さらに同項 3 号は，
問題となる金融商品の取引を行ったにもかかわらず，それを経済的に所有する
者の変更を生じない場合について，虚偽・誤導的な徴表となりうるもの，ある
いは人為的な価格水準をもたらしうるものとしている。
　次に，2005年命令 3 条 2 項は，次の金融商品の取引等については，端的に誤
導的な徴表を有するものとしている。すなわち，
　 1．問題となる金融商品の取引等が，ある金融商品又は他の商品の参照価格
　　として資する一定の取引所または市場価格の確定時点において，当該ある
　　金融商品の需要又は供給について惑わすに足るものである場合。とりわけ，
　　取引終了に際して行われる金融商品の買付け又は売付けにより，確定した
　　終値に基づき取引の委託を行う投資家において，真実の経済的状況につい
　　て誤解が生じる場合。
　 2．申し合わせをした異なる当事者により，実質的に同量，同価格で取引等
　　が行われた場合。ただし，当該取引がその時の市場の規定に適合する方法
　　により適時に解除された場合を除く。
　 3．問題となる金融商品の取引等が，経済取引としての取引高について不適
　　切な印象を喚起する場合
である。1 項に挙げられる例は，虚偽・誤導的な徴表となりうるもの，あるい
は人為的な価格水準をもたらしうるものである——その意味でなお評価の余地
があるものである——のに対して，2 項に挙げられる例は，これをもって誤導
的な徴表となるという点で異なる。つまり 2 項に挙げられる例については，立
法者において，強力な規制をかけようとする意思が働いているわけである[47]。

---

47) J.Vogel, a.a.O. (Fn. 28), Rz.164.

③ 適用除外

　本号の取引等については，2004年有価証券取引法20a条2項が適用除外規定を置いている。これは2003年市場濫用指令1条2項(a)に基づくものであり，本号の取引等に該当するものであっても，それが慣行（Gepflogenheit）として許容される市場実務に合致し，かつ行為者に正当な理由があるものについては規制の対象としないというものである。ドイツでは，この適用除外を国内法化するに当たって，巧妙な仕掛けを織り込んでいる。それは，当該市場実務を金融監督庁が認めた場合に限って適用除外にするという仕組みにしたことである。

　2004年有価証券取引法において，金融監督庁が承認するというプロセスが導入された背景には，2003年市場濫用指令の構造がある。すなわち2003年市場濫用指令1条2項(a)は，この適用除外をただし書きの形式で立証責任の転換について規定していた。しかし，刑事責任及び秩序罰規定と結び付けられた当該規定について，端的に立証責任の転換を行うことはドイツ法上非常に問題が大きいと考えられた[48]。そこでドイツでは，指令の国内法化に際して，立証責任の転換という仕組みをそのまま受け入れることはせず，具体的な慣行が「許容される」市場実務であるか否か，そして行為者の行為に「正当な」理由があるか否かという法的評価を要する部分につき，金融監督庁が関与する仕組みを設けたわけである[49]。そして2004年有価証券取引法20a条2項を受けた2005年命令7条は，2004年有価証券取引法20a条2項，そして2005年命令8条及び9条の基準に従って，その慣行の許容性等を判断することとした。このうち2005年命令9条は，慣行の市場実務としての許容性等の判断に際して，市場参加者，所轄官署，及び外国の権限ある官署が関与すべきことを定める手続規定であることから，実体的規律として重要なのは同命令8条である。

　2005年命令8条は，問題となる慣行が市場実務として許容されるものか否かを判断する上で，金融監督庁として，当該慣行が次の基準に従っているかどうかを考慮すべきものとしている。

　1．市場全体に対して十分透明性を有するものであるかどうか
　2．市場の流動性及び能率を損なわないか否か
　3．市場力の機能を損なわないか否か。また，重要なパラメーター，とりわ

---

[48]　J.Vogel, a.a.O.（Fn. 28）, Rz.168.
[49]　J.Vogel, a.a.O.（Fn. 28）, Rz.172.

け市場実務，取引日において決定された平均価格，及び毎日の終値の導入といった市場の条件を考慮しつつ，需給の自由な合致を損なわないか否か
4．市場の取引メカニズムと合致しているかどうか。他の市場参加者において適切かつ適示の対応を可能とするものか
5．市場に対する規制と監視といった構造上の特徴，取引されている金融商品，及び取引参加者の種類について，正当に扱っているか
6．同じ金融商品を扱う他の市場の完全性（Integrität）を危険に陥れないか

(4)　その他の詐欺的行為の禁止

　2004年有価証券取引法20ａ条1項1文3号は，市場における価格に影響を及ぼすに足るその他の詐欺的行為を禁止しており，ある種の包括条項となっている。2003年市場濫用指令1条2号（b）は，「取引又は取引注文が，架空の手法，その他詐欺又は偽計の形態によるものである場合」を禁止しているが，価格に影響を及ぼしうる詐欺行為をおよそ禁止するという規制とは異なっている。2004年有価証券取引法の文言は，むしろかつての取引所法88条2号の定める「欺罔を見込んだその他の手段を講じること」という表現に近く，これが有価証券取引法に取り込まれる際に価格への影響に結び付けられたものである。このような経緯もあり，わが国の目からすれば，本号は一般的な詐欺防止規定ということも，相場操縦禁止規定ということもできそうである。

　本号の詐欺的行為の禁止に関する規制についても，2005年命令が詳細な規定を置いていることから，以下ではこれを確認することとしたい。2005年命令4条は，まず第1項において，思慮ある投資家が取引所ないし市場における真実の経済的状況，とりわけ金融商品の需給について誤導され，かつ金融商品の内国取引所ないし内国市場における価格又は他のEU加盟国ないし欧州経済圏協定締約国における組織化された市場における価格をつり上げ，引き下げ，または釘付けにするに足る行為（不作為を含む）が，禁止されるその他の詐欺的行為に当たるとしている。

　次いで第2項は，取引等を行う契約当事者又は取引委託者（これと密接な関係を有する者を含む）が，事前又は事後に，
1．虚偽又は誤導的な情報を拡散する場合
2．虚偽の，不完全な，歪曲された，又は経済的な利害関係に影響された財

務分析ないし投資推奨を提供し，又は拡散する場合について，詐欺的行為の徴表であるとしている。

さらに第3項は，とりわけ次のような行為も詐欺的行為に当たるとしている。
1. ある者又はこれと申し合わせて行為をする複数の者が，ある金融商品の購入又は売却価格を直接又は間接に決定し，あるいは市場において適切ではない取引条件をもたらすように，当該金融商品の需給について市場支配的な地位を確保すること
2. ある金融商品についてポジションを取得した後に，これに関する利益相反関係を即時に適切かつ有効な方法で公表することなく，当該金融商品又はその発行者に関する態度表明や噂を公表することで，伝統的又は電子的媒体に散発的又は定期的にアクセスし，これを利用すること

2 相場操縦行為に対する制裁

(1) 制裁の具体的内容

2004年有価証券取引法20a条1項1文に列挙する行為に違反した場合，同法は，刑事罰及び秩序罰の対象としている。

まず同法38条2項によれば，同法20a条1項1文2号（金融商品にかかる虚偽・誤導的徴表の付与・人為的価格水準をもたらす取引の禁止）又は3号（その他の詐欺的行為の禁止）に違反する行為を行った場合，刑事罰（その法定刑は5年を上限とする自由刑，又は罰金刑）の対象となる。ただし，これは故意犯であり，かつドイツ国内における金融商品の取引所ないし市場価格又は他のEU加盟国ないし欧州経済圏協定締約国における金融商品の市場価格に影響を及ぼしていることが要件となる。

次いで同法39条1項1号・2号によれば，端的に同法20a条1項1文2号（金融商品にかかる虚偽・誤導的徴表の付与・人為的価格水準をもたらす取引の禁止）又は3号（その他の詐欺的行為の禁止）に違反する行為を行った場合，秩序罰（制裁の内容は100万ユーロを上限とする制裁金（Geldbuße）。同法39条4項）の対象となる。これには，行為者の主観的要件が付されていない点が特徴的である。

さらに同法39条2項11号によれば，故意または（軽）過失により同法20a条1項1文1号（虚偽・誤導的な表示及び違法な情報秘匿の禁止）に違反した場合，

やはり秩序罰（制裁の内容は100万ユーロを上限とする制裁金。同法39条4項）の対象となる。これは，同法20a条1項1文2号・3号の場合と異なり，行為者の主観的要件が付されており，その分だけ秩序罰の対象となる場合が制約されていることがわかる。

(2) 運用の実態

金融監督庁による年次報告書によれば，ドイツにおいて，相場操縦事案に対する法の執行例は相応の数に上っていることが報告されている[50]。2014年については，224件の金融監督庁による調査対象案件があった（2013年：218件）。また金融監督庁は，外国の監督官庁との連携も強めており，2014年においては169件について（2013年：172件），36カ国の監督官庁と連携しつつ調査を進めている。

もっとも，その調査案件が刑事罰ないし秩序罰に向けた手続にまで進むことは必ずしも多くはない。2014年に公判手続を経て判決にまで至ったものは3件，秩序罰を課されたものが7件である。

第4節　おわりに

以上，ドイツにおける相場操縦規制の内容を概観してきた。その内容は，古くからの取引所法の規定に端を発しつつ，EUにおける2003年市場濫用指令を取り込んで，資本市場における健全性と透明性を実現するための充実したものとなっている。

ドイツの当該規制は，わが国の規制とは成り立ちにおいて異なっており，単純に比較してその当否を論ずることは避けなければならない。ただ，次の点についてはわが国の規制と際立った違いを見せており，注目に値する点である。それは人為的に価格を変動させる行為それ自体を禁止する規制，つまり狭義の相場操縦規制におけるアプローチの違いである。わが国における狭義の相場操縦規制は，禁止すべき行為類型を限定するために目的要件──これが行為の違法性を基礎づける（主観的違法要素）──を設けている（金商159条）。これは現

---

[50] 以下の記述については，Jahresbericht der Bundesanstalt für Finanzdienstleistungsaufsicht 2014, S.217ff. による。

実の取引をする場合を考えれば容易に想像がつくが，いかなる注文であっても相場を変動させる可能性を有することから，このような通常の取引と法によって禁止する取引とを区別するために目的要件を設けているわけである[51]。これに対してドイツでは，2004年有価証券取引法20 a 条 1 項 1 文 2 号を見てもわかるように，主観的な目的要件などは付されていない。問題となるのは，問題となる取引等が「虚偽又は誤導的な徴表を与え，もしくは人為的に価格水準をもたらすに足る」ものであるかどうかだけである。

わが国において，目的要件の立証が必ずしも容易ではなく，この点の解釈に多大なる議論があったことを考えると[52]，相場操縦規制を客観的要件のみをもって規律するドイツ法の立場というのは非常に興味深い立法例である。もとより客観的要件のみをもって違法性を基礎づけるためには，それに足るだけの詳細な規律が必要となり，それが2005年命令による膨大なカタログとなって表れているともいえる。わが国の方向性とドイツの方向性とどちらがよいかは一概に評価できないが，少なくとも違法性の基礎付けの方法がわが国のような目的要件に限られないということを知ることには意味があるだろう。

本稿では，ドイツにおける相場操縦規制の内容を概観するにとどまり，個々の規定の文言の解釈等にはあまり詳細に触れることができなかった。また規制内容それ自体についても，自己株式取得プログラムや価格安定化措置に関するセーフ・ハーバー・ルール（以上につき，2004年有価証券取引法20 a 条 3 項）など言及できていないものがある。このような点に関する検討については，筆者の今後の課題としたい。

---

51) この点について，山下＝神田・前掲注 1 ）322頁〔後藤元〕参照。
52) 取引誘因目的（金商159項 2 項本文）をめぐって解釈が争われた協同飼料事件（最決平成 6 ・ 7 ・20刑集48巻 5 号201頁）を想起されたい。

EU の新しい内部者取引規制の枠組み
―ドイツ法との比較を通じて―

舩 津 浩 司

第 1 節 はじめに

　2014年 6 月12日に，EU の新しい市場濫用行為規制の枠組みを定める新規則 (Market Abuse Regulation, 独：Marktmissbrauchsverordnung[1]：以下「新規則」という)[2] が公布され，2016年 7 月 3 日から全面的に施行される予定である。これまで，内部者取引・相場操縦・適時開示といったいわゆる市場濫用行為規制は，2003年に採択された市場濫用指令 (Market Abuse Directive, 独：Marktmissbrauchsrichtlinie：以下「旧指令」という)[3] による枠組みの設定と，それに基づく加盟国の国内法により規律されてきたが，今般の新規則の制定により，EU 域内における市場濫用行為に関しては直接に同規則が適用されることになる。また，新規則の制定に併せて，加盟国に内部者取引規制の制裁として刑事罰を設けることを義務づける，市場濫用行為に対する刑事制裁指令 (Directive on criminal sanction for market abuse：以下「刑事制裁指令」という)[4] も採択されている。

　本稿は，主としてわが国において内部者取引（インサイダー取引）として知られている行為に関する規制を素材として，旧指令およびその国内法化の具体例として主としてドイツ法を参照しつつ[5]，新しい EU の市場濫用行為規制の

---

1) 新規則および刑事制裁指令の制定時の作業言語は英語であったことから，本稿においては，新規則・刑事制裁指令の原文を掲げる必要がある場合であって，英語を引用する場合にはとくに明示をせず，ドイツ語を引用する場合には「独」と明示することとする。
2) Regulation (EU) No.596/2014.
3) 2003/ 6 /EC.
4) 2014/57/EU.
5) 旧指令の下でのドイツの内部者取引規制の概要については，舩津浩司「ドイツの内部者取引規制―EU 法を踏まえて―」（平成 24 年 12 月 21 日 大証金融商品取引法研究会報告：報告内容および質疑応答については，http://www.jpx.co.jp/general-information/

枠組みを紹介し、EU やドイツにおける今後の課題を示すとともに、そこからわが国の法制を検討する際の示唆を取り出すことを目的とする。

第 2 節　新規則制定の背景

　新規則制定の背景は、各加盟国の法状況の統一と強化であり（新規則前文 4 項）、これは、金融危機に対する EU としての対応であるとされる[6]。

　加盟国間の規律が不調和となった理由としては、市場濫用行為の規律の法的根拠が「指令」の形式であったことが挙げられる。すなわち、旧指令の国内法化の段階で規定ぶりが区々に分かれたほか、当該規定の適用も、各国の国内裁判所や所管当局によりまちまちであったということが挙げられる[7]。

　規律の不調和による弊害としては、域内単一市場の実現という大きな目的もさることながら、規律の不調和が、規律のアービトラージを招くのではないかという懸念があるとされている（新規則前文 4 項参照）[8]。また、内部者取引規制の適用のある「取引の場」とそうでない「取引の場」との競争上の不均衡も問題とされていた（新規則前文 8 項参照）。新規則による内部者取引規制では、「取引の場（trading venue）」という概念により、規制市場（regulated market）のみならず、MTF（multilateral trading facility）や OTF（organized trading facility）などを含む広いものとして適用範囲が捕捉されている（新規則 3 条 1 項10号、改訂金融商品市場指令（MiFID Ⅱ）[9] 4 条 1 項24号参照）。

第 3 節　内部者取引に係る実体的規律

1　総　説

(1)　「市場濫用行為」の定義

　新規則は、市場濫用行為を、内部者取引、内部情報の違法な開示および相場

---

　　research-study/pdf/121221/23460_01.pdf 参照）。
[6]　Rüdiger Veil, Europäisches Insiderrecht 2.0, ZBB 2014, 85, 86.
[7]　Veil, a.a.O.（Fn. 6), S.86.
[8]　ただし、Veil, a.a.O.（Fn. 6), S.86によると、実際に何か規制のアービトラージで問題が起こったといった事例は今のところないようである。
[9]　2014/65/EC.

操縦の三つから構成されるものとして理解する（新規則前文7項）。旧指令と比較すると，内部情報の違法な開示が独立の項目として取り上げられている点が特徴的である（旧指令前文12項参照）。

(2) 規律の趣旨

新規則は，このような市場濫用行為の規律の趣旨につき，「市場濫用行為（Market abuse）が金融市場の完全性（integrity）並びに証券及びデリバティブに対する公衆の信頼を損なう」（新規則前文2項）ことを理由としており，旧指令の時代と変わるところはない（旧指令前文2項参照）。

ところで，2003年採択の旧指令の前身である1989年指令[10]においては，投資家の信頼，とりわけ，投資家が平等に取り扱われ内部者情報の不適切な使用から保護されているという保証が投資家に与えられていることについての信頼を保護することが指令の目的であることが示されている。新規則が述べる「投資家の信頼」の（少なくともひとつの）重要な内容としても，投資家の平等取扱いが挙げられることになる[11]。そして，このことは，欧州裁判所の判例においても繰り返し述べられている[12]。

(3) 規律の概要

新規則の中心的規律は，「内部情報（inside information），独：内部者情報（Insider-Information）」を有する者が，当該内部情報を用いて当該内部情報に係る金融商品の売買を行い，あるいは他人に売買することを推奨または教唆し，あるいは内部情報を他の者に開示する行為の禁止である（新規則14条(a)号ないし(c)号）。この構造は，旧指令やそれに基づくドイツの有価証券取引法（Wertpapierhandelsgesetz：以下「WpHG」という）14条と基本的に異なるところはない。

2 内部（者）情報

(1) 総説
① 条文構造

---

10) 89/592/EEC.
11) Vgl. Gregor Bachmann, Das Europäische Insiderhandelsverbot, 2014, S.20.
12) 後述のSpector判決（C-45/08）やGeltl判決（C-19/11）などを参照。

従来，旧指令に基づくWpHG13条1項は，「内部（者）情報」として，①一般的な証券関係情報（同条項1文），②商品デリバティブ関連情報（同条項4文2号）[13]，③フロントランニングの対象となりうる情報（同条項4文1号）の三種類を定めていた[14]が，今般の新規則では，これらに加えて，④排出権デリバティブ関連情報が加わっている（新規則7条1項(c)号）。以下では，最も典型的な，①一般的な証券関係情報（新規則7条1項(a)号）に絞って分析を加える。

新規則では，「公表されていない，精確性を有する情報（information of a precise nature）であって，直接又は間接に一若しくはそれ以上の発行者又は一若しくはそれ以上の金融商品に関係し，かつ，それが公表されると当該金融商品の価格又は関連する派生金融商品の価格に対する重大な影響（significant effect）を有する可能性のあるもの」を「内部情報」と定義する（新規則7条1項(a)号）。この点に関して，旧指令の文言（旧指令1条1項2文）からの変化はほとんどない。これに対して，ドイツ法においては，「内部者情報」という概念が内部者取引規制の発動要件とされているところ，これは，「内部者証券の一若しくは複数の発行者又は内部者証券そのものに関係し，これが公となった場合には内部者証券の取引所価格又は市場価格（Börsen- oder Marktpreis）に重大な影響を及ぼすのにふさわしい，公表されていない状況（Umstände）についての具体的な（konkret）情報」と定義されており（WpHG13条1項1文），要件としては「精確（präzis）性」ではなく，「具体性」が定められている。しかしながら，その文言の差異に実質的な意味はなく，WpHG13条が定める「具体的な」とは，旧指令が定める「精確な」と同義であると解されてきた[15]。

(2) 精確性

精確性に関して，新規則は，「存在しているか若しくは存在するに至ることが合理的に期待できる一連の状況（a set of circumstances）又は発生しているか若しくは発生することが合理的に期待できる事象（event）を示す場合であって，金融商品…【等】…の価格に対する，当該一連の状況又は事象のありうべ

---

[13] たとえば豚肉のデリバティブにおける疫病の情報，ジャガイモのデリバティブにおける補助金政策の変更などが内部情報の例としてあげられることがある（Rüdiger Veil, Europäisches Kapitalmarktrecht, 2.Aufl., 2013, §13 Rn.62）。

[14] もっとも，旧指令は①～③を並列的に規定するのに対し，ドイツ法は①の具体例として②と③を挙げるという体裁をとる。

[15] Heinz-Dieter Assmann, Assmann/Schneider WpHG, 6. Aufl., 2012, §13 Rn.6.

き影響に関して結論を下すことができるほどに十分に特定されている（specific）場合には，精確性を有する（of a precise nature）ものと見なされる」と定めている（新規則7条2項前段）。これも，旧指令の解釈の詳細を定めた施行指令[16]（以下，「旧施行指令」という）1条1項とほぼ同じである。

このような旧施行指令の「発生・存在の十分な蓋然性」と「情報の特定性」という要件は，すでにドイツ法でも参照すべき内容とされていた[17]ことからすれば，この点についての変化もないと考えられる。

① 段階的プロセスの場合

旧指令の下で精確性に関して大いに争われて来たのは，段階的プロセスで進む場合に，それぞれの段階で内部者情報となるのか，それともトータルで一つの内部者情報として取り扱うべきか，という問題である[18]。欧州証券規制当局委員会（CESR：2010年で欧州証券市場局（ESMA）に改組）のガイドライン[19]では「もし，情報が段階的に生じるプロセスに係るものである場合には，当該プロセスの各段階も，プロセス全体と同様に精確性ある情報となりうる」としていたが，この解釈を欧州裁判所も認めるに至っている[20]。

新規則も，これを正面から規定し，「特定の状況又は特定の事象をもたらし又は帰結することが予定されている長期にわたるプロセス（protracted process）の場合には，これらの将来の状況又は将来の事象のみならず，それらの将来の状況又は将来の事象の到来又は帰結と結びついたプロセスの中途段階（intermediate steps）もまた，精確な情報（precise information）と見なされうる」（新規則7条2項後段）とした上で，3項で「長期にわたるプロセスの中途段階は，それ自体が本条に定める内部情報の基準を満たす場合には，内部情

---

16) 2003/124/EC.
17) Assmann, a.a.O. (Fn. 15), § 13 Rn.7. ドイツにおいては，第一段階で，発生の蓋然性テストを経て，それが認められた「状況」について，第二段階でいかなる証券との関係で問題となる情報が特定されているかという二段階のテストを行うとされてきた（Assmann, a.a.O. (Fn. 15), § 13 Rn.8）。
18) ドイツにおける問題意識としては，とくにドイツの株式会社のように二層式ボードの場合，合併などの重要事項については，いったん取締役会が決定したものを監査役会で承認する（同意留保制度）とした上で，さらに株主総会で承認するというプロセスを経る。この拘束力が生じるのは総会承認後であるが，どの段階から「精確性」を有するのか，ということのようである（Veil, a.a.O. (Fn. 13), §13 Rn.49）。
19) CESR, Level 3 - second set of CESR guidance and information on the common operation of the Directive to the market, CESR/06-526b, July 2007.
20) Geltl 判決（C-19/11）。事件の詳細については，松尾健一「EUにおけるインサイダー取引規制」阪大法学62巻3＝4号281-301頁（2012年）参照。

報と見なされるものとする」と定めている。

② **蓋然性**

将来の事項に関して主として問題となるのは，その発生・実現の蓋然性がどの程度あればよいか，という問題である。CESR ガイドラインでは，「情報の精確性は，ケースバイケースで評価されるべきであり，情報が何かということと，状況のコンテクストに依存する」とするものの，蓋然性に関しては客観的な証拠・情報に基づくべきことを示唆している[21]。

a **独立した要件か否か**　ところで，発生の蓋然性に関しては，発生の蓋然性要件と後述の価格影響力要件とをそれぞれ別個独立の要件と解すべきか，それとも蓋然性の程度は価格への影響力の大きさとの関連で判断されるべきか，という点が問題となる。いわゆる probability/magnitude テストのような考え方をとるかどうか，という問題である。蓋然性が小さくても影響が大きければ精確性を認める方が旧指令の目的には適合的であるという評価もなされていた[22]が，ドイツでは独立した要件であるとする説も有力に唱えられており[23]，欧州裁判所も Geltl 判決において，旧指令の規定構造から両者は別個の要件であるとの解釈を示した[24]。新規則もそのことを前提とした記述をおいている（新規則前文16項3文）[25]。このような解釈は法的安定性を重視するものであるとの評価がある[26]が，この点については後述(4)④も参照。

b **蓋然性の高さ**　発生の蓋然性に高さに関しては，ドイツの議論においては，いわゆる「優勢的蓋然性（überwiegende Wahrscheinlichkeit）」の場合，すなわち発生可能性が50％以上ある場合に認められるとする考え方も有力であった[27]が，欧州裁判所は，高度の蓋然性（hoher Wahrscheinlichkeit）は必ずしも

---

21) CESR, Supra note 19, 1.5. もっとも，これに続く記述として，「一般的には…，発行体は実質を伴わない推測や市場の噂に反応する義務を負わない」としていわゆる "no comment-policy" が示されていることからすると，ここでの議論は主として開示義務を念頭に置いている可能性がある点には注意すべきであろう。
22) Rüdiger Veil, Europäisches Kapitalmarktrecht, 1. Aufl., 2011, § 9 Rn.35.
23) Assmann, a.a.O. (Fn. 15), § 13 Rn.24.
24) Geltl 判決（注20））Rz.50参照。
25) そして，このような新規則の制定によってもドイツ法の状況に変化はないと評価するものとして，Christoph H. Seibt / Bernward Wollenschläger, Revision des Marktmissbrauchsrechts durch Marktmissbrauchsverordnung und Richtlinie über strafrechtliche Sanktionen für Marktmanipulation, AG 2014, 593, 597.
26) Veil, a.a.O. (Fn. 13), §13 Rn.48.
27) Vgl. BGH Urt.v. 25.02.2008, WM 2008, 641.

要求されず,「既に判明している手掛かりの包括的評価（eine umfassende Würdigung der bereits verfügbaren Anhaltspunkte）」によって，発生等が「現実的に期待（tatsächlich erwartet werden）」できればよいとの理解を示している[28]。これは，高度の蓋然性を要求したのでは，内部者取引規制が実効的に規律できないことを理由とする。

③ 特定性

ドイツにおいて，この特定性の要件とは，とくに発行者や内部者証券と間接的にのみ関係する情報（(3)参照）について，当該情報がいかなる証券と関連するかということが特定できるかどうか，という問題であるとして捉えられている。したがってこの特定性のテストは，後述の重大な価格への影響力の該当性判断と類似するが，価格影響力テストとは異なり影響力の大きさは問題にならないと説明されている[29]。

CESRのガイドラインでは，情報の一部が特定性を満たす例として，a. 合理的投資家に財務上のリスクなしに――または極めて低いリスクで――投資決定を行わせることができる程度のものである場合，すなわち，いったん公になれば当該情報が関連する金融商品等の価格にどのように影響を与えるかを投資家が確信をもって評価することができる場合[30]，および b. 情報の一部が，すぐに市場で利用されがちなものである場合，すなわち，それを知ったら直ちに市場参加者がそれを基礎として取引をするであるような場合であるとされる[31]。もっとも，（狭義の）内部者取引が問題となった事例であっても，加盟国の国内裁判所において特定性に関する判断は分かれているようであり[32]，規則の解釈の統一が必要となる部分であると思われる。

---

28) Geltl 判決（注20）Rz.46参照。
29) Assmann, a.a.O. (Fn. 15), § 13 Rn.8.
30) たとえば，「特定の発行者が間もなく買収に服することになるということを知っている誰かが，当該発行者の株価は買収が公になれば値上がりするだろうということを確信している時」が例として挙げられている。
31) CESR, supra note 19, 1.8.
32) 行為者が証券の特定性に関する詳細な情報を認識している必要があるか，という点である。Veil, a.a.O. (Fn. 13), § 13 Rn.81-85によれば，イギリス法では，行為者が幾分かの確たる認識を有していれば足り，取引の詳細について知っていることとは無関係に判断されるという判例があるのに対し，スウェーデン法では，詳細な周辺事情を挙げることなく，アドバイザーが売却を勧めたため株式を売却したという事案の下で株主の刑事責任が問われた事件について，特定性（これはスウェーデン法上は明文の要件ではなく解釈で認められているものである）を満たさないとする判例があるとされる。

(3) 発行者あるいは証券関連性

　内部情報とは，発行者あるいは証券に「直接又は間接」に関係するものである。「直接に関係」する情報は，わが国における「重要事実」（金商法166条）に近いものであると考えられる一方で，「間接に関係」する情報としては，旧指令に関するCESRガイドラインによれば，公的機関が公表するデータ・統計，格付け機関のレポートの公表，中央銀行の利率に関する決定等が挙げられている。これは，いわば発行者によるコントロールが不可能な情報であるといえるが，そのような情報についても「未公表」である限りは内部者取引規制の構成要件を満たすこととなる[33]。

(4) 価格影響力（相場関連性：Kursrelevanz）

① 趣旨

　内部情報たりうるためには，それが公表された場合には価格に重大な影響を及ぼすようなものでなければならないとされている。これは，わずかな価格変動が生じるのみの場合であっても内部情報に該当するとしてしまうと，有価証券取引を強く阻害してしまうためであるとされる。

② 影響力の評価方法

　価格影響力に関して，新規則では，「価格に重大な影響を有する可能性のある情報とは，合理的な投資家（reasonable investor）ならばその投資決定の基礎の一部として用いる可能性があるであろう情報を意味するものとする」（新規則7条4項）とされており，旧指令（旧施行指令1条2項）やWpHG13条1項2文と同様に，価格影響力の有無は，「合理的な投資家（独：賢明な（verständig）投資家）」[34]テストにより判断されることになる。

　内部情報が価格に重大な影響力を与えるか否かは，事前の観点から（ex ante basis）で判断されるとするのが，CESRの立場[35]であり，ドイツ法の通説でもある[36]。もっとも，ドイツでは，内部（者）情報の開示後の取引所価格や市場

---

33)　なお，直接と間接の区別は，「直接に関係」する情報のみ開示の対象となる（新規則17条1項1文）という形で，開示義務の発生に影響する要件である。
34)　BaFin, Emittentenleitfaden, 4. Aufl., 2013, III.2.1.4.
35)　CESR, supra note 19, 1.12.
36)　Assmann, a.a.O. (Fn. 15), § 13 Rn.55 ; Petra Buck-Heeb, Kapitalmarktrecht, 7. Aufl., 2014, Rn.275.

価格の現実の変動は、価格影響力の指標になるといわれていたが[37]、新規則もこのような解釈を承認している（新規則前文14項および15項参照）。

③ 「重大な影響」の生じる蓋然性

どの程度価格への影響力を有する蓋然性があれば内部者情報たりうるかも問題となる。旧指令の英文は「価格に重大な影響を有する可能性のある（be likely to have a significant effect）」とされており、（主として開示義務の局面についてではあるものの）その意義について CESR は、断片的な情報が重大な影響力を有する単なる可能性（mere possibility）だけでは十分ではないが、確実性に近い蓋然性（probability close to certainty）が必ず存していなければならないという訳でもないという解釈を示している[38]。新規則も同じ文言を用いており、同様の解釈が継続するものと思われる。

④ 影響力の重大性の程度

価格影響力に関して最大の問題は、どの程度の証券の価格変動があ（ると見込まれ）れば「重大な影響」があるといえるかという点であると考えられる。

かつてドイツにおいて、学説上、株式については少なくとも5％、債券1.5％、オプション10％の変動があれば「重大な」に該当するという通説的見解が形成されていたようである[39]。

これに対して旧指令や旧施行指令ではそのような閾値を明確にすることはせず、また CESR も、何％の株価の上下があれば重大な影響か、といった数値で閾値を定めることは、たとえば金融商品のボラティリティの違いなどを考えれば適切でないとしており、単独の決定因子としてそのような閾値を定めるという立場は採っていない[40]。むしろ、重大な影響力があるか否かを判断する際には、ⅰ）会社の活動をトータルで見た、事項・事象の予測される重大性（magnitude）、ⅱ）金融商品価格の主要決定要因との関係での情報の関連性（relevance）、ⅲ）情報源の信頼性、ⅳ）当該金融商品価格に影響を与える市場変数（価格、リターン、ボラティリティ、流動性、金融商品間の価格関連性、総量、

---

37) BaFin, a.a.O. (Fn. 34), Ⅲ.2.1.4 ; Assmann, a.a.O. (Fn. 15), § 13 Rn.55 ; Buck-Heeb, a.a.O. (Fn. 36), Rn.276.
38) CESR, supra note 19, 1.12.
39) Assmann, a.a.O. (Fn. 15), § 13 Rn.63. この点については、川口恭弘ほか「インサイダー取引の比較法研究」民商法雑誌125巻4＝5号465頁〔洲崎博史〕（2002年）参照。
40) CESR, supra note 19, 1.13.

需要，供給）を考慮するとする[41]。

　ところで，精確性の点で probability/magnitude テストを拒絶したとされる欧州裁判所の Geltl 判決であるが，実は，この価格影響力の要件に関して同ルールを採用しているのではないか，という評価がある[42]。そして，このような考え方は新規則の文言とも矛盾しないと主張する論者[43]もいる。このような立場からは，中間段階であって最終的な結果の発生が優勢的蓋然性を有しているとはいえない場合であっても，株価への影響の大きさから価格影響力を肯定する結果，内部情報に該当する場合があるという結論になりうるとされる[44]。

(5)　未公表

　情報が未公表であることが内部者情報の要件である点は旧指令（および WpHG）も新規則も変わるところはない。

①　自己の知識に関する例外

　旧指令の時代から，すべての未公表情報に対する優位性が，同時に，利用することが許されない内部者情報の存在を意味するわけではなく，金融アナリスト，信用機関等は，公衆がアクセス可能な情報や一般的な市場認識に基づき知識優位を獲得した場合には，基本的にはそれを自らのために用いることができると解されてきた[45]。WpHG14条 2 項が，「もっぱら公に知られた状況に基づき作成された評価」は，たとえそれが証券価格に重大な影響を及ぼしうる場合であっても，内部者情報ではないと述べるのは，このことを明確化するものであるとされる[46]。

　新規則でも，「使用」の要件に掛ける形でこのことが明らかにされている一方で，例外もありうることが示唆されている（新規則前文28項）。

②　公　表

　公表に関して，CESR のガイドラインでは，主として適時開示義務を念頭に置いて，「開示すべき内部者情報を有する会社は，権限ある当局によって特定

---

41)　CESR, supra note 19, 1.13.
42)　Veil, a.a.O.（Fn. 13），§13 Rn.54.
43)　Veil, a.a.O.（Fn. 6），S.91.
44)　Veil, a.a.O.（Fn. 6），S.91.
45)　Buck-Heeb, a.a.O.（Fn. 36），Rn.272.
46)　Buck-Heeb, a.a.O.（Fn. 36），Rn.272.

された開示機構を用いるべきである」[47]とする。他方で、「取引が内部者情報を利用してなされたか否かを決する目的のためには、当該特定の方法によって発行者により開示がなされていない場合であっても、情報が公共に供されているとされうる。このことは、不適切な開示を通じて情報が公になったのが発行者によるものであろうと第三者を通じたものであろうと妥当する[48]」とする[49]。

3 内部者

旧指令では、内部者をいわゆる第一次内部者と第二次内部者とに分け、第一次内部者に関しては2条および3条で規律する一方、第二次内部者に関しては4条で規律していた。第一次内部者は、89年指令とほぼ同じで、①管理機関、経営機関もしくは監督機関の構成員として情報を入手した者、②発行者の株主等として情報を入手した者、③「その雇用（employment）、職務（profession）、または責務（duties）を通じて」情報を入手した者がこれに当たるとされているが、さらに④「犯罪行為に基づいて」情報を有した者が加えられている[50]。第二次内部者とは、上記①～④に該当しない者で、当該情報が内部者情報であることを知っていたかまたは知るべきであった者を指す。このような規律の枠組みは、新規則においても変更はない（第一次内部者につき新規則8条4項1文、第二次内部者につき同2文）。

ドイツ法では、内部者取引規制の中心的規定であるWpHG14条において、内部者情報を利用した取引等が禁止されるとのみ規定しており、いかなる者がその規律の対象となるかについては定めていないが、違反の効果を定めるWpHG38条および39条において、第一次内部者と第二次内部者との区別を行っている[51]。すなわち、第二次内部者については、取引禁止違反を除き、刑事犯

---

47) CESR, supra note 19, 1.9.
48) CESR, supra note 19, 1.9.
49) なお、ドイツ法において、公表とは、不特定数（eine unbestimmte Anzahl）の者が知りうる状況であるとされてきた。これは、たとえば、メディア報道、適時開示（Ad-hoc-Mitteilung）、中間決算報告における開示などである（Buck-Heeb, a.a.O. (Fn. 36), Rn.273）。通説によると、「公表」とされるためには、利害関係を有する各市場参加者が、情報を知りうる可能性を有する（圏内公開性：Bereichsöffentlichkeit）かどうかが決め手となるとされる。
50) これは、9・11の影響で、内部者取引がテロ行為に関連して行われうることを考慮したものであるとされる（久保寛展「欧州市場濫用指令の動向について」福大法学48巻3＝4号326頁（2004年））。
51) 第二次内部者に関して、ドイツ法は、旧指令にあるような「知り又は知るべきであっ

ではなく秩序違反に留まる。

　これに対し，新しいEUの枠組みでは，取引禁止，推奨・教唆禁止，違法開示禁止のいずれについても，第二次内部者のうち「内部情報であることを知っていた者」に関しては，「少なくとも故意」で重大な事案については刑事犯として処罰することを加盟国に求めている（刑事制裁指令3条3項・4条3項）。したがって，新たなEUの枠組みは，ドイツにおいては刑事処罰範囲がかなり拡張されることになる。

4　禁止行為

(1)　総　説

　新規則は，内部者取引，内部者取引の推奨・教唆および内部情報の違法な開示という三つの行為がどのようなものであるかを示した上で（新規則8条1項・同条2項・10条），これら三つの行為を禁止する規定を置くという構造をとる（新規則14条(a)号(b)号(c)号）。この14条の禁止規定（や，その行為類型を示す規定）では，主観的要件について明示的に規定されていない。もっとも，エンフォースメントは加盟国の立法に委ねられている部分が多いため，主観的要件は，それらの各加盟国に委ねられたエンフォースメント規定において差別化あるいは要件化がなされることになると予想される。

　新しいEU法の枠組みでは，刑事制裁指令で加盟国に刑事上の処罰を求めるのは，「少なくとも」「故意」かつ「重大な事案」についてのみである（刑事制裁指令3条1項・4条1項）。

　これに対し，ドイツ法の現行法制では，エンフォースメントが発動されるのは，故意または軽率（leichtfertig）であることが必要である。軽率とは，命じられた注意を大幅に（in einem ungewöhnlich hohe Maße）怠る者の行為であるとされ，刑事法における軽率性は，民事法の重過失（Grobe Fahrlässigkeit）に相当するとされる[52]。たとえば，取締役が，公表がよく遅延することを知っていたにもかかわらず，公表がすでになされたかどうかをきちんと確認していなかった場合に，軽率性が与えられるとされている。

た」者に限定する文言は存在しないが，エンフォースの段階で故意又は軽率という要件を課しているので，違いはあまりないのかもしれない。

52)　Wessels/Beulke, Strafrecht Allgemeiner Teil, 41. Aufl., 2011, Rn.622.

(2) 取引禁止
① 新規則

　旧指令は，第一次内部者については，「当該情報を使用して，自己または他人の計算で，自らまたは間接的に，当該情報に係る発行者の有価証券を取得または譲渡すること」を禁じていた（旧指令2条1項）。また，第二次内部者にも第一次内部者に係る取引禁止規定の適用があるべきことを定めていた（旧指令4条）。

　これに対して，新規則は，注文の取消しや修正を新たに禁止行為の類型に加えている点に特徴がある（新規則8条1項）[53]。

　また，内部情報を保有している状況での取引であっても，取引禁止違反とはならない類型について，新規則9条が定めている。もっとも，その6項では，「本条第1項ないし第5項の規定に関わらず，所管当局が関係する売買（trade）の注文，取引（transaction）又は行為（behaviour）の不正な理由があると証明した場合には，第14条に定める内部者取引の禁止の違反が生じているものとみなすものとする。」とされており，9条の規定がいわゆるセーフハーバールールとなっていない点は，法的安定性および法適用の統一という観点からは問題を含むものであるとの評価もある[54]。

② ドイツ法における内部（者）情報の「利用（Nutzung）」または
　「使用（Verwendung）」概念とEU法判例による解釈の変更

　ドイツ法においては，「内部者情報の使用の下で（unter Verwendung）」取引がなされることが要件とされている。89年指令や，2004年投資家保護改善法による改正前のWpHG14条では，内部者情報の「悪用（Ausnutzung）[55]」が禁止されてきた。「悪用」概念は，経済的利点の獲得の意図といった主観的超過要素の存在が必要となるところ，この証明が非常に困難であるといわれていた[56]。内部情報の「使用（Verwendung）」に改正することで，かかる主観的超

---

53) なお，新規則19条11項では，取引所ルールや国内法で公表が要求されている年度・中間決算の公表前30日は経営者による取引が禁止されるというルールが新たに導入されている。
54) Veil, a.a.O.（Fn. 6），S.92.
55) 英語版では，89年指令は"taking advantage of that information"，濫用指令は"using that information"とされる。"Ausnutzung" "ausnutzen"の語感に関しては，松井秀征「インサイダー取引規制に関する比較法的研究」神作裕之責任編集『企業法制の将来展望 2013年度版』393頁注73）（資本市場研究会，2012年）参照。
56) Assmann, a.a.O.（Fn. 15），§14 Rn.23；Buck-Heeb, a.a.O.（Fn. 36），Rn.296.

過要素がもはや必要ないことが明らかにされたといわれている[57]。

またドイツ法においては,「使用」の概念の下で,行為者の行為と内部情報を知ることとの間の因果関係の要件を読み込んでおり[58],したがって,内部情報が行為者の行為に対する影響を何らもちえない場合には,「使用」が存在しないとされてきた。たとえば,対面取引に際して取引当事者双方が内部者情報の知識を有している場合[59]や,信用機関による顧客の指図に従った内部者証券に関する売買委託の遂行も,「使用」に当たらないと解されてきた[60]。

しかしながら,近年,旧指令が定める「使用（Use）」の要件に関して,欧州裁判所から「内部者情報を有する第一次内部者が,取引禁止規定に違反して取引した場合には,内部情報を『使用』したとする,反証可能な推定が働く」とする判例が出された[61]。新規則は旧指令と同様の文言を用いており,旧指令下での判例の解釈がそのまま新規則にも妥当すると解されること,また,実際に新規則の前文第24項において,先の判例と同旨の解釈が示されていることなどから,ドイツ法のこれまでの解釈は今後維持できなくなるおそれがある[62]。

(3) 推奨・教唆禁止

旧指令同様,内部者取引の推奨または教唆を行うことも新規則では禁止される。ただし,旧指令が第一次内部者と第二次内部者とを分けて規定していた（前者につき旧指令3条(b)号,後者につき旧指令4条）のに対して,新規則は両者を分けずに「内部情報を保有している者」一般につき,推奨や教唆を行うことを一つの条文で規律している（新規則8条2項）。

構成要件は,推奨・教唆者が内部情報を保有しており,それに基づき金融商品の取得もしくは処分を推奨・教唆すること,または金融商品の取得・処分に係る注文の取下げ・修正を推奨・教唆することである（新規則8条2項）。取引禁止において注文の取下げ・修正に適用が拡張されたのと同様の拡張がなされている。

---

57) Buck-Heeb, a.a.O. (Fn. 36), Rn.296.
58) Buck-Heeb, a.a.O. (Fn. 36), Rn.297.
59) Buck-Heeb, a.a.O. (Fn. 36), Rn.298.
60) Buck-Heeb, a.a.O. (Fn. 36), Rn.299. このほか,騰がる情報を聞いて売る行為なども使用にあたらないと解するようである。
61) spector 判決（C-45/08）。
62) もっとも,spector 判決の理解自体容易でない点については,Bachmann, a.a.O. (Fn. 11) 参照。

条文上は「内部者取引の推奨・教唆」という名称となっているが，規定内容からは，取得・処分・取下げ・修正をした者（以下，「直接行為者」という）が内部者取引の条文に該当している必要はないことになろう。もっとも，直接行為者が，当該情報が内部情報に基づくものであることを知りまたは知るべきである（know or ought to know）場合には，その者に対する内部者取引の構成要件を充足するとされる（新規則8条3項）。

(4) 違法開示の禁止
① 新規則

旧指令では，第一次内部者が，「第三者に内部情報を開示すること（disclosing, 独：Weitergbe）」を禁止するものの，「そのような開示が，雇用，職務又は責務の通常の過程（in normal course）で行われた場合」の適用除外を定め（旧指令3条(a)号），他方，第二次内部者（＝内部情報であることを知りまたは知るべき者）にも第一次内部者に係る開示禁止規定の適用を及ぼすべき旨を定めていた（旧指令4条）。新規則も同様の規定構造をとる（第一次内部者につき新規則10条1項1文，第二次内部者につき同項2文）[63]。

旧指令を受けたドイツ法では，第一次内部者・第二次内部者の区別なく，「権限なく（unbefgt），他の者に内部者情報を知らせ（mitteilen）又はアクセス可能とする（zugänglich machen）こと」を禁止してきた。アクセスを可能とする場合としては，たとえば，パスワードを伝達することによって，PCに記録された内部者情報を使用可能にする場合などがこれに当たるとされていた[64]。

② 適用除外行為に関する「不可欠性」

旧指令であれば「職務等の遂行の通常の過程」，ドイツ法であれば「権限内」で行われた伝達・アクセス可能化については許容されてきた。開示が許容される場合に関しては，89年指令の下での事例であるが，任務遂行等に「不可欠（デンマーク語：strengt nødvendig）」でなければならないとする欧州裁判所の判例[65]があり，文言が同じである旧指令にも妥当する判示であると解されてき

---

63) なお，新規則11条において，市場調査（market sounding）の場合の適用除外が規定されている。
64) Buck-Heeb, a.a.O. (Fn. 36), Rn.302.
65) Knud Grøngaard og Allan Bang 判決（C-384/02）。

た[66]。新規則も同様の文言でありこの解釈論は維持されると思われる[67]が、ドイツやイギリスにおいてはこれまで監督官庁が比較的広く例外を認めてきた[68]ことから、これらの諸国においては実体ルールの変更をもたらす改正となると思われる。

(5) 未　遂

　新規則では、明文で未遂（attempt）が禁止されるのは取引禁止のみであるが、推奨・教唆禁止や開示禁止に未遂に関する文言は存在しない（新規則14条1文(a)号と(b)(c)号との違い。これは旧指令の条文構造（旧指令2条1項第1段参照）と同様）[69]。刑事制裁指令6条2項でも、同様の範囲の刑事犯化が求められている。

　これに対して、ドイツ法は取引・開示（伝達）・推奨に係る刑事犯の故意行為（開示と推奨は第一次内部者のみ）すべてについて未遂が処罰対象とされてきた（WpHG38条3項）。ドイツでは、未遂の時点ですでに投資家の信頼が揺るがされ、資本市場の機能能力が危殆化する、というのが未遂処罰の根拠とされてきた[70]が、かかる規律を今後も維持するのかが問題となるであろう。

(6) 共　犯

　新規則には共犯に関する規定は存在しないが、刑事制裁指令6条1項では、取引禁止（刑事制裁指令3条3項ないし5項）と開示禁止（刑事制裁指令4条）につき、煽動（inciting）・幇助（aiding）・教唆（abetting）についても刑事犯化を加盟国に求めている（推奨・教唆禁止（刑事制裁指令3条6項）については言及なし）。その他の点については、おそらくは各国法のエンフォースメントの諸規定の一般原則に従うことになると思われる。

　ドイツでは、取引禁止については、故意犯は刑事犯、軽率犯は行政犯（秩序

---

66)　Rüdiger Veil, Weitergabe von Informationen durch den Aufsichtsrat an Aktionäre und Dritte, ZHR 172 (2008), 239, 253.
67)　Veil, a.a.O. (Fn. 6), S.91.
68)　ドイツにつき、BaFin Emittentenleitfaden, a.a.O. (Fn. 34), III.2.2.2.1. イギリスのFCAハンドブックではこの例外を広く解しており、したがって、イギリスの監督実務はGrøngaard判決（注65）を考慮していないと評価されている（Veil, a.a.O. (Fn. 13), §13 Rn.108)。
69)　久保・前掲注50) 326頁。
70)　Buck-Heeb, a.a.O. (Fn. 36), Rn.318.

違反）であるが，主犯が秩序違反であったとしても，共犯者は教唆や幇助が立証される限り刑事罰が課せられると考えられている[71]。

第4節　エンフォースメント

1　国家による制裁

(1)　刑事罰

　旧指令では，14条1項が「加盟国は，刑事制裁を科す権利を侵害することなく」行政上の制裁を定めるべきことを規定していたことから，刑事罰を選択することは各国に委ねられていると解されてきた。

　すでに述べたとおり，新規則に併せて制定された刑事制裁指令の内容は，故意の内部者取引禁止違反行為および内部情報の伝達禁止違反行為を，刑事罰を構成するものとすることを確保する必要な措置をとることを加盟国に要求するというものである（刑事制裁指令3条）。また，これらに加功した共犯（教唆・幇助），および，取引禁止違反（のみ）につきその未遂も刑事処罰の対象とすることを求めている（刑事制裁指令6条）。さらに，法人の代表者等が犯した犯罪について法人に責任を負わせることを確保することも求めている（刑事制裁指令8条）[72]。

　どの程度の刑事罰とすべきかについては，「実効的（effective），比例的（proportionate）かつ諫止的（dissuasive）な」ものであるという一般基準を定める（刑事制裁指令7条1項）とともに，自由刑についての最長期間を，内部者取引（および相場操縦）の既遂正犯（刑事制裁指令3条および5条）については4年以上（刑事制裁指令7条2項），内部情報の違法開示の既遂正犯については2年以上（刑事制裁指令7条3項）とすることを指示している。

---

71)　Buck-Heeb, a.a.O. (Fn. 36), Rn.317.
72)　この点については，ドイツでは法人への刑事罰という形が認められていないとされるが，刑事制裁指令は必ずしも刑事罰であることを要求していないことから，ドイツでは行政制裁の方法によることになるとされる。Miriam Parmentier, Die Verhandlung eines Rechtssetzungsvorschlags der Kommission in den Arbeitsgruppen des Rates am Beispiel des EU-Marktmissbrauchsrechts, BKR 2013, 133, 141.

(2) 行政的制裁
① 新規則

　旧指令14条1項は，加盟国に対し，それらの措置が，「実効性があり，比例的かつ諫止的な」行政措置の確保を要求するのみであった。

　これに対して，新規則は，エンフォースメントの具体化については加盟国に委ねつつも，大枠を定めている。

　まず，取引禁止，推奨・教唆禁止および違法開示禁止の三つの禁止行為についての行政上の制裁を定めることを要求する（新規則30条1項1文(a)号）。もっとも，刑罰による制裁を定めた場合には，行政上の制裁を課さないという選択も認められる（新規則30条1項2文）。ドイツ法は，秩序違反法21条（「ある行為が同時に犯罪行為且つ秩序違反である場合には，刑事法（Strafgesetz）のみが適用される」）があるため，刑事罰のみ科されることになると思われる[73]。

　行政制裁の中身としては，「少なくとも」以下の行政的制裁を課し，あるいは以下の行政的手段を採る権限を所管官庁が有するよう確保するとされる（新規則30条2項1文）。(a)差止命令，(b)利益の吐き出し，(c)違反により責を負う者および違反の性質を示した公開警告（public warning），(d)投資業者の認可の取消し・停止，(e)投資業者の役員就任の一時的禁止，(f)（累犯の場合）投資業者役員就任の資格喪失，(g)自己勘定での取引の一時的禁止，(h)違反により獲得した利益又は回避した損失の少なくとも三倍を上限とする制裁金（行政上の金銭的制裁），(i)（自然人につき）少なくとも500万ユーロ（相当額）を上限とする制裁金，(j)（法人の場合）1,500万ユーロ若しくは直近年度（連結）総売上の15%相当額。

　なお，「少なくとも」とされていることから，行政罰については，加盟国に上乗せ規制の余地を与えていることになる。

② ドイツの過料制度

　ドイツにおいて行政制裁の対象とされているのは，第一次内部者の軽率な（≒重過失）行為による伝達・推奨禁止違反と，第二次内部者の故意又は軽率な行為による伝達・推奨禁止違反であり，いずれも20万ユーロ以下の過料とされてきた（39条2項3号4号）。

　連邦法・州法に基づくすべての秩序違反について秩序違反法（Gesetz über

---

[73] Parmentier, a.a.O. (Fn. 72), S.140.

Ordnungswidrigkeiten：OWiG）が適用されるとされている（OWiG 2 条）ことから，WpHG39条が定める内部者取引禁止違反の秩序違反についても秩序違反法が妥当する。第 1 編の総則規定[74]のほか，第 2 編（35条から110e 条）の過料手続に関する規定が重要である。

　過料手続の行政庁は BaFin であり（WpHG40条），当該行政庁が訴追官庁となる（OWiG35条）。訴追官庁は，刑事手続における検察と同様の権限と義務を有する（OWiG46条 2 項）。秩序違反行為の訴追は，訴追官庁の義務に応じた裁量（pflichtgemäßes Ermessen）の範疇である（OWiG47条 1 項：便宜主義原則 Opportunitätsgrundsatz）。その際の指導原理は「目的適合的考量（Zweckmäßigekeitserwägung）[75]」であるとされる[76]。もっとも，当然のことながら，BaFin の恣意による訴追は許されず，また，平等取扱いの原則も存在するとされる[77]。

③　開示による制裁

　ドイツ法では，すでに WpHG40b 条において，BaFin は同法に定める禁止または命令に対する違反を根拠として講じた措置であって取消しの対象となり得ないために確定した措置を，不適切な状況を除去し予防するために適切かつ必要な場合に限り，その Web サイト上で一般に公表することができると定めている。予防的効果を狙ったものである[78]が，この制度は憲法上の問題があるとして激しく批判されていることもあって，内部者取引規制に関して，この公表措置が発動されたことは未だにないとのことである[79]。これに対して，イギリス，フランス，イタリアなどでは監督官庁による公表が一般的に行われているとされる[80]。制裁の（少なくとも表面的な規定の）内容についての調和化が

74）　遡及効の禁止（ 3 条 4 条），国際適用（ 5 条 7 条），不作為犯（ 8 条），共犯（ 9 条14条），故意・軽率・錯誤（10条11条）などが重要であるとされる。Joachim Vogel, Assmann/Schneider WpHG, 6.Aufl., 2012, Vor § 38 Rn.25.
75）　目的適合的でない場合としては，具体的には，①軽微なあるいは形式的な違反，②不明確な事実関係で制裁の見込みに比例しない操作の浪費の場合，③不明確な法状況であるため非難可能性が小さいような場合，④該当者の協力があるとき，とくに重要な証人である場合，⑤損害の弁償をしたとき，などが挙げられている（Vogel, a.a.O. (Fn. 74), Vor § 40 Rn.5.）。
76）　Vogel, a.a.O. (Fn. 74), Vor § 40 Rn.5.
77）　Vogel, a.a.O. (Fn. 74), Vor § 40 Rn.5.
78）　Vogel, a.a.O. (Fn. 74), Vor § 40 Rn.4.
79）　Veil, a.a.O. (Fn. 13), § 13 Rn.150.
80）　Veil, a.a.O. (Fn. 13), § 13 Rn.151 u. 152.

図られる一方で，このようなドイツのような運用がなお許容されることになるのかが今後問題となるであろう。

2 民事法上の効果

① 旧指令下の状況

「指令」という法形式は加盟国に対して立法を義務づけるにすぎないものであるところ，旧指令は加盟国に対して私人によるエンフォースメント（損害賠償等）に関する規定を設けることを加盟国に義務づけるものではないと解されていた[81]。旧指令を国内法化したドイツ法においては，内部者取引に係る三禁止行為を定めるWpHG14条1項の規定は，民法134条の禁止法規（Verbotsgesrtz）に該当しないため取引の効力には影響はなく，また，民法823条2項の保護法規（Schutzgesetz）にも該当しないため，他の投資家が同条を根拠として損害賠償を請求することも認められてこなかった[82]。また，故意の良俗違反について損害賠償請求権を認める民法826条が根拠条文として考えられるものの，良俗違反，害意，損害との因果関係が要件であり，これらを認めることはいずれも困難であると考えられてきた[83]。

他方，フランスでは，近時，狭義の内部者取引に関して，付帯私訴の手続による民事責任の追及を可能と解する判例が出されたようである[84]。もっとも，内部者取引に係る株式の数が取引総量に占める割合が極めて小さく，相場への影響が判明しないという理由で当該事案に対する結論として賠償は認められなかったが，制度としては十分ありうるということであろう。

② 新規則下の解釈

上述のとおり，新規則は行政上の制裁を定めるものであり，内部者取引規制違反行為がどのような私法上の効果をもたらすかについては，旧指令同様触れられていない。したがって，旧指令下におけるのと同様に，民事責任によるエンフォースメントは加盟国の裁量に委ねられていると考えられている。

ドイツ法の下では，狭義の内部者取引禁止の規範が，有価証券取引法14条から新規則14条に場所が移っただけ，と考えれば，なお民事責任は生じないとい

---

81) See, Vassilios D. Tountopoulos, Market Abuse and Private Enforcement, ECFR 2014, 297, 303.
82) Buck-Heeb, a.a.O. (Fn. 36), Rn.319 u. 320.
83) Buck-Heeb, a.a.O. (Fn. 36), Rn.321.
84) Veil, a.a.O. (Fn. 13), §13, Rn.156.

うことになるであろう。他方で，規則という法形式への転換および規則制定の趣旨に照らせば，私人によるエンフォースメントが認められるという解釈も，今後出てくるのかもしれない[85]。

第 5 節　新たな規制枠組みの課題

本節では，前節までで概観した EU の新たな規律枠組みについての課題と思われるものを概観する。

1　総論的課題～調和化の必要性・実現可能性

本稿冒頭で述べたとおり，EU の新しい規制は，市場濫用行為規制の調和化を目指したものである。それにもかかわらず，調和化そのものの必要性あるいは実現可能性への疑問も呈されており，調和化という最終的な目的達成にはなお多くのハードルが存するように思われる。

① **刑事法の調和化は可能（許容されるの）か？**

まず，EU としての大きな問題は，刑事制裁指令による刑事罰の最低水準の調和化が必要であるのか，また，可能であるのか（許されるのか）という点である。とりわけ後者に関しては，EU 運営条約において，国家間協力等にとって「不可欠な」場合にのみ刑事規定を定めることができる（EU 運営条約82条2項1文）とされているところ，この要件を満たすのか，という点が問題となるからである。

この「不可欠性」が，過去の事例の存在を前提とするものであるとすれば，クロスボーダーでの内部者取引が表面化したことがない以上[86]，これは認められないことになる[87]。現に，ドイツの連邦参議院は補完性に関する異議の決議を行っている[88]。また，イギリスとデンマークは，そもそも刑事制裁指令の国内法化に参加していない[89]。

② **解釈の統一？**

---

85)　*See*, Tountopoulos, supra note 81, p.307.
86)　注8）参照。
87)　Veil, a.a.O.（Fn. 6），S.87.
88)　BR — Drucks. 646/11（Beschlss）v. 16.12.2011. 加盟国国内議会による補完性監視手続については，庄司克宏『新 EU 法　基礎篇』85-88頁（岩波書店，2014年）。
89)　Veil, a.a.O.（Fn. 6），S.87 Fn. 15；Seibt/Wollenschläger, a.a.O.（Fn. 25），S. 595.

また,「規則」を制定することを通じて,適用されるルール（の文言）が統一されたとしても,その解釈は各国が自治的に行うことになる。異なる言語のバージョンであっても,同じ意味を有するとするのが EU 裁判所の立場であるが,新規則の交渉過程を考えると,これは浮世離れした考え方であると批判する見解もある[90]。

また,新規則の制定過程において,委員会,欧州議会内および両機関間で大いに揉めており,完成版もその妥協の産物としての色合いが濃いことから,文言の体系的解釈から一義的な内容を導き出すことは困難である,ともいわれている[91]。

③ 運用の統一？

仮に,解釈の統一によりルール内容そのものの統一が実現したとしても,その統一されたルールが実際に適用される局面では,各加盟国の歴史的・社会的・文化的背景からその運用にばらつきが生じる可能性もある。

たとえば,市場濫用行為抑止のためのエンフォース手段の一つとして,開示による威嚇があるが,旧指令の体制の段階ですでに規定があるドイツとフランスとで,運用の実態がまったく異なるとされる（第4節1(2)③参照）。

また,私人による訴権の行使までを市場濫用行為抑止のエンフォース手段と捉えるならば,内部者取引規制違反を理由としての損害賠償がほとんど認められないドイツとこれを認めるフランスではエンフォースのレベルが異なってくることになろう。この差異は,付帯私訴制度という司法制度全般に影響する制度設計の違いであるといえ,それを含めて統一化を図ることはほぼ不可能であるように思われる。

そうであるとすれば,内部者取引規制をどのレベルまで揃えるのか,という点についての認識を含めて,「規則」としてルールを整備したことの意味（あるいは無意味）が問われているといえる。

2　開示義務の発生と内部者取引規制の構成要件

① 二段階モデル導入の断念

前述のとおり,新規則は,旧指令・ドイツ法と同様に「内部（者）情報」を

---

90)　Veil, a.a.O.（Fn. 6), S.88. Veil は,交渉過程は英語版で行われたことから,解釈問題について,英語版が優先的に考慮されるとも述べる。
91)　Veil, a.a.O.（Fn. 6), S.88.

狭義の内部者取引規制（三つの禁止行為）の発動要件であると同時に，適時開示義務をも基礎づけるものとする一元モデルを維持した。

もっとも，新規則の制定段階では，当初，重要な変更提案として，内部者取引（最狭義）の要件である「内部情報」と適時開示の対象たる「内部情報」とを別個に捉えるという考え方が提案されていた。すなわち，「内部情報」の定義規定中に6条1項(e)号として一般規定を設け，「精確性」の要件が課される(a)号に「該当しなくとも」，「一以上の金融商品の発行者又は一以上の金融商品に関する情報であって，一般的に公衆に利用可能ではないが，市場において平常金融商品を取引し又は関連現物商品契約に関係する合理的な投資家に利用可能となったならば当該投資家により金融商品又は関連現物商品契約の取引に影響を与える条件を決定する際に重要であるとみなされる情報」は内部情報に該当するとした上で，適時開示の対象となる「内部情報」からは(e)号を外すという提案がなされていたのである。

旧指令の時代において，イギリス，フランス，イタリアなどは，内部者取引の要件としての内部情報と適時開示の対象とを分けて考える二元モデルを採用していた[92]。旧指令は，最小限の調和化が目的であるので，上乗せ規制は許容されているところ，これらの二元モデルの場合，精確性がなくとも規制の対象とするというかたちで，内部者取引の成立時点を早めていたといえる。精確性が生じた状況で初めて開示義務が発生するという形で，早過ぎる開示を防止するという点が，二元モデルの理由とされていた。

それにもかかわらず，成立した新規則では，旧指令同様，内部者取引の禁止と開示義務の発生とを「内部情報」（とりわけ精確性）という同一のメルクマールで規律する一元モデルを維持した。その理由としては，発行者にとっての法的確実性とそれに伴う遵守コスト（Compliance-Kosten）の削減という優位性[93]のほか，欧州裁判所の判決（Geltl判決）により内部者取引禁止と開示義務の発生とを分離させる必要性が薄れたことにあるとの指摘がある[94]。

他方，規則案の段階で提示された二元モデルの内容が不適切であったがゆえに，二元モデルが敗北し一元モデルが維持されたという指摘がある。すなわち，規則案のように従来の「内部情報」の概念を内部者取引規制に限って拡張する

---

[92] Veil, a.a.O. (Fn. 6), S.89.
[93] Veil, a.a.O. (Fn. 6), S.89 ; Seibt/Wollenschläger, a.a.O. (Fn. 25), S. 596.
[94] Veil, a.a.O. (Fn. 6), S.89.

のではなく，従来の「内部情報」概念を維持しつつ，開示の延期を可能とする範囲を拡張するという方向で行うべきであったという意見である[95]。二元モデルをとるイギリスのシティの実務家が，不明確さを理由として規則案に反対を表明していた点も興味深い[96]。

② 解決の方法とそれに対する疑問

要するに，新規則では，Geltl判決を踏まえて，中間段階をも「内部情報」に該当するとすることで，「内部情報」の発生（該当）時期を早めつつ，公表については，所定の要件を満たすことを条件として，発行会社の「自己の責任において，内部情報の公衆への開示を延期することができる（may）」とする開示延期規定（新規則17条4項1文2文）を活用すれば不都合はない，と考えられたようである。これは，ある意味，旧指令どおり一元モデルで運用してきたドイツ法の勝利といえるかも知れない。

しかしながら，延期が認められるために満たすべき要件は，(a)即時の開示が，発行者等の正当な利益を害する傾向がある，(b)開示の延期が公衆を誤導する傾向がない，(c)発行者等が当該情報の秘匿性を確保できる，というものであり，開示延期規定による救済を受けることはレアケースであるとの指摘もある[97]。また，新規則の，「自己の責任において」開示の延期ができるとする規定ぶりからは，何らかの会社の機関決定が必要なのであって，自動的に開示延期が正当化されるわけではないとの解釈を示す見解もある[98]。

いずれにせよ，開示の延期が可能な場合に関するESMAガイドライン（新規則17条11項参照）が注目される。

第6節　結びに代えて～日本法研究への若干の示唆

ここまで，とりとめなく欧州およびドイツの規律を概観してきたが，最後に，

---

[95] Carmine Di Noia/Mateja Milič/Paola Spatola, Issuers obligations under the new Market Abuse Regulation and the proposed ESMA guidline regime: a brief overview, ZBB 2014, 96, 99.

[96] The City of London Law Society, CLLS Regulatory committee comments on proposed Market Abuse regulation and market abuse Directive, January 25th 2012, (available at: http://www.citysolicitors.org.uk/attachments/article/106/20120209-TS 3 -- 13621947-v 1 -CLLS-Regulatory-Law-Committee---MAD- 2 -MAR-Submiss~.PDF) p.8.

[97] Noia/Milič/Spatola, supra note 95, p.98.

[98] Seibt/Wollenschläger, a.a.O. (Fn. 25), S. 600.

① 規制根拠論と公知事実に基づく取引の可罰性

冒頭に述べたように，EU の内部者取引規制の枠組みは，まさに「情報の平等」理論に基づくものであるといえ，会社と特別の関係にある者に対する特別の規律，という性格を持つアメリカ法[99]とはまったく異なる規律であるといえよう。

日本法において，内部者取引規制の規律の目的あるいは趣旨について，市場の公正性の確保や投資家の市場に対する信頼の確保ということがいわれる[100]ものの，その「公正性」や「信頼」の内容はなお不明確であると思われる。たしかに，わが国の法律上は，これまでのところ，およそ重要事実はすべて即座に開示しなければならない，といった制度とはなっておらず，そのような考え方を基礎とする EU の規律はまったく思想の異なる制度として捉えられているのかもしれない[101]。

しかしながら，金融商品取引所の自主規制等まで規範の範囲を拡大して捉えるならば，市場に影響を与える情報はすべて開示すべきというのが基本的な立場であるようであり，資本市場の制度を全体としてみれば，情報の平等にも重きが置かれているように思われる。また，狭義の内部者取引規制に限っても，近時は，日本法の解釈としても，「重要事実が公知であれば」あるいは「情報の格差がなければ」処罰に値しないという考え方[102]も散見されるようになった。これは，特別な地位に基づく情報の入手という側面よりも，情報の流通状況を重視するものであるといえることから，「情報の平等」理論に近い発想であると見ることができると思われる[103]。改めて，内部者取引規制の根拠とされ

---

99) アメリカ法に関しては，萬澤陽子『アメリカのインサイダー取引と法』（弘文堂，2011年）等参照。
100) たとえば，神崎克郎＝志谷匡史＝川口恭弘『金融商品取引法』1212頁（青林書院，2012年），河本一郎＝大武泰南＝川口恭弘『新・金融商品取引法読本』322頁（有斐閣，2014年）参照。
101) 河本ほか・前掲注100）322頁は，内部者取引規制の必要性と，投資者間の情報の平等の要請とは直接には結びつかないことを示唆する。
102) 黒沼悦郎「インサイダー取引規制と法令解釈」金融法務事情1866号53頁（2009年）参照。また，東京地判平成25年6月28日判時2203号135頁が，情報の格差がない場合には「公表」がされていなくとも重要事実に該当しない場合があることを認めたものとも読めることを指摘するものとして，唐津恵一「判批」ジュリスト1473号94頁（2014年）。
103) わが国における内部者取引規制の根拠を「情報の平等」論に求めるものとして，山下友信＝神田秀樹編『金融商品取引法概説』288頁注5〔松井秀征〕（有斐閣，2010年）。

る，市場の「公正性」や投資家の「信頼」の内容が問われているように思われる[104]。

② **内部者取引規制の比較法資料としての EU 法・ドイツ法の意義**

もっとも，仮に，情報の平等理論を採用する EU およびその加盟国の法制から，わが国の法制に対するなんらかの有益な示唆がありうるとしたとしても，これらの法制をとりわけ内部者取引規制の局面に限定した比較法資料として用いる際には細心の注意が必要である。

すでに述べたとおり，EU 法は，狭義の内部者取引規制の要件たる「内部情報」と開示義務が発生する「内部情報」とを区別しない一元モデルである。この点においては，旧指令も新規則も変わりがない。しかしながら，「内部情報」該当性に係る EU の議論をわが国の解釈論（および立法論）の参考とする場合には，EU およびその加盟国における議論がどちらの文脈で議論をしているのか，という点はなお注意が必要であると思われる。

確かに，一元モデルである以上，理論的には，開示義務が発生する「内部情報」該当性は，そのまま内部者取引該当性を分ける基準としても活用できるはずである。しかしながら，これまでの加盟国の運用は二元モデルに基づくものが多かったこと（第5節2①参照），また，一元モデル自体への批判が根強く，その運用までを含めた EU 内の統一的規制にはなお高いハードルが存する（第5節1参照）ことなどからすれば，新規則下でのルールの字面のみを捉えて，あるいは，開示の局面における内部情報該当性の議論を用いて，わが国の内部者取引規制の比較法資料とすることには慎重であるべきであろう。

③ **エンフォースメントのあり方**

EU の新しい内部者取引規制の枠組みでは，刑事制裁に重点が置かれている。とくに，刑事制裁指令の制定理由においては，刑事罰の有するメッセージ性の強さに着目している（刑事制裁指令前文6項）。近時，わが国でも課徴金によるエンフォースメントが重要な地位を占めているが，今一度，メッセージ性の強さという観点から課徴金と刑事制裁という二つのエンフォースメントの役割分

---

[104] 内部者取引規制につき，投資判断に影響を与える情報について，これを持つ者と持たない者の間での投資家間の取引機会の不平等をその趣旨に捉えるべきことを主張する見解として，松井秀征「インサイダー取引規制をめぐる今後の課題」神作裕之責任編集『企業法制の将来展望 2014年版』270頁（資本市場研究会，2013年）。

担[105]を見直すことも，考慮に値しよう。

後注1：脱稿後に，鳥山恭一「欧州連合の内部者取引規制と情報の『利用』」正井章筰先生古稀祝賀『企業法の現代的課題』391-416頁（成文堂，2015年）に接した。

後注2：ESMAから，2015年9月28日に「市場濫用行為規則についての技術標準草案（Draft technical standards on the Market Abuse Regulation）」の最終レポート（ESMA/2015/1455）が，また，2016年1月「市場濫用行為規則についてのガイドライン草案（Draft guidelines on the Market Abuse Regulation）のコンサルテーションペーパー（ESMA/2016/162）が出されている。

後注3：ドイツ連邦財務省から，2015年10月19日に「欧州立法に基づく金融市場規定の改正のための法律参事官草案（Referentenentwurf eines Gesetzes zur Novellierung von Finanzmarktvorschriften aufgrund europäischer Rechtsakte）」が，また，2016年1月6日に「欧州立法に基づく金融市場規定の改正のための第一次法律政府草案（Regierungsentwurf eines Ersten Gesetzes zur Novellierung von Finanzmarktvorschriften auf Grund europäischer Rechtsakte）」が出されている。これらの法律案は，EUによる新規則，刑事制裁指令および改訂金融商品市場指令等の制定を受けて，それらを踏まえた国内法を整備するための改正法であり，有価証券取引法（WpHG）の条文番号の整理を含む大改正を見据えたものである。本文で引用するWpHGの条文は，この改正が実現する以前の条文番号および規定内容である点に注意されたい。

※本稿は，公益財団法人石井記念証券研究振興財団の研究助成および日本証券業協会客員研究員としての成果の一部である。

---

105) 近時の証券取引等監視委員会によるエンフォースメントは，内部者取引に係る金額と行為の悪性から刑事罰と課徴金とを分けて処理しているようである（大森泰人『霞ヶ関から眺める証券市場の風景』62頁（金融財政事情研究会，2015年）等参照）。

財務報告のエンフォースメント

弥永　真生

第 1 節　CESR の動き

　2003年3月12日に，欧州証券規制当局委員会（Committee of European Securities Regulators: CESR）は，『財務情報に関する基準第1号　欧州における財務情報に関する基準のエンフォースメント（Enforcement of Standards on Financial Information in Europe)』を公表した[1]。ここでいうエンフォースメントは，財務情報が適用されるべき報告フレームワークに従っていることをモニターし，違反がエンフォースメントの過程で発見されたときには適切な措置を講じることと定義することができるとされていた（原則2）。なお，報告フレームワークには EU によって採択された会計および開示の基準を含むとされていた[2]。

　そして，エンフォースメント主体（enforcers）については，以下のような原則を定めていた。第一に，規制市場に上場されている証券の発行者または規制市場にその証券を上場することを申請中の発行者（原則9）が提供する財務情報が報告フレームワークに従うことをエンフォースする究極的な責任は構成国によって設けられた管轄を有する独立の行政庁が負うべきである（原則3）。第二に，他の組織も，当該所管行政庁によって監督され，かつ，当該所管行政庁に対して責任を負う限りにおいて，当該所管行政庁に代わって，エンフォースメントを行うことができるとする（原則4）。第三に，エンフォースメントを行うものが誰であろうと，その者は CESR が定めたエンフォースメント基

---

[1] この公表に至る経緯等については，たとえば，佐藤博明「EU とドイツにおける会計エンフォースメント」佐藤誠二編『EU・ドイツの会計制度改革』（森山書店，2007年）参照。なお，2014年7月10日に，欧州証券市場監督局（ESMA）が，『最終報告書　財務情報のエンフォースメントに関する ESMA ガイドライン』を公表している。

[2] 財務諸表との関連では，EU の金融規制市場における IFRS の首尾一貫した適用にエンフォースメントが寄与するということも念頭に置かれている（原則1）。

準を遵守しなければならない（原則5）。第四に，所管行政庁は，政府及び市場関係者から十分に（adequate）独立し，かつ，必要な権限と十分な資源を有しなければならない（原則6）。第五に，必要な権限——それは所管行政庁に代わってエンフォースメントを行う者に委任されうるが——には，少なくとも，財務情報をモニターし，発行者や監査人に追加的情報の提出を求め，かつ，エンフォースメントの目的と整合的な措置を講ずる権限が含まれなければならない（原則7）。第六に，当該所管行政庁は，財務情報に関する基準第1号に示された原則の適用と整合的に，エンフォースメントの適切なデュー・プロセスを構築し，そのデュー・プロセスを実施する責任を負う（原則8）。

　エンフォースメントの方法については，以下のような考え方を示していた。まず，目論見書以外の財務情報については，事前照会（pre-clearance）[3]の余地が排除されないとしても，事後的（ex-post）エンフォースメントが通常の（normal）手続であるが（原則11），EU指令で定められているように，目論見書については，事前の（ex-ante）承認が通常の手続きであり，目論見書で提供される財務情報についての事後のエンフォースメントは，補充的な措置として認められる（原則12）。また，すべての財務情報のエンフォースメントは，通常，検査の対象とする発行者および文書を選定して行う。エンフォースメントのために財務情報を選定する上での好ましいモデルは，リスクベース・アプローチとローテーション・アプローチ及び／またはサンプリング・アプローチとを組み合わせた混合型モデルとするが，リスクのみに基づいて選定するという方法も許容される。他方，ローテーションのみのアプローチも何らかの契機があったときにのみ選定するというアプローチ（pure reactive approach）も許容されないが，監査人または他の規制当局によって示された虚偽記載の兆候や根拠のある告発を考慮に入れる必要はある（原則13）。その上で，エンフォースメント主体が原則13に定められた選定方法を漸進的に採用することを可能にするためには，ランダムな選定とローテーションとの組み合わせに基づく混合型選定技法が実行可能な移行ステップと考えられるものの，そのような方法による場合には，発見リスクを十分なレベルにすることができるようにしなければならない（原則14）。選定された情報についてのエンフォースメントの方法には，

---

[3]　注釈においては，事前照会によって，エンフォースメント主体が基準設定主体となるような結果を招いてはならないということが重要であるとCESRは認識していると述べられている。

純然たる形式的チェックから徹底的な実質的チェックまでさまざまな手続きが含まれ，通常，エンフォースメント主体が行うべきレビューの密度（intensity）をリスクのレベルが規律することになるが，検査される文書のタイプや発行者について入手可能な情報のレベルもまた考慮に入れられる。

　エンフォースメント主体がとる行動については，以下のような原則を示していた。第一に，財務情報に重要な[4]虚偽記載があることが発見されたときには，エンフォースメント主体は，適切な開示がなされ，かつ，該当するときに，（報告フレームワークの要求に沿った）その虚偽記載が公に訂正されるように適切な行動をとるが，報告フレームワークからの逸脱が重要でないときには，通常であれば行動が必要なときであっても，公に訂正することまでは要しないのが通常である（原則16）。第二に，エンフォースメント主体がとる行動と，国内法によって課される制裁とは区別されなければならない。これは，エンフォースメント主体の行動は，一般的に，市場の健全性と信頼性を改善することを目的とするものだからである（原則17）。第三に，行動は，効果的であり，適時になされ，かつ，発見された違反のインパクトに見合ったものでなければならない（原則18）。同様の違反が明らかになったときには，同様の行動が採られるように，一貫した行動方針が定められなければならない（原則19）。なお，注釈では，エンフォースメント主体がとることができる行動として，正誤表または訂正書の要求，修正再表示，取引の停止，上場廃止などが挙げられていた。

　以上に加えて，原則20は，エンフォースメントにおける協調を定め，原則21では，エンフォースメント主体は，定期的に，公衆に対して，少なくとも，採用したエンフォースメント方針ならびに会計および開示の問題を含む個々の事案においてした決定についての情報を含め，その活動についての報告をしなければならないとしていた。

第2節　企業の健全性と投資家保護の強化のための措置リスト

　2003年2月に，ドイツ連邦政府は，「企業の健全性と投資家保護の強化のための措置リスト（Maßnahmenkatalog der Bundesregierung zur Stärkung der

---

[4]　なお，重要性は，適用される報告フレームワークに従って判断される。

Unternehmensintegrität und des Anlegerschutzes)」(10項目プログラム) を公表したが,「独立組織による,企業の具体的な決算書の適法性のモニター(エンフォースメント)」(項目6) を挙げていた。すなわち,エンフォースメントを「法定の決算監査人(経済監査士)とは別の,企業の外部にある独立機関による企業の具体的な決算書の適法性のモニター (Überwachung)」と定義し,いわゆるエンフォースメントの仕組みに係る法的根拠を整備すべきである。その適用対象は主として資本市場指向企業とする。エンフォースメント主体は政府の監督下にある私法上のパネルであって,非政府的組織であって,国から運営資金を受けないものであるが,商法典(HGB)342条の下でのドイツ会計基準委員会(DRSC)のように公法上の組織と契約を締結する。その活動について連邦金融監督庁は拘束力のある要求をする権限を有することとする。この私法上のパネルと協力して,連邦金融監督庁が実効的に介入することができるようにすることを提案していた。そして,連邦金融監督庁は,その結果について,資本市場に情報を提供する。必要なときには,年度決算書および連結決算書の訂正を命じ,特別検査を命じる。金融機関など一定の企業については,監査人の選任に対する不同意や解任を命じる。追加的な制裁について,他方の機関(検察官,証券取引所,経済監査士会議所)と協同し,情報交換するとしていた。

第3節　会計統制法の制定

10項目プログラムで示した方針に沿って[5],連邦政府は,2004年6月24日に,会計統制法案[6]を提出し,2004年会計統制法[7]が制定された。

すなわち,連邦政府は,会計統制法案の法案理由書において,資本市場におけるドイツの金融センターとしての地位と国際競争力をさらに強化することが連邦政府の目的であるとし,国内外のスキャンダルは,個々の企業に係る資本市場における重要な情報の正確性に対する投資家の信頼のみならず,市場全体――したがって金融センターの信頼性――の健全性と安定性における信頼をも揺るがすこととなったという事実認識に基づき,失われた資本市場での投資家の信

---

5) 参事官草案は,2003年12月8日に公表されていた。
6) BT-Drucksache 15/3421.
7) Gesetz zur Kontrolle von Unternehmensabschlüssen (*Bilanzkontrollgesetz* – BilKoG) vom 15. Dezember 2004 (BGBl. I S. 3408).

頼を回復し，これを持続的に強化することが，連邦政府の喫緊の目標であると述べた[8]。そして，会計統制法案は，10項目プログラムのみならず，欧州証券規制当局委員会の財務情報に関する基準第1号を踏まえたものであると説明していた。すなわち，EU規模でのエンフォースメント・システムの構築に向けた動きをドイツにおいて具体化するものが会計統制法であると位置づけていた。

第4節　2層エンフォースメント

会計統制法により導入された，ドイツの財務報告のエンフォースメント・スキームの特徴は，2層エンフォースメントである[9]。商法典第3編に第6章として財務報告エンフォースメントパネル（Prüfstelle für Rechnungslegung）についての規定が設けられ，他方，証券取引法（WpHG）には，第11章として，連邦金融監督庁による企業の決算書のモニターについての規定が新設された。連合王国の財務報告レビューパネルをモデルとする[10]財務報告エンフォースメントパネルが第1段階のエンフォースメントを担い，連邦金融監督庁がアメリカ合衆国の証券取引委員会をモデルとして第2段階のエンフォースメントを担当するという仕組みが採用されており，ドイツにおいて選好される公私協働により，プライベート・セクターの柔軟性および専門性と国の介入主義的利害を結合させている点[11]，および，商法典が定める規律と証券取引法が定める規

---

[8] BT-Drucksache 15/3421, S.11.

[9] BT-Drucksache 15/3421, S.11. なお，ドイツに倣って，オーストリアも，上場会社の決算書につき，オーストリア財務報告エンフォースメントパネル（Österreichische Prüfstelle für Rechnungslegung）が第1段階エンフォースメントを，連邦金融市場監督庁（Finanzmarktaufsicht）が第2段階エンフォースメントを，それぞれ，担うという2層エンフォースメントを採用した（Bundesgesetz über die Einrichtung eines Prüfverfahrens für die Finanzberichterstattung von Unternehmen, deren Wertpapiere zum Handel an einem geregelten Markt zugelassen sind (*Rechnungslegungs-Kontrollgesetz* – RL-KG) (BGBl. I Nr. 21/2013))。

[10] BT-Drucksache 15/3421, S.11. *See also e.g.* Gelhausen, H.F. und H. Hönsch, Das Enforcement-Verfahren für Jahres und Konzernabschlüsse, AG 2005, S.512.

[11] *See e.g.* Lütz, S., Governance in der politischen Ökonomie, in : Benz, A. (hrsg.), *Governance – Regieren in komplexen Regelsystemen*, 2004, VS Verlag. *See also* Hommelhoff, P. und D.Mattheus, BB-Gesetzgebungsreport: Verlässliche Rechnungslegung - Enforcement nach dem geplanten Bilanzkotrollgesetz, BB 2004, S. 93ff. and Böcking, H.-J., *Corporate Governance und Enforcement — Vortrag auf der SchmalenbachTagung 2004 — Financial Reporting, Audit & Enforcement*, Köln, 29. April 2004 <http://www.schmalenbach.org/Ftp/Downloads/SG-Tagung2004/

律が有機的に結合されている点は興味深い。

1　第1段階エンフォースメント

(1)　財務報告エンフォースメントパネル

　連邦司法省は，連邦財務省の同意を得て，会計規制に対する違反を検査する私法上の組織を契約によって承認し[12]，これに企業の決算書の適法性のモニターに関する活動を委任することができるものとされた（商法典342b条1項1文）。ある私法上の組織が財務報告エンフォースメントパネルとして承認されるための要件は，その定款，人的体制およびそれが定めている手続規程に基づき，検査が所定の手順に従って，独立して，十分な能力をもってかつ秘密に行われることが確保されていることである（同条1項2文）。そして，定款と手続規程の改正は，連邦財務省の同意に基づく連邦司法省の認可を受けなければならない（同条1項3文）。財務報告エンフォースメントパネルは他の者にその活動の実施にあたって，委任することもできる（同条1項4文）。

　連邦司法省は，財務報告エンフォースメントパネルを承認したとき，または，それを撤回したときは，電子連邦官報において公告しなければならない（同条1項5文）。

(2)　検査の対象

　財務報告エンフォースメントパネルは，ドイツの規制市場に上場している企業の直近の確定した年度決算書および状況報告書ならびに連結決算書及び連結状況報告書を検査の対象とする。すなわち，これらの書類が正規の簿記の諸原則（GoB）その他法律によって許容されている会計基準（国際会計基準など）を含む法令に従っているかどうかを検査する（商法典342b条2項1文）。

　財務報告エンフォースメントパネルは，①会計基準違反の兆候がある場合及び②連邦金融監督庁からの要請があった場合のほか，③抽出検査を行う（同条2項3文）。①の場合，株主もしくは債権者の指摘・告発，または経済関係の

Boecking.pdf>.

12)　これは，連結決算書との関連で，連邦司法省と私的会計委員会（ドイツ会計基準委員会）との間で基準設定契約を締結することができるとする商法典342b条1項1文をモデルとしたものである（BT-Drucksache 15/3421, S.13）。連邦司法省とドイツ会計基準委員会との間の基準設定契約の詳細については，たとえば，弥永真生『会計基準と法』412-417頁（中央経済社，2013年）参照。

新聞や雑誌の報道などが想定されるが，それらは，たんなる推量や憶測，仮定ではなく，あくまで具体的な証拠に基づくものでなければならない。したがって，検査が公益に資さないことが明らかであるときには，検査は行われない（同条2項4文）。他方，③は，財務報告エンフォースメントパネルがあらかじめ定め，かつ連邦司法省と連邦財務省とが合意した原則[13]に基づき，無作為抽出検査を行う（同条2項4文）。

ただし，株式法256条に基づく決算無効の訴えが提起されているときには，検査は行われず，特別検査役が選任されているときには，その特別検査の対象，その検査報告書または特別検査役の結論についての裁判所の判断の対象となっている領域については検査は行われない（同条3項）。

(3) 対象会社の協力

検査に対して対象会社が協力するか否かは任意であるが[14]，対象会社が協力に同意した場合には，対象会社の代表者及び代表者から委託を受けた者は正確かつ十分な情報と資料を提供しなければならない（商法典342b条4項1文）[15]。情報と資料の提供義務を負うその他の者には，守秘義務が解除された場合には，決算監査人も含まれる[16]。ただし，自己または一定の親族について刑事訴追あるいは秩序罰賦課手続きにさらされるリスクがある場合には提供義務を負わない（商法典342b条4項2文）。

(4) 検査結果の通知

財務報告エンフォースメントパネルは検査結果を対象会社に伝えなければならない。会計に誤謬がある（fehlerhaft）という結論に至った場合には，財務報告エンフォースメントパネルは，対象会社にその判断の根拠を示した上で，合

---

[13] 2009年4月20日に，『商法典342b条2項3文3号に基づく無作為抽出検査の原則（Grundsätze für die stichprobenartige Prüfung gemäß § 342b Abs. 2 Satz 3 Nr. 3 HGB)』<http://www.frep.info/docs/rechtliche_grundlagen/20090420_grundsaetze_stichprobenartige_pruefung.pdf> が定められている。株価指数に組み込まれている株式の発行会社については4-5年に1回，それ以外の上場会社については8-10年に1回，検査の対象とすることが想定されている。

[14] BT-Drucksache 15/3421, S.14. Ohler, Ch., Sonderabgaben für die Bilanzpolizei?, WM 2007, S.45.

[15] 故意または過失によって，正確かつ十分な情報および資料の提出を怠った場合には，5万ユーロ以下の秩序罰が科される（商法典342e条1項2項）。

[16] BT-Drucksache 15/3421, S.15.

理的な期間を定めて，これに同意するか否かを表明する機会を与えなければならない（商法典342b条5項2文）。

(5) 連邦金融監督庁への報告

財務報告エンフォースメントパネルは，検査に着手する意図，対象会社が検査に対して協力を拒否したときは，その旨，検査の結果，および，必要な場合には，対象会社がその結果に同意を表明したかどうかを，連邦金融監督庁に報告しなければならない（商法典342b条6項1文）。

財務報告エンフォースメントパネルの連邦金融監督庁への報告[17]について，対象会社は，異議申立ても，裁判所に対する不服申立て（取消訴訟の提起）もすることができないとされている（同条6項2文）。これについては，憲法（基本法）との関係で疑義が生じ得るが，法案理由書において指摘されていたように[18]，財務報告エンフォースメントパネルによる検査に協力するかどうかは対象会社の任意であること，および，エンフォースメント手続きの第2段階で，連邦金融監督庁の指摘及び公表命令について，裁判所に取消訴訟を提起することが認められていること（証券取引法37u条）に照らして，合憲であるというのが通説である[19]。

(6) 民事責任など

財務報告エンフォースメントパネルおよびその従業員は綿密にかつ不偏性をもって検査を行わなければならないとされているが，検査活動に起因する損害に対しては，それが故意による場合にのみ責任を負うものとされている（商法典342b条7項）。

他方，財務報告エンフォースメントパネルの従業員は，その活動に際して知

---

17) BT-Drucksache 15/3421, S.15.
18) Wojcik, a.a.O. (FN17), S.326 ; Ebke, W.F. und B.P. Paal, *Münchener Kommentar zum Handelsgesetzbuch*, 3. Auflage, 2013, C.H. Beck, §342b Rn50 ; Ellrott, H. und B. Grottel, *Beck'scher Bilanz-Kommentar*, 8. Auflage, 2012, C.H.Beck, §342b Rn. 59 ; Hommelhoff, P., *Handelsgesetzbuch: HGB Großkommentar*, Band 7/2 : §§ 331–342e, 5. Auflage, 2012, Walter de Gruyter, §342b Rn.83.
19) Wojcik, a.a.O. (FN17), S.326 ; Ebke, W.F. und B.P. Paal, *Münchener Kommentar zum Handelsgesetzbuch*, 3. Auflage, 2013, C.H. Beck, §342b Rn50 ; Ellrott,H. und B. Grottel, *Beck'scher Bilanz-Kommentar*, 8. Aufl., 2012, C.H.Beck, §342b Rn. 59 ; Hommelhoff, P., *Handelsgesetzbuch: HGB Großkommentar*, Band 7/2: §§ 331–342e, 5. Auflage, 2012, Walter de Gruyter, §342b Rn.83.

りえた営業上及び経営上の秘密，または会社に関する知識を守秘しなければならず，またそれをみだりに利用してはならない（商法典342c条1項1文3文）。故意または過失による守秘義務違反によって，対象会社またはその関係会社に損害を与えた者は，それらの会社に対して，すべての損害を賠償する責任を負うのが原則である[20]。ただし，過失による場合の責任限度額については，決算監査人の民事責任に関する商法典323条2項2文が準用されており，1検査につき400万ユーロが限度額とされている（商法典342c条2項）。また，複数の会社に損害を与えたときは，その2倍が限度額とされる。

もっとも，財務報告エンフォースメントパネルは，会社の会計に係る犯罪の疑いがある場合には，これを根拠づける証拠を，所管訴追当局に提供しなければならず，決算監査人の職務義務違反の存在を推量させる証拠がある場合には，それを経済監査士会議所に伝えなければならない（商法典342b条8項1文2文）。

(7) 財務報告エンフォースメントパネルの運営資金

財務報告エンフォースメントパネルの活動に必要な資金は，ドイツの規制市場に上場している会社（＝財務報告エンフォースメントパネルによる検査の対象となり得る会社）に対する賦課金で賄われるが（証券取引法17d条）[21]，財務報告エンフォースメントパネルの財政上の独立性を確保するため[22]，業務計画に基づき連邦金融監督庁があらかじめ徴収する（商法典342d条1項3文）[23]。このスキームについては連邦金融監督庁設置法[24] 17d条およびその委任に基づく命令である会計エンフォースメント費用賦課令[25]が詳細を定めている。

---

[20] 守秘義務違反または営業上・経営上の秘密の利用違反に対しては，決算監査人に係る商法典333条1項または2項の規定が準用される（過失の場合は1年以下の禁固または罰金刑，故意の場合は2年以下の禁固または罰金刑）。

[21] 財務報告エンフォースメントパネルをめぐる憲法上の問題については，たとえば，Ohler, a.a.O.（FN14）, S.47ff. 参照。

[22] BT-Drucksache 15/3421, S.16.

[23] この点で，ドイツ会計基準委員会の運営資金の調達方法（詳細については，弥永・前掲注12）414, 421頁）と異なっている。

[24] Gesetz über die Bundesanstalt für Finanzdienstleistungsaufsicht (*Finanzdienstleistungsaufsichtsgesetz* - FinDAG) vom 22. April 2002 (BGBl. I S. 1310).

[25] Verordnung über die Umlegung von Kosten der Bilanzkontrolle nach § 17d des Finanzdienstleistungsaufsichtsgesetzes (*Bilanzkontrollkosten-Umlageverordnung* - BilKoUmV) vom 9. Mai 2005 (BGBl. I S. 1259).

(8) ドイツ財務報告エンフォースメントパネル

2004年5月14日に、経済監査士協会、経済監査士会議所、ドイツ産業連盟、ドイツ銀行協会、ドイツ有価証券所有者保護協会など15の団体により、社団としてドイツ財務報告エンフォースメントパネル (Deutsche Prüfstelle für Rechnungslegung) が設立された[26]。ドイツ財務報告エンフォースメントパネルは、非営利で、その社員は支払を受けないものとされ（定款2条2項）、解散時には、その残余財産は免税となる目的のために用いることとされ、残余財産の使途についての決議は、税務当局の合意を得てのみなすことができるとされている（定款2条3項）。会員となりうるのは、その目的がドイツ財務報告エンフォースメントパネルの目的と密接に関連し、かつ一定数以上の会員を代表する会計専門家および財務報告の利用者の専門家組織またはグループに限られ、会計専門家には経済監査士、大学教授、宣誓帳簿監査士、税理士、弁護士を含むとされている（定款4条1項2項）。他方、会社、監査事務所および個人は会員となることができない（定款4条3項）。

ドイツ財務報告エンフォースメントパネルの機関としては、理事会 (Vorstand)、指名委員会、検査パネル (Prüfstelle) および社員総会が設けられ、理事会、指名委員会および検査パネルの構成員は70歳以下でなければならない（定款6条1項）。理事会は、3人以上5人以下の構成員、すなわち、議長、副議長及び会計役と2人以下の構成員から成るものとされ、その任期は3年で、再任可能とされている（定款7条1項）[27]。理事会構成員は無報酬であるが、費用の償還を受けることはできる（定款7条3項）。理事会は検査パネルまたはその構成員に指示を与える権限を有しない（定款7条5項）。指名委員会は専門的技量を有する7人の構成員[28]、すなわち、理事会議長のほか、社員総会が3年以上5年以下の任期で選任する6人の構成員から成るが、同時に3名を超える退任が生じないように任期を定めるように配慮しなければならない（定款8条1項）。指名委員会構成員も無報酬であるが、費用の償還を受けることはでき

---

[26] その後、2005年3月7日に連邦税理士会議所 (Bundessteuerberaterkammer) が、同年7月12日にドイツ金融アナリスト・アセットマネジメント協会が、それぞれ、社員となった。

[27] 2016年1月1日時点では5人（うち1名が経済監査士協会1人、企業2人、金融機関1人、ドイツ有価証券所有者保護協会1人）。

[28] 2016年1月1日時点では、理事会議長（企業）のほか、元監査人（経済監査士）1人、大学1人、銀行1人、経済団体1人、決算監査人監督委員会1人、ドイツ有価証券所有者保護協会1人。

る（定款8条3項）。

　検査パネルは5人以上の構成員によって構成され，委員長および副委員長その他の構成員から成る（定款9条1項）。定款4条2項にいう会計専門家であって，理事会構成員でも指名委員会構成員でもないものであって，国際財務報告基準の適用について十分な経験を有する個人のみが検査パネルの構成員としての適格が認められる（定款9条2項）。検査パネルの構成員は，公募手続きにより，指名委員会が選定するが（定款8条4項1号），選定には，連邦財務省との協議を経た連邦司法省の承認が必要である（定款8条5項）。構成員の任期は原則として4年であるが（検査パネルの構成員の過半数が同時に退任することがないように任期を定めるように配慮しなければならない），再任されることができる（定款8条4項1号）。指名委員会は検査パネルの構成員を解職することができるが，それは重大な事由がある場合に限られる（定款8条4項2号）。なお，指名委員会は検査パネルの責任を解除することもできる（定款8条4項3号）。指名委員会は，検査パネルの構成員の要件および選定手続きならびに検査パネルの構成員との契約の一般原則を規定する手続規程を定めなければならない（定款8条7項）。なお，ドイツ財務報告エンフォースメントパネルは，検査パネルの構成員との間でフルタイムの雇用契約を締結することになる（定款9条4項）。

　2005年3月30日には，連邦司法省とドイツ財務報告エンフォースメントパネルとの間で承認合意（Anerkennungsvertrag）が締結された。この合意は期限の定めのないものであり，両当事者は，18ヵ月前までに通知することによって，各年度末に終了させることができるほか，重大な事由（wichtige Grund）に基づき終了させることができるとされている（承認合意5条）。

　商法典施行法56条1項2号は，承認を受けたパネルによって，会計統制法による改正後商法典342b条1項2文に従ってなされる検査は，2005年7月1日以降行われると定めていたため，承認合意においても，ドイツ財務報告エンフォースメントパネルは2005年7月1日以降でなければ検査を行うことはできないものとされた（1条1項）。そして，ドイツ財務報告エンフォースメントパネルは，商法典342b条以下の規定に従って，商法典342b条1項に定められた役割と責任を果たすため，機関として検査パネルを設け，その構成員と手続規程によって，検査パネルが，独立して，十分な能力をもって，かつ秘密に，所定の手続きに従って，その役割と責任を果たすことができるようにすることに合意した（承認合意1条2項）。そして，ドイツ財務報告エンフォースメント

パネルは，その定款と手続規程――最新のもののみならず，改正前のすべての版を含め――を公衆がインターネットを通じて常にアクセス可能な状態とすることに合意した（承認合意1条3項）。

また，ドイツ財務報告エンフォースメントパネルは，その定款および検査パネルの手続規程の変更および改正をする前に連邦司法省及び連邦財務省の了解を得るものとされ（承認合意2条1項），指名委員会の手続規程について予定している変更および決議について連邦司法省に通知するものとされている（承認合意2条3項）。

さらに，連邦金融監督庁との協働について，ドイツ財務報告エンフォースメントパネルは，法律によって定められた2層エンフォースメント構造の枠組みの中で円滑かつ実効的な協働を確保するため，すべての組織的および実体的問題について，連邦金融監督庁に意見を聴くものとされている（承認合意3条）。

2　第2段階エンフォースメント

(1)　連邦金融監督庁の任務

連邦金融監督庁は，ドイツの規制市場に上場している企業の直近の確定した年度決算書及び状況報告書，連結決算書および連結状況報告書ならびに要約財務諸表及び中間状況報告書を検査の対象とする。すなわち，これらの書類が正規の簿記の諸原則（GoB）その他法律によって許容されている会計基準（国際会計基準など）を含む法令に従っているかどうかを検査する（証券取引法37n条）。

(2)　財務報告エンフォースメントパネルに対する要請

連邦金融監督庁は，会計規定違反について具体的な証拠がある場合には，会計の検査を命じるが，財務報告エンフォースメントパネルに対し検査の開始を求めることができる（証券取引法37p条2項。商法典342条2項3文2号参照）。ただし，その事案の解明が公益に資するものではないことが明らかな場合には検査は行わない（証券取引法37o条1項1文）。連邦金融監督庁は，財務報告エンフォースメントパネルに対し，検査の重点を定めて無作為抽出検査を求めることができる（同条1項1文3文）。ただし，株式法256条に基づく決算無効の訴えが提起されているときには，検査は行われず，特別検査役が選任されているときには，その特別検査の対象，その検査報告書または特別検査役の結論についての裁判所の判断の対象となっている領域については検査は行われない（同

条2項)。

(3) 連邦金融監督庁による検査

　連邦金融監督庁は，財務報告エンフォースメントパネル及びその他の機関または者を検査に従事させることができる（証券取引法37o条3項）。また，検査の実施にあたって，連邦金融監督庁は，対象会社および連結の範囲に含まれる子会社ならびにそれらの機関の構成員，従業員及び決算監査人[29]に対して，検査に必要な情報および資料の提出を求めることができる（同条4項）[30]。ただし，決算監査人の情報提供義務は，決算監査の範囲内で知りえた事実に限られる。なお，自己または一定の親族について刑事訴追あるいは秩序罰賦課手続きにさらされるリスクがある場合には提供義務を負わない（同条4項・4条9項）。証券取引法37o条4項に基づき情報および資料の提出義務を負う者は，検査に必要な限り，連邦金融監督庁の職員または委託を受けた者に，通常の営業時間内であれば，その不動産および事務所内に立ち入ることを認めなければならない（37o条5項）[31]。

　連邦金融監督庁による検査のコストは対象会社が負担することになる（連邦金融監督庁設置法17c条）[32]。

　なお，財務報告エンフォースメントパネルを承認した場合には，財務報告エンフォースメントパネルからの要請により，サンプリングによる検査のみを連

---

29) 決算監査人の情報提供義務は対象会社の情報提供義務との関係で補充的なものではない。また，必要な限りにおいて，監査調書の提供を含むというのがフランクフルト上級地方裁判所のとる立場である（OLG Frankfurt, Beschluss vom 29.11.2007, WpÜG 2/07, DB 2008, 629；OLG Frankfurt, Beschluss vom 12.02.2007, WpÜG 1/06, DB 2007, 909）。*For details, see e.g.* Paal, B., Zur Vorlagepflicht von Arbeitspapieren des Abschlussprüfers im Enforcementverfahren, BB 2007, S.1778, Zülch, H. und S. Hoffmann, Rechtsprechung zum Rechnungslegungs-Enforcement in Deutschland - Ein erster Überblick, DStR 2010, S.947. もっとも，監査調書の提供まで義務が及ぶということに対して反対する学説も有力である（*e.g.* Gelhausen und Hönsch, a.a.O. (FN10), S.523, Fölsing, Ph., Mitwirkungspflichten des Abschlussprüfers im Rechnungslegungs-Enforcement, StuB 2008, S.394）。

30) 他方，主要株主に対して，情報および資料の提出を要求することはできない（Gelhausen und Hönsch, a.a.O. (FN10), S.520）。

31) 基本法13条が定める住居の不可侵はこれによって制限されると明示的に定めている（証券取引法37o条5項3文）。

32) なお，上場廃止があったため，第2段階における連邦金融監督庁による検査が終了しなかった場合にも，対象会社は費用の支払義務を負う（OLG Frankfurt, Beschluss vom 7.11.2013, WpÜG 1/13, DB 2014, 52）。

邦金融監督庁は行うのが原則である。しかし，この場合であっても，①財務報告エンフォースメントパネルから，対象会社が検査への協力を拒絶し，もしくは検査の結果に同意しなかった旨が報告されたとき，または，②財務報告エンフォースメントパネルによる検査結果の正確性もしくは財務報告エンフォースメントパネルによる検査実施の適切性に重大な疑義があるときには，連邦金融監督庁は，高権的に，自ら検査を行う（証券取引法37p条1項）。そして，連邦金融監督庁の求めにより，財務報告エンフォースメントパネルは検査の結果と実施について説明し，かつ，検査報告書を提出しなければならない（同条1項3文）。

(4) 連邦金融監督庁または財務報告エンフォースメントパネルによる検査結果

検査によって誤謬（Fehler）があるという結論に達したときは，連邦金融監督庁は，誤謬があると決定する（feststellen）とされている（証券取引法37q条1項）。そして，連邦金融監督庁は，連邦金融監督庁または財務報告エンフォースメントパネルが識別し，会社が同意した誤謬を，誤謬であるとされる主要な根拠とともに，連邦電子官報および証券取引所の法定公告全国紙または信用機関，ドイツに本店が所在する上場企業および保険会社によって広く用いられている情報周知のための電子的システムによって，遅滞なく，公表するよう，その会社に命じる（同条2項1文）[33]。ただし，公表が公益に資するものではないとき[34]には，命じないし[35]，また，公表により会社の正当な利益が損なわれる

---

[33] 対象会社は，識別された誤謬および誤謬とされた主要な根拠のみを公表すれば足り，誤謬が識別された検査の性質と範囲の開示を命ずることはできない（OLG Frankfurt, Beschluss vom 14.06.2007, WpÜG 1/07, DB 2007, 1913）。

[34] これは，資本市場参加者およびそれらの者が正しい情報について有する利益の観点からみて，重要性が明らかに乏しい（offensichtlich unwesentlichen Verstoß）会計規定違反という例外的な場合にのみ妥当するとして，連結状況報告書にリスク情報が開示されていなかったという場合について，その後の四半期報告または年度決算書が公表されていることをもって，誤謬の公表が公益に資するものでなくなるわけではないと裁判所は判断している（OLG Frankfurt, Beschluss vom 14.06.2007, WpÜG 1/07）。また，誤謬の決定と公表命令の後，異議または不服申立て（取消訴訟）の効力停止効が認められた裁判所の手続きの間に上場が廃止されたときにも予防的な理由に基づいて，公表が公益に資すると判断している（OLG Frankfurt, Beschluss vom 31.5.2012, WpÜG 2/12, WpÜG 3/12, DB 2012, 1978）。

[35] 資本市場の観点から重要な誤謬の場合にのみ，エンフォースメント手続きにおいて公表が命じられる（OLG Frankfurt, Beschluss vom 22.01.2009, WpÜG 1/08 und 3/08,

可能性が高いとき[36]は，会社の申出に基づき，連邦金融監督庁は公表を命じないことができる（同条2項2文3文）。

参事官草案では，財務報告エンフォースメントパネルによる第1段階での検査の結果，識別された誤謬を企業が認め，その訂正に同意したことを財務報告エンフォースメントパネルが連邦金融監督庁に報告すれば，検査活動はそれで終了するものとされていた（商法典342b条6項1文4号（案））。また，連邦金融監督庁が識別した誤謬につき，翌年度の決算書または検査が実施された年度に新たに作成された決算書において，訂正することを命じることができるものとされていた（証券取引法37p条1項2文（案））。すなわち，検査の結果，識別された誤謬が訂正されることが重視されていた。しかし，現行法は，誤謬の訂正ではなく，誤謬があったという事実を投資家の意思決定に資する情報として市場に提供するという立場を採用した。すなわち，資本市場指向企業の決算書の適法性をモニターし，年度決算書および状況報告書の作成にあたっての不正を予防し，不正が生じたときは，それを明らかにし，資本市場にその情報を伝えるというアプローチがとられた[37]。

他方，連邦金融監督庁は，検査の結果，誤謬が見いだされなかったときには，その旨を会社に通知する（証券取引法37q条3項）。

なお，連邦金融監督庁は，会社の会計に係る犯罪を疑わせる事実を，所管訴追当局に通知しなければならず，犯罪を犯したと疑われる者あるいは証人として行為することが求められうる者の個人データを当該当局に提供することができる（証券取引法37r条1項）。また，監査人の職務義務違反の存在を示すすべての事実を経済監査士会議所に伝えなければならず，会社による証券取引法違反の存在を示すすべての事実を所管取引監督当局に伝えなければならない（同条2項）。

DB 2009, 333）。なお，上場会社の取締役の報酬総額がまったく開示されていないことは，取締役が1人しかいない場合には，エンフォースメント手続きにおいて重要な会計上の過誤にあたる（OLG Frankfurt, Beschluss vom 31.5.2012, WpÜG 2/12, WpÜG 3/12）。

36) 誤謬の公表によって生じ得る株価への悪影響は典型的かつ十分に理解されている結果であり，証券取引法37q条2項3文により，会社の正当な利益を保護するために命令を発しない根拠としては不十分であるとされている（OLG Frankfurt, Beschluss vom 14.06.2007, WpÜG 1/07）。

37) Biener, H., *Die Bilanzrechtsreform 2005. BilReG/BilKoG*, 2005, Bundesanzeiger, S.99.

(5) 異議申立てと取消訴訟

　連邦金融監督庁による誤謬の決定とその公表命令につき不服を申し立てる[38]前に，連邦金融監督庁による命令の適法性と合目的性を審査するために異議手続きが前置されなければならないのが原則であるが（証券取引法37t条1項1文）[39]，救済決定（Abhilfebescheid）[40]または異議決定[41]によって初めて不服が生じた場合には不要である（証券取引法37t条1項2文）。異議申立てには，別段の定めがない限り，行政裁判所法68条から73条および80条1項[42]が適用されるものとされているので（証券取引法37t条1項3文），異議申立ては命令を受けてから1カ月以内にしなければならない（行政裁判所法（VwGO）70条1項）。

　もっとも，この異議手続きの申立てには効力発生停止の効果がなく（証券取引法37t条2項），異議申立ては，処分庁である連邦金融監督庁に対して行うという特徴がある。法案理由書によれば[43]，前者は，異議申立てにより，命令が執行されないことによって，措置の目的が実現されないことになることを防止するためである。すなわち，効力発生停止の効果を認めると，事実を明確化するために不必要な遅延が生ずるおそれがあるというのである[44]。後者は，連邦金融監督庁は独立行政庁であるため，異議申立てを受けるべき上位の行政庁が存在しないためである。

---

38) 対象会社の利益がエンフォースメント手続きにおいてどのように保護されているか，されるべきかを検討したものとして，たとえば，Gelhausen, H.F. und H. Hönsch, Rechtsschutz im Enforcement-Verfahren, AG 2007, S.308ff.；Hecht, S.A., M. Gräfe und Ch. Jehke, Rechtsschutz im Enforcement-Verfahren, DB 2008, S.1251ff.；Heintz, A., *Das Enforcement-Verfahren in Deutschland*, 2010, Duncker & Humblot, S.148ff.；Krause, H., Rechtsschutz im Enforcement-Verfahren, BB 2011, S.299ff. など参照。
39) 行政裁判所法68条と同趣旨。
40) 行政裁判所法72条は，「官庁は，異議に理由があると認める場合には，異議に応じて救済を行い，費用について決定する」と定める。
41) 行政裁判所法73条1項1文は，「官庁が異議に応じて救済を行わない場合には，異議決定が行われる」と定める。
42) 「不服申立ておよび取消の訴えは（執行または効力発生）停止効を有する。これは，法形成的行政行為，確認的行政行為にも，二重効の行政行為（80a条）にも妥当する。」と定めており，効力発生停止の効果を排除する証券取引法37t条2項は別段の定めということができる（BT-Drucksache 15/3421, S.19）。
43) BT-Drucksache 15/3421, S.20.
44) フランクフルト上級地方裁判所も，異議によって停止効が生ずるとするのは，エンフォースメント手続きを早める必要性と相いれないと判示している（OLG Frankfurt, Beschluss vom 12.02.2007, WpÜG 1/06, DB 2007, 909）。

また，異議申立てが退けられた場合には，その通知を受領してから1カ月以内であれば，対象会社は不服を申し立てること（取消訴訟を提起すること）ができる[45]。取消訴訟の提起にも効力発生停止効がなく（37u条1項）[46]，有価証券取得及び買収法（WpÜG）43条，48条2項から4項[47]，50条3項から5項[48]および51条から58条が準用されているため（証券取引法37u条2項）[49]，連邦金融監督庁の所在地であるフランクフルトの上級地方裁判所が専属管轄を有するものとされているという特徴がある（有価証券取得及び買収法48条4項）。連邦金融監督庁の処分は行政行為であり，その取消訴訟は行政裁判所の管轄に属するのが通常であるはずであるが（行政裁判所法40条），フランクフルト上級地方裁判所はフランクフルト証券取引所と密接な関連性を有するため，このような事項についてはフランクフルト上級裁判所がなじみを有しているという理由に基づいて，有価証券取得及び買収法48条4項をモデルとして，管轄がこのように定められた。普通裁判所が会計領域についてはより関連性を有すること，及び，上級地方裁判所の特別な専門知識は経済的状況を評価するにあたって法的保護を強化するという事実を考慮に入れたものであると説明されている[50]。

なお，ある上場企業（DAX-30）が，その連結状況報告書に予測情報を含めなかったことにつき，法令上の要求をみたしていないとエンフォースメント手続きにおいて財務報告エンフォースメントパネルに指摘されたことについて同意しなかったところ，連邦金融監督庁も独自の検査に基づいて，誤謬が含まれているとして，公表を命じたため，フランクフルト上級地方裁判所に取消訴訟

---

[45] エンフォースメント手続きとの関連でフランクフルト上級地方裁判所が示した判断については，たとえば，Paul, M., Enforcement der Rechnungslegung Kapitalmarktorientierter Unternehmen aus der Sicht der Rechtsprechung,WPg 2011, S.11ff. 参照。

[46] 有価証券取得及び買収法50条3項から5項は準用されているので，裁判所に対し効力発生停止の命令を申し立てることはできる。

[47] 有価証券取得及び買収法43条は通知と送達についての規定，48条は裁判所に対する不服申立て（取消訴訟）が認められることを定め，フランクフルト上級地方裁判所が管轄を有する旨を定める規定である。

[48] 有価証券取得及び買収法50条1項および2項が準用されていないのは，不服申立ての効力発生停止効を定める有価証券取得及び買収法49条と対照的に，証券取引法37u条1項は効力発生停止効を認めていないため，即時執行命令に関する規定は不要だからである（BT-Drucksache 15/3421, S.20.）。

[49] 有価証券取得及び買収法のこれらの規定が準用されている趣旨は，これらの規定が有価証券取得及び買収法に設けられた趣旨（Vgl. BT-Drucksache 14/7034, S. 65 ff. und 14/7477, S. 70 ff.）と同様であるとされている（BT-Drucksache 15/3421, S.20）。

[50] BT-Drucksache 15/3421, S.20.

を提起し，仮の救済を求めたという事案がある。しかし，裁判所は，経済環境によっては予測が困難でありうることは認めつつ，定性的な情報を提供することは可能であったとして，商法289条1項4文および315条1項5文で規定されている予測情報をまったく開示しないことは正当とはいえないと判断した[51]。

---

51) OLG Frankfurt, Beschluss vom 24.11.2009, WpÜG 12/09, DB 2009, 2773.

ドイツにおけるファンド規制
—ファンドおよび投資家の類型化の観点から—

神作　裕之

第1節　問題意識

　金融商品取引法への名称変更を含む平成18年証券取引法改正において、集団投資スキーム持分が一般的・包括的に金商法上の「有価証券」とされた。集団投資スキームを組成するために、仕組規制・商品規制を有する投資信託及び投資法人に関する法律（以下「投信法」という）に基づく投資信託や投資法人に加え、信託、民法上の組合、匿名組合、合同会社等各種会社などさまざまな法形態を利用し得る。ところが、多数の一般投資家を対象とする匿名組合形式の事業型ファンドに関する被害事例等に鑑み、平成18年金商法により、法形式・法形態のいかんを問わず投信法に基づかない運用型集団投資スキーム（ファンド）の持分が集団投資スキームとしての実質要件を満たす場合には「有価証券」とみなされることとなり（金商法2条2項5号）、包括的・横断的規制が整備された[1]。もっとも、同改正法は規制を柔構造化し、集団投資スキーム持分を第2項有価証券と位置づけた。第2項有価証券には原則として金商法上の開示規制は適用しないこととし（同法3条3項）、例外的に資金調達者が調達した資金の過半を有価証券に対する投資に充てる場合にのみ開示規制が課される[2]（同法3条3号イ、金商法施行令2条の9第1項）。

　これに伴い、適格機関投資家等特例業務が設けられた。同制度は、もっぱら

---

[1] 有価証券概念と金商法の適用範囲につき、神田秀樹「金融商品取引法総論—法の構造と有価証券概念」ジュリスト1368号6頁以下（2008年）参照。金商法2条2項5号の有価証券であるための要件は、①投資家による金銭の出資と事業利益の投資者への分配、②投資家からの出資に基づく事業の存在、および③投資家と事業者の分離である。

[2] 第1項有価証券の取得勧誘と異なり、実際に資金を拠出し当該持分の取得者が500名以上にならない限り「私募」となるため（金商法2条3項3号、金商法施行令1条の7の2）、有価証券届出書の提出や目論見書の作成・交付等を要しない。ただし、その場合であっても、契約締結前書面の交付は要する（金商法37条の3）。

プロ投資家を対象とするファンドについては，一般投資家を念頭に置いた規制を相当程度簡素化し，金融イノベーションを阻害することなく活力ある金融資本市場を構築するという観点から設けられた。すなわち，基本的にプロ投資家による投資を想定するファンドに一般投資家が参加する場合であっても，一名以上の適格機関投資家と49名以内の一般投資家を対象とするときに限り，監督当局に対する届出で足りるものとされたのである（金商法63条，金商法施行令17条の12）。本来登録が必要である自己募集[3]および自己運用[4]を一名以上の適格機関投資家が存在すれば，一般投資家にファンド持分を販売する場合であっても，49名以内であれば届出だけで行うことができ，行為規制も虚偽情報の禁止と損失補てんの禁止だけが適用されるにすぎず，規制が大幅に緩和されていた。

　ところが，適格機関投資家等特例業務を濫用した詐欺的な行為が頻発し，平成27年改正金商法によって同制度が見直され，届出制は維持されたものの行為規制についてはほぼフルセットの規制が適用されることになった[5]。また，適格機関投資家以外の投資家の範囲については，内閣府令の改正により，上場会社など投資判断能力を有すると見込まれる一定の者や特例業務届出者と密接に関連する者等に限定する一方（金商法施行令17条の12第1項），ベンチャー・ファンドについては例外的に参加し得る投資家の範囲を拡大した（同条2項）。

　活力ある効率的な資本市場に資する投資ファンドの発展と投資家保護とりわけ一般投資家保護の両立は，資本市場法の普遍的な課題である。それゆえ，多くの先進国において，投資ファンドをどのような法的枠組みで規制し，イノベーションを促進しつつ投資家保護を実現するためにどのような規制をするかが大きな論点になる。その解決策は国や地域により一様ではない。この点に関連し，

---

[3] 金商法2条8項7号ヘ。ただし，集団投資スキームの運用業者が私募に係る行為を全面的に第2種金融商品取引業者に委託し，自ら取得勧誘行為をまったく行わない場合には，私募にあたらないとされる（松尾直彦＝松本圭介編著『実務論点　金融商品取引法』64頁注1）（金融財政事情研究会，2008年））。

[4] 金商法2条8項15号ハ。ただし，集団投資スキームの運用業者が運用権限の全部を委託するため金融商品取引業者等と投資一任契約を締結する場合には，一定の要件の下で自己運用行為は金融商品取引業の定義から除外されている（定義府令16条1項10号）。

[5] 同改正は，金融審議会に設置された投資運用等に関するワーキング・グループの報告書「投資運用等に関するワーキング・グループ報告〜投資家の保護及び成長資金の円滑な供給を確保するためのプロ向けファンドをめぐる制度のあり方〜」（平成27年1月28日）に基づく。同改正については，梅本元史「平成27年改正金融商品取引法の解説－適格機関投資家等特例業務の見直し－」商事法務2074号17頁以下（2015年），神作裕之「運用型集団投資スキームの業規制－投資信託・投資法人制度とプロ向けファンド規制の見直し－」金融法務事情2023号44頁以下（2015年）参照。

ドイツにおいて2013年に制定された資本投資法典（Kapitalanlagegesetzbuch; KAGB）は，注目される。資本投資法典は，EU の「代替投資ファンド運用業者指令[6]（以下，「AIFM 指令」という）」を国内法化するとともに，「有価証券に対する集団投資事業体（Organismen für gemeinsame Anlagen in Wertpapieren; OGAW）指令[7]（以下，「OGAW 指令」という）」を国内法化し OGAW について体系的に規制していた投資法（Investmentgesetz）を実質的に吸収したものである。同法により，ドイツにおいて，初めて一体的かつ欠缺のないすべての集団投資スキーム（投資ファンド）の運用業者と当該ファンド自身を包括的に規制する法体系が構築された。資本投資法典は，ファンドの属性等による規制の分化や適用制限規定など複雑かつ精緻な規制体系を有しており，そこにはさまざまな法理論的および法政策的な配慮が反映している。

　そこで，本稿では，集団投資スキーム（ファンド）に関し横断的・包括的に規制するドイツ資本投資法典が，厳格な仕組規制・商品規制等が適用されないタイプの投資ファンド（AIF）についてどのような規制を行っているかを，主としてファンドの属性と当該ファンド持分を販売できる投資家の類型という観点から概観する。ドイツは，EU 法の認める裁量の中で，厳格な仕組規制および商品規制を受ける一般投資家向けの集団投資スキームである OGAW 以外の投資ファンド持分を一般投資家に販売することを一律に禁止することはしないという選択をした。目的や規模など属性に応じて詳細にファンドを類型化し，また，投資家をプロ投資家，セミプロ投資家および一般投資家の3類型に分けた上で，どの類型のファンド持分をどの類型の顧客に販売することを認めるかという観点を一つの軸として，投資ファンド規制を柔構造化した。すなわち，投資ファンドの目的や規模等に応じて，販売し得る投資家の範囲に差を設け，業者規制のみならず仕組規制や商品規制等を課すなど肌理の細かい規制を行ったのである。以下では，ドイツ資本投資法典における AIF 規制について，とりわけファンドと投資家の類型化に応じた規制という観点から概観し，日本法

---

6) Richtlinie 2011/61/EU des Europäischen Parlaments und des Rates vom 8. Juni 2011 über die Verwalter alternativer Investmentfonds und zur Änderung der Richtlinien 2003/41/EG und 2009/65/EG und der Verordnungen (EG) Nr. 1060/2009 und (EU) Nr. 1095/2010 (AIFM-Richtlinie).

7) Richtlinie 2009/65/EG des Europäischen Parlaments und des Rates vom 13. Juli 2009 zur Koordinierung der Rechts- und Verwaltungsvorschriften betreffend bestimmte Organismen für gemeinsame Anlagen in Wertpapieren (OGAW-Richtlinie).

への示唆を得たい。

第2節　EU 法におけるファンド規制

1　諸論

　集団投資スキーム（ファンド）について，EU レベルで規制が存在する。資本投資法典は二つの EU 指令の国内法化という側面をもつ。すなわち EU には，一般投資家向けの集団投資スキームである集団投資事業体（OGA）を規制する OGAW 指令と，それ以外の集団投資スキームである AIF の運用業者について規制する AIFM 指令が存在する。EU においては，集団投資事業体(Organismen für gemeinsame Anlagen; OGA) という概念を基礎として一般投資家向けの集団投資スキームである OGAW を定義した上で，OGAW について仕組規制・業規制・開示規制・販売規制等を行う。ある EU 加盟国において免許を取得した OGAW 運用会社はヨーロッパ・パスポートを取得し，他の EU 加盟国および欧州経済領域に関する協定締結国（以下たんに「EU 加盟国」という）において免許を取得することなく，その本来業務および付随業務を行うことができる。さらに，ある EU 加盟国で免許を取得した OGAW は，他の EU 加盟国において支店を開設しまたはその他の活動や業務を提供することなく当該 OGAW の持分を販売することができる。AIFM 指令は，OGAW 以外の集団投資事業体を AIF と定義した上で，その運用業者について業者規制や開示規制等を中心に規制する。このような EU 法上のファンド規制の構造は，基本的にドイツ法に反映しているので，最初に EU のファンド規制について，厳格な仕組規制・商品規制に従わないタイプの集団投資スキーム（ファンド）すなわち AIF に係る規制のあり方という本稿の問題関心に沿って概観する。

2　有価証券に対する集団投資事業体指令（OGAW 指令）

　EU 指令において，有価証券に対する集団投資事業体（OGAW）に該当しない集団投資事業体が AIF であると定義されているため，OGAW 指令における OGAW の意義を理解することが先決である。OGAW 指令では，OGAW とは，公衆から調達した資本を，リスク分散の原則に基づき，一定の譲渡可能証券その他の流動資産に投資することを唯一の目的とし，かつ，投資家の要求により，

ファンド資産を用いて持分の買戻しまたは償還等を行う事業体であると定義されている[8]。すなわち、①公衆から資金を集め、②リスク分散の原則に基づき有価証券その他の流動資産に対してのみ投資を行い、かつ、③投資家が償還請求権をもつ集団投資スキームがOGAWとされる[9]。

3　代替投資ファンド運用業者指令（AIFM指令）

　AIFM指令においては、AIF（Alternative Investmentfonds）とは、①多数の投資家から資金を調達し、当該投資家のために一定の投資方針に従って投資をする目的をもち、②OGAW指令5条の免許を要しない集団投資事業体であると定義される[10]。そして、AIFMとは、一つまたは複数のAIFの運用をその通常業務とする法人と定義されている[11]。

　AIFM指令は、AIFの運用業者であるAIF運用業者（AIFM）のみを規制対象とし、AIF自身を規制対象にするものではない。すなわち、AIF運用業者について免許制を採用し、①資本要件、②忠実義務・公正誠実義務・契約締結前の情報提供義務等の行為規制、③リスク管理体制など構築すべき体制整備等の要件、④当局への報告義務・情報提供義務等を定める。なお、AIFM指令においては、小規模運用業者は、免許ではなく登録により業務を行うことが可能であるが、その場合には営業範囲は登録国に限定される。すなわち、小規模運用業者として登録された運用業者については、ヨーロッパ・パスポートの利益を享受することはできないのである。

　このように、AIFM指令は、AIF運用業者について規制しているのであるが、AIF自体の規制等については加盟国に次のような広い裁量を認めている。すなわち第一に、AIF自体を規制し監督するかどうかは、各加盟国の規制に委ねられる。第二に、小規模AIFについて指令は最低限の義務を課しているにすぎず、加盟国はそれよりも厳格な規制を導入することができる。第三に、

---

[8]　OGAW-Richtlinie, Art. 1(2).
[9]　なお、OGAWを改正する指令（OAGW第5指令）が成立しており、加盟国は2016年3月18日までにその国内法化を義務づけられている。Richtlinie 2014/91/EU des Europäischen Parlaments und des Rates vom 23. Juli 2014 zur Änderung der Richtlinie 2009/65/EG zur Koordinierung der Rechts- und Verwaltungsvorschriften betreffend bestimmte Organismen für gemeinsame Anlagen in Wertpapieren (OGAW) im Hinblick auf die Aufgaben der Verwahrstelle, die Vergütungspolitik und Sanktionen.
[10]　AIFM-Richtlinie, Art. 4(1)(a).
[11]　AIFM-Richtlinie, Art. 4(1)(b).

AIF 運用業者が AIFM 指令に従って自己が運用する AIF の持分を一般投資家に販売することを認めるかどうかは，各国の裁量による（同指令43条）。許容する場合には，加盟国は，当該国において一般投資家に販売することができる AIF としてどのようなタイプのものを許容するかを個別に評価すべきであるとされる。EU 法のその他の措置の適用を害する場合を除き，加盟国は，ある AIF が当該国においてのみ販売されるのか国境を越えて販売されるのか，どこで組成されたものであるかを問わず，当該 AIF を当該国においてプロ投資家に対し販売する場合よりも厳格な要件を AIF および AIF 運用業者に課すことができる[12]。この場合であっても，AIF または AIF 運用業者に対しプロ投資家に販売する際よりも厳格な要件を定めることができるのは，国境を越えて販売される AIF が内国 AIF よりも厳格に取り扱われない限度においてのみである。第四に，非 EU-AIF 運用業者の私募による販売については，各国の裁量で最低限の特定された要件を課すことができる。

　AIF の投資家の範囲は，原則としてプロ投資家である。プロ投資家とは，機関投資家等プロ投資家とみなされる者と，次の三つの要件のうち二つを満たす者で，書面によりプロ投資家として扱われることを希望した者である[13]。第一は，ファンドに関連して過去の四期間の四半期に一期間の四半期当たり平均10回の頻度で大口の取引をした者。第二は，金融ポートフォリオが50万ユーロを超える者。第三は，ファンドに関する知識を求められる専門家として金融業界で1年以上勤務した経験を有する者である。

4　欧州ベンチャーキャピタル・ファンド（EuVECA 規則）

　2013年に欧州ベンチャーキャピタル・ファンド規則が制定された[14]。規則であるため，指令と異なり国内法化の措置を講じることなく，所定の AIF 運用業者に直接適用される（EuVECA 指令2条1項）。この規則の趣旨は，EU 全域でベンチャーキャピタルが活動できるようにするとともに，AIFM 指令の包括的な規制にもかかわらず新興企業の資金調達を容易にするための環境整備を

---

12)　AIFM-Richtlinie, Art. 43. なお，前文第71節参照。
13)　AIFM-Richtlinie, Art. 4(1) (ag) は，MiFID (Richtlinie 2004/39/EC) 第Ⅰの付表ⅡのⅠおよびⅡを準用する。
14)　Verordnung (EU) Nr. 345/2013 des Europäischen Parlaments und des Rates vom 17. 4. 2013 über Europäische Risikokapitalfonds (EuVECA-VO), ABl. EU Nr. L (Rechtsvorschriften), Ausgabe 115, Jahr 2013, S.1.

図ることにある[15]。同規則は，所定の要件を満たす欧州ベンチャーキャピタル・ファンドの運用業者が同規則に従うことを選択し登録した場合には，AIFM指令よりも緩やかな規制に従えば足り，EuVECA という名称を用いて EU 域内で同ファンド持分を販売することを認める。EuVECA の運用業者が運用する資産残高の総額が AIFM 指令上の小規模 AIF の要件を充足するときは，EuVECA 運用業者として登録することによりヨーロッパ・パスポートを享受することができるのである。

　EuVECA 規則は，欧州ベンチャーキャピタル・ファンドの名称の使用，ポートフォリオの構成，許される投資目的，採用し得る投資手法，および投資家の範囲などに関し共通の法的フレームワークを構築するものである。EU 規則[16]における欧州ベンチャーキャピタル・ファンドの要件は，スタートアップ企業および中小企業が EU 域内で資金調達する際の障害を除去し，EU 域内で同等の競争条件の下で資金調達を容易に行えるようにすることを通じて革新的な企業の誕生と発展を促進し，さらには研究開発の分野への間接的な投資を促進するという観点から定められている[17]。適格ベンチャーキャピタル・ファンドの要件は，①投資条件または定款に定める期間において調達した資本およびまだ拠出されていないが拠出を約された資本の70％以上を適格投資資産に投資し，②30％を超えて適格投資資産以外の財産を取得しない，③ EU 域内で組成された集団投資事業であることである。さらに，欧州ベンチャーキャピタル・ファンドには，後述するレバレッジ取引を行わないタイプの特別 AIF の場合と同様の規模要件が課されるため（EuVECA 規則2条1項 a），当該ファンドの運用業者が運用するレバレッジ取引を行わないファンド資産残高の総額が5億ユーロ以下であって，5年間は投資家には償還請求権が認められないことが必要である。適格投資資産とは，EuVECA 規則において，従業員250名以下の非上場会社で，年間売上高5,000万ユーロ以下もしくは年次貸借対照表合計が4,300万ユーロ以下等の要件を充足する事業体により発行された株式等と定義されている。所定の要件を満たすベンチャーキャピタル・ファンドの運用業者は，その組成国の監督官庁に，欧州ベンチャーキャピタル・ファンドとして登録し，運

---

15) 主として中小企業の成長とイノベーションの強化を目的とすることにつき，Erwägungsgrund Nr. 13 der EuVECA-VO 参照。
16) Nr. 345/2013および Nr. 346/2013参照。
17) Volhard/Jang in Weitnauer/Boxberger/Anders, KAGB, § 2 Rn. 39 (2014).

用業者と当該ファンドの識別情報，投資方針，ファンド持分を販売する国のリスト等の情報を提供しなければならない(同規則14条)。ベンチャーキャピタル・ファンドの持分を取得できる投資家は，プロ投資家[18]およびセミプロ投資家に限られる（同規則6条)。セミプロ投資家とは，10万ユーロ以上を投資する義務を負い，かつ，投資義務を負う契約とは別途の書面に自らが負う義務または投資に関するリスクを認識している旨を記載した者である[19]。

5 欧州社会的起業家ファンド（EuSEF 規則）

2013年，欧州社会的起業家ファンド規則が制定された[20]。規則であるため，指令と異なり国内法化の措置を講じることなく，所定の AIF 運用業者に直接適用される（EuSEF 規則2条1項)。同規則は，欧州社会的起業家ファンドの名称の使用，ポートフォリオの構成，許される投資目的，採用し得る投資手法，および投資家の範囲などに関し共通の法的フレームワークを構築するものである[21]。それにより，第三国において組成されたポートフォリオ事業体よりも欧州社会的起業家ファンドにより多くの投資がなされ，EU における社会的起業家の成長を促進することが目指されている[22]。

欧州社会的起業家ファンドは，非上場かつ社会的目的に適う等所定の要件を充足する事業体が発行する株式等に運用するものとされる。当該ファンドの運用業者が運用するレバレッジ取引を行わないファンド資産残高の総額が5億ユーロ以下であって，5年間は投資家に償還請求権が認められないことを要する。欧州社会的起業家ファンドの運用業者の資産運用残高が AIFM 指令上の小規模 AIF に該当するときは，ヨーロッパ・パスポートを享受することができること，同ファンド持分を取得できる投資家はプロ投資家およびセミプロ投資家に限られることは，欧州ベンチャーキャピタル・ファンドの場合と同様である。AIM 運用業者は，自己が運用する適格ファンドについて個別ファンドごとに適格ポートフォリオ企業がその社会的目的をどの程度達成したか社会的

---

18) プロ投資家の定義は，本文第2節3に述べたプロ投資家と同一である。
19) 欧州ベンチャーキャピタル・ファンド規則6条1項aおよびb参照。
20) Verordnung des Europäischen Parlaments und des Rates über Europäische Fonds für soziales Unternehmertum（EuSEF-VO），(EU) Nr. 346/2013, ABl. EU Nr. L (Rechtsvorschriften), Ausgabe 115, Jahr 2013, S.18.
21) Erwägungsgrund Nr. 3 der EuSEF-VO.
22) Erwägungsgrund Nr. 16 der EuSEF-VO.

影響について審査する義務があり、当該審査手続が定められている（EUSEF規則10条）。

第3節　ドイツ資本投資法典（KAGB）の基本概念

1　投資財産—OGAWとAIF

(1)　緒　論

　ドイツにおいて、資本投資法典が2013年7月4日に発効し[23]、その前日に投資法が廃止された。資本投資法典は、OGAWだけを規制対象としていた投資法と異なり、AIF運用業者を規制対象とし、AIFM指令の国内法化を達成した。さらに、AIFM指令により加盟国に認められた裁量を行使し、AIF自身についても仕組規制や商品規制を導入した。すなわちAIFの運用業務に免許制を導入する一方、AIFを詳細に類型化し、それぞれの類型ごとに仕組規制や商品規制を導入したのである。また、登録のみで運用業務を行うことができる小規模AIFについて、資本投資法典の適用を制限する際も、小規模運用業者の運用するファンド資産の規模や属性等に着目し、規制を柔構造化している。

　資本投資法典は、投資ファンドに対する監督法制および規制体系を発展させ、欧州のファンド規制の考え方の変化に対応するとともに[24]、ファンドに関する欧州内部市場の成立を可能にし、より高いレベルで統一的な投資家保護を実現することを目的として制定された[25]。資本投資法典は、EU指令にならい「投資財産」という概念を核とし、それを用いてOGAWを定義したのち、OGAW以外のすべての投資財産をAIFと定義する（資本投資法典1条3項）。これにより、ドイツでは、OGAWかどうかにかかわりなく、集団投資スキームの運用業者に対して横断的かつ包括的な規制が適用されることになった。初めに、投資財産およびOGAWの定義から概観する。

---

23)　Kapitalanlagegesetzbuch（KAGB）, BGBl. I S. 1981.
24)　Begründung der Bundesregierung für den Entwurf eines Gesetzes zur Umsetzung der RL 2011/61/EU über die Verwalter alternativer Investmentfonds vom 6.2.2013, BT-Drs. 17/12294, S. 2.
25)　Andreas Nelle/Ulf Klebeck, Der „kleine" AIFM – Chancen und Risiken der neuen Regulierung für deutsche Fondsmanager, BB 2013, 2499, S. 2499.

(2) 投資財産

OGAW も AIF も「投資財産（Investmentvermögen）」である。「投資財産」とは，多数の投資家から資本を糾合し，所定の投資方針に従い投資家のために投資を行い，かつ，自らは金融の領域以外では企業活動に従事しない集合投資のためのすべての事業体（Organismus）をいう（資本投資法典1条1項）。「投資財産」の要件は，つぎの六つである（同項1文）。すなわち，①集団投資のための事業体であること，②複数の投資家の存在，③資本の糾合，④特定の投資方針を有すること，⑤投資家のために投資すること，および⑥金融の領域以外では何ら企業活動に従事しないことである[26]。

①の「集団投資のための事業体」における「事業体」とは，外部の財産を法的または経済的に自立した財産としてプールするためのすべてのビークルをいうと解されている[27]。契約，社員（組合）契約，定款その他のどのような法形態・法形式により組成されたかは問わない。集団投資という要件は，個々の投資家はプールされた財産に対する持分しか有しないことを意味し，金融ポートフォリオ運用や運用口座のように投資家ごとの口座に個別に価値が帰属するタイプの投資スキームとは区別される[28]。集団投資とは，リターンのみならずリスクも共同に負担することを意味するから，無条件の出資払戻請求権あるいは強制償還権が認められている場合には「集団投資」とはいえない[29]。さらに，投資家に継続的な裁量権や支配権が認められている場合にも，「集団投資のための事業体」には当たらない[30]。

②の投資家複数の要件は，緩やかな概念であり，投資家が一名しか存在しなくても理論的には複数の投資家が存在し得る限り，この要件を満たすとされる。換言すれば，この要件を満たさないのは，投資条件や定款等において投資家が

---

[26] なお，資本投資法典は，①持株会社，②企業年金基金，または，③ AIF 資本運用会社であって唯一の投資家が当該 AIF 資本運用会社であるかまたはその結合企業である場合には，適用されない。その他，欧州中央銀行およびその他の公的機関，従業員持株制度，信用制度法（Kreditwesengesetz; KWG）に基づき有価証券サービス業の許可を得ている信用機関等は，資本投資法典に服することなく AIF を運用できる（資本投資法典2条1項〜3項）。

[27] Dörte Poelzig/Michael Vomer, „Der Bundesminister der Finanzen warnt – Ein Überblick zum neuen Kapitalanlagegesetzbuch", DnotZ 2014, 483, S.484.

[28] Volhard/Jang, aaO（Fn. 17），§ 1 Rn.6.

[29] BaFin, Auslegungsschreiben zum Anwendungsbereich des KAGB und zum Begriff des „Investmentvermögen" vom 14. 6. 2013, Ziff. Ⅰ.2.

[30] Volhard/Jang, aaO（Fn. 17），§ 1 Rn.9.

一名に限定される旨が定められている場合である[31]。日本の金商法2条2項5号の有価証券性は，投資家が一名だけであっても，①投資家による金銭の出資と事業利益の投資者への分配，②投資家からの出資に基づく事業の存在，③投資家と事業者の分離の要件を満たすため，厳密には集団投資スキームの意義と同一ではない[32]。しかし，実質的な違いは大きくないといえよう。

　④の特定の投資方針は，どこまで具体的に定められていなければならないかについて議論があるが，資本運用会社の裁量が制限される程度に具体的な内容であり，文書によって確定されていなければならないと解されている[33]。

　⑤の「投資家のため」の投資という要件は，当該事業体自身の資金調達のために行う証券や持分の発行，たとえば会社が社債を発行するような場合を排除するための要件である。しかし，企業自身のための投資は間接的には投資家の利益にもなるのが通常であることから，事案によってはこの判断基準は明確でない。この要件は，発行者の側が立証責任を負うとされ，その徴表としては，たとえば投資財産の価値が当該事業体の価値と対応しないときは，「投資家のため」の投資という要件は否定されるとされる[34]。また，投資スキームが明らかに販売コストに係る仕組みを有しているときは，資金調達の必要性が前面にでてくるわけではないとされる[35]。

　⑥の金融の領域以外には何ら企業活動に従事していないこととは，自己の事業戦略すなわち一般的な商業上もしくは産業上の目的を実行するための資金調達である場合には投資財産には該当しないことを明らかにする趣旨である[36]。もっとも，当初は金融の領域以外の企業活動に従事する目的で資本を調達したのに，当該資本を広範に他の企業に対する投資に振り向けた場合には，「企業活動に従事」するという要件を喪失する[37]。定款に他の企業に対する参加が当該事業体の目的として記載されていても，それが従属的・副次的な意味しか有

---

31) 資本投資法典1条1項2文参照。Poelzig/Vomer, aaO（Fn. 27), S. 485.
32) 神田・前掲注1) 9頁。
33) BT-Drucks. 17/12294, S. 201.
34) Volhard/Jang, aaO（Fn. 17), § 1 Rn. 21.
35) Unternehmensfinanzierung im Kapitalmarkt und Kapitalanlagegesetzbuch bei operativ tätigen Unternehmen, NZG 2014, 1241, S. 1250.
36) ESMA Leitlinien AIFMD, Ziff. Ⅳ. 12. a. さらに，ESMA, Final Report „Guidelines on key concepts of the AIFMD" vom 24. 5. 2013, S.29を参照。
37) BaFin, Jahresbericht 2014, S.212f（2015).

しないときは「投資財産」には当たらない[38]。ここにいう「金融の領域」の意義は，信用制度法（KWG）1条1a項における「金融サービス機関」の概念が一つの指標となる。すなわち，これまでの事業分野が金融の領域であるときは，その事業活動の中心が「金融の領域」として線引きされるべきであるとされる[39]。なお，税制上も「企業の営業活動の排除」という要件があり，そこでは，個別的に判断されるものの，投資総額，財産の頻繁な入替え（売買），運用の専門性などは，「積極的な企業活動」の徴表とは評価されず，とくに，有価証券投資の場合には，個人から財産運用を大規模に受け入れていることは，「企業の営業活動の排除」の要件を満たす方向に考慮されるとされる[40]。

　資本投資法典上の「投資財産」の法形態は，特別財産，投資株式会社，オープン・エンド型投資合資会社またはクローズド・エンド型投資合資会社に限定される（資本投資法典1条10項・11項）。特別財産とは，契約に基づき組成される財産であって，運用会社と投資家の法律関係について定める資本投資法典および投資条件の基準に従って投資家の計算で運用されるオープン・エンド型内国投資財産である（同条10項）。

(3) OGAW（集団投資事業体）

　OGAWとは，OGAW指令の要件を満たす投資財産（資本投資法典1条2項）である。その特徴は，投資対象が有価証券およびその他の流動性のある特定の金融投資に限定されること，および分散投資の原則が適用されることに求められる。投資対象は，もっぱら，上場有価証券，その他の金融商品およびマネー・マーケット商品に投資する集団投資スキーム持分である。ただし，OGAWは，つねに一般投資家に販売することのできる投資財産として組成されるものでなければならない（同法1条4項1号・6項2文）。

(4) AIF（代替投資ファンド）

　前述したとおり，OGAW以外のすべての投資財産がAIFと定義される（資本投資法典1条3項）。AIFについては，節を改めて詳論する（第4節）。

---

[38] BaFin, aaO（Fn. 37），S.213.
[39] Assmann/Schütze, Handbuch des Kapitalanlagerechts, 4. Aufl., S. 1251 (2015).
[40] BFH v. 29.10.1998, X I R 80/97, BeckRS 1998, 23000810.

2 資本運用会社

(1) 設置強制と免許制

　投資財産に該当するファンドは，OGAW であれ AIF であれ，すべて資本運用会社（Kapitalverwaltungsgesellschaft; KVG）を置かなければならない（資本投資法典17条3項）。資本運用会社とは，「定款上の本店および本拠をドイツ国内に有し，国内の投資財産，EU 投資財産または外国 AIF の運用を業とすることを目的として設立された企業」である（同条1項）。資本運用会社は，ドイツの監督当局であるドイツ金融監督庁（Bundesanstalt für Finanzdienstleistungsaufsicht; BaFin）の免許を要する（同法20条1項）。

　投資財産は，外部運用するか，または自ら運用を行う。すなわち，資本運用会社は，内部資本運用会社（同法17条2項2号）であっても，外部資本運用会社（同法17条2項1号・154条1項）であってもかまわないが，複数のファンドを運用するときは外部資本運用会社のみが許容される。

　外部運用においては，投資会社とは別の投資運用会社が当該ファンドのための運用を行う。外部運用の法的性質は，資本投資法典の定める委託（同法36条）にも株式法上の企業契約にも該当せず，資本投資法典により許容された会社法上の事業遂行契約の一種と解されている[41]。外部運用の場合には，資産運用会社の会社形態は法人格を有する株式会社，有限会社および有限合資会社に限定され（同法18条1項），AIF により選定され，当該ファンドの運用について責任を有する（同法17条2項）。有限合資会社である場合には，無限責任社員は AIF 運用業者自身であってもよいが，ポートフォリオ運用またはリスク管理を前提とする実効的な運用の任務を実際に引き受けるものでなければならない（同条1項2文）。外部運用の場合には，投資財産のなすべき組織上の義務は，資本運用会社等の報酬体系の構築に限られる。

　これに対し内部運用の場合は，投資財産が自ら運用権限を有する。すなわち，内部運用においては，AIF が同時に AIF 運用業者でもあるということになる。投資財産が内部運用を許す法形態である場合であって，その業務執行機関が外部資本運用会社を選定しないときは，当該投資財産が資本運用会社としての免許を受けることになる（資本投資法典17条2項2号）。内部運用の場合の法形態は，

---

[41] Dirk Zetzsche, Das Gesellschaftsrecht des Kapitalanlagegesetzbuches, AG 2013, 613, S.614.

投資株式会社または投資合資会社の二形態に限られる（同法1条11項・12項）。内部運用の場合には、特定の人的・物的要素、利益相反、コンプライアンス、リスクおよび流動性の管理を適切に行うことが求められる。

2014年12月現在、BaFinは、6,000を超える内国ファンドと約260社の資本運用会社を監督している[42]。

(2) 資本運用会社に対する規制

資本運用会社は、専ら投資者の利益のためにその任務を実行し、保管機関（Verwahrstelle）から独立して行動しなければならない（資本投資法典26条1項）。保管機関とは、投資財産の管理を委託された機関であり、資本運用会社は運用する投資財産の管理を保管機関に委託しなければならない（OGAWにつき同法68条1項、AIFにつき80条1項）。資本運用会社の行為規範は、投資法の下における投資会社とほぼ同様であり、注意義務、投資財産または投資家の最善の利益のために行動する義務等が課されるほか（同法26条1項・2項等）、資本投資法典において新たに、①市場濫用行為の禁止（同法26条6項）、および②投資に関する厳格な規範（検査義務、書面作成義務など）が追加された。また、利益相反の認識、予防、管理、監査について、適切・効果的な組織上の措置を講じ、投資者ならびに投資財産の損害を回避しなければならない（同法27条2項）。また、リスクおよび流動性の管理のために適切な組織上の措置を講ずべき義務が規定された（同法28条1項1号〜8号）。とくにリスクコントロール機能は、他の部門から独立して、上位に位置づけられるとともに機能的独立性を有するものでなければならない（機能分離。同法19条1項）。重要なリスクは常時、計測・操作・監視できる状態になければならず、リスク管理体制については年に最低一回の監査がなされる。

資本投資法典は、包括的規制をしており、すべての資本運用会社は評価方法について市場における一般的な内部的な評価手続を定め、その理由を説明しなければならない（資本投資法典169条1項）。

---

[42] BaFin, KVGen & Investmentfonds, <http://www.bafin.de/DE/Aufsicht/KVGenInvestmentfonds/kvg_investmentfonds_node.html>. なお、2016年3月15日現在のリストによると、登録資本運用会社、免許資本運用会社および免許投資株式会社・投資合資会社の総数は354社である。

3　販売規制

　資本投資法典は，投資財産の持分の直接または間接の提供または売出しを「販売（Vertrieb）」と定義し，BaFin への届出を要するものとする[43]。ただし，ドイツ国内において内国 OGAW を販売する場合はこの限りでない。販売勧誘規制については，省略する。

第4節　AIF および AIF 運用業者の規制

1　沿　革

　AIF は，ドイツでは「灰色の市場」と呼ばれ，長い間資本市場法および業法上の包括的な規制がなされてこなかった。もっとも判例法理によって，もっぱら民事法上の観点から投資家保護が図られてきた。資本投資法典により，「灰色の市場」の領域についても包括的な規制がなされることとなり，全面的に監督に服することになった。ドイツでは，資本市場法の適用を受けない金融商品，すなわち資本市場法上の有価証券に表章されないさまざまな投資商品が，たとえば民法上の組合や人的会社に対する持分，有限会社の社員たる地位，匿名組合員としての参加や信託受益権等の法形態をとって一般投資家に販売されてきた。なかでも有限合資会社（GmbH & Co. KG）という人的会社と物的会社の混合形態は「灰色の市場」の主役であった。合資会社は人的会社であるため，株式会社法と異なり会社法の規定は基本的に任意法規であり，契約の自由を広く享受できる。他方，資本市場法の適用範囲である「有価証券」には該当しないため資本市場法は適用されない。こうして，資本市場法と厳格な株式会社法のセットとして構想された規制を回避する形で一般大衆から資金を糾合してきたのである。

　ドイツでは「灰色の市場」に対しては取引所法や目論見書法の規制が適用されず長い間立法措置が講じられなかったため，裁判所が事後的に民事法に基づき投資家を保護することとなった。「灰色の市場」においては，もっぱら判例によって目論見書責任や説明義務に基づく損害賠償責任など民事上の救済が図

---

[43]　BaFin, Fragenkatalog zum Vertrieb und Erwerb von Investmentvermögen nach dem KAGB（4.7.2013）.

られてきたのである[44]。さらに，会社法的な観点からは，たとえば有限合資会社については，「灰色の市場」を利用するものであって事実上は物的会社であるとして株式法の規定の類推適用などを通じて投資家保護を実現してきた。

しかし，民事法・会社法による保護だけでは不十分であるとして，資本市場法が「灰色の市場」に介入することとなった。すなわち，2004年の投資者保護改善法による改正販売目論見書法により，「灰色の市場」で流通している金融商品についても，公法上の目論見書義務および民事法上の目論見書責任の特則が適用されることとなった。販売目論見書法は，有価証券目論見書法上の有価証券には該当しないけれども「灰色の市場」で取引される有限・合資会社等の会社持分や信託受益権などを「発行市場」における開示規制の対象としたのである。2012年，販売目論見書法は廃止され財産投資法に承継された。このような進展はあったものの，一般投資家からの資金調達および資源配分という経済的機能は類似しているのに，正規の資本市場と「灰色の市場」の間で規律の手法や解決方法が大きく分かれ，その乖離がますます大きくなっていた。このような問題状況を解決する画期的な法律が，資本投資法典なのである[45]。

2　AIFの類型

投資財産がOGAWとAIFに大別されることは第3節1に述べたとおりであるが，AIFはさらにいくつかの観点から類型化される。オープン・エンド型AIFとクローズド・エンド型AIF（(1)），内国AIF・EUAIF・外国AIF（(2)），および公開AIFと特別AIFの区別である（(3)）。資本投資法典は，AIFをいくつかの観点から類型化し，類型ごとに詳細な規定を置いている。

---

[44]　「灰色の市場」に係る規制の沿革を概観する文献として，Heidelbach in Schwark/ Zimmer/ Heidelbach, Kapitalmarktrechtskommentar, 4. Aufl.,Vor § 8 f. Rn.2-11 (2010) 参照。邦語文献として，大原栄一「西ドイツにおける閉鎖会社としての有限合資会社（GmbH & Co. KG）」鈴木竹雄先生古稀記念『現代商法学の課題（下）』1251〜1272頁（有斐閣，1975年），高橋英治「ドイツ法における有限合資会社（GmbH & Co. KG）の発展とわが国法制の課題」法学雑誌51巻4号17−39頁参照（2005年）。

[45]　なお，有価証券取引法上の「有価証券」，資本投資法典上の「投資財産」に該当しない投資持分については，財産投資法（Vermögensanlagengesetz；VermAnlG）が適用され，公募の要件に該当すれば，財産投資法に基づき販売目論見書の作成・開示が義務づけられる。具体的には，享益権（Genussrecht）や記名式債務証券（Namensschuldverschreibung）が問題となる。財産投資法に基づく証券化されていない公衆資金調達方法を用いて，企業はカストマイズ化により資金調達の機会を広げることができる。同法の目的は投資家に対する情報提供義務を定め，投資家に無限責任をもたらす投資ビークルを禁止することにある。

(1) 類型Ⅰ—オープン・エンド型 AIF とクローズド・エンド型 AIF

オープン・エンド型 AIF とは，投資家または株主が，最低1年に1回，自己の持分または株式の償還または買取りを請求する権利を有する AIF をいう。なお，最低保有期間の定めや償還権の制限・排除の定めを置いているからといってオープン・エンド型としての要件を欠くことになるわけではない（資本投資法典1条4項2号）。これに対し，クローズド・エンド型 AIF は，オープン・エンド型 AIF 以外の AIF，すなわちファンドの存続期間満了時にのみ償還権が認められるものである（同条5項）。

オープン・エンド型 AIF は，その法形態が限定されている。すなわち，オープン・エンド型 AIF は，契約上の特別財産（オープン・エンド型の不動産ファンドについては強制），可変資本制度による投資株式会社またはオープン・エンド型投資合資会社（プロ投資家およびセミプロ投資家に限定）のいずれかの形態でなければならない。これに対し，クローズド・エンド型 AIF の法形態としては，可変資本制の投資株式会社またはクローズド・エンド型合資会社が可能である。契約上の特別財産はつねにオープン・エンド型でなければならないのに対し（資本投資法典92条以下・139条），会社型はオープン・エンド型またはクローズド・エンド型 AIF 双方の法形態となり得る。

(2) 類型Ⅱ—内国 AIF，EU-AIF，外国 AIF

内国 AIF とは，ドイツ法が適用される投資財産である AIF である（資本投資法典1条7項）。EU-AIF とは，ドイツ以外の EU 加盟国の法または欧州経済領域に関する協定締結国の法が適用される投資財産である AIF である（同条8項）。これに対し，外国 AIF とは，第三国（EU 加盟国または欧州経済領域に関する協定の締結国以外の国）の法が適用される AIF である（同条9項）。AIF に対しどの国の法が適用されるかは，国際私法のルールにより決せられる。

資本投資法典が適用される AIF は，定款上の所在地がドイツ国内にある内国 AIF 運用業者（資本投資法典1条16項），ドイツの特別 AIF を運用する EU-AIF 運用業者（同法54条），およびドイツ国内で AIF の持分を販売する場合に限り欧州経済領域に関する協定の締結国以外に本拠をもつ非 EU-AIF（同法1条18項）である。

(3) 類型III―公開 AIF と特別 AIF
① 公開 AIF
(i) 緒論

　投資ファンド持分を販売できる投資家の範囲に着目した類型化が，公開 AIF と特別 AIF の区別である。特別 AIF 以外の投資財産はすべて公開投資財産であるとされ（資本投資法典1条6項2文），そのような AIF は公開 AIF と呼ばれる。公開 AIF は，一般投資家が投資し得るため，厳格な規制に服する。公開 AIF の投資条件およびその変更については BaFin の認可を要する（同法163条1項・267条1項）。資本運用会社は，販売目論見書および重要投資情報記載書を作成しなければならない（同法164条以下・268条以下）。公開ファンドは一般投資家に販売することが可能であるため，その投資条件には監督官庁の認可を要することとし，厳格な開示規制を適用することとしたのである。もっとも，資本投資会社の定款や社員契約自体には原則として認可を要しない。

　さらに，公開 AIF においては，借入，不動産に対する物権の設定，他の金融機関における銀行預金の開設，不動産・企業持分の処分には，保管機関[46]の同意を要することとされ（資本投資法典84条1項），保管機関は監督機関としての役割を担う。

　AIFM 指令により，公開 AIF を許容するかどうか，許容する場合には投資財産に追加的規制を付加するかどうかは加盟国の裁量に委ねられているところ，ドイツはこの裁量を行使したわけである。半面，公開 AIF にはヨーロッパ・パスポートは認められず，国境を越えて他の EU 加盟内国で販売することが許されるかどうかは，もっぱら当該加盟国の法による。

　公開 AIF については，(1)で述べたオープン・エンド型かクローズド・エンド型か，および(2)で述べた内国 AIF か否かといった類型化との組み合わせで，仕組規制や商品規制等が肌理細かく定められている。以下では，内国公開 AIF の規制の概要を述べる。

(ii) オープン・エンド型内国公開 AIF

　オープン・エンド型 AIF とは，少なくとも年に一回は投資者に償還する権利が認められる AIF であることは前述したが（資本投資法典1条4項2号），オープン・エンド型内国公開 AIF については，投資制限に係る規制が存在する。

---

46) 保管機関については，第3節2(2)参照。

すなわち，オープン・エンド型内国公開 AIF は，リスク分散の原則に従って投資することを要し，投資財産の形態としては，混合投資財産，その他投資財産，ファンド・オブ・ファンズまたは不動産特別財産としてのみ組成することができる（同法214条）。投資法の下で認められていた，インフラ特別財産，従業員参加特別財産および年金特別財産は，資本投資法典の下では認められないこととなった。

混合投資財産とは，OGAW が取得できる財産と限定列挙された財産に限られ，具体的には有価証券，マネー・マーケット商品，銀行預金，金融デリバティブ，他の OGAW 持分，証書化された金銭債権等のみから構成される（資本投資法典218条・219条）。財産の種類や性質等によっては，取得比率規制がかかる。不動産ファンド，ヘッジファンドその他の企業に対する持分の取得は，流動性が十分でないとして認められない。

その他投資財産とは，混合投資財産に加え，貴金属および証書化されていない貸付債権等から構成され，混合投資財産よりも高度の投資戦略を可能にするものである（資本投資法典220条・221条）[47]。財産の種類や性質等によっては，取得比率規制がかかる。もっとも，企業持分一般や，不動産ファンドおよびヘッジファンドの持分を取得することは認められない。

ファンド・オブ・ファンズは，ヘッジファンドを含む他のファンドに対する持分，銀行預金およびマネー・マーケット商品に対してのみ投資できる（資本投資法典225条）。すなわち，一般投資家は，ファンド・オブ・ファンズを通じてのみ間接的にヘッジファンドに投資できるにすぎない。ヘッジファンド自身と異なり，レバレッジは投資財産の10％に制限される（同法225条1項の準用する199条）。

オープン・エンド型内国公開 AIF は，AIF 特別財産，AIF 投資株式会社（可変資本制度をとるもの）（資本投資法典91条1項），または投資合資会社として組成することができる（同法同条2項）。オープン・エンド型不動産 AIF の場合に限り，特別財産であることを強制される（同法91条3項）。このように，オープン・エンド型内国公開 AIF の法形態は法定されているが，選択制がとられており，不動産 AIF の場合に限り，特別財産として組成することを強制される。

(iii)　クローズド・エンド型内国公開 AIF

---

47)　BT-Drs. 16/5576, S. 80.

クローズド・エンド型内国公開 AIF についても，その資本運用会社は，リスク分散の原則に従って投資しなければならない（資本投資法典262条1項）。クローズド・エンド型内国公開 AIF の投資対象は，本源的価値を有するもの（Sachwerte）すなわち不動産，森林，船舶，飛行機，コンテナ等のほか，企業持分，クローズド・エンド型 AIF 持分，有価証券，マネー・マーケット商品および銀行預金等など限定されている（同法261条1項・2項）。一般投資家のリスクを限定するため，投資対象としてデリバティブ取引を行うことはできず，ヘッジ目的で行う場合にのみ許容される（同条3項）。通貨リスクはファンド価額の30％を超えてはならず（同条4項），借入等の他人資本はファンド財産の時価総額の60％を超えてはならない（同法263条4項）。さらに，リスクを軽減するため原則として，最低三種類の本源的価値を有するものに投資するか，信用リスクの分散をしなければならない（同法262条1項）。例外的に，投資家は，プライベート・エクィティ（private equity）に投資するものでない限り，最低2万ユーロ以上であり，かつ，セミプロ投資家の要件を満たすときは，一つの投資対象に投資するファンド（Ein-Objekt-Fonds）を購入することができ，その場合には，販売目論見書に重要な投資情報として記載し，リスク分散がないがゆえに損失を被る恐れが大きいことを強調する必要がある[48]（同条2項）。

② 特別 AIF
(i) 緒論
　特別 AIF とは，AIF の資本運用会社との間の書面による約定または AIF の権利設定的な書面に基づき，プロ投資家またはセミプロ投資家だけが当該 AIF の持分を取得することができる AIF をいう（資本投資法典282条，定義は1条6項）。特別 AIF にアクセスし得る投資家はプロ投資家またはセミプロ投資家に限られるため，簡易，迅速，柔軟で BaFin の監督も少ない。たとえば，公開 AIF の投資条件およびその重大な変更については監督当局の認可を要するのに対し，特別 AIF の投資条件は BaFin への届出で足りる（同法273条）。特別 AIF の資本運用会社は，資本運用会社との間の書面による約定または AIF の権利設定的な書面に基づき，その株式・持分をプロ投資家またはセミプロ投資家だけにしか譲渡できないよう確保しなければならない（同法277条）。

---

[48] Leif Schubert/ Alexander Schuhmann, Die Kategorie des semiprofessionellen Anlegers nach dem Kapitalanlagegesetzbuch, BKR 2015, 45, S.47.

特別 AIF が公開 AIF に転じてしまうことを防止する趣旨である[49]。BaFin によれば，広告を含むすべての情報提供書面に印刷技術上強調される方法で当該 AIF はプロ投資家およびセミプロ投資家のみに向けられたものであることを示し，販売方法を検討する際にも，当該 AIF が一般投資家に販売されることのないよう注意しなければならない[50]。そのためには，販売業者との間で一般投資家には販売しない旨の契約を締結する必要があり，さらに，一般投資家への転売制限についても必要な措置を講じる義務が生じるとされる[51]。

特別 AIF は，オープン・エンド型内国特別 AIF とクローズド・エンド型内国特別 AIF に大別される。オープン・エンド型内国特別 AIF については，一般的なもののほか，下位類型として，ヘッジファンドと確定した投資条件をもつオープン・エンド型特別 AIF という類型が設けられている。

(ii) オープン・エンド型内国特別 AIF

オープン・エンド型内国特別 AIF は，リスク分散原則に従い，確認可能な相場がついている限り，あらゆる投資対象に投資することができる（資本投資法典282条1項）。リスク分散原則は遵守しなければならない。非上場会社については，その支配権を取得することは許されない。オープン・エンド型内国特別 AIF を用いてプライベート・エクイティ・ファンドを組成することを禁じる趣旨である[52]。オープン・エンド型内国特別 AIF が非上場企業の持分を取得するときは，当該 AIF の資本運用会社は，当該 AIF が投資先企業の支配権を取得するものではないことを保証しなければならない（同条3項）。非上場会社の持分の取得には，取得先企業における取得割合に関する BaFin に対する届出義務の履践を要する（同項2文）。

オープン・エンド型内国特別 AIF のうち，投資条件として，①相当大規模な範囲でレバレッジ取引を行うこと，または②事業年度終了時点において当該 AIF には帰属しない投資財産を投資家の共同の計算のために売却すること（空売り）が定められているものをヘッジファンドと定義する（同法283条）。ヘッジファンドは，その投資条件に従ってレバレッジを行う必要があるが，当該 AIF 資本運用会社が相当大規模な範囲でレバレッジ取引を行う場合，すなわ

---

49) Swoboda, aaO (Fn. 17), § 277 Rn. 1.
50) BaFin-Schreiben vom 4.7.2013, 1.5, Geschätszeichen WA 41-Wp 2137-2013/0293.
51) Nelle/Klebeck, a.a.O. (Fn. 25), S. 2504.
52) Baum, aaO (Fn. 17), § 277 Rn. 1.

ち当該資本運用会社が運用する個々のAIFのリスク計算額が当該ファンドの純投資額の3倍を超える場合には[53]，レバレッジ取引の総額，当該レバレッジ取引に関連して取得した投資対象の内容および与信者のうち上位5者についてBaFinに報告する義務がある（同法35条4項）。この報告義務は，AIF資本運用会社のレバレッジ取引により金融システムにシステミック・リスクを発生させるリスクを認識しそれを監視するために課されている。

　オープン・エンド型内国特別AIFのうち確定した投資条件をもつ特別AIFは，①投資家の同意，②有価証券，マネー・マーケット商品，デリバティブ取引，銀行預金，不動産，不動産会社の持分，オープン・エンド型投資財産持分，貴金属，証書化されていない貸付債権，企業持分など所定の財産のみを取得できること，および③デリバティブ取引による投資財産の市場リスクは最大2倍までとし，空売り禁止と不動産会社に対する貸付制限の遵守等の条件は変更しないこと，という三つの条件の下で，投資条件を定めることができる。確定した投資条件をもつオープン・エンド型特別AIFは，ファンド価額の30％まで，不動産信用の場合は50％までレバレッジをかけることができる（同法284条4項）。なお，非上場企業の持分に対してはファンド価額の20％を限度に投資することができる（同条3項）。

(iii)　クローズド・エンド型内国特別AIF

　クローズド・エンド型内国特別AIFは，オープン・エンド型内国特別AIFと同様，確認可能な相場がついている限り，あらゆる投資対象に投資することができるが(資本投資法典285条)，分散投資原則の適用がない点が異なる。クローズド・エンド型内国特別AIFについては，空売りは禁止されるが，レバレッジは原則として無制限に許される。

　クローズド・エンド型内国特別AIFが非上場会社の支配権の取得を目的とする場合についての特則が定められている。プライベート・エクイティ・ファンド（PEF）と呼ばれるクローズド・エンド型内国特別AIFとは，非上場会社の議決権の過半数を取得し支配権を取得するAIFである（資本投資法典288条1項）。一般投資家による企業持分に対する投資は，PEFへの直接的な投資によってはじめて可能になる。なお，単独のクローズド・エンド型内国特別AIFが支配権を取得し得るのは当然であるが，合意に基づき他のAIFと共同

---

[53]　Artikel 111 der Delegierten Verordnung（EU）Nr. 231/2013.

で支配権を取得する場合も含む[54]。注意すべきは，PEF という特別のファンド類型があるわけではなく，すべてのクローズド・エンド型内国特別 AIF は，非上場企業の支配権を取得することが可能であるが，以下に述べるように，所定の非上場企業の支配権を取得する場合には，特別のルールが適用される点である[55]。

　非上場企業の支配権を取得する場合についての特別ルールが適用されるのは，対象企業が，従業員250名以上，年間売上高5,000万ユーロ以上，貸借対照表上の資産総額4,300万ユーロ以上の場合である（同法287条2項1号）。不動産の取得・保有・管理を目的とする特別目的会社は対象外である（同項2号）。上述した要件を満たす非上場企業の支配権を取得するときは，会社財産分配規制，通知義務および特別の計算規定が置かれている。会社財産分配規制については，財産分配等により当該投資先会社の存立が危殆に陥ることを防止するという観点から定められた一定の場合は，AIF 資本運用会社は，投資先会社の支配権取得後24カ月間は，そのような財産分配すなわち利益配当，資本減少および自己持分の取得の決議に賛成したりそのように命じたりしてはならない（同法292条1項1号・2号・2項）。また，AIF 資本運用会社は，投資先会社の支配権取得後24カ月間は，会社の存立を危殆に陥らせる結果をもたらす利益配当，資本減少および自己持分の取得が行われることがないよう努力しなければならない（同条1項3号・2項）。資本投資法典上いわゆる資本規制を強化し会社法の資本規制に変容を加えたものである。純資産額から資本金および準備金の額を控除した額を会社財産返還の限度額としているため，株式会社法と異なり年度利益に着目した分配規制を行っているわけではない[56]。所定の要件が満たされるときは利益移転契約や完全な補償請求権がある場合にも配当が許されないとする見解が主張される一方[57]，利益移転契約に基づき利益を移転しただけで同条の違反になるかは疑わしいとする見解もあり[58]，今後の議論の動向に注目する必要がある。なお，損失補てんのために行う資本減少または配当の許されない

---

54)　もっとも，支配権取得目的や合意は，安易に認めるべきではなく，厳格な基準に基づいて認定すべきであるとされる。Swoboda, aaO (Fn. 17), § 287 Rn. 8.
55)　Swoboda, aaO (Fn. 17), § 287 Rn. 3.
56)　Swoboda, aaO (Fn. 17), § 292 Rn. 16.
57)　Van Kann/Redeker/Keiluweit, Überblick über das Kapitalanlagegesetzbuch (KAGB), DStR 2013, 1485, S.1487.
58)　Swoboda, aaO (Fn. 17), § 292 Rn. 19.

準備金に組み入れるために減資後の資本金の額の10％を超えない範囲で行う資本減少は、この限りではない（同条3項2号）[59]。

　この規定は、政治的圧力により導入されたとされるAIFM指令30条に基づくものであるが、AIFの投資家の利益に衝突し得る契機を含むのみならず、AIFを他の買収者から差別し不利益に取り扱うものであり、投資先企業の観点から見れば会社財産の分配は投資先企業の社員一般および当該企業自身の利益に深くかかわるデリケートな規定である。したがって、現実に即して同条を理解し解釈することが求められると主張する見解がある[60]。

　通知義務については、投資先会社の支配権を取得したときは、当該投資先会社、知れたる社員、知り得る社員およびBaFinに対し、また、所定の閾値を超過しまたは下回るときはBaFinに対しその旨を通知しなければならない（同法289条）。さらに、支配権を取得したときは、取得したAIFの利益相反回避の方針、当該企業とりわけ従業員とのコミュニケーションに関する対内的・対外的な方針を、当該投資先会社、知れたる社員、知り得る社員およびBaFinに対して、また、当該投資先会社の将来の業務展開に関し当該AIFが有している見込みや労働関係を含む業務に対する影響の見通しなどについて情報提供しなければならない（同法290条1項～4項）。さらに、AIFが支配権を取得した後ただちに、当該AIFの資本運用会社は、支配権取得のための資金調達に関する情報をBaFinおよび投資家に明らかにしなければならない（同条5項）。なお、年次計算書類および状況報告書についての特則が置かれている（同法291条）。

3　プロ投資家とセミプロ投資家

　特別AIFの持分を販売できる投資家は、プロ投資家とセミプロ投資家に限られる。「プロ投資家」とは、MiFID第Ⅰの付表Ⅱにいうプロ投資家とみなされる投資家、または申出によりプロ投資家とみなされる投資家をいう（資本投資法典1条19項32号）。これに対し、「セミプロ投資家」とは、ドイツ資本市場法には従来存在しなかった概念であり、プロ投資家とアマ投資家の中間に位置する類型として新たに設けられた。つぎの三つの要件のいずれかに該当する者

---

59)　なお、ヘッジファンドを除くすべての類型のAIFは、空売りを禁止される（資本投資法典205条・225条1項・265条・276条）。
60)　Swoboda, aaO (Fn. 17), § 292 Rn. 1 f. und 28ff.

がセミプロ投資家とされる（同法1条19項33号）。第一は，①20万ユーロ以上を投資する義務を負い，②意図した義務または投資に伴うリスクについて認識したことを当該投資義務に関する契約書とは別の書面に表示し，③当該 AIF 運用会社[61]またはその委託を受けた販売会社が，先入観をもたずに判断して，当該投資家が MiFID 第Ⅰの付表Ⅱの I 部に記載された市場に関する知識や経験を有している投資家と評価されること，④当該 AIF 運用会社またはその委託を受けた販売会社が，意図した義務または投資に鑑み，当該投資家が投資判断を自ら行ったこと，それに伴うリスクを理解していること，および当該義務が当該投資家にとって適切なものであることを十分に得心できるものであること，ならびに，⑤当該 AIF 運用会社またはその委託を受けた販売会社が，上記③の評価および④の条件が備わっていることを書面で確認した投資家。第二は，当該 AIF 運用会社の業務執行者もしくは従業員であって，当該 AIF 運用会社が運用する AIF に投資する場合，または，外部の資本運用会社の業務執行者もしくは取締役であって，当該外部運用会社に投資する者。そして第三は，1,000万ユーロ以上を一つの投資財産に投資する義務を負う投資家である。

　実務上は，財団，地方自治体，教会および協会などが保険や年金とともに投資条件を特定した特別 AIF に投資しようとする際にセミプロ投資家であるかどうかが問題になる[62]。セミプロ投資家という概念は，資本投資法典が初めて導入したものであり，有価証券取引法には，同様の概念は存在しない。これらの投資家に対する情報提供義務としては，契約締結前に一定の情報を提供すべき義務が資本運用会社に課されている（資本投資法典307条）。

　法的論点としては，たとえば上記第二の要件である AIF 運用会社の業務執行者であった者がその地位を喪失した場合や，取得した持分について一般承継が生じた場合において一般承継者が一般投資家である場合の取扱いが議論されている。前者については，すでに取得した持分を保有することはできるが，新たな持分の取得はできず，また，後者については，一般承継は投資会社法1条19項33号にいう「取得」には該当せず，一般投資家が相続等によりセミプロ投資家であった被相続人等の取得した持分を承継することは可能であるとする見

---

61) AIF 運用会社とは，AIF 資本運用会社，EU-AIF 運用会社および外国 AIF 運用会社である（資本投資法典1条14項）。
62) Schubert/Schuhmann, aaO（Fn. 48), S. 45.

解が唱えられている[63]。また，セミプロ投資家の要件を満たす者が会社である場合，当該会社に投資している社員についてセミプロ要件が問題となり得るかが争われている。この点については，社員についてではなく，あくまでも当該会社の業務執行者について専門的知識や一般的知識・経験が問題になると解されている[64]。

第5節 適用制限

1 緒 論

　ドイツの国内外で投資財産の運用を業とする，すなわち資本運用会社の業務を営むためには，原則としてBaFinの免許を要する（資本投資法典20条1項）。しかし，登録で足り，業規制や行為規制を部分的にしか適用されない例外的場合がある（同法44条・2条4項・4a項・5項）。すなわち，資本投資法典は，「重大な投資ファンド概念」に基づき，すべてのドイツ国内における集団財産運用が同法の要件を満たして行われるよう確保するための措置を講じ，そうでないファンドについては柔構造規制を導入している。「集団財産運用（kollektive Vermögensverwaltung）」とは，ポートフォリオ運用，リスク管理，事務的行為，および自己の投資持分の販売であり，AIFについては当該AIFの財産に関する行為と定義されている（同法1条24項）。

　すなわち，ドイツの小規模AIF運用業者について，原則必要とされている免許は必要でなく，登録義務と報告義務を課すこととし，規制を大幅に緩和している。小規模AIF運用業者が運用するファンドの属性や規模等により四つの類型に分け（2(2)），また，EUベンチャーキャピタル・ファンドとEU社会的起業家ファンドについては当該ファンドの登録業者とともにファンド自体に着目して（2(3)），資本投資法典の規定の適用を部分的に制限するとともにその適用範囲を明らかにしている。小規模AIF運用業者については，運用するファンド資産の残高や投資家の償還権の有無，販売対象者の範囲等に応じたグラデーションのある規制体系が構築されているのである。なお，小規模AIF運用業者に係るすべての類型について，免許制ではなく登録制が採用されてい

---

63) Schubert/Schuhmann, aaO (Fn. 48), S. 50f.
64) Schubert/Schuhmann, aaO (Fn. 48), S. 51.

る点，業者に資本要件等は課されていない点，監督当局の権限や当局に対する所定の報告義務などが定められている点は共通である。

2　小規模 AIF 運用業者

(1)　緒　論

　AIFM 指令に基づき，資本投資法典は，小規模 AIF 運用業者については，オプト・イン手続を履践して資本投資法典の規制に従う場合を除き，その適用を部分的に制限する（資本投資法典2条4項〜5項）。小規模な AIF 運用業者の業務により，金融市場および金融システムの安定性に大きな影響が生じる可能性は少ないため，そのようなファンドの運用業者に対して AIFM 指令を全面的に適用しなくても，AIFM 指令の趣旨に反しないからである[65]。他方，そのような小規模 AIF 運用業者の活動がシステミックリスクに影響を与える可能性を完全に排除することもできない。そこで，AIFM 指令は，小規模 AIF 運用業者に組成加盟国（定義については同法1条18項）における登録を義務づけることとし，所管監督官庁は小規模 AIFM が取り扱う主要商品に関する情報を徴求し，各運用業者が運用する AIF の大きなリスクと集中に関する情報を取得できるようにしたのである[66]（AIFM 指令3条3項）。半面，小規模ファンド運用業者は，オプト・インして，AIFM 指令に服する場合を除き，同指令が認める権利とりわけ AIF 運用業または AIF 持分販売に係るヨーロッパ・パスポートを享受することができない[67]（同指令同条4項）。すなわち，小規模 AIF 運用業者については，AIFM 指令は完全な統合ではなく，最低限の調和をめざしているのである。

(2)　小規模 AIF 運用業者の類型

　小規模 AIF 運用業者については，免許は必要でなく，登録義務および監督当局への報告義務が課される（資本投資法典44条）。この場合には，資産運用業

---

[65]　Erwägungsgrund Nr. 17 der AIFM-Richtlinie.
[66]　報告義務の範囲・方法・時期等については，ESMA のガイドラインが詳細に規定する。ESMA, Final Report "Guidelines on reporting obligations under Articles 3(3)(d) and 24(1),(2) and (4) of the AIFMD" vom 15. 11. 2013, ESMA/2013/1339 (revised).
[67]　オプト・イン手続については，Durchführungsverordnung (EU) Nr. 447/2013 der Kommission vom 15.5.2013 zur Festlegung des Verfahrens für AIFM, die beschließen, sich der Richtlinie 2011/61/EU des Europäischen Parlaments und des Rates zu unterwerfen, Amtsblatt der Europäischen Union vom 16. 5. 2013, L 132/ 1 参照。

者に資本要件は課されない。しかし，AIF である投資財産の属性・規模，販売先がプロ投資家およびセミプロ投資家に限定されるか等により，預託義務や投資者保護規定の適用の有無に差を設けるなど小規模 AIF 運用業者の類型に応じて詳細な規定が置かれている[68]。

　第一類型は，特別 AIF のみを運用する運用業者である。この類型は，さらにレバレッジ取引を行う場合と，レバレッジ取引を伴わない特別 AIF のみを運用する運用業者である場合に分かれる。レバレッジ取引を行う場合には，それに基づき取得した資産を含む運用資産残高の総額が 1 億ユーロ以下であることが要件となる[69]（資本投資法典 2 条 4 項 2 a 号）。これに対し，レバレッジ取引を行わない場合には，運用資産残高が 5 億ユーロ以下であり，かつ，ファンド組成後 5 年間は投資家には償還権が認められないことが要件になる（資本投資法典 2 条 4 項 2 b 号）。レバレッジ取引とは，借入れ，証券貸借，デリバティブ取引その他の方法により AIF 運用業者が運用する AIF のリスクを高めるあらゆる手段をいう（同法 1 条 25 項）。なお，運用資産残高の計算においては，AIF 資本運用会社を別会社として設立して運用資産を閾値内におさまるように操作することにより資本投資法典の規制を潜脱することを防止するため，共通の支配を行っている運用業者や支配下にある運用業者の運用に係るファンド資産も合算するものとされる[70]（同法 2 条 4 項 1 号参照）。オプト・インして資本投資法典の規制に従うことを選択することが可能である（同法 2 条 4 項）。特別 AIF であるから，その持分の販売先は，プロ投資家・セミプロ投資家に限られる。登録義務・報告義務（同法 44 条 1 項），監督当局の権限（同法 42 条・44 条 4 項〜 7 項）に係る規定が適用される。保管機関に運用財産を預託する義務はない。投資家保護基金への拠出義務もない[71]。登録 AIF 資本運用会社は，運用する特別 AIF を，事前に販売目論見書および重要投資情報記載書を作成することなく，プロ投資家またはセミプロ投資家に販売することができる[72]。

---

68) Nelle/Klebeck, aaO（Fn. 25), S. 2501.
69) 小規模 AIF 運用業者の特例における運用資産残高の計算においては，当該運用業者単位で当該業者が運用する AIF 資産の総額を求めるとともに（Delegirte Verordnung (EU) Nr. 231/2013, Art. 2－5），当該業者の関連業者の運用する資産総額も合算する。なお，注 70) をも参照。
70) Boxberger/ Röder in Weitnauer/Boxberger/Anders, aaO（Fn. 17), § 2 Rn. 25.
71) 預金者及び投資家補償法（Einlagensicherungs- und Anlegerentschädigungsgesetz；EAEG）1 条 1 項 4 号。
72) BaFin-Auslegungsschreiben FAQ Vertrieb vom 4.7.2013, Gz. WA 41-Wp 2137－

第二類型は，小規模な内部運用型のクローズド・エンド型公開 AIF を運用する運用業者である。その要件は，レバレッジを伴う内国クローズド・エンド型公開 AIF の運用資産残高の総額が500万ユーロ以下の場合であり，かつ，自然人である投資家が5人以下の場合である（資本投資法典2条4a項）。内部運用型の場合であり，持分権者は5人以下に限定されるが，一般投資家に販売することができる公開 AIF の運用業者である。資本要件を課されず，預託義務は生じない。投資家保護基金への拠出義務もない。この類型が登録制度の対象とされた趣旨について，金融委員会の報告書は，投資規模に鑑みると資本投資法典の資本運用会社に係る広範な規定を遵守することはコストが高くつきすぎるとともに，「投資家同士および投資家とファンド運用業者が互いに良く知っており，かつ，目指す投資に係る投資方針とリスクについて相互に評価することが可能だからである[73]」と説明する。

　第三類型は，内部運用型の AIF 資本運用会社が協同組合（Genossenschaft）法上の協同組合という法形態をとっている場合における小規模なクローズド・エンド型内国公開 AIF の運用業者である。要件は，第一に，レバレッジ取引を伴う内国クローズド・エンド型公開 AIF の運用資産残高の総額が1億ユーロ以下の場合である（資本投資法典2条4b項）。第二に，法律上の規制に基づき当該内部運用型の AIF 資本運用会社が運用する内国クローズド・エンド型公開 AIF が投資する本源的価値（Sachwerte）の利用に基づく最低限の利回りが長期的に確保されていることを要する（同項3号）。立法理由書においては，具体的に新エネルギー法が例示されているが，その他のインフラ投資や不動産投資についても可能な場合が生じ得る[74]。金融委員会報告書によると，このような条件を付した規制により，エネルギー案件に参加し，かつ，投資家が投資対象物件に地理的に近い地域に居住するという「市民参加型投資（Bürgerbeteiligungen）」が可能となり，投資家保護として十分であるのみならず，多くの小規模 AIF 運用会社がこの類型により利益を享受するであろうと説明されている[75]。この類型のファンド持分は，一般投資家に販売可能であり，公開 AIF かつ内部運用型に分類されるが，決算書類の検査義務が課されるなど協同組織

　　　2013/0293, Tz. 4.
　73)　BT-Drs. 17/13395, S. 648.
　74)　BT-Drs. 17/13395, S. 648.
　75)　BT-Drs. 17/13395, S. 648.

法により仕組規制およびガバナンス規制がきちんとなされていることが前提になっているものと解される。資本要件を課されることはなく，預託義務および投資家保護基金への拠出義務もない。また，資本投資法典91条以下の投資財産に係る法形態の強制の規定の適用もない。

　第四類型は，小規模内国クローズド・エンド型 AIF のみを運用する業者であり，運用資産が1億ユーロ以下の AIF である（資本投資法典2条5項）。AIF 運用業者が特別 AIF だけを運用しているのではなく，一般投資家も取得できる内国クローズド・エンド型公開 AIF を運用する場合は，運用資産の残高が1億ユーロ以下であれば，登録義務を課すこととし，軽い規制に服させることにしたものである。なお，レバレッジ取引を含む内国クローズド・エンド型 AIF のみに運用する場合であるが，立法過程では，社会民主党（SPD）は1億ユーロ以下ではなく2,000万ユーロ以下に引き下げるべきであるとの提案を行い，緑の党もそれを支持したが，結局のところ，1億ユーロに決定したという経緯がある[76]。しかし，この類型の AIF 持分は一般投資家も購入できることから，AIF 運用業者の顧客の利益擁護義務をはじめ多くの投資者保護規定が適用される。具体的には，一般的な行為規制および利益相反規制やリスク管理体制の整備に係る規定が適用される。また，商品規制（同法261条～270条）の適用があるため，投資できる財産の種類が限定される。さらに，分散投資原則の適用があり，レバレッジの制限を受けるほか，投資条件については認可を要する。開示関係については，年次報告書の作成義務および商法の規定により義務づけられていない場合であっても営業年度終了後遅くとも6カ月以内にそれを開示する義務がある（同法45条）。年次決算書は決算監査人の監査を要する（同法47条1項）。さらに，運用する全資産を保管機関に預託しなければならない（同法2条5項1文4号の準用する80条から90条までの規定参照）。AIF 運用業者には販売目論見書の作成義務があるのみならず（同法2条5項5号・269条），重要投資情報記載書を作成し，契約締結前に販売目論見書，最新の年次報告書および半期報告書とともに一般投資家に対してはそれらを無料で交付しなければならない（同法270条）。

---

[76] BT-Drs. 17/13395, S. 637f., 642.

(3) 欧州ベンチャーキャピタル・ファンドと欧州社会的起業家ファンド

　欧州ベンチャーキャピタル・ファンド（EuVECA）と欧州社会的起業家ファンド（EuSEF）は，EU規則が直接適用されるAIFであるが，その要件として，EuVECAおよびEuSEFの運用業者が加盟国の監督当局において登録されていること，EU域内で設立されたものであること，および当該登録業者の運用資産残高の総額が5億ユーロを超えないことが必要であり，小規模ファンドに属するものといえる。ファンドの運用業者のみならずファンドの目的・属性にも着目した規制である点が，小規模AIF運用業者に対する規制の特則である(2)と異なる。EuVECAとEuSEFについては，二重の登録が義務づけられる。すなわちEUファンドとしての登録とドイツ国内の登録AIF運用業者としての登録である。これらの欧州ファンドの運用業者はドイツ法の下では小規模AIF運営業者にも該当するという理解によるものと解される。EuVECAまたはEuSEFの適用を受けているファンドの運用業者の運用するファンドの総額が小規模AIFの要件を満たさなくなるときは，AIF運用業者の免許を取得し，その規制に従うことによって，引き続き当該ファンドをEU域内で運用・販売できる。

第6節　結　び

　ドイツ資本投資法典は，AIFについて，EU指令の認める各加盟国の裁量権を行使し，AIF運用業者のみならず，AIF自身の商品規制や仕組規制も行っている。その際，ファンドの目的や規模等に応じて肌理の細かい類型化を行うとともに，一般投資家に対する販売を認めるかどうかをファンド規制の一つの重要な基準として，それに即した商品規制や行為規制を定めている。以下，ファンドと投資家の類型化という観点から，ドイツにおけるファンド規制の特徴を述べる。

　第一に，一般投資家には販売できない類型のファンド（特別AIF）という類型を設けている。第二に，第一点と関連して，しかしながら，厳格な要件の下ではあるがセミプロ投資家という概念を樹立し，プロ投資家以外の投資家であっても，AIFファンド持分の販売に関し，プロと同様に取り扱うことを可能としている。セミプロ投資家という概念が重要な意義を発揮するのは，プロ投資家以外の一般投資家に販売することが禁止されたファンド持分の類型があ

るからである。第三に，AIF については一律にその持分を一般投資家に販売することを禁じるという立場を取らず，肌理の細かい類型化を行い，資本投資会社の行為規制や商品規制を通じて投資家保護を図り，一定の AIF については一般投資家も購入し得るものとしている。すなわち，一般投資家に販売し得る AIF は公開 AIF として，投資家保護に関し，運用資産の保管機関への預託義務を始め，厳格な仕組規制・商品規制のある OGAW とそん色のない規制をしている。第四に，しかしながら，資本投資法典の適用制限についても，小規模 AIF 運用業者と EU 規則に基づく特別なファンドについて，例外を設けている。小規模 AIF 運用業者についても，ファンドの類型とりわけ一般投資家がアクセスし得るファンド持分かどうかという観点から，登録で足りる場合の要件を明確化するとともに，ファンドの属性やファンド運用業者の規模等に着目して，適用される規定が何かを明らかにしている。すなわち，プロ投資家およびセミプロ投資家のみが対象となる特別 AIF については，レバレッジ取引を行うものかどうかで小規模ファンドの要件を区分した上で，運用業者の運用するファンド資産の総額が一定規模以下の特別 AIF については，プロ投資家およびセミプロ投資家のみに販売できることを条件に，資本投資法典の規制を大幅に緩和し，資本運用会社は登録で足りることとし，投資家保護のための規制も大幅に適用を免除している。これに対し，仕組規制およびガバナンス規制が確立している協同組合法に基づくファンドについては，その目的等を大幅に制限した上で，一般投資家に対する販売を認めている。一般投資家に販売し得る公開 AIF については，投資家保護に係る資本投資法典の規定が大幅に適用されるものとされる。他方，EU ベンチャーキャピタル・ファンドおよび EU 社会的起業家ファンドについては，EU 規則の下，もっぱら政策的理由から大幅に緩和されたルールが登録制の下で適用されるが，一般投資家への販売は認められない。

　このように，ドイツでは，集団投資スキーム持分を包括的・横断的に資本投資法典の規制対象としながら，ファンドの運用業者またファンド類型によってはファンドの目的にも着目した肌理の細かい商品規制・仕組規制を行うとともに，適用が除外される規定は何かを詳細に定めることにより，資金調達の必要性と投資家保護の要請とのバランスを図っていると解される。

　日本の金商法も，平成18年改正により集団投資スキーム持分を一般的に有価証券化することにより規制の横断化と柔構造化を図ったわけであるが，ドイツ

法は集団投資スキーム（ファンド）概念を基礎に，ファンド規制の横断化と柔構造化を図ったのである。日本でも，適格機関投資家等特例業務に関してベンチャー・ファンドの概念が入れられ，同制度の枠内で参加できる一般投資家の要件が緩和されており，部分的には，ドイツ法の方向に向かっているとも考えられる。ドイツ資本投資法典の規制の考え方や政策判断が，日本におけるファンド法制の将来のあり方を検討する際に，比較法的観点から参考になることがあるとすれば，幸いである。

〔編者〕
早川　勝
正井　章筰
神作　裕之
高橋　英治

ドイツ会社法・資本市場法研究

2016年7月5日　第1版第1刷発行

編　者　早　川　　　勝
　　　　正　井　章　筰
　　　　神　作　裕　之
　　　　高　橋　英　治
発行者　山　本　　　継
発行所　㈱中央経済社
発売元　㈱中央経済グループ
　　　　パブリッシング

〒101-0051　東京都千代田区神田神保町1-31-2
電話　03（3293）3371（編集代表）
　　　03（3293）3381（営業代表）
http://www.chuokeizai.co.jp/
印刷／文唱堂印刷㈱
製本／誠製本㈱

©2016
Printed in Japan

＊頁の「欠落」や「順序違い」などがありましたらお取り替えいたしますので発売元までご送付ください。（送料小社負担）
ISBN 978-4-502-17991-4 C3032

JCOPY〈出版者著作権管理機構委託出版物〉本書を無断で複写複製（コピー）することは，著作権法上の例外を除き，禁じられています。本書をコピーされる場合は事前に出版者著作権管理機構（JCOPY）の許諾を受けてください。
JCOPY〈http://www.jcopy.or.jp　eメール：info@jcopy.or.jp　電話：03-3513-6969〉